21 高等师范院校教材

中文类

外国文学教程(第二版)

WAIGUO WENXUE JIAOCHENG DIER BAN

主　编　成良臣
副主编　杨　蓉　成　立

四川大学出版社
SICHUAN UNIVERSITY PRESS

责任编辑:黄新路
责任校对:徐　凯
封面设计:李金兰
责任印制:王　炜

图书在版编目(CIP)数据

外国文学教程 / 成良臣主编. —2版. —成都:
四川大学出版社,2011.11
21世纪高等师范院校教材
ISBN 978-7-5614-5548-7

Ⅰ.①外… Ⅱ.①成… Ⅲ.①外国文学－文学史－师范大学－教材 Ⅳ.①I109

中国版本图书馆CIP数据核字(2011)第219507号

书名	外国文学教程(第二版)
主　编	成良臣
出　版	四川大学出版社
地　址	成都市一环路南一段24号(610065)
发　行	四川大学出版社
书　号	ISBN 978-7-5614-5548-7
印　刷	郫县犀浦印刷厂
成品尺寸	170 mm×230 mm
印　张	27.25
字　数	471千字
版　次	2012年2月第2版
印　次	2014年1月第2次印刷
印　数	4 001～8 000册
定　价	40.00元

◆读者邮购本书,请与本社发行科联系。
电话:(028)85408408/(028)85401670/
(028)85408023　邮政编+码:610065
◆本社图书如有印装质量问题,请
寄回出版社调换。
◆网址:http://www.scup.cn

版权所有◆侵权必究

前　言

外国文学是高等师范院校汉语言文学专业的一门基础课程。本课程由欧美文学和亚非文学两部分组成，时间从远古到当代。通过教学，学生掌握外国文学的基本知识，提高理解、鉴赏、分析外国文学作品的能力，学会运用马克思主义的基本观点，独立地阅读、评价欧美和亚非各类文学作品。

外国文学教材的编写是一项十分繁难的工程，也是一件常做常新的工作。新中国成立以来，尤其是20世纪80年代以来，我国广大外国文学教学研究工作者，结合教学科研实际，编写出版了大量教材，为不同时期外国文学的教学作出了重要贡献。2001年，为了适应新时期外国文学教学的需要，在四川省师范教材建设指导委员会的指导下，我们组织省内部分师范院校长期从事外国文学教学及研究的教师联合编写了《外国文学教程》。此教材出版至今已近十年，其间多次印刷，得到了不少使用单位和读者的认可。但由于当时编写和出版时间仓促，教材也有很多不足之处。许多读者也提出了宝贵的意见。为了使这本教材进一步完善，我们根据本科院校现行教学计划和学生学习的实际对其进行了重新修订。

修订后的《外国文学教程》仍按时间和文学思潮的发展为序，以地域的相对独立分块，基本上依照较为传统的体系构建章节，这样做有利于师生在教和学的过程中，有效地把握外国文学的发展脉络及其重点、难点。在内容安排上，力求突出东西兼顾、史论结合、点面清晰、重点突出、系统性强、观点求新、简明适用等特点。尤其在篇幅上比较适中，这既为教师的教学和学生的学习留有更多的空间，同时也有利于降低教材成本，减轻学生负担。

但我们深知，外国文学时间跨度大，涉及范围广，文学思潮复杂多变，经典名著汗牛充栋，这给教材的编写和本门课程的教学都带来了相当的难度。尤其进入新世纪以后，随着高等教育教学改革的深化，外国文学的教学理念、教学内容、教学方法及手段都在不断地更新，因而，这门教材的编写不可能做到一劳永逸，也不可能达到尽善尽美，它只能在不断地探索中得到完善和提高。因此，我们再次希望各校在使用过程中，既依据教材，又不拘泥于教材，根据教学实际，大胆改革，勇于创新，以收到更好的教学效果。

本次修订，由成良臣教授负责完成。

由于编者学识及水平有限，本书错漏之处仍在所难免，恳请专家及读者提出宝贵的批评意见，以便我们今后把它修改得更为完善。

本书编写分工如下：

前言、欧美文学第五章、亚非文学第十二章由四川文理学院成良臣执笔；

欧美文学第一章、第十一章由乐山师范学院詹虎执笔；

欧美文学第二章、第四章由四川教育学院冯钢执笔；

欧美文学第三章、亚非文学第十四章由西南民族大学杨荣执笔；

欧美文学第六章由四川文理学院成立执笔；

欧美文学第七章由绵阳师范学院詹晓娟执笔；

欧美文学第八章由四川职业技术学院王光碧执笔；

欧美文学第九章由四川民族学院张洪学执笔；

欧美文学第十章、亚非文学第十三章、第十五章由四川文理学院曾宪文执笔。

编　者
2011年6月

21 高等师范院校教材

外国文学教程

目　录

欧美文学

第一章　古希腊、古罗马文学 …………………… (3)
　　第一节　古希腊文学 …………………………… (3)
　　　　一、古希腊文学发展过程 …………………… (3)
　　　　二、古希腊神话 ……………………………… (4)
　　　　三、荷马史诗 ………………………………… (8)
　　　　四、古希腊戏剧 …………………………… (14)
　　　　五、古希腊文艺理论 ……………………… (21)
　　　　六、古希腊文学小结 ……………………… (23)
　　第二节　古罗马文学 ………………………… (24)
　　　　一、古罗马文学发展分期 ………………… (24)
　　　　二、各时期文学概况 ……………………… (25)
　　　　三、罗马文学小结 ………………………… (28)

第二章　中世纪欧洲文学 ……………………… (29)
　　第一节　概　述 ……………………………… (29)
　　　　一、社会概况 ……………………………… (29)
　　　　二、中世纪的欧洲文学 …………………… (30)
　　第二节　但　丁 ……………………………… (36)
　　　　一、生平与创作 …………………………… (36)
　　　　二、《神曲》 ………………………………… (37)

第三章　文艺复兴时期的欧洲文学 …………… (42)
　　第一节　概　述 ……………………………… (42)

· i

一、文艺复兴的产生和人文主义文学的特征 ………………… (42)
　　二、人文主义文学在各国的发展 …………………………… (47)
　第二节　塞万提斯 ……………………………………………… (53)
　　一、生平与创作 ……………………………………………… (53)
　　二、《堂吉诃德》 …………………………………………… (54)
　第三节　莎士比亚 ……………………………………………… (58)
　　一、生平与创作道路 ………………………………………… (58)
　　二、喜剧代表作《威尼斯商人》 …………………………… (63)
　　三、悲剧代表作《哈姆雷特》 ……………………………… (64)

第四章　17世纪欧洲文学 ………………………………………… (71)
　第一节　概　述 ………………………………………………… (71)
　　一、英国文学 ………………………………………………… (73)
　　二、法国文学 ………………………………………………… (78)
　第二节　莫里哀 ………………………………………………… (83)
　　一、生平与创作 ……………………………………………… (83)
　　二、《达尔丢夫》 …………………………………………… (85)

第五章　18世纪欧洲文学 ………………………………………… (88)
　第一节　概　述 ………………………………………………… (88)
　　一、启蒙运动与启蒙文学 …………………………………… (88)
　　二、启蒙文学在各国的发展 ………………………………… (90)
　第二节　歌　德 ………………………………………………… (99)
　　一、生平与创作 ……………………………………………… (99)
　　二、《浮士德》 ……………………………………………… (104)
　　三、歌德与中国 ……………………………………………… (111)

第六章　19世纪早期的欧洲文学 ………………………………… (113)
　第一节　概　述 ………………………………………………… (113)
　　一、浪漫主义文学的产生 …………………………………… (113)
　　二、浪漫主义文学的基本特征 ……………………………… (115)
　　三、浪漫主义文学在各国的发展 …………………………… (116)
　第二节　拜　伦 ………………………………………………… (125)
　　一、生平与创作 ……………………………………………… (125)
　　二、《恰尔德·哈洛尔德游记》与《唐璜》 ……………… (127)

第三节　雨果 ·· (130)
　　　　一、生平与创作 ·· (130)
　　　　二、《巴黎圣母院》 ··· (133)

第七章　19世纪中期的西欧文学 ······································ (139)
　　第一节　概　述 ·· (139)
　　　　一、批判现实主义文学产生的社会背景 ························ (139)
　　　　二、批判现实主义文学的特征 ································ (140)
　　　　三、现实主义文学在西欧各国的发展 ·························· (141)
　　第二节　巴尔扎克 ·· (151)
　　　　一、生平与创作 ·· (151)
　　　　二、《人间喜剧》 ··· (155)
　　　　三、《高老头》 ··· (161)
　　第三节　狄更斯 ·· (165)
　　　　一、生平与创作 ·· (165)
　　　　二、《双城记》 ··· (170)

第八章　19世纪后期欧美文学 ·· (174)
　　第一节　概　述 ·· (174)
　　　　一、19世纪后期文学的社会历史背景 ·························· (174)
　　　　二、巴黎公社文学 ·· (175)
　　　　三、批判现实主义文学 ······································ (178)
　　　　四、北欧文学 ·· (183)
　　　　五、自然主义文学 ·· (185)
　　　　六、象征主义和唯美主义 ···································· (186)
　　　　七、美国文学 ·· (188)
　　第二节　左　拉 ·· (192)
　　　　一、生平与创作 ·· (192)
　　　　二、《萌芽》 ··· (195)
　　第三节　易卜生 ·· (200)
　　　　一、生平与创作 ·· (200)
　　　　二、《玩偶之家》 ··· (203)
　　第四节　马克·吐温 ··· (207)
　　　　一、生平与创作 ·· (207)

二、《哈克贝利·芬历险记》 ……………………………………（210）

第九章　19世纪俄国文学 ……………………………………（217）
　第一节　概　述 ……………………………………………………（217）
　第二节　果戈理 ……………………………………………………（228）
　　一、生平与创作 ……………………………………………………（228）
　　二、《死魂灵》 ……………………………………………………（231）
　第三节　托尔斯泰 …………………………………………………（236）
　　一、生平、思想与创作 ……………………………………………（236）
　　二、《安娜·卡列尼娜》 …………………………………………（243）

第十章　苏联文学 ………………………………………………（248）
　第一节　概　述 ……………………………………………………（248）
　　一、十月革命胜利后20世纪20年代文学（1917—1929） ………（248）
　　二、20世纪30年代的文学（1930—1941） ………………………（250）
　　三、卫国战争时期的文学（1941—1945） ………………………（252）
　　四、战后初期文学（1945—1953） ………………………………（253）
　第二节　高尔基 ……………………………………………………（254）
　　一、生平与创作 ……………………………………………………（254）
　　二、《母亲》 ………………………………………………………（262）
　第三节　肖洛霍夫 …………………………………………………（266）
　　一、生平与创作 ……………………………………………………（266）
　　二、《静静的顿河》 ………………………………………………（270）

第十一章　20世纪欧美文学 ……………………………………（276）
　第一节　概　述 ……………………………………………………（276）
　　一、现实主义文学概述 ……………………………………………（276）
　　二、现代主义文学概述 ……………………………………………（288）
　第二节　德莱塞 ……………………………………………………（299）
　　一、生平与创作 ……………………………………………………（299）
　　二、《嘉莉妹妹》 …………………………………………………（301）
　　三、《美国的悲剧》 ………………………………………………（302）
　第三节　艾略特 ……………………………………………………（305）
　　一、生平与创作 ……………………………………………………（305）
　　二、《荒原》 ………………………………………………………（308）

第四节　乔伊斯 ……………………………………………(313)
　一、生平与创作 ………………………………………(313)
　二、《尤利西斯》………………………………………(314)
第五节　贝克特 ……………………………………………(318)
　一、生平与创作 ………………………………………(318)
　二、《等待戈多》………………………………………(320)
第六节　马尔克斯 …………………………………………(324)
　一、生平与创作 ………………………………………(324)
　二、《百年孤独》………………………………………(325)

亚非文学

第十二章　古代亚非文学 …………………………………(335)
第一节　概　述 ……………………………………………(335)
　一、历史概况及文学特征 ……………………………(335)
　二、文学发展概况 ……………………………………(337)
第二节　《旧约》……………………………………………(342)
　一、《旧约》产生的历史背景 ………………………(342)
　二、《旧约》文学的基本内容 ………………………(343)
　三、《旧约》的艺术成就和影响 ……………………(348)
第三节　迦梨陀娑 …………………………………………(349)
　一、生平与创作 ………………………………………(349)
　二、《沙恭达罗》………………………………………(350)

第十三章　中古亚非文学 …………………………………(356)
第一节　概　述 ……………………………………………(356)
　一、历史和文学特点 …………………………………(356)
　二、文学概况 …………………………………………(359)
第二节　紫式部 ……………………………………………(364)
　一、生平与创作 ………………………………………(364)
　二、《源氏物语》………………………………………(365)
第三节　《一千零一夜》……………………………………(371)

第十四章　近代亚非文学 …………………………………(378)
第一节　概　述 ……………………………………………(378)

一、近代亚非历史概况……………………………………………(378)
　　二、近代亚非文学的特点…………………………………………(380)
　　三、近代亚非文学概况……………………………………………(381)
 第二节　夏目漱石……………………………………………………(386)
　　一、生平与创作……………………………………………………(386)
　　二、《我是猫》………………………………………………………(390)
 第三节　泰戈尔………………………………………………………(394)
　　一、生平与思想……………………………………………………(394)
　　二、创作概况………………………………………………………(397)
　　三、《戈拉》…………………………………………………………(402)

第十五章　现代亚非文学………………………………………(408)
 第一节　概　述………………………………………………………(408)
　　一、现代亚非历史概况及文学特点………………………………(408)
　　二、文学状况………………………………………………………(410)
 第二节　川端康成……………………………………………………(413)
　　一、生平与创作……………………………………………………(413)
　　二、《雪国》…………………………………………………………(417)
 第三节　塔哈·侯赛因………………………………………………(420)
　　一、生平与创作……………………………………………………(420)
　　二、《日子》…………………………………………………………(422)

欧 美 文 学

第一章 古希腊、古罗马文学

古希腊、古罗马文学不仅在上古外国文学中是一颗光辉灿烂的明珠，而且在整个人类文化史上都有着深刻的影响。马克思充分肯定了这种影响，认为希腊文学至今"仍然能够给我们以艺术享受，而且就某些方面说还是一种规范和高不可及的范本"。古希腊、古罗马文学是在奴隶制基础上产生的，恩格斯说："没有奴隶制，就没有希腊国家，就没有希腊的艺术和科学；没有奴隶制，就没有罗马帝国。没有希腊文化和罗马帝国所奠定的基础，也就没有现代的欧洲。"

第一节 古希腊文学

一、古希腊文学的发展过程

古希腊位于欧洲巴尔干半岛南端，大致相当于现在的希腊。它的政治、经济和文化影响很大，东达小亚细亚、叙利亚，南达埃及、北非，西达意大利南部、西西里岛，北达黑海等地区。

公元前12世纪以前，爱琴海中的克里特岛和希腊半岛中部的迈锡尼地区已完成了从原始社会向奴隶社会的过渡，并创造了"克里特—迈锡尼文化"。公元前12

世纪末，多利斯人摧毁了克里特和迈锡尼的奴隶制经济，希腊又回复到氏族社会。希腊文学的发展可分为四个时期：（1）从公元前11世纪到公元前9世纪，史称"英雄时代"，由于这一时期的社会生活被反映在《荷马史诗》中，所以又称为"荷马时代"。其文学的主要成就是神话和史诗。（2）公元前8世纪至公元前6世纪，希腊从氏族社会过渡到奴隶制国家。由于个人意识的觉醒，抒情诗得以出现，产生了萨福、伊索这样的"创作个体"。其文学的主要成就是抒情诗和寓言。（3）自公元前6世纪末到公元前4世纪初，是希腊奴隶制全盛时期，史称希腊的"古典时代"，其主要文学成就是悲剧和文艺理论，又称"雅典文学"。（4）公元前4世纪末以后，希腊奴隶制国家逐渐衰退，希腊先为马其顿所征服，到公元前146年又被罗马所灭亡。公元前4世纪至公元前2世纪，是希腊文学发展的第四阶段。这一时期希腊文化在以亚历山大里亚为中心的东方广为传播，被称为"希腊化"时期。这个时期文学崇尚修辞技巧，内容贫乏，较有成就的只有新喜剧和田园诗。

二、古希腊神话

古希腊人在科学极不发达、生产力低下的原始社会里，创造了丰富多彩的神话。希腊神话散见于《荷马史诗》、赫西俄德的《神谱》、悲剧作品和历史、哲学等著作中。

神话是原始社会的产物。那时的希腊人只能用想象和借助于想象去解释周围的一切自然现象，并把这一切加以形象化、人格化，直到神化。由于他们把自然界的各种变化的动力通通归之于神的意志和权力，这样就创造了一系列关于神的故事。后来，随着征服自然的过程，又创造了许多关于英雄的传说。

（一）希腊神话的内容

希腊神话主要包括神的故事和英雄传说。

1. 神的故事

神的故事包括天地的开辟、神的诞生、神的谱系、人类的起源、神的日常活动等故事。

（1）神的谱系。

统治宇宙的是诸神。古希腊人创造了庞大的神的家族及其经历的三次"改朝换代"。第一代天神是乌朗诺斯，他和地母神该亚生下了12个泰坦神。后被他的小儿子克洛诺斯推翻。克洛诺斯在经过一场激烈的战斗之后，又被他的儿子宙斯所代替。

宙斯在胜利后成为众神之王，担任雷电之神。他的姐妹赫拉成为王后，主管权力和婚姻。他的几个兄弟中波塞冬和哈德斯被指定分管海洋和冥界，赫斯提亚为灶神，他的姐妹得墨忒尔为农神。宙斯的儿女们也一个个加官晋爵。阿波罗为太阳神，雅典娜为智慧女神，阿尔忒弥斯为月亮女神和狩猎女神，阿瑞斯为战神，赫淮斯托斯为火神和匠神，赫尔墨斯为神使，宙斯宠爱的女儿阿芙洛狄忒为爱与美女神。宙斯还有九个女儿司管文艺，通称为缪斯女神。此外，他还有三个女儿为命运女神，统称摩伊拉……希腊神话中的神不像中国的神住在天上，而是住在雅典附近的奥林匹斯山上。他们既不是抽象概念的化身，也不是怪诞可畏的偶像，每一位神都流传有生动的故事。

（2）神的日常活动。

希腊神话的内容是相当丰富的，马克思称希腊神话具有"永久的魅力"。下面仅介绍几例。

普罗米修斯的故事 普罗米修斯盗天火给人类的故事家喻户晓。埃斯库罗斯的悲剧《被缚的普罗米修斯》描写他为人类受苦，为反抗暴力、反对宙斯而斗争。歌德与雪莱也以此为题材进行创作，马克思称之为"哲学的日历中最高尚的圣者和殉道者"。我们将在希腊戏剧中介绍他的故事。

宙斯和伊俄的故事 国王的美丽女儿伊俄在牧羊时被宙斯发现并爱上了她，宙斯向伊俄求爱被拒绝，于是宙斯就把伊俄变成一只白牛。赫拉对伊俄很嫉妒，把母牛要去交给百眼神看管。宙斯派神使赫尔墨斯施展魔法，让百眼神熟睡，帮助伊俄逃跑。赫拉让一只奇异的牛虻去叮她，母牛到处奔逃，最后逃到埃及。在那里，宙斯使伊俄恢复了人形。赫拉后来原谅了伊俄，让宙斯与伊俄结合，生了个儿子厄帕福斯，厄帕福斯后来成为埃及的神牛。

丽达与鹅 这个故事也是类似题材，流传极广。仙女丽达住在一个人迹罕至的小岛上，如同中国古代《诗经》所描绘的"所谓伊人，在水一方"。这里风景秀丽，但只有丽达孤零零的一个人，十分寂寞。她经常躺在绿荫下无事可做地数着天上的浮云。这些云有聚有散，变化莫测。有一天，她看到从天际边飘来一朵闪光的云，当它飞近时，才看清它不是云而是一只洁白晶莹的鹅。这只鹅是那样的健壮，那样的优美。它向仙女走来，依傍在她的身边。丽达轻轻地抚摸着它的羽毛，他们成了亲密的朋友。可是，这个寂寞的少女没有想到这只鹅是宙斯变的，宙斯与丽达相爱了。后来，丽达生下了一个大鹅蛋，蛋破之后出来一男一女，男的是力大艺高的拳斗士波吕丢刻斯，女的就是引起特洛伊战争的绝代美人海伦。达·芬奇曾画过一幅命名为《丽达与鹅》的画。德国诗人海涅写道:"从丽达的蛋开始,到特洛伊陷落。"意思就是"从头到尾"。

金苹果的故事 这是希腊神话的核心故事。忒萨利亚英雄帕琉斯和海洋女神结婚,举行了盛大的宴会,所有的女神都被邀请了,却偏偏漏掉了专管争执的不和女神厄里斯,因此这位女神在嘉宾毕至、盛宴方开的时候,偷偷地溜进来,放下一个金苹果,上面有一句话:"献给最美者。"赫拉、雅典娜和阿芙洛狄忒三位女神都自我感觉良好,认为自己最美丽,看到这个苹果就争吵起来。她们闹到主神宙斯那里,宙斯不愿意偏袒哪一方,要她们诉诸特洛伊王子帕里斯。

三位女神来到帕里斯的面前,都以最大的酬报许给他,只要他把金苹果判给自己。赫拉许他成为亚细亚的国王,雅典娜许他成为伟大的英雄和战士,美神阿芙洛狄忒许他成为世间最美的女子的丈夫。年青的帕里斯不爱江山爱美人,便把金苹果判给了阿芙洛狄忒。从此以后,赫拉和雅典娜恨透了帕里斯,甚至也怀恨特洛伊人。阿芙洛狄忒履行了她的诺言,帮助帕里斯在希腊做客的时候,把美丽的海伦——斯巴达王墨涅拉俄斯的妻子——拐走了。

王后被拐走,这件事引起全体希腊人的愤怒,于是墨涅拉俄斯的哥哥密列奈国王阿伽门农倡议召集希腊各地的王室英雄,共同去攻打特洛伊。他们调集了十万大军,一千一百多条战船,发动了远征特洛伊的战争。战争相持十年之久,最后希腊联军采用"木马计",终于攻下了特洛伊城,夺回了海伦。

从这些故事可以看出,希腊神话中的神是"人化"了的神,他们和人是"同形同性"的,神具有人的形象和人的思想感情。神和人的不同之处在于神长生不死,力量大,主宰着人类的祸福,而在品德方面有的还不如人。多数的神很像氏族中的贵族,他们很任性,爱享乐,慕虚荣,嫉妒心和复仇心都很强。像众神之王宙斯就经常到人间同美貌的女子偷情。赫拉、雅典娜、阿芙洛狄忒三位女神为了争夺一个金苹果,不惜引发了一场声势浩大的特洛伊战争。

希腊神话具有积极的入世思想,酷爱现实生活,追求光明未来,以人为本,肯定人的价值和力量。希腊人认为人生享受是神的恩赐,因此,他们尽情地追求自然美景,追求物质享用,追求文艺情趣,追求自然与人生姹紫嫣红。

2. 英雄传说

英雄传说往往与神的故事穿插在一起,它是古希腊人对于远古历史的回忆。英雄是神和人所生的后代,为半神。他们不仅体力过人,而且聪明多智,又具有顽强的斗争意志,在同自然和社会的斗争中屡建奇功,是古代劳动者力量、智慧和高贵品质的化身。

古希腊的英雄传说以不同的地区或不同的英雄为中心，分成了许多系统。如赫拉克勒斯立了12件大功，伊阿宋取金羊毛，俄瑞斯忒斯复仇，德修斯为民除害，等等。

伊俄之子赫拉克勒斯是希腊神话中出类拔萃的英雄，是不可摧毁的体力的化身，同时又是智慧、勇敢、无畏的典范。他在摇篮中就用双手扼杀了两条巨蟒。幼年时，他不为恶德女神所诱惑，而听了从善女神的劝告，甘心走艰巨的道路，为人民造福。他一生立过12件大功，杀死过一条九头毒龙和长着蛇发的女妖梅杜萨，下地府打败了冥王，救出了德修斯的妻子，使他们夫妻团圆。他还凭着聪明才智，在一天之内打扫干净了一所30年不曾打扫过的容纳三万头牛的牛栏。这些英雄人物，可以使我们认识历史之初人类社会的生活。

（二）希腊神话的影响

"希腊神话不只是希腊艺术的武库，而且是它的土壤。"希腊神话为古希腊文学艺术提供了丰富的素材。在中世纪，它曾遭受封建教会的扼杀，但在文艺复兴时期，它焕发出了灿烂的光辉，并将自己的光辉一直照耀到现代，照耀到今天，对整个欧洲文学乃至世界文学都产生了深刻的影响。荷马史诗就是基于希腊神话而创作的，古希腊三大悲剧作家也采用了许多希腊神话素材，罗马神话基本上接受了希腊神话中的形象，只不过换上了罗马名字而已，如众神之王宙斯—丘比特，月神阿耳忒弥斯—狄安娜，爱与美之神阿芙洛狄忒—维纳斯，足智多谋的英雄奥德修—尤里西斯，等等。此后，文艺复兴时期的戏剧大师莎士比亚写作了长诗《维纳斯与阿童尼》，美术三杰达·芬奇、米开朗基罗、拉斐尔以及著名的画家提香、鲁本斯、伦勃朗、普桑、布歇等也常常以希腊神话作为自己作品的题材。古典主义戏剧家高乃伊、拉辛采用希腊神话进行戏剧创作，歌德、雪莱则以诗歌表达对普罗米修斯的赞美。马克思、恩格斯常常引用希腊神话故事同各种各样的敌人作斗争。在现代，爱尔兰作家乔伊斯的《尤利西斯》、法国作家萨特的《苍蝇》、美国作家奥尼尔的《悲悼》等，采用古希腊神话的模式，展现了现代人的精神世界，产生了新颖的艺术效果。今天，古希腊神话的许多形象已经深入人们的日常生活，成为人们日常通用的口头语，如"引起纷争的苹果"、"特洛伊木马"、"珀涅罗帕的工作"、"坦塔罗斯的处境"、"普洛克拉斯提的铁床"（相当于"削足适履"）、"德摩克利斯之剑"、"奈惜西斯的影子"（相当于"顾影自怜"）、"西绪福斯的石头"。可见，希腊神话已经不只是古希腊人民祖先的美丽幻想的遗产，而且是世界人民所共存的文化遗产的一部分，的确具有"永恒的魅力"。

三、荷马史诗

(一) 荷马史诗的内容

荷马的两部史诗《伊利亚特》和《奥德修纪》是欧洲文学史上最早的文学巨著。《伊利亚特》共 15 693 行,《奥德修记》共 12 110 行。原诗是一种六音节的格律诗,每行约有 12 个轻重音,不用尾韵,但富于节奏感,这种诗体通常称为英雄诗体。

史诗《伊利亚特》虽然取材于特洛伊战争的传说,却从希腊联军围攻特洛伊九年零十个月后的一场内讧写起,并且写到赫克托耳的葬礼就结束了。引起这场战争的金苹果的神话,在它描写海伦和帕里斯时有所提及,木马计和特洛伊的陷落则见于《奥德修纪》中奥德修对往事的回忆。《伊里亚特》的头一句是"阿喀琉斯的愤怒是我的主题"。希腊联军大将阿喀琉斯性烈如火,他有两次愤怒的表现。史诗写道,战争已经打了九年零十个月,还是胜负难测,这时希腊联军因瘟疫发生内讧。瘟疫是联军统帅阿伽门农拒绝归还一个女俘所引起的。这个女俘是日神阿波罗祭司的女儿,阿波罗的祭司请求阿伽门农归还他的女儿遭到拒绝,就祈求阿波罗惩罚希腊联军。这场瘟疫蔓延下去就会使希腊联军不可收拾,因此阿喀琉斯要求阿伽门农归还这个女俘,免得瘟疫继续蔓延。阿伽门农在很不情愿的情况下归还了这个女俘,却不公正地夺走了原来分配给阿喀琉斯的另一个女俘,作为他自己损失的补偿。阿喀琉斯在愤怒之下拒绝参战。在希腊联军中,只有阿喀琉斯才是赫克托耳的对手,因此他拒绝参战就必然引起希腊联军的失利。希腊联军在此情况下抵御不了特洛伊军队的反攻,只好退而固守海滨的战船,在那里构筑了防守性的壁垒。阿伽门农这时后悔自己对阿喀琉斯不公,只好派奥德修和另一位希腊将领去向他求和。可是他愤怒未消,坚决不答应回到战场。阿喀琉斯只是在特洛伊军队已经突破希腊联军的壁垒、纵火焚烧他们的战船的十分危急的情况下,才把他的盔甲和战马借给他的好友帕特洛克罗斯,让帕特洛克罗斯前去应敌。帕特洛克罗斯虽然击退了特洛伊军队的攻击,但终为赫克托耳所杀,因此阿喀琉斯借给他的盔甲也丢掉了,这盔甲原是他的母亲忒提斯女神请匠神制造的。战友之死与盔甲被丢引起阿喀琉斯的第二次愤怒,而使他与阿伽门农和解,并且在他母亲请匠神给他制造了一副新盔甲之后,重新回到战场,最后杀死了赫克托耳,取得了决定性的胜利。

《奥德修纪》写奥德修于特洛伊战争结束后在海上流浪十年才能还乡的故

事，包括他十年流浪生活，他的家庭在他离开后的变化和他回家的经过。特洛伊战争结束后，别的将领除掉阵亡的，大都回到了自己的故乡，只有奥德修不知去向，年复一年，杳无音信，因此他的家乡一带的人大都认为他已经葬身大海了。这时就有许多青年贵族向他的妻子珀涅罗帕求婚，并且住在他的家里，杀猪宰羊，大吃大喝。他们不断纠缠珀涅罗帕，要她从他们中间挑选一人作为丈夫，否则就不离开这儿。珀涅罗帕一心一意等待丈夫回家，可是她也说不准丈夫是否还活着，因此也就无法谢绝他们。聪慧的珀涅罗帕只好哄骗他们，她说奥德修的父亲已经年迈，她得织一匹大布，免得老人在去世的时候连一匹裹尸布都没有。这匹大布织好以后，她就考虑他们的要求。可是她白天织，晚上又把它拆掉，这样拖了整整三年也没有织好。到了第四个年头，一个女奴把这个秘密向求婚者泄露了，他们就在珀涅罗帕拆掉她的编织物时把她捉着了，她被迫织完了那匹大布。那些求婚者的纠缠更加紧了。在奥德修远征特洛伊的时候，他的儿子贴雷马科才出生不久，这时已经过去20年了，他已长大成人。他按照雅典娜女神的指示外出打听父亲的消息，先去访问一个参加过特洛伊战争的老将，接着又去访问海伦的丈夫墨涅拉俄斯，墨涅拉俄斯说他听海上老人说过，奥德修被女神卡吕蒲索留在海岛上，因此不能回家。贴雷马科打听到这个消息，就回乡去了。

《奥德修纪》是从雅典娜女神请求宙斯解决奥德修还乡的问题写起的。宙斯派神使赫尔墨斯去叫卡吕蒲索放奥德修回家，这时奥德修已被迫与卡吕蒲索同居了七年，卡吕蒲索希望奥德修永远和她生活在那个海岛上，要帮助他成为长生不老的神，可是奥德修一心要还乡。他伐木造船，离开了那里。后来那只木船毁于风浪，他便赤身与惊涛骇浪搏斗，终于漂流到了腓尼基，受到国王的热情款待。在腓尼基人的宴会上，有一个盲乐师弹起竖琴，唱着美妙的歌曲，所唱的歌曲中就有奥德修采用"木马计"攻陷特洛伊城的故事。奥德修听了好不伤心，国王感到奇怪，问何原因，他告诉国王自己就是奥德修。见到眼前这位英雄，国王又惊又喜，重开盛宴，宾主畅谈。腓尼基国王为奥德修准备了最好的水手、最好的航船，一夜之间将他送回故乡伊大嘉。

奥德修回到伊大嘉后，伪装成一个老乞丐，先到他的忠心的牧猪奴那里，了解到家里的一些情况。他的儿子贴雷马科也来到这儿，奥德修按雅典娜女神的指示，只让他一个人知道自己是奥德修。他们父子就在牧猪奴的小屋里边商量除害的办法。在奥德修伪装成老乞丐去向那些求婚者乞食的时候，受到那些求婚者的嘲笑和侮辱。珀涅罗帕则叫人从仓库里取出奥德修的大弓和箭袋，向她的求婚者说，谁能拉开这张大弓，一箭射穿一排12个斧头上的环，她就嫁给谁。那些求婚者没有一个人能拉开那张大弓，而伪装为乞丐的奥德修一箭就射穿了12个斧头上的环。那些求婚者恍然大悟，纷纷逃跑，奥德修就用弓箭开始惩罚那些求婚者。被杀者的亲属拿起武器，要为他们报仇，终于双方又干戈相向。史诗结束于雅典娜女神传达宙斯的意旨，要求双方都放下武器，从此和平共处。

(二) 荷马史诗的魅力

恩格斯说："荷马的史诗以及全部神话——这就是希腊人由野蛮时代带入文明时代的主要遗产。"《伊利亚特》和《奥德修纪》两部史诗每部都有一万多行，而读起来可以使人爱不释手。故事从展开到高潮异常迅速，一点也不沉闷。西方历代评论家都异口同声地称赞这两部史诗，认为它们是"高不可及的典范"（马克思语）。

将荷马的两部史诗细加比较，我们可以发现它们具有不同的特点。《伊利亚特》描写的是一场大规模的古代战争，战争场面惊天动地，人神交错，论雄伟是别的史诗没有的；《奥德修纪》描写的是主人公的海上生活，光怪陆离，异彩纷呈，论瑰丽是别的史诗没有的。由于《伊利亚特》描写的是特洛伊战争，其中最主要的人物阿喀琉斯和赫克托耳都是叱咤风云的战争英雄，而《奥德修纪》里的雅典娜、刻尔杰、卡吕蒲索这三位女神和珀涅罗帕、劳西嘉雅这些女性形象都非常生动。所以有人说《伊利亚特》具有阳刚之美，《奥德修纪》具有阴柔之美。在评论中人们还常常提到《伊利亚特》着重描写的是希腊人和特洛伊人，现实主义成分居重，《奥德修纪》则写了许多神怪仙魔，浪漫主义成分十分浓郁。从情节线索发展变化来看，《伊利亚特》所描写的是特洛伊从顺境转为逆境，它的戏剧冲突是悲剧性的；《奥德修纪》所描写的是奥德修战胜了千难万险与妻儿团圆，从逆境转为顺境，它的戏剧冲突是喜剧性的。

荷马的两部史诗在艺术上不仅有这些明显的不同表现，而且还有一些明显的相同表现。

1. 布局严格，取材精妙

(1) "一个人的一个行动。"意大利文学评论家卡斯忒尔维特洛在分析荷马的两部史诗时指出，荷马借助一个人的一个行动就达到了旁人通过许多人许多行动都难以达到的效果，这就是荷马值得我们佩服的地方。他只借助阿喀琉斯的一个行动，还不是什么重要行动，即愤怒，就构成一个非常引人入胜的情节。同样，他根据奥德修的一个行动——从卡吕蒲索岛回到他的故乡，就织成了另一匹绮丽不下于前者的彩缎。我们已说到，史诗《伊利亚特》一开始就点出"阿喀琉斯的愤怒是我的主题"。史诗着重描写了这个希腊联军首领的两次"愤怒"。阿喀琉斯的第一次愤怒导致了希腊联军的严重失利，第二次愤怒导致了特洛伊主将赫克托耳的死。诗人从阿喀琉斯的第一次愤怒去写特洛伊反攻，从阿喀琉斯的第二次愤怒去写希腊联军起决定性作用的胜利。这样的取材和布局的确令人称道。卡斯忒尔维特洛说，从这里可以得出结论：一出悲剧或者一出喜剧的情节包括一个人一个行动或两个相互依附行动是出于必要，一首史诗的情节包括一个人一个行动，则不是出于必要，而是为了显示诗人的功力。

（2）穿插与追叙。在题材处理上，荷马的两部史诗还采用了穿插与追叙。《伊利亚特》写特洛伊战争是抓住战争的第十年的最后几十天的事件去写，着重写的事件发生在几天之内，十年战争的经过是穿插追叙的；《奥德修纪》写奥德修在海上漂流十年才回家也是抓住流浪的第十年的最后几十天的事去写，着重写的事也发生在几天之内，而这十年流浪生活的种种经过以及他家庭的变化都是穿插追叙的。奥德修在腓尼基做客时，就向国王讲述了他在特洛伊战争结束之后在海上的种种遭遇及流浪十年不能回乡的原因。除了后七年在海岛上为仙女卡吕蒲索所羁绊外，还有许多可歌可泣的事情，都发生在前三年，而荷马通过穿插与追叙就将这些事情交代得清清楚楚。

（3）主线与副线。《伊利亚特》主要描写希腊人与特洛伊人的战斗，形成作品的主线。但由于战争是三位女神争夺金苹果引起的，奥林匹斯山上的众神便自然而然地分成两派，参与了特洛伊战争，这就形成了作品的副线。史诗有这么一段描写：早晨，宙斯召集众神举行会议，说："男神们！女神们！你们别想违抗我的命令。谁要是胆敢帮助希腊人或特洛伊人，我就要用霹雳火惩罚他。"两军相遇后，足足鏖战了一上午，还是胜负不分。到了中午，宙斯拿出金天平，在天平两边放上两个死亡的砝码，代表希腊人的一边立即垂下。于是他就拿起霹雳棒，直向人丛打来。宙斯在狄俄墨得斯的车前一连打了两个火光闪闪的霹雳，赫克托耳知道这是宙斯在帮助他，就鼓励特洛伊人奋勇冲杀，将希腊人追进了他们在海边修起来的围墙。可见，尽管众神的参与是副线，但往往对主线起着一种制约作用。在《奥德修纪》中，主线是写奥德修返乡，副线是写贴雷马科外出寻父。当奥德修历经十年沧桑回到家乡伊大嘉时，伪装成一个叫花子，秘密召见了自己的儿子，于是主线与副线才交织起来。

2. 善于刻画人物

（1）人格的多方面性。荷马是刻画人物性格的高手。黑格尔说，荷马史诗中"每一个英雄都是许多性格特征的充满生气的总和"。史诗中的各种各样的人物（包括神在内）都有鲜明的性格而富有人情味，就连次要人物也都栩栩如生。

阿喀琉斯是特洛伊战争的第一条好汉。他性烈如火，膂力过人，勇敢善战。他一出现就显示出他富有正义感，因为他要求阿伽门农归还女俘是从希腊联军的安危出发的，而阿伽门农夺取他的女俘作为自己损失的补偿则表现出他的专横。他认为阿伽门农轻视他，侮辱他，因而拒绝参战。他断然调开他的那部分军队，导致希腊联军节节败退，而他在一旁袖手旁观。这些都充分表现出他的直爽、粗犷、爱憎分明、不畏权威和疾恶如仇的性格，同时也表现出他的任性，即把个人尊严看得比希腊联军更重要。阿喀琉斯后来死于帕里斯的暗箭，他的母亲曾经告诉过他的命运，如果他参加特洛伊的围攻，固然可以赢得不朽的英名，却没有命回家了，而他若要自己不至于短命早死，则只有及早回家，可是这样一来就不会从战争中得到好名声。阿喀琉斯也懂得，特洛伊神话般的财富"都比不得人的生命"，可是他并不因此就不"要去取得光荣"。足见他把战争英雄的荣誉看得高于一切。他和赫克托耳的战斗充分表现出他的英雄气概，是史诗描写最精彩的部分。

阿喀琉斯固然性烈如火，在战场上杀人不眨眼，在他向母亲诉说自己如何受到阿伽门农的侮辱时，却哭得像个小孩子一样。他和帕特洛克罗斯的友谊也沁人肺腑，特别是在帕特洛克罗斯火葬时，他献发、杀牲、疯狂地叫喊。在赫克托耳的父亲前去赎尸时，他想到自己的老父，动了恻隐之心。这些都表现出这个人物形象既有刚的一面，也有柔的一面。黑格尔说："阿喀琉斯是个最年轻的英雄，但是他一方面有年轻人的力量，另一方面也有人的一些其他品质，荷马借种种不同的情境把他这种多方面的性格都揭示出来了。""关于阿喀琉斯，我们可以说：'这是一个人！高贵人格的多方面性在这个人身上显出了他的全部丰富性。'"

赫克托耳虽然不及阿喀琉斯善战，却不失为特洛伊战争中的第二条好汉。他比阿喀琉斯更关心氏族集体，是一个比较成熟的首领，受到特洛伊人的普遍爱戴。他很轻视帕里斯诱拐海伦的行为，对他给特洛伊带来大祸和临阵脱逃都非常痛心。可是他却把保卫特洛伊看做自己的职责，认为在强大的敌人面前示弱非常可耻。史诗卷6描写他在城楼上和妻儿诀别的场面是非常悲壮的，特别是在他伸出胳膊去抱他那出生不久的儿子时，那婴儿看到他头盔上的铜和那狰狞地对他点头的鬃饰，害怕起来，他就摘下头盔放在地上，然后再去抱吻那婴儿，这些更是写得有声有色。同样，卷22写他的父母在城楼上痛哭流涕，哀求他不要与阿喀琉斯交战，免得送掉性命，也非常动人。

（2）烘云托月法的运用。在刻画人物形象方面，荷马还采用"烘云托月法"来塑造海伦的形象。"烘云托月"本为中国画技法之一，画月时，不用线条勾勒，而通过渲染云彩来衬托月亮。在文学描写中则指侧面陪衬。

《伊利亚特》中，战争进行了近十年，希腊人每天都围在城外，不停地叫喊交出海伦，连特洛伊人也拿不定主意，于是有人建议让长老会来决定。当海伦走到特洛伊城长老们的会场，这些尊贵的老人看见了海伦，便彼此私语道：

　　没有人会责备特洛伊人和希腊人。
　　说他们为了这个女人进行了长久的痛苦的战斗。
　　她真像一位不朽的女神啊！

荷马不写海伦的眼睛像黑葡萄，嘴唇像红樱桃，也很少提到海伦的胳膊白，头发美之类，而是通过审美客体在审美主体方面产生的效果来烘托海伦之美，化静态之美为动态之美，寥寥数语，倾国倾城的海伦便呼之欲出了。德国启蒙时期的美学家莱辛在《拉奥孔》中这样评价说："能叫冷心肠的老年人承认为她战斗，流了许多血和泪，是值得的，有什么比这段叙述还能引起更生动的美的意象呢？"

3. 富有特色的比喻

荷马的两部史诗同样常用形象性很强的比喻，并且大多从动物形态取譬。例如《伊利亚特》卷3叙述墨涅拉俄斯看见帕里斯"向着自己大踏步地走过来，心里高兴得了不得，好像一只饿狮发现一头长颈鹿或是一头野山羊的庞大尸体，就不管那刚勇的猎人和敏捷的猎犬怎样竭力将它追逐，只管在那里贪馋地吞噬一般"；《奥德修纪》卷24叙述为奥德修所杀的求婚者的灵魂啾啾地跟随着神使赫尔墨斯，"就像在幽异的山洞深处，蝙蝠成串地悬挂在岩石上；有时一个忽然掉下来，大家都惊叫着飞来飞去，那些鬼魂就是这样啾啾地跟随着他。"这种比喻大部分句子都相当长。荷马史诗还常常冠以惯用的形容词，例如在奥德修名字之前冠以"足智多谋的"、"久经考验的"、"饱经忧患的"，在曙光女神名字之前冠以"初生的有红指甲的"，在赫克托耳名字之前冠以"善于驯马的"，等等。

四、古希腊戏剧

(一) 希腊戏剧活动的产生和演出情况

1. 戏剧活动产生的原因

公元前 6 世纪以来，雅典的工商业相当发达。工商业奴隶主以广大下层平民为同盟军，战胜了旧贵族，取得了国家的政权。公元前 594 年，梭伦领导的民主改革和公元前 509 年克利斯梯尼推行的政治改革，确立了奴隶主民主政治，对外战胜了波斯的侵略，对内促进了经济的发展和科教文化的繁荣。古希腊戏剧就是在这一历史环境中形成、发展起来的。新兴的奴隶主阶级为了巩固其已经取得的政权，需要加强意识形态的工作，向公民进行奴隶主阶级教育，但当时雅典的学校教育尚不发达，戏剧就成了其重要的教育工具。雅典的统治者意识到戏剧艺术的巨大威力，就把在农村中只具有戏剧萌芽的酒神节的庆典引进雅典城，由国家主办，把宗教性质的活动与全民性的娱乐活动结合起来，成为规模更大的戏剧活动。到伯利克里执政时期，由政府组织和管理戏剧的创作和演出，建造大型露天剧场，定期举行有奖的戏剧比赛，并给公民发放观看戏剧的津贴。于是希腊的戏剧就蓬勃发展起来，获得了优异的成就。

2. 悲剧和喜剧的起源及演出情况

古希腊戏剧分为悲剧和喜剧。悲剧起源于民间酒神节庆典上对酒神的颂歌，喜剧起源于祭祀酒神的狂欢歌舞和民间的滑稽戏。

在古希腊，每年春秋两季都有纪念酒神的祭典，纪念节有歌队参加表演。春季的纪念节，歌队化装成半人半羊，歌队的队长讲述酒神在尘世的不幸遭遇，歌队则用抒情合唱表示哀悼，双方进行对话，由此产生了希腊悲剧。秋天的纪念节是欢庆丰收，歌队进行狂欢游行，化装跳舞，或者进行简单快活的表演，讽刺时人时事，由此产生了希腊喜剧。

古希腊的悲剧形式是逐步发展完善的。约在公元前 534 年，悲剧诗人忒斯庇斯首先把一个演员引进酒神颂，这是雅典城第一次上演悲剧，到了公元前 5 世纪初，埃斯库罗斯把演员数目增加到两个，同时缩减合唱，而将对话作为悲剧的主要部分，这就使悲剧渐趋完善。等到索福克勒斯给悲剧增加了第三个演员后，希腊悲剧艺术就发展得很成熟了。公元前 5 世纪是希腊悲剧的繁荣时期。三大悲剧诗人写出了许多优秀作品，他们的作品见于剧目的约有三百多出，但完整传世的只有 32 出。

(二) 悲剧诗人埃斯库罗斯

1. 生平和创作

埃斯库罗斯（约公元前525—前456）是古希腊三大悲剧诗人之一。他反对雅典僭主的暴政，青年时看到了雅典奴隶主民主制的建立，还亲身参加过反对波斯侵略的马拉松和萨拉米之战役。他拥护民主制度，赞美爱国精神，强调自由意识，但在政治和宗教方面又有其保守落后的因素，特别是命运观和因果报应思想，几乎贯穿在他的全部剧作之中。

埃斯库罗斯开始创作时，希腊悲剧尚处于早期发展阶段。他对戏剧艺术的历史功绩，就在于使悲剧具有了完备的形式：首先，他把演员的数目由一人增至二人，从而削减了合唱，加强了对白，矛盾冲突的双方也各自有了角色做代表，这是由集体演唱转变为戏剧演出的重大飞跃；其次，他创造了三部曲的悲剧的形式，其中每部都能独立存在，各部之间又有紧密联系，分则为三，合则为一；第三，他还塑造了具有坚强意志的崇高伟大的人物性格，采用庄严雄浑的诗句，使之与悲剧的尖锐冲突和人物的强烈感情完全相适应；此外，他还丰富了悲剧的表演手段，据说舞台布景、剧中人物穿高底鞋和色彩鲜明的服装均系埃斯库罗斯首创。

埃斯库罗斯大概写过70个剧本（也说90个），但大多已遗失，流传下来的只有七部完整的悲剧：《乞援人》、《波斯人》、《七将攻忒拜》、《被缚的普罗米修斯》和总称为"俄瑞斯忒亚"的三部曲——《阿伽门农》、《奠酒人》、《复仇神》。除《波斯人》是取材现实生活之外，其余六部都取材于神话故事。

埃斯库罗斯的悲剧充满了高昂的战斗激情，体现了雅典奴隶主民主制形成时期的先进思想，热烈地赞颂了反对僭主暴政的民主精神和反对异族侵略的爱国主义思想，面对那些仇视人类、专横残暴和为虎作伥、怯懦软弱的社会势力则给予了无情的揭露和鞭笞。恩格斯称他为"悲剧之父"，还称赞他是一个具有强烈倾向的诗人。

2. 《被缚的普罗米修斯》简介

悲剧《被缚的普罗米修斯》原是一部三联剧，其后两部为《被释放的普罗米修斯》和《盗火的普罗米修斯》，但后两部没有流传下来。

《被缚的普罗米修斯》取材于古希腊神话。普罗米修斯盗火种给人间，激怒了嫉恨人类文明进步的宙斯。宙斯为了惩罚普罗米修斯，派威力神和暴力神将他用铁链锁铐起来，钉在高加索山上，让一只老鹰日复一日地啄食他的心肝。被啄食的心肝第二天又长起来。河神的女儿们对他的苦难深表同情，河神则劝其向宙斯屈服,但被他拒绝。普罗米修斯知道宙斯和某一女神结婚,将生下一个比他强大的儿子把他推翻。宙斯派神使赫耳墨斯来逼迫他讲出这个秘密,他坚决拒绝,最后被雷电打入地狱。

诗人赋予这个古老的神话以崭新的意义,描绘了一个热爱人类,反抗暴君,不怕牺牲,敢于斗争的英雄形象。普罗米修斯成为民主派的化身。与他对立的宙斯集中了一切贵族僭主共有的特征:背信弃义,荒淫无耻,残忍暴虐,敌视人民,诬害贤良。此外,宙斯的另一受害者伊俄被牛虻追逐这一插曲进一步控诉了宙斯的荒淫无道。诗人还刻画了威力神的凶恶,讽刺了河神的怯懦,嘲笑了神使的奴才本性。马克思深刻地指出,希腊众神在《被缚的普罗米修斯》中"悲剧式地受到一次致命伤",而普罗米修斯是"哲学的日历中最高尚的圣者和殉道者"。

(三) 悲剧诗人索福克勒斯

1. 生平和创作

索福克勒斯(公元前496?—前406)是古希腊三大悲剧诗人之一,他出生在雅典西北部的科罗诺斯,他的父亲是制造兵器的作坊主。诗人受过很好的教育,在音乐、舞蹈、体育、诗歌上颇有造诣。他大约写了一百三十部悲剧和笑剧,现存七部,其中以《安提戈涅》和《俄狄浦斯王》两部最为杰出。

索福克勒斯在政治上属于温和的民主派,他的作品反映了雅典民主政治全盛时期的思想。他颇具民主精神,反对僭主政治,歌颂英雄人物,重视人的才能。诗人在《安提戈涅》中写道:"奇异的事物虽然多,却没有一件比人更奇异。"

希腊悲剧在诗人这里,人物丰富起来,形式趋于完美。他打破了三部曲的老传统,在一出戏里引人入胜地展现一个有头有尾、紧扣人心的戏剧故事;他的悲剧布局严谨,结构紧凑,情节跌宕起伏;首创了"倒叙式"结构;他把演员人数从两个增加到六个,让合唱队参与剧情,大大加强了动作性;他善于采用对比手法,让人物性格更为鲜明。

2.《俄狄浦斯王》及"恋母情结"简介

俄狄浦斯是古希腊的一位王子。他的父亲忒拜国王拉伊俄斯向阿波罗神祈求一个儿子,阿波罗答应赐他一子,但同时又预言他未来的儿子将杀父娶母。因此,当王后伊俄卡斯忒生下一个儿子时,国王就命令牧人把孩子丢到山里去喂狼。但科任托斯的牧人怜惜这无辜的孩子,没有把他送去喂狼。后来,这个孩子成为科任托斯国的王子。由于王后害怕神谕的实现,曾在生下的婴儿脚后跟钉上钉子,所以取名为俄狄浦斯,意思是双脚肿胀的人。俄狄浦斯长大后,得知自己将成为杀父娶母的罪人,于是为了避免这种可怕的罪孽和命运,他急忙逃离科任托斯前往忒拜。在一个三岔路口,他碰到一个老人,老人粗暴地叫他让路,双方发生了争执,年轻的俄狄浦斯不甘受辱,一气之下便把老人和他的轿夫全部打死了。进入忒拜城后,俄狄浦斯为当地人民除掉了狮身人面的妖怪。忒拜人民为了报答俄狄浦斯的恩典,由于老国王已死,便拥戴他为新国王。他就位以后,又娶了老国王的王后为妻。至此,俄狄浦斯杀父娶母的神谕已完全应验,而他却一无所知。16年后,忒拜发生了大瘟疫,尸横遍野,十室九空。此刻,王后的兄弟克瑞翁带来神谕告诉大家,天神降灾是由于杀死老国王的凶手至今仍逍遥法外,只有惩办这个凶手,瘟疫才会平息。俄狄浦斯是一位关心人民疾苦、勇敢善良的国王,他发誓要追查凶手,救人民于水火之中。经过细致周密的调查,一环扣一环的追踪,最后发现凶手就是他本人。当事情水落石出、真相大白于天下之后,王后羞愤自杀,俄狄浦斯也用金针刺瞎了自己的双眼,自我放逐,流亡他乡。

弗洛伊德认为爱母忌父是人类的一个最原始最普遍的倾向,它在个体发达史以及社会发达史中都占有重要的位置,对母亲的性欲和随之而来的对父亲的憎恨就是所谓的"俄狄浦斯情结"(Oedipus Complex)。

古希腊悲剧大都反映人的意志与悲剧的命运尖锐冲突的主题。个人的坚强意志和英雄行为往往受到命运的作弄,英雄在与命运的斗争中不可避免地毁灭。这一命运观反映了古希腊人将尚不理解的社会发展趋势和个人的遭遇归因于命运,并以此来解释人与环境、人与人的冲突。俄狄浦斯明知命运的险恶,却以顽强的意志向命运挑战,显示了道义的力量。

(四)悲剧诗人欧里庇德斯

1. 生平和创作

欧里庇德斯(公元前480—前406)是古希腊三大悲剧诗人之一,他出身于贵族家庭,曾学过自然哲学,与苏格拉底和一些诡辩哲学家交往,被称为"舞台上的哲学家"。诗人由于在悲剧创作中表现了反对侵略战争的思想,对神持怀疑态度,为雅典当局所不容。晚年被迫到马其顿国王宫中做客,后来死在那里。他大约写过92部悲剧和笑剧,现仅存《美狄亚》、《特洛伊妇女》等17部悲剧和《圆目巨人》一部笑剧。

欧里庇德斯处于雅典奴隶主民主制没落、崩溃时期,社会矛盾尖锐,政治局势混乱。诗人对内战问题、民主制问题、家庭问题、妇女问题、贫富问题提出了自己的看法，尤其对妇女遭受的不幸给予了深切的同情。他的作品比较真实地反映了奴隶主民主制崩溃时期的雅典社会面貌。

较之过去的作品，欧里庇德斯的作品有着显著的现实性与批判性，他的创作标志着旧的英雄悲剧的结束。他非常擅长于描写人物的心理，人物内心冲突的尖锐性与激烈性被刻画得十分逼真动人；他的语言自然流畅，接近生活口语；此外，他还使用"开场白"帮助观众了解剧情，又常用"神力"收尾，让观众的情绪得到舒缓。

2.《美狄亚》简介

《美狄亚》是欧里庇德斯以妇女命运为主题的剧本中最为成功的作品。它讲述了这样一个故事。科尔喀斯公主美狄亚不顾一切爱上了伊阿宋。为此，她帮助他杀死了自己的兄弟，抢走了父亲的金羊毛，并毅然决定背井离乡，同他一道来到科任托斯，定居结婚，生儿育女，过着美好幸福的生活。后来，伊阿宋为了个人的荣华富贵，另娶了科任托斯公主格劳克为妻，而将美狄亚抛弃，国王还要将她驱逐出境。在忍无可忍的情况下，美狄亚为了报复，被迫采取了仇杀的办法。先用毒袍害死了科任托斯公主和国王，然后杀死自己的两个孩子，给伊阿宋以断绝后代的严重惩罚，而美狄亚怀着悲痛的心情，乘车逃往雅典。

在古希腊，随着奴隶制经济的发展，婚姻已固定为一夫一妻制。但这种家庭制度只对妇女有约束作用，男子则可以把妻子关在家中，自己却在外面为非作歹，或随便把妻子抛弃。妇女的地位几乎和家奴无异，她们的生活是最痛苦和不幸的。美狄亚的遭遇集中地反映了当时妇女的处境。悲剧作家对这种不平的社会现象以及伊阿宋的见异思迁十分愤慨，而对美狄亚那种尽管超乎寻常的反抗行为却是肯定和同情的，对男女不公平的社会现象提出了抗议，而且还通过谴责美狄亚贵族出身所养成的暴戾性格来谴责一般贵族的狂暴性情。同时，悲剧对伊阿宋的利己主义和种族歧视偏见的揭露也是入木三分的，并且由此把家庭与爱情问题同社会种族问题紧密地结合在一起。

《美狄亚》的心理描写十分出色。美狄亚是个热情、聪明、勇敢的妇女，她爱丈夫，爱儿子，为了他们的幸福，她曾经作出了很多牺牲，可是她却受到如此不公正的待遇，因此，她下定决心，坚决反击，甚至灭绝伊阿宋的子嗣。然而，弃妇的恨与慈母的爱在她的内心展开了剧烈的冲突。她的内心矛盾的高潮表现在第五场的几段独白中。例如，在保傅领两个孩子上场时，美狄亚的独白充分展示了这种深刻的矛盾心理：

唉，唉！我的孩子，你们为什么拿这样的眼睛望着我？为什么向着我最后一笑？哎呀！我怎样办呢？朋友们，我如今看见他们这明亮的眼睛，我的心就软了！我决不能够！我得打消我先前的计划，我得把我的孩儿带出去。为什么要叫他们的父亲受罪，弄得我自己反受到这双倍的痛苦呢？这一定不行，我得打消我的计划——我到底是怎么的？难道我想饶了我的仇人，反遭受他们的嘲笑吗？我得勇敢一些！我竟自这样脆弱，使我心里发生了这样软弱的思想！

（五）三大悲剧作家风格比较

古希腊三大悲剧诗人的剧作题材都取之于神话，悲剧风格却各有特点。埃斯库罗斯的风格是庄严、崇高、雄浑、自豪而充满自信。他的悲剧气势磅礴，线条粗犷，手法大刀阔斧，布局开阔豪放，纵横捭阖而不精雕细琢，与他的悲剧中表现的严肃斗争主题相适应，但有时过分夸张，以致意义晦涩难解。他的想象力很强，词汇丰富，比喻的范围很广。索福克勒斯的悲剧结构最为完整。他的悲剧人物具有和仇敌或命运斗争到底的坚强意志，他们相信自己是站在正义的一方，所以临危不惧，明知不可为而为之（例如安提戈涅）；他们或者自己有了过失行为而勇于负责，自承其咎（例如俄狄浦斯）；或者为了保护自己的荣誉而毅然自杀（例如埃阿斯）。他按照人应该有的样子来描写，他笔下的人物是理想化的人物。欧里庇德斯的风格比较华丽，语言流畅。他长于心理描写和人物性格刻画。他按照人本来的样子来描写刻画人物。

埃斯库罗斯把命运看做具体的神，认为命运支配人的一切，但他又强调人的意志。索福克勒斯向命运提出怀疑与挑战，在他看来，命运不是具体的神，而是冥冥之中的一种不可捉摸的神秘力量，命运有作弄人的邪恶性质。他强调人对命运的反抗和坚强意志。欧里庇德斯不相信命运，他认为命运在人本身，强调命运靠自己掌握。

（六）喜剧作家阿里斯托芬

1. 喜剧分期

希腊喜剧分旧喜剧、中期喜剧和新喜剧三个时期。旧喜剧（前487—前404）内容主要是政治讽刺和社会讽刺；中期喜剧（公元前404—前338）主要谈论哲学、文学和社会问题；新喜剧（公元前338—前120）则是世态喜剧，主要写日常生活、爱情故事，注重人物的描写，强调情节的曲折和风格的雅致，但缺少深刻的思想内容。

2. 作者简介

阿里斯托芬（公元前446?—前385?）是旧喜剧作家中最杰出的代表。他所处的时代是雅典的政治危机和经济危机日益加深的时代。他的剧作密切地配合了当时的斗争，及时地揭露出社会矛盾。因此，他的剧本情节虽然往往流于荒诞，但主题却是十分现实的。他站在雅典自由民特别是破产农民的立场上，对古代民主政治危机和城邦行将溃崩的雅典政治与文化进行了大胆和真实的讽刺。这种讽刺具有鲜明的政治倾向，开创了后代喜剧的现实主义传统。恩格斯称他为"喜剧之父"和"有强烈倾向的诗人"。

阿里斯托芬交游甚广，有名的苏格拉底和柏拉图都是他的朋友，但他们的哲学思想却是他讽刺的对象。在《云》这出喜剧里，诗人愤然斥责了这种教人欺世盗名的诡辩哲学。他把讽刺的矛头直刺苏格拉底，让剧中备受不幸的老父亲烧掉他的学馆，以免再去毒害青年。在《蛙》中，他再次告诫人们"不要坐在苏格拉底脚下"，而应该发扬马拉松时代精神。在《农神节妇女》中，他也批评了当时流行的诡辩派思想。虽然他对两位哲学家进行了猛烈抨击，但在阿里斯托芬逝世时，柏拉图却为他写过一首墓志铭："秀丽之神想要寻找一所不朽的宫殿，毕竟在阿里斯托芬的灵府里找到了。"

阿里斯托芬一生写过44部喜剧，现仅保存有11部。以《阿卡奈人》和《鸟》最有代表性。

3. 喜剧内容

（1）《阿卡奈人》。阿里斯托芬《阿卡奈人》（公元前425）的主题是主张和平，反对内战。其中有这样一段话："……我要在喜剧里谈论政事，因为喜剧也应该辨出是非曲直……他（喜剧诗人）会不断在喜剧里发扬真理，支持正义。他要给你们许多教训，把你们引上幸福之路。"这段言论指导着诗人一生的创作，同时也告诉人们他为何选择喜剧作为自己的事业。这位伟大的喜剧诗人是第一个明确提出文艺的社会功能的人。

（2）《鸟》。在阿里斯托芬的另一部杰作《鸟》中，诗人企图用理想国的思想，打破雅典城邦沉闷的空气，在人民心中树立起光明的信念。这出喜剧完全以神话幻想为题材，写两个雅典人和一群鸟在天地之间建立了一个"云中鹁鸪国"，在这个国家里，没有剥削，没有贫富之分，人人劳动，平等相爱，结果人们纷纷前来请求收留为鸟，共处和平盛世。鸟国对那些想来占便宜的投机钻营分子一概拒之门外，全部把他们撵出去。最后，由于鸟国切断了天地的交通，天神们开始闹起了饥荒，不得不前来求和，接受鸟国的和平条件，归降于他们。这个喜剧有力地揭示了整个社会分崩离析的没落局势,讽刺并抨击了雅典那些寄生阶级的骄奢淫逸,进一步体现了被压迫人民对现实的强烈不满和对于未来美好生活的热切向往。当然,这种在特定历史条件下产生的社会理想只是空想。这是流于荒诞的乌托邦的优美抒情剧,是欧洲文学史上第一部描写理想社会的作品。

4. 艺术特色。阿里斯托芬把喜剧发展到一个新的高度。从他开始,希腊喜剧才完整定型。即:开场,进场(揭示矛盾),对驳(展开斗争),插曲(歌队发表政论或说教),闹剧场面,退场(大团圆)。他的作品节奏明快,意境奇突,虽然虚构的情节有些怪诞,各个人物之间缺少内在的联系,以致造成结构松散,但寓意深刻,主题现实。他那丰富的想象力引来了许多神话、童话中的人物和动物,把舞台装扮得五彩缤纷。在《鸟》中,剧中合唱队扮演各种各样的鸟,色彩斑斓,出入林间,百鸟悦耳的歌声,把人们引入仙境般的世界。德国诗人海涅说道:"阿里斯托芬的喜剧像童话里的一棵树,上面有思想感情的奇花异草,有夜莺歌唱,也有猢狲吵闹。"

五、古希腊文艺理论

在"古典时代"的后期,古希腊出现了著名的文艺理论家柏拉图(公元前427—前347)和亚里士多德(公元前384—前322),他们分别是唯心主义和唯物主义之集大成者。

(一)柏拉图

1. 生平

柏拉图生于民主派当权时代,却反对民主政治。他自幼喜欢文学和数学,20岁时跟苏格拉底求学,历时八年,师徒观点一致。苏格拉底被判死刑后,柏拉图游历各国,40岁时回到雅典,办起了著名的雅典学院,被称为"学院派"。他写了《对话录》,内容相当广泛,涉及政治、伦理、文艺和教育,共四十多篇,以《理想国》最为著名,讨论文艺的模仿和作用。柏拉图81岁时卒。

2. 思想

柏拉图的客观唯心主义把一种不依主观意识而存在的客观精神作为世界本源。他认为宇宙的"理式"是第一性的,永恒普遍的;人们直接感觉到的世界是第二性的。因为它是"理式"世界的"摹本或幻影",没有永恒和普遍性。

在爱情观点上,他主张"理式"的美,提倡精神恋爱,认为爱情是人世间美的形体,窥见了美的本体以后所引起的爱慕,人经过这种爱慕就达到了永远的"理式"的美。

在文艺观点上,他以"理式"(概念)为基础,否定文艺的真实性,否定文艺的社会作用,否定文艺的社会源泉。

(1)关于文艺的认识作用,柏拉图认为文艺不能反映现实,不能表现真理,文艺和现实关系不密切。"文艺是模仿的模仿,是影子的影子,和真实隔离着两层。"他特别反对荷马和悲剧诗人的作品。

(2)关于文艺的社会功用。柏拉图认为模仿的文艺不仅不真实,而且起着败坏道德、伤风败俗的作用。否定文艺能给人以美的感受,认为古希腊文艺作品歪曲了"理式"世界。柏拉图在西方是第一个明确地把政治教育效果作为文艺评价标准的人。

(3)关于文艺的创作源泉。柏拉图认为创作源泉是灵感。他在《灵感论》中说:诗歌创作必须有灵感,有神的凭附,受神的派遣,进入迷狂状态,才能创造好的作品。他认为优美的诗歌不是人的创作,而是神的语言,诗人是神的代言人,大诗人都是收到灵感的神的代言人。

公元3世纪,普洛丁奴斯把柏拉图的哲学思想发展成新柏拉图主义,这种新柏拉图主义到中世纪与基督教神学合流,在哲学和美学上统治了一千多年。柏拉图和新柏拉图学派的思想对文艺复兴、启蒙运动、浪漫主义产生过很大的影响。

(二)亚里士多德

1. 生平

亚里士多德,古希腊哲学家和文艺理论家,17岁时师从柏拉图,学了20年,因意见不合,常发生争吵。柏拉图死后,他担任马其顿王亚历山大的老师。他主张"中富",反对贫富不均。后来在雅典创办学校,使雅典成为科学发展的主要中心之一。亚里士多德是古希腊博学的思想家,他研究了哲学、逻辑学、心理学、物理学、政治学、历史、伦理学和美学,在这些领域都作出了有价值的贡献。在哲学上,他发展了唯物主义和辩证思想,批判了柏拉图的唯心主义。他论证了一般和特殊的统一,奠定了形式逻辑的基础。他在文艺方面的主要著作有《诗学》、《修辞学》和《心灵论》。

2.《心灵论》简介

《心灵论》论述了想象问题,对今天探讨形象思维规律有重大意义。亚氏认为人的判断、想象都是感觉的结果。"想象是对感觉到的现象的模糊再现","判断是对感知的事物进行抽象的逻辑推理"。二者是不同的思维方式,但又不可截然分离,而是互相渗透。"想象里蕴含着感觉,而判断里蕴蓄着想象","想象是萎褪了的感觉",是被感知的事物留下的记忆。亚氏是第一个在文学上提出形象思维问题的人。虽不够完善,但有重要意义。

3.《诗学》简介

车尔尼雪夫斯基评价《诗学》是"文学史上的第一篇美学论文"。《诗学》是对亚氏以前的古希腊文艺理论的总结和发扬,雄霸文坛两千多年。其中提出并阐明了许多重要的问题:

(1)阐述了文艺和生活的关系问题。亚里士多德发扬了古希腊传统的模仿学,认为文艺是对现实的模仿,但文艺模仿现实并不是消极的抄袭,而是通过观察、认识和概括,反映现实中有普遍意义的事物。通过特殊反映普遍,不仅反映现实,而且比现实本身更富于理想。文学揭示真理,净化人的灵魂。他认为,艺术的真实不同于生活的真实,诗或艺术的真实是在生活真实的基础上集中、概括、提高,说明了诗或艺术源于生活,高于生活。诗可以通过安上姓名的个别事物来显示普遍性、必然性。并提出了一般与特殊统一,个性与共性统一的观点。

(2)关于悲剧。亚氏给悲剧下的定义是:"悲剧是对于一个严肃、完整、有一定长度的行动的摹仿。"他说:"摹仿方式是借人物的动作来表达,而不是采用叙述法,借引起怜悯与恐惧来使这种情感得到陶冶。"他指出,写悲剧必须考虑六个要素:情节、性格、语言、思想、形象、歌唱。语言和歌唱是模仿的媒介,形象是模仿的方式,情节、性格和思想是模仿的对象。强调悲剧情节的整一性和时间性,17世纪的古典主义把这六要素引申为"三一律"。他还说:"喜剧总是摹仿比我们今天的人坏的人,悲剧总是摹仿比我们今天的人好的人。"也就是说,悲剧人物应是一个比观众好,但又与观众比较接进的好人因某种过失或弱点遭受到不应遭受的悲惨境遇,才能引起观众的"怜悯"与"恐惧"。这些都是对古希腊戏剧的总结。亚里士多德的现实主义文艺思想为西方文艺理论奠定了坚实的基础。

六、古希腊文学小结

1. 认识价值

古希腊文学是发展得最完善的人类童年时期的文学。古希腊文学是以神话为基础的。荷马史诗和希腊悲剧都以神话和英雄传说为题材。古希腊文学真实地表现了古希腊的社会、军事、政治、经济、日常生活、风俗习惯等各方面的情况。人的相互关系和人的思想感情都活生生地表现在古希腊文学中，它贯穿着以人为本和对现实生活的热爱与肯定的思想，具有很高的认识价值。

2. 美学价值

古希腊文学充满了奇妙瑰丽、引人入胜的想象，具有鲜明的浪漫主义色彩。作为艺术创作方法的现实主义与浪漫主义以及这二者的相互渗透和融合，在欧洲文学中可以溯源到古希腊文学。古希腊文学是西方文学史上第一束鲜艳夺目、芳香四溢的花，具有很高的美学价值。

3. 首创性质

古希腊文学在思想感情上和艺术上都具有首创的性质。它在艺术形象的塑造、心理和细节的描写、比喻方法、内容的剪裁、倒叙的运用等方面都先后提供了丰富有益的借鉴。欧洲文学中的主要体裁如诗歌中的史诗、讽喻诗、抒情诗、田园诗，戏剧中的悲剧和喜剧，散文中的历史、演说、哲学、论文、对话录、文学评论、传记、传奇以及寓言等均始创于希腊。

4. 深远影响

古希腊文学界对后世欧洲文学的发展有深远的影响。它对罗马文学的巨大影响是显而易见、举世公认的。在中古的西欧，它遭到教会的摒弃和埋没，到文艺复兴时期又重新被发现。它的人本主义思想和现世精神成为新兴资产阶级反封建反教会的强大思想武器。文艺复兴以后，不同时代的欧洲作家都从古希腊文学中吸取了思想和艺术的营养。古希腊文学是世界文学宝库中最珍贵的遗产。

第二节 古罗马文学

一、古罗马文学发展分期

古罗马是由城邦发展起来的、以现在的意大利为本土的奴隶制大帝国。罗马历史一般分为三个时期：第一时期为王政时期（公元前753—前510），这时的罗马处于原始公社逐渐解体向奴隶制过渡时期。第二时期为共和时期（公元前510—前27），王政被推翻，建立了奴隶制的贵族共和国。经过多次的对外战争，罗马征服了西部地中海和巴尔干半岛的大部分地区。第三时期是帝国时期（公元前27—公元476），罗马帝国在其初创阶段（公元前27—公元193）生产发达，帝国版图扩大到横跨欧、亚、非三大洲。到了后期（193—476）经

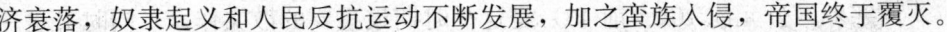

济衰落，奴隶起义和人民反抗运动不断发展，加之蛮族入侵，帝国终于覆灭。

罗马文学的发展分为四个阶段。公元前3世纪中叶到2世纪中叶为开始阶段，作品大都失传，主要成就是喜剧；共和后期和渥大维统治时期，散文、诗歌都有较大成就，称为"黄金时代"；帝国初期，以讽刺诗和历史著作成就较为突出，称为"白银时代"；3世纪以后为衰落阶段。

二、各时期文学概况

（一）共和时期早期的文学（公元前240—前133）

公元前240年，第一次迦太基战争刚刚结束，罗马取得了海上的胜利，西西里岛成为第一个罗马的省。为了庆祝神的节日和战争的胜利，曾上演了一个悲剧和一个喜剧，都是从希腊文翻译过来的。为了教学生读书，还曾把《奥德修纪》译成拉丁文。罗马文学和文化就是这样开始的。

共和时期早期最重要的文学作品是普劳图斯和泰伦斯的喜剧。这个时期也是罗马戏剧最兴盛的时期。

普劳图斯（公元前254？—前184）共写了130个剧本，只有20个剧本流传到现在。这些剧本都是改编纪元前4世纪和3世纪的雅典新喜剧而成的。普劳图斯一方面保存了这些雅典喜剧中的希腊生活和希腊人物，另一方面也把罗马生活和罗马环境的一些成分加入这些喜剧里去，使作品具有一种罗马情调。普劳图斯熟悉罗马中下层人民生活，他用生动的民族语言写作，因此，他的喜剧受到广大群众的热爱。普劳图斯对欧洲文艺复兴时期的喜剧有很大的影响。他的《吹牛的军人》中的主角（剧中雅典青年的奴隶）就成了欧洲喜剧中的重要典型之一。他的《一坛黄金》成为17世纪莫里哀喜剧《悭吝人》的蓝本；他的《孪生的兄弟》则是莎士比亚的《错误的喜剧》的题材来源。

泰伦斯（公元前190—前159），他共写了六个喜剧，一直保存到现在。他剧本中的人物形象比较自然，不像普劳图斯那样过分，但他的喜剧远不及普劳图斯的那样滑稽有趣。他的语言比较文雅，没有普劳图斯那样生动有力，也正因为如此，他的剧本没有像普劳图斯的那样受到广大观众的欢迎，而仅受到比较有教养的观众的喜爱。泰伦斯对英国文艺复兴时期的喜剧和法国、英国17和18世纪的喜剧，都曾有过相当大的影响。例如莫里哀、康格里夫、斯迪尔和谢立丹都曾模仿过他。他的最有名的喜剧是《婆母》和《两兄弟》。

（二）共和时期后期的文学（公元前133—前27）

这时期文学的主要成就是散文和诗歌，其代表作家是西塞罗和卢克莱修。

西塞罗（公元前106—前43）是这一时期最重要的散文作家，同时又是一位伟大的政治家和哲学家。为了保卫共和政体，他同民主的敌人和政治野心家进行不屈不挠的斗争，直到牺牲了生命。他使拉丁散文达到极高的艺术水平，成为表达思想感情的有力的，同时也是极优美的工具。其散文风格成为后来欧洲各民族散文文体的楷模，它的影响是非常大的。另一方面，西塞罗把希腊哲学加以通俗化，介绍给罗马人，通过罗马人，希腊的哲学思想传播到欧洲、亚洲和非洲，成为西欧文化传统的重要部分之一。他的主要散文成就是演说辞和书信。他的演说辞遗留下来的共58篇。他的演说辞的风格对后代一些作家和演说家影响很大。他遗留下来的书信有900封，这些书信反映了共和国后期的社会政治生活。

卢克莱修（公元前99—前55）是共和国后期著名的诗人。他写了一部哲理诗《论事物的本质》（有译为《物性论》的），共六卷，每卷一千多行。他的哲学思想是以希腊哲学家德莫克利图斯的原子论为基础的。卢克莱修认为宇宙的最高主宰不是神，而是"自然规律"。他反对灵魂不灭的说法，否认来世的存在。他和迷信作斗争，目的在于求得人类精神的解放，对死亡不再发生恐惧，使人类得到真正的幸福。他的诗富于幻想，有一种崇高之美。

（三）帝国时期的文学（公元1世纪—5世纪中叶）

罗马帝国实际上的第一个统治者是渥大维（被称为奥古斯都），他执政的时期是帝国繁荣时期。他通过亲信麦凯纳斯把当时最有才华的作家吸引到他的身边，对罗马文学的发展起了一定的推动作用。这一时期最著名的作家是维吉尔、贺拉斯和奥维德。

普布西斯·维吉西斯·马罗，通称维吉尔（公元前70—前19），是罗马帝国时代最卓越的诗人。他出生在意大利曼托发附近的乡村里，17岁去罗马学习法律，后来又学习希腊的哲学和诗歌。他的早期作品是《牧歌》，包括十个诗章，是模仿希腊的田园诗写成的。但是维吉尔却能在这些模仿希腊的诗章中反映出当时罗马的社会生活，因此具有现实主义的特色。由于他所表达的感情有丰富的内容，表达感情的技巧又非常高，因此，他在古罗马抒情诗中开创了一新纪元。

维吉尔最主要作品是他所写的罗马民族的史诗《伊尼特》（又译《埃涅阿斯纪》），这部史诗共12卷。它叙述特洛伊英雄伊尼阿斯携老父和幼子及少数特洛伊难民渡海流浪到意大利，在泰伯河口登岸，和当地居民发生了战争，最后取得了胜利，开始建立村落和城市，这就是传说中的罗马的起源。英雄伊尼阿斯成为罗马民族的祖先。奥古斯都就是他的后裔，也就是最光荣的继承者。维吉尔的这部史诗是献给奥古斯都的。他歌颂奥古斯都，因为他完成了伊尼阿斯所开始的事业，建立了繁荣富强的罗马帝国。在这部作品中，伊尼阿斯经过无数次的考验和灾难，最后变得非常坚强勇敢。这部史诗的主题是歌颂罗马的光荣，歌颂罗马祖先建立的丰功伟绩。史诗洋溢着崇高的爱国主义精神和对人类的同情心。这部不朽之作的故事叙述高于情感，具有不少戏剧性的紧张场面，而且章节优美，这是维吉尔作品的特色。

《伊尼特》从中世纪以来，一直是普遍采用的拉丁文教本。维吉尔史诗的独创性还表现在对事物描写的细腻和讲究，不同于荷马的粗犷和朴素。两者相比，虽然维吉尔在写法上模仿了荷马史诗，但它已经没有说唱文学的特点了。维吉尔的史诗是欧洲"文人史诗"的开端，它使古代史诗进一步定型化。维吉尔对后世欧洲文学的影响是非常大的，他和荷马代表着欧洲古代文学作品的最高成就，成为后世诗人们模仿的对象和灵感的源泉。例如，但丁在《神曲》中，把维吉尔称作"导师"。维吉尔也启迪了其他欧洲文学中的伟大诗人，例如英国的弥尔顿和德国的歌德等。

昆图斯·贺拉提乌斯·弗拉库斯，通称贺拉斯（公元前68—前8）。他不但是一位著名的抒情诗人，而且又是古典主义文艺理论家。他的重要作品是《歌集》和《诗篇》。

《歌集》又称《颂歌集》，主要是抒情诗。诗人在模仿古希腊抒情诗人萨福的诗歌格律的基础上，创作了自己富有特色的抒情诗歌，对罗马抒情诗的发展作出了贡献。

《诗篇》内容驳杂，共两卷。第一卷的中心内容是谈论生活哲学；第二卷以文学评论为主，其中最重要的是一封表现贺拉斯的文艺思想的诗体书信，即《诗艺》。这篇诗论在欧洲古典文艺学中具有承前启后的地位和深远的影响。

普希西斯·奥维莱乌斯·纳雷，通称奥维德（公元前43—公元18），他是奥古斯都时期的一个抒情诗人，更是一个优秀的叙事诗人。他的主要作品是《变形记》（古罗马还有一部《变形记》，又译《金驴记》，阿普列尤斯著）。

《变形记》是一部希腊神话和罗马传说的宝库。全诗15卷，包括二百五十多个神话故事，从天地的开辟一直写到当时的罗马。《变形记》是用史诗的格律写的，但它的性质，是诗体的传奇。在这部作品里，奥维德表现出他是第一流叙事诗人。他叙述的故事，不但明白清楚，而且生动活泼。作为希腊神话和罗马传说的传播者，他对后世欧洲文学有很大的贡献。英国的乔叟、莎士比亚等,都从他的作品里提取故事作为创作材料。

罗马在渥大维死后的200年间,由于皇帝实行军事独裁,人民失掉了议论自由。文学上宫廷趣味占统治地位,文艺作品成为少数人的消遣,颓废倾向愈益明显。这一阶段创作上较有成就的悲剧作家是塞内加。

鲁齐乌斯·安夸乌斯·塞内加(4—65),是罗马文学史上重要的悲剧作家。他共写了十部悲剧,其中九部都是根据希腊三大悲剧家的作品写成,其中《特洛伊妇女》一剧比较优秀。塞内加继承了希腊斯多葛派学说,特别强调超自然的力量,如命运、灵魂等。他还喜欢用格言式的语言,喜欢引用神话典故和长篇大论的说教。因此,他的戏剧实际上只具有戏剧的形式,减低了上演的可能性。

塞内加的悲剧继承了希腊悲剧的传统,并对文艺复兴时期和17世纪古典主义悲剧产生过影响,在欧洲戏剧史上起了承前启后的作用。

三、罗马文学小结

古罗马文学是在模仿和继承古希腊文学的基础上发展起来的。罗马作家大多从模仿古希腊文学入手。罗马人在文化上模仿、继承古希腊人,除了由于古希腊文化的高度成就外,还由于罗马和希腊在地理上是毗邻,希腊又很早移民到意大利,而罗马后来又征服了希腊。罗马和希腊又同是奴隶社会,意识形态基本一致。此外,在罗马本土以及罗马所统治的许多地区,希腊语广泛流行,这也为继承古希腊文化创造了有利条件。但罗马文化毕竟是罗马社会的产物,并非希腊文化的简单重复。罗马文学在某些方面发展了古希腊文学,在某些方面还有所独创。如卢克莱修的哲理诗在欧洲古代文学中是全新的品种,西塞罗的演说技巧也超出了古希腊的十大演说家,讽刺诗在罗马文学中比较发达,传记文学的成就也高于古希腊文学。

总的看来,罗马文学缺少古希腊文学那种原始的旺盛的生命力和深刻的内容以及艺术形式上的独特性,其成就不及古希腊文学,而且罗马文学常常表现出一种颓废倾向。但它作为古希腊和后世欧洲文学的中介,在文学发展史上所起的承前启后的作用是不可忽视的。文艺复兴时期和17世纪的欧洲人,主要是通过罗马文学认识了希腊文学,在文艺复兴时期的史诗、悲剧、喜剧、抒情诗中,处处可以看出罗马文学的影响。17世纪的古典主义作家受到罗马文学的影响更远远大于受希腊文学的影响。

第二章 中世纪欧洲文学

第一节 概 述

古希腊是欧洲文明与文学的起源时代,中世纪则是欧洲文明的定型时代,是欧洲民族国家文学的形成和发展时代,其意义即使没有超过古希腊,至少也不亚于古希腊。长期以来,我们对中世纪的认识失之偏颇与片面。

中世纪一般指公元450年左右到15世纪,历时约一千年。"中世纪"语出文艺复兴时代,当时的思想家认为文艺复兴是向正常理智状态的复归,是古典文化的复兴,这一千年就是二者的过渡阶段或中间时期,是古代世界终结和欧洲的诞生。

一、社会概况

中世纪欧洲社会最重要的事件就是基督教最终成为欧洲占主导地位的意识形态,由此确立了欧洲文化的本质,并深刻地影响着欧洲文学。

公元529年,拜占庭皇帝查士丁尼封闭了最后一所异端学校,欧洲文化被围上了基督教的藩篱。一千年里,基督教思想渗透到了社会生活的各个层面,影响了不同阶层人们的思想意识，赋予了欧洲统一的思想背景，并与世俗政权相结合，形成了中世纪政教合一的社会结构。基督教教会对人们思想的束缚，对古典文化的摧残和在政治与经济生活中所造成的倒退，尤其是它所宣扬的禁欲主义，一直为人们所诟病。

中世纪是欧洲民族国家形成和发展的重要时期，现代欧洲的主要国家就奠基于这个时代，在中世纪才真正有了全欧洲的概念。公元4至5世纪，发生了欧洲历史上有名的日耳曼民族大迁徙，他们推翻了西罗马帝国，欧洲民族国家诞生了，欧洲社会进入了封建时期。

由封建领主制度派生出来的骑士制度，产生了中世纪社会生活中一支重要的力量，即骑士阶层。骑士阶层的出现，一方面满足了封建制度保护自己的需要，另一方面也满足了教会护法和传播教义的需要，同时体现了一种新的行为规范和伦理价值。

基督教、日耳曼大迁徙、骑士制度和中世纪后期城市的兴起构建了欧洲新的社会秩序和价值观念，也决定了中世纪欧洲文学的基本面貌和精神实质。

二、中世纪的欧洲文学

中世纪的欧洲文学是非常丰富和发达的，意义也非常重大。一方面它是欧洲各民族文学的起源时期，尤其是12世纪之后，摆脱了单一的拉丁语创作，用各民族自己的语言创作的作品蔚为大观；另一方面，它又是欧洲古典文学与文艺复兴文学之间承上启下的纽带。

中世纪欧洲文学的发展也是与时代同步的。伴随着社会历史的进程，教会文学、英雄史诗、骑士文学和市民文学先后登上文学的舞台，体现出独特的风采。

中世纪文学具有明显的寓意性和象征性，有的通过梦境或幻境来表现作家对社会人生的认识，有的要么用形象来象征抽象品质，要么把抽象品质拟人化，以达到道德教诲的目的。

1. 教会文学

中世纪的文学无一例外地打上了基督教文化的烙印，而教会文学更是完全以布道为宗旨，宣传基督教观念的一种文学形式。

教会文学最伟大的文学作品首推基督教经典《圣经》，它不仅是基督教的经典，更是一部深刻地影响了欧洲思想语言与文学发展的伟大文学作品，滋养着欧洲文学。

一般意义上的中世纪教会文学主要是指圣经故事、圣徒传、祷告文、圣者言行录、梦幻故事、奇迹故事、宗教剧等，作者都是教会僧侣。这些作品宣传上帝的权威，歌颂基督教的伟大，表现圣徒们传道殉教的思想品德和生平业绩，从而向广大信徒传播基督教的思想，这些作品公式化、概念化的倾向非常突出。虽然如此，教会文学在诗歌和戏剧方面仍然对世俗文学具有一定的启发意义。

2. 英雄史诗

日耳曼民族在大迁徙的几百年里，用民间口头创作的形式，把他们所崇拜的氏族英雄事迹与北欧的神话传说相结合，编成口头诗歌代代相传，后经文人整理，形成了他们原始氏族的史诗与神话。随着封建专制国家的建立，历史上的帝王和诸侯的事迹也成为素材，经过文人学者的加工，反映了历史发展到这一阶段他们共同关心的社会问题，形成了封建国家的史诗。这两种倾向由于年代的先后，分别被称为早期英雄史诗和晚期英雄史诗。英雄史诗孕育和产生在10世纪前后，繁荣于12世纪，13世纪渐趋衰落，至14世纪初结束。

早期英雄史诗多以神话或历史事件为依据，多方面地反映了氏族社会末期蛮族部落的生活，更加突出英雄的悲剧性格，这时他们基本上还没有封建化，一般也没有受到基督教的影响。日耳曼人的《希尔法德布兰特之歌》（流传于8世纪），盎格鲁·撒克逊人的《贝奥武甫》，以及冰岛的"埃达"和"萨迦"是其代表作。

《贝奥武甫》是流传至今最完整的一部早期英雄史诗，是古代日耳曼人文化的结晶，也是继古希腊古罗马之后，欧洲最早一部用本民族语言写成的英雄史诗，它是英国文学中第一部重要作品。这部史诗讲的是英雄之死和民族之死这个古代日耳曼人最为关切的问题，歌颂了有恩必报、入海斩蛟、登山屠龙、临危不惧、奋勇当先的民族英雄，也反映了血仇必报和氏族内部的矛盾和氏族间的战争。对宫廷宴席礼仪的细致描述和对盎格鲁——撒克逊时期英国社会习俗、观念的深沉思索，给虚构的史诗赋予了现实主义的色彩。

后期英雄史诗是封建制度发展以后的产物，这类作品也是以历史人物和传说中的人物为主角，但不是部落英雄，而是封建君臣关系；捍卫的不是部落的荣誉观念，而是封建国家的团结与进步；与之战斗的不是妖魔鬼怪，而是卖国贼、异教徒和上帝的叛逆者，氏族社会的价值观念完全为基督教思想所取代。这类史诗反映的是封建社会早期人们对国家团结、社会安定的愿望，符合历史的发展趋势。

后期英雄史诗最重要的作品是产生于12世纪初法国的《罗兰之歌》，这部作品属于法国英雄史诗中的查理大帝系，并将忠臣系、叛逆系融为一体。它叙述的是法兰西皇帝查理出征西班牙时，英勇善战的罗兰被叛逆重臣甘尼仑出卖，遭到沙拉古索首领马西理的40万大军伏击，英勇牺牲。查理大帝回师复仇，痛歼敌军，班师凯旋后将甘尼仑五马分尸而亡。全部作品分三个部分，第一部分写甘尼仑叛变经过，第二部分写罗兰率两万骑兵全军覆没，第三部分写审判甘尼仑。

《罗兰之歌》成功地塑造了几个性格鲜明、有血有肉的人物形象，在曲折的事态发展中通过人物的言行，层层揭示人物的内心世界和丰富的性格，情感充沛，风格纯朴自然庄严。

后期英雄史诗中最著名的还有西班牙的《熙德》（约1140年），德国的《尼伯龙根之歌》（约1200年）和古罗斯的《伊戈尔远征记》（1185—1187）。

3. 骑士文学

骑士文学是骑士阶层生活的写照和理想的抒发，从文学的角度来说，中世纪的文学类型中骑士文学的影响对后世是最大的。

骑士是产生于中世纪的一个特殊阶层。骑士们一般出身于中小地主家庭，受过教育，信仰基督教，他们的行为理念是"忠君、护教、行侠"，因此"英勇"成为衡量骑士的第一个重要准则。第二个重要准则是对爱情的态度，这也是骑士文学最感人、最有价值的来源。一个理想的骑士，必然忠实于爱情，愿为自己所爱的人赴汤蹈火。他把所爱慕的女子看做"爱"与"美"的圣洁化身，是拯救自己的力量，骑士的这种世俗之爱（很多时候还是对有夫之妇的爱）与基督教的禁欲主义形成了鲜明的冲突，体现了对个人情感的尊重。

概括而言，骑士文学描述的是英雄和美人的故事，表现的是英勇和爱情的梦想；从体裁的角度分为骑士传奇和骑士抒情诗，12和13世纪是骑士文学的繁荣时期。

骑士传奇的主体大都是骑士为了爱情、荣誉或宗教信仰，表现出冒险游侠的精神以及对爱情的追求。骑士传奇大体可分为四组：（1）亚瑟王和他的圆桌骑士；（2）查理大帝和他的12贵族；（3）亚历山大大帝的传说；（4）围攻特洛伊城的故事。

亚瑟王和他的圆桌骑士是英国骑士文学中的主要内容，然而这一题材里写得最好的是法国人克雷提安·德·特洛阿（12世纪），他的《朗斯洛，或坐刑车的骑士》（1165？）是其中最好的一篇，骑士精神在这里得到充分和形象的展示。《高文爵士和绿衣骑士》（14世纪）是英国骑士故事中写得最好的一篇，被誉为"最精美的诗体传奇"，属于亚瑟王传奇一组，作者佚名。在这个传奇中，高文爵士经过了三个考验：勇气（砍头）、纯洁（女主人的勾引）和重诺（交换所得）。这也是成为一个合格的骑士的三个最重要的考验，但他在最后的关头功亏一篑。全诗人物形象生动，叙述结构精巧，想象丰富生动，真实地再现了中世纪的生活。

12世纪下半叶，法国作家贝鲁尔和托玛各自依据先前的传说写了一部《特里斯丹和绮瑟》，都有3 000行，不久就引出了一系列模仿的作品，在欧洲各国广为流传。这个故事肯定骑士的爱情，把它描写成叫人生死相许的强烈激情，真挚动人，纯洁健康，而又富于牺牲精神。魔药象征爱情不可遏止的力量，金雀花象征爱情的永恒。在这两个意义上，它已具备了现代情爱小说的基本内核。

骑士抒情诗的中心是法国南方的普罗旺斯，法国南方保留着古代文化和对于古代文学艺术的回忆。普罗旺斯的诗人被称为行吟诗人，普罗旺斯抒情诗植根于民间诗歌传统，民间诗歌大都涉及爱情题材，所以普罗旺斯的抒情诗在诗法、曲调、表现技巧上都可以看到这一影响。但它所描写的爱情是骑士的"典雅爱情"，表现的种类有写骑士在乡间追求牧羊女的"牧歌"，与贵妇幽会、黎明惜别的"破晓歌"，以及用对话方式写典雅爱情的"辩论诗"等其他形式。

"爱情"是普罗旺斯诗歌的主题，一种是理想的柏拉图式的爱，一种是世俗的感性的爱。它讴歌骑士之爱，描写典雅的品德，通过爱情完善自身，强调性爱的重要，突出妇女在爱情上的权力和地位，一反男尊女卑，展示了一种前所未有的爱情观。

前期普罗旺斯风格比较明快，但从12世纪末开始，追求稀奇韵律的形式主义的倾向日益严重，出现了所谓"隐晦风格"。

普罗旺斯诗歌达到了高度繁荣，但繁荣期是短暂的。从1209年开始，法国北方封建领主以讨伐异端的名义进攻普罗旺斯。战争持续了二十年左右，普罗旺斯的文化受到强烈的打击，抒情诗歌从此衰落，许多普罗旺斯诗人逃亡国外，把抒情诗的传统带到了意大利，一些意大利诗人开始用普罗旺斯语写作诗歌，从"西西里诗派"、"温柔的新体诗"到但丁、彼特拉克都受其熏陶。

骑士文学全力歌唱现世的生活与爱情，一反基督教会的思想桎梏，展示广阔的五光十色的世界和激动人心的爱情追求，在欧洲文学史上确立了爱情这一源远流长的文学传统和女性颂歌的基本格调。

骑士传奇在体裁结构上为现代长篇小说打下了基础，人物与环境的冲突，人物内心活动与情感的描绘，丰富的想象和虚构事件的能力，人物性格多层次的揭示，使它成为欧洲小说发展史上的不可或缺的重要阶段。

骑士抒情诗创造了披露个人情感与内心感受的抒情诗，重视技巧，诗节结构严谨，格律形式丰富多样，据说有一千多种，对欧洲文艺复兴时期的诗歌产生了深远的影响。

4. 市民文学

西欧各国从11世纪起，由于手工业和农业的分工、商业的发展，产生了城市，形成了从事工商业的市民阶级，城市的发展经历了三个阶段。欧洲封建社会开始进入它的全盛时期，随着城市的发展产生了城市文化，产生了非教会的学校和反教会的异端运动，市民为了自己的利益与封建主和教会展开斗争，教会在文化上的垄断地位受到了挑战和削弱，非教会的世俗文化日益发达，于是反映市民思想情感的文学艺术就应运而生了。

与宗教文学的超验性相比，市民文学具有明显的世俗性；与英雄史诗的神话传说相比，市民文学具有明显的现实性；与骑士文学的浪漫激情相比，市民文学具有明显的冷静与嘲讽；与前三种文学类型中高大的主人公形象相比，市民文学中的主人公则是平凡普通的人物，其特有的幽默更是其他三种文学样式所不具备的。在文学样式上市民文学也有新的创造，韵文故事和讽刺叙事诗都是新的体裁，市民戏剧在内容和人物上则与传统戏剧迥异其趣。因此市民文学的出现，极大地丰富了中世纪文学的版图，并且将中世纪的文学进一步推到了文艺复兴运动的门槛前。

欧洲中世纪早期城市最发达的两个国家是意大利和法国。意大利城市文学的突出代表是"温柔新体诗"。"温柔新体诗"与普罗旺斯诗歌有一脉相承的关系，因但丁在《神曲·炼狱篇》第24歌中的定义而得名，其创始人和代表诗人有圭多·圭尼泽利（1240—1276）和青年时期的但丁。"温柔新体诗"的主题是歌颂爱情，但这种爱情已不是普罗旺斯抒情诗里骑士的"典雅爱情"，它把爱情从单纯的肉欲升华到"精神恋爱"的高度，成为超然物外和神化了的高尚情操，并进一步将其与宗教信仰和谐地交融在一起，从新的角度阐发爱情的本质，爱情同高贵思想的关系，更具真实的情感和生动的形象，体现了中世纪城市文学中的现实主义倾向，语言流畅，构思富于想象力，诗风温柔清新，达到了中世纪抒情诗的高峰，为意大利文艺复兴时期的诗歌开辟了道路。但丁的《新生》是"温柔新体诗"的典范。意大利中世纪城市文学中具有世界意义的作品是《马可·波罗游记》(1298)。马可·波罗 (1254—1324) 于 1275 年到达今内蒙古境内，在华 18 年，遍游各地，回国后在狱中口述他在中国和亚洲的历险生活和所见所闻。第一次全面向西方介绍了中国和东方神秘国度的政治、经济、社会风貌和风土人情，包括婚丧礼仪、奇闻轶事，叙述风格清新刚劲。它的出版激起了欧洲人对东方的兴趣，对开拓欧洲人的眼界和文艺复兴的海外冒险起到了重要推动作用。当然，也有学者对《马可·波罗游记》的真伪提出质疑。

法国中世纪文学最重要的成就是大量以列那狐为共同主人公的故事诗，即所谓"列那狐故事诗"。以动物为主人公的寓言和童话早在古希腊时代就有了，但列那狐故事诗主要是在法国民间故事的基础上发展起来的，其思想内容与中世纪法国社会生活紧密相关，具有明显的讽刺性和喜剧性。列那狐故事主要有四部，其中影响最大的是《列那狐传奇》，传奇的主要角色是列那狐和伊桑格兰狼，12 世纪初在西欧各国广泛传播。它假托写动物世界的故事，反映的却是现实生活中弱肉强食的社会。这个动物世界的最高统治者是狮子诺布勒，它横行霸道，代表最高封建统治者；伊桑格兰狼和狗熊勃仑象征仗势欺人的封建廷臣，为非作歹；主教贝尔是一头蠢驴。这些形象构成了封建上层社会，由此可以看出作者鲜明的批判态度。列那狐的形象则比较复杂，它与狮、狼、熊的斗争是上层社会内部的利益竞争，他对小动物的欺骗掠夺，则是上层社会对下层社会犯下的罪行。他一方面是智慧的象征，另一方面也是凶残的象征。这个形象的双重性体现了社会的复杂性，对后世法国文学的人物塑造产生了较大的影响。《列那狐传奇》内容丰富，生活气息浓厚，情节生动，形象鲜明，剖析社会现象入木三分，具有独特的艺术魅力。

《玫瑰传奇》也是法国城市文学中一部重要作品，它由两位诗人的创作构成。第一位是吉约姆·德·洛里（？—1238），未完成其作品就去世了，第二位是让·德·墨恩（1250？—1345？），于三十多年后续完全诗，共 22 817 行。从艺术形式上看，《玫瑰传奇》属于 13 世纪流行的一种隐喻诗，将抽象概念和感情人格化，人物均以表示抽象品质或情感的名词命名。前半部写诗人梦游花园，爱上玫瑰，爱情、殷勤、直爽支持他，嫉妒、谣言、危险阻拦他；后半部写诗人克服重重阻碍，终于摘到心爱的玫瑰。这部作品并没有曲折的故事情节，相反倒有大段大段的说教，而前后两部分的观念又大相径庭。即使如此，这部作品仍然具有较高的价值，一方面后半部的思想观点走在了时代的前列，另一方面它的梦境和寓意手法也开了法国文学史的先河。

法国最早的中世纪市民喜剧是13世纪在阿拉斯城市上演的，真正的世俗戏剧14世纪才出现，百年战争之后，在15世纪得到了长足发展。主要的戏剧样式有戏剧独白、道德剧、笑剧、愚人剧，其中最受欢迎的是笑剧，它运用多方面有趣的题材，直接反映现实生活，诙谐、讽刺、笑闹、生动活泼、人物性格鲜明。来自民间的语言丰富多彩。《巴特兰律师》(1470)是中世纪最著名的一个笑剧，从剧情和人物性格而言，也是中世纪最完善的一部笑剧。律师巴特兰到布店里花言巧语，从布商那里赊到了一些布料，当布商到他家取款时，他妻子声称巴特兰已病倒几周，从未出门。巴特兰也巧妙地加以配合，装疯卖傻，胡言乱语，布商只得离去。布商向法院起诉一牧童偷吃了他的羊，巴特兰教唆牧童在法庭上一律以学羊叫来回答问题。牧童官司获胜，巴特兰向牧童索取报酬时，牧童仍以"咩、咩"的叫声回应，幕落时"一个无可奈何的苦笑从他紧闭的嘴边流露出来"。在这个骗上加骗的故事里，"狡黠"成为唯一的审美对象，它意味着一个崇尚武力和强权的时代已经过去，人们将依靠自己的智慧去迎接新的时代。

第二节 但 丁

一、生平与创作

但丁·阿里盖利（1265—1321）是中世纪与文艺复兴过渡时期的伟大诗人，是欧洲文化转型时期的杰出代表。

但丁出生于意大利佛罗伦萨城一个破落的小贵族家庭，他认为自己是古罗马人的后裔，所以对古罗马帝国的辉煌一直非常向往。但丁生平有两件最重大的事件对他的思想和创作产生了至关重要的影响，第一件是他对贝亚特丽采的爱。根据史实记载，贝亚特丽采原名贝契，父亲是佛罗伦萨的一名银行家，但丁9岁时第一次遇见她，"从那时起，爱神就统治了我的灵魂"（《新生》）。四年后，但丁再次见到她，"使我似乎看到幸福就近在身边"（《新生》）。然而后来贝亚特丽采下嫁他人，并在25岁时因病身亡。这段恋情直接导致了《新生》的写作。在《神曲》里，贝亚特丽采作为信仰的象征，引导但丁游历天堂，使但丁认识了上帝的真理，贝亚特丽采成为但丁一生许多诗篇灵感的来源。第二件是但丁被放逐。为了使意大利恢复昔日罗马帝国的荣光，但丁积极投身于佛罗伦萨的城邦政治生活。1300年他当选为行政长官，他不顾教皇博尼法齐乌斯八世的威胁，坚决反对教皇干涉内政，批准对教皇派来的间谍的判决，放逐拥护教会的对立党派的领袖。1302年代表教会的党派夺取了佛罗伦萨的权力，他们以反对教皇和贪污的罪名判处但丁终身流放，最后但丁客死他乡。近二十年漂泊不定的流放生涯，使但丁广泛接触意大利黑暗的社会现实和各个阶层，加深了爱国思想，视野扩大到意大利和全人类，为了给意大利人民指出政治上、道德上复兴道路的历史使命，但丁创作了《神曲》。

在但丁的文学创作中，《新生》（1292?）是除《神曲》之外最重要的作品，也是"温柔新体诗"的代表作品，它抒写对贝亚特丽采的爱情，包括31首抒情诗，并用散文连缀为一体，说明各首诗的缘起和意义。诗集歌颂了贝亚特丽采"举世无双的美艳"，"这么美又这么纯洁"，倾诉了少年时代对贝亚特丽采的爱慕，描述了爱情中的痛苦和由贝亚特丽采的死引起的悲哀，唱着"凄切的短歌"。《新生》还描写了但丁为转移自己的爱情而产生的对另一个淑女的爱，最后但丁又把爱情倾注到已仙逝的贝亚特丽采的身上，对她满怀崇敬之心。

《新生》没有触及重大的社会问题，只是作者最隐秘的内心情感的抒发，并带有中古文学的神秘色彩。他继承了"温柔新体诗"诗人们描写"高雅爱情"的传统，但又超越了这一传统。贝亚特丽采不仅是诗人的恋人，更重要的是，她还是温存与美德的化身、诗人灵魂的拯救者，甚至被比喻为"耶稣"，这部作品把对女性的神化推到了顶峰。在这部作品中，但丁把梦幻、寓意和象征交织在一起，文笔细腻优美，自然清新，深入剖析了自己的内心世界。

在放逐初期，但丁写了3部学术著作。《飨宴》（1304—1307）用意大利语写成，就当时人们所关注的文化艺术问题阐述了自己的见解，为意大利语学术性散文奠定了初步基础。《论俗语》（1304—1308）用拉丁文写成，阐述了俗语的优越性和形成标准意大利语的必要性，对解决意大利的民族语言和文学用语问题起了重大作用，是最早的一部关于意大利语及其文体和诗律的著作。《帝制论》（1310—1312）是一部政论性著作，第一次从理论阐述了政治和宗教平等、政教分离、反对教皇干涉政治的观点，阐述了人类社会的最高目的和尘世生活的价值，具有人文主义思想。

但丁是那个时代最博学的人之一，在拉丁文、诗学、修辞学、政治学、神学、音乐、绘画、哲学、语言学等领域都有高深的造诣。

二、《神曲》

《神曲》是但丁最伟大的作品，欧洲文学史上一部划时代的巨著，也是中世纪一部百科全书式的作品。

大约在1307年前后，经过长期酝酿和精心构思，但丁开始创作《神曲》，直到他逝世不久前才完成，历时十余年。《神曲》采用中古流行的梦幻文学形式，以但丁自己为主人公，叙述他在35岁那年，在一个黑暗的森林里迷了路，黎明时分来到一座洒满阳光的山脚下，忽然被豹、狮、狼（分别象征淫欲、强暴、贪婪）挡住去路。此时，古罗马诗人维吉尔出现了，他受贝亚特丽采的委托，前来解救但丁，引导他游历地狱和炼狱。在炼狱的地上乐园，但丁与贝亚特丽采相遇，后者又引导他游历了天堂。《神曲》就由这三个游历过程构成。

地狱形似一个大漏斗，底在地球中心点，口在北半球，愈向下愈小，直到地心，共九层。罪人的灵魂按其生前罪孽的大小，分置于不同层，接受不同的惩戒，愈往下罪愈重，惩罚愈重。第一层是古代异教徒，在"候判所"等待上帝的裁判，其中有许多古代圣哲，那里景色美丽，充满光明；从第二层开始才是真正的地狱之旅，这里住着犯贪色罪的灵魂；第三层是犯饕餮的灵魂；第四层是贪婪和挥霍无度的灵魂；第五层是生前愤怒的灵魂；第六层是邪教徒；第七层是暴君、暴徒和生前施暴力的灵魂；第八层分十条沟，是生前惯于欺诈的灵魂；第九层是卖国卖主的叛徒。

《地狱篇》的主要题材是人类的罪恶及其所受的惩罚，但丁对人类罪恶的分类和定性主要依据的是基督教和亚里士多德的伦理学观念。对罪与罚的描写则显示出但丁丰富的想象力和出色的艺术创造力，是《神曲》里最富于现实性和艺术价值的部分。

炼狱在苍穹之下，环绕着一个山腹，分为三个部分：炼狱外部、炼狱本部和炼狱顶部，即地上乐园。炼狱本部为环山腰的七层圆路，愈在上层的直径愈小，从下层到上层有阶梯，生前犯有过错但可以得到宽恕的灵魂，指傲慢、忌妒、易怒、怠慢、贪财、贪食、贪色七大罪恶分别在那里悔过自新。分类的关键在于一个"爱"字，有的反常，有的欠缺，有的太过，罪恶洗刷干净后，便可到地上乐园，那时便可以听到巨大的欢呼声："光荣将归于在天的上帝！"

炼狱在轮廓上比地狱简单，是一个秩序井然的基督教地区，但丁本人也在这里逐步洗涤了罪恶，层层飞升，最后在地上乐园与贝亚特丽采相会。维吉尔完成了他的使命，贝亚特丽采接替维吉尔，引导但丁游历天堂，使他最终完成他的历史使命。

在贝亚特丽采的引导下，但丁游历了九重天，这种游历与前两个部分不一样，从此天过渡到彼天，是在贝亚特丽采目光的引导下"立即到达的"，这一过程也是贝亚特丽采以及天堂中其他居住者向但丁宣读真理的过程。在最后一层的天府，但丁得以一见上帝之面，一窥三位一体的神秘。贝亚特丽采告诉但丁，最高天由光明、理性和爱构成。

与前两篇相比，《天堂篇》更加抽象，大段大段地探讨苦涩深奥的神学与哲学理论，即使如此，《天堂篇》仍然具有现实主义的色彩，但丁的个人生活与意大利社会问题在其中占重要地位。

《神曲》是但丁写于新旧时代之交的伟大诗篇，是人类由黑暗走向光明之际一个伟大诗人的心灵独白。正如但丁所说，他是为寻求自由而开始其三界之旅的，"从佛罗伦萨到永恒的自由国度"，"在我这人类的脆弱的肩上，承担着多么重大的题目"。全诗中三个最重要的人物：维吉尔、贝亚特丽采和作者本人构成了但丁对人类罪恶、苦难和拯救的深刻认识与结论，由个人命运扩大到民族命运，由民族命运上升到人类命运。20年被放逐生活的惨痛经历和思想感受最终在对真理与善的追求中获得了圆满解脱，"这都是由于那爱的调节，是爱也，动太阳移群星"。人类经历了迷惘、失误和痛苦，在理性的指引下，经历信仰而到达到天堂明朗、光照的幸福境界，这种喜悦是沐浴神恩的喜悦，这就是人类的希望和机会。

对封建统治阶级及教会僧侣阶层的批判是《神曲》思想内容最重要的组成部分之一。正是在封建统治阶级的摧残下，意大利才变成了一个"痛苦的住所"，"暴雨中没有舵工的小船"；如同号令天下的女王，现在变成了"一个娼妓"；在它的境内没有"一块干净的和平之地"，罗马哭泣着，"像一个孤零的弃妇"。对这样一个社会，但丁认识到"一天比一天丧失道德，似乎已走上灭亡的路了"。但丁既对鱼肉人民的豪门贵族和贪官污吏提出了严峻的批判，又义正词严地对给意大利带来祸害的法国卡佩王朝后裔那不斯国王等人的恶德败行给予猛烈的抨击，对城市市民的贪财好利也给予了揭露，"暴发户和突来的财富造成了骄傲的奢侈"。

但丁对教会的批评是最为尖锐的，对近代教会及其全部工作加以谴责，使他成为宗教改革的先驱。在他看来，当时的教会正在经历一个命中注定的堕落过程，那些做圣职买卖的"都倒栽在石缝里"。因为他们的贪心，"使世界变为悲惨，把善良的踏在脚下，把凶恶的捧在头上"。但丁把教皇，尤其是腐败的逢尼法西第八及克乃门德第五比作"一个无耻的娼妓"，牧师和教徒都因追求金钱而走入邪路，以教皇为主的僧侣阶级以"基督的名义做着买卖"。在但丁的笔下是一群凶恶拙劣、忘恩负义、非愚即狂的恶徒，这些人必将遭受天谴。

但丁认为中世纪最大的社会弊端就是教会权力与世俗权力之间混淆不清，这可以说点到了中世纪社会结构的症结。

作为新旧时代之交的伟大诗人，但丁的《神曲》在思想上具有明显的二重性，这种二重性不是简单的进步与落后，准确来讲，这种二重性应该称为中世纪性与近代性，它艺术地表现了两个时代的矛盾与冲突。

《神曲》是但丁从政治上、道德上探索意大利民族的出路，揭露和批判中世纪晚期意大利社会的黑暗现实，表现人类堕落的诗篇。这一精神使但丁远远地走在同时代任何一位作家的前面，对文艺复兴及后来的作家在思想和道德观念上给予了深刻的启示。但是但丁的评判主要还是依据基督教教义，《神曲》的整体结构对应着基督教体系中的三个关键词："地狱"对应"苦难"，"炼狱"对应"忏悔"，"天堂"对应"拯救"。但丁反对教会实行的愚昧主义，推崇人的理性；把维吉尔奉为自己的导师、"智慧的海洋"；颂扬尤利西斯"追求美德和知识"，但又把信仰置于理性之上。但丁一方面同情弗兰采斯卡与保罗的爱情，一方面又使他们在地狱里受惩罚，并把苦行禁欲派的始祖圣芳济安排在天堂里。在《神曲》里，但丁提出了宗教改革的伟大思想，否定教会的中介作用，主张教徒个人的理智指引，但他并不想推翻整个基督教会。在政治观点上，他渴望祖国和平统一，同时又把这种爱国主义的理想寄托在中世纪的政治力量的代表——神圣罗马帝国皇帝身上。在人生观上，理性与感性、意志与情感相对立。一方面把追求生命的权利以上帝的名义还给每一个人，并作为一种神圣职责，另一方面又反思现世的"虚妄欢乐"，张扬信仰获救飞升天堂的人生终极观念。

《神曲》是中世纪文学的压卷之作，中世纪文学最辉煌一页，在艺术上具有相当高的价值。《神曲》对三界的描写构思明确，想象丰富，色调分明，由实而虚，引人向上，仿佛进入了一座哥特式大教堂。由于受中世纪基督教观念和美学思想的影响，《神曲》的结构严密完整，以3的倍数和10的平方（100）为各篇定量的依据，使全诗各部分非常匀称，具有一种独特的造型美，因此歌德称但丁是"具有造型艺术感的天才"。但丁擅长刻画物态与情状，运用他丰富的想象力，描绘出种种惊心动魄、神奇独特、细腻逼真、栩栩如生的场面、形象、性格、感情和氛围。在进行描写时，但丁善于运用生动贴切、来自大自然和日常生活中的比喻，使这部史诗具有鲜活的现实氛围。如魔鬼用铁耙子将一罪人压到沥青下面，"和厨娘用筷子把猪肉压到锅底没有两样"。描写魔鬼把长牙刺到犯人的肉里时，就仿佛"一只老鼠压在一群凶猫的爪下了"！这些描写也留给读者想象的空间,增加了阅读的兴趣,实现了生活、思想与艺术的完美结合。在艺术形式上,但丁采用了民间诗歌流行的三韵句的格律,即每段3行,每行由11个抑扬格音节构成,通过连锁押韵(ABA、BCB、CDC……)的方式把各段衔接起来,最后用一个单行诗句煞尾。

但丁是意大利第一位伟大的民族诗人,《神曲》是中世纪第一部用本民族语言写成的文学作品,对文艺复兴时期欧洲各民族文学的发展具有重要作用。但丁对欧洲文学更重大的意义还在于他写出了第一部真正的基督教史诗,用基督教的思想框架去理解和描写人类的命运,把"罪恶"与"拯救"作为文学的重大主题,给欧洲作家以深刻的启迪。弥尔顿的《失乐园》、歌德的《浮士德》都是这一传统中的不朽之作。另外,但丁用文学作品的形式来反思人类的罪恶,探索人类的命运,展望人类的未来,使但丁成为后世欧洲作家精神上的导师,不少伟大作家都在但丁所开创的这条道路上前进。但丁的苦难意识和拯救意识深刻地烙印在他们的作品中,构成了欧洲文学独特而深厚的思想。

age
第三章 文艺复兴时期的欧洲文学

第一节 概 述

"文艺复兴"一词源于法语，意为"再生"、"复兴"。文艺复兴是14世纪至17世纪初在欧洲出现的以复兴古代文化为旗号的资产阶级反封建、反教会的思想文化解放运动，它是西欧由封建社会向资本主义过渡这一历史变革在意识形态上的反映。作为文艺复兴运动一个组成部分的人文主义文学，是这一时期欧洲文坛上占主导地位的文艺思潮。文艺复兴是欧洲历史上的一个特殊阶段，也是人类历史伟大的变革时期。它对欧洲乃至人类社会历史的发展，产生了极其重大而深远的影响。

一、文艺复兴的产生和人文主义文学的特征

14—17世纪是欧洲从封建社会向资本主义社会转型的时期。从14世纪开始，欧洲封建社会内部发生了深刻的变化。由于生产力的发展，引起了生产关系的改变，出现了资本主义的萌芽。意大利是资本主义的发源地。在这时，其工业和科学技术得到了很大发展，出现了脚踏车和纺织机，水力、风力开始用于机械发动，手工工场、银行业和商业都有了很大的规模，因而促进了

资本主义经济的发展。到了15世纪，资本主义生产关系在英国、法国、西班牙、葡萄牙等国相继出现。由于地圆说的影响逐渐扩大，造船和航海技术日益进步，从中国传入欧洲的指南针被普遍采用，为探索新航路创造了条件。特别是15世纪末到16世纪初，欧洲通往印度新航线的开辟和美洲新大陆的发现，为资本主义的发展提供了新的场所。随着资本主义生产关系的产生和发展，社会矛盾也日益尖锐激烈。这一时期，先后在法国、意大利、英国、德国发生了规模较大的反封建压迫的工人、农民起义，打击了黑暗的封建势力，促进了资本主义的发展，这就为欧洲文艺复兴和宗教改革奠定了物质基础。同时，11—15世纪是欧洲各民族君主国形成时期，英法王权不断加强，各国民族语言与民族意识逐渐形成，市民阶级日益壮大并在社会中发挥越来越重要的作用。各国君主在市民阶级的支持下，开始了教会民族化的历程，同罗马教皇进行斗争，促使教皇的权威迅速衰落。加之天主教会的日益腐败与堕落，引起了人们的普遍不满。在新兴资产阶级的领导和推动下，一方面出现了抨击教会的人文主义思潮，另一方面又出现了改革教会的"异端"运动。同时，中世纪的经院哲学因不能满足社会经济文化的需要而走向衰落，世俗文化进一步发展起来，资本主义生产的发展需要大批世俗人才，因而新兴资产阶级提出了世俗教育的口号，大力发展世俗文化。这样，从14世纪开始，文学、艺术等世俗文化便突破宗教神学的禁锢，成为资产阶级新文化兴起的标志。此外，在转型期，人们的生活方式和价值观念也经历着急剧的变革，资产阶级的生活方式和价值观念开始形成。与中世纪相比，这一时期的社会生活，尤其是城市世俗生活反映出一种新的风貌，中世纪的骑士精神，注重门第与等级的价值观念已受到新兴资产阶级的现世主义和个人主义的冲击。而在城市居民中，对基督教的来世天堂观念日渐淡薄而对现实美好生活表现出了极大的热情。所有这些变革与变化，都为文艺复兴运动的兴起提供了条件、奠定了基础。

中世纪欧洲封建统治者的思想体系是宗教神学，一切上层建筑都为神学服务，文化科学完全成了"神学的奴婢"。资产阶级要推翻封建主义和宗教教会的精神统治，就必须反对这种对"神"的迷信，而强调"人"的作用。但这时，资产阶级刚刚登上历史舞台不久，还来不及形成自己的思想武器。他们只好把目光投向古代，希望从古代文化中去寻找反封建神学的武器，而古希腊罗马文化正是与宗教神学无关的古代文化的典范。1453年，东罗马帝国首都拜占庭被土耳其人攻陷，那里的大批学者携带大量古希腊文物进入西欧，逃到意大利讲学，同时在罗马废墟中又发掘出许多古代雕像。从这些古代文化、文物中，资产阶级发现了不少可以与封建神学相对抗的积极因素。于是，他们把古希腊罗马文化当成批判宗教神学的现成武器，声称要把湮没了的古典文艺"复兴"起来，并积极发掘、整理古代文艺作品，进而掀起学习、研究古代希腊罗马文化的热潮。正如恩格斯所说："拜占庭灭亡时抢救出来的手抄本，罗马废墟中发掘出来的古代雕像，在惊讶的西方面前展示了一个新世界——希腊的古代；在它的光辉形象面前，中世纪的幽灵消逝了，意大利出现了前所未有的艺术繁荣。"资产阶级打着"回到希腊罗马去"的旗帜，目的是要建立适应资本主义生产的新思想新文化。中世纪后期掀起的这场轰轰烈烈的复兴古代文化的运动被称为"文艺复兴"。但实质上，这场运动并非古典文化的单纯复兴，而是资产阶级对古代文化的继承、利用和创造，是用以摧毁封建神学，创立资产阶级新文化的一种手段。古典文化仅是资产阶级新文化的借鉴，是流，而不是源；新文化的社会渊源应是新兴资本主义关系的产生和发展，是这个时期阶级斗争和科学实践的反映。

在这种历史条件下，资产阶级从内外两个方面，采取两种形式向反动教会和封建势力展开了全面进攻。经过长期酝酿，发生在16世纪初的以德国僧侣马丁·路德（1483—1546）为代表的宗教改革运动，是从教会营垒内部进行的伟大革命。它与稍晚出现的托马斯·闵采尔（1490—1525）所领导的农民起义一样，沉重地打击了封建教会势力。而文艺复兴运动是新兴的资产阶级以世俗的形式向封建主阶级思想文化体系发动的一场大冲击。文艺复兴并不仅仅是一次文学艺术的革新运动，而是由文学艺术的复兴集中体现着一次全面的文化革新运动。这场运动始于意大利，后发展到德、法、英、荷等国家，几乎波及人类文化的各个领域：宗教信仰、伦理道德、风俗习惯、文学艺术、哲学教育、科学技术、政治经济等，因而具有划时代的意义。恩格斯指出："这是一次人类从来没有经历过的最伟大的、进步的变革，是一个需要巨人而且产生了巨人——在思维能力、热情和性格方面，在多才多艺和学识渊博方面的巨人的时代。"在这场运动中，涌现出一大批杰出的代表人物，他们对人类文化作出了重要贡献。

人文主义是文艺复兴的指导思想，是新兴资产阶级在反封建反教会斗争中形成的新的思想体系。"人文主义"一词是19世纪初才出现的，但其渊源应追溯到古希腊罗马时代。它起初是指当时那些以"人"为中心与教会以"神"为中心相对立的世俗性学科，后来被用来标志当时资产阶级的整个世界观。其主要内容包括以下几个方面：

（一）用人权人性反对神权神性

中世纪天主教会极力宣扬神权高于一切、主宰一切，而人是渺小无力的，只能听任神的摆布，按神的旨意办事，做上帝的奴仆。人文主义者则与之相反，他们强调以人为中心，反对以神为中心，充分肯定人的价值和尊严，热情歌颂人的智慧和力量，认为人可以主宰一切、创造一切。

（二）提倡个性解放，反对禁欲主义

中世纪教会鼓吹禁欲主义，宣扬来世观念，认为人的一切感情都具有邪恶的性质，人的肉体要腐烂，而灵魂是不灭的。所以人们活在世上必须清心寡欲，悔过赎罪，以求死后灵魂进入天堂，获得来世的幸福。人文主义者则坚决反对禁欲主义，积极提倡个性解放，肯定现实生活，主张人人都有追求财富、爱情、友谊等个人幸福的权利。

（三）反对蒙昧主义，崇尚理性和科学

封建教会为了压制和麻痹人民的思想，大肆宣扬蒙昧主义和神秘主义，实行愚民政策，垄断教育。他们把基督教义作为唯一的思想权威，把《圣经》当做唯一的真理，从而堵死了人们追求知识、探索真理的通道。人文主义者则与此针锋相对，他们反对盲从迷信，重视人的聪明才智，鼓吹理性，主张发展科学文化，宣扬"知识就是力量"，"知识就是快乐的源泉"。把攻击的矛头直接指向垄断文化教育的天主教会。

（四）拥护中央集权，反对封建割据

这是人文主义者主要的政治思想。封建割据，战乱不休，严重地阻碍了社会生产力的发展。新兴资产阶级为了发展经济，实行自由贸易和对外开放，迫切需要有一个稳定的政权和统一的国内市场。而他们自身的力量还不够强大，不具备夺取政权的条件，因此，他们企图通过所谓"英明君主"建立统一的国家，削弱诸侯内乱，镇压人民起义，保护资本主义的发展。

总之，人文主义作为新兴资产阶级的世界观和思想武器，对阻碍生产力发展的封建束缚和宗教观念起着强大的冲击作用。它使人们的思想从封建神学的桎梏下开始获得解放，给宗教改革运动的兴起，自然科学和唯物主义的发展开辟了道路。但是，人文主义者所肯定的"人"，是抽象的人，实际上是资产阶级自身，他们所宣扬的人权、人性和个性自由，都是资产阶级个人主义的人生观。因此，人文主义从一开始就带有明显的阶级局限性。

人文主义文学的基本特征：文艺复兴时期欧洲各国有三种文学同时并存，即人文主义文学、民间文学和封建文学。而当时具有进步意义的人文主义文学以其磅礴的气势占据了文坛的主导地位。人文主义文学的巨大成就带来了欧洲文学史上一个新的繁荣时期。"意大利出现了前所未见的艺术繁荣，这种艺术繁荣好像是古典时代的回光返照，以后就再也不曾达到了。在意大利、法国、德国都产生了新的文学，即最初的现代文学；英国和西班牙跟着很快达到了自己的古典文学时代。"文艺复兴时期的文学是继希腊文学以后的欧洲文学的又一次高峰，它为近代欧洲资产阶级文学奠定了坚实的基础。人文主义文学是文艺复兴运动的一个重要的组成部分，它自诞生之日起，就具备了鲜明的新质文化特征和独特的文学品格。人文主义文学的基本特征如下：

在思想内容方面，以人文主义为武器，具有鲜明的反封建反宗教色彩。文艺复兴时期欧洲各国的著名文学家大多是人文主义者，他们的作品对封建制度和道德及宗教禁欲主义进行抨击，对封建贵族和僧侣上层的恶德败行加以嘲讽，并积极地传播人性、人权、人力、现世享受、科学知识和国家统一等新的思想观念。彼特拉克的诗歌，蒙田的散文，薄伽丘、拉伯雷、塞万提斯的小说，维加、莎士比亚的戏剧都通过不同的形式，从不同角度表明了反封建反教会的战斗精神和社会理想。

在现实主义方法的运用上更加自觉。"人的发现"和自然科学的发展，对古希腊罗马文学的研究，特别是作家们参加了反封建反教会的实际斗争，促进了文学中的现实主义的发展。他们把文学作为反映自然的"镜子"，注视现实中活生生的人，追寻生活的奥秘和人的灵魂的真实，揭示那由无数血肉丰盈、情感迸发、自由奔放的个体生命所编织成的丰富多彩、变幻莫测的现实人生。他们基本上摒弃了中世纪文学的梦幻式象征手法，把古希腊、罗马文学中的写实传统发扬光大。即使有时也运用中世纪民间文学和骑士文学中浪漫幻想的艺术手法，一般都剔除了原有的晦涩、神秘的成分。

文学形式丰富多彩。人文主义文学在继承古代和中世纪各种文学体裁样式的基础上有了更大的发展，这主要表现在诗歌、小说和戏剧的长足进步上。以抒写男女爱情为中心内容的新诗体"十四行诗"发端于文艺复兴时期，并盛极一时，影响深远，成为欧洲诗歌的重要诗体。以薄伽丘的《十日谈》为代表的框架式短篇小说，以塞万提斯的《堂吉诃德》为代表的流浪汉式结构形式的长篇小说，分别为欧洲近代小说的结构形式开了先河。莎士比亚的戏剧创作使欧洲戏剧达到了新的高峰。

具有特殊的民族风格。文艺复兴使欧洲的民族意识觉醒。随着统一民族国家的形成，使用民族语言，反映民族生活，富于民族特色的民族文学先后发展起来。人文主义作家打破了中古封建教会统治时期必须用拉丁文写作的陈规，采用本国地方语言，并从民间口语中汲取营养，又吸收了古典文学和外国文学语言的精华加以革新和创造，从而形成了独特的民族风格。

人文主义文学的发展可以分为三个时期。14世纪初至15世纪中叶是人文主义文学产生与发展的初期，主要成就在意大利和英国。15世纪下半叶至16世纪上半叶是人文主义文学发展的中期，主要成就在法国。16世纪下半叶到17世纪初是人文主义文学发展的晚期，主要成就在西班牙和英国。

二、人文主义文学在各国的发展

（一）意大利文学

马克思在《资本论》里曾指出，意大利是资本主义产生发展最早的地方。资本主义的萌芽与发展，加上意大利在接受古罗马和古希腊文化传统方面有其得天独厚的条件，因此，意大利成为人文主义文学的发源地。人文主义思想在但丁的作品中就初露端倪，随后彼特拉克和薄伽丘成为意大利文学的杰出代表。

弗兰齐斯科·彼特拉克（1304—1374）被称为"人文主义之父"、"第一个近代人"。他从小受古典文化教育，热衷于搜集研究古代典籍，第一次提出"人学"和"神学"是两个对立的概念，提倡研究人文科学，与教会的神学相对抗。他在文学创作上的主要成就是诗歌，最优秀的代表作是《歌集》。

《歌集》是用意大利语写成的抒情诗集，包括366首诗，是献给诗人心中的情人劳拉的，与但丁的《新生》很相似。诗中歌颂了诗人对劳拉的爱情，表现了诗人追求世俗生活的幸福观。诗人对劳拉之爱已揭去了但丁对贝亚特丽采那层神秘而圣洁的面纱，是一种建立在自然本性基础上的美的追求，一种灵肉统一的爱。《歌集》中的一些政治抒情诗表现了诗人热爱祖国，反对封建割据，主张和平统一的政治理想。

乔万尼·薄伽丘（1313—1375）少年时代曾在那不勒斯学习经商，也学过法律，并且热心搜藏、研究古代典籍，是一个通晓希腊文的学者。他写过十四行诗、长篇小说、叙事诗、史诗等，他的创作将彼特拉克开创的意大利人文主义文学发展到一个新的高度，其代表作是短篇小说《十日谈》。

《十日谈》记叙了1384年七个年轻女子和三个男青年为了躲避流行的黑死病，到佛罗伦萨郊外的一座庄园，用轮流讲故事的办法消磨时间。他们每人每天讲一个故事，十天共讲了100个故事，集在一起便叫《十日谈》。小说大量的篇幅取材于现实生活的真人真事,有的则取材于历史事件、西方寓言、传说和东方的民间故事。全书贯穿着反对封建制度,反对罗马教廷,反对禁欲主义,要求祖国统一的人文主义思想。

作品首先抨击了禁欲主义,批判宗教的黑暗。小说以尖锐辛辣的笔法描绘出了一幅圣徒不圣洁、修士不修道、神父昏庸、教会堕落的真实图画,甚至罗马教皇也受到了抨击。如第一天第二个故事"杨诺劝教",第三天第八个故事修道院院长诱骗农民的妻子,第九天第二个故事女修道院院长偷情等,嘲笑了宗教禁欲主义的虚伪,揭露批判了宗教的黑暗。

其次歌颂爱情自由,宣扬幸福在人间。小说写了大量爱情题材的故事,它们以人欲的天然合理性为武器,反对禁欲主义,反对封建观念,凡是能给人带来快乐的爱欲都被看成是合理的追求,而不是教会所说的罪恶。因而在作者笔下,高尚的爱情和粗俗的情欲都被认为是人性的自然流露,这种爱情观显示了人的自我意识的觉醒。如第四天开场白所讲的"绿鹅"的故事,第四天第一个故事塑造了至死不渝的殉情者绮思梦达的动人形象。但是,小说以人欲为武器反封建反教会,势必走向纵欲主义、利己主义的庸俗的一端,且把欺骗奸诈也作为智慧来肯定,这是作品内容上的局限性。

再者,小说赞美了人的聪明才干,颂扬了积极经商发财致富的进取精神。如第三天故事的总题就是"凭着个人的机智,终于如愿以偿,或者物归原主"。

《十日谈》在欧洲文学史上具有重要意义。首先《十日谈》在有趣的故事叙述中,真实地描绘了14世纪意大利的社会风俗,同时又以嬉笑怒骂的方式,描绘出文艺复兴早期意大利自由与混乱并存、高雅与粗俗同在的现实生活和有血有肉的人的精神状态,被誉为"人曲"。其次,小说采用框架结构,用故事中套故事的方法,把100个故事连成一个完整统一的整体。语言生动幽默,富有生活气息。《十日谈》不仅为意大利散文奠定了基础,而且开了欧洲近代短篇小说的先河。

文艺复兴后期的意大利人文主义文学,以阿里奥斯托和塔索为代表,前者以长篇传奇叙事诗《疯狂的奥尔兰多》(1516—1532)著称,后者以长篇叙事诗《被解放的耶路撒冷》(1575)闻名。

(二) 西班牙文学

西班牙从15世纪末至16世纪初结束了反对摩尔人的斗争,国家走向统一。哥伦布发现新大陆之后,西班牙肆意掠夺,美洲的黄金滚滚注入西班牙,资本主义一度繁荣。但强盛时间较短,由于西班牙封建势力十分强大,王权与教会的宗教法庭狼狈为奸，16世纪中叶就开始衰落，资本主义未得到充分发展。因此，西班牙人文主义运动发展迟缓，直到16和17世纪之间，才出现了人文主义文学的"黄金时代"，其主要成就是小说和戏剧。

16世纪中叶，在西班牙工业凋敝、农业衰败中出现大批破产者、流浪汉的社会基础上，在中世纪市民文学影响下，出现了一种新型的独特的小说——流浪汉小说。流浪汉小说的主人公大多是流浪汉，作品既描写他们的不幸命运，也写他们为了活命与自卫所进行的欺骗、盗窃和各种恶作剧。在题材上，与中世纪的民间文学有相似之处，以描写城市下层人民生活为中心，并且从城市下层人民的视角来观察、分析社会。在艺术形式上，它们往往采用第一人称，以自传体和回忆录的形式描写主人公的所见所闻，以人物流浪史的方式结构小说，用幽默的风格、简洁流畅的语言，广泛地反映当时人们的生活风貌。它较为重视刻画人物性格，但主人公的性格却少有发展。流浪汉小说已具有近代小说的规模，它对近代欧洲小说的发展，特别是对长篇小说的结构模式和人物描写，产生了积极而深远的影响。流浪汉小说的代表作是无名氏的《小癞子》（亦译《托尔梅斯河的盲人引路童》，1553）。小说以第一人称叙述一个名叫拉撒路的穷孩子浪迹天涯的种种遭遇，对主人公表示同情，对迫使主人公堕落的环境作了揭露与批判。小说以简洁、写实的笔法描写生活，以主人公游历为中心构建故事情节，表现出流浪汉小说的基本特征。《小癞子》出版后，仿作不少，对欧洲小说的发展有过深远的影响，如《堂吉诃德》、《汤姆·琼斯》、《匹克威克外传》等都有其影响的痕迹。

文艺复兴时期西班牙的戏剧十分繁荣，出现了一大批优秀作品，并形成民族戏剧。洛卜·德·维加（1562—1635）是西班牙民族戏剧的代表，被称为"西班牙戏剧之父"。

维加主张戏剧应以满足当代观众的要求为准则，应"和自然一样"，把"悲剧和喜剧夹杂在一起"，既严肃又滑稽，这样才能更好地反映生活。据载维加创作的剧本多达1 800部，流传下来的有462部。他的戏剧分两大类：第一类写爱情和家庭生活，如《草原上的狗》、《带罐的姑娘》等；第二类表现社会政治主题，如《塞维勒之星》等。代表作是《羊泉村》（1619）。

《羊泉村》取材于1476年4月羊泉村村民武装抗暴的历史。剧中叙述驻羊泉村的封建领主、骑士团队长费尔南霸占田地，奸淫妇女，无恶不作，村民恨之入骨。一次他企图污辱村长的女儿劳伦霞，青年农民费隆多索救了劳伦霞，两人彼此相爱。费尔南又破坏这对青年的婚礼，抢走新娘，还要绞死新郎，引起村民的抗暴斗争。全村人民冲进城堡，杀死费尔南。面对国王派来的法官，羊泉村村民团结一致，异口同声地回答："杀死费尔南的是羊泉村。"连小孩也坚强不屈。国王无奈终于赦免了他们。剧本揭露了封建主的暴虐，歌颂了农民为维护自己的权利所作的斗争，富有民主性与战斗性。基本情节曲折紧凑，结局出人意料，语言富于抒情性。

（三）法国文学

法国人文主义文学于15世纪末开始酝酿，16世纪迅速发展。随着自然科学成就的不断取得，文艺复兴运动也提到了新的高度，人们开始用科学知识的武器向封建和教会传统发起攻击，文学中出现了新人的形象、巨人的形象，这也正是法国文艺复兴和人文主义文学的特点。法国文学的主要成就是拉伯雷的长篇小说，"七星诗社"的诗歌以及蒙田的散文，其中拉伯雷的长篇小说成就最大。

弗朗索瓦·拉伯雷（约1494—1553）是法国最富民主倾向的人文主义者，欧洲文艺复兴时期最重要的作家之一。他阅历丰富，学识渊博，是一位博学多才的文化巨人，代表了文艺复兴时期法国文化的高峰。他对哲学、神学、法学、音乐、天文学、考古学、地质学、植物学、建筑学、文学等都有精湛的造诣，并精通医学，医术高明，是一个恩格斯所说的"多才多艺和学识渊博"的"巨人"。其代表作是小说《巨人传》（1532—1564）。

《巨人传》用13种语言写成，共分五部，前两部写巨人国王卡冈都亚和他的儿子庞大固埃的出生、教育、游学和他们的文治武功，后三部写庞大固埃和他的朋友巴汝奇探讨婚姻问题，以及他们为寻找"神瓶"而远涉重洋、游历各地的见闻。渊博的学识使拉伯雷形成了一种与宗教观念相悖的宇宙观，他怀着对科学与知识的坚定信念，顽强地与教会及一切腐败愚昧的东西作斗争，因此，小说看似荒诞离奇，却蕴含了严肃深邃的主题。首先，蔑视教会权威，揭露教会罪恶，赞美知识巨人的力量。小说中的三代巨人，都是体形巨大，智慧过人，能力无比的，但是，他们的智慧与能力不是与生俱来的，而是得益于人文主义的教育，源于科学和知识。如卡冈都亚学习经院哲学，愈学愈傻，后接受人文主义教育，百艺精通，得到全面发展，那些神学大师在他面前显得愚笨无知。作者从知识这一新的角度，讽刺了神父、教士的愚笨和宗教教义的无用。同时指控那些僧侣在凶恶的侵略者面前是只会念经祈祷的胆小鬼，可在老百姓面前则是为非作歹的"可怕的猛禽"，抨击他们像"榨葡萄汁"似的榨干了农民的血汗，自己过着奢侈无度、腐化不堪的生活。其次，小说无情地批判了封建国家的黑暗与罪恶，并描绘了希望中的理想世界。小说通过庞大固埃和巴汝奇寻找神瓶过程中的所见所闻，反映了现实社会中的各种罪恶。特别是有力地揭露和讽刺了封建法律制度，把封建法律比作"蜘蛛网"，专门吞噬弱小，而对那些"牛虻"，即封建贵族和上层僧侣的罪恶却置之不顾。把法官写成"穿皮袍的猫"，他们的爪子很尖利，身上挂着个张开口的大口袋，贪婪而又愚蠢。而在揭露和批判的描写中，作者始终以一个高于现实社会的理想社会作为参照，这就是卡冈都亚为约翰修士修建的"德廉美修道院"。修道院的院规是"随心所欲，各行其是"。人们自由自在、无拘无束地生活着，那里只有一条禁令必须遵守：不许伪善者、讼棍、守财奴进入院内。这个乌托邦式的理想社会表达了新兴资产阶级要求摆脱一切封建束缚获得发财致富的自由、恋爱婚姻自由的愿望，其反封建教会的进步意义和个人主义的局限性都十分明显。

《巨人传》在讽刺艺术上颇有特色。它继承了法国中世纪讽刺叙事诗《列那狐传奇》等民间文学的传统，嬉笑怒骂，幽默讽刺，尖锐泼辣。以粗俗的形式，表达严肃、崇高的思想主题，具有寓崇高于粗鄙之中的审美品格。

《巨人传》开创了长篇小说的新形式。小说在结构上虽然还显得松散、拖沓，但它是欧洲散文体长篇小说的开端，在文学史上有较大的影响。

七星诗社的宗旨是研究和借鉴古希腊罗马文学，对法国诗歌进行革新。七星诗社首先提出统一民族语言，在他们的大力推动下，法语作为民族语言取得了应有的声望。他们又提出创作大型史诗，提倡亚历山大诗体，建立民族文学。七星诗社在语言和诗歌理论上多有贡献，但他们迎合贵族趣味，终成宫廷文学。诗人龙沙（1524—1585）是七星诗社的中心人物，也是法国近代第一位抒情诗人，其主要成就是爱情诗，代表作是《给爱兰娜的十四行诗》（1574）。

蒙田（1533—1592）是法国文艺复兴晚期著名的人文主义作家。他把读书体会、旅游见闻、日常生活感想记录下来，整理组成《随笔集》（1580—1595），共3卷107章。它既是一部散文作品，又是一部哲学和社会政治思想著作。它不停留在前期人文主义者高唱人的赞歌、颂扬"巨人"无穷力量的层面，而是把视线转向人自身的局限性，揭示了人相对于宇宙的渺小，信仰失落时的丑恶，人与人的陌生、隔阂与孤独。其中表现的怀疑论思想，显示了文艺复兴后期思想家对人自身认识的深化。《随笔集》篇章有长有短，结构随意自然，内容广博多姿，深入浅出，善于比喻，富于形象性，在法国文学史上开创了随笔式作品的先河。《随笔集》成为法国近代第一部散文集，蒙田成为欧洲近代散文的创始人。

(四) 英国文学

英国的人文主义文学是欧洲人文主义文学的顶峰。它从14世纪开始产生，到17世纪初期达到高峰，出现了诗歌、散文、戏剧等多种文艺体裁的全面繁荣。

杰佛利·乔叟（约1340—1400）是英国最早出现的人文主义作家，英国文学语言的奠基人，被称为"英国诗歌之父"。他的创作深受但丁、彼特拉克、薄伽丘等意大利作家的影响，但又有自己的风格。其作品主题、体裁、风格、笔调具有多样性，所刻画的人物对生活的追求也具有复杂性，其代表作是晚年所写的长诗《坎特伯雷故事集》（1387—1400）。按原计划全书将包括120个故事，但到作者逝世时只写了24个故事。诗中写30名朝圣者从伦敦前往坎特伯雷城，朝拜殉教圣人托马斯·阿·贝克特的圣祠。在总序中，作者简明扼要地描写了代表不同阶层的香客们的特征，然后借他们之口讲述故事，通过故事揭露了僧侣的腐败贪婪和资产阶级的损人利己，构成了一幅鲜明的英国社会写照图。长诗肯定了世俗爱情，反对禁欲主义，体现了人文主义反封建倾向，也流露出市民阶级对纵欲的欣赏以及宗教劝善的容忍处世思想。长诗采用了薄伽丘《十日谈》的框架结构，故事与故事之间衔接自然，人物性格鲜明，对话滑稽风趣。

16世纪初，随着资本主义的发展，"圈地运动"造成大批农民破产。目睹新旧交替时代的惨相，人文主义者托马斯·莫尔（1478—1535）写下了近代空想社会主义的开山之作《乌托邦》（1516）。它借一位回到英国的航海家之口，揭露了英国资本原始积累时期的丑恶现象，指出"圈地运动"中"羊吃人"的血腥事实，同时描绘了"乌托邦"岛上没有人剥削人现象的理想社会。

16世纪后半叶的伊丽莎白时代，英国文学逐渐走向繁荣，出现了众多的诗人和剧作家。埃德曼·斯宾塞（1552—1599）的抒情诗表现了赞美爱情、歌颂祖国的人文主义理想。长诗《仙后》借格罗丽娜歌颂伊丽莎白女王。在诗歌形式上，该诗首创九行诗节，押韵方式为ababbcbcc，这种格律诗在当时是一种革新，被称为"斯宾塞诗体"，对后来的拜伦、雪莱等诗人有深远影响。菲力普·西德尼（1554—1586）的文艺论文《诗辩》（1580）认为诗歌的功能就是寓教于乐，其贡献是把文艺批评的重点分析模仿的对象转向文学作品对群众所起的效果和影响。组诗《爱星者和星星》共收诗108首，开英国十四行诗的先河。

弗兰西斯·培根（1561—1616）是文艺复兴时期英国最重要的散文作家。

他对文学的主要贡献是《随笔》（又译《论说文集》），包括58篇短文。这些文章以当时英国上层社会的子弟为对象，谈论哲学、宗教、政治制度以及道德、处世、修养等问题。他从切身经验出发，不作空洞议论，思想丰富而缜密，语言凝练而精辟，颇为读者称道。培根一向被认为是英国论说文的创始人。

英国戏剧是英国文艺复兴时期所有文学形式中最为辉煌的一种，代表了英国乃至整个欧洲文艺复兴时期文学创作的最高成就。它在16世纪80年代进入全盛时期，涌现了一批卓有成就的剧作家。其中有一批作家，他们大多念过大学，受过人文主义思想的熏陶，具有较丰富的古典文化修养，被称为"大学才子派"。他们在继承传统的基础上将英国戏剧提高到伟大艺术的高度，为莎士比亚戏剧的出现作了准备。其中最主要的是约翰·李利、罗伯特·格林、托马斯·基德、克里斯托弗·马洛。在"大学才子派"中，马洛年纪最小，才华横溢，成就最大，他是莎士比亚之前英国戏剧界最重要的人物，也是英国文艺复兴戏剧的真正创始人。他的主要作品是三部悲剧：《贴木尔》（1587）、《马耳他岛的犹太人》（1590）和《浮士德博士的悲剧》（1592）。莎士比亚在"大学才子派"所取得的戏剧成就的基础上，把英国和欧洲文艺复兴时期的戏剧推向了高峰，成为欧洲人文主义文学最伟大的代表。

第二节　塞万提斯

一、生平与创作

米盖尔·德·塞万提斯·萨阿维德拉（1547—1616）是文艺复兴时期西班牙最杰出的现实主义作家，欧洲近代现实主义小说的先驱。他的代表作《堂吉诃德》标志着欧洲长篇小说发展到一个新的阶段，对欧洲文学产生了深远的影响。

塞万提斯生于马德里附近的阿尔卡拉-德埃纳雷斯镇。祖父是破落贵族，父亲是潦倒终生的外科医生，为糊口在西班牙的几个大城市辗转行医。塞万提斯随父在这些城市度过了童年时代。他自幼好学，虽因家贫只上过中学，但却阅读了许多古典名著，具有广博的知识。1569年塞万提斯充当一名红衣主教的随从，前往意大利，游历威尼斯、那不勒斯、米兰等地，接触到意大利的优秀文化，受到人文主义的影响。1570年从军，次年参加了抗击土耳其军队的勒邦德海战。他三次负伤，左臂致残，被称为"勒邦德独臂人"。1575年在回国途中遭土耳其海盗袭击,不幸被掳到阿尔及尔。他五次组织难友逃跑均告失败,直到1580年天主教僧侣团出面赎取基督徒俘虏,他才获释。回国后,先后当过军需员和税收员,其间因得罪教会和权贵,被驱逐出教,并几次蒙冤入狱。他长年奔波于西班牙各地,看到了社会的复杂、人心的险恶和人民的苦难,1603年脱离税吏工作而潜心创作。晚年穷困潦倒,但仍矢志创作。1616年4月23日病逝于马德里。

塞万提斯的文学创作是从写诗开始的。1568年为悼念腓力二世的王后而写的三首哀歌是他最早的诗作。其主要作品有:悲剧《努曼西亚》(1584)、短篇小说集《惩恶扬善故事集》(1613)、长诗《帕尔纳索斯游记》(1613)。此外还有田园牧歌体小说《伽拉苔亚》(1584)、剧本《八出喜剧和八出幕间短剧》(1615)、长篇小说《贝雪莱斯和西吉斯蒙达历险记》(1616)等。《惩恶扬善故事集》是一部以现实主义手法描写西班牙封建社会各阶层生活面貌的短篇小说集,共收有12篇小说,大致可以分为两类:第一类是意大利小说型,以历史或现实生活为依据,描写动人的爱情故事和曲折离奇的冒险经历;第二类是西班牙流浪汉小说型,偏重于揭露和讽刺现实,反映了西班牙人民的生活习俗,宣扬了高尚道德,表现了反对封建偏见,赞扬个性解放,同情人民不幸的人文主义思想。作者自己称这部小说集为"社会的变形"。这部具有独特风格的小说作为西班牙最早出现的短篇小说,为西班牙小说的发展作出了重要贡献。

塞万提斯的文学创作深刻地反映了16世纪末17世纪初西班牙走向衰落时期的社会现实。其作品的基本主题和主要倾向是暴露封建制度的黑暗,表达对受压迫人民的深切同情,宣扬人文主义思想。塞万提斯的创作表现了他的文学主张,即文学应在现实生活的基础上充分发挥作家丰富的想象力,使作品中的幻想与历史真实相统一,让道德教育与艺术真实相融合。

二、《堂吉诃德》

《堂吉诃德》是塞万提斯最重要的作品,全书共两部。作者最初构思它时是在塞维尔监狱里面。1602年动笔写作,1605年出版第一部,立即受到读者的热烈欢迎,一年之内再版六次。由于小说的反封建反教会的内容及戏拟骑士文学的形式,受到封建教会统治阶级的攻击和热衷于骑士文学者的仇恨。1614年有人化名发表了《堂吉诃德》续集,歪曲主人公形象,诋毁作家声誉。塞万提斯乃带病赶写,于1615年出版了真正的《堂吉诃德》第二部。

《堂吉诃德》的全名是《奇情异想的绅士堂吉诃德·台·拉·曼却》。小说叙述的是在西班牙中部拉·曼却有位没落贵族阿隆索·吉哈达，因读骑士小说入了迷，决心模仿古代的游侠骑士。他自改名字为堂吉诃德，修好祖上遗留下来的头盔，拿着生锈的长矛，骑了一匹又老又瘦的马，把邻村的一个从未见过面的养猪女杜尔西尼亚充作意中人，单枪匹马外出游侠冒险的经历。堂吉诃德第一次出游就被打得像"干尸一样"横在马上被邻居送回家。回家后，他的疯病更甚，竟劝说贫穷的邻居桑丘·潘沙做自己的侍从，一同偷偷外出。主人骑着名为"驽难得"的瘦马，侍从骑着矮小的灰毛驴，开始了漫游生涯。此行他仍然乱砍乱杀，险些丧命，最后由桑丘把他锁在笼子里用牛车拉回家。第二部叙述堂吉诃德带着桑丘第三次出游，继续写他们外出锄强扶弱所发生的种种趣事及所招致的种种不幸。最后，他的朋友假扮"银月骑士"打败了他。按事前约定，他必须立即回家。堂吉诃德回家便卧床不起，临终前，他痛斥骑士小说，在遗嘱中不准他的继承人外甥女嫁给读过骑士小说的人。

骑士文学作为中世纪骑士制度的产物，是封建社会成熟阶段骑士精神的反映。到了17世纪初期，骑士文学在欧洲各国早已成为历史陈迹了，可在西班牙反而风靡一时，泛滥成灾。塞万提斯深感骑士文学的危害性，正如他在《堂吉诃德》序言和结尾都一再声明的，他创作这部小说的目的是为了"引起世人厌恶虚妄荒诞的骑士小说"，以便将其"扫荡干净"。自从《堂吉诃德》出版以后，荒诞不经的骑士文学在西班牙渐渐销声匿迹了。

《堂吉诃德》的社会意义远不止于此。主要成就在于它以现实主义手法，展现了16世纪末、17世纪初西班牙封建社会解体时期光怪陆离的社会现象，追寻着堂吉诃德主仆二人的足迹，描绘了西班牙王朝盛极而衰时期的种种弊端和败行。城市混乱不堪，农村荒芜凄凉，通衢大道上行人罕见，而流放的苦役犯却成群结队。官吏贪赃受贿，卖官鬻爵，豪门穷奢极欲，纵情声色，天主教教士愚昧无知，虚伪贪婪。妇女遭受蹂躏，童工受尽剥削鞭打，奴隶惨遭迫害，许多人沦为乞丐、妓女、流浪汉、小偷。小说以宽广动人的画面来反映现实生活，给近代现实主义小说的发展以深刻的影响。

《堂吉诃德》作为欧洲长篇小说的先驱，它最大的艺术成就，是成功地塑造了堂吉诃德这一世界文学史上不朽的艺术形象。

堂吉诃德是一个复杂而充满矛盾的艺术典型。一方面，由于受骑士小说毒害，他脱离实际，耽于幻想，闹了不少笑话，遭到一连串失败，是一个可笑的荒唐的人物。他怀着对骑士的狂热，沉浸在主观幻想之中，他看世界如同从哈哈镜中看事物一样，把一切都看变了形，走了样。他的所谓"除暴安良"，总是既害自己，又害被救助的人，他的"游侠壮举"，总是以喜剧、闹剧开始，而以悲剧告终。另一方面，堂吉诃德的动机纯真善良，是一个为理想而奋斗的人文主义战士。堂吉诃德所有行为的出发点，都是为了铲除眼前这个"铁的时代"的罪恶。他济世救人的动机是纯真高尚的，他自我牺牲的精神是真诚感人的，他的瘦骨伶仃的躯体内包藏着一颗追求真、善、美的灵魂。他一旦从骑士道的羁绊中挣脱出来，就不是个武士，而是个文人、渊博的学者、有才华的诗人。他对社会的批判，对战争、法律、道德、文学艺术等的见解，都闪耀着资产阶级反封建的思想光辉。他反对门阀制度，主张婚姻自主，他酷爱自由，认为自由是无价之宝。他的这些见解和议论，犹如启蒙主义的先声。堂吉诃德既是可笑的、可怜的，英国诗人拜伦就认为堂吉诃德的故事是一切故事里最令人伤心的故事，但他又是崇高的、伟大的，屠格涅夫认为他是"为崇高理想而献身的伟大精神的化身"，别林斯基认为这是一个"永远前进的形象"。

　　堂吉诃德外在和内在两个方面的性格特征，正是塞万提斯自己世界观矛盾的表现，也反映了人文主义理想与西班牙社会现实之间的矛盾。堂吉诃德的悲剧既是性格的悲剧，更是时代的悲剧，正如马克思所指出的："堂吉诃德误认为游侠生活可以同任何社会经济形态并存，结果遭到了惩罚。"但堂吉诃德为理想而英勇献身的精神，对人类社会的进步有推动作用。

　　桑丘·潘沙是另一个塑造得十分成功的形象。桑丘是16世纪西班牙农民的典型形象，既有劳动者的优秀品质，又有农民那种狭隘自私、贪图小利、讲求实惠、目光短浅的一面，但随堂吉诃德出游，他的性格有了明显的变化和发展。桑丘开始是为了得到某些好处，才跟随堂吉诃德出游的。他没得一文报酬，又吃尽苦头，几次想甩手不干，但他还是没有抛弃堂吉诃德，他"爱他爱得像爱自己心儿肝儿一样，随他多么疯傻也舍不得和他分手"，他对主人的忠诚和友谊令人感动。随着游侠旅程的展开，他深受主人言行的影响，胸襟逐渐开阔起来，当总督想发财的欲望逐渐被变革现状的民主要求所代替。他担任"海岛"总督期间，施政公正廉洁，断案聪明机智。他制定法令，废除酷刑，改革弊政，宣称"把岛上的坏事和不务正业的闲人一股脑儿扫除干净"。在他的治理下，"海岛"一天比一天好。堂吉诃德奋斗了一生所无法做到的事情，他都做到了。他做了十天总督，赢得一片颂扬之声，证明了他的聪明才智和可贵品质。最后桑丘识破了公爵夫妇是在耍笑他，便立即辞职而去，显示了他做人的尊严和道德上的胜利。

　　《堂吉诃德》在艺术上的主要特点是：

第一，真实而精确地描绘当时的社会生活，塑造了鲜明生动而又复杂矛盾的人物形象。《堂吉诃德》虽讽刺地模仿骑士小说的一些写法，但却广泛而真实地描绘了活生生的西班牙社会现实。从贵族的城堡到外省的客店，从农村到城镇，从平原到深山，从熙攘的大路到偏僻的森林，富于时代特征。小说中出现的贵族、教士、地主、市民、士兵、农民、囚徒、强盗、妓女等七百多个人物及其命运，构成了一幅包罗万象的社会生活画卷，使《堂吉诃德》成为西班牙社会生活的百科全书。其中堂吉诃德和桑丘这两个形象，不是单面的，而是多面的；不是静止的，而是发展的，揭示出人物形象的复杂性和个性特征，使他们成为世界文学中不朽的典型。

第二，在结构上吸取并革新了骑士小说和流浪汉小说的一些写法。堂吉诃德与桑丘一次又一次的冒险游历构成作品的大故事。在这个大故事的框架中，又填塞进他们所见所闻的一个个他人的小故事。大故事完整清晰，小故事充实着大故事，使情节生动丰富。"训诫性"是骑士小说所固有的特点，《堂吉诃德》也承袭了这点，只不过它的内容大多是崭新的，如堂吉诃德在桑丘赴"海岛"上任前对他的"训诫"。这样既继承前人创作经验又予以革新，把欧洲小说推到了近代小说的边缘。

第三，对比手法的成功运用。如堂吉诃德与桑丘，从年龄、外表到性格、语言都形成鲜明的对比。除人物之间的对比，还有人物自身的对照，如外在堂吉诃德的偏执狂与内在堂吉诃德的哲理思考对比，出游之初的桑丘和当总督的桑丘的对比，等等。小说中的对比往往与夸张联系在一起，达到了讽刺的艺术效果。

第四，语言通俗流畅，文字活泼风趣。小说多用西班牙民间口语和俚语，生动丰富而又富有表现力。它形式多样，亦庄亦谐，既含蓄幽默又纯朴明快。如"背上驮着金和银，驴儿上山就有劲"、"礼物辗得碎岩石"就生动形象地鞭挞了那个时代金钱的魔力；又如"死神践踏平民的茅屋，照样也践踏帝王的城堡"、"贫穷只能掩盖一个人的美德，但却不能埋没它"就揭示了严肃的生活哲理。主要人物的语言更是充分个性化的，如桑丘的话语纯朴直率，常夹杂大量生动的民谚俚语，妙语连珠，令人捧腹，体现了西班牙的民族风格。

《堂吉诃德》自出版以来，吸引了无数读者，成为世界文学宝库中一部不朽的杰作，它已被译成一百多种外国语言。三百多年来，不同国家、不同时代的评论者都从当时的文学风尚和美学标准出发，对其思想内容和艺术特征作出解释。"每一个民族，每一个世纪的人民，都一定或将要读一读《堂吉诃德》。"

别林斯基的这句话中肯地道出了《堂吉诃德》超越时代、超越民族界限所具有的永远的魅力。

第三节 莎士比亚

一、生平与创作道路

威廉·莎士比亚（1564—1616）是文艺复兴时期英国最伟大的戏剧天才和诗人，人文主义最杰出的代表，近代欧洲文学的奠基者之一。马克思称他为"人类最伟大的戏剧天才"，同时代人本·琼生称誉他是"时代的灵魂"，说他"不属于一个时代，而属于所有的世纪"，我国著名的剧作家曹禺先生赞美他是"一位使人类永久又惊又喜的巨人"。他丰富的艺术创作，深刻地反映了"巨人时代"的特征。他的诗歌、历史剧、喜剧、悲剧和传奇剧，在世界文学交响乐中有特殊的音色，富有不朽的艺术魅力。

莎士比亚1564年4月23日出生在英国中部艾汶河畔斯特拉福镇。祖辈务农，父亲经营手套生意兼营农业，担任过当地的议员和镇长，后因负债累累，被控去职。那时，伦敦城里一些著名的剧团每年都要到斯特拉福镇做巡回演出，引起年幼的莎士比亚对戏剧的爱好。少年时代，莎士比亚曾在当地的"文法学校"学习过古典文学、修辞学、拉丁语等。后因家道中落，他中途辍学开始独立谋生。1582年，年仅18岁的莎士比亚和比他大八岁的安妮·赫索威结婚，婚后他们生有三个孩子。1585年他只身离开家乡到伦敦。据说他先是在剧场门口给人看守马匹，后做剧院的杂役，其后在剧院担任临时演员。1590年，莎士比亚开始戏剧创作，并与当时的"大学才子派"剧作家有交往。他的戏剧才华很快就显露出来，编写的剧本不断获得成功。从此，莎士比亚成了著名的戏剧家。1599年他成为"环球"剧场的股东之一，在斯特拉福镇他购置了一处漂亮的房子，1602年他又在家乡买了耕地和草场。1610年，莎士比亚离开伦敦，回到故乡定居。1616年4月23日逝世，葬于镇上"三一"教堂。

莎士比亚在二十余年的创作生涯中，共创作了两部叙事长诗、154首十四行诗、37部剧本和其他一些零散作品。他的主要成就是戏剧。根据他的思想和艺术的发展情况，其创作道路大致可分为三个阶段。

第一阶段（1590—1600），一般称为历史剧、喜剧时期。此时正是英国伊丽莎白女王统治的极盛时期，社会表面繁荣。青年莎士比亚怀抱着人文主义的理想，对社会、人生以及人类的前景充满信心。这时期他的创作基调是欢快、乐观、激越、明朗的。

莎士比亚的诗歌大都创作于第一个阶段，主要表现友谊与爱情的主题，表现诗人对现实生活的热爱，对美好人生的追求。长诗《维纳斯与阿都尼》（1593）题材来源于罗马诗人奥维德的《变形记》，写爱神维纳斯对美貌猎手阿都尼的热恋与追逐，宣扬"爱情不可抗拒"是自然法则。其中"青春再生"的神话表现"美"的永存，意在冲破封建意识和禁欲主义的束缚。第二首长诗《鲁克丽丝受辱记》（1594）题材来源与前者相同，写暴君塔昆的儿子赛克斯图斯奸污了美丽的鲁克丽丝，鲁克丽丝自杀之前嘱亲人报仇雪恨。最后塔昆政权被推翻，父子俩都受到惩罚。两首长诗想象丰富，色彩绚丽，情节生动，感情热烈，场景变幻莫测，风格刚健清新，充满诗情画意。

莎士比亚的154首十四行诗（1592—1598）是写给"浅发朋友"和"黑肤女郎"的，虽以爱情、友谊为主题，但并未减弱它的社会批判精神。许多诗篇针砭时弊，为人类的尊严受屈辱而鸣不平，揭露"囚徒'善'侍候统帅'恶'的现实"。诗的语言丰富多彩，既有高雅的诗行，也有俏皮而粗俗的"白话"。莎士比亚的十四行诗在体裁结构上进行了极大的革新。他抛弃了彼特拉克的两节四行、一节六行的意大利式，发展为三节四行、一节二行的英国式，押韵的格式是：ABAB，CDCD，EFEF，GG。最末两行概括诗意，点明主旨，使之成为全诗警策。这种诗体被称为"莎士比亚体"。

莎士比亚一生写过十部历史剧，大多取材于荷林希德的《英格兰、苏格兰和爱尔兰编年史》，反映了英国13—16世纪三百多年的历史进程，再现了封建统治阶级争权夺势的斗争，反映了时代的社会风貌，表达了他反对封建割据，拥护中央王权，主张民族统一，拥护贤明君主的人文主义政治理想。历史剧的代表作是《亨利四世》（上、下篇，1596—1597）。剧中的亨利四世篡权后削平封建割据势力，是一位有才干的君王，但不是完美、理想的君王。完美、理想的君王是亨利五世。他秉公办事，不徇私情，处处以国家民族利益为重。在他身上，集中体现了人文主义者关于开明君主的政治理想。剧中的"破落骑士"、穷绅士福斯塔夫是一个富于喜剧色彩的人物。他曾是太子宠爱的朋友，偷盗、抢劫、好色、酗酒、吹牛、撒谎，无所不为，是一个十足的流氓无赖；但是他胸襟开阔，无拘无束，什么封建道德、骑士荣誉，全被他看穿，弃如敝屣。从他的活动中，反映出四乡的征兵骚乱，官吏的敲诈勒索，农民和工匠的失业，封建贵族的叛乱，雇佣兵和冒险家的种种行为，展示了"五光十色的平民社会"，描绘了广阔生动的社会背景，被恩格斯称为"福斯塔夫式背景"。莎士比亚的历史剧能够把庄重典雅的宫廷生活和金戈铁马的战争场面、丰富多彩的市民生活融为一体，场景广阔，色彩纷呈，具有史诗般宏伟的构思。他不要求在细节上忠于史实，而是注重历史进程中人与人之间的冲突及不同类型的人物性格的描写。

　　这一时期莎士比亚还写了十部喜剧。这些喜剧作品取材于古代故事、民间传说或意大利故事，是一种抒情性的浪漫喜剧，以爱情征服一切、婚姻各遂其愿、友谊无比宝贵为基本主题，宣扬人文主义的个性解放、个人幸福、爱情自由、男女平等的生活理想。剧中洋溢着蓬勃生机和乐观气氛，矛盾大多得到圆满解决。《仲夏夜之梦》（1595）是莎士比亚喜剧创作走向成熟的标志。该剧肯定了爱的力量，把神话世界与现实矛盾相结合，具有强烈的浪漫色彩和抒情性。《威尼斯商人》（1596）是莎士比亚喜剧的代表作。《无事生非》（1598）、《皆大欢喜》（1599）、《第十二夜》（1600）描写纯洁的爱情可以使人变得高尚无私，嘲笑了封建伦理观念和教会禁欲主义，也批判了贪婪自私的行为。莎士比亚的喜剧以爱情为中心，年轻、美丽、温柔、多情、聪明的少女，总是占据舞台的显著地位。剧中多采用误会、乔装、嫉妒、变心、家庭干预、仙人帮助、离别与重逢等情节，使剧情波澜起伏、跌宕生姿、丰富多彩。莎士比亚还有意识地把情节喜剧逐渐变成性格喜剧，于是喜剧的结构重心转移了，不再是戏支配着人物，而是人物带来了戏，喜剧因素、戏剧冲突也由此开始建筑在性格之中或性格之间的种种矛盾上。

　　《罗密欧和朱丽叶》（1595）是莎士比亚早期创作中的一部悲剧。悲剧虽然取材于古老的意大利民间传说，但反映的是英国的现实社会生活。悲剧热情赞美青年男女对爱情自由的追求，展现了人文主义爱情理想与家庭世仇、封建道德观念之间的冲突，风格接近喜剧，具有浓郁的诗意。

　　第二阶段（1601—1607），一般称为悲剧时期。悲剧代表了莎士比亚创作的最高成就。17世纪初，伊丽莎白统治末期，资产阶级力量日益强大，与王权间的矛盾逐渐加深。圈地运动又激化了统治者与农民的矛盾，不断暴发农民起义和饥民暴动，英国社会的各种矛盾都表面化、尖锐化起来。随着对现实的认识加深，莎士比亚清楚地意识到人文主义理想与黑暗的社会现实之间的深刻矛盾及不可调和性，剧作的情调和风格也随之发生了变化。其基调是现实的、悲愤的和沉郁的，剧中强烈的批判精神表现了莎士比亚对文艺复兴个性解放带来的社会后果的深刻反思。莎士比亚悲剧主要写人文主义理想与丑恶现实的矛盾以及理想的破灭,主要作品有被称为"四大悲剧"的《哈姆雷特》、《奥赛罗》、《李尔王》和《麦克白》。

《奥赛罗》(1604)根据16世纪意大利作家钦提奥的短篇小说《一个威尼斯的摩尔人》改编。摩尔人奥赛罗是威尼斯的军中大将,他和当地元老勃拉班修的女儿苔丝德蒙娜恋爱结婚。元老院本来反对他们结合,由于土耳其入侵,需要奥赛罗到前线御敌,所以不予追究。奥赛罗提升凯西奥为副将后,引起了旗官伊阿古的妒忌和不满。他利用奥赛罗的轻信,设下奸计,使奥赛罗怀疑妻子与副将通奸。奥赛罗在妒恨之下掐死了妻子。最后,伊阿古的妻子揭穿他的阴谋,奥赛罗悔恨交加,刺伤伊阿古后,以剑自刎。奥赛罗同其爱妻苔丝德蒙娜能够冲破封建束缚,战胜种族歧视,赢得爱情的胜利,却无力识破利己主义者的阴谋,落得个悲剧结局。该剧表现了人文主义理想被利己主义践踏的主题。奥赛罗是一个具有人文主义理想的军人形象,他身上既有骁勇奇伟、正直豪迈、光明磊落等优良品质,也有轻信、嫉妒、褊狭、凶狠等特点。奥赛罗悲剧的内在根源,是他把人文主义人性论中"人性是美好的"这一命题抽象化了、普遍化了,看不清现实中的复杂而深刻的矛盾,轻信了伊阿古的谣言。他的悲剧,实质上是人文主义理想被丑恶现实毁灭的悲剧。伊阿古是一个利己主义者的形象,也是文艺复兴时期社会恶的化身。正是这个具有欺骗性和危害性的人物,直接导致了轻信急躁的奥赛罗和善良天真的苔丝德蒙娜的悲剧。

《李尔王》(1606)根据民间传说和芒默斯《英国史》以及同名作品改编而成。古代不列颠王李尔,八十多岁时决心摆脱一切事务,把国土和财富分给三个女儿。大女儿高纳里尔和二女儿里根,花言巧语,得到丰厚的赏赐。小女儿考黛莉娅说了老实话竟被剥夺了继承权,远嫁法兰西。结果,李尔王被两个女儿虐待、驱逐,最后逼疯致死。李尔被两个女儿遗弃的故事,写出了时代的动荡和社会的灾难,揭示出了金钱权势对人伦关系和整个社会秩序的破坏,描写了原始积累时期罪恶丛生的社会画面。李尔是一个居权位而丧失理智、刚愎自用、专制任性、爱好阿谀奉承的封建君主,在经历了地位的激变和暴风雨般的思想斗争后,恢复了理性和人道理想,但无法挽救悲惨时世,这说明人文主义理想在严峻现实面前的脆弱无力。李尔性格的转变,体现了莎士比亚对开明君主的呼唤。

《麦克白》(1606)取材于荷林希德的《苏格兰编年史》,是莎士比亚剧作中最阴沉可怖的。苏格兰大将麦克白和班柯将军,打败由挪威人支持的叛军后凯旋回朝。他们在半路上遇到三个女巫,女巫预言麦克白要做国王。在野心的驱使和麦克白夫人的怂恿下，他杀害了国王邓肯，夺取了王位。为了巩固自己的地位，他还杀害了班柯将军和贵族麦克德夫全家。犯罪行为使麦克白精神恍惚。不久，麦克白夫人因疯狂而自杀身亡，最后王子马尔康借英格兰一万军队讨伐，麦克白战败被杀。麦克白由于野心的驱使走上犯罪道路的故事，集中展示了野心与人的善良天性之间的矛盾冲突。麦克白从显赫一时的英雄堕落为人人痛恨的暴君的过程，正是野心对人的腐蚀与毒害的过程。莎士比亚通过麦克白的悲剧，表达了反对暴政，反对个人野心恶性膨胀，渴望社会安定，国家和平统一的愿望。

关于"四大悲剧"的特点，19世纪英国的文学评论家赫士列特认为：《哈姆雷特》在思想和感情精致的发展方面占先，《奥赛罗》在立意与有力的情感变换方面占先，《李尔王》在激情的深刻强烈方面占先，《麦克白》在想象的狂放和剧情进展迅速方面占先。可见，它们是各有千秋的。

在莎士比亚的悲剧中，《雅典的泰门》（1605）也较为重要，它是莎士比亚最后一部悲剧。泰门是雅典贵族富豪，乐善好施，但当他为朋友花光钱财需要帮助时，亲友纷纷散去，无人救助，最后流落至荒僻的海滨，孤独死去。剧作表现了金钱使人"异化"的主题。莎士比亚借愤世嫉俗的泰门之口，控诉金钱的罪恶："金子！黄黄的、发光的、宝贵的金子！……这东西，只这一点点儿，就可以使黑的变成白的，丑的变成美的，错的变成对的，卑贱变成高贵，老人变成少年，懦夫变成勇士"，"麻风病人被当成情郎……强盗可以封官获爵……老朽的寡妇也能再作新娘"。马克思对此非常欣赏，称赞"绝妙地描绘了货币的本质"。

莎士比亚的悲剧往往通过英雄的毁灭以及对人性的复杂作深刻的剖析，揭示金钱权势导致人普遍堕落的事实。悲剧主人公往往代表着人性的善和人类的正义力量，他们以自身的毁灭显示人类向善、趋善的力量，给人以自救的信心。这也正是莎士比亚悲剧显得悲壮而崇高、哀而不伤的内在根源。

第三阶段（1608—1612），一般称为传奇剧时期。这一时期，詹姆斯一世的统治日趋反动，资产阶级、新贵族的力量更加强大，各种社会矛盾也更加尖锐。随着社会的变化和年龄的增长，莎士比亚虽然并没有放弃人文主义的理想信念，却沉湎于超现实的、宗教式的思考，把人文主义理想寄托于乌托邦的幻想。于是，他退居故乡的田园，从事传奇剧的写作。他一共写了《辛白林》（1609—1610）、《冬天的故事》（1610—1611）、《暴风雨》（1611—1612）等四部传奇剧。传奇剧也描写现实中的社会矛盾，但结局都达到和解团圆。剧中强调通过忏悔和宽恕解决矛盾和产生新的希望，同时对年轻一代寄予信心，提倡用爱心去医治过去的创伤。故事往往接近荒诞，动机超乎现实，表现出虚无的、宗教的、悠远的风格特征。传奇剧代表作《暴风雨》被称为莎士比亚"诗的遗嘱"。

二、喜剧代表作《威尼斯商人》

这出喜剧共有5幕20场，剧中人物活动在威尼斯和贝尔蒙，有三条情节线索：主线是威尼斯商人安东尼奥和犹太人高利贷者夏洛克之间的矛盾冲突；与这并行发展的两条次要线索是富家小姐鲍西娅遵从父命三匣择婚的故事以及夏洛克的女儿杰西卡同罗伦佐携款私奔的故事。第一条线索写经营商业、从事海外贸易的威尼斯商人安东尼奥，热心为善，多情尚义，常常借钱给人不要利息，为此触犯了高利贷者夏洛克的利益。安东尼奥为了资助好友巴萨尼奥去贝尔蒙求婚，向夏洛克借了3 000块钱。夏洛克诡称不要利息，并戏立借约：如果到期不还，就从安东尼奥身上割下一磅肉。三个月期限到时，安东尼奥的货船未归，不能还债，夏洛克据约告状，坚持履约，欲置安东尼奥于死地。第二条线索写贝尔蒙名门千金鲍西娅，遵从亡父遗命，用金、银、铅三个匣子来决定自己的婚姻。一文不名却与鲍西娅真诚相爱的巴萨尼奥被选中，他们喜结良缘。此时，鲍西娅得知丈夫的好友安东尼奥处于险境，于是扮成律师前往断案并制服夏洛克。第三条线索是夏洛克的女儿杰西卡，冲破家庭的牢笼和宗教的樊篱，卷款出走，与信仰基督教的罗伦佐结合。全剧主要通过威尼斯商人安东尼奥与高利贷者夏洛克之间为一磅肉而展开的矛盾冲突，表现了正义、仁慈、慷慨、无私对贪婪、残暴、自私、狠毒展开的斗争并取得胜利，歌颂了青年男女之间深厚的友谊、真挚的爱情，表达了以仁爱为本的人道精神。

根据剧名来看，全剧的结构中心、主要人物应是威尼斯商人安东尼奥，可从剧本实际来看，却突出了夏洛克，将他推上了主要人物的地位。夏洛克是一个贪婪吝啬、凶狠狡诈的高利贷者形象，也是欧洲文学史上著名的吝啬鬼形象之一。他的哲学是："要使金钱像母羊生小羊一样快快地生利息。"他重利盘剥，并不区别谁是基督徒谁是犹太人。他既是一个贪得无厌的吸血鬼，又是一个一毛不拔的守财奴。正如马克思所说，他"为了黄金偶像而牺牲自己肉体方面的需求"。女儿与人私奔，带走了他的珠宝和金钱，他竟然恶毒地诅咒："我希望我的女儿死在我的脚下。"夏洛克凶狠狡诈的性格，集中地表现在"一磅肉"的矛盾冲突中。他处心积虑设下"一磅肉"的诡计，在法庭上不听任何人关于慈悲、人道的劝说，坚决要在安东尼奥的心口割下一磅肉，不置对方于死地决不罢休。另一方面，在伊丽莎白时期，犹太民族被看做劣等民族，犹太教徒被视为异教徒，受到基督教徒的轻蔑与压迫。因此，对在种族歧视、种族压迫的社会环境中生活的被压迫的夏洛克，莎士比亚又寄予了一定的同情。

剧中另一重要人物鲍西娅，是莎士比亚笔下具有人文主义思想的新女性形象之一。她美貌出众，热情大方，开朗活泼，洋溢着青春活力。她具有超脱世俗的爱情婚姻观，认为权势和金钱都不应主宰爱情。她性格中最突出的是机智聪明，有胆有识。在法庭上，她以其人之道，还治其人之身，采取欲擒故纵的方法，把夏洛克打得一败涂地，巧妙地使一场生死官司化险为夷。而且，她的出现为全剧增添了浓郁的喜剧气氛。

《威尼斯商人》在艺术上突出地体现了浪漫主义的"幻想世界"（贝尔蒙）与现实主义的"真实世界"（威尼斯）的巧妙结合，打破悲喜剧界限。其次构思精巧，情节安排颇具匠心。三条线索汇聚"法庭"，把剧情推向高潮。剧情波澜起伏，层层展开，先抑后扬，峰回路转，多姿多彩。再者，语言生动形象，充分个性化，富于表现力。如夏洛克的语言粗俗尖刻，充满了狠毒；安东尼的语言温驯深沉，充满了忧郁；鲍西娅的语言清澄明澈，充满了智慧。尤其是"法庭"一场戏，公爵、巴萨尼奥、葛莱西安诺、鲍西娅等人对夏洛克的劝、骂、诱、逼以及夏洛克的"辩护词"，就充分表露了各自的性格特点。

三、悲剧代表作《哈姆雷特》

这是莎士比亚一生创作中成就最高的剧作，它深切地反映了剧作家的人文主义思想的基本内容及其戏剧艺术的基本特征。

剧中丹麦王子为父复仇的故事，最早见于12世纪末丹麦历史学家撒克索·格拉马提卡斯《丹麦史》中。文艺复兴时期法国作家贝尔弗瑞斯改编这一古老史事写于《悲剧故事集》中，后来英国剧作家基德创作了复仇悲剧《哈姆雷特》，流传一时。莎士比亚的《哈姆雷特》在此基础上推陈出新，成为世界戏剧史上的奇观。

主人公哈姆雷特正在德国威登堡大学读书，因父王暴死仓促回国，却发现叔父克劳狄斯成了新王，母亲乔特鲁德也嫁给了叔父。国内人心浮动，哈姆雷特悲愤、忧郁、怀疑。这时父王的鬼魂出现，揭露了克劳狄斯的罪行并嘱咐他为父复仇。他装疯试探，并以"戏中戏"加以证实，肯定了父王鬼魂的指控。但当他采取行动时，却误杀了御前大臣波洛涅斯。克劳狄斯知道自己的罪行已经暴露，决心除掉哈姆雷特，于是命他出使英国，想借刀杀人。哈姆雷特将计就计，换掉密信，处决了使臣，逃回丹麦，得知情人奥菲莉娅因父亡、爱人远离而发疯落水溺死。克劳狄斯又唆使波洛涅斯的儿子雷欧提斯替父报仇，密谋在比剑中用真剑、毒剑、毒酒置哈姆雷特于死地。结果，哈姆雷特、雷欧提斯双双中了毒剑，王后饮了毒酒，克劳狄斯也被刺死。哈姆雷特临死时嘱托好友霍拉旭把事件始末昭示后人。

《哈姆雷特》以中世纪的丹麦宫廷为背景，通过哈姆雷特为父复仇的故事，生动地反映了文艺复兴晚期英国社会的真实面貌，表现了作者对文艺复兴运动的深刻反思以及对人的命运及前途的深切关注。悲剧一开始，莎士比亚就描绘了丹麦动乱不安的社会局面。克劳狄斯是一个为欲火吞噬了仁慈之心的奸贼，一个贪婪的利己主义者，一个丧失了理性的冒险家。他象征着文艺复兴晚期以满足个人私欲为核心的新信仰、新道德。由于受这种道德观念的影响，人们纷纷从恶如流。在克劳狄斯周围，"一万个人只不过有一个是老实人"。一个为私欲所驱使的世界，自然会将上帝的仁爱踩在脚下。难怪哈姆雷特说，"那是一个荒芜不治的花园，长满了恶毒的莠草"，世界"是一所很大的牢狱"，他处在一个"颠倒混乱的时代"。剧中自始至终充满了腐败、堕落与死亡的各种意象与气息：鬼魂、荒岬、瘴气；篡位、乱伦、疯狂；墓地、枯骨、毒瘤以及带血的露水、昏暗的太阳等。莎士比亚象征性地告诉人们，失落了上帝，而魔鬼却活着，世界变成了"冷酷的人间"，变成了理性精神丧失的荒原。莎士比亚一方面真实地揭露了当时的英国社会现实及矛盾，另一方面表现出对一味强调个性解放、放纵人欲的危害性的深深忧虑。

悲剧的中心人物哈姆雷特，虽然穿着12世纪丹麦王子的服装，其实是一个处于理想与现实矛盾中的人文主义者的形象。哈姆雷特在威登堡大学读书时，接受了人文主义思想的熏陶。那时，他把世界看成是光彩夺目的美好天地。他抛弃了教会宣扬的"人是上帝的奴仆"这一陈腐的观念，充分肯定"人是一件多么了不得的杰作！多么高贵的理性！多么伟大的力量！多么优美的仪表！多么文雅的举动！在行为上多么像一个天使！在智慧上多么像一个天神！宇宙的精华！万物的灵长！"作为统治阶级重要人物的王子，他却能与平民朋友相称，平等相处。对克劳狄斯为首的反动封建势力，哈姆雷特愤怒地批判，勇敢地斗争。而他本人多才多艺，光明磊落，诚恳厚道，用奥菲莉娅的话来说他是"朝臣的眼睛，学者的辩舌，军人的利剑，国家瞩望的一朵娇花；时流的明镜，人伦的雅范，举世瞩目的中心"。哈姆雷特是一个对人和社会充满理想的乐观精神的人文主义者。正是这种乐观情绪，使他将父亲看成一个十全十美的理想君王，将母亲看成圣母一样纯洁的女性。那时的哈姆雷特是"快乐王子"。突然间，哈姆雷特一连遭受父死、母嫁、叔叔篡位的打击。在严酷的现实面前，他原先对人和社会的美好看法受到了严峻的挑战，原来天神般的父王被一个丑八怪似的奸贼所取代，原本圣洁高贵的母后投入了杀死亲夫的奸王怀抱，奥菲莉娅受父亲利用做了奸王的工具，昔日的同学趋炎附势出卖自己。所有这一切把他对正义、忠诚、爱情、友谊、家庭、义务等人文主义的美好信念撞得粉碎，使他陷入了精神危机。痛苦与忧郁使哈姆雷特变成一个"忧郁王子"。他一方面愤激地诅咒这个"冷酷的人间"，一方面又深入地思考与研究生活于其间的人。他对世界的看法有了根本性的改变，此时，在他的眼中，"负载万物的天地，这座美好的框架，只不过是一个不毛的荒岬；这个覆盖众生的苍穹，这顶壮丽的帐幕，这个金黄色的火球点缀着的庄严的屋宇，只是一大堆污浊的瘴气的集合"。而人，"在我看来，这个泥塑的生命算得了什么？人类不能使我产生兴趣，虽然我从你现在的微笑中，我可以看到我在这样想"。他成了一个失落了信仰而面对未来重重矛盾，精神无所寄托的"流浪儿"。正是这种理想与现实的矛盾，深刻的精神危机，造成了他行为上的犹豫，哈姆雷特成了一个"延宕的王子"。哈姆雷特行动的犹豫，一方面使这一形象显得复杂而深刻，另一方面使之产生了无穷的魅力，并且还因为对其犹豫之因的各种各样的解释，使得哈姆雷特形象带上了神秘的色彩。哈姆雷特从鬼魂那里得知了父王暴死的原因，接受了为父复仇的任务后，在行动上却拖延、犹豫，这有其深刻的社会原因。作为新兴资产阶级代表的哈姆雷特，在复仇的过程中渐渐意识到自己的行动已不单是为父报仇，而是与整个国家和民族的命运联系在一起的，为此他说："这是一个颠倒混乱的时代，唉，倒霉的我却要负起重整乾坤的责任。"一旦杀死了奸王克劳狄斯，哈姆雷特自然就要接替王位，而一旦接过王位，他就有责任、有义务在这个颠倒混乱的时代来改造现实、重整乾坤。相比之下，仅仅是报杀父之仇那就要容易和简单得多。因此，在这一重大历史关头，哈姆雷特就必须超越个人复仇，对整个国家的命运做出全面的考虑。可此时哈姆雷特所面对的社会邪恶势力过于强大，他还不能胜任"重整乾坤"、改造社会的历史重任。他反复思考，探求最佳方案，以致造成行动上的延宕。正如恩格斯所说，哈姆雷特的犹豫不决，"不是他应该做什么，而是他如何去做好它"。可见，哈姆雷特的复仇及悲剧是有深刻的社会意义的。不仅如此，哈姆雷特形象的深度、复杂性及艺术魅力还可以在哲学和艺术象征性层面作进一步的阐释。因为，哈姆雷特行动上的犹豫不仅仅只是社会的原因，更不只是因为他找不到复仇的方法，而是因为他进行着关于人类生命本体的哲学思考和探索，涉及了人的生存、死亡及灵魂等形而上的问题。哈姆雷特不仅开始对生命的意义本身提出疑问："活下去还是不活。"同时他还认识到人并不像人文主义者所颂扬的那样如神一般高尚圣洁，相反，人的情欲在失去理性规范的制约后会产生无穷的恶，社会也就趋于混乱。在理想幻灭出现深刻的精神危机的哈姆雷特眼中，人的心灵是阴暗污浊的，人在本体意义上是丑恶的。他不仅看到了人心灵的丑恶，而且也看到了自己的心灵同样是黑暗的，他说："我的罪恶是那么多，连我的思想也容不下。"在他眼里，所有的人"都是十足的坏人"，因为"美德不能熏陶我们的本性"，世界也正因此成了"牢狱"和"荒原"。哈姆雷特对人的这种认识虽然是偏激和悲观的，但却有其历史的深刻性和艺术的概括性，它实质上隐喻了文艺复兴晚期在"个性解放"口号下人们一味放纵情欲、为所欲为带来的社会罪恶。正是这种思考，使迷惘、焦虑、惶惑不安的情绪，笼罩在哈姆雷特复仇的过程中，造成他行动上的延宕犹豫，使他成了"思想的巨人"，"行动的矮子"。但是，哈姆雷特也不是完全没有行动。当他发现克劳狄斯已经有所觉察，正在有意识地刺探他的真实想法时，便及时地、机智地装疯掩盖真情，迷惑对方，并且安排了"戏中戏"进一步证实奸王的罪行。他剑穿帷幕，本想结果克劳狄斯，却误杀了波洛涅斯。他识破了克劳狄斯派他去英国的阴谋，巧改密信，让那两个自愿充当奸王走狗的旧友被杀死，自己返回丹麦。等到他看到挪威两万名战士视死如归时，他行动的决心就更加坚定了："啊，从今以后，我的头脑里只许有流血的念头！"哈姆雷特虽然杀死了奸王，勉强报了杀父之仇，但重整乾坤的壮志未酬。

哈姆雷特作为一个人文主义者的典型和悲剧人物，表现了文艺复兴时期一代人文主义者的悲剧。这是时代的悲剧，其意义不在于他是否成功地消灭了恶，改造了现实，重整了乾坤，而在于他揭示了个人与社会的冲突、理想与现实的矛盾，他身上所表现出来的关于人性复杂、人性悖谬的思想，影响了近代欧洲文学关于人的问题的思考。

哈姆雷特与克劳狄斯之间的冲突是剧本的主要冲突，可是，他们之间的冲突不是个人的冲突，实质是资产阶级人文主义理想与阻碍这种理想实现的社会之间的冲突。结果，矛盾冲突的双方，以及被这一冲突所牵连的主要人物，先后陈尸舞台。这是一个悲剧的结局。而剧本的悲剧性，不仅表现在无辜者和有罪者同遭无情的毁灭，更主要的在于哈姆雷特仅仅勉强完成了报杀父之仇这一任务，却根本没有实现重整乾坤的宏愿。究其根源，客观上受历史条件的限制，新生的进步力量和强大的罪恶势力之间力量悬殊，构成了"历史的必然要求和这个要求的实际上不可能实现之间的悲剧性的冲突"。从这个角度而言，哈姆雷特的悲剧是社会的悲剧、时代的悲剧。主观上，哈姆雷特作为一个资产阶级人文主义者，自身有着不可克服的局限性。首先是他脱离人民群众。哈姆雷特虽然受到群众的爱戴和拥护，但他却像堂吉诃德一样，一味地单枪匹马与强大的敌人较量。其次，人文主义思想的核心是资产阶级个人主义和人性论，追求的是个性解放、个性自由。一旦当这种追求化为泡影，就往往把探索社会出路转为寻找摆脱个人精神痛苦的途径，患得患失，顾虑重重，沉浸于思索中，而少于行动。再者，哈姆雷特身上还因袭着一些旧的思想观念，如宗教迷信、宿命论等，束缚了他的行动。从这个角度讲，哈姆雷特的悲剧，既是性格悲剧，也是资产阶级人文主义者的悲剧。

克劳狄斯是莎士比亚笔下恶的代表，这一形象集中地反映了封建末世的暴君、资本原始积累时期野心家的特征。他杀兄娶嫂，败坏伦常，篡权夺位，祸国殃民，引起人民群众的不满，造成社会动荡不安。他阴险狡诈，善于玩弄笑里藏刀的两面派手法。他机关算尽，最后自己也落得罪有应得的下场。此外，作品中还有许多个性鲜明的人物，阿谀奉承、巧言佞色的波洛涅斯，见利忘义、甘当走卒的罗森克兰兹和吉尔登斯吞，出于维护封建家庭的荣誉而沦为奸王杀人工具的雷欧提斯，意志薄弱的乔特鲁德，纯洁而软弱幼稚的奥菲莉娅，正直、冷静、机警、有美好理想的人文主义者霍拉旭，等等。

《哈姆雷特》在艺术上代表了莎士比亚戏剧艺术的最高成就，具有巨大的审美价值。

在情节结构上，《哈姆雷特》突出地表现了莎剧情节生动性与丰富性的特点。莎剧的情节往往都是多线索多层次的，两条或两条以上的情节线索，或平行发展或交错进行，形成多样化的戏剧冲突，产生强烈的戏剧效果。在《哈姆雷特》中，主线是哈姆雷特的复仇，副线是雷欧提斯和挪威王子福丁布拉斯的复仇，三条线索主次分明、交错发展，起到了互相对比、激化矛盾的作用，使戏剧场面不断转换，推动戏剧进入高潮，产生动人心弦的艺术效果。其次，剧本虽以宫廷斗争为中心，但剧中所写的生活内容远远超出了丹麦的宫墙，从宫廷斗争到家庭生活，从剧团的演出到人民的造反，从墓地的葬礼到比武的场面，广阔的社会生活画面为情节的生动性和丰富性提供了基础。再者，这种生动性与丰富性，与剧中人物的性格冲突密不可分。随着剧中人物性格的发展与变化，剧情也随之跌宕起伏，曲折多变。

在人物塑造上，《哈姆雷特》着重通过内心矛盾冲突的描写来揭示人物性格特征、开掘人物性格深度。莎士比亚的悲剧一般以描写人及人的自然本性为核心，在戏剧冲突的建构上主要表现人与人以及人自身的理智、信念与情感、欲望之间的冲突，这就构成了内与外双重矛盾冲突，而人与人之间的外在冲突在根本上又起因于人的内在精神与心理因素的差异性，并且外在冲突最终又是为展示人物心灵服务的，因此，莎士比亚的悲剧在人的内心世界的开掘上达到了空前的程度。哈姆雷特的魅力很大程度上有赖于这一形象心理蕴涵的丰富性。哈姆雷特的内心冲突是随着为父复仇的戏剧情节逐渐展开并激化的，而复仇的外在冲突又逐渐让位于内心冲突，从而揭示出犹豫延宕的深刻内涵及本质特征。哈姆雷特追怀理想又对现实的丑恶感到失望甚至悲观，向往人性的善又深信人自身有恶的渊薮，想重整乾坤又因人性之恶的深重而感到回天无力，觉得人生无意义又对死后的世界充满恐惧，爱母亲乔特鲁德和情人奥菲莉娅，又怨恨她们的脆弱，等等。这一系列的内心矛盾与冲突既显示了主人公心灵世界的丰富复杂性，又揭示出其性格的丰富复杂性。莎士比亚尤其擅长用内心独白手法直接揭示人物的内心世界。哈姆雷特的多次独白，就表达出他对社会与人生、生与死、爱与恨、理想与现实等方面的思考和探索，披露出他内心的矛盾、苦闷、困惑和恐惧等多方面的内容，既有效地刻画了人物性格，又推动了剧情的发展。他关于"生存还是毁灭"的著名独白，表达了他对人生的思索，传达出了他内心的苦闷与彷徨，显示出一个哲学家的思想深度。再者莎翁为突出人物性格还成功地使用了对比手法。哈姆雷特、雷欧提斯、福丁布拉斯三人在复仇问题上的不同态度鲜明对比，就突出了哈姆雷特作为先进人物的不同之处。哈姆雷特与霍拉旭同为人文主义者，但遭遇不同，地位不同，前者热情深沉，后者理智冷静，对比中见出哈姆雷特精神世界的深刻性。

在创作方法上，《哈姆雷特》具有现实主义和浪漫主义两重性。尽管该剧取材于丹麦历史，但是通过具体生动的生活场景的描绘，人物言行的描写，勾画出了一个矛盾重重、浊流泛滥、内外交困、险象环生的国家现实，显示出当时英国社会现实的本来面目。但是，莎翁在现实主义的画面中，又融会进了浪漫主义的因素，如夜半城楼鬼魂的显现，"戏中戏"的巧置机关，荒芜墓地中的插科打诨与格斗等，充满了浪漫诡谲的色调。值得注意的是，现实主义与浪漫主义融合得十分自然，使剧作具有巨大而迷人的魅力。

莎士比亚是语言大师，在戏剧语言上，具有丰富多彩、个性化、形象化的特征。歌德曾说："莎士比亚是用生动的语言文字来感动人的。"莎翁剧作词汇特别丰富，据不完全统计词汇量达到2.9万个，远远超过了同时代的其他作家。他的剧本是诗与散文的巧妙结合，人物语言不仅符合人物的身份、性格，而且切合人物当时所处的特定环境。如哈姆雷特的语言表现出他聪明、机智而又迟疑、忧郁，奥菲莉娅的语言带有抒情的诗意，显示出她温柔恭顺，掘墓人的语言则粗俗逗趣。剧中还大量地使用比喻、双关语、谐语等，使之有极强的表现力。

莎翁的戏剧为世界戏剧艺术的发展作出了重要贡献，是人类宝贵的精神财富。马克思、恩格斯非常重视莎士比亚及其戏剧，在著作中引用或谈到莎剧有三四百处之多，他们还提出了"莎士比亚化"的美学原则，高度赞扬莎剧"情节的生动和丰富、完美的融合"，要求戏剧创作从现实生活出发，而不是从抽象的概念出发，通过生动丰富的情节和个性鲜明的人物形象、优美的语言创作出富有艺术感染力的作品。在世界文学史上，莎士比亚已经成为人们学习、评论最多的作家之一。

高等师范院校教材

外国文学教程

第四章 17世纪欧洲文学

第一节 概 述

文艺复兴运动在16世纪达到了顶点,欧洲许多国家由此进入了资本主义发展的初级阶段。17世纪的欧洲,资产阶级和封建阶级的搏斗在继续,各国资本主义的发展并不平衡。最早进入文艺复兴的意大利由于政治不稳定,走向全面衰落的时期。随着"地理大发现"而称霸一方的西班牙,本来有条件成为经济中心,但又没有对工业加以革新,大肆挥霍掠夺来的财富,先是在它的属地尼德兰的资产阶级革命中受到打击,继而在三十年战争中遭到失败。1618年至1648年,以德国为主要战场爆发了三十年战争,欧洲多数国家都卷了进去,战争的结果使德国分裂成296个小邦,更加落后。17世纪,俄国仍然停留在封建农奴制社会,东欧各国长期受异族侵凌,经济落后,农奴制度继续发展。在欧洲其他地方,由于经济不景气,社会对抗在整个世纪中愈演愈烈,饥饿使下层阶级处境十分艰难,爆发了无数次起义。

17世纪,欧洲的经济中心转到了西北欧,荷兰、英国、法国社会发展,经济成长,文化兴旺,技术创新，走在各国前面，显得生气勃勃，取代了传统的强国，并在海外建立了自己的殖民帝国，成为欧洲前进的新方向。英国资本主义工业飞速发展，一方面是生产率的大幅度提高，一方面是社会混乱和不幸。在政治生活中，从1640年开始的资产阶级革命经过复辟与反复辟的曲折经历，终于在1688年建立了君主立宪制政权。英国资产阶级革命是第一次"欧洲范围"的革命，标志着世界近代史的开端。法国资本主义发展不如英国快，但是走在欧洲大陆国家的最前面。当时的法国人口在欧洲最多，农业自足，由于法国采用重商主义政策，促进了工商业的发展。1598年到1661年路易十四亲政是法国专制王朝形成和确立时期，建立了欧洲典型的君主专制国家。

17世纪也是欧洲思想史上的重要时期，第一次形成了资产阶级的政治思想与哲学体系。霍布斯（1588—1679）、笛卡尔（1596—1650）、斯宾诺沙（1632—1677）是这个时代最重要的哲学家，他们的学说构成了欧洲哲学中理性主义的源头，是与经验主义相对立的阵营，也对本世纪的文学思潮产生了至关重要的影响。

由于国家的差异，17世纪欧洲各国文学也呈现出不同的面貌，英法两国文学代表本世纪文学的最高的成就，并具有这个时代文学最鲜明的特征。三十年战争给德国提出了严肃的主题，促进了德国文学民族意识和祖国意识的发展。奥皮茨（1597—1639）的《德国诗论》（1624）影响了不仅仅一个时代，格吕菲乌斯（1636—1664）的诗歌和戏剧是本世纪德国文学的顶峰，格里美豪生《痴儿西木传》（1669）是德国文学中叙述个人发展历程的长篇小说中的重要作品。西班牙以巴洛克文化为其时代特征，史称巴洛克时代。卡尔德隆（1600—1681）是这时期西班牙最重要的作家，其代表作戏剧《人生一梦》（1635）表现了整个巴洛克时代的信念和时代的矛盾，但也具有积极向上的一面。

巴洛克（Baroque）原是指艺术和建筑上的一种风格，有混乱、不规则、奇形怪状之意，后来影响到文学、戏剧、音乐、舞蹈等各个领域。长期以来，"巴洛克"一词都带有贬义，直到19世纪中叶才对"巴洛克"一词赋予了新的意义，给予了公允的评价。巴洛克文化一反文艺复兴时期的严肃、含蓄和平衡，追求浮夸、诡异和动感，对比强烈，色彩艳丽，富于戏剧效果。从写作上看，比喻和联想是其核心，从本质上看，巴洛克文化是宗教改革引起的精神危机与探索的产物。

一、英国文学

（一）英国资产阶级革命与英国文学

近现代英国历史始于17世纪中叶的英国资产阶级革命，这是英国资本主义制度确立和发展的时期，也是英国历史上最动荡的阶段之一。

伊丽莎白女王1603年去世后，英国开始了斯图亚特王朝的统治。1628年，查理一世无视资产阶级的要求，解散议会。1640年，查理一世被迫两次召集议会。第二次议会史称"长期议会"，一直存在到1653年，它的召开被认为是英国资产阶级革命的开始。1642年，查理企图逮捕议会反对派领袖未果，逃出首都。8月，内战爆发，1649年1月，查理一世以暴徒、叛徒、杀人犯和人民公敌的罪名被处以死刑。这就是英国资产阶级革命，它具有强烈的宗教色彩。查理被处死以后，议会宣布成立资产阶级共和国，革命领袖克伦威尔以护国公的名义统治英国，建立了资产阶级专政政体。1658年，克伦威尔去世。去世前国内经济状况不断恶化，阶级矛盾日益尖锐。1660年斯图亚特王朝复辟，查理二世执政，尽管他力图复辟旧秩序，但革命所带来的社会经济变革已不可逆转。1688年11月，信奉新教的荷兰执政威廉受邀来英国执政，推翻了复辟王朝。这次政变史称"光荣革命"。自此英国君主立宪制逐渐形成和发展。

17世纪的英国文学深受时代思潮的影响，这种影响主要体现在两个方面：一方面，新旧交替的社会变革和激烈的思想斗争影响了这一时期文学的内容和形式，另一方面，在后期它还受到当时欧洲大陆文学潮流的影响。

在英国资产阶级革命时期，散文作品中围绕政治与宗教问题的论争文章急剧增多。这一时期的散文巨著都具有庄重、严肃以及一种感人的壮丽特色。

诗歌方面，出现了骑士派诗歌和以约翰·多恩（1573—1631）为首的玄学派诗歌，他们虽然在主题上局限性较大，但艺术上都精雕细琢。

玄学派诗歌是这一时期对后世影响最大的流派，这一派诗歌多写爱情、隐居生活和宗教感慨。玄学派的名称来自于德莱顿，他称多恩"喜用玄学"。玄学毋宁说是一种技巧和风格的界定，他们在诗歌中往往采用奇异的节奏，独特的想象和新奇的比喻，从科学、哲学等领域里借用比喻和象征，依靠反讽和悖论，机巧而又理智，但有时流于晦涩。玄学派诗歌突破了文艺复兴以来彼特拉克抒情诗的统治局面，把口语体引入诗歌，富于戏剧效果，为英国诗歌的发展展示了一个新的方向，并在20世纪受到了广泛的关注，影响了欧美现代诗歌运动。

约翰·多恩是玄学派的领袖人物，除诗歌外，他的散文也很有特色，其布道词在当时极负盛名。他的诗歌可分为爱情诗、讽刺诗、诗体书简和宗教诗，其中最出色的是爱情诗。多恩的爱情诗是文艺复兴后期一种独特的产物，他突破了文艺复兴时期爱情诗的程式化表达方式，抛弃了风花雪月的陈词滥调和虚假做作的情感抒发。他不是一味地歌颂爱情至上，而是包含了对社会现象的批判；他对理想的爱情怀有宗教式的虔诚，却又并不掩饰对女性的轻蔑；他坦率肯定地强调肉欲之爱，但又崇尚忠贞与灵魂的契合。因此他对这一题材的发掘比当时别的诗人要深广得多，也现实得多。多恩的爱情诗充满了奇思比喻和悖谬夸张，采用说理辩论的方式，用口语体和自然的说话节奏，庄重与诙谐水乳交融，冷静与激情互为一体，他的创作极大地丰富了英国诗歌的内容，并为20世纪的诗歌提供了技巧和思辨方式。

小说方面最重要的作家是约翰·班扬（1628—1688），他是一位严肃虔诚的清教徒，对他来说，文学首先表达的是清教徒的信念。他的代表作《天路历程》（1684）讲的就是一个宗教寓言，而其中的现象则多以作者对现实社会的观察为依据。书中叙述基督徒在一个充满罪恶的世界里的遭遇，他历经了千辛万苦，最后胜利地抵达"天国之城"。班扬通过这部小说为人们指明了拯救灵魂的正确途径，小说里充满了对英国现实社会的深刻描绘，人物有血有肉，具有鲜明的现实主义色彩。班扬的语言和叙事风格都深受《圣经》与民间文化的影响，行文简洁明确，语言生动有力，在写作技巧上对后来英国小说的发展影响深远，开辟了"道德寓言"小说的先河。

王政复辟时期最知名的文学家是约翰·德莱顿（1631—1700），他也是英国古典主义文学的代表，是17世纪向18世纪过渡的承上启下的人物，集诗人、作家和文学评论家于一身。德莱顿的诗歌以当代生活为主题，尤其擅长讽喻，他最著名的剧本是改编自莎士比亚《安东尼与克莉奥佩特拉》的《一切为了爱情》，德莱顿在剧中描绘了一对崇高而又悲壮的情人，着力描绘二人生死相依的情感世界，也涉及了荣誉与爱情的矛盾。德莱顿的文学批评以古典主义的"理性"和"自然"为立足点，博采众长，被后人称为"英国文学评论之父"。

王政复辟时期的主要成就是风俗喜剧。风俗喜剧描绘并讽刺上流社会的风气和道德准则，具有一定的批判性，代表作家有乔治·埃思里奇（1634？—1691）、威廉·威彻利（1640—1761）和威廉·康格利夫（1670—1729）等，其中康格利夫最为杰出。他的喜剧的结构与技巧高于同时代人，《如此世界》（1700）在很大程度上代表了这一剧种的最高成就。

(二) 约翰·弥尔顿 (1608—1674)

弥尔顿是 17 世纪英国文学的高峰,在整个英国文学史上也是仅次于莎士比亚的伟大作家。

弥尔顿出身于伦敦一个富裕的清教徒家庭,幼承庭训,一生喜爱音乐。他从小好学,12 岁时就经常读书到深夜,15 岁进入圣保罗学校,掌握了希腊文、拉丁文、希伯来文。1625 年他进入剑桥大学三一学院,毕业后,弥尔顿在家潜心研读,博览群书。五年后,在父亲的支持下,前往意大利游览。英国资产阶级革命爆发时,弥尔顿中断了他的意大利之行,返回英国,投身于英国资产阶级革命,支持清教事业。1649 年共和国成立后,弥尔顿被任命为克伦威尔的拉丁文秘书,他写了一系列文章为革命事业辩护。由于操劳过度,导致双目失明。王政复辟后,在朋友们的大力帮助下,弥尔顿才得以幸免入狱,但他的一些著作被销毁。他回到乡间,继续他青年时代的文学事业,完成了三部伟大的作品。1674 年 11 月 8 日弥尔顿病逝。

弥尔顿的创作可分为三个阶段:

第一阶段(1625—1639)是弥尔顿创作的早期,主要作品是抒情诗和一部假面剧,《圣诞清晨歌》(1629)是他的出名作。这个阶段最著名的作品有《快乐的人》(1631)、《幽思的人》(1631)、《科马斯》(1634)和《黎西达斯》(1637)。

第二阶段(1640—1660)是弥尔顿从事政治活动的时期,他担任国务会议的拉丁文秘书,转向散文写作。弥尔顿是 17 世纪的散文大师,具有别的散文家所不具有的洪钟大吕之音和与英国资产阶级革命的密切关系。他的散文内容丰富,主题深刻,笔触汪洋恣肆,自成雄奇的风格。这一时期,弥尔顿还写作了 16 首十四行诗,扩大了十四行诗的表现领域,丰富了十四行诗的表现技巧。

第三阶段(1660—1674),英国革命失败,弥尔顿回到乡间,着手实现他一生的宏愿,编一部拉丁文大辞典,写一部英国历史,创作一部史诗。弥尔顿克服双目失明的困难,通过口授由人笔录,完成了两部史诗《失乐园》(1667)、《复乐园》(1671)和一部诗剧《力士参孙》(1671)。

《失乐园》是弥尔顿一生思考的结晶,是欧洲文学史上的不朽之作。

《失乐园》长达一万余行,分 12 卷,故事主要取自《圣经》中的《创世纪》和《启示录》,写撒旦因反叛上帝,和他的同伙一起被打入地狱。在地狱里他召集众人开会,讨论如何光复天堂,他告诉他们根据一则预言,有一个新的叫人的生物将被创造出来,他们决心从这一点去寻求恢复天国之路,撒旦独自承担了这个任务。上帝在宝座上看见了正飞向新世界的撒旦,向神子预言撒旦要诱惑人类,并取得成功。如果天堂里有人愿为人类赎罪,人将被给予荣光,神子表示愿意舍己。当撒旦来到伊甸园时,看到亚当和夏娃的俊美与快乐,并从他们的口中得知智慧果是禁止吃的,他决心要使他们堕落。晨曦来临后,上帝派天使长拉斐尔来向亚当说明他目前的处境,警告他当心撒旦;同时讲述撒旦的叛乱、天堂里的战争、上帝创造世界和人类的经过,亚当也问了拉斐尔一些问题。黑夜降临后,撒旦潜入伊甸园。第二天,夏娃执意要与亚当分开劳动,撒旦见夏娃独处就引诱夏娃吃了智慧树上的禁果。亚当发现后,出于对夏娃的爱,决心和她同死,也吃了果子,上帝派遣神子前去审判亚当和夏娃,神子出于怜悯,让他们穿上衣服。撒旦回到万魔殿正在向众魔夸耀自己的成功时,上帝把他们全部变成了蛇。对于夏娃和亚当,上帝虽然接受了他们的悔悟,但宣称将把他们逐出伊甸园。天使迈克尔来到伊甸园执行天命,他把亚当带到高山,在他面前展示了未来的远景,一直到洪水的发生,讲述了人类的全部历史,神子降生、赎罪、复活、升天直到重临。最后迈克尔牵着他俩的手走出了乐园,他们洒下眼泪,但"很快就拭掉了","告别了伊甸园,踏上了他们孤寂的路途"。

《失乐园》有两条主线,一条是撒旦反叛上帝,被逐出天堂,打入地狱;另一条是亚当夏娃违反禁令,被逐出乐园,踏上人世征途,这两条主线既是平行的,又是交叉的。平行在于两者都是由于反对上帝而导致的咎由自取,他们的不同之处在于撒旦野心勃勃,骄矜自负,欲取上帝而代之,狂妄至极,失败后不畏悔过,反而加倍作恶,所以永世不得翻身。亚当和夏娃则是由于意志薄弱,经受不住诱惑,试图由人变成神,不能很好地理解上帝的意图,反而充满了怨恨,在本质上与撒旦并无两样。但他俩毕竟是受撒旦的引诱而犯罪,亚当初因意志不坚,放任妻子,导致了堕落,继而为了爱和妻子一起承担了责任,更重要的是两人最后能悔过自新,不像撒旦那样一意孤行,所以他们终有返回乐园的希望。两条线索的交叉在于撒旦对亚当、夏娃的引诱,使对上帝的两种犯罪结合在一起,使两种不同的终局相互对照,从而表达出作品的主题。

《失乐园》在英国资产阶级革命的背景上,在宗教框架里探讨了人类堕落的根源,以"证明上帝对人之道的正确"。显然,弥尔顿并不仅仅是要复述《圣经》的故事,本质上是要通过这两个故事的内在联系,对英国资产阶级革命和人类未来加以思索。在他看来,导致堕落的根源正在于意志偏颇,或薄弱或过于强大,从而背离了上帝的正道。魔鬼没有前途,但人类还有未来,因为他们经过失败之后，认识到了自己的过错，理解到了"顺从"、"爱慕"、"敬畏"，从而达到了"智慧的顶点"，只要"忍耐"与"节制"，最终能够重返乐园，正如夏娃所认识到的"我的种子会全部得以恢复"。因此，在史诗的结尾，弥尔顿高扬起乐观主义的旗帜，高唱着对人类的颂歌。对于双目失明而又处于革命低潮的弥尔顿来说，这是难能可贵的。《失乐园》的这一指导思想遵循的正是但丁所开创的欧洲文学的传统，是但丁精神的继承。

长诗中引人注目的形象是魔鬼撒旦。撒旦是上帝的敌人，邪恶的化身，上帝允许他存在，并通过他的行动来显示正义的有效性。他曾经是最高级别的天使之一，那时他的名字叫路西弗，即"光之使者"。但他出于对神子的嫉妒，率领天军反叛上帝，最终被打入地狱，在地狱里确立了专制统治。他决定让人类堕落，引诱夏娃，并通过夏娃引诱亚当，结果一无所获，反而被上帝变成了蛇。但是弥尔顿在塑造这个形象时，却无意中赋予了他一种无所畏惧、不怕失败的英雄主义品质，或奋力作战，或慷慨陈词，或聪颖过人，有声有色的描绘使这个形象显现出极其复杂的一面。但这个形象，经历了由神而虫的过程，最终变得渺小而令人憎厌，尤其是与神子的真正英雄气概相比较，更是显得猥琐而卑鄙，说明弥尔顿并未真正将撒旦当做一个英雄来歌颂。也许在人类面前他是巨大的，但在上帝面前，仍然是渺小的。

由于《失乐园》描写的是人类堕落的题材，所以弥尔顿选择了恢弘的空间和永恒的时间为背景。他描绘的不是一个人类经历的世界，而是一个超自然的世界。因此弥尔顿塑造宏伟的形象，描绘壮阔的、富于戏剧性的场景，刻画人物内心复杂的情绪变化，运用璀璨瑰丽，富于抒情气氛的比喻。结构上继承古典史诗的传统，从中间写起，一开始即点明主题；格律上运用文艺复兴时代成熟了的无韵体诗，更显其自由开放，音韵昂然，形成了史诗宏伟的风格。

像是与《失乐园》相呼应，弥尔顿又创作了《复乐园》，故事取自《马太福音》第 4 章 1 至 11 节或《路加福音》第 4 章 1 至 13 节中所述耶稣受到试探的故事。上帝派神子耶稣来为人类恢复已失去的乐园，撒旦又企图诱惑耶稣，他先后以盛宴、财富、古国都城的豪华、军队的威武、罗马帝国的荣华富贵和古希腊的光辉文化来引诱和迷惑旷野中的耶稣，结果被耶稣一一识破。最后撒旦要考验耶稣的信心，把他带到圣殿的尖顶上，耶稣稳稳地站了起来。撒旦大为失色，从塔顶上跌落下去，耶稣终于战胜了撒旦，天使们前来迎接他，并歌颂他的胜利，庆祝乐园的恢复。史诗歌颂了抵抗诱惑、坚定信心的高尚情操，在思想内容上与《失乐园》具有紧密的联系，但语言朴素，句子简单，没有戏剧性的大起大落，情节本身并无实质上的推进，叙述在一个平面上发展，略显单调。

《力士参孙》是一个希腊式的古典悲剧，题材取自《旧约·士师记》第13到16章的参孙故事。参孙孔武有力，智勇双全，在与非利士人的战斗中屡建奇功，但不幸的是他把自己的力量源自头发的秘密告诉了妻子，而被妻子出卖。非利士人在大庆节日的宴会上让他表演技艺，他不甘受辱，用尽平生力气拉倒了宴会厅的柱子，大厅轰然倒塌，参孙与敌人同归于尽。歌队将参孙之死比作凤凰的自焚与重生，"这样高贵的死只会使我们沉静"，这是弥尔顿对反抗者或者说革命者的最高礼赞，也是弥尔顿本人思想情操的真实写照。从参孙的痛苦中，我们可以感受到弥尔顿的悲怆；从参孙的反抗中，我们可以感受到弥尔顿的斗志；从参孙的新生中，我们可以感受到弥尔顿精神境界的升华，对读者的灵魂也进行了一次"净化"。在某种意义上这是弥尔顿最独特和最个人化的作品，这一悲剧也是弥尔顿艺术的新发展。

二、法国文学

（一）古典主义文学产生的政治基础与基本特征

17世纪的法国拥有1 800万人口，是欧洲人口最多的国家，农业自足、工业发达，是典型的封建专制国家。在路易十三的统治下，首相黎塞留对内恢复和强化遭到削弱的专制政权，对外谋求法国在欧洲的霸主地位，使贵族和新教徒俯首帖耳，并于1635年创立法兰西学院，以确保专制王权对文化的控制。1661年路易十四继位，采取一切措施强化中央集权，相信君权神授，即"王公们是神的使者，是神在世间的副手"，国王行使专制权利是神圣的。因此大力巩固专制统治，宣称"朕即国家"，集政治、经济、军事、宗教大权于一身，要求人人都服从他。贵族失去了在各省的政治权力，资产阶级被授予重要职务，两者处于势均力敌的局面，这种新的平衡使国家实现了新秩序，加强了国家的权威，二者都听命于国王。

与政治上建立专制王权的斗争相呼应，文化领域出现了独尊古典主义的趋势。1635年成立的法兰西学院起初只有27名成员，至1639年拥有40名成员，被称为"不朽者"。学院产生过重大影响的事件是由夏坡兰起草的《学院对〈熙德〉的意见》，将"三一律"强加给了戏剧家。学院以其公认的权威性，通过对当时出版的文学作品的评价，使文学艺术适应封建王朝的需要而变得规范化，而学院的成立正是法国古典主义文学的开端。

17世纪法国文学在前面提到的背景下,形成了古典主义文学思潮,成为本世纪法国文学的主流。影响古典主义文学形成的除了这一社会背景之外,笛卡尔理性主义哲学和宫廷与沙龙社交生活的活跃也影响了古典主义的文学趣味和审美倾向。

古典主义文学是法国文学史的一个高峰。它的第一个特征是政治上拥护王权。它主张文学应该有鲜明的政治倾向,歌颂英明君王,崇尚公民美德,维护国家利益。布瓦洛提出"研究宫廷,认识城市",就是要迎合宫廷与贵族的趣味。在古典主义文学中,国王的权威得到了高度的尊崇,两大阶级势均力敌的现实得到了充分表现。它的第二个特征是崇尚理性主义,在笛卡尔的哲学著作中理性被置于最高位置,他认为人类的各种情欲会使人抛弃真理,因此必须以意志克制感情,这种强调理性和意志力量的哲学思想正好符合时代的需要。这种理性主义为古典主义文学提供了哲学基础,古典主义文学就是一种崇尚理性的文学,它要求作品中的人物用意志克制和压抑感情,个人的感情要服从封建的理性,丧失理性或情欲泛滥的人物在剧中不是受到嘲笑就是遭到毁灭,反之则会成为作家歌颂和社会认可的对象。古典主义文学的第三个特征是推崇古代作品,讲究规则和规范,表达明晰严整。古典主义作家,尤其是悲剧作家往往从古代希腊、罗马的文学和历史中选取题材,以古为源,以古为镜,以古喻今。与此相应的最重要的一条就是要求严守自称来自亚里士多德的"三一律",即时间、地点、情节的一致,同一情节在同一地点完成,时间不超过24小时。

古典主义文学形成的同时,还出现了贵族典雅文学和市民写实文学。

对古典主义的发展来说,马雷伯(1555—1628)的作用不容忽视,人们视其为古典主义的开创人。他主张文学要为王权服务,从语言中清除外来语、古语、地方语等,认为诗歌出自技巧而非灵感,所以必须有法可依,讲究各种押韵方式,注意语言的明晰和准确,并为几种音节的诗体制定了基本的规则。

作为古典主义立法大师的布瓦洛(1636—1711)于1674年发表了《诗的艺术》(1674),从理论上系统地总结了古典主义美学,并根据专制王权的意愿对文学创作进行划分,规定了一些文艺准则,对17世纪及后来的法国文学都具有很大影响,"理性"和"自然"是该书的两个核心概念。布瓦洛"希望一切文章永远只凭理性获得光芒",诗人"要热爱理性"。他所坚持的理性原则,正是笛卡尔的理性主义在创作理论上的反映。

17世纪末在法国文学界爆发了一场"古今之争",对古典主义文学的原则提出质疑,但直到19世纪浪漫主义文学兴起,古典主义文学才彻底退出了历史舞台。

古典主义文学最大的影响和成就都在戏剧领域。

（二）重要作家及其代表作

1. 高乃依

彼埃尔·高乃依（1606—1684）出身于卢昂一个富裕的法官家庭。卢昂是当时戏剧创作活动的中心之一，高乃依从1629年起从事戏剧创作，一生写作了三十多个剧本，在欧洲获得了崇高的声誉。

高乃依于1636年发表的《熙德》是他的代表作，也是古典主义戏剧的奠基作品，他因此被看做是古典主义戏剧的创始者。

《熙德》取材于17世纪西班牙剧作家卡斯特罗的《熙德的青年时代》，熙德在西班牙历史上实有其人。剧本描述了一对出身名门的贵族青年罗德里克与施曼娜的曲折恋情。罗德里克的父亲唐·狄哀格和施曼娜的父亲唐·高迈斯均为宫中重臣，国王选中唐·狄哀格为太子师傅，引起了唐·高迈斯的嫉妒，后者盛怒中打了前者一记耳光，年事已高的唐·狄哀格要求其子为父复仇，这使罗德里克陷入了两难境地：一方是贵族阶级视为至高无上的"荣誉"，一方是深深相爱而且即将订婚的恋人，本质上这就是理性与感情的矛盾。罗德里克无论偏向何方都会使自己受到伤害，要么是在名声上，要么是在感情上，最后"理性"战胜了感情。他为父亲复仇，杀死了唐·高迈斯。于是剧情的矛盾又落在了施曼娜身上，她面临的矛盾与罗德里克毫无二致，爱情与责任在她心里引发的冲突更为激烈，内心的痛苦也更为深沉，因为她的复仇所指直接针对的是自己的恋人，"我要他的头，我又怕得到他的头；他死我也活不了，而我又要惩罚他"，可以说她比罗德里克承受的压力更大。剧情发展至此，已无法在主人公内部得到解决。正在这时摩尔人入侵，罗德里克奉命出击，打败了敌人，还俘虏了摩尔人的两个国王，罗德里克成了受人尊敬的民族英雄。施曼娜仍然要求国王同意她挑选一个人来与罗德里克决斗。在决斗中，罗德里克打败了贵族唐桑土，这其实正中施曼娜的心意。最后，国王出面让这对情人在一年后结婚。

《熙德》作为法国第一部古典主义悲剧，矛盾其实只有一个，就是无法相容的情与理，这一矛盾贯穿始终。作品歌颂了英雄意志，两个主人公在这一矛盾冲突下，共同选择了荣誉，然后再选择死亡。以选择荣誉来表现主人公坚定的意志，以选择死亡来表现对爱情的忠贞，在这个意义上他们既符合封建贵族的标准，又满足了资产阶级的需要，而且二者统一于一身。高乃依所塑造的正是时代所需要的英雄人物，剧本最后由睿智的国王解决了理与情的矛盾，皆大

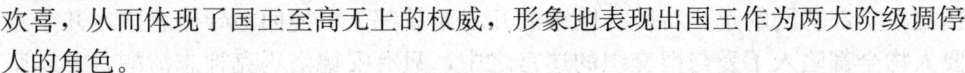

欢喜，从而体现了国王至高无上的权威，形象地表现出国王作为两大阶级调停人的角色。

高乃依善于写雄辩滔滔的长篇独白和对话，对话中又包含抒情色彩和诗意，风格崇高。

2. 拉辛

让·拉辛（1639—1699）是古典主义悲剧的第二个代表作家，也是古典主义悲剧的心理大师，古典主义悲剧最杰出的代表。拉辛父亲早死，由祖母养大成人，他属于受迫害的冉森教派，深刻地感受到时代的悲剧氛围，在心里刻下了强烈的悲剧意识。如果说高乃依的悲剧是"不是悲剧的悲剧"，拉辛的悲剧则具有无法摆脱的悲剧性，在世界悲剧史上占有重要地位。从古典主义文学的原则来看，高乃依从正面肯定了理性抑制情欲的观点，拉辛则从反面论证了这一观点。他充分发掘了古典主义悲剧的表现力，使古典主义悲剧的艺术美得到了最完美的体现。拉辛严格恪守古典主义悲剧的清规戒律，戴着镣铐跳出了最美的舞蹈。他能够让所有剧情集中在一天之内，写一个高贵人物由于不合理的感情冲动或郁结而造成的巨大悲剧；三一律对他不是一种限制，而是一种运用自如的工具。他从古代希腊的文学中借用题材，采用法国六音步双韵体诗，遵守三一律的原则，作品纯净清澈，明晰典雅，深沉而值得品味，其悲剧内蕴具有跨时代的探索价值。在心理描写方面，继莎士比亚之后达到了一个新的深度，他极善于刻画人物性格的复杂性、流动性、多变性，尤其对处于情欲迷乱状态的女性心理，描绘得层次分明，丝丝入扣，非常真实可信。

《安德洛玛克》（1667）取材于古希腊的故事。特洛伊城陷落后，赫克托耳被杀死，希腊代表俄瑞斯忒斯来到爱庇尔国，要求国王庇吕斯杀死赫克托耳的儿子，由于庇吕斯看上了赫克托耳的遗孀安德洛玛克，想娶她为妻，并一再拖延与斯巴达公主爱尔米奥娜原订的婚期。安德洛玛克为了替赫克托耳保全一份骨肉，答应了庇吕斯的求婚，其条件是庇吕斯答应不伤害儿子。安德洛玛克拟待庇吕斯起誓后，举行完婚礼即自杀，从而求得两全。庇吕斯的未婚妻爱尔米奥娜为此非常嫉妒，她利用俄瑞斯忒斯对自己的追求，要他去杀死国王庇吕斯，国王被刺后，爱尔米奥娜在悔恨中自杀身亡，俄瑞斯忒斯也发了疯，安德洛玛克最终得救。

《安德洛玛克》是第一部标准的古典主义悲剧，它的情节来自欧里庇德斯的悲剧《安德洛玛克》和《特洛伊妇女》，结构简练集中，情节虽然错综复杂，处理得却非常干净利落，充分体现了拉辛的风格。就创作方法而言，它可以概括拉辛全部悲剧的重要特征。剧中的几对矛盾都无可挽回地导向悲剧，几个主要人物全都陷入了爱与恨交织的迷宫之中，只有安德洛玛克神志清醒，意志坚定，理智地为自己筹划了未来。无论是庇吕斯、爱尔米奥娜还是俄瑞斯忒斯全都忘记了自己的责任，在感情里迷失了自我，追逐镜花水月般的缥缈感情，情欲蒙蔽了理智。即使没有俄瑞斯忒斯刺杀庇吕斯，主人公们还是无法得到自己所追求的东西，安德洛玛克会自杀，爱尔米奥娜不可能嫁给俄瑞斯忒斯，庇吕斯娶不了爱尔米奥娜。悲剧早已注定，仅仅是形式不同而已。

《费德尔》是拉辛心理悲剧的代表作，取材于欧里庇德斯的《希波吕托斯》。国王忒修斯在外征战多年，国内传来他已战死的消息。王后费德尔一直暗恋国王与前妻生下的儿子希波吕托斯，在奶娘的怂恿下，费德尔向希波吕托斯和盘托出自己的爱情，遭到希波吕托斯的拒绝，使费德尔异常难堪。正在这时国王回来了，战死的消息是误传，费德尔再次受奶娘的怂恿向国王诬告希波吕托斯企图对她不轨，忒修斯大为震怒，诅咒儿子将遭到海神惩罚。事后，费德尔万分悔恨，吞下致命的毒药，临死前告诉了忒修斯真相。希波吕托斯在海边摔死崖下。这部悲剧描写了一份不合理的爱情和混乱的情欲给主人公带来的毁灭。费德尔的形象极其复杂，其内心情感的描绘非常细腻，而又层次分明，步步推进，最终促成了人物的毁灭。剧情虽然简单，却惊心动魄。

3. 拉·封丹

拉·封丹（1621—1695）是以寓言诗的杰出成就达到与莫里哀、高乃依、拉辛齐名的诗人。他生于香槟一个森林水泽管理人家庭，幼年在农村度过，对大自然兴趣浓厚。1664年出版了描写教士、法官丑态的《故事诗》，1668—1678年出版《寓言诗》11卷，最后一卷发表于1694年。《寓言诗》是他的代表作，题材绝大部分取自伊索寓言、古希腊罗马和印度寓言家的作品及民间故事，然而描绘的却是当时的社会风俗，是一部巨型的法国17世纪下半叶的社会喜剧。他大大地发展了寓言的特殊功能，把寓言提高到了诗的地位，开创了自由体的形式，在篇幅上大大地突破了寓言的局限，叙事完整，绚丽多彩，富于戏剧性，具有道德、政治、哲理的意义，是一本"不同年龄、不同社会地位的人的通用的教科书"，深入宗教、经济、爱情、友谊、政治、哲学等各个领域，对现实社会进行了犀利的揭露和深刻的批判，从专制王权到官僚机构，从封建权贵到僧侣阶层，都是他抨击的对象。劳动者的弱小得到了同情，智慧得到了歌颂，社会道德的堕落得到了揭露，在对大自然的描绘上更是胜过了其他古典作家。

拉·封丹的《寓言诗》感情充沛细腻，表达含蓄自然，韵律优美而富于变化，用词精炼又极为生动流畅，对话生动活泼，将动植物拟人化，具有浓厚的生活情趣和浓厚的自然气息。

第二节　莫里哀

一、生平与创作

莫里哀的真名叫让·巴蒂斯特·波克兰（1622—1673），莫里哀是他的艺名。他的父亲是一个生意兴隆的挂毯商、宫廷室内陈设商，路易十四还是莫里哀儿子的教父。他20岁丧母，外祖父很疼他，常带他去巴黎闹市区新桥观看闹剧，也常到剧场看戏，由此培养了他对戏剧一生坚贞不渝的热爱。1648年，莫里哀成立了"盛名剧团"，甘愿做一个被教会驱逐出教的"戏子"。这个半业余性质的剧团，既没有自己的剧目，演员又缺乏演戏的经验，因而经营惨淡，被迫倒闭。莫里哀因负债累累而被捕下狱，被父亲担保出狱后，他参加了一个喜剧演员的旅行剧团，到外省谋求生路，一走就是12年。1658年莫里哀率领剧团回到巴黎，在路易十四面前首演成功。国王指令他的剧团留在巴黎，可以在宫廷剧场演戏，从此莫里哀开始了他最辉煌的事业。1673年2月17日莫里哀不顾肺炎严重，仍然坚持主演他最后一个剧本《没病找病》，他勉强把戏演完，夜里10点回到家里就与世长辞了。莫里哀的去世惊动了巴黎，但被他在剧中猛烈攻击的天主教既不给他行终敷礼也不给他坟地，只是在路易十四的干涉下，才被允许埋在一个小孩子的墓地中，而且不许举行葬礼。莫里哀不仅仅是一个伟大的剧作家，也是一个杰出的演员和剧团经营者，他为戏剧而生，为戏剧而死。布瓦洛认为给路易十四统治期间带来最大的文学光荣是莫里哀，莫里哀虽非法兰西学院的院士，但在学院大厅他的塑像下却刻着一行句子："他的光荣什么也不少，我们的光荣少了他。"

莫里哀的戏剧生涯大致可分为四个阶段。

第一阶段（1645—1658）：这是莫里哀在外省演戏，认识社会，积累生活经验和演出经验的时期。在这一时期他接触到形形色色的各阶层人士，观察到他们的风俗和语言，并开始表现出他出色的喜剧感。

第二阶段（1659—1663）：这是莫里哀从外省回到巴黎开创古典主义喜剧的时期。在这期间，莫里哀创作了他第一部重要剧作《太太学堂》（1662），开创了欧洲近代社会问题剧的先河,也是莫里哀性格喜剧的开端,这部剧作让他找到了自己的喜剧道路。剧本抨击了修道院的教育和封建夫权思想,歌颂了青年人争取自由恋爱,追求个人幸福的智慧和斗争。在新生一代面前,腐朽衰老的一代遭到了失败。面对贵族和教会反动势力的攻击,莫里哀创作了《太太学堂的批评》和《凡尔赛宫即兴》予以回击。

第三阶段(1664—1669):这是莫里哀创作的成熟时期,也是他整个创作生活中的重要阶段。《达尔丢夫》(1664—1669)、《堂璜》(1665)、《吝啬鬼》(1668)等最杰出的作品都产生于这个阶段。《堂璜》里的贵族堂璜是这个"世界上从未有过的最大的恶棍",他仗着自己的英俊和财势,到处追求女人。他刚结婚,看到一对刚订婚的情人,他就要将姑娘抢走;乡下青年皮埃洛救了他,他却看中了皮埃洛的意中人,并许愿要和她结婚,而他已答应娶另一个姑娘杜丽娜为妻。堂璜的罪恶触怒了上天,最后被雷击毙。这个人物是17世纪腐朽糜烂、横行霸道的贵族阶级的形象写照。

《吝啬鬼》成功地刻画了资产者贪婪吝啬的本质,主人公阿巴公是法国文学史上第一个守财奴、高利贷者的形象,也是莫里哀笔下最富于喜剧性的形象之一。他要嫁女儿,只因对方不要陪嫁费,至于对方是一个老头子这件事,倒无所谓。他克扣子女费用,逼得他们到处举债,儿子为了恋爱,只有借高利贷,而放贷者恰好是阿巴公。他半夜起来偷吃马食,而遭痛打。请客时往酒里掺水,用八个人的饭量对付十个人。年过花甲,却要娶个年轻女子,而这个女子正是儿子的恋人,还要以父亲的名义强迫儿子接受。当发现自己藏的钱不见了时,狂呼乱叫:"我完啦,叫人暗杀啦",一点尊严也没有了。剧末他不是与儿女一起分享他们的幸福,而是要去看他失而复得的"亲爱的"钱箱。在他的心目中,金钱是至高无上的,至于儿女幸福、家庭亲情都是次要的。金钱已经腐蚀了他的灵魂,扭曲了他的价值观和世界观,摧残了正常的人伦关系。这个喜剧展示的其实是一部深刻的社会悲剧。

第四阶段(1669—1673):这是莫里哀创作的最后阶段,虽然不像前一个阶段犀利、深刻,但仍然保持了他对社会的独特认识,他创作了《贵人迷》(1670)、《司卡班的诡计》(1671)、《没病找病》(1673)等。

《司卡班的诡计》是一部三幕散文喜剧,塑造了一个机智勇敢,敢于犯上的仆人形象。在欧洲戏剧史上机智勇敢的仆人形象并不少,但敢于犯上,并能主宰生活的仆人却没有。莫里哀笔下的司卡班设计从老主人那里得到了钱财,成全了小主人的爱情,还把老主人骗进口袋里痛打了一顿。这个最底层的人物富于智慧,在他身上闪现着莫里哀的民主意识,这个形象也是对传统仆人形象的一次颠覆。莫里哀的描写引起了正统的古典主义者布瓦洛的不满,在《诗的艺术》里给予批评。

二、《达尔丢夫》

《达尔丢夫》是莫里哀艺术的最高成就代表。1664年5月,《达尔丢夫》前三幕在凡尔赛宫首演,演出结束后,教会动员力量扼杀这部剧作,路易十四不得不下令暂停公演。莫里哀一边向路易十四呈递"第一陈情表"予以反击,一方面坚持完成了后两幕。8月,剧本在王宫剧场正式上演,为了减少阻力,莫里哀作了一些修改和删节,演出十分成功。然而第二天,公演再次夭折。莫里哀二上陈情表,请求国王支持。鉴于反对势力过于强大,路易十四不敢明确表态。一年以后,莫里哀三上陈情表,请求撤销禁演的成命,国王这才批准了他的要求,《达尔丢夫》终于在1669年2月5日晚上正式公演。这次公演,莫里哀取消了第二稿中的修改,回到了原稿。

《达尔丢夫》的上演之所以历经曲折,正是因为这个剧本的锋芒直接指向封建教会,彻底地剥下了教会伪善的外衣,揭露了它的阴险、毒辣、狡诈、卑鄙的行径。达尔丢夫不是一个孤立的伪善者,而是当时教会形象的典型代表,从莫里哀最终上演时索性恢复了原样以及教会的激烈反应中,可以清楚地看到这一点。17世纪20年代法国"圣体会"的教士仇视异教徒、无神论者、自由思想者,以及一切反对教会的人们,他们披着慈善的外衣干警察特务的工作,陷害倾向信仰自由的人,并把魔爪伸向上层资产阶级,以便同王权争夺。他们的办法是插手显赫家庭的治理,警告丈夫注意妻室的挥霍。但是邪恶的力量终究是孤立的虚弱的,人们只要认清了它的本来面目,团结起来,就能够战胜这股反动势力。剧本最后由于国王明鉴,达尔丢夫被送进监狱,"那边才是他的地方",奥尔恭因忠心报国、"拥戴圣驾"、"勤劳王事",而得以逃脱厄运。剧本唱起了对王权的颂歌。

达尔丢夫是全剧的核心人物,他以伪装虔诚骗得了富商奥尔恭及其母亲的信任,成为奥尔恭一家的座上客和精神导师。莫里哀在这个人物身上集中了一切伪善者的特征。为了扮演"圣人",他把自己打扮成具有"崇高"宗教德行的人,然而他邪恶的本质却与此形成了鲜明的对照。他为祷告时捏死一只跳蚤而悔恨,但他一旦目的未能得逞,却要把当初救了自己命的恩人奥尔恭送进监狱。他看见桃丽娜穿袒胸衣服,忙拿出一张手帕把胸口遮起来以免"灵魂受伤"，但他却勾引调戏奥尔恭的妻子，还放肆地说："不要害怕，满足我的欲望吧"，并且恬不知耻地宣称"私下里犯罪不叫犯罪"。他口头上宣传"苦行主义"，实际长得"又粗又胖，脸蛋子透亮，一顿饭吃了两只鹌鹑，还有半条切成小丁儿的羊腿"；早点的时候，喝了满满四大杯葡萄酒。奥尔恭送他钱，他当着奥尔恭的面把钱散给了穷人，而内心却图谋奥尔恭的全部家产。达尔丢夫不仅仅伪善，还是一个阴险毒辣、忘恩负义、淫糜无耻的人。这些性格结合在一起，对社会就不仅仅是欺骗性，还有极大的危害性。伪善是他的手段，邪恶才是他的本质，才是引起所有善良的人加以警惕的根本原因。

　　桃丽娜是奥尔恭女儿的侍女，是剧中最有光彩的形象。她虽然是一个侍女，但对达尔丢夫的认识却非常深刻，揭露达尔丢夫也是毫不留情，敢于对奥尔恭的痴迷冷嘲热讽。剧本一开始，基本上就是她与奥尔恭母亲在交锋，是她一针见血地指出达尔丢夫"一举一动，全是做给人看的"，直接剥下了他的伪装。对奥尔恭迷恋达尔丢夫，也是桃丽娜看得最清楚，当奥尔恭要将女儿嫁给达尔丢夫时，又是桃丽娜首先站出来反对，并且帮助出主意。剧本最后，她再次指出："凡是世人尊敬的东西，他（达尔丢夫）都有鬼招儿给自己改成一件漂亮斗篷披在身上。"我们不难看出，桃丽娜在剧中充当了莫里哀的代言人，她聪明、机智、伶俐、勇敢。一个小小的侍女充当了反对达尔丢夫邪恶势力的主要角色，既表现了邪恶势力普遍不得人心，也显示出正义力量的无所不在和莫里哀的民主意识，因此剧本最后的喜剧性结局也就不难理解。

　　奥尔恭的形象也具有典型意义，他是巴黎富商，王权的支持者，但狂热的宗教信仰和痴迷的宗教虔诚使他失去了基本的辨别能力，情感蒙蔽了理智。他不仅把达尔丢夫当做"圣人"、"良心导师"供奉在家里，对他的衣食住行关怀得无微不至，还把极端的秘密全告诉了他，甚至要把女儿嫁给达尔丢夫，不顾她已有了心上人。当儿子反对达尔丢夫时，他宣称要取消儿子的继承权，并咒儿子"不得好死"。对他来说，达尔丢夫"比起儿子、老婆和父母来，分外亲热"。在达尔丢夫的迷惑下，他的心肠都变冷酷了，表示可以无动于衷地看到家里所有亲人一个个地死去。达尔丢夫清楚地知道："他是一个可以让我牵着鼻子走的人"，可以随意摆布。只是在他亲身看到了达尔丢夫调戏自己的妻子后，才醒悟过来。一方面奥尔恭是受教会邪恶势力毒害的典型代表；另一方面，从古典主义文学创作观来说，他的所作所为又是理性未能抑制感情的结果，在本质上与庇吕斯、唐·高迈斯、费德尔等没有差异。

　　《达尔丢夫》在艺术上历来为人称道的是主人公的出场，歌德认为它是

"现存最伟大和最好的开场"。达尔丢夫直到第三幕第二场才出现，在此之前，达尔丢夫的形象已经从奥尔恭和桃丽娜两方的口中得到了截然相反的表现，创造了戏剧悬念，当达尔丢夫亮相时，悬念解开了，这是一个极其伪善的人物。于是剧情的发展就不再是真伪之辨，而是如何揭露伪善，惩罚伪善。紧接着的第三场，达尔丢夫勾引调戏奥尔恭之妻，对达尔丢夫的揭露更有力度，剧情的转折显得自然、成熟，结构非常紧凑。由此可以看到一个从演员成长起来的伟大剧作家对戏剧规律的深刻把握和娴熟表现，他是为舞台写作的，而不是为阅读写作的。这个剧本的另一个特点是运用了强烈的对比手法，以充分暴露达尔丢夫的本来面目，起到了强烈的讽刺作用，增强了喜剧效果。

　　17世纪法国古典主义喜剧之所以取得了巨大的成就，与莫里哀的贡献紧密相关，他把法国戏剧提升到了欧洲一流的水平之上，开创了近代资产阶级家庭喜剧的先河，是继莎士比亚之后欧洲文学史上最伟大的戏剧家。他的作品全面地反映了17世纪法国社会生活，是比巴尔扎克《人间喜剧》还早200年的"人间喜剧"，具有深刻的现实主义精神和悲剧内涵，善于运用集中、夸张、概括的手法写深写透人物单一的情欲，塑造典型，并调动各种喜剧手法创造生动丰富的舞台效果，对欧洲戏剧的发展产生了深远的影响。他的喜剧比同时代的悲剧更具有永久性和普遍性，欧洲整个18世纪的喜剧就从他这里诞生，歌德自称"毕生都在向他学习"。

第五章　18世纪欧洲文学

第一节　概　述

自文艺复兴以来，欧洲的资产阶级经过三四百年的惨淡经营，到了18世纪，一些主要国家的资本主义经济得到了迅速发展，资产阶级力量日益壮大，各国资产阶级和广大人民反封建专制的斗争也空前高涨、激烈，推翻封建专制制度的革命已经成为时代的要求和历史发展的必然趋势。在这种历史条件下受当时自然科学和唯物主义哲学的影响，欧洲各国发生了文艺复兴之后的第二次思想文化革命运动——启蒙运动。

一、启蒙运动与启蒙文学

启蒙运动是18世纪欧洲的主要思潮。它起始于英国，后来发展到法国、德国、意大利和俄国。启蒙运动在法国表现最为突出，影响最为深远，它直接导致了1789年的资产阶级大革命。

所谓"启蒙"，指的是启迪蒙昧，反对愚昧偏见，用近代文化去"照亮"被教会和封建专制制度的迷信和欺骗所造成的愚昧落后状态，恢复"理性"的权威。但实质上，启蒙运动是一场极为深刻的资产阶级思想解放运动，是文艺复兴运动在新的历史条件下的继续和发展，并在反封建、反教会的斗争中提出了更鲜明、更完整的纲领。启蒙运动的思想家们继承了文艺复兴时期的人文主义思想，进一步高举文艺复兴的反封建、反教会的两面大旗，竭力宣传自己的革命主张和社会理想，为实现资产阶级革命制造舆论，为资产阶级夺取政权、巩固政权大喊大叫。他们用唯物主义反对唯心主义，用无神论和自然神论反对神权统治，用"自由、平等、博爱"和"天赋人权"反对扼杀个性的封建专制制度。他们用以反对封建专制的理论武器就是"理性"，最终目的是要建立起资产阶级的"理性王国"。在那里，"迷信、偏见、特权和压迫，必将为永恒的真理、为永恒的意义、为基于自然的平等和不可剥夺的人权所排挤"。

启蒙思想家们提出的这些理论和主张，无疑都是"非常革命的"，充分体现了资产阶级生气勃勃的战斗姿态和乐观精神。但他们并"没有能够超出他们自己的时代所给予他们的限制"。他们的自然观是机械唯物主义的，社会历史观是唯心主义的。他们轻视群众，过分强调意识的力量，夸大教育的作用，对君主制存有幻想。他们宣扬的"理性"是资产阶级的"悟性"，他们向往的"理性王国"只不过是"资产阶级的理想化的王国"。他们提出的"自由、平等、博爱"、"天赋人权"等口号，带有抽象的、空幻的、欺骗的性质。从根本上讲，他们是为资产阶级的利益服务的。

启蒙运动作为一个广泛的思想革命运动，也影响到文学的发展。因此，启蒙文学是启蒙运动的产物，是启蒙运动的重要组成部分，也是启蒙运动的重要思想武器。它继承和发扬了人文主义文学的优良传统，是一种具有鲜明的政治倾向性和浓郁的战斗气息，最能体现时代精神的新型文学。启蒙文学在各国的发展虽不尽相同，但由于其共同的思想基础和战斗任务决定了启蒙文学具有以下共同特征。

第一，具有鲜明的倾向性和民主性。启蒙作家往往都是启蒙思想家和社会活动家，他们非常重视文学的社会功能，把文学看成是宣传启蒙思想和参与政治斗争的有力工具和战斗武器。他们在自己的创作中，猛烈抨击封建专制制度和宗教迷信，揭露社会上的种种不平等、不合理的现象，宣传自由平等的思想。他们主张文学面向广大平民，注重描写平民的日常生活，把第三等级的普通人作为描写和歌颂的主要对象，是胜利者；而王公贵族、教皇、教士则往往成了被嘲笑、批判的对象，是失败者。

第二，具有强烈的政论性和哲理性。启蒙作家为宣传自己的启蒙思想，在他们的创作中，不仅真实地反映生活，具体地描绘生活，而且十分重视通过文学对社会生活进行分析和议论，力图使文学成为"道德的学校"。他们喜欢用深刻的寓意阐明自己的理想，用滔滔的雄辩来论证自己的观点，使作品具有浓郁的哲理意味和强烈的论辩色彩。但他们所塑造的人物，也因此往往缺乏鲜明的个性，显得抽象化、概念化，成为作者思想的代言人和"时代精神的传声筒"。

第三，具有传统的继承性和时代的创新性。启蒙文学继承了文艺复兴以来进步文学的现实主义传统，同时又表现出自己新的特点。启蒙作家更强调真实性，他们不像文艺复兴时期许多作家那样，借用传统的题材来反映现实生活，而是直接取材于现实，注意社会问题的探讨，从日常的生活细节中来表现现实社会人与人之间的关系，努力塑造资产阶级的英雄典型和平民知识分子的形象。同时，为便于宣传启蒙思想，他们大胆摒弃了古典主义的清规戒律，革新创造了多种新的文学样式，如哲理小说、游记体小说、冒险小说、书信体小说、对话体小说、自传体小说、教育小说、日记体小说和市民正剧等。

二、启蒙文学在各国的发展

（一）英国文学

英国的启蒙文学产生在资产阶级革命之后，它的主要任务是扫除封建残余势力，全面揭露社会弊端，为进一步巩固和发展资本主义鸣锣开道，摇旗呐喊。英国启蒙文学的主要成就是长篇小说，启蒙作家们继承了西班牙流浪汉小说的优良传统，比较广泛地反映了英国社会的现实生活，并使长篇小说的艺术形式臻于完善，为19世纪批判现实主义小说的繁荣打下了基础。代表作家有笛福、斯威夫特和菲尔丁等。

丹尼尔·笛福（1661—1731）是英国现实主义小说的奠基人。出身平民，早年做过贩货商人，经营过窑厂，参加过1688年反查理二世的斗争。因写诗讽刺贵族和教会被罚款并坐牢，1704年以后还办过报。他没有受过正规的学校教育，生活使他获得了各种知识。他50岁以后开始写小说，以《鲁滨逊漂流记》最为著名。

《鲁滨逊漂流记》（1719）是一部流传甚广、影响很大的文学名著，是英国现实主义小说奠基作之一。作品以一名苏格兰水手航海遇险，漂流到荒岛独自为生的故事为蓝本，用第一人称的手法写成。主人公鲁滨逊出身中产阶级家庭，他反对因循守旧，不安于平庸安分的小康之家的舒适生活，决心出海经商，通过冒险手段去追求个人发财致富的捷径。他在航海遇险，独自流落荒岛，面临绝境的情况下，凭着自己的双手，依靠个人的智慧和劳动，以惊人的毅力和顽强的意志，同各种自然灾害和病魔作斗争，终于战胜了种种困难，改变了生存条件，积累了财富。鲁滨逊冒险致富的行为，充分体现了资产阶级坚定的事业心和朝气蓬勃的进取精神。通过这一人物，作品形象地肯定了个人的力量和劳动的价值。但同时应该看到，鲁滨逊既是一个劳动者，同时又是资产者和殖民者。他的一切活动的目的只是为了私人占有，"为致富的希望所鼓舞"。他落难前的三次航海和最后一次远航非洲，贩运黑奴，其最终目的都是为了获利赚钱，增加他的财富，扩大私人占有的范围。在荒岛上他用火枪和《圣经》慑服黑人，无偿占有土人的劳动成果，使"星期五"心甘情愿做他的忠实奴仆，更是体现了资产者殖民者剥削掠夺的本性。因此，恩格斯称鲁滨逊为"真正的'资产者'"。

《鲁滨逊漂流记》是一部成功的现实主义小说，在艺术上的主要特色是它的真实性和具体性。作者用生动、具体、细致、逼真的细节描写，使虚构的故事显得真实可信，使读者产生身临其境之感。小说的语言自然流畅，通俗易懂。它虽然在艺术上还存在叙述方式单调，人物刻画较为粗糙，形象不够丰满等缺陷，但它开辟了英国小说发展的新阶段，为19世纪现实主义小说的繁荣准备了条件。

约拿旦·斯威夫特（1667—1745）是英国启蒙文学中最杰出的讽刺作家，激进民主派的代表，他的小说、散文、诗歌和书简是英国18世纪社会的一幅色彩鲜明的讽刺画。代表作是长篇讽刺小说《格列佛游记》（1721—1726）。全书共四卷，记叙外科医生格列佛乘船飘流到"小人国"、"大人国"、飞岛等几个幻想国家的故事。作者说他写这部小说的目的在于"教导世人而不是取悦于人"，可见其启蒙性质。这部作品从表面上看是一部幻想非常丰富，非常诙谐有趣的儿童读物；然而从本质上看，乃是一部非常富于战斗性的讽刺作品。小说通过格列佛的亲身遭遇及所见所闻，曲折地反映了当时的英国现实，有力地讽刺、嘲笑、抨击了英国资产阶级的腐败政治、虚伪法律、党派斗争、不义战争以及种种社会弊端，同时还通过对"大人国"、"慧骃国"理想境界的描写，表现了作者对美好合理的社会制度的追求。

《格列佛游记》把艺术虚构与现实描写巧妙结合，把夸张、对比、反语、影射等多种讽刺手法融为一体，既具有浓厚的浪漫主义色彩，又具有强烈的现实批判精神，表现出高度的讽刺技巧和巨大的艺术魅力。

亨利·菲尔丁（1707—1754）是18世纪英国现实主义小说家中富有民主倾向的一位作家。他出身破落贵族家庭，一生受着疾病、贫穷和家庭纠纷这一切人世痛苦的折磨。最初在贵族的伊顿学校受教育，1728年进入荷兰莱顿大学学习语言，1730年因经济困难而辍学回国。此后的整个生活，用他自己的话说"是靠自己的一双手劳动"，即在艰苦紧张的创作中度过的。

菲尔丁的创作生活是从戏剧开始的。从1728—1737年十年间，共写出25个剧本，大胆地抨击当代社会上的一切罪恶现象。18世纪40年代以后，完成了几部颇有社会影响的长篇小说，用人性论、抽象道德观、揭露批判统治阶级的等级观念、拜金主义和道德堕落，并对中、下层人民表示了一定的同情。其代表作是《汤姆·琼斯》。

《汤姆·琼斯》（1749）标志着18世纪英国小说发展的最高成就，就其反映现实的广度和深度而言，超越了他同时代的任何一位作家。这部小说是作家观察和思考所得的全部丰富经验的结晶。全书共分18卷，兼有家庭小说、游记小说和冒险小说的内容和特点。小说的主人公汤姆·琼斯是一个弃儿，乡绅奥尔华绥把他收为养子，让他和外甥布力菲一起受家庭教师的教育。琼斯心地善良，布力菲则诡计多端。后来琼斯爱上了乡绅的女儿苏菲亚，为布力菲所嫉恨，便在奥尔华绥面前诋毁琼斯，终致琼斯被主人赶出家门而到处流浪。后到了伦敦，被一贵妇所纠缠，落入圈套，并因打伤一个流氓而入狱。苏菲亚不愿听从父命嫁给布力菲，带着侍女到伦敦寻找琼斯，几次险遭坏人暗算。但几经周折，琼斯和苏菲亚终于苦尽甘来，结为夫妻。作品通过男女主人公悲欢离合的爱情故事和流浪生活的描写，广泛地反映了英国18世纪的社会生活，对英国贵族阶级的虚伪欺诈、道德堕落以及门第观念进行了有力的抨击，对青年男女追求以纯洁爱情为基础的自主婚姻和平民阶级诚实正直的美德给予了充分的肯定和赞美，表现出鲜明的反封建色彩。小说内容丰富复杂，人物形象生动鲜明，情节曲折多变而结构完整，布局精巧严密，创立了近代小说的完备形式，被誉为"小说中的《伊利亚特》"。

18世纪后期，随着资本主义的发展，英国的社会矛盾日益尖锐，随之出现了一种新的文学流派——感伤主义。这一文学流派的特点是贬抑理性，崇尚感情，强调主观性，塑造多愁善感的人物，突出人物的不幸与痛苦，表现哀怨和忧伤的感情，追求新奇的表现形式和幽默的情趣。其代表作家是斯泰恩（1713—1768）和哥尔斯密斯（1730—1774）。感伤主义这一名称就是来自斯泰恩的代表作《感伤旅行》（1768）。感伤主义曾流传到法、德、俄等国，产生了广泛的影响,并为后来浪漫主义流派的形成打下了基础。

(二)法国文学

18世纪的法国,封建王朝腐朽透顶,资产阶级日益壮大,阶级矛盾十分尖锐,终于导致了震惊世界的资产阶级大革命。在大革命前长期激烈的斗争中,法国产生了孟德斯鸠、伏尔泰、狄德罗、卢梭等一大批杰出的启蒙思想家和社会活动家。他们不仅积极著书立说,为资产阶级夺取政权提供理论依据,大造革命舆论,而且自觉地把文学作为宣传启蒙思想的武器,直接从事文学创作活动,在法国文学史上写下了光辉的一页。

法国启蒙文学的主要成就是哲理小说,其代表作家有伏尔泰、狄德罗和卢梭等。

伏尔泰(1694—1778)是法国启蒙运动的领袖人物,出生于一个富裕的资产阶级家庭。他以启蒙思想为武器,坚持不懈地同封建王权和天主教会展开斗争,主张君主立宪制和自然神论,因而多次受迫害被捕入狱。他学识渊博,在政治、哲学、历史、文学等诸多领域均有建树,被誉为"思想界的泰斗"和"科学与艺术共和国的无冕国王"。在文学创作方面,伏尔泰以悲剧诗人和史诗诗人闻名于世,但倾向性最鲜明、战斗性最强、价值最高的还是他的哲理小说。所谓哲理小说,就是以阐明某种哲理为目的的小说,它是适应18世纪启蒙运动的思想和任务的需要而创造的一种独特的文学体裁。经伏尔泰之手,这种文学形式充分发挥了它的战斗作用,并成了法国启蒙文学作家手中的有力武器。

伏尔泰写过26部哲理小说,著名的有《查第格》(1747)、《老实人》(1759)和《天真汉》(1759)等。

《老实人》是他的哲理小说的代表作。作品中的主人公老实人是一个男爵的养子,开初,他十分相信家庭教师、乐观主义者邦葛罗斯的观点,认为这个世界上"一切都是尽善尽美的"。但事实并非如此,他和男爵的女儿自由恋爱,却被男爵赶出家门。他到处流浪,遭到无数打击,险些丧命。家庭教师邦葛罗斯所看到的到处是战乱、苦役、火刑和抢劫,自己也很不幸,他染上了脏病,烂掉半截鼻子,后来又被宗教裁判所施以火刑,险些被烧死。最后老实人和他的爱人与邦葛罗斯在海地团聚。作品通过老实人及其老师的经历,彻底否定了"一切都是尽善尽美"的信条,揭露了专制统治和教会的罪行,足以引起人们对封建制度和教会统治的不满,启发人民的革命要求。作者在揭露社会黑暗,批判盲目乐观的同时,还怀有对未来社会的乐观信念,描绘了一个令人神往的

"黄金国"。在那里，黄金遍地，科学昌明，在贤明君主的统治下，没有牢狱，没有压迫，人人丰衣足食，一派自由、平等、博爱的升平景象。这就是启蒙者"理性王国"的理想模式。它虽然是乌托邦式的，但对于批判封建专制制度，激发人们的反封建热情，无疑具有积极作用。

《老实人》以丰富的情节、生动的形象来说明哲理，言简意赅，含义深刻。小说充分发挥作者的特长，运用嘲笑揶揄、嬉笑怒骂的手法来达到讽刺的目的，具有独特的艺术效果。

狄德罗（1713—1784）是法国唯物主义和战斗的无神论的杰出代表，著名的《百科全书》的组织者和主编。他是18世纪卓越的哲学家、艺术家、戏剧家和小说家，也是当时欧洲最重要的文艺理论家之一，他的唯物主义美学思想和现实主义艺术理论体现了启蒙主义艺术理论的最高成就。在文学创作上，他的主要贡献是三部哲理小说，即《修女》（1760）、《宿命论者雅克》（1773）和《拉摩的侄儿》（1762）。后者是他的代表作。

《拉摩的侄儿》是一部对话体哲理小说。狄德罗在小说中以真人真事为基础，运用想象、夸张的手法，简洁、生动地刻画出一个愤世嫉俗、富有才华，但又寡廉鲜耻、自甘堕落的资产阶级无形文人的复杂形象。主人公是当时一位名叫拉摩的音乐家的侄儿，他天资聪颖，多才多艺，具有深刻的思想见解，但穷困潦倒，常常充当富人之家的食客。为了达到享乐的目的，一点不顾廉耻，他虽然认识到自己生活的肮脏，诅咒自己"不识羞耻"，"是一个极端的无赖"、"可怜虫"和"骗子"，但又不能自拔，继续过着卑污的生活。拉摩的侄儿是时代的产物，是那个不合理的社会制度扭曲了他的性格。作品正是通过主人公的自白，控诉了那个畸形社会现存制度的极不合理，深刻地揭露了封建制度毒害人、腐蚀人的罪恶本质。《拉摩的侄儿》自始至终通过"侄儿"和"我"的对话进行论争，在激烈的论争中展示人物的复杂性格，揭示深刻的哲理，具有很强的批判性。恩格斯称它是"辩证法的杰作"，马克思也认为它是一部"无与伦比的作品"。

卢梭（1712—1778）是法国启蒙运动中激进民主派的领袖。他出生于日内瓦一个钟表匠家庭，从小丧母，寄人篱下。自14岁起独立谋生，当过学徒、仆人、秘书、教师等职，进过宗教收容所。由于他的不幸遭遇，他没能受到多少正规的学校教育，广阔的社会成为他学习的课堂。他靠自学而获得广博的知识，终于成为一位著名的思想家和文学家。

1749年，卢梭因第戎学院的征文《论科学与艺术》中选而崭露头角，蜚声法国，博得世界声誉。几年后又写了《论人类不平等的起源和基础》（1755），从而奠定了他在欧洲思想史上的崇高地位。这两部作品和1762年发表的《社会契约论》一起，被公认为卢梭三部最重要的理论著作。卢梭在这些著作中提出了天赋人权、自由平等和民权等民主思想。这些思想观点顺应历史发展，符合人民的愿望，具有反封建的意义，成为后来资产阶级革命的行动纲领。

卢梭在文学上的成就主要是三部各具特色的小说：《新爱洛绮丝》（1761）、《爱弥尔》（1762）和《忏悔录》（1778）。《爱弥尔》是一部探讨教育问题的哲理小说。主要描写爱弥尔从出生到结婚及其所受教育的过程。卢梭从他的"返回自然"的哲学思想出发，认为教育要顺乎天性、合乎自然，使儿童的本性避免受社会偏见和恶习的影响，而得到自然的发展。小说中，他还对教育的目的、内容、方法和教育态度等进行了广泛的探讨，其中不乏真知灼见，至今仍有积极的意义。

《忏悔录》是卢梭在受迫害的流亡年月写成的一部自传体作品。它记录了作者从出生到1766年五十余年的生活经历。作者对"弱肉强食"、"强权即公理"的社会进行了愤怒的揭露。小说名为"忏悔"，实际是自我剖白，为自己辩护，作者自信要比那些攻击他的大人先生们高尚得多，纯洁得多，诚实得多。自称"我以同样的坦率，讲述我的美德与罪过……完全按本来面目把自己表现出来"。作品语言雄辩，感情真挚，文笔生动，具有较高的文学价值，对后世欧洲传记文学和浪漫主义文学产生了很大影响。

《新爱洛绮丝》是卢梭文学成就较高的一部代表性作品。小说以12世纪青年女子爱洛绮丝与其老师阿贝拉尔相爱的故事为题材，展现了一幕当代青年男女的恋爱悲剧。

小说里主人公朱丽是一个贵族小姐，她和平民出身的家庭教师圣·普乐真心相爱，一往情深。但朱丽的父亲是一个等级偏见很深的贵族，他反对把自己的女儿嫁给出身低微的家庭教师而强迫她与贵族服尔玛成婚。婚后朱丽虽成了贵族之家的贤妻良母，但仍不忘旧情，便主动向丈夫坦白了她与圣·普乐的恋爱经过，得到服尔玛的信任，便又请回圣·普乐做她女儿的家庭教师。朱丽和圣·普乐朝夕相见，但不能倾吐衷肠，彼此都压抑着自己的感情，一直处于理智和感情的矛盾之中。最后朱丽因偶然原因死去。卢梭对这个恋爱悲剧倾注了全部同情，在他笔下，圣·普乐是一个品学兼优、才貌俱佳的有为青年，朱丽是一个心地善良、温柔娴淑的妙龄少女。他们之间的爱情是真挚、纯洁、合乎自然、合乎道德的，既没有金钱势力的霉臭，也不受邪恶淫乱的玷污，有的只是真心诚意，志同道合。但是，他们这种自然而纯真的爱情，不仅得不到朱丽父亲的允许和社会的承认，反而遭到无情的扼杀，造成两人感情上的极度痛苦，以至酿成悲剧。作者站在资产阶级人道主义的立场上，描写了"自然道德与陷入偏见的社会道德之间的矛盾"，指出封建等级制度是扼杀人类天性、造成男女婚姻不幸的根源。作者直露锋芒，无视封建门第观念，把纯真的爱情作为人类的一种美好感情来讴歌，表现了启蒙思想家昂扬的战斗激情和彻底的反封建精神。

《新爱洛绮丝》具有独特的艺术风格，一是注意感情因素在作品中的表现。卢梭一反古典主义的理性说教，把表现感情提高到重要地位。作品采用书信体的方式，让主人公尽情倾诉自己内心的感受和心灵深处的创伤与痛苦，并把恋人之间的离愁别绪、悲伤哀怨表现得淋漓尽致、哀婉动人，充满着浓厚的感伤情调。二是自然风光的描写在作品中占了重要的地位。小说的地域自然背景以瑞士湖和卫伟名山为主体，其风景优美，气势雄壮。在作者的笔下，雄奇的群峰、奔腾的河流、晴朗的天空、清新的空气、柔和的月色、芬芳的草地，构成了一幅幅清新优美的画面，令人陶醉。作者还巧妙地把优美的自然风景与主人公凄楚悲凉的心境相互映衬，收到了借景抒情、情景交融、动人心魄的艺术效果。

由于卢梭在他的小说中突出地表现了崇尚"自我"，以情感人和热爱自然等特点，因而为法国文学带来新的因素，尤其是对本世纪后期的感伤主义和19世纪的浪漫主义文学产生了巨大的影响。

（三）德国文学

18世纪的德国，仍是诸侯割据，国内四分五裂，政治腐败，经济落后，人民贫困异常。资产阶级力量虽有所发展，但仍然软弱无力。这样的政治形势也就决定了德国启蒙运动的任务，是首先在思想文化领域里进行一次革命，建立统一的民族文化，促进民族的统一，从而发展资本主义。

在创建统一的民族戏剧和民族文化方面，莱辛（1729—1781）作出了重要贡献。他是德国启蒙运动的主要代表人物，德国民族文学的奠基人。他毕生喜爱戏剧，同时也从事美学研究。他以自己的美学理论、戏剧理论和戏剧实践为德国启蒙文学的发展开辟了道路。他的美学理论著作《拉奥孔，或论画与诗的界限》(1766)，第一次明确区分了画与诗在反映现实上的区别。戏剧理论著作《汉堡剧评》(1767—1769)，从理论上否定了古典主义文学僵死的教条和一系列清规戒律，要求戏剧反映当代德国现实，提倡写自己的"民族戏剧"，即市民剧。主张舞台要表现中产阶级，强调戏剧要用道德行为和崇高的思想感情来感动观众。这部论著是德国戏剧理论的重要文献。

莱辛写有一系列优秀的剧本，代表作是"市民悲剧"《爱米丽雅·迦洛蒂》(1772)。故事发生在15世纪的意大利，赫托勒公爵看上了上校沃多雅多之女爱米丽雅，便抛弃情妇，千方百计引诱她，但未能达到目的。于是施展诡计，在爱米丽雅结婚那天，公爵买通一伙人假扮"强盗"杀死新郎，并将爱米丽雅劫至行宫中，企图霸占她。沃多雅多及时赶到，杀死女儿，保全了她的贞操。剧本对德国专制君主的荒淫暴虐进行了尖锐的揭露和强烈的控诉。但同时也反映出当时德国资产阶级在反封建斗争中的软弱性。这部剧作结构紧凑，人物性格鲜明，在德国文学史上具有划时代的意义。

到了18世纪70年代，在德国启蒙思想运动的基础上又发生了"狂飙突进"运动。它是德国文学史上第一次全国性的文学运动。因克林格尔的剧本《狂飙突进》(1776)而得名。"狂飙突进"运动反映了德国资产阶级和广大人民反对封建统治，争取民族统一的要求。这次运动充分肯定个人的地位和个性的自由发展，崇尚感情，肯定"自然"，强调"天才"，带有狂热的个人反抗情绪。它在反封建和强调文学的民族性方面产生了强烈影响。由于历史条件的限制，这场运动只局限在文学领域，没有成为全国性的政治运动，又由于没有明确的政治纲领，所以也未能持久，到80年代中期便告衰落。青年时期的歌德和席勒是这一运动的主要代表。

席勒（1759—1805）是18世纪德国的杰出诗人和戏剧家。他与歌德一起把德国的古典文学推向高峰，为德国民族文学的发展作出了巨大的贡献。他出身医生家庭，曾学过法律和医学。在他青年时期，受"狂飙突进"运动精神的影响，写出了成名作《强盗》(1780)，表现了反封建、反专制的思想。作者在剧本的扉页上公开写上"打倒暴君"的口号，引用了古希腊名医希波拉特斯的名言："药不能治病，以铁治之，铁不能治者，以火治之。"突出了反对专制暴政的主题，表现出强烈的战斗精神。所以恩格斯说这部剧作"歌颂了一个向全社会公开宣战的豪侠青年"。

《阴谋与爱情》(1784)是席勒的代表作。它是作者以激烈的反封建的"狂飙突进"精神抨击18世纪德国"鄙陋"现实的伟大剧作。恩格斯称赞它是"德国第一部有政治倾向的戏剧"。剧中故事发生在符腾堡小公国，宰相瓦尔特的儿子斐迪南爱上了穷音乐师米勒的女儿露伊斯，并准备与她结婚。瓦尔特为了政治上的需要和讨好公爵,强令儿子与被公爵遗弃的情妇米尔佛特夫人结婚,斐迪南坚决不从,对露伊斯深爱不移。宰相秘书伍尔牧早想占有露伊斯,便与瓦尔特合谋,制造借口秘密逮捕了露伊斯的父亲,并要挟露伊斯给宫廷侍卫长写一封假情书,作为释放她父亲的交换条件,露伊斯被迫照办后,伍尔牧拿着这封假情书,故意让它掉到斐迪南手中。斐迪南妒恨交加,失望之余,决意毒死露伊斯,自己也服毒自杀。露伊斯临终前道出了真情,斐迪南后悔莫及。

剧本通过对贵族阶级与市民阶级两大集团的尖锐对立和一对情人的恋爱悲剧的描写,展开了惊心动魄的斗争画面,充分揭露了宫廷贵族的阴险、狠毒和争权夺利的丑行,热情宣扬了市民阶级的思想与道德,表达了他们反对封建等级制度,追求自由平等和个性解放的强烈要求。同时也反映出德国市民阶级在强大的封建势力面前无能为力的悲愤情绪,整部剧作带有强烈的反封建色彩。

在剧中,作者运用"典型化"的手法,塑造了一系列个性鲜明、丰满感人的艺术形象,深为读者称道。

露伊斯是德国市民阶级中具有进步思想的青年女性。她聪明美丽,正直善良,感情炽烈,不畏权势,有胆有识。她爱上斐迪南,并非要"高攀"名门,而是建立在渴望自由、平等这一共同的思想道德基础之上的,纯属真挚的爱情。正由于此,当封建恶势力压在她和斐迪南头上,要拆散他们的婚姻时,她表现得十分勇敢,决不屈服。而且始终维护平民阶级的道德与尊严,在黑暗的王国里闪现出一道光明。露伊斯的形象集中体现了德国进步青年反对封建专制,要求自由平等的思想。但在强大的封建压力和传统观念面前又显得力不从心,无可奈何。

米勒是平民知识分子的典型。他耿直、诚实、自尊自爱,不向权贵谄媚。面对统治者的迫害,他也敢于当面对抗,甚至向宰相下"逐客令"。但他的反抗是有限的,其基本性格是安分守己,胆小怕事。他只求一生平安,家庭宁静,并不在乎突破现存的社会秩序。这一形象体现了18世纪德国市民阶级的力量与弱点。

斐迪南是贵族阶级叛逆者的形象,他受到启蒙思想的熏陶,要求摆脱封建羁绊,主张个性解放,向往自由平等。正是这种新兴的思想意识,使他放弃了贵族偏见,大胆地追求平民女子露伊斯,并为维护他们的自由爱情而勇敢地向君权、父权挑战,表现出毫不妥协的反抗精神。斐迪南的叛逆思想及行为确实难能可贵,但应该说,他只是一个叛逆者,而不是一个革命者。在他身上还残留着原来阶级的痕迹，使他难以冲决封建势力的罗网，避免双双死亡的爱情悲剧。

瓦尔特是封建势力的代表，他阴险狡黠，专横凶暴，蔑视平民，仇恨进步力量。他用阴谋手段夺得高位后，又不惜牺牲儿子的爱情，以便进一步控制朝廷。他滥用权势，迫害米勒一家，是造成露伊斯和斐迪南爱情悲剧的罪魁祸首。

《阴谋与爱情》直接取材于当时德国的现实生活，反映现实的矛盾斗争，有很强的时代感和针对性。作品情节曲折，结构完整，矛盾冲突集中。全剧紧扣"阴谋"与"爱情"组织情节，两者彼此联系，互相交织，步步深化而趋向高潮。在突出主要矛盾的同时，还表现了其他几对人物的矛盾，反映出人物之间的复杂关系，使剧情更为生动丰富。除此之外，剧中人物语言的个性化程度也较高，但在某些人物（如斐迪南）性格的刻画上仍不免有"席勒化"的倾向。

第二节　歌　德

约翰·沃尔夫冈·歌德（1749—1832）是18世纪末19世纪初德国的伟大诗人、作家和思想家。他的创作把德国文学推向一个前所未有的高度，并对欧洲文学的发展作出了巨大贡献，成为欧洲文学史上一个具有重要地位的作家。

一、生平与创作

歌德出生在莱茵河畔法兰克福市一个富裕市民的家庭，父亲是法学博士、法兰克福市参议员。母亲是市长的女儿，有一定的文学素养。这种家庭环境使歌德从小就受到良好的教育。

1765年，歌德遵照父亲的意愿到莱比锡大学学习法律，但他对法律不感兴趣，而致力于学习文学、绘画和自然科学。此时在古典主义和宫廷文学的影响下，开始了文学创作活动。1768年因病辍学。

1770年，歌德到斯特拉斯堡大学继续上学。在这里，他深受法国启蒙思想的影响，并结识了"狂飙突进"运动的领袖赫尔德和一批青年作家。在赫尔德的引导下，歌德成了"狂飙突进"运动的重要成员。他学习荷马和莎士比亚，学习和收集民歌，不断获得新的见解，从而摆脱了宫廷文学和古典主义的影响，写出了一批感情真挚、意境清新、旋律优美的抒情诗，如《野玫瑰》、《五月之歌》等。

1771年大学毕业后，歌德积极投入"狂飙突进"运动，并写出了一系列体现"狂飙突进"运动反叛精神的优秀作品，形成了他的第一个创作丰收期。著名的有历史剧《葛兹·封·伯利欣根》(1773)和中篇小说《少年维特之烦恼》(1774)等。前者取材于16世纪农民战争时期的德国史实。剧中主人公葛兹是一个破落骑士，他反对封建领主，参加过农民起义，但后来背弃了农民。歌德把他写成了一个反封建、争自由、求统一的英雄，由他来体现"狂飙突进"运动的精神。恩格斯在谈到这部剧作时，称赞歌德"通过戏剧的形式向一个叛逆者表示了哀悼和敬意"。这个剧本场面丰富，情节复杂，人物众多，语言生动，完全摆脱了"三一律"的束缚，走上了莎士比亚化的道路。剧本发表后，轰动全国，歌德获得了很大的声誉，因此而成为"狂飙突进"运动的主将。

书信体小说《少年维特之烦恼》是歌德这一时期最好的作品，也是作者对"狂飙突进"运动的杰出贡献。歌德以自己的一段生活经验为基础，又综合其他见闻，在四周之内握管疾书，一气呵成写完了这部影响遍及当时整个欧洲的小说。小说的主人公维特是一个德国市民青年，他在一个繁花盛开的春天来到乡下，认识了一位活泼贤淑的姑娘绿蒂，并和她一见钟情，但绿蒂已与一个贵族订婚。他深感苦恼，毅然离开绿蒂到一家公使馆供职，但他看不惯官场中的腐败作风，更受不了贵族的冷眼、歧视，最终因受排挤而离职。维特再次回到绿蒂身边，但时过境迁，绿蒂已经结婚，村民们一个个惨遭不幸。维特在痛苦绝望中用手枪结束了自己年轻的生命。

维特是18世纪德国进步青年的艺术典型，他天资聪颖，思维敏捷，才华出众，富有理想，充满热情，渴望自由。他崇拜大自然，热爱纯朴的村民和天真的儿童，向往人世的幸福生活。但是围绕着他的环境却是一个腐朽、顽固、虚伪、鄙陋的社会。他和绿蒂气脉相通，志趣相投，真心相爱。但门当户对的婚姻观念、不可逾越的等级界限，使他们既不能互诉衷肠，更不能结成眷属，维特深深地陷入失恋的痛苦之中。为了摆脱痛苦，他渴望施展才能，力图在事业上有所作为，但公使馆的繁文缛节，贵族官绅们的傲慢与偏见，官僚上司的刻板庸俗和来自他人的"莫须有的诬蔑"，更使他不堪忍受，他感到在官场像"陷在囚牢中"，"没有一天不被人糟蹋或者残害"。维特与当时德国社会如此格格不入，无论城市，还是农村，他所耳闻目睹与亲身遭受的种种事件，全都是那样令他可厌可恨，令他烦恼、恶心与绝望。他看透了人生，看透了社会，终于走上了人生的尽头。维特的自杀既是爱情的悲剧，更是社会的悲剧。他用自杀宣告了同他生活于其中的那个社会的决裂，控诉了封建社会的黑暗腐朽及其对人性的压抑和摧残。通过维特短促一生的悲惨遭遇，人们可以猛醒过来，看到封建社会的深重罪孽，从而激发起与之决裂、与之斗争的坚强决心。所以，恩格斯高度评价这部作品说：“歌德写成了《维特》，是建立了一个最伟大的批判的功绩。”

小说成功地运用了第一人称的书信体，融叙事、抒情、描写、议论为一体，既便于直抒胸臆，表现人物思想感情的深刻性、复杂性，增强作品的感染力，同时又便于对材料进行自由灵活的剪裁，通过主人公的切身感受，深刻地反映现实。另外，作品把写景与抒情有机结合，做到寄情于景、情景交融，使作品充满了浓郁的诗情画意，所以，它被誉为"一部抒情的散文诗式的小说"。

小说由于突出地表达了德国进步青年的共同意愿，所以，它一出版就轰动了德国，受到许多不满现实的青年的狂热欢迎，而且从维特身上找到了共鸣。他们模仿维特的服饰，一时形成了"维特热"，有的人甚至仿效维特而轻生自杀，造成不良后果。因此，在小说1775年再版时，歌德添写了卷头诗，劝导青年们"做个堂堂男子汉而不步维特的后尘"。这部小说不仅在德国风行一时，而且很快被译成欧洲各国文字，在国际上引起轰动。

1775年，歌德应邀来到魏玛，先后充任魏玛公国的枢密顾问、枢密大臣和宰相等职，企图依靠"开明君主"施展抱负。这一时期，歌德的主要兴趣由创作转入实际工作，全身心地投入改革，如整顿财政，精简军队，恢复矿山，修筑公路，减轻农民赋税，发展文化教育，等等。经过整整十年的辛勤操劳，由于改革阻力重重，收效甚微。歌德不得不克制自己，向周围环境妥协，而且对自己的工作越来越感到厌倦、失望。1786年，他再也不能忍受这种暮气沉沉的生活，悄然独自离开魏玛，到意大利访问。他遍访威尼斯、佛罗伦萨、罗马和那不勒斯等历史名城，接触到广袤的大自然、丰富的文化遗产和淳朴的民间生活，使他精神上得到慰藉，内心充满了活力，恢复了创作的欲望。1788年回到魏玛，辞去行政职务，重新致力于创作和科学研究。

意大利之行使歌德的文艺观发生了变化，其创作思想也由"狂飙突进"时期对现实的反抗转入魏玛时期对现实的妥协；在风格上由恣肆奔放的浪漫主义转入宁静和谐的古典主义。其主要作品有《埃格蒙特》（1788）、《伊菲格纳亚》（1787）和《塔索》（1790）等剧本。

《埃格蒙特》初稿作于1775年，仍带有"狂飙突进"时期的革命气息，描写16世纪尼德兰人民的反侵略斗争。主人公埃格蒙特是一个爱国青年,他同情人民,反对暴政,但因出身贵族,害怕流血革命,只寄希望于一种"开明专制"。他劝导人民"勤奋工作,安分守己",即通过"合法"的手段去争取自由,然而,西班牙的统治者还是把他当做一个叛徒乱党加以枪杀了。此剧虽是一部描写农民革命的剧本,表现了热爱自由,反抗异族压迫的主题,但却明显地表现出一种对暴力委曲求全的思想,反映了歌德这一时期对现实妥协的倾向。

《伊菲格纳亚》标志着歌德从"狂飙突进"到古典主义的转变。剧本取材于希腊神话。但女主人公伊菲格纳亚已不是古代神话和悲剧中那个以智取胜的姑娘,而是一个体现了人性感化力量的理想女性。她以自己的高尚品德和真诚感情感动了国王,改变了当地相沿已久的杀人祭奠的野蛮风习。剧本表现了歌德以纯洁人性消除邪恶,以道德感化打动统治者,完成社会改良的思想。作品用古代戏剧的风格写成,形式完美,语言洁净。

《塔索》是一部形式完整的古典主义作品。主人公塔索是16世纪意大利的一个宫廷诗人。他虽有天才,却无法施展,得不到公平的待遇,只好依附宫廷,委曲求全。其间,因同公主恋爱,遭到宫臣忌妒,发生械斗,被公爵视为"触犯朝规"而斥退。最后,他用自我克制和追求宁静和谐代替了反抗,与仇人言归于好。塔索这一形象深刻地揭示了有才能的艺术家在腐败的封建社会遭受屈辱的可悲处境和必然命运。同时,这一形象也包含着作者自身的经历和体验。因此,歌德曾带着一种似乎很凄怆的语气说:"这个剧本是我的骨头中的一根骨头,我肉中的一块肉。"

1779年,歌德与席勒订交,开始了这两位伟大作家互相合作的十年,共同促成了德国古典时期文学的繁荣。这一时期,除他们共同创作了千首讽刺诗和不少叙事谣曲外,各自都完成了不少重要作品。歌德写出了长篇小说《威廉·麦斯特》第一部(1796)、叙事长诗《赫尔曼与窦绿苔》(1797)和诗剧《浮士德》第一部等,形成了他的第二个创作丰收期。

《赫尔曼与窦绿苔》是一部古典牧歌式的叙事诗,描写法国大革命时期德国某小镇上一个家境宽裕的青年赫尔曼与从莱茵河畔西岸逃难过来的流浪女窦绿苔的爱情故事。全诗从形式到内容都渗透了宁静的田园牧歌风味,充分体现出这一时期歌德的保守思想和对法国革命的冷淡态度。作者在诗中把赫尔曼一家恬静安适的田园生活与那些在战争动乱中逃亡的难民的艰难处境形成强烈对照,诗化了德国庸俗的市侩社会,对革命带来的动荡表现出厌恶之情。因此,恩格斯曾批评说，这首长诗表明歌德不仅"无力战胜德国的鄙俗气，相反，倒是鄙俗气战胜了他"。

在歌德晚年，欧洲发生一系列重大的历史事件，随着全欧洲资本主义的迅速发展，工人运动蓬勃兴起，新事物层出不穷，空想社会主义思想广泛传播，浪漫主义文学遍及欧洲，这些新的社会变化与变革，使歌德的思想发生了很大的变化，他不再埋首在古代艺术之中，而走出象牙之塔，把眼光转向现实，全心致力于创作，以惊人的毅力，完成了历时数十年之久的两部文学巨著：《威廉·麦斯特》第二部（1828）和《浮士德》第二部（1831），以及长篇小说《亲与力》（1817）和诗集《西东合集》（1819）等，形成了他第三个创作丰收期。

《威廉·麦斯特》(《威廉·麦斯特的学习时代和漫游时代》) 是德国文学史上一部影响深远、富于哲理性的"教育小说"，是歌德全部创作中仅次于《浮士德》的重要作品。它的创作几乎贯穿歌德一生的几个重要阶段。作品描述了麦斯特从青年到老年时代的道德上的自我修养、人性的自我完善的过程。从各个方面，有深度和广度地反映了主人公所生活的时代和社会。第一部（即《学习时代》）写出身于富商的麦斯特，不安于平庸的市民生活，为寻求人生的真谛，实现远大的抱负，离家出走，参加剧团演出。其间，他偶然结识了一位开明贵族罗塔利奥，此人从美国回来后便解放了自己的农奴，组织了一个以服务人类为宗旨的秘密团体"互济会"，麦斯特参加了这个团体，并在其中找到了自己的生活理想。第二部（即《漫游时代》）写麦斯特与他儿子费利克斯的漫游。其间，麦斯特曾把儿子送到"教育区"培养。让他在那里学习一种适合天性，有益社会的职业。通过漫游，麦斯特认识到一个人要做一个有益于社会的成员，为此他成了一个救死扶伤的外科医生，最后他和儿子重新团聚，结束了自己的游历岁月。麦斯特是德国资产阶级进步人士的形象，他的漫长的生活经历，反映了德国资产阶级对理想社会的追求和探索。作品中对"教育区"的描写以及最后得出的结论：为集体劳作，为人类造福，生活才会有意义，清楚地表明作者所受空想社会主义思想的影响。

1832年3月22日，歌德在魏玛病逝。

歌德的一生是漫长而不平凡的一生，他经历了欧洲所发生的一系列重大事件。作为一个"活着的见证人"，他密切注视着世界的发展，并及时反映在他的创作之中，成为"世界的一面镜子"。

歌德的一生是勤奋的一生，是作出了伟大贡献的一生，他以毕生的精力为德国文学和德国人民建立了不朽的业绩。他一生共写出了52卷诗文集，13卷科学著作，15卷日记，49卷书信，共129卷作品。德国文学因为歌德的文学建树而在世界文学中占了一席光辉地位。

歌德的一生是积极的一生，在他漫长的生涯中，充满着追求，也充满着矛盾。他积极关心现实，孜孜不倦地学习和探索，努力赶上时代前进的步伐。然而，作为一个德国资产阶级代表，由于时代和阶级的局限，他又无法摆脱这个阶级所固有的鄙俗气和妥协性，因而使他的思想和创作都充满了复杂的矛盾。关于这一点，革命导师恩格斯曾经作过精辟的论述和透彻的分析。他指出："……在他心中经常进行着天才诗人和法兰克福市议员的谨慎儿子、可敬的魏玛枢密顾问之间的斗争；前者厌恶周围环境的鄙俗气，而后者却不得不对这种鄙俗气妥协、迁就。因此，歌德有时非常伟大，有时极为渺小；有时是叛逆的、爱嘲笑的、鄙视世界的天才，有时则是谨小慎微、事事知足、胸襟狭隘的庸人。"

二、《浮士德》

大型诗剧《浮士德》是歌德一生创作的最高成就，也是举世公认的世界文学名著。它概括了歌德一生的生活实践和艺术实践，是对资产阶级上升时期的德国和欧洲现实生活的探索和艺术总结，是作者所处时代的一面镜子。别林斯基曾经指出："无可争辩，歌德的《浮士德》是我们时代的《伊利亚特》"，"是当代德国社会的一面完整的镜子"。

（一）《浮士德》的创作过程

《浮士德》是根据德国16世纪一个民间人物的传说写成的，传说中的浮士德约生活在1480年到1540年间，是一个跑江湖的魔法师，到处流浪，以炼金术、占卜和星相术为生，爱说大话，吹牛皮，自称无所不能。有学问的人把他看做是骗子、流氓，可在一般人中间他却是个受欢迎的人物。据说他在1540年死于一次炼金试验的爆炸中。他死后，民间流传着许多有关他的故事、轶闻。后来不少西欧作家以他为题材写过文艺作品。在德国，人们还把浮士德的故事编成木偶戏和各种戏剧在各地演出。

歌德在幼年时期看过关于浮士德的戏剧和故事书，浮士德的形象给他留下了深刻的印象。在上大学时期（1770—1771）他就产生了创作《浮士德》的想法，1773年正式动笔，到1775年写出若干片断（即《浮士德初稿》），后因到魏玛供职而中断。1786年意大利之行后，歌德又重新恢复《浮士德》的写作，1806年完成《浮士德》的第一部。此后歌德在较长时间内酝酿及构思诗剧的

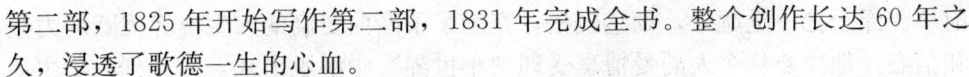

第二部，1825年开始写作第二部，1831年完成全书。整个创作长达60年之久，浸透了歌德一生的心血。

(二) 诗剧的情节内容及思想意义

《浮士德》的情节结构复杂宏伟，以诗剧的形式写成，分上、下两部，总计50场，共有诗句12 111行。全剧以浮士德的思想发展为线索，以浮士德与魔鬼的赌赛为核心，描写了主人公五个阶段的追求。

诗剧是从《天上序幕》开篇的，它是全剧思想的总纲。在这个序幕里，歌德借用基督教的形象，描写魔鬼靡非斯特与天帝发生的一场关于人的争论。天帝表示了对世界和人的肯定，认为人在前进的道路上，不免会走些迷路，但总会意识到正道，寻求到最光明的前景。靡非斯特则自以为看破人世的一切，对人类的奋斗持虚无主义和完全否定的态度。于是双方便以人间正处于彷徨、绝望中的浮士德为赌赛对象，魔鬼自信能把浮士德引入歧途，天帝则说，一个善人"在他摸索之中不会迷失正途"。天帝与魔鬼的赌赛是诗剧中的第一次赌赛，紧接着由这次赌赛引出第二次赌赛，即魔鬼与浮士德的赌赛，并由此导出全剧的基本情节。

第一部写浮士德的知识追求和爱情追求。刚出场的浮士德是中世纪的一个年过半百的老学者，他潜心书斋，孜孜不倦地博览群书，探讨各种学术，但到老年却发现所学知识毫无用处。他感到生活的环境好像一座地狱，使他与现实生活完全隔绝，他越来越感觉到压抑、气闷、窒息、活不下去，失望之余，欲自杀以求解脱，但"复活节"的钟声昭示着他应该继续生活下去。这时靡非斯特出现，甘愿充当他的奴仆，帮他解除烦恼，使其尽情享受。但有一个条件，只要浮士德感到心满意足，喊出"你真美呀，请停留一下"，他的灵魂便归魔鬼所有。浮士德自信永远不会满足，决心去体验世上的痛苦与欢乐，便与魔鬼订约，进行赌赛，结束了他对知识的追求。

订约之后，靡非斯特带着浮士德进了"魔女之厨"，喝了魔汤，让他返老还童，恢复青春，心中充满了对情和欲的渴求。浮士德走在大街上，遇到市民少女玛甘泪，便对她一见钟情，也获得了她的爱情，但这次爱情引出了三人死亡的悲剧，玛甘泪被关进监狱，处以极刑。经过这一爱情悲剧阶段，浮士德所感到的不是满足，而是深深的内疚。

《浮士德》第二部写浮士德的政治追求、艺术追求和事业追求。

在经历爱情悲剧之后，浮士德疲惫不安，精神沮丧，他侧卧在百花烂漫的草地上，昏睡思眠，一群精灵围着他唱歌跳舞，给他洒上迷魂川水，使他忘却前事。浮士德一觉醒来，顿感轻松，充满了不断向更高的人生境界飞跃的力量和信心。他决心从个人的爱情享受即"小世界"中解脱出来，投身到政治生活即"大世界"中去。这时，靡非斯特带他来到一个皇帝的宫廷里，这是一个荒淫腐败的皇朝，国内矛盾尖锐，财政凋敝，民怨沸腾。浮士德建议发行纸币，使皇帝暂时渡过了难关。而皇帝又要求浮士德把古希腊美女招来供其享乐，浮士德借助魔法的法力，让海伦在中世纪的"骑士大厅"显现，结果引起了一场爆炸，一切化为烟雾消失，浮士德也昏倒在地。浮士德对政治生活的追求，表现为为一个腐朽没落的封建王朝服务，同样只能以悲剧告终。

浮士德由对政治生活的失望转向对古代艺术的追求。在魔鬼的帮助下，浮士德腾云驾雾回到故居。这时，他原来的学生瓦格纳把"人造人"创造成功。他们便借助"人造人"的微光，云游古希腊的神话世界。浮士德克服了重重困难，终于找到了象征古典美的古希腊美人海伦，并同她结婚，生下儿子欧福良。欧福良放荡不羁，纵身高空，到远方征战，结果坠地毁灭。随着他的夭折，海伦很快消失，浮士德孤独一人回到了北方。浮士德对古典美的追求，最后只落得一场虚无。

浮士德在结束了虚幻世界的探求之后，重新回到现实。他从自身的经验中意识到脱离现实的幻想是徒劳的，应该脚踏实地，去做一番事业。他站在高山之巅，目睹海潮的涨落，心情激荡，一个伟大的计划孕育而成，他立志制服大海，改造沧海为桑田，建立一个理想的"自由"王国。时值皇帝国内发生内乱，浮士德借助魔力平定了内乱，得到了皇帝赐予的一片海滩。浮士德便率领千万群众，开始了移山填海，改造自然，创造人间乐园的伟大事业。这时，他年逾百岁，双目失明，但他心中却充溢着光明，深深陶醉于轰轰烈烈的改造大自然的劳动的热烈场面之中，情不自禁地喊出："你真美，请停留一下！"随即倒地而死。按照契约，浮士德的灵魂应归魔鬼所有，但天使把他的灵魂迎上了天堂。

《浮士德》的内容丰富而复杂，但主题思想十分鲜明，这就是充分肯定人生的积极意义，颂扬人的探索和进取精神，对人的知识力量和创造力量作了高度的估价。它说明人类只要勇于追求，勤于实践，永不满足，就会从愚昧和困境中挣脱出来，达到人生最高的理想境界。此剧的思想内涵是极其深厚的，其意义是巨大的。作品中的主人公浮士德一生自强不息，上下求索，不断追求人生真谛，表现了生命不息，求索不止的精神，展示了人类一种永不衰竭的生命力的源泉，代表了人类的命运和前途。浮士德探索人生所经历的一系列精神活动和整个过程，充分展示了资产阶级上升时期先进知识分子思想探索与精神发展的历程，自始至终充满了辩证法的思想。浮士德历尽艰辛，不断追求所得出的最后结论："为几百万人开拓出疆土"，"在自由的国土上住着自由的国民"，"每天每日去开拓生活和自由，然后才能作自由与生活的享受"。充分肯定了劳动的价值和实践的作用，闪耀着一种战斗的唯物主义精神。在这里可以看到18世纪启蒙思想家关于"理性王国"的蓝图，也可以听到19世纪空想社会主义者的声音。因此，全剧综合体现了文艺复兴、古典主义、启蒙运动、狂飙运动和浪漫主义等各种资产阶级的意识形态，是一部形象的时代精神的发展史，是一首人类思想奋斗的颂歌。

同时诗剧还贯穿着一种批判精神。剧中通过浮士德在追求真理的过程中与德国现实格格不入的矛盾冲突，深刻地揭露了封建专制王朝的腐朽没落，有力地抨击了教会僧侣的伪善以及封建伦理道德的吃人本质。此外，诗剧还对庸人的享乐哲学，对诡辩派与怀疑派，对唯心主义与神学，对脱离实际埋头书斋的学究、对各种各样丑陋的世态，也都进行了无情的嘲讽、指责和批判。

总之，《浮士德》这部作品洋洋大观，包罗万象，广泛涉及哲学、政治、经济、文化、教育、自然科学等各个领域的许多问题，具有很高的认识价值和巨大的思想意义，真可谓这一时代的"百科全书"。

（三）浮士德与靡非斯特的形象

诗剧成功地塑造了两个互相对立又互相依存的艺术典型。

浮士德是一个虚构的、象征性的艺术典型，但是他具有鲜明的性格。他是欧洲资本主义上升时期知识分子的代表，在他身上鲜明地体现了18世纪启蒙思想家博学多能、富有强烈的时代使命感的巨大的精神性格。他学识渊博，意志坚强，积极入世，勇于实践，不断追求，永不满足。他探索人生理想的道路是漫长而曲折的，也是充满矛盾的。在他身上经历了"灵"与"肉"，善与恶，美与丑的激烈搏斗，即作为革命阶级的反抗、进取的一面与作为剥削阶级贪图享受、软弱妥协的一面同集于他的一身。魔鬼靡非斯特曾施展种种魔法，利用浮士德性格中沉溺爱欲，追求享受的一面，千方百计引诱他堕落，使他坠入迷津，误入歧途。但是他经受了挫折，摆脱了困境，不但没有沉沦，反而一往直前，向着更高的境界不断攀登，最后找到理想，灵魂得救。诗剧开始时，天帝认为"人在努力时，难离错误"，然而他的追求最终是"不会迷失正途"的。在结束时，天使将浮士德的灵魂接上天堂时说："凡是自强不息者，到头我辈均能得救"，正好总结了浮士德不断进取的一生。歌德曾强调这些诗句对理解浮士德形象的重要性，并说："浮士德身上有一种活力，使他日益高尚化和纯洁化，到临死，他就获得了上界永恒之爱的拯救。"这种永不满足、不断追求、"努力向上"、"自强不息"的精神，也就是所谓的"浮士德精神"，这种精神正是资产阶级上升时期积极进取精神的表现。

　　浮士德这一形象具有很大的认识价值。他所体现的精神能超越时空，永远为人们所汲取。同时，他又具有极大的艺术概括力，他一生的追求和探索，代表了从文艺复兴到19世纪前期三百年间欧洲资产阶级进步人士精神探索的过程，他性格中的复杂矛盾，也是资产阶级上升时期两面性的真实反映。他的阶级局限也较明显，他所得出的智慧的最后结论，虽有着积极进步的意义，但它依然带有空想的性质。抛开改造社会，而单纯地改造自然，这到头来必然也只能是一个幻想。空想社会主义者们的失败证实了这一点，而歌德本人在魏玛公国头十年的失败也证实了这一点。

　　靡非斯特是文学史上罕见的一个艺术形象。他是传说中的魔鬼，能变换形态、呼风唤雨。诗剧中，他既是浮士德形象的一个补充，又是他的对立面。就其本质而言，他是"恶"的代表，"否定的精灵"。他直言不讳地说："犯罪、毁灭，更简单一个字'恶'，这便是我的本质。"他对人生和现实抱着极端悲观主义和虚无主义的态度，不相信历史会前进，人类会进步。他根本否定理性，否定一切知识，认为没有理想人们生活会过得更好些，没有知识也就没有苦恼。他还把破坏、毁灭和作恶当做自己的使命。在和浮士德的赌赛中，他施展各种妖术魔法，制造了一幕幕悲剧，把欢乐建立在破坏人间的幸福、制造人间的痛苦上。他力图使浮士德走上堕落、颓废的歧途。从这一形象，我们看到了恶的作用。但也正是这种"恶"的力量，从反面促进了浮士德的行动、发展，他对"恶"的每一次克服，都是一种前进。所以靡非斯特说，它是"作恶造善的力之一体。"

　　但是，靡非斯特不只是"恶"的精神的一个象征，还是"恶"的化身，是一种概念。他也是现实生活中的人的形象，具有人的独立的性格。他机智聪明、能言善辩、目光犀利、洞悉世故、玩世不恭、狡诈奸猾、冷酷凶残、寡廉鲜耻。歌德通过他对德国现实中的种种弊端及丑行进行了尖锐的讽刺和嘲弄。他对各种世态的评论则往往切中要害、直截了当，甚至闪耀着真理的光芒。如"灰色的理论到处都有，我的朋友，只有生活的绿树，四季常青，郁郁葱葱"。这段话深受列宁的赞赏，并在演讲和论文中引用。这一切使靡非斯特成为一个栩栩如生的艺术典型。

浮士德与靡非斯特是两个完全相反的典型，他们一人一鬼，一善一恶，一正一反，但由于他们所代表的社会经济基础有若干共同之处，使得他们的性格异中有同，在某些方面相反，在某些方面又是相通的。因此，他们在发展的过程中，既互相对立、互相排斥，又互相依存、互相补充。在肯定中存在着否定的东西，在否定中存在着肯定的因素，充满了作者辩证法的思想。

（四）《浮士德》的艺术特色

《浮士德》作为一部享有世界声誉的大型诗剧，其规模恢宏，背景广阔，思想博大，内容精深。古往今来的各种人物，各种场面浑然一体，构成了一幅气象万千，绚丽多姿的历史画卷，具有历久不衰的艺术魅力。其艺术特色主要表现在以下几个方面。

首先，是现实因素与幻想因素相互交织，现实主义与浪漫主义的巧妙结合。诗剧的基本精神是描写理想与现实的矛盾，探索现实的出路，总结历史经验。因此，作品中的人物、事件、场面大都有其现实主义的基础。"城门之前"一场，德国城市近郊的节日生活情景的描写，充满了现实生活的情调。"瓦普几司之夜"中所出现的各式人物——将军、相国、作家、宗教信徒、暴发户，唯心派、唯实派、独断派等，无一不是从德国现实社会中摄取的。特别是对玛甘泪悲剧的描写，具体生动，细腻哀怨，十分动人。而她所处的环境，正是德国的封建落后的小市民社会。还有对浮士德所经历的"紫禁城"的描写，完全是德国封建社会的一个缩影。这些描写都具有较大的真实性。全篇构思奇妙，充满幻想。为突破时空的局限，总结历史经验，为便于驰骋诗人的想象，自由表现精神探索的历史，诗中大胆地运用各种虚构的、幻想的、神话的形象，构成了色彩斑斓、神奇莫测的画面。如天帝与魔鬼的打赌，魔鬼与浮士德的订约，浮士德的返老还童，"人造人"的试验成功，古希腊的旅行，浮士德与海伦的恋爱和结合，浮士德填海开疆，建立理想王国等描写，都充满了浪漫主义的丰富想象。诗剧中人物的活动，时而在天上，时而在地上，时而在人世，时而在冥府，时而在远古，时而在近代，虚实相间，形神多变，具有浓厚的传奇色彩。正是这种浪漫主义与现实主义的融合，使作品反映的生活十分广阔，赢得了"史诗"的称誉，并产生出奇特的艺术魅力，显示出如同席勒所期望的"一种特殊的美感"。

其次，运用矛盾对比的手法刻画人物，构织场面。《浮士德》这部作品在人物塑造和情节场面的安排上，运用了大量矛盾对比的手法，收到了独特的艺术效果。在各种场面中，善良与邪恶、光明与黑暗、高尚与卑下、和谐与混乱、进步与反动交替出现，互相映衬，形成一个对立的统一体。如开阔的天界与狭隘的书斋，幽暗的书斋与明丽的城郊，庸俗嘈杂的酒店与优美娴静的爱情生活场景，乌烟瘴气的宫廷与庄严清明的古代希腊，腐朽帝国的没落与理想之邦的建设等，都形成互相对比，互相映衬的关系，由此展示出全部情节由卑至高，由黑暗到光明的矛盾发展运动过程。尤其在人物塑造上，更是运用了这种对比的方法，不仅主人公浮士德自身一直处在知与行、灵与肉、个人与社会、利己与利他等诸多矛盾之中，而且各个不同的人物之间也充满着对立统一的关系。浮士德与靡非斯特是两个具有完全不同特质的形象，但他们又"你中有我"、"我中有你"，相辅相成，既对立又统一，缺一不可。浮士德与瓦格纳构成了一动一静的矛盾，浮士德要求打破中世纪的枷锁，冲出封建经院思想的牢笼，去探求新生活的道路。瓦格纳则竭力维护这时的思想体系，固守陈规，继续沿着现成的道路爬行。但人类社会正是在这种先进与落后、进步与保守的矛盾冲突中前进的。即使是一般人物，如玛甘泪与海伦，其对比也是相当鲜明的。前者优美可爱，纯真善良，后者痴呆懵懂，影影绰绰；前者是一个有血有肉、有爱有情的现实生活中的少女形象，后者则是一个内心空虚、苍白无力的神话世界中的幻影。还有浮士德与玛甘泪、海伦，甚至天帝与魔鬼等都形成了鲜明的对比，通过互相映衬，表现出各自不同的性格特征。

第三，调动多种艺术手段来表现丰富多彩的内容。诗剧中描写了各种各样的不同时间、不同地点的场面和人物。天上人间，过去未来无所不包容于其中。为了适应这种丰富多彩、变化万千的内容，作者采用了多种多样的诗歌形式和表现手段，把抒情诗、叙事诗、悲剧、喜剧、哲理剧和民歌等融为一体，根据表现人物、环境、气氛和内容的不同需要灵活地选择恰当的艺术表现形式。如塑造玛甘泪的形象，较多地运用抒情诗的形式；对海伦的描写则运用古希腊悲剧的诗体；浮士德充满矛盾的内心独白，多采用哲理性的议论；"城门之前"一场，描写农民在菩提树下唱歌跳舞的场面，用的则是轻松欢快的民歌。诗中还充分运用语言的技巧来表现不同的内容，其用语十分丰富，不但富于哲理语言和抒情语言，而且兼科学语言、魔术语言。用语风格也变化多端，有颂扬，有嘲弄，有诙谐，有庄严，有明喻，有影射，显示出歌德高度的艺术才能。

第四，大量运用象征、比喻等艺术手法。诗剧中的主要人物浮士德与靡非斯特本身就是两个带有象征性的艺术典型。除他们之外，作品还引进了许多古代和近代的人物以及为数众多的神话世界中的仙人、妖女、鬼怪和精灵等。这些形象无一不是社会生活中某种事物、事件、人物、观点的象征。"人造人"是科学创造力的象征,海伦是古典美的象征,欧福良则是影射英国积极浪漫主义诗人拜伦的。"忧愁"是悲观主义的象征,"地"是大自然的象征,浮士德创立的海滨乐园是资产阶级"理性王国"的象征。"复活节"的钟声,象征着"理性"的召唤,老夫妇的房屋和教堂象征着资本主义初建时期的自然经济和封建势力的残余,而靡非斯特焚毁房屋、教堂以及老夫妇和旅人丧生的情节,则象征资本主义建立过程中出现的暴力形式。诗剧的"光明"结尾,象征着人类的光明前途。类似这样的象征手法的运用,在剧中比比皆是,不胜枚举。同时,诗剧中运用了大量形式多样的比喻,使诗剧的语言更加丰富多彩,形象更为生动鲜明,增强了作品的艺术效果。

《浮士德》在艺术上的缺点和不足,主要是过多地使用典故和象征手法,造成作品晦涩难解,不易为读者所接受。尤其是诗剧的第二部,浮士德的形象越加抽象化、概念化,损害了艺术形象的真实性。加上诗剧中有较多的哲理性说教,使得不少读者阅读起来感到吃力,难以卒读全书。但瑕不掩瑜,它仍不失为世界文学宝库中一颗永远闪烁着夺目光彩的明珠,它与荷马的史诗、但丁的《神曲》、莎士比亚的《哈姆雷特》并列为欧洲文学的四大名著。

三、歌德与中国

歌德是最早提出"世界文学"口号的伟大作家。他早在1827年就断言:"我愈来愈深信,诗是人类的共同财产……民族文学在现代算不了很大的一回事,世界文学的时代已快来临了。现在每个人都应该出力促使它早日来临。"正由于他具有"世界文学"的开放眼光,使他能够跨越国家和民族的界限,很早就对中国人及其文学表示出极大的兴趣、关注和赞赏。他在1827年1月31日同艾克曼的谈话中说:"在没有见到你的这几天里,我读了许多东西,特别是一部中国传奇,现在还在读它。我觉得它很值得注意。""中国人在思想、行动和情感方面几乎和我们一样,使我们很快就感到他们是我们的同类人,只是在他们那里,一切都比我们这里更明朗、更纯洁,也更合乎道德。"根据一些资料,我们可以了解到,他曾读过当时已译成法、英、和德文的中国小说《好逑传》、《花笺记》、《玉娇梨》以及包含《今古奇观》在内的法译《中国短篇小说集》等。他还饶有兴致地研究中国诗歌,并模仿中国诗歌风格写成14首抒情诗,题为《中德岁时诗》。此外,还用德文翻译过五首中国诗,题为《中国女诗人》。

歌德名声传播于中国，大概始于鲁迅。1907年，鲁迅在《人之历史》一文中称歌德为"达尔文之先驱"。1908年作新社译有《德意志文豪六大家列传》，对歌德作了详细介绍。不久，青岛中德高等学堂在所刊行的《自西徂东》上发表德国人所写的介绍歌德的文章。"五四"高潮中，西方科学、文学、哲学五光杂色，纷至沓来，歌德的声誉在中国读者的脑际日渐清晰。我国著名文学家郭沫若也开始翻译歌德的一系列重要诗篇、小说及戏剧。《少年维特之烦恼》出版后，风行一时，郭接着又翻译了《浮士德》，引起了译者和读者的共鸣。此后，《少年中国》、《时事新报·学灯》、《创造季刊》、《小说月报》等都发表过歌德的诗文。《时事新报》为纪念歌德逝世90周年出了专号，以后多次出这样或那样的专号讨论、研究歌德。特别是郭沫若、宗白华、田汉等人，深受歌德的影响，还计划筹办歌德研究会，后虽未能成功，但他们却为人们留下了"大体以歌德为中心"的书信集——《三叶集》，这部书曾被时人称之为中国的《少年维特之烦恼》。歌德作品的翻译和研究，不仅使中国读者了解了德国这一文化巨人，同时也对中国的新文化运动起到了推波助澜的作用。"九一八"事变后，为了配合当时的救亡运动，中国剧作家将歌德的《威廉·迈斯特》中眉娘的故事编写成独幕话剧《放下你的鞭子》，使之更加民族化与现代化。在公演中，观众和演员完全打成一片，反应之强烈，影响之广泛，可谓空前。时至今日，对歌德进行研究的中国学者越来越多，研究的内容更加深入广泛，成果也更加突出。如四川大学杨武能教授就因其对促进德中文化交流特别是在歌德研究和译介中所作出的杰出贡献获得象征德国最高荣誉的"国家功勋奖章"。由此可见，歌德及其创作不仅具有民族性，而且更具有世界性，他不仅是德意志民族的骄傲，也是中国乃至世界人民的骄傲。

21 高等师范院校教材

外国文学教程

第六章 19世纪早期的欧洲文学

第一节 概 述

从18世纪末到19世纪初,在英国产业革命和法国大革命的直接影响下,随着人们对启蒙思想家的失望,对资本主义现实的强烈不满,一种新的文学思潮——浪漫主义文学应运而生。这一文学的鼎盛时期总共不过三四十年,但它对世界文学,尤其是欧洲文学却产生了极其深远的影响。

一、浪漫主义文学的产生

浪漫主义作为一种创作方法古已有之,是随着艺术的产生而产生的,但作为一种流派思潮或运动,则产生在18世纪末和19世纪初的欧洲各国,并反映在艺术各部门中。这种思潮的产生有其政治、社会和思想等方面的原因。

1. 法国资产阶级大革命的爆发及影响

1789年爆发的法国资产阶级大革命及其在欧洲的重大影响,直接催生了浪漫主义的产生。法国大革命彻底推翻了封建专制政权,为资本主义的进一步发展开辟了道路,但大革命后的欧洲并没有赢得一个和平、安定的理想局面，拿破仑政变和拿破仑战争、波旁王朝的复辟和"神圣同盟"的建立，使得欧洲社会产生了剧烈的变化，各种矛盾更加尖锐激烈。尤其是民族解放运动不断高涨，在一些先进的资本主义国家里，工人自发性的罢工斗争也轰轰烈烈地开展起来。在这样一个激荡风化的年代，面对动荡不安的现实，人们的心中普遍产生了失望情绪，出现了不满现实、喜欢幻想和追求新奇与非凡事物的心态，浪漫主义的形成正好切合了这种心理和情绪。

2. 时代思潮的影响

浪漫主义的产生除了有其特定的社会背景之外，也受时代思潮的深刻影响，那就是这一时期流行的德国古典哲学和空想社会主义思潮。德国古典哲学本身就是哲学领域里的浪漫运动，它成为文艺领域里的浪漫运动的理论基础。德国古典哲学派反对启蒙主义理论，提出唯心主义和神秘主义的生活原则，并把封建的过去加以理想化，特别是这些哲学家们突出"自我"，放纵感情，强调天才和灵感的主观唯心主义对具有消极倾向的浪漫主义带来很大影响。

这一时期的另一思潮是代表资产阶级民主思想的空想社会主义。它是在"理性王国"破产、劳动者的贫困化、工人阶级尚未成熟的条件下的产物，其代表人物是法国的圣西门、傅立叶，英国的欧文等。他们抨击资本主义制度，梦想建立一个没有剥削，没有贫困的美好的社会制度，但却只是一种空想性的计划。空想社会主义学说对具有积极倾向的浪漫主义影响极大，并为积极浪漫主义文学奠定了基础。

3. 文学传统的影响

18世纪的英国感伤主义文学、哥特式小说、德国狂飙突进文学、法国的卢梭传统等都推崇自我，崇尚主观情感，热爱大自然和朴实的民间文学，这些都为浪漫主义的出现提供了条件，奠定了基础。

此外，对古典主义的反驳也体现出一种浪漫主义精神。以古希腊、罗马为创作典范的古典主义，虽然体现了一种合乎理性的和谐之美，保持了古希腊传统的客观性和单纯性，但随着时间的推移和文学的发展，它严重束缚了作家的创作。德国浪漫派首先对古典主义进行了质疑，提出了一种开放的、多变的、个性的艺术形式代替古典主义，从而与时代的变化和文艺发展更相适应。

总之，封建制度的迅速崩溃，资产阶级"理性王国"的破灭；唯心主义哲学和空想社会主义的盛行；人们对启蒙思想家的失望，对资本主义现实的强烈不满，并企图用自己的想象去寻求解决社会矛盾的途径。这诸多因素，加上文学传统的影响，促进了浪漫主义文学的产生。

二、浪漫主义文学的基本特征

由于浪漫主义文学产生在欧洲激荡风化的年代,因而使得作家的政治立场和社会理想明显不同,进而在浪漫主义文学发展中也存在两种不同的倾向,即有积极浪漫主义和消极浪漫主义之分。消极浪漫主义对法国革命或表示敌视,或感到恐惧而力图逃避,其中有些人把中世纪的宗法制社会理想化,带有明显的没落情绪;而积极浪漫主义则相反,他们敢于正视现实,寄理想于未来,崇尚并歌颂自由和为自由理想所作的斗争,反映了资产阶级的民主倾向。他们的理想虽然带有朦胧和空想的性质,但在当时的历史条件下仍起到了积极的进步作用。

作为一种共同的文学思潮,积极浪漫主义和消极浪漫主义虽有不同的倾向,但具有以下一些共同特征。

(1) 强烈的主观抒情,是浪漫主义文学的首要特征。

浪漫主义作家出于对现实的强烈不满,往往偏重于对理想和幻想的追求,他们把现实和理想对立起来,着重描写人们应有的最好、最美的生活图景,展示理想化社会境界。正如法国浪漫主义作家乔治桑所说:"艺术不是对现实的描绘,而是对理想真理的探索。"如雪莱在诗剧《解放了的普罗米修斯》中所展示出来的那个平等、自由、相亲相爱的人间天堂,就是作者所追求的理想境界,剧中主人公普罗米修斯则是作者的理想典型,是作者反抗专制暴政、争取自由的民主战士的理想化身。正由于浪漫主义文学偏重对理想世界的追求,主张个性解放和创作自由,反对古典主义的清规戒律,所以作家们大多表现个人的思想和生活,描写与社会对立的叛逆性格,塑造高大、勇敢、超凡出众的英雄形象。因而作家的主观感情在作品中表现强烈,带有浓厚的抒情色彩。

(2) 着力描绘和歌颂自然景物,是浪漫主义文学的明显特征。

浪漫主义作家由于受到谢林"自然哲学"和卢梭"返回自然"学说的影响,在其作品中注重人与自然的诗意的统一,突出对大自然的描写和歌颂。他们厌恶资本主义的工业文明,把大自然的"美"和现实的"丑"相对比,尽情抒发对大自然的感受,寄托自己的理想。英国诗人拜伦在《恰尔德·哈洛尔德游记》中,对地中海南部美丽的自然风光,西班牙境内五彩缤纷的瑰丽世界,希腊罗马雄伟的历史遗迹等都描绘得异常鲜明、生动、逼真,从而与当时英国社会的虚伪、丑恶与贫困相对照,表现了诗人对现实的鄙视和愤懑之情。在人与自然的诗意统一方面,英国诗人华兹华斯表现得尤为突出,在他的作品里,自然不仅是描写和歌颂的对象，同时也是与作者、与人交流的对象。

（3）富于民间特色，是浪漫主义文学的重要特征。

浪漫主义文学在接受传统方面，特别重视中世纪民间文学。民间文学具有想象丰富，感情真挚，表达方面自由灵活，语言朴素自然等特点，这与浪漫主义十分合拍，所以，浪漫主义作家经常从民间文学汲取创作养料，采用民间文学的题材、语言和表现手法，创作出人们所喜爱的、富于地方特色的作品。同时浪漫主义作家对中世纪的崇拜也还有民族因素和民主因素在内：民间文学是各国自己的民族传统，有助于唤起民族的觉醒，它的对象是广大人民，因而符合当时的民主要求。德国伟大诗人海涅曾把"回到中世纪"看成是浪漫主义的定义，足见这是浪漫主义作为流派或运动的一个重要特征。

（4）丰富的想象，大胆的夸张，鲜明的对比是浪漫主义文学十分突出的表现特征。

由于浪漫主义文学着重表现理想，描写理想中的生活和图景，只是依据作者的愿望和假想加以推断出来，所以，他们在创作中任凭幻想的飞驰，古往今来，人间天上，冥府地狱，无所不及。由此，丰富的想象，大胆的夸张，异常的情节，超凡的人物，神话的色彩等就成了浪漫主义文学突出的特征。雪莱的《解放了的普罗米修斯》描绘了一个色彩缤纷的神奇世界，人物事件乃至整个情节大都是"非现实"的。雨果的《巴黎圣母院》就是以紧张非凡的故事情节，色彩耀眼、情调奇特的画面和鲜明夸张的人物形象而成为浪漫主义文学的名著。同时为了突出人物和事件的特征，深刻地表达主题，浪漫主义作家还特别喜欢运用对比的手法。这在拜伦、雨果等作家的作品中表现十分突出。雨果的"对照原则"的运用，可谓贯穿其创作的始终，体现出很好的艺术效果。

三、浪漫主义文学在各国的发展

1. 德国文学

浪漫主义作为一种文学思潮，最早产生于德国，而德国的浪漫主义文学又分为早期的"耶那派"和晚期的"海德贝尔派"。

耶那派以徐莱格尔兄弟、诺伐里斯、蒂克为代表。他们在耶那创办《雅典娜神殿》杂志，鼓吹与古典主义相对立的浪漫主义文学主张，被称为"耶那派"。徐莱格尔兄弟是早期德国浪漫主义的理论家，他们提出了一套浪漫主义的文学理论。在这些理论中虽有部分带有消极成分，有其局限性，但他们提倡个性解放，创作自由，强调文艺的主观性，主张"诗人要任兴之所至，不受任何狭隘规律的约束"等，对浪漫主义文学的发展作出了贡献，产生了影响。

海德贝尔派以阿尔尼姆、布伦塔诺为代表，他们在海德贝尔格出版《隐士杂志》得名。他们虽有宣扬天主教、美化封建制度等消极反动的一面，但他们曾搜集大量民歌，经过整理加工出版，对德国诗歌的发展产生了积极影响。其中，格林兄弟整理出版的《儿童与家庭童话集》十分有名。

霍夫曼（1776—1822）是德国晚期出现的一位著名的散文家、讽刺作家和最富于神秘主义的小说家。他深受浪漫主义的影响，其作品通过荒诞离奇的故事，一方面反映了官吏、市侩和小市民的庸俗丑恶的生活；另一方面描绘了诗人和艺术家们的幻想世界。他的小说经常把拟人化的动物、精神病患者、魔术师、艺术家等作为主人公，描写自然和人生中所谓"夜的方面"，充满了神秘、怪诞的色彩和阴暗、恐怖的气氛，反映出一种病态心理。

霍夫曼创作过大量的中、短篇小说，有代表性的是短篇小说集《谢拉皮翁兄弟》，主要描写艺术家的故事。他的童话小说代表是《侏儒查赫斯》，写丑陋的查赫斯凭借头上具有魔力的三根头发，能把自己做的坏事记在别人头上，而把别人干的好事算在自己身上，并由此飞黄腾达，得到好处。童话借这样一个荒诞离奇的故事来揭示和批判社会的黑暗与腐朽。

享利希·海涅（1797—1856）是德国浪漫主义文学的代表，恩格斯称他是"德国当代最杰出的诗人"。他从小接受法国革命思想的影响。20岁开始创作，早期创作多以个人遭遇和爱情苦恼为主题，反映了封建专制下个性受到的压抑以及找不到出路的苦闷。

1827年，海涅出版了有名的《诗歌集》，表现出鲜明的浪漫主义风格，感情纯朴真挚，民歌色彩浓郁，受到读者欢迎。1833年，他发表了《论浪漫派》一文，从浪漫派文学、政治、宗教三者的关系中，批判了德国浪漫派作家逃避现实，热衷于蒙昧主义的倾向，主张文学与现实紧密结合，从而结束了浪漫主义在德国文学的统治地位。19世纪40年代以后，海涅走向了现实主义，写了大量的政治抒情诗。如《西里西亚纺织工人》（1844）和《德国——一个冬天的童话》（1844）等。这些抒情诗语言通俗流畅，情调明朗自然，想象奇妙，比喻风趣，结构简洁，且具有鲜明的民间色彩，形成了诗人独特的艺术风格。

2. 英国文学

19世纪的前30年里，英国文学得到了很大的发展，特别是浪漫主义文学，是当时欧洲成就最高的，并对欧洲其他国家的文学产生了很大影响。

英国文学中最早出现的浪漫主义作家是"湖畔派"三诗人——华兹华斯

(1770—1850)、柯勒律治（1772—1834）和骚塞（1774—1843）。他们居住在英国北部的昆布兰湖区，其诗作大都描写湖区生活，讴歌和赞美宗法制的农村生活和自然景物，厌恶资本主义的城市文明和冷酷的金钱关系。他们早年都曾欢迎法国革命，后来均趋于保守，表现出对法国革命的失望，具有明显的消极浪漫主义倾向。

华兹华斯是英国浪漫主义文学的奠基人，有"英国诗圣"之称，在"湖畔派"三诗人中，他成就最高，影响最大。其主要作品是他和柯勒律治在1798年共同出版的《抒情歌谣集》，其中主要描写了贫苦农民的生活，作品称赞他们尽管没有文化，但对生活却有一种直觉的了解。《抒情歌谣集》偏重写内心感情，开创了英国诗歌的新风。华兹华斯为此书第二版写的长篇序言，是英国早期浪漫主义的艺术纲领。在序言里，华兹华斯提出了与古典主义规范相反的诗歌创作原则；在诗的题材方面，不仅要写伟大的历史事件，也要写普通的生活事件和情境；在诗体方面，主张发展民间诗歌的艺术传统，写诗应该用民间日常生活的语言来代替"诗的辞藻"；诗歌创作必须具备丰富的想象，以"使得平常的东西能以不平常的方式出现于心灵之前"。同时特别强调诗是"强烈感情的自然流露"，诗必须表现诗人的真情实感。这些主张有力地推动了英国诗歌的革新和浪漫主义文学运动的发展，开拓了以表现感情为主要特征的浪漫主义诗风，拜伦、雪莱、济慈都曾受到他的影响。

柯勒律治是"湖畔派"的另一重要诗人。他喜欢写异国风光以及远古社会神秘奇异梦幻的诗篇，被称为"异国情调的诗人"。主要作品有《古舟子咏》、《忽必烈汗》、《克里斯脱贝尔》等。柯勒律治的诗风与华兹华斯不同，充满奇幻神秘的浪漫色彩，环境描写引人入胜，语言富有音乐性。

柯勒律治还是一个重要的理论家和评论家。他的《文学传记》包括了他评论的精华。他强调形象思维，特别看重想象的力量，认为想象力是诗人的最高品质，有了想象力，诗才有了灵魂，真正的诗人都有想象力，而庸才只有幻想。他还作过一系列关于莎士比亚的演讲，是英国浪漫派莎评的重要代表。

骚塞是"湖畔派"诗人中成就最低的一个。他早年曾欢迎法国革命，态度激进，但后来转向成了英国官方的御用文人，攻击拜伦与雪莱是"恶魔派"。他的重要诗作《审判的幻景》是一部为反动统治者歌功颂德的典型作品。

继湖畔派诗人以后，以拜伦（1788—1824）、雪莱（1792—1822）、济慈（1795—1821）为代表的新一代浪漫主义诗人登上了英国文坛，他们思想激进，其诗歌创作比较关注社会重大问题，因而具有强烈的政治倾向性。

雪莱是英国文学史上最激进的浪漫主义诗人，也是在英国最早宣传空想社会主义的诗人。马克思很喜欢他，称他是"一个真正的革命家，而且永远是社会主义的急先锋"。雪莱的创作注重对未来的描绘，试图在诗中充分描述他对人类远景的看法，因此，恩格斯称他是"天才的预言家"。

雪莱出身贵族家庭，从小进入贵族学校学习，但他对教会控制的蒙昧主义教育深感不满。1810年进入牛津大学学习，其间对自然科学和哲学产生了极大兴趣，并受到资产阶级民主主义和空想社会主义思想的影响。1816年5月雪莱到了瑞士，认识了拜伦并结为好友，1822年7月8日，雪莱在意大利乘帆船航海时遇风暴溺死海中。

雪莱写过抒情诗、长诗和诗剧。1813年他完成了第一部著名长诗《麦布女王》，这首诗曾被恩格斯称为"宪章派的圣经"。作品批判了现实制度，展示了革命前景，表达了他的空想社会主义理想，鼓舞了当时的人民斗争，也触怒了当时的统治阶级，迫使作者永离英国，定居意大利。在此期间，他写了著名长诗《伊斯兰起义》（1818），表现了他诗歌创作的成熟，完成了他的代表作《解放了的普罗米修斯》（1818—1819）。此后还创作了一系列优秀的、充满战斗激情的政治诗和许多情景交融的抒情诗。如《西风颂》（1819）、《云雀》（1820）等，尤其前者写出了对革命的向往之情，最后以一个铿锵有力的警句，富有哲理性的格言作结："如果冬天来了，春天还会远吗？"揭示了人类的光明前景，表现了作者对未来充满信心的乐观精神，成了千古传颂的佳句。

诗剧《解放了的普罗米修斯》是雪莱创作的高峰，也是他积极浪漫主义诗作的典范。它取材于古希腊的神话故事和希腊戏剧家埃斯库罗斯的悲剧创作，通过诗人自己的加工改造，人物性格有了很大改变，悲剧变为喜剧。诗剧共分四幕，写众神之主朱庇特（宙斯）在普罗米修斯的帮助下登上了王位，但他违背了"给人类自由"的诺言，唯我独尊，实行专制，给人类带来痛苦和灾难。并对给人类带来光明和幸福的普罗米修斯进行百般折磨。正当他得意之时，他的儿子冥王以迅猛不可挡之势，将其打入地狱深渊。获释的普罗米修斯派出精灵，向人间宣布解放的消息，整个宇宙沐浴着一片"爱"的光辉。人类万物欢呼雀跃，其乐融融。很明显，这部作品虽然取材于神话故事，但它是植根于现实社会的。它在浪漫主义的神话外衣之下，真实地揭露了专制统治给劳动人民带来的深重苦难，歌颂了人民群众不屈不挠反抗专制统治的斗争精神，从而表达了诗人建立平等自由的美好社会的政治理想。

济慈是稍晚于拜伦、雪莱出现在英国诗坛上的又一位奇特的诗人。他英年早逝，却留下了丰富的作品。尤其在抒情诗的领域，有其独特的成就。他善于描写自然景物，以具体可感的形象来抒写抽象的感情和意念，追求绘画和雕塑中的立体感，往往能给人一种感官上的陶醉。他的主要作品有《安狄米恩》(1818)、《拉米亚》(1820)、《海披里安》(1821)、《夜莺颂》、《希腊古瓮颂》等。济慈的诗与他对美好理想和真理的追求密切相连，对后世的影响很大。

这一时期英国文学在小说方面的成就也很突出。最重要的小说家是司各特和奥斯汀。

司各特（1771—1832）早年创作浪漫主义诗歌，有叙事长诗七部，后改写历史小说，共创作历史小说27部，以反映苏格兰人的历史和他们强烈的民族意识的作品为最多。其代表作是《艾凡赫》(1819)，描绘了在诺曼贵族的残暴统治下，撒克逊劳动人民的苦难生活及斗争，塑造了下层人物罗宾汉的动人形象。

司各特善于采用历史资料和民间传说来创作小说，善于把浪漫主义和现实主义的手法相结合。他作为欧洲历史小说的创始人，在欧洲文学史上占有重要地位，对后世不少欧美作家产生过影响。

简·奥斯汀（1775—1817）在19世纪初期的英国文学中占有特殊的地位。她善于从平淡无奇的生活琐事和世态人情中发掘出严肃的道德主题，以淡淡的笔调叙述贵族子弟的爱情婚姻生活。她精密的观察力、细腻的感受力和幽默从容的叙述风格，使她的作品具有永久的艺术魅力。其代表作是《傲慢与偏见》(1813)，作品以日常生活为素材，一反当时社会上流行的感伤小说的内容和矫揉造作的写作方法，生动地反映了18世纪末到19世纪初处于保守和闭塞状态下的英国乡镇生活和世态人情。奥斯汀的小说创作在英国小说发展史上具有承上启下的意义。

3. 法国文学

法国的浪漫主义文学带有鲜明的政治色彩，是在同古典主义、复辟王朝的斗争中崛起的，最早出现的浪漫主义作家是夏多布里昂（1768—1848）、拉马丁（1790—1869）和维尼（1797—1863）。

夏多布里昂是法国浪漫主义的倡导者。他出身于没落贵族家庭，拥护波旁王朝，属于保守势力。在波旁王朝复辟时期，他积极参加政治活动，历任要职。1802年，他发表了论文《基督教的真谛》，是法国保守浪漫主义的一份宣言书，其中，从美学的角度为基督教辩护，强调文学表现基督教理想的精神美和理想的性格美，表现出消极和反动的倾向。其具代表性的作品是《阿达拉》

(1826)和《勒内》(1826)，都带有反启蒙主义的倾向。在《阿达拉》中，作者通过印第安人中一个信奉天主教的女子阿达拉爱上异教徒但决不背叛自己信仰而服毒自杀的故事，歌颂了基督教的崇高与伟大，赞美了为天主献身的精神。《勒内》是《阿达拉》的续篇。主人公勒内出身法国贵族，自幼忧郁孤独，成年后到处漫游，对一切都投之以没落的慨叹，感到人生无常，只有和姐姐阿美莉在一起时才感到快乐。但姐姐却对弟弟怀有一种"罪恶的情欲"。勒内发现之后，精神受到打击，痛不欲生，只身远走北美。最后其姐姐病逝，他也死在部落战争中。夏多布里昂在这部小说中再一次想证明：人在自己的情欲面前是无能为力的，只有对上帝纯洁的信仰才能摆脱痛苦和怀疑。主人公勒内是欧洲文学中第一个表现出"世纪病"特征的浪漫主义"英雄"形象。通过他表现了大革命后在社会中找不到自己位置，又悲观绝望的青年一代的精神状态、阴暗的心理和郁郁寡欢的情怀。

继夏多布里昂之后的拉马丁和维尼，以出色的抒情诗创作吸引着读者。他们的作品也表现出对资本主义现实的憎恶，但不是号召人们去同这种现实展开斗争，而是逃避现实，或者回到遥远的过去，或者追求神秘，表现出较为浓厚的绝望情绪。拉马丁的主要作品有诗集《沉思集》(1823)和《诗与宗教和谐集》(1830)。维尼的主要作品有写于复辟时期的长诗《摩西》、《爱洛亚》、《洪水》等，其代表作是他的遗著《命运集》(1864)。

在法国浪漫主义文学中，具有民主思想的主要作家有史达尔夫人、雨果、乔治·桑、贝朗瑞等。

史达尔夫人(1766—1817)是一位自由主义者，在政治上是一个温和派。她自幼受启蒙思想影响，尤其推崇卢梭。她思维敏捷，学识丰富，非常健谈。她在理论批评方面卓有建树，在《论文学》(1800)和《德意志论》(1810)两部理论著作中，从文学与社会制度、政治、哲学、宗教的联系中考察和批判文学，阐述了自己的文学主张，提出了文艺发展与社会之间具有内在联系的观点。她要求创作上的自由，主张文艺面向未来，扎根民族土壤，反映本民族特点，要求用"自己的感情来感动我们自己"，这些为法国浪漫主义理论打下了基础。

她在创作上的主要成就是两部带有自传性质的小说《黛尔芬》(1802)和《柯丽娜》(1807)。代表作《黛尔芬》通过女主人公黛尔芬与贵族青年莱翁斯相爱最后成为悲剧的故事，反映出作者与旧社会习俗的对立，谴责了传统的道德观与宗教观。尤其在作品中揭示了妇女命运与社会矛盾的问题，第一次表现了资产阶级女性在资本主义条件下的感受，在当时具有很强的反社会、反宗教性质，因而引起反动社会和教会的仇视，对其进行迫害，作者被迫流亡国外达十年之久。

雨果是法国浪漫派的领袖（见专节）。

乔治·桑（1804—1876），原名杜邦，是杰出的浪漫主义小说家。她出身于一个有名望的贵族家庭。父亲是拿破仑的一个高级军官，在她四岁时，父亲堕马而死。因而，她从小随祖母生活在乡村，对大自然有着深沉的爱恋。同时在祖母的指引下，读过卢梭的许多作品，对他十分崇拜。她一生创作了一百四十多部小说，主要分成爱情小说、社会小说和田园小说三类。早期创作都以妇女解放的问题为题材，写了许多叛逆的女性，大胆地要求个性解放。如《印典娜》中的印典娜，《华朗婷》中的华朗婷，《列里亚》中的列里亚等。19世纪40年代后，由于受到工人运动的影响，她把视野转向了广阔的社会，写出了她的代表作《安吉堡的磨工》（1845），作品对复辟王朝时期的法国农村有着比较细致的描绘。同时，通过对暴发户巾里科兰形象的生动刻画，深刻地揭露了社会的丑恶尤其是金钱的罪恶。

乔治·桑在小说创作中，把细腻的描绘和抒情的笔调糅合在一起，文字清丽，风格温婉亲切，具有感人的力量。

贝朗瑞（1780—1857）是法国歌谣巨匠，具有民主主义思想倾向。在19世纪前期法国文学中占有特殊地位。他早期的诗作多以青春、爱情、美酒、欢乐为主题。1813年讽刺拿破仑的《意弗都国王》的发表，受到读者欢迎，使他一举成名，波旁王朝复辟时期他的创作达到了高峰，发表了一系列好诗。其主要作品有《传教士》、《主教和诗人》、《歌曲复兴》、《蜗牛》、《雅克》、《洪水》等。他的诗歌贯穿着各民族人民团结的主题，表达了人民的思想情绪，是人民同反动势力斗争的武器。贝朗瑞把法国的歌谣创作提到了前所未有的高度，并形成了自己独特的风格：构思精巧，形象生动，语言流畅，优美动听。其诗歌艺术在法国诗歌史上产生了深远影响。

4. 俄国文学

19世纪以前，俄国文学远远落后于西欧文学，这是由于俄国黑暗的专制制度和农奴制的统治所致。直到1825年，爆发了十二月党人起义之后，浪漫主义文学才得以产生。茹科夫斯基（1783—1852）是俄国浪漫主义诗歌的奠基人。他被誉为俄国文学史上第一位抒情诗人。其代表作故事诗《斯维特兰娜》，宣传的是顺从天命的思想。茹科夫斯基在拓宽诗歌体裁、扩大诗歌表现力，提高诗歌影响力等方面都作出了贡献。

雷列耶夫（1795—1862）是十二月党人的领袖，曾受到法国启蒙学派思想的影响，其诗作中贯穿着为祖国的解放和为人民的幸福尽责的公民精神。主要作品有：《致笼臣》（1820）、《沉思》（1821）、《公民》（1824）、《沃依纳罗夫斯基》（1825）等。雷列耶夫的政治活动和文学创作对后世有深刻影响，诗人奥加辽夫称他为"指路的明星"。以雷列耶夫为代表的十二月党诗人和普希金的创作形成了俄国浪漫主义文学的高潮，他们是俄国浪漫主义文学的主力军。

普希金（1799—1837）是俄国文学的先导，被誉为"俄国文学之父"。他是俄国浪漫主义文学中反映出重大社会问题、最具战斗精神的作家和诗人。他既是俄国积极浪漫主义的创始人，也是批判现实主义文学的奠基者。其前期创作表现出浪漫主义的特点，如《自由颂》（1817）、《致恰达耶夫》（1818）、《高加索的俘虏》（1822）、《强盗兄弟》（1822）、《茨冈》（1824）等，这些诗篇不仅反映出作者反对沙皇专制，渴望自由的思想，而且洋溢着澎湃的浪漫主义激情。《茨冈》的发表标志着"诗人"的创作从浪漫主义转向了现实主义。

莱蒙托夫（1814—1841）的早期创作属于浪漫主义文学的范畴。在他短短的27岁生涯中写出了一系列谴责专制暴政、追求个性解放的战斗诗篇，如《诗人之死》（1837）、《囚徒》（1837）、《别了，满目垢污的俄罗斯》（1841）等。诗歌最基本的主题是对自由的渴望。诗人在不少诗篇中对为国捐躯的英雄的歌颂，对民族解放战士崇高形象的塑造都与这种追求自由的思想一脉相承。这种思想在长诗《童僧》（1839）中得到了最高体现。《恶魔》（1841）代表了莱蒙托夫浪漫主义创作的最高成就。恶魔的形象表现了作者强烈的反叛精神，同时也表现了作者对自己这一代人的批判。

莱蒙托夫的诗歌创作多用日记体裁，注意学习民间艺术手法，抒写自然美景，语言流畅、优美，充满诗情画意，具有浓郁的浪漫主义色彩。

5. 其他国家文学

18世纪末，随着法国大革命的爆发及拿破仑军队进驻意大利，促进了意大利民族意识的觉醒，民族文化复兴运动兴起，浪漫主义文学也开始在意大利产生。白尔谢（1783—1851）是意大利浪漫主义理论家、诗人。他的《格利佐斯多莫给儿子的亦庄亦谐的信》（1816）被称为意大利浪漫主义的宣言。意大利最具影响的浪漫主义诗人是莱奥帕尔迪（1798—1837），他的诗作和意大利民族民主解放运动紧密相连。他著名的抒情诗《致意大利》（1818）、《但丁纪念碑》（1818），通过对意大利过去的追思，表达了诗人要求改变现实，追求自由的强烈愿望。同时，这两首诗激情澎湃，悲壮雄浑，具有极大的艺术感染力。

莱奥帕尔迪的诗歌创作继承了文艺复兴时期抒情诗的传统，语言洗练朴素，格律自由多变，善于通过饱满的情感、鲜明的形象、生动的写景来抒发细微的心理活动，对意大利近现代诗歌有很大影响。

密茨凯维奇（1798—1855）是19世纪波兰最伟大的诗人、革命家。在大学期间，他积极参加爱国学生活动，并开始发表文学作品。1820年创作的《青春颂》，标志着波兰浪漫主义文学的兴起。之后又陆续出版了诗集《歌谣和传奇》（1822），诗剧《先人祭》（1823—1832），长诗《康拉德·华伦洛德》（1828）等，其代表作是《塔杜施先生》（1834），这部长诗以1811年和1812年的历史事件为背景，通过立陶宛地区两大仇家的年轻一代塔杜施和佐霞的恋情以及这两大家族的结仇与和解，广泛反映了波兰贵族的生活与争斗，以及波兰爱国志士反抗沙俄侵略的团结战斗精神。长诗洋溢着爱国激情，对人物性格和自然景色作了动人的描绘。这部长诗被认为是波兰的民族史诗。

裴多菲（1823—1849）是19世纪匈牙利最伟大的革命诗人，也是匈牙利民族文学的奠基人。他出身于贫穷的屠户家庭，少年时期过过流浪生活，做过演员，当过兵。1842年开始发表作品，早期作品有《谷子成熟了》、《我走进厨房》、《傍晚》等五十多首诗。1844年从故乡来到首都佩斯，担任《佩斯时装报》助理编辑，在诗人马尔蒂的资助下，出版了《诗集》、《爱德尔卡坟上的柏叶》、《爱情的珍珠》以及散文作品《旅行札记》，奠定了他在匈牙利文学中的地位，并受到德国诗人海涅的高度评价。他的著名的箴言诗《自由与爱情》："生命诚可贵，爱情价更高；若为自由故，两者皆可抛。"成为诗人走向革命的标志，也是他向革命迈进的誓言。裴多菲的贡献主要在诗歌创作方面，尤其在抒情诗方面，他一生共写了一千多首抒情诗和八部叙事长诗。其中最著名的有《勇敢的约翰》（1844）、《农村的大锤》（1844）和《使徒》（1848）等。裴多菲的抒情诗真挚动人，语言大众化，格调多变，在简朴中有一股清新率直之气。他的创作对匈牙利文学的发展具有重大影响。鲁迅对他的一生和作品作过高度评价，说他的"擅长之处，自然是在抒情的诗"。欧洲一些文艺评论家称赞裴多菲是"马扎尔的抒情诗王"。裴多菲有很多诗歌抒发了时代声音，并激励人民为争取民族自由和独立而斗争，如《以人民的名义》、《民族之歌》、《大海沸腾了》、《把国王吊上绞架》。因此，他的诗作也为全世界被压迫民族留下了极其宝贵的文学遗产。

第二节 拜伦

一、生平与创作

乔治·戈登·拜伦（1788—1824）是英国杰出的浪漫主义诗人，有人称他是"诗国中的拿破仑"。别林斯基称他是"高不可及的雄伟诗人"。他不仅是一位伟大的诗人，而且是一位革命家。他的文学事业具有全欧洲和全世界的意义，在欧洲许多国家产生过巨大影响。

拜伦出生于伦敦一个古老的贵族家庭。父亲是一个纨绔子弟，纵情声色，不务正业，客死法国。拜伦从小就和母亲一起过着孤寂、贫困的生活。10岁时继承了伯父的爵位和领地，13岁进入哈罗中学学习，17岁进入剑桥大学。他自幼喜欢读书，在大学期间又阅读了大量历史、哲学著作和启蒙时期的文学作品，深受卢梭等法国启蒙思想的影响。大学毕业后，他在英国上议院获得世袭议员的席位，同年6月，拜伦离开英国去南欧各国游历，1811年2月回国。

拜伦回国后，正值全国路德运动蓬勃发展，统治阶级十分恐慌，对起义工人施以严罚，课以重刑。拜伦访问了工人区，了解到工人的悲惨景况，于是在贵族院发表演说，并写了一系列文章，愤怒斥责英国政府和它所制定的残酷法律。由于拜伦对现实的不满，以及他的作品中所表现出的反叛精神和自由思想，激怒了当局统治者，反动的英国社会人士特别是桂冠诗人骚塞之流，视拜伦为"恶魔派"的首领，掀起了反拜伦的浪潮，并对其大肆污蔑诽谤。拜伦在强大的压力之下，含愤再度远游。他到了瑞士，后迁居意大利，并积极参加了意大利烧炭党人的民族解放运动。运动失败后，拜伦的目标转向东方，于1823年7月航行到希腊，参加了希腊的民族解放斗争，并得到希腊人民的爱戴和拥护，被推任为希腊军统帅。1824年4月9日，拜伦在大风中骑马出巡，因受风寒而病倒，19日与世长辞。希腊政府为他举行了国葬。

拜伦一生仅36年，他的生命是短促的，但他给世人留下了不可磨灭的影响，他以非凡的才能，创造了大量的作品，他的热情奔放的诗，放射着正义和真理的光芒，像黑夜的火炬照耀着一切被压迫者争取自由解放的道路。

拜伦的创作鲜明地体现了积极浪漫主义的优秀特色，即对人的个性与尊严的保卫，对一切形式的社会政治和思想压迫的抗议，以及对自然和人世间一切伟大的优美东西的热爱和礼赞。他的诗作具有热情奔放、气势磅礴、议论抒情、纵横捭阖、披露现实、讽刺性强的艺术特点。

其创作可分为国内生活和流亡国外两个时期。

1. 国内生活时期（1807—1816）

拜伦早在12岁时就开始写诗。到1807年，在剑桥大学学习期间，他的第一部诗集《懒惰的时刻》出版。这部诗集虽然还不成熟，但已表现出诗人对现实的不满情绪。诗集出版后遭到当时评价文学的最高权威《爱丁堡评论》的粗暴批评。外界的讥嘲和打击，反而更加激发了他的创作热情，并于1809年写出了长篇讽刺诗《英格兰诗人和苏格兰评论家》予以回应，诗中辛辣地讽刺和批判了当时的反动诗人和评论家及英国统治集团，展现了诗人的胆魄和作为一个讽刺诗人的才华。

拜伦历经两年的东方旅行之后，于1812年发表了《恰尔德·哈洛尔德游记》的第一、二章，使其名声大振，赢得了全欧声誉。

1813—1816年，拜伦创作了一系列以东方故事为题材的叙事长诗，即《东方叙事诗》，包括《异教徒》（1813）、《阿比道斯新娘》（1813）、《海盗》（1814）、《莱拉》（1814）、《柯林斯的围攻》（1815）、《巴里西纳》（1816）等六部浪漫主义诗篇。在这些诗篇中，作者塑造了众多的不同性格的反叛者形象，即文学史上有名的"拜伦式英雄"。这些人物虽然具有火一般的热情、坚强不屈的性格和强烈的反叛精神，但他们只是孤独的反叛者、个人英雄主义者，他们脱离群众，孤立无援，其结局大多以失败告终。如《海盗》中的康拉德、《阿比道斯新娘》中的苏乃卡和《柯林斯的围攻》中的阿尔普等即如此。

《东方叙事诗》反映了拜伦早期创作的特点：深刻的社会批判与无政府主义、个人主义思想相交织；反抗反动势力的怒吼，不屈不挠的战斗精神与对人类前途深感失望、怀疑战斗徒劳无益的悲观情绪相交织。这是由当时的历史条件和拜伦的资产阶级世界观所决定的。

2. 流亡国外时期（1816—1824）

拜伦由于处境难堪，愤然离开祖国以后，深感其人道主义理想在现实生活面前完全破灭，个人的不幸遭遇使其世界观和创作中的矛盾更加尖锐复杂。1816—1817年间，诗人写成的哲理诗剧《曼弗雷德》正突出地表现了这一时期诗人找不到出路的政治苦闷和悲观绝望的个人主义情绪。曼弗雷德是一个对未来完全丧失信心的阴郁的厌世者。他索居深山，远离尘世，过着高傲孤寂的生活，但最终理想破灭，绝望之余，但觅一死，以求解脱。这部作品是诗人个人主义反叛的高峰，但同时又标志着他个人主义的破产。

1817年，拜伦由瑞士迁居意大利，亲自参加实际斗争，这使拜伦的思想和创作都有明显的进步，从而形成了他创作的高峰阶段，写出了很多重要作品。主要有历史剧《马里诺·法里哀洛》（1820），哲理诗剧《该隐》（1821），讽刺诗《别波》（1818）、《审判的幻景》（1822）、《青铜世纪》（1822）以及诗体长篇小说《唐璜》（1818—1824）等，并完成了《恰尔德·哈洛尔德游记》的最后一章。

《该隐》是一部浪漫主义哲理诗剧，它的发表标志着诗人思想发展到一个新的阶段，由消极转向积极。作品在神话的外衣下写出了反宗教的主题。该隐被改写成第一个反叛者，并体现了"拜伦式英雄"人物孤傲、反抗、坚强不屈的特点。这部诗剧表现了对上帝的否定和对神权的批判，具有尖锐的现实政治意义。

《审判的幻景》是针对骚塞的同名诗而作。通过对英王乔治三世如何升天的描写，不仅攻击骚塞，也攻击乔治三世；不仅攻击反动政权，也攻击宗教迷信，具有极强烈的讽刺性和批判性。

拜伦的其他一些诗作也都在不同程度上表现了他对自由的渴望和他特有的叛逆精神。

二、《恰尔德·哈洛尔德游记》与《唐璜》

《恰尔德·哈洛尔德游记》是拜伦赢得全欧声誉的力作，是一部具有强烈自传色彩的长篇叙事诗。长诗通过哈洛尔德的游历和抒情主人公的评论，反映了19世纪初期欧洲一些重大历史事件，描绘了南欧各国人民反抗民族压迫，争取自由解放的斗争；既对各种形式的暴政和压迫表示了愤怒，也对争取独立、争取自由的人民给予了赞扬。因此，渴望自由、反对侵略、赞扬和声援各国民族解放斗争构成了长诗的中心主题。

诗中主人公形象的塑造是拜伦的创新。主人公哈洛尔德是一个餍足享乐生活而厌世的漂泊者形象，同时也是一个英国贵族阶级的叛逆者形象。他既不想对上层统治者逢迎拍马，也不愿与人民群众来往；他没有年轻人满怀信心的欢快，也没有寻欢作乐和追求名誉地位的兴趣，终日陷于孤独、痛苦的深渊之中。因而他怀着深深的忧伤和冷漠去国外漂泊，寻求解脱。然而，尽管他翻山越岭，走过一国又一国，离开一处又一处，却始终没有摆脱他那忧郁、孤独的个人主义和悲观情绪。哈洛尔德这一形象具有典型的意义。他概括了当时英国以及欧洲其他国家许多知识分子既不满现实又找不到新路的特征，同时，这一形象也带有明显的自传性质，代表了诗人思想的消极面，尤其是早期创作的消极倾向。

长诗中作者还塑造了另一个特殊的主人公——抒情主人公。他与哈洛尔德迥然不同，是一位感情炽热、精力充沛的观察家和评论家，是整个生活的积极干预者。他对面临的一切问题都能作出积极的判断和评论，他激昂地、热情地歌颂各国人民争取民族自由、解放的斗争，揭露和抨击反动的统治阶级。抒情主人公是资产阶级民主革命者的形象，是拜伦思想中最积极、最有力方面的反映。

长诗在写作上较为突出地体现了浪漫主义文学的特征。

首先，叙事抒情互相渗透，表现出浓烈的主观抒情色彩。全诗叙事、抒情、描写自由交织，但抒情成分占了大部分篇幅。尤其是抒情主人公是诗人奔放的感情和自由思想的理想载体，他不受时空限制，海阔天空，古往今来，随时抒发激情，尽情纵横议论，充分体现了浪漫主义酣畅的艺术优势和创造活力。

其次，是绚丽多彩的自然景物和社会风习描写。长诗描绘了主人公旅途中看到的欧洲各地大自然的壮丽风光，构成一幅幅绮丽的风景画。如希腊的古国风韵，阿尔巴尼亚的崇山峻岭，莱蒙湖的波光水影，阿尔卑斯山的冰天雪地等，都给人们留下了强烈的印象。这些美好的自然风光与当时丑恶的社会现实形成了鲜明的对照，既寄寓了诗人的爱憎，又给人以美的享受和力的鼓舞。

最后，长诗善用对比手法。作品中，自然与社会、古代与现代、正义与邪恶、强暴与受役、人民与敌人，对照鲜明，效果强烈，充分表达了作者的爱憎感情，同时也突出了作品的主题。长诗在语言运用上，没有辞藻的堆砌和矫揉造作的语汇，善用口语化的语言抒发感情，形象而具体。具有生动、简洁、流畅、自然等特点。

《唐璜》是拜伦创作的顶峰，是当时欧洲社会生活的一部讽刺百科全书。它写于1818—1823年。诗人原计划写25章，但仅写出16章就因奔赴希腊参加解放战争而中断。长诗通过主人公唐璜几乎遍及全欧洲的冒险经历，展示出18世纪末至19世纪初欧洲广阔的社会现实，并以一种嘲讽的批判姿态，对广泛涉及的社会现状、政治制度、道德风尚、正统教义、生活习俗、统治阶级头面人物以及英国社会施以最深刻的评论。其主旋律是对于自由的渴望和为争取民族的自由、解放斗争而呼号。他相信"只有革命才能使大地免于受到地狱的奸淫"。他热情地呼唤道："善良的人民呀，记住我的话，不停地进行吧"，"要扫除这些毒蜘蛛的蜘蛛网","到你们造成共同的事业为止"。而且预言"人民不久会变成更强的人",后代子孙将生活在"太平盛世的欢欣鼓舞中"。长诗真切地反映了当时欧洲各国人民要求民族解放和国家独立的强烈愿望,是一部反映了时代精神的史诗。正如雪莱所赞赏的"长诗实现了我以前对于这种作品的理想。它是完全崭新的,紧密地与他的时代联系着,闪烁着美丽的光辉"。

唐璜这个人物不同于拜伦其他作品中的主人公,是一个崭新的雕塑品,"新的诗篇的主人公"。欧洲传说中的唐璜是一个典型的花花公子,是淫乱和无赖之徒的代名词。但在拜伦笔下,通过诗人的加工改造,他成了一个崭新的主人公,他不再是一个专门勾引妇女的淫棍、色鬼,而是一个天真热情、风姿优美、潇洒可爱的俊美青年。他只顾顺着"自然的本性"行事。尽管他经历了许多曲折的恋爱,但都是以被动者或被勾引者的形象出现。尤其是随着周围环境的变化,在他性格中越加生发出对自由的热爱,对专制暴君的反抗,以及对社会、对人世的怀疑和厌恶,从而使自己的行为更加严正。按照拜伦原来的设想,是打算让他周游欧洲,要他经历种种围城、交战、冒险的生涯,最后让他参加法国革命,并在巴黎的街垒战斗中牺牲。由此可见,诗人这一人物的塑造,旨在揭示一个普通贵族青年的人生道路,从盲目到自觉,从妥协到反抗,从随波逐流到卷入时代斗争的激流,最后在反抗奴役和争取自由的斗争中献出生命。这和当时法国革命前欧洲的社会现实有着密切的联系。因此,唐璜的形象完全是时代的产儿,在当时具有一定的典型意义。

《唐璜》这一浪漫主义文学的伟大丰碑,在艺术上取得了卓绝的成就。它背景广阔,场面宏大,人物众多,情节复杂。诗人把叙事、写景、抒情、议论、嘲讽、谐谑、崇高、滑稽、悲壮、幽默等熔铸一炉,构成了"惊人的莎士比亚式的丰富多彩",从而使作品具有近代史诗的特色。

诗人的主观抒情和议论在作品中占有突出的地位,构成了长诗的独创性特色。从篇幅上看,与唐璜故事无关的拜伦式"闲谈"几乎占了一半。诗人时时离开故事的叙述,或直接与读者交谈,或纵情倾吐胸臆,或抨击时政弊端,或讥嘲人世丑恶;时而谈笑风生,时而慷慨激昂,忽而韵美声繁,倏尔又鼓声震天。整个大千世界,各种滑稽可笑之事无不写进诗里,这一切都显得自然天成,结构统一,毫不牵强。

拜伦是一位了不起的讽刺诗人。在《唐璜》中,辛辣的讽刺也是十分显著的特点。它密布在作品各个角落的锋芒,直指18世纪末到19世纪初欧洲广阔的社会人生,成为一部"讽刺百科全书"。拜伦在抨击丑恶鞭笞恶行时,态度冷峻，以貌似淡泊平易的日常用语，闲谈式地揶揄嘲弄，一针见血地把躲藏在深处的真相剖析出来，置敌于死地。诗人常常在庄重的叙述中途，陡然笔锋一转，时而插科打诨，时而反讽幽默，从而揭示人物或事件的滑稽、荒诞、可笑可鄙之处，令对手无处遁形。

《唐璜》在语言上也具有革新的性质。诗人大胆地打破了当时人们公认的诗歌规律，摒弃了陈腐的辞藻，采用了当代和民间的新鲜词汇，使语言具有鲜明的时代色彩。

长诗既有典雅华丽的语汇和诗行，又有人民生活中最普通的日常用语和散文句式；格言、谚语、名文、警句，以及英语的同音异义字、同义词、谐音词、双关语等，都得到了广泛的恰到好处的运用，构成了长诗语言的极其丰富、生动和鲜明性。《唐璜》在语言艺术上的创新，在当时的英国乃至欧洲文学史上也是独特的。

第三节 雨果

维克多·雨果（1802—1885）是法国浪漫主义文学的杰出代表。他一生几乎跨越了整个19世纪，是伟大的诗人、剧作家、小说家和著名的社会活动家。他的文艺理论主张和多方面的创作实践，使他成为当时法国浪漫主义文学运动的领袖，产生过巨大影响。

一、生平与创作

雨果于1802年2月26日出生于法国的贝尚松。父亲是拿破仑手下的将军，母亲拥护波旁王朝，是一个虔诚的天主教徒，她对年轻的雨果影响很大，使雨果早年的政治立场和文艺观点都具有保守的倾向。19世纪20年代中期，由于当局统治者愈加反动，加之法国自由主义思潮日趋高涨，雨果的政治态度有了转变，他脱离了保王党立场，站到了进步阵营方面。1830年七月革命的风暴推翻了波旁王朝，雨果以欢迎的态度在创作中对七月革命热情赞颂，但七月革命后的现实，又使他感到失望，因而在政治上采取了与现实妥协的态度。1841年他被选为法兰西学士院院士，1845年，当局授予他"法兰西世卿"的称号。直到1848年二月革命之前，雨果一直在君主立宪制和共和政体之间摇摆。

1848年的"二月革命"对雨果的生活和创作产生了深刻的影响，他已不再徘徊在君主制和共和国之间，而是成了民主派的领袖。

　　1851年12月2日，拿破仑三世发动政变，雨果坚决站在共和派一边，参加了反政变的斗争，失败后，他被迫流亡国外，长达19年之久。但他没有妥协，坚决反对拿破仑三世的独裁统治。1870年，普法战争爆发，拿破仑三世垮台，雨果结束了长期的流亡生活回到巴黎，他以激昂的爱国热情积极投身巴黎人民反击普鲁士侵略者的战争，表现出崇高的爱国精神。

　　1885年5月22日，雨果在巴黎与世长辞，法国人民为自己的伟大诗人举行了国葬，他的遗体被送到专门安葬伟人的先贤祠。

　　雨果天资聪慧，才气非凡，13岁开始写作，在他一生长达六十余年的创作生涯中，其作品数量之多，内容之丰富，十分惊人。其创作经历可分为前期的浪漫主义创作（1827—1848）和流亡以后的现实主义创作（1848—1885）。

　　1827年是雨果创作的一个重要年头，他发表了剧本《克伦威尔》和著名的浪漫主义理论文献《〈克伦威尔〉序言》。在序言中，他指出新时代的艺术必须打破古典主义的桎梏，提出了著名的"美丑对照原则"。他认为，大自然中的美丑是并存的，"丑就在美的旁边，畸形靠近着优美，粗俗藏在崇高的背后"，"恶与善并存，黑暗与光明相共"。因此，艺术家无权把两者割裂开来，应同时加以表现。雨果的这篇序言是法国浪漫主义文学运动的理论纲领和讨伐古典主义的战斗檄文，在当时影响极大。

　　1830年，雨果运用浪漫主义原则创作了剧本《欧那尼》。剧本描写的是16世纪西班牙一个贵族出身的强盗欧那尼反抗国王的故事。剧本完全打破了古典主义戏剧的惯例，鲜明地体现了浪漫主义的特色，为新文学的发展开辟了道路。这个剧本的上演，引起了浪漫主义与古典主义的决战。演出最终取得成功，标志着浪漫主义对古典主义的决定性胜利。

　　1831年，雨果发表了代表作之一的长篇小说《巴黎圣母院》，这是一部浪漫主义的典范之作，使雨果的名声大振。

　　19世纪30年代前后，雨果的创作热情高涨，在诗歌、小说、戏剧方面都有突出的成就。出版了诗集《东方吟》（1829）、《秋叶集》（1831）、《黄昏集》（1835）、《心声集》（1837）、《光与影集》（1840）等；戏剧有《玛丽·都铎》（1833）、《吕意·布拉斯》（1838）等；重要的小说有中篇《死囚的末日》（1829）和长篇《克洛德·格》等。这些作品揭露了封建专制制度和教会势力的罪恶，充满了追求善良美好的激情，其人道主义思想已在作品中显现。

雨果在流亡生活期间，形成了他创作的又一次高潮。其创作的现实主义成分加强，揭示社会矛盾深刻，充满着斗争的活力。但他的人道主义思想也愈发表现得突出，最终没有摆脱乌托邦社会主义的幻想。

这一时期的诗作主要有《惩罚集》（1853）、《静观集》（1856）、《凶年集》（1872）等；小说有长篇《悲惨世界》（1862）、《海上劳工》（1866）、《笑面人》（1869）和《九三年》（1874）等。

《海上劳工》描写了诺曼底渔民的悲惨生活，表现了人与自然的搏斗，歌颂了劳动者纯洁高尚、诚实善良、刚毅勇敢和自我牺牲的精神。作品中人物描写对照鲜明，主人公极富传奇色彩。

《笑面人》描写了17世纪末、18世纪初英国宫廷内外的尖锐斗争和社会矛盾，揭露了英国统治阶级的荒淫无道，表现了下层人民的美好情怀和反抗精神。小说想象丰富，情节曲折，充满异域情调和浓郁的浪漫主义色彩。

《九三年》是雨果在高龄时期完成的最后一部重要的长篇小说，它集中地反映了作者世界观的深刻矛盾。小说描写的是1793年共和国军队镇压旺岱反革命叛乱的故事。革命军司令官郭文认为，反革命头子朗德纳克是在已经逃走的情况下，因返回大火中救助孩子而被捕，已经立地成佛，处他死刑不能给革命军带来荣誉，于是悄悄地把他从监狱中放走了。为此，郭文触犯了革命法律，被送上断头台。在这部小说里，雨果对革命的同情和对革命暴力的怀疑矛盾地交织在一起。一方面，他肯定革命是正义的事业，承认流血斗争的不可避免，而且愤怒谴责叛军烧杀抢掠的罪行，歌颂共和国士兵的政治觉悟及其英勇战斗的精神；另一方面，他却从抽象的人道主义出发，把仁慈、善良等道德原则与革命暴力相对立，荒谬地提出"在绝对正确的革命之上，还有一个绝对正确的人道主义"，主张在革命和人道主义原则发生矛盾时，宁可牺牲革命利益。这正反映了作者资产阶级人道主义的局限性。

《悲惨世界》是雨果在这一时期完成的一部现实主义的代表作品。小说共分五部分，以冉阿让一生的经历贯穿全书。作品从他出狱之日写起，一直追溯到他入狱的1796年，往下涉及了1832年巴黎街垒战。小说广泛地反映了从拿破仑帝国后期到七月王朝初期的法国社会政治生活。作者站在资产阶级人道主义的立场上，对贫苦人民的不幸遭遇表示深切的同情，对资产阶级法律的残酷和虚伪以及整个社会的腐败进行了揭露和控诉，对共和主义的斗争给予了热情的赞颂。但整个小说最为突出的一个中心问题是贫穷人们悲惨的命运和处境。在小说的《作者序》里，雨果明确地指出当代社会的三个迫切问题——"贫穷使男子潦倒，饥饿使妇女堕落，黑暗使儿童羸弱"，这是理解小说主题的钥匙。对下层劳动人民的描写在小说中占主要地位。小说的原名是"受苦的人们"，作品中的人物冉阿让、芳汀、珂赛特等正是那个社会千千万万的不幸人们的代表，他们受尽痛苦，遭到无情迫害，被社会所唾弃。雨果在描写他们的痛苦命运时，揭露了资本主义社会的尖锐矛盾和贫富悬殊的鸿沟。资产阶级的法律就是为了保护有产阶级的利益而制定的。冉阿让是一个纯朴的工人，为了饥饿的孩子偷了一块面包，竟服了19年的苦役。芳汀本是一个天真善良的姑娘，被公子哥儿欺骗后有了私生女，因此被工厂开除，丢了饭碗。为了女儿活命，她流落街头，从卖头发、卖牙齿，到卖身，终因贫病交加而丧命。小珂赛特的悲惨遭遇更令人同情。她是一个对人生还什么都不知道的孩子，"却无时不受惩罚、辱骂、虐待、殴打"，完全失去了童年的快乐。小说由此写道："人类社会的痛苦的起始是不限年龄的！"这是对非人社会的深刻揭露和有力控诉。由此看出，雨果笔下的资本主义社会确实是穷苦人的"悲惨世界"。资本主义制度是造成贫困、饥饿、堕落和犯罪的根源，资产阶级的法律机构是草菅人命的工具。

小说在深刻揭露资本主义社会罪恶的同时，还通过米里哀主教和冉阿让的宽容仁慈、乐善好施，以及警官沙威的"良心"发现、"人性"复活，宣扬了以"仁爱"、"慈善"为核心的人道主义理想。这正是雨果人道主义思想的集中体现。

小说在艺术上达到了现实主义和浪漫主义的有机结合。一方面，小说闪耀着现实主义的光辉，如冉阿让受迫害的经历，芳汀的悲惨命运，珂赛特的痛苦童年，以及1832年的巴黎街垒战等情节，都写得比较真实。另一方面，小说的浪漫主义特色也十分鲜明、突出。如冉阿让整个人生经历的几度变化十分离奇，尤其是由他的经历、活动构成的许多"非凡"事件，十分惊人，富于传奇色彩。小说中还有不少情节的过分巧合，也具有浪漫主义性质。

小说在语言方面也表现出雨果的特色：高昂、激烈、热情，经常运用多义词，富有隐喻性。其叙述具有史诗风格。此外，小说中鲜明的对比和精雕细刻的肖像描写、雄辩的政论色彩和浓厚的抒情气氛也是令人称道的。

二、《巴黎圣母院》

《巴黎圣母院》是雨果的浪漫主义代表作。它的发表是作者世界观和艺术观成熟的标志。小说以浓烈的浪漫主义色彩和反封建、反宗教的人道主义主题成为欧洲文学史上一颗灿烂夺目的艺术明珠。

　　小说的故事发生在15世纪的巴黎。"愚人节"的狂欢拉开了故事的序幕。在巴黎的格雷弗广场上,一个靠街头卖艺为生的吉卜赛少女爱斯梅哈达正以精彩的表演吸引着无数的观众,博得一阵阵热烈的掌声。其中,巴黎圣母院的副主教克洛德被少女动人的美貌所吸引,欲占爱斯梅哈达为己有。当晚,他指使其义子圣母院的敲钟人加西莫多趁黑夜在街头劫持她。爱斯梅哈达拼力抵抗,高声呼救,恰被巡夜的侍卫长法比发现,捉住敲钟人,把爱斯梅哈达救走。克洛德抢人不成,恼羞成怒,伺机报复。敲钟人被带到广场,当众受鞭笞,在口渴难熬高喊要水时,爱斯梅哈达不计前嫌,把水送到了他那干渴的嘴里,使他平生第一次流下了感激的眼泪。冬去春来,克洛德一直没有放弃对爱斯梅哈达的迫害。一天晚上,他得知法比将和爱斯梅哈达幽会,便尾随其后,用匕首刺伤法比,并嫁祸于爱斯梅哈达。少女因此被判死刑。行刑之日,曾在危难时刻被少女救助的加西莫多奇迹般地把爱斯梅哈达救进"圣地"。但教会视爱斯梅哈达为女巫,法院决定不顾"圣地"的避难权,要予以追捕。巴黎社会的乞丐、流浪人闻讯攻打圣母院,准备把少女营救出来,但遭到了法国当局的血腥镇压。在混乱之际,克洛德再次将少女劫走,带到绞刑架下,要少女作出生死抉择。爱斯梅哈达宁死不屈,克洛德气急败坏,竟惨无人道地把少女交给了追捕的官兵,眼看着爱斯梅哈达被送上绞刑架。失去少女的奇丑人加西莫多在愤怒中把这个从小抚养他长大的副主教推下了顶楼,活活摔死,随后他也悄然而去。

　　小说通过对15世纪巴黎社会风貌的描绘和众多人物形象的刻画,把矛头直指封建君主及其国家机器,深刻地暴露了封建王权和教会势力对善良无辜者的残害,揭示了在禁欲主义的压抑下人性的扭曲和堕落过程,表明了作者反封建反教会的民主精神和资产阶级的人道主义思想。

　　作者从自己的美学观出发,按照其"对照"原则,塑造了众多人物:有外美内丑的,有外丑内美的,有非丑非美的,也有内外和谐一致通体全美的。通过这些人物的描写,有力地深化了作品主题,表达了作者强烈的爱憎情感。

　　爱斯梅哈达是作者浓墨重彩着力描绘的形象。是作者理想的真、善、美的化身,是流浪人中的一颗"明珠"。她不畏皇权、蔑视宗教,酷爱自由,敢于冲破"禁地"、"教规",随心所欲地靠卖艺养活自己;她心地善良,具有正义感,富于同情心,毅然决然地救出误入乞丐国中的青年诗人甘果瓦,不计前嫌给受刑时干渴难忍的加西莫多送水喝;她纯洁天真,白璧无瑕,淫威不能屈。

她把爱情看得很神圣，认为"那是两人合二为一"，"是一个男人和一个女人合成一个天使，那就是'天堂'"，因此，她丝毫不怀疑纨绔子弟法比的"爱情"，对他至死不渝。对克洛德的淫威作出坚决的反抗，宁死不屈，最后无辜地被送上绞架。

爱斯梅哈达的形象感人至深，她的死是对封建专制扼杀个性解放的血泪控诉，是对封建宗教绞杀"真、善、美"的强烈谴责。她虽死犹生，激励着人们为争取美好的未来，去与黑暗、残暴、落后、反动作坚决斗争。

加西莫多是下层人民的代表，是作者理想中善的化身。他外貌奇丑：耳聋、口哑、眼瞎、背驼、脚跛。由于出身不明和天生的残疾，使他备受世间的嫌弃、歧视和欺凌。因而形成了他的处世态度：用仇恨对抗仇恨，用残暴对抗残暴。但这一令人恐怖的滑稽人物却在爱斯梅哈达"爱"的行为感召下，恢复了人性，从此表现出正义、勇敢、真诚和强烈的爱憎感情。当爱斯梅哈达面临危难时，他挺身而出，劫持法场，奇迹般地将少女救至圣母院避难，并予以细心照料。最后当他明白克洛德就是残害爱斯梅哈达的罪魁祸首时，他怒不可遏，将克洛德从圣母院顶楼推了下去，维护了人生应有的权利和尊严。加西莫多的形象与爱斯梅哈达的形象相映生辉，共同体现了雨果的美学理想。

副主教克洛德是宗教恶势力的代表。他道貌岸然，内心阴险毒辣。他有一副阴沉、可怕的面孔，总是给光明罩上阴影，给欢乐添上恐怖；他像幽灵一样，时时跟随爱斯梅哈达；他一计不成又生一计，妄图使爱斯梅哈达低头俯就，满足他的情欲。当他用各种手段都无法得逞时，他便以"自己得不到她，也不让别人得到她"的原则，亲手将爱斯梅哈达交给了官兵，送上了绞刑架，成了直接戕害爱斯梅哈达的刽子手。中世纪宗教的黑暗、令人窒息的残暴和虚伪在他身上得到了集中的体现。但同时他又是宗教势力的牺牲品。他并非天生的恶人，是宗教教育阻碍了他身心的正常发展，使他的人性一步步变得畸形，最后走到了人性的反面——灭绝人性。他以宗教杀人，罪孽深重；他又被宗教所害，下场悲惨。作者通过描写克洛德这样一个以"严肃和贞洁"著称的副主教在情欲的驱使下竟背叛上帝，甘作情欲俘虏的结局，对宗教进行了辛辣的讽刺和全面否定。

《巴黎圣母院》在艺术上有着独特的成就，是雨果运用"对照原则"进行创作的典范。

首先，表现在环境与人物的对照上。小说的第三卷，作者暂时撇开情节的发展，专门介绍了巴黎圣母院的建筑和站在楼顶上眼前所展现的巴黎鸟瞰图景。这正是人物活动、事件发生的环境。在这幅图景中,作者着力描绘了圣母院及巴黎这座古老城市的崇高、圣洁与美好。然而就在这样一个壮丽的巴黎背景中演出的却是中世纪阴森可怕的生活,就在圣洁的殿堂里,魔鬼般的恶人副主教克洛德吞噬了一个美丽善良的吉卜赛女郎的生命。也就在这个圣洁的广场上,国王的军队血腥镇压了人民的暴动。和谐优美的自然环境和苦难悲惨的人民生活恰恰形成鲜明的对照。作者正是用这种强烈的对比,来表达对人间种种不平的愤慨,从而加强了作品反封建专制、反教会的思想深度。

其次,表现在情节内容的安排上。小说中作者描写了两个王朝,刻画了两个国王。一个是历史上实有的法兰西国王路易十一的封建王朝;另一个是作者虚构的以乞丐国王克罗班为首的"奇迹王朝"。"奇迹王朝"的国王总是与他的"众百姓"同甘共苦,生死相依。在解救爱斯梅哈达的战斗中,他集结队伍,宣布讨伐命令,鼓动士气,身先士卒,奋勇当先,奋力杀敌,俨然一位有组织能力、有号召力、有战斗力的军事领袖。这个国王、这个王朝,使人们受到鼓舞,看到了一个"奇幻的新世界"。而与此对立的路易十一完全是另一类型的国王,他远离人民,害怕群众,他残暴专横,与人民为敌。当他知道"乞丐王朝"的起义是针对他的统治时,便立即下令"把那歹徒砍成碎块","把平民杀尽,把女巫绞死"。路易十一是一个穷凶极恶的残杀百姓的大刽子手,是一个用百姓鲜血树立个人威严的封建暴君。英雄与豺狼在作者笔下形成鲜明对照。

作者在对比两个国王的同时,还深入地对比了两种法律、两个法庭。"奇迹王朝"的法律十分新颖、奇特,法庭审判表面看来吓人,实则十分民主。然而法兰西王朝的法庭貌似威严,实则虚伪,那里任意草菅人命,罗织罪名,栽诬构陷,严刑逼供,屈打成招,腐朽透顶。

此外,作者还把上层社会与下层社会进行对比,通过这一系列鲜明的对比,加强了小说反封建的主旋律,也表达了作者对未来充满了强烈的希望与信心。

最后,表现在人物的塑造上。在人物塑造上,"对照原则"的运用更为突出。全书形成了以爱斯梅哈达为中心的人物圆心结构模式。其中,既有外貌美丑的对照,也有内心善恶的对照。例如,爱斯梅哈达与克洛德,他们是两种对立的力量,一个是"善"的化身,一个是"恶"的代表,这种善与恶的对照,使善者越善,恶者越恶,两者十分鲜明。加西莫多和克洛德是义父子,义父表现了人性的异化,义子表现了人性的复归,义父对爱充满了占有欲,义子对爱充满真诚的爱慕。加西莫多自我牺牲的爱情与克洛德置人于死地的淫欲的对照，表现了两颗不同的心灵。加西莫多与法比，一个容貌丑陋，心灵美好；一个容貌漂亮，心灵丑恶。还有爱斯梅哈达与加西莫多，一个奇美，一个奇丑，然而他们互相援救，愿同生死，心灵一样地洁白无瑕，肝胆照人。这种人物的鲜明对照，生动地说明了卑贱的人有着最高尚的人性、最完美的心灵，而高贵的人却怀着阴毒的鬼胎、凶残的本性，这一观点在当时具有进步意义，是雨果同情人民，反对封建教会统治的进步思想的反映。

  小说除体现了"对照原则"的运用外，也表现出浪漫主义的诸多特色。雨果在评价这部小说时曾写道："这本书如果有什么优点，只在想象、多变、幻想方面。""想象、多变、幻想"正突出了小说的浪漫主义特色。小说中，丰富的想象首先表现在情节构思的神妙莫测。作者在小说的原序里说他是根据圣母院墙上的两个字构思作品的，据说那是中世纪留下来的用手指甲刻成的"'AN' ArK N"（命运）两个字，它引起了作家丰富的想象，从而创作了这部小说。在作品的结尾处，作者隐约地告诉读者，加西莫多终于和爱斯梅哈达抱在一起死了，当人们想把他们的尸骨分开时，他们化作了灰尘。这种对小说产生缘起的说明以及小说结尾的设计，给人一种迷离、神奇之感，充满了浪漫主义的传奇色彩。

  由于作家构思的出神入化，故事情节的发展变得十分奇特，充满了幻想、多变的特色。在作品中，作者总是不断地制造悬念，每时每刻都造成意外，使人形成莫测之感。

  小说中，情节发展的每一个阶段都是由副主教的一次次阴谋造成的，他总是一计不成又生一计，直到别人遭殃他才满足。比如，"愚人节"之夜，忽然发生了加西莫多抢劫爱斯梅哈达的奇事，女郎被法比救走，加西莫多被捕受鞭打，最后读者才隐约觉出幕后的指使者正是克洛德。抢掠不成，女郎反而落入法比之手，而正在法比与女郎寻欢时，法比却被人刺杀了，杀人者正是克洛德，可是他却坐在审判台上嫁祸于人，以此对女郎威逼利诱。正是这一系列出乎意料的情节安排，才使我们看到了克洛德的阴狠毒辣，也加深了对其他人物的了解。就拿加西莫多这个人物来说，作为克洛德的养子，他是百依百顺的，可是谁能想到，最后他竟是克洛德的葬身者。可这样的安排，非但不给人荒诞、虚假的感觉，相反读者却相信它是真实的。这是因为作者的大胆的想象是建立在现实生活的基础之上的。

  同时，作者在情节安排中还十分注意场景的变化。他把喜剧和悲剧的因素结合运用，使情节大起大落，扣人心弦。如法比和爱斯梅哈达幽会，正当他们沉醉在幸福的亲吻中时,克洛德从背后刺向法比一刀,使爱从欢乐的顶峰霎时坠入痛苦的深渊。再如,爱斯梅哈达在绝望中意外地找到了失散多年的亲生母亲,母女相见,天伦重聚,这是何等幸运和幸福。可是转瞬之间,她们又痛苦诀别——爱斯梅哈达被送上绞架。这种情节的悲喜相生,跌宕起伏,不仅推动了情节的发展,展现出人物性格,也强烈地感染着读者。

第七章 19世纪中期的西欧文学

第一节 概 述

19世纪中期在西欧出现了一种新的文学倾向，即现实主义倾向。文学艺术领域中的现实主义作为一种直接模拟客观现实的艺术表现手法，早在原始艺术中即已初见端倪，可谓源远流长。在欧洲文学史上，它成为一定历史时期的主要文学流派运动，大约起始于19世纪30年代。由于它对现存社会秩序具有鲜明、强烈的揭露和批判性，因此也被称为批判现实主义。

一、批判现实主义文学产生的社会背景

现实主义文学形成的时期正是西欧资本主义确立和发展的时期。影响现实主义文学倾向产生的因素主要以下几点。

（一）政治的变迁

1830年法国爆发"七月革命"，从此，法国资产阶级取得了统治地位；1832年英国议会改革，标志着资产阶级在欧洲范围内的胜利。欧洲各国在英、法资本主义势力的影响下，相继经历了从封建制度向资本主义制度的历史性过渡。随着资本主义的发展，资本主义模式

固有的弊病日益暴露出来。唯利是图、金钱至上成为一种社会时尚，劳资矛盾激化并逐渐上升为社会的主要矛盾。法国里昂纺织工人起义，英国宪章运动，德国西里西亚纺织工人起义和1848年巴黎起义，都使人们记起刚刚过去的血雨腥风的大革命一幕。生活在那个时代的每个欧洲人，几乎都无法逃避这一场政治的大动荡。这些特定的社会政治经济形势，直接影响了文学，成为现实主义形成与发展的决定性因素。

（二）社会现实的需要

资本主义确立后的社会现实，迫使人们不得不用冷静务实的眼光来看他们的生活地位以及人与人的相互关系。一部分先进的知识分子清醒地看到了掩盖在资本主义浮华背后的复杂的社会矛盾和金钱罪恶，开始用冷静的眼光来看现实社会和思考人的命运问题，从更现实的角度去寻求改善人的生存处境的方法。于是，客观、冷静、务实的社会心理随之形成。反映在文学上就出现了现实主义新倾向。人们的文艺思想发生了变化，不再满足沉溺于主观幻想、抽象抗议、盲目追求的浪漫文学，而要求能够如实反映生活现状及其本质特征的、不以感情代替理智的文学。于是现实主义作为一种新的文艺思潮便应运而生。

（三）现代科学技术的迅猛发展

19世纪的自然科学得到了长足发展，特别是细胞、能量守恒和生物进化三大发现更是举世瞩目。自然科学尊重客观事实、重视观察和研究的科学态度和方法等特点，不仅有助于作家们形成冷静、客观、务实的态度，而且还改变了他们的思维定势，促使他们尊重客观事实，试图用科学家的那种细致入微的观察、分析和推理的方法研究社会问题。由于传统观念和实证哲学的影响，人们仍然相信人是有理性的，他赖以生存的世界也是完整的和可以感知的。只要冷静地观察、客观地剖析，就一定能揭示出社会和自然的内在规律及本质，并找到解决问题的途径。

二、批判现实主义文学的特征

（一）展现特定时代丰富多彩的社会历史画面

19世纪自然科学和社会科学的成就，改变了人们的思维方式，科学主义成为一种时代风尚，作家们都力图通过客观真实的生活画面，去反映生活的本质。巴尔扎克就明确地说："法国社会将是一个历史学家，我只能当它的书记。"一大批现实主义作家在生活的广阔性、深刻性方面取得了重大成就。在注重反映现实生活的整体性、本质性、真实性的同时，作家们更注重细节描写的真实性，用具有典型性的细节来表现时代或人物性格的本质特征。正是在这种科学研究意识和历史意识的指导下，现实主义文学艺术地再现了人类历史上封建制度衰亡、资本主义制度上升这一重大历史变革，具有珍贵的历史文献价值和很高的社会认识价值。

（二）批判社会罪恶，同情下层人民的苦难

现实主义以人道主义思想为武器，以其"锋利的唯理主义和批判精神"，深刻地揭露与批判了社会的黑暗、利己主义的生活原则以及人与人之间赤裸裸的利害关系。作家们既看到了资本主义社会中贵族阶级的腐化堕落、新兴资产阶级的贪婪卑鄙，也看到了下层人民的苦难、知识分子的不幸，他们由此对现存制度的合理性提出了强烈的质疑，倡导"自由"、"平等"、"博爱"的人道主义精神，要求维护人的尊严与价值，希望统治阶级以仁爱为怀，改善与被压迫者之间的关系，表现出社会改良的愿望。

（三）注重塑造典型环境中的典型性格

这一时期的作家普遍认为，人是社会的产物，生活在特定历史时期，必然受时代的影响。因而在创作中极重视人与社会环境的关系，为了真实地塑造典型环境中的典型人物，无论是自然景观、风俗人情、社会事件、人生际遇，一切都聚集于人物性格周围，从而组成一幅以人物性格为中心的社会图像。在现实主义作家笔下，往往突出时代、环境对人物性格的影响。人物的思想、发生的事件、人物活动与其中的环境，都力求达到典型。这种坚持典型化原则的态度和对一切偶然性和随心所欲的摒弃，使他们的创作达到了更大的真实性，从而较深广地反映了现实生活，反映出社会各阶级、阶层的精神面貌，并揭示出时代的某些本质特征。

三、现实主义文学在西欧各国的发展

（一）法国现实主义文学

法国是欧洲现实主义文学的策源地。司汤达早在1822年发表的《拉辛与莎士比亚》中，就提出了文学形式要适应时代发展的变化，新文学要"艺术地反映当代生活"的主张。以"1830年纪事"为副标题的长篇小说《红与黑》为法国现实主义文学奠定了基础。巴尔扎克的《人间喜剧》被恩格斯誉为"现实主义最伟大的胜利之一"，将欧洲现实主义文学推向高峰。

紧随司汤达、巴尔扎克之后，法国出现了一大批优秀的现实主义作家。普·梅里美（1803—1870）深受司汤达的影响，以其独特的艺术风格为法国文

学增添了异彩。梅里美以其优秀的中篇小说著称。《嘉尔曼》（1815）是破除爱情俗套的举世闻名之作。作品讲述了吉卜赛女子嘉尔曼与工厂门卫堂·育才的情感风暴，赞美了主人公对自由的执著追求。嘉尔曼以触犯统治者的刑律为乐事，不愿忍受社会任何束缚，以"恶"的方式对抗社会，尊重个性自由，不惜豁出性命。这个"恶"的精灵在文明社会中的凡夫俗子面前闪耀出奇异的光彩。梅里美的艺术风格在《嘉尔曼》中得到了充分的体现，文笔流畅自然、清丽明朗；情节曲折有致，富于乡土气息和异国情调；人物性格突出，具有传奇色彩。小说经作曲家乔治·比才改编成歌剧，广为流传，热烈的旋律，出色的乐章，更增添了它的艺术魅力。

法国早期现实主义作家中，福楼拜（1821—1880）是一位创作态度十分严谨的作家。他出生于卢昂一个医生世家，自幼受到文学艺术的熏陶，早年在巴黎攻读法律，结识了雨果和文艺界名流。19世纪50年代以后，仅偶尔出现于巴黎文化沙龙，在与乔治·桑、屠格涅夫以及左拉、都德和莫泊桑等人的友谊交往中寻求慰藉，除此之外，埋头创作，终其一生。他窗口彻夜不灭的灯，成为塞纳河上夜行者的"航标"。

在创作中，福楼拜信奉古典主义理论家布瓦洛的格言："流畅的诗，艰苦地写。"他对作品字斟句酌，苦心推敲，力求在结构、语言、意境等方面臻于完善。他推崇实验主义的创作态度，对艺术美的刻意追求，形成了他精湛、严谨、清澈的艺术风格。他的小说结构精致严谨，描写客观真实，精雕细刻，有独特的艺术魅力。

长篇小说《包法利夫人》是福楼拜的代表作。小说讲述法国乡间一个佃农的独生女爱玛，从小受到修道院的贵族教育，学校不但教会她社交礼仪和技艺，而且培养了她浪漫的性情，在爱玛的心中种下了追求爱情梦想和浪漫生活的种子。带着对爱情的向往，爱玛步入婚姻。然而，婚姻并不像她想象的那么美好，她的丈夫包法利不过是一个平庸的乡村医生，既不能满足爱玛感情上的渴求，也不能为爱玛实现幻想中的浪漫生活提供经济上的保障。爱玛陷入了深深的痛苦之中。

正在爱玛为婚后生活失望不已的时候，却受到昂代尔维利耶侯爵请她去渥华萨尔参加舞会的邀请。她疯狂地爱上了一个风流潇洒的子爵。然而，曲尽席散，子爵在舞会结束后远走巴黎，爱玛不过是他遇见过的众多女子中平平常常的一个，而爱玛的心却从此再也不得安宁，追求爱情幻梦的热情之火再次被点燃，子爵归去的巴黎成为她一心向往的天堂，本来就不如意的婚姻变得更加令爱玛难以忍受。

　　不明就里的包法利医生虽无法理解爱玛内心的痛苦，却也真心疼爱妻子。爱玛整日郁郁寡欢，包法利决定换个地方行医。可是此举却给他们的生活带来了一场新的灾难。在新的环境里，爱玛唯一可以交流的是镇上年轻的实习生赖昂，对小说戏剧的爱好和对巴黎的向往使他们产生了共鸣，爱玛从心底里产生了和赖昂共走天涯的冲动。然而，囿于道德和宗教的束缚，她最终放弃了赖昂，却陷入了更深的苦闷之中。就在爱玛苦苦挣扎的时候，风流地主罗道耳弗乘虚而入，略施手腕，使爱玛误以为终于获得了真情，坠入情网。然而，当爱玛从狂热中清醒过来，明白了罗道耳弗的真实用心时，她的心灵遭受了更为沉重的打击。

　　爱玛也曾尝试自救，她希望丈夫事业有成，以摆脱生活的平庸，可包法利此时却因医疗事故而一蹶不振。爱玛失望已极，重又投入罗道耳弗的怀抱，在堕落的道路上越走越远。她提出私奔，以彻底摆脱现状，可罗道耳弗根本不想背负什么责任。他不辞而别，把爱玛抛进痛苦不堪的境地之中。爱玛想追求传奇式的爱情，却最终成了他人的玩物。

　　事后，爱玛大病一场，包法利医生为排遣妻子心中的郁闷，决定陪她去卢昂城看戏。在这里，爱玛却遇到了当年的实习生赖昂，为了维持与赖昂的往来，她不得不倾其所有，以致债台高筑。终于，爱玛耗尽了家中所有资产，求贷无门时，赖昂弃她而去。债主纷纷逼债，爱玛绝望了，吞下大把砒霜，在极端痛苦中离开了这个纷扰的世界。

　　爱玛一心向往浪漫的爱情、多彩的生活，这原本无可厚非，可是她却一步步走向堕落，走向死亡，究竟是什么原因造成了爱玛的悲剧呢？

　　福楼拜是一个精细的社会观察家，他用客观而细腻的笔触，剖析了造成爱玛悲剧的原因。爱玛不幸的原因是多方面的：平庸无能的丈夫，无情无义的情人扼杀了爱玛的爱情；庸俗无聊的生活，冷酷残忍的社会剥夺了爱玛的生命；贵族教育和平民生活的错位，浪漫幻想和平淡现实的反差，最终酿成了爱玛的悲剧。实际上，爱玛的悲剧是一个浪漫少女从追求梦想到梦想幻灭的悲剧，其中寄寓着作家对庸俗浮华的贵族资产阶级社会的深刻揭露。

　　莫泊桑（1850—1893），世界著名的三大短篇小说家之一，出生于法国迪埃普的米罗梅斯尼尔堡。幼年时，父亲因生活浪荡而导致家道败落，莫泊桑随母亲到乡下别墅居住。1875年发表处女作《剥皮的手》。从1876年起，莫泊桑就患上了心绞痛和强烈的偏头痛，导致神经痛、视力混浊和血液循环障碍。

1892年初精神失常，18个月后在布朗什大夫的疗养院里去世。莫泊桑曾师从福楼拜，一生创作了大量的文学作品，特别是在短篇小说方面，取得了令人注目的成就。其短篇小说分为四大类：（1）以普法战争为题材的作品。在这一类小说中，莫泊桑着力表现的是法国普通人民的爱国激情。《羊脂球》是这一类小说的代表作。小说讲述妓女羊脂球出于爱国心，为了救助同行的同胞，牺牲自己，使同行的其他人脱离了危险，但这些获救的人却并不感激羊脂球，反而视她为不洁的女人而远离了她。两相对照，各种人物灵魂的美丑昭然若揭。这类小说中著名的还有《菲菲小姐》、《米隆老爹》、《两个朋友》等。（2）暴露小资产阶级和公务员爱慕虚荣、势利、庸俗、卑琐的心理。《项链》是这一类小说的代表性作品，讲述了女主人公爱慕虚荣，为参加丈夫上司举办的一次舞会，向女友借了一条项链，不慎丢失，借钱赔偿了项链，为此辛辛苦苦劳动十年，最后却知道借来的项链是一条假的。《我的叔叔于勒》对唯利是图的小市民习气作了有力的嘲讽。《伞》、《散步》、《勋章到手了》等也是这类题材中有名的作品。（3）农村生活。莫泊桑自幼生活在诺曼底，对农村生活非常熟悉。在这类小说中，从不同侧面生动地反映了农民的生活。《西蒙的爸爸》塑造了一个善良的铁匠的形象。《一个女雇工的故事》反映了农村中的妇女无法主宰自己命运的悲剧。莫泊桑对农村题材的发展还在于继承了韵文故事的传统，写出了一个个笑剧的场面。（4）怪诞故事。莫泊桑最早发表的小说《剥皮的手》、《划船》等，写的是怪诞题材。他长期承受着病痛的折磨，这使他常常产生一些幻觉和特殊的感受，这些感受表现于小说之中，给人以怪诞的感觉。有的短篇描写病狂状态，有的描写催眠术、动物磁气的"超自然"现象等。《奥尔拉》、《恐惧》、《他》等都属于这一类小说。此外，莫泊桑还写过不少关于爱情、婚姻和家庭生活的短篇。

莫泊桑的短篇小说取得了很高的艺术成就。首先，莫泊桑是一个谋篇布局的大师。一般而言，他喜欢这样的结构：先以简练和富有表现力的语言勾画出背景，然后是人物出场，作家准确有力地勾勒出他们的外貌；接着正文开始，故事简单而平凡，意料不到的事态使情节急转直下，向悲剧发展，而叙述仍保持冷静、客观。其次，莫泊桑对题材的选择非常严格。《羊脂球》独具慧眼，选取了一个出身于社会底层、受人歧视的妓女作为正面人物来描绘，已是与众不同，而他还将这个妓女同形形色色、道貌岸然的资产阶级人物作对比，后者为了自身利益，不但连普通的爱国心都没有，甚至在人格和礼仪上也相形见绌。这样的描写可谓别出心裁。最后，莫泊桑是一位语言大师。他的短篇写得简洁、紧凑、准确、毫无废话,浓缩到最高度,这些技巧没有谁能运用得比他更娴熟。《项链》在这方面很有代表性。莫泊桑还大大发展了第一人称的叙述方法,他的短篇有一半是用第一人称来写的。在景物描写方面,莫泊桑把语言的魅力也发挥到极致。

在19世纪法国现实主义创作领域中,司汤达是有着标志性作用的一位作家,他的长篇小说《红与黑》是法国现实主义文学的奠基作。

司汤达(1783—1842),原名亨利·贝尔。1783年1月23日出生于法国格勒诺布尔城一个中等资产阶级家庭。他童年时代是在法国大革命的火热岁月中度过的。青年时代他曾随拿破仑大军出征意大利,以后还随拿破仑转战欧洲大陆,先后担任过皇家领地总管、军委会委员、巴黎法制局审计官等职,深得拿破仑赏识。1812年,他随拿破仑进攻俄国,目睹了莫斯科大火和"帝国大军"的溃退。1814年,拿破仑垮台,波旁王朝复辟,司汤达被"扫地出门",他说:"我和拿破仑一块垮台了。"此后,他侨居意大利七年,其中大部分时间在米兰。在意大利,司汤达直接参加了意大利的浪漫主义文学运动,并支持意大利烧炭党反抗奥地利压迫者的斗争,1821年,烧炭党人起义失败,司汤达被奥地利警察当做"极端危险"的人驱逐出境。1830年七月革命的胜利并没有改变他的地位,迫于生计他担任了驻教皇辖区一个海滨小城奇维塔维基亚的法国领事,实际上却是被软禁于此。1841年11月,司汤达请假回巴黎治病,1842年3月23日因中风死在街头。人们遵照他的遗嘱,在他的墓碑上用拉丁文刻下了他生前拟定的碑文:"亨利·贝尔,米兰人,写作过,恋爱过,生活过。"为他送葬的只有他的妹妹、堂兄和作家梅里美三人。

代表作《红与黑》写于1828—1829年,1830年七月革命以后出版。小说的故事发生在复辟时期。小说以于连的遭遇为线索,以维立叶尔市、贝尚松神学院和巴黎木尔侯爵府为活动舞台,形象地展现了法国波旁王朝复辟时期广阔的社会生活和错综复杂的阶级矛盾,深刻地揭露和批判了封建贵族、教会的罪恶与黑暗,也辛辣地嘲讽了资产阶级唯利是图的本质,表现出强烈的反封建反教会的政治倾向。

小说原名《于连》,1830年出版时改为富有象征意义的《红与黑》,并加了副标题"1830年纪事"。这表明作者通过描写当代法国两种对立力量的斗争,反映社会现实,批判复辟王朝的创作意图。作者后来也特意说明作品要描写的是复辟王朝时期的"社会风气"。因此,《红与黑》首先是一部政治小说。这是作者的创作意图所决定的。

小说成功地塑造了平民青年于连的形象。于连是法国复辟王朝时期小资产阶级个人奋斗者的典型，他志向远大，聪明能干，意志刚强，敏感高傲，有发财致富、向上爬的野心。他性格的主要特征是以个人名利为前提，满怀为出人头地敢于冒险的英雄主义热情和虚荣心，表现在行动上就是他对现实社会的反抗和妥协，这反映了小资产阶级的两重性，也因此注定了于连的悲剧结局。

作者通过于连的悲剧，反映了复辟时期尖锐复杂的阶级矛盾和对波旁王朝的严重不满，深刻地揭露了封建等级制度的罪恶，对摧残青年的教会、贵族和大资产阶级提出了强烈抗议，也否定了用个人主义反抗不合理社会这条道路。

《红与黑》摆脱了18世纪以来流浪汉小说的传统，把人物性格作为情节故事的基础，并且自觉地把人物置于具有典型意义的环境中，运用出色的心理描写来刻画人物性格，它是欧洲现实主义长篇小说成熟的标志。

在艺术上，首先，司汤达在这部小说中善于从现实生活中选取典型材料，通过描写典型环境中的典型性格来反映时代的特质。小说中，与于连成长的三个阶段紧密配合的是三个具有典型意义的环境：唯利是图的小城维立叶尔市、阴森可怖的贝尚松神学院和政治斗争激烈的巴黎，为人物性格的塑造提供了合理的依据和适当的背景。同时，这三个环境由下而上，由外省到巴黎，构成了复辟时期法国社会的全貌。其次，司汤达自称"人类心灵的观察家"，他善于把握和分析人物心理。在《红与黑》中，几乎所有的人物都被他分析过，把人物在各种环境下的精神活动和情感变化的特征细腻地表现出来，尤其是写于连对不同环境的感受，关键时刻的内心斗争，爱与恨、勇敢与怯懦、骄傲与自卑、狂热与颓废、欢乐与痛苦等心理活动，都十分真实具体。此外，《红与黑》情节紧张，结构严谨，作品以于连的个人奋斗史为"经"，以他和德·瑞那夫人、玛特尔小姐的恋爱生活为"纬"，经纬交织，条理明晰，在情节上没有枝蔓的干扰，三个典型环境的转换衔接自然流畅，出场的人物都与主人公有关。人物、情节和环境都显得严整清晰，井然有序，形成一个有机的艺术整体。

（二）英国现实主义文学

英国是欧洲资本主义发展最早最快的国家，因而，英国的现实主义文学较多地表现了劳资矛盾以及"小人物"的悲惨命运和苦难生活，人道主义和改良主义色彩特别浓。另外，英国在这一时期，女性文学异军突起，出现了玛丽·雪莉、苏珊·弗里娅、乔治·艾略特和勃郎特姐妹等一大批富有"献身于艺术的严肃性和冲向理想彼岸的使徒精神"的女作家，在创作中表现了鲜明的女性意识。

维多利亚时代前期的著名作家有狄更斯、萨克雷、盖斯凯尔夫人和勃郎特姐妹等,他们被马克思称为"现代英国的一批杰出的小说家"。狄更斯是维多利亚时代前期最杰出的现实主义作家。

萨克雷(1811—1863)是维多利亚时代"一位犀利而无情的讽刺家"。他继承了斯威夫特、菲尔丁的现实主义讽刺传统,无情地撕毁了上流社会伪善的面纱。《名利场》是他的代表作。小说成功地塑造了蓓基·夏泼这个资产阶级社会中个人奋斗的"英雄"形象。作为穷画师和流浪舞女的女儿,蓓基不能像别人那样拥有可观的财富,她只有漂亮的脸蛋和能言善辩的口才,而当时的社会又是一个处处充满虚伪、欺骗和势利的"骗子社会"。为着生存和往上爬,她不得不顺应潮流,以骗对骗,并甘心情愿地出卖色相和背叛丈夫,从而成为一个丧失良心、荣誉、品格,虚荣心重而又自私自利的女冒险家。小说既描绘了蓓基的经历和各种追名逐利之徒的丑恶表演,又深刻地揭示了社会环境的制约作用及其唯利是图、腐化堕落的本质。

夏绿蒂·勃郎特(1816—1855)是英国19世纪著名的现实主义女作家,其长篇小说《简·爱》是英国文学史乃至世界文学史上的经典作品。小说成功地塑造了简·爱这一新的女性形象。

简·爱是一个不幸的女子,她幼年时即父母双亡,寄住在舅母里德太太家,饱受虐待和歧视。抑郁自卑和自尊自爱的矛盾一直伴随着她噩梦般的童年。但辱骂和殴打不但没有泯灭简·爱的斗志,反而让她彻底觉醒了:不能因为自己没有钱又不漂亮就应该忍受一切不公平的待遇。终于,里德太太意识到自己很难制服这个倔强的孤女,于是便狠心地把她送往劳渥德孤儿院。八年的孤儿院生涯使简·爱的个性日渐成熟完善。她明白社会是不公平的,受欺侮的人也不只她一个,所以,要生存就首先要抗争;虽然自己没有钱也不美,可只要有知识和美德,靠自己的人格力量就能够最终实现自己的愿望,证实自己的价值。离开孤儿院后,简·爱到桑菲尔德庄园做了一名家庭教师,从此,揭开了她人生历程中新的一页。简·爱那种不容动摇的自尊自爱和意志自由的性格,越来越引起庄园主人罗彻斯特的关注,他为简·爱的不卑不亢又善解人意所打动,深深地爱上了这个与他身边那些女性大不一样的女子,简·爱也为罗彻斯特的高贵、坚定和善良所打动,他们彼此相爱了。但是,这个冲破了等级观念的爱情,却经历了艰难曲折的历程,有情人才终成眷属。首先横亘在这一对恋人中间的鸿沟是经济地位的差异,贵族小姐英格拉姆的出现,深深地刺痛了简·爱的心。为了维护自己的人格尊严,简·爱决定扼杀自己的爱情。一场风波之后，两颗心靠得更近了。可是，就在他们举行婚礼的时候，却爆出惊人的消息——罗彻斯特的结发妻子依然还在，他无权再婚。这无异于晴天霹雳，简·爱再一次陷入绝境。尽管她事后得知罗彻斯特的这位妻子是个疯女人，而且是家里逼着他迎娶的，但自尊自爱的简·爱感到，她不能不明不白地留在桑菲尔德庄园。在经过了激烈的思想斗争后，她毅然离开了罗彻斯特。然而，真爱是无法抗拒的，经历了反反复复的内心挣扎后，简·爱重新回到了桑菲尔德庄园。而此时，一切都在这一年中变了样，昔日那豪华的府邸和疯女人一道化为了灰烬，罗彻斯特也在那场大火中失明断臂，一无所有了。已经获得一笔意外财产的简·爱，此时毫不犹豫地向罗彻斯特表达了内心最真挚的情感，两颗历经凄苦的心终于幸福地结合在了一起。

爱米莉·勃郎特（1818—1848）是夏绿蒂的妹妹，终身未婚。患肺病而拒绝治疗，30岁即离开人世。她苍白清瘦，美丽的褐色眼睛里透出男子汉般坚强的意志。《呼啸山庄》（1847）是她唯一的长篇小说。较之同时代的作品，该小说显示了卓尔不群的特点，因而被评论家惊奇地称为"一代奇书"和文学史上的"斯芬克斯之谜"。小说叙述了发生在呼啸山庄中三代人的爱与恨的故事，通过爱情与复仇的描写，客观上揭示了阶级之间的对立，反映了下层人民的不幸遭遇与反抗压迫的斗争。该小说有三点是很突出的。第一是打破了流行的"奋斗—成功"的情节模式，代之以"复仇—毁灭"的情节，这是对维多利亚时代价值观念的否定。第二是打破了流行的"绅士淑女"型的人物模式，代之以狂野不羁的新人物。男主人公希刺克利夫虽然外表上不失绅士风度，但内心却隐藏着"雷电和火"般的激情和"既无礼貌也无教养的野蛮人"心理。他能把两个家族引向毁灭；为了爱情，他也敢打开死人的坟墓而去拥抱情人的尸体。在他身上，专注的爱与专注的恨是交织在一起的，因此其感情的强烈程度是一般人难以想象和承受的。女主人公凯瑟琳也是与希刺克利夫有"同样的灵魂"、同样的"深切的心"的人，她不是冷淡如"月光和霜"的普通男人所能适应的，因此，选上爱德卡是她的过错，而苦苦地爱恋希刺克利夫则是她的必然。他们这种恋爱方式和生生死死的恋情，与维多利亚价值标准是格格不入的。第三，该小说打破了流行的从容体面的风格，代之以狂热恐怖的哥特式风格，荒原、黑暗、尖叫、尸体，加上疯狂的感情、令人震惊的雷电和幽灵般的身影，使整部小说充满了阴森恐怖的气氛。

盖斯凯尔夫人（1810—1865）是欧洲文学史上最早反映劳资矛盾的作家。她出生于牧师家庭，成年后与曼彻斯特神学会一个牧师结婚，并协助丈夫做慈善工作，因而了解贫苦工人的生活，熟悉下层社会的情绪。她创作了六部长篇小说，其中以《玛丽·巴顿》（1848）最为有名。小说描写了19世纪40年代曼彻斯特工人的悲惨遭遇和斗争生活，反映了宪章运动中的劳资矛盾。主人公约翰原是一个老实厚道的工人，由于贫苦领导了工人的罢工。失败之后，他杀死了厂主的儿子，只好去自首，得到了老板的宽恕。小说既反映了尖锐的劳资矛盾，也体现了作者对阶级调和与道德改良的希望，以及对维多利亚时代社会秩序与道德秩序的信心。

简·奥斯汀（1775—1817）是维多利亚时期著名的女作家，她终身独居，献身于文学事业。奥斯汀善于从平淡无奇的生活琐事和世态人情中发掘出严肃的道德主题，以淡淡的笔调叙述贵族子弟的爱情婚姻生活。由于她缜密的观察力、细腻的感受力和幽默从容的叙述风格，使笔下的平凡世界具有了永久的艺术魅力。她共创作了六部长篇小说：《理智与情感》（1811）、《傲慢与偏见》（1813）、《曼斯菲尔德庄园》（1914）、《爱玛》（1815）、《诺桑觉寺》（1818）、《劝寻》（1818）等。她的创作受18世纪理查逊《帕美拉》的影响较深，热衷于写"理智与情感"相统一的"家里的天使"型贵族女性。在她看来，社会等级是重要的，有贫富之分也是很自然的，结婚是女人的本分，只要以爱情做前提和以一定的经济做后盾就行。她反反复复地向读者描述她的这种理想婚姻模式。其中，《爱玛》是作者给天下所有钟情男女的一个忠告，即在本阶层范围内寻找最好的终身伴侣；而《傲慢与偏见》也只不过是借四对男女青年的言行，探索怎样的婚姻更理想、怎样的家庭更加幸福罢了。奥斯汀嘲讽了封建门第观念，把爱情提到了妇女精神生活的首位，从而向社会打开了妇女精神生活的一扇窗口。

（三）德国的现实主义文学

德国是西欧资本主义发展较晚的国家。德国早期现实主义文学以批判封建君主专制和诸侯割据为主，同时也批判自由资本主义时期社会的弊病。普法战争结束后，德国实现统一，资本主义发展迅速，现实主义才得以走向繁荣。

格奥尔格·毕希纳（1813—1837）是德国早期现实主义文学的重要作家，他的创作以戏剧为主，代表作《丹东之死》以法国大革命期间雅各宾党人和吉伦特党人之间的争斗为背景，写丹东反雅各宾党人，用激进民主主义的专政方法进行资产阶级革命的故事。全剧充满了深沉的悲观情绪，对主人公丹东异常不安的精神状态表现得十分细致。毕希纳被认为是20世纪表现主义戏剧的先驱。

海涅（1797—1856）是19世纪上半叶德国文学从浪漫主义转向现实主义时期的重要诗人，他既是浪漫主义的"幻想之王"，又是结束德国浪漫主义、开创德国新诗派的"第一只夜莺"，因此在德国文学史上占有独特的地位。他的作品从人民民主立场出发，辛辣地讽刺与批判了德国腐朽的封建制度。海涅出生于莱茵河畔杜塞尔多夫城一个犹太商人之家。拿破仑军队占领期间（1795—1813）实行社会改革，给当地人民及犹太人带来自由、平等的思想。拿破仑失败后，再次沦为普鲁士统治，人民又陷入痛苦的深渊。现实生活使少年时代的海涅深感自由的珍贵，他向往法国的自由精神，从1819年起，先后在波恩、柏林、哥廷根等地攻读法律，并获博士学位。1830年法国发生七月革命，海涅深受鼓舞，他不堪忍受封建德国的反动统治，迁居巴黎。在巴黎，他与巴尔扎克、乔治·桑、大仲马、肖邦以及其他空想社会主义者都有过接触，特别是40年代与马克思建立了友谊，在马克思的鼓励和关切下，他写出了许多战斗的诗篇。1848年，海涅全身瘫痪，卧病八年，仍以顽强的毅力，口授创作，完成了《故事诗集》和《1853—1854的诗》两部诗集及其他遗作。1856年逝世于巴黎。

海涅的早期作品汇编为《歌集》（1827）和散文《旅行札记》（1826—1830）。有许多抒情诗留下了早期浪漫主义的痕迹。正如诗人自己所说："我曾在浪漫派之中度过我的最愉快的青年时代，最后却把我的教师痛打了一顿。"《歌集》中的基本主题是歌咏自然与爱情。《北海集》中的《宣告》、《海的幻影》、《向海致敬》、《问题》等诗，融合朴素的民歌风格，虽然流露出被不合理制度压抑的忧伤情调，却洋溢着诗人对生活的挚爱。20年代海涅即已意识到"德意志的文艺女神应该是一个自由的、焕发的、不矫揉造作的、真正德国的文艺女孩子，而不应该是苍白的尼姑和炫耀门阀的骑士小姐"。《歌集》感情真实，意境清新，深受读者欢迎。在诗人生前重版13次。许多诗篇如《你像一朵鲜花》、《驾着歌声的羽翼》、《我在梦中哭泣》、《优美的铃声阵阵》、《为什么玫瑰这样苍白》、《北方的山冈上站着一株苍松》和《罗累莱》等经门德尔松、柴可夫斯基、舒曼等音乐家谱曲，流传很广。

海涅流寓巴黎，亲眼看到法国大资产阶级篡夺了法国七月革命的胜利成果，人民生活并未得到改善。为了沟通德法两国人民之间的精神文化交流，海涅在此期间为德国报刊撰写了一些法国通讯报道，后辑为《法兰西现状》（1832）。海涅亦为法国报刊撰写评价德国文史哲和宗教的论文，其中最重要的是《论浪漫派》（1833）和《论德国宗教和哲学的历史》（1834）。

《论浪漫派》内容广泛，不仅论及浪漫派，也涉及德国文学的许多问题。在《论宗教和哲学的历史》中，对德国精神生活中所发生的事件进行了评论，深刻分析了德国古典哲学的进步意义。海涅在政治诗集《时代的诗》中直接反映了他与马克思的结识和对西里西亚纺织工人的关注。其中《西里西亚纺织工人》一诗洋溢着革命的激情，是对西里西亚纺织工人起义运动的积极响应。海涅在世界诗歌史上第一个形象地指出了工人阶级是资产阶级旧秩序的掘墓人。

海涅流亡13年后，1843年10月到12月和1844年7月至10月，曾两次从巴黎返回祖国，《德国，一个冬天的童话》（1844）这部"诗体旅行札记"，写的是他第一次回汉堡探望病中的母亲时，沿途的所见、所闻、所感、所思。在诗人看来，德国的社会早就成为历史的过去，显得荒唐可笑，不合时宜，仿佛是童话里的东西。"冬天"的冷色象征着严寒、昏暗、停滞、死气沉沉的德国现实。全诗27章，诗人自己是长诗的抒情主人公。这是一个既有革命鼓动家的热情，又有深邃沉思、对祖国的怀念和淡淡的哀愁的人物，他的心中既有炽热的爱，也有强烈的恨。整部长诗是一支感情激荡的交响曲，乐曲的主旋律是诗人对祖国的爱和理想的向往和追求。与长诗丰富的内容相适应，诗人采用了梦境、幻想与现实相互交织的表现手法，由此构成了长诗独特的艺术风格。

第二节 巴尔扎克

奥诺雷·德·巴尔扎克（1799—1850）是法国19世纪最重要的作家，他的《人间喜剧》是人类文化宝库中的瑰宝。

一、生平与创作

1799年5月20日，巴尔扎克诞生在法国图尔市一个中等资产阶级家庭。他的父亲出身于农民家庭，靠个人奋斗在大革命中发迹，相继担任拿破仑手下的军需处长、税务官、医院主管、副区长。母亲出身于巴黎富裕的资产阶级家庭。巴尔扎克从小进寄宿学校和教会学校，过着极其严格的幽禁生活，很少与家人见面。但是，他就像"鹅群中孵化的一只鹰蛋"，拿破仑时代的风气孕育着他。1814年，巴尔扎克随全家迁往巴黎，他仍然进寄宿学校读书，1816年9月中学毕业。长期离开亲人的生活，培养了他独立思考和工作的习惯。

中学毕业后，巴尔扎克按照父亲的意愿进大学学习法律。但他的兴趣并不在法律上，常常偷偷跑去听哲学课、文学课，想成为一个哲学家。这个阶段的学习，为巴尔扎克提供了知识上和思想上很好的积累。18岁以后，他一边上学，一边在律师事务所任文书。在事务所，他看到了许多家庭悲剧和"不受惩罚的罪行"，这些成为他以后创作的素材，在形形色色的案件中，巴尔扎克对现实生活有了新的认识，也使他洞察到王朝复辟时期社会中许多丑恶的内幕。

1818年至1928年是巴尔扎克创作的摸索阶段。1819年，巴尔扎克向父母声明不做律师要从事文学创作，家里只答应供应他两年的生活费用，如在此期间创作无所成就，依然遵从父母之命。但巴尔扎克却用了十年时间才越过了他创作的准备阶段。他开始创作的第一部浪漫主义五幕诗体悲剧《克伦威尔》(1820)没有取得成功。为了谋生，与别人合作写了许多情节离奇的神怪小说。为了摆脱经济困境，1825—1827年从事出版印刷事业，皆以破产而告终，最后负债达6万法郎之多，拖累终生。十年中，巴尔扎克不断追求和探索，对哲学、经济学、历史、自然科学、神学等领域都有所涉猎，基本形成了自己的世界观。1828年夏季开始，巴尔扎克决定重新回到创作事业上来，从此充满信心，全身心地投入文学创作。他在书房里放着一尊拿破仑的雕像，并在上面书写着："吾皇用宝剑未能征服者，吾将用笔征服之。"

1829到1835年是巴尔扎克《人间喜剧》创作的第一阶段。1829年，《朱安党人》的发表揭开了《人间喜剧》创作的序幕。这部作品奠定了他在文学界的地位，从此他开始出现于巴黎高层文化沙龙，相继结识雨果、梅里美、大仲马、贝朗瑞、缪塞、乔治·桑等作家，以及画家德拉克洛瓦和音乐家罗西尼等知名人士。同年他发表了小说《婚姻生理学》，在读者中引起强烈反响。1831年出版《驴皮记》后，巴尔扎克已经成为法国最负盛名的作家之一。1830年，短篇小说《高布赛克》发表，作品成功地描写了一个吝啬鬼的典型形象。作品主人公高布赛克是复辟时期资产者实际上取代贵族的象征。他像巨蟒一样贪得无厌，对每笔交易都锱铢必较，宁可让贮存物在讨价还价中腐烂发臭，也不肯做出小小的让步，资产者的贪婪、吝啬，在他的身上展示得淋漓尽致。中篇小说《苏城舞会》(1830)写的是贵族阶级的衰落和封建门阀观念的破灭。《家族仇恨》(1830)从科西嘉人盛行的仇杀风俗着手，说明封建陋习是可以战胜的，而金钱却具有更大的力量，能置人于死地。中篇小说《夏倍上校》(1832)无情地揭露了金钱的罪恶：为了金钱和地位，妻子居然不认自己的丈夫，甚至设计去欺骗他。

这个时期最优秀的作品是《欧也妮·葛朗台》(1833)和《高老头》

(1835),这两部作品的问世,标志着巴尔扎克的创作达到了成熟阶段。《欧也妮·葛朗台》是巴尔扎克"最完美的绘写之一"。小说最大的成就是塑造了一个吝啬鬼典型。作品的主人公葛朗台老头,原是一个箍桶匠,共和时期娶了木材商的女儿,获得了一笔丰厚的嫁妆,便用现款和女人的陪嫁廉价购置了教会的产业,从种植葡萄,酿造甜酒,到商品投机,经营地产,高利借贷,证券交易,甚至将手延伸到巴黎。葛朗台老头的家产引来人们对他的独生女儿欧也妮婚事的极大关注。两家头面人物为争夺这门亲事钩心斗角,葛朗台即以此为诱饵,坐收渔翁之利。可是不幸的是他的弟弟在巴黎破产自杀,侄子查理前来投靠,在葛朗台家里激起了一场情感风波。纯真的欧也妮不计较堂兄的贫穷,私自与其订下终身。为协助查理远渡重洋,复兴家业,欧也妮把她所有的积蓄都馈赠给了他。少女多情,忘记了父亲的"家规",打破了父亲的如意算盘。一气之下,葛朗台粗暴地将女儿幽禁,吓得妻子一蹶不振,一命呜呼。当得知妻子的死讯,葛朗台老头并不为此而感到多么的悲伤,让他特别难过的却是欧也妮有权分享母亲遗产的事。此时,葛朗台老头立刻主动与女儿和好;妻子尸骨未寒,他迫不及待地央求女儿放弃遗产继承登记,女儿应允,他欢喜若狂。巴尔扎克惟妙惟肖地在葛朗台对待妻女态度的几次变化中勾画出这个守财奴丑恶的面貌。小说对资本主义社会中那种灭绝人性,以金钱为道德准则的现象表示了深沉的愤怒。

巴尔扎克不仅描写现实生活,而且力图探索其中的动因,由此写出一批哲理小说。如《长寿药水》(1830)、《不为人知的杰作》(1831)、《驴皮记》(1831)、《绝望的探求》(1834)、《高利贷者》、《沙漠里的爱情》、《家族复仇》等。巴尔扎克逐渐以"场景"和"研究"为题名,将自己的作品结集出版,力图从社会的各个方面分门别类去描绘现实,写出"一个完整的社会"。他可能在1833年创作《乡村医生》时第一次有了这个想法。1834年,巴尔扎克第一次透露了要建造一座文学大厦的消息。同年,他在给韩斯卡夫人的信中,指出"这部巨大作品""是一座丰碑"。他把这套巨著分为三个部分:《风俗研究》、《哲理研究》和《分析研究》。《风俗研究》着力于"反映一切社会现象",使"人类心灵的历史将纤毫毕现,社会史的各个部分都得到描绘"。《哲理研究》则是对现象之后的原因的探究,"我要说出情感为什么会这样,生活依存于什么之上"。《分析研究》则探讨"原则"。这三大部分正是《人间喜剧》的基本结构,当时巴尔扎克已完成三十多部作品,约占整部《人间喜剧》的三分之一多。

1835—1842年是巴尔扎克《人间喜剧》创作的第二阶段，也是《人间喜剧》的正式命名阶段，至此，巴尔扎克已完成七十多部作品，《人间喜剧》的框架已基本构成。在这一阶段中，巴尔扎克创作出了许多重要的作品：《古物陈列室》（1836—1838）展现的是1822年发生在外省一座小城里贵族和资产阶级对抗的故事。爱斯格里昂侯爵蔑视以买卖军火起家的古瓦西埃，拒绝了后者向他妹妹的求婚，侯爵的固执赢得了贵族的敬重，但在市民与过往行人中，侯爵那幢古色古香的公馆却冷落得像是陈列古物的"玻璃笼罩"。作品通过父子两代人的经历，揭示了复辟时期贵族和资产阶级之间没有硝烟的战争以及资产阶级取代贵族的历史变化。《纽沁根银行》显示了作者对历史的预见性，对了解金融资本形成的历史，是一份珍贵的"记录"。作品中塑造了一个更具有现代意识的资产者纽沁根的形象，他通过三次假破产、假清理，掠夺了千家万户的财产。长篇小说《公务员》（1838）是一幕"官场现形记"，写出了复辟时期官僚机构的黑幕。《搅水女人》（1841）中围绕一笔遗产展开了残酷的争斗，混世魔王似的恶棍菲利普背弃了他的密谋伙伴，气死了他的舅外婆，杀死另一个恶棍，不管母亲与弟弟，独占了舅舅的财产。

这一阶段最重要的作品是《幻灭》（1837—1843）。作品讲述了两个年轻人不同的幻梦和追求以及他们的结局，从而展现了新闻界和文坛的种种黑幕。主人公大卫是一个心地善良、才识兼备的青年。可是，这个勤奋的青年在奋斗的过程中却遇上了种种苦难。从巴黎到外省，从家庭亲友到作坊工贼，防不胜防，无法摆脱无休止的纠缠，不能专心于造福于人类的事业。通过这个人物，作者唱出了一曲高尚理想惨遭幻灭的悲歌。作品的另一个人物是年轻的野心家吕西安，他不讲道德，寡廉鲜耻，却如鱼得水，通过这个人物，作者展现出巴黎报界、出版界和剧院的种种现象，新闻界成了"贩卖思想的妓院"，"低级的文艺好比在街上挨冻的神女，第二流的文艺是受人豢养的情妇"，这里有"涂脂抹粉的龙套"，也有"鸣乐鼓掌的杂工"。作者在此试图揭示控制这种现象并使其运转的"杠杆"、"链条"、"操纵盘"。作品对资本主义自由竞争惊心动魄的一幕，作了极为生动的描绘。

1839年，巴尔扎克在给出版商埃泽尔的信中，第一次明确提到了《人间喜剧》这个总标题，他应约写出的《人间喜剧·前言》是19世纪现实主义的一篇重要文献，阐述了巴尔扎克的文学主张，也是对他的创作的一个总结。

1842—1848年是《人间喜剧》创作的第三阶段。巴尔扎克在1842年明确确定了《人间喜剧》的总体规划，在他人生的最后几年内，完成了《贝姨》、

《邦斯舅舅》、《交际花盛衰记》、《农民》（未完稿），更进一步充实了他宏伟的文学大厦内容。《交际花盛衰记》既展现了上层社会灯红酒绿、纸醉金迷的糜烂生活，又细致描绘了下层社会和监狱的情景。《贝姨》写出了七月王朝时期资产阶级的荒淫无度、道德堕落。《邦斯舅舅》描写了两个音乐家的悲惨遭遇。《农民》再现了复辟时期农村激烈的阶级斗争，反映了资产者怎样在农村取代贵族的过程，展现了当时农村的历史发展面貌。

巴尔扎克的一生都在勤奋写作中度过，经常一天工作18小时，常年沉浸在构思、想象、布局和创作之中。咖啡壶成了他终身的伴侣，一杯咖啡下肚，"一切都骚动起来了，思想如同布阵在战场的大军……记忆展开的战旗冲举起来"。《贝姨》中的一段话恰切不过地反映了他的生活："劳心的工作，在智慧的领域内追奔逐鹿，是人类最大努力之一……艺术家不能因创作生活的磨难而灰心，还得把这些磨难制成生动的杰作……工作是一场累人的战斗，使精壮结实的身体一则以喜一则以惧，往往为之筋疲力尽……如果艺术家不是没头没脑的埋在工作里，像罗马传说中的居尔丢斯冲入火山的裂口，像士兵不假思索的冲入堡垒；如果艺术家在火山口内不像地层崩陷而被埋的矿工一般工作……那么，作品就无法完成……艺术家唯有眼看自己的天才夭折。"尽管巴尔扎克一生勤奋创作，却始终没有摆脱债务的苦恼和个人生活上的困境，直到1850年3月4日，他才与韩斯卡在乌克兰举行婚礼，也是到了这个时候，他才还清了债务。可是，不幸的是，两个多月后，即同年5月20日，他即身患重病。回到巴黎，在病危时刻，巴尔扎克仍然神游于《人间喜剧》的创作之中，他苦苦哀求医生设法延长寿命，就是几天也行，好让他再写出一部作品。然而，巴尔扎克长期的艰苦创作已耗尽了他的体能，尽管医生尽了最大的努力，也未能挽回他的生命。1850年8月18日夜晚11时半，伟大的作家停止了呼吸。三天后，巴尔扎克的遗体安葬于拉雪兹神甫公墓，巴黎成千上万的市民参加了葬礼。著名作家雨果作为法兰西民族的代表，在墓前发表了情深意切的追悼词："在最优秀的人物中间，巴尔扎克是最高的一个"，"他的一生是短促的，然而也是饱满的，作品比岁月还多"。"从今以后，他的声名将在他的作品的顶尖熠熠发光，他和祖国的星星在一起，熠耀在我们上空的云层上之。"

二、《人间喜剧》

巴尔扎克创作《人间喜剧》，有意识地要将各自独立的多部作品中所呈现的图形图景，互相关联、渗透，融为一个整体结构，以反映生活的丰富复杂。

这一构想是他在创作过程中逐步形成的。1830年出版的中、短篇小说集，他命名为《私人生活场景》，以后出版了《巴黎生活场景》和《外省生活场景》。1834年他汇编了已发表的作品，总称为《19世纪风俗研究》，接着又出版《哲学研究》(1835)，并授意腓力克思·达文(1807—1836)先后撰写了两篇序言，透露其宏伟的创作意图。事实上这就是《人间喜剧》的雏形。1842年巴尔扎克将1829年以来创作的小说汇集出版时，正式题名为《人间喜剧》，并亲自写了序言，阐明其创作宗旨和规划。1843年，巴尔扎克拟定了一份《人间喜剧总目》，原计划写一百四十余篇小说，但生前只完成96部作品。

（一）思想内容

在《人间喜剧》中巴尔扎克有意识地运用鸿篇巨制，以便提供"一部法国社会，特别是巴黎上流社会的卓越的现实主义历史"，他以"社会风俗史家自居"，提出要当法国社会的"书记"，"完成一部描写19世纪法国的作品"，他的作品是一部"包罗万象的社会史"。因此，《人间喜剧》蕴涵了极其丰富的内容。

第一，《人间喜剧》反映了资产阶级取代贵族阶级的罪恶发家史。《钮沁根银行》、《高老头》中，对银行家钮沁根、外省青年拉斯蒂捏、高布赛克等形象的塑造，生动地反映出资产阶级发家过程的血腥历史。钮沁根1804年开始证券交易时默默无闻。1815年拿破仑垮台后，他名声大噪，到王朝复辟后期，已是"欧洲最伟大的金融家"。七月革命后，他拥有1 600万到1 800万法郎的资产，被晋封为法兰西贵族议员，获得荣誉团大勋章。"1815年的和平时期开始，钮沁根就明白我们迟至今日才明白的事情：金钱只有到了其多无比的程度才具有强大的力量……他知道用1 000万就能挣到3 000万。"正常的货币流通增值不能满足他的欲望，他就制造假象，散布谣言，布置陷阱，前后三次利用法律保护搞假倒闭，停止支付。然后又突然宣布开业，使下落的股票回升，翻云覆雨，从中牟利。为了金钱，他可以置任何道德荣誉于不顾。拉斯蒂涅给他戴上了绿帽子，他可以置若罔闻，因为他得意于他的票据"闻名欧洲"，他有"将议员出卖给政府"的神通。在钮沁根身上预示着自由资本主义逐渐向垄断资本主义过渡的阶级特征，他是继高布赛克、葛朗台之后更唯利是图的新型资产者。

第二，巴尔扎克用编年史的方式，几乎把上升的资产阶级在1816年至1848年这一时期对贵族社会日甚一日的冲击描写出来，展现了贵族阶级的没落衰亡史。巴尔扎克是在拿破仑军事征程的时代成长起来的，在法国历史发展出现反复的复辟王朝时期积累生活和写作经验，在金融家、银行家建立起自己稳固统治的七月王朝时期写作他的《人间喜剧》的，所以他的作品更集中地描写了1815—1930年王朝复辟时期复杂的矛盾与斗争。巴尔扎克以19世纪作家们望尘莫及的洞察力，从经济关系来认识了这一时期社会生活的本质。在《人间喜剧》中，我们看到那些贵族人物漂浮在生活的表层，熙熙攘攘，在豪华的沙龙高谈阔论，气派十足；而那些掌握着社会经济命脉的资产者暴发户，却像一条条巨蟒，默默地吞噬着社会财富。《高老头》（1834）中的鲍赛昂夫人是巴黎上流社会显赫的皇后，可她的情夫阿罝达侯爵却因贪图20万法郎利息的陪嫁，娶了暴发户洛希斐特家的小姐，鲍赛昂夫人无地自容，离开巴黎。《被遗弃的女人》中继续讲述了她的故事。离开巴黎后，她住在诺曼底，年轻的男爵卡斯顿仰慕其威名和姿色，又闯入她退隐乡村恬淡安逸的生活。他们在一起愉快地度过了九年，最后卡斯顿男爵经受不住四万法郎年租的引诱，终于和罗蒂埃尔小姐成了亲，鲍赛昂夫人再度惨遭遗弃。资产阶级妇女以其资产击败有头衔的贵族妇女，取代了她们在上流社会的地位。《古物陈列室》展现的是1822年外省一座小城两个阶级的"对抗"。贵族阶级与资产阶级的矛盾激化起于爱斯格里昂侯爵的儿子维克杜尼恩前往巴黎开拓前程。这位18岁的贵族少爷经不住巴黎社交界的引诱，所带钱财在情妇身上很快全部花光，从借债度日到伪造票据。以古瓦西埃为首的资产阶级立即将他投进监狱，使侯爵家族狼狈不堪，围绕这宗案件的审理，贵族一方不得不动用国库十万法郎挽回败局，最终还是接受了古瓦西埃的和解条件，才保住家族荣誉。这不仅是一场经济上的较量，古瓦西埃所提的和解条件，除了四万法郎的押金外，其他三条皆具有明显的政治色彩：保证他在大选中获得贵族掌握的全部选票；在爱斯格里昂的沙龙将他奉为上宾；伯爵维克杜尼恩娶古瓦西埃的侄女为妻。作为贵族的后代们，在此已经腐化、堕落，最后俯首帖耳听命于资产阶级。巴尔扎克在这些小说中清醒地描述了贵族阶级必然衰亡的历史命运。贵族世家尽管"高雅"，但已经成为"古董"，只剩下"陈列"的价值。

　　第三，对金钱这一主题的描写，是《人间喜剧》尤为突出的部分。在《人间喜剧》中，我们几乎到处都遇见金钱这个"人间上帝"。它无处不在地牵动着每个人的神经，调度每个角色的行动。巴尔扎克了解金钱是现代生活的命脉。"金钱是他一生的逼害者，专制暴君。""巴尔扎克的生活大都是朝不保夕，充满着惊涛骇浪。"从1827—1836年，他只能靠签署债券来维持生活，这些债券由高利贷者折扣兑现，到期还需央求他们大费周折地给他换券。巴尔扎克不得不时时玩花枪，哄着这些高利贷者，央求他们，讨他们的欢心。"对金钱的魅力、威力和罪恶，巴尔扎克比同时代的作家有更深刻的体会，有更丰富的素材。泰纳赞赏巴尔扎克深刻揭露了隐藏在金银珠宝底下的罪恶，他把《人间喜剧》视为一部"金钱与买卖的史诗"。在巴尔扎克笔下，几乎没有诗意的爱情、美满幸福的婚姻、欢乐和睦的家庭，一切灵魂都被金钱所扭曲，所毒化。《高布赛克》写到做母亲的为了剥夺女儿的财产，烧毁丈夫的遗嘱。《夏倍上校》里的同名主人公，被误传在战争中阵亡。他的妻子罗西纳立即吞没了他的"遗产"，改嫁给一个伯爵。上校回到巴黎，被人嘲笑是个冒名的骗子。夏倍正式通过法律程序，终于取得确认其真实身份的文书。罗西纳原是王宫市场的妓女，为鲸吞上校的遗产，保住伯爵夫人的身份，依然要求上校签字画押承认是盗名欺世的"小丑"。夏倍愤然离去时说："太太，我诅咒你，只是瞧不起你。谢天谢地，幸亏命运把咱们分开了……我什么都不问你要。凭我这句话，你安心地活下去吧。哼，我的话才比巴黎所有公证人的字纸都可靠呢。我不要求那个也许被我显扬过的名字。我只是一个叫伊阿桑德的穷光蛋。"从此，他"埋在巴黎那些衣衫褴褛的人海中"。几年以后，经办这一案件的律师在贫民救济院遇见夏倍上校，他已经成为疯疯癫癫，病病歪歪的白发老人。他矢口否认："不是夏倍，不是夏倍，我叫伊阿桑德，我不是人啊，我是第七室第164号。"真是人妖颠倒，一个英勇正直、品德高尚的人，最后变成一具编有号码的活尸。言者已经麻木不仁，听者却不能不感到揪心的疼痛。在描绘这部金钱统治一切的社会风俗史时，巴尔扎克一再声称："小说家自以为是虚构出来的丑史秽行，都在这事实之下。"

此外，《人间喜剧》还真实地反映了当时的经济状况，超过了所有的职业历史学家、经济家和统计家提供的材料。《人间喜剧》也描写到底层人物，尤其塑造了共和主义的英雄克雷斯蒂安。这个人物是巴尔扎克政治上的死对头，但他看出这是未来真正的人。在创作中摆脱自己的观点，无疑是巴尔扎克的现实主义的胜利。

在《人间喜剧》中，也表现出了巴尔扎克思想的复杂性，他既无情地批判了现实，又对现实有着浓浓的眷恋之情。这反映在巴尔扎克对贵族阶级的同情，对天主教作用进行大力的鼓吹，以及反对工人、农民执政维护现存社会的立场等方面。

（二）艺术成就

首先，作为现实主义的奠基人之一，巴尔扎克提出了一整套现实主义美学主张。他认为世界是一个统一体,它的内部多姿多彩,彼此相连。由此出发,他要求文学反映整个历史时代;艺术的任务就是再现自然,是对真实现实的艺术化反映。巴尔扎克严格遵循真实再现现实的原则,暴露社会的丑恶和黑暗面多于对理想的阐发。他还认为艺术反映生活,应当通过塑造典型去揭示生活的本质;典型形象的塑造应当在典型环境中完成,在对细节的准确描写中塑造出典型环境中的典型人物。巴尔扎克总是力图为他的人物提供真实、具体的活动背景,从而使人物具有典型性。《人间喜剧》中出现的两千多个人物中,性格鲜明的典型有数十个,但绝大部分人物性格、形象各异。他用博物学家区分动物的严格态度去区分社会各阶层人物。在描写人物时,他还善于做精细的外貌描写和性格化的对话,并以夸张的手法刻画性格。他也很重视人物外形、肖像和语言等多方面的刻画,认为人物外形能够反映他的阶级地位、精神面貌和性格特点,因此力求纤毫毕现。对人物的各种特征,巴尔扎克又是把其放在典型的环境中来进行塑造的,如《高老头》中对伏盖公寓的描写,先写外景:街道、建筑、阴沟、墙根等,显示"一派毫无诗意的贫穷"。再写内景:院子、客厅、地板、陈设等,"无不散发着公寓味道"。仿佛那股"闭塞、霉烂的酸腐的气味"正向读者扑面而来。在这样的情景下再给我们介绍一张张奇怪的脸谱,显得十分贴切自然,这种细腻的"考古式的描写"在《人间喜剧》中处处可见。

其次,巴尔扎克在小说结构和叙述方面也进行了富有成效的探索。巴尔扎克运用了分类整理和人物再现的方法来结构整个《人间喜剧》九十多部作品。他把《人间喜剧》分为了《风俗研究》、《哲学研究》、《分析研究》三大部分。"风俗研究"又分为六个不同的场景:"私人生活场景"、"外省生活场景"、"巴黎生活场景"、"政治生活场景"、"军事生活场景"、"乡村生活场景"。由此,巴尔扎克广泛地反映了法国社会方方面面的生活图景。人物再现法是指巴尔扎克塑造人物时,并不一定在一部作品中完成某一个人物形象的塑造,而是让同一个人物在不同的作品中多次出现,从而使各个独立的单篇连成了一个互相关联的艺术上的整体。如拉丝蒂涅在《高老头》中还是一个天良未泯的大学生;在《钮沁根银行》中他却已成为心狠手辣的银行家的帮凶;在《轻佻女人》中他成为副国务秘书;在《不自知的演员》中他当上了贵族议员;在《贝姨》中被封为伯爵。这样,主要人物的性格特征得到了充分发展。就单部作品而言,其结构完整有序。巴尔扎克的小说有序幕、展开、高潮、结尾,往往冲突激烈,戏剧性很强。他的小说不少以陈述开始介绍环境,但也有多种变化,有时以人物特写开头，由对其生活的描述，引出各种矛盾（如《邦斯舅舅》）。有时从环境描写落笔，先搭好舞台，然后人物一一上场（如《高老头》）；有时从事件戏剧性冲突开始，然后引申人物不同的命运（如《贝姨》）；有时按时序编年的写法（如《欧也妮·葛朗台》）；有时又从事件后果往前回溯，或采用人物对话复述等方式破题。有的哲理小说没有情节，而以精彩的议论取胜。巴尔扎克的夹叙夹议大多有声有色，充满智慧。他还善于运用故事套故事的方法来结构作品。总之，巴尔扎克小说在结构上可谓多姿多彩，各具特色。

第三，《人间喜剧》最辉煌的艺术成就是巴尔扎克的人物塑造。1846年10月11日，巴尔扎克在写给《星期报》一位编辑的信中说："我企图写出整个社会的历史。我常用这样一句话说明我的计划：'一代就是四五千突出的人物扮演一出戏'。这出戏就是我的著作。"《人间喜剧》这个旋转舞台的登场人物有达官贵人、三教九流、七行八作，以其身份和职业而论，几乎无所不包。资产者、新老贵族、贵妇、千金、银行家、高利贷者、红衣主教、神甫、政客、官吏、大中小商店老板、大学生、律师、作家、画家、演员、出版商、书商、记者、医生、军官、士兵、科学家、农民、工人、车夫、管家、仆役、海盗、小偷、苦役犯、流氓、妓女、暗探、警察等等。巴尔扎克对这些"典型"有其独特的看法。他认为"作家需要做的事情主要是用分析求得综合，刻画和搜集我们生活的各种成分，提出一些主题并且对它们全体加以论证，最后，描写一个时代的主要人物以绘写出这个时代的广阔面貌"。"'典型'这个概念应该具有这样的意义，'典型'指的是人物，在这个人物身上包括所有那些在某种程度上跟它相似的人们的最鲜明的性格特征；典型是类的样本。因此，在这种或那种典型和他的许许多多同时代人之间随时随地都可以找出一些共同点。但是，如果把他们弄得一模一样，则又会成为作家的毁灭性的判决。因此，他们作品中的人物就不会是艺术虚构的产物了。"巴尔扎克强调的是作家的首要任务在于分析综合，典型"是艺术虚构的产物"，它集中了某种类型人物的"最鲜明的性格特征"。虽然《人间喜剧》是个异常丰富的人物肖像馆，但其中人物形象决不雷同，这正是巴尔扎克小说的伟大之处。

由于巴尔扎克在小说方面的卓越建树，他被尊为法国现代小说之父。雨果称他是"最伟大的作家中第一流的一个，最优秀的作家中最崇高的一个"；左拉认为他"创造了一个世界"，"写出了最革命的作品"；今日的新小说作家并没有否定巴尔扎克，他们认为他是内心独白的创造者，他的一些作品中的语言和表达方式，对今日的作家仍有借鉴作用。

三、《高老头》

《高老头》(1834—1835)是巴尔扎克的优秀代表作品之一。

(一) 情节

小说以1829年底至1830年初法国复辟时期为时代背景,以鲍赛昂夫人的沙龙和伏盖公寓为舞台,以高老头和拉丝蒂涅两个人物基本平行而又间或交叉的故事为主要情节,描绘了一幅波旁王朝时期生动的风俗画。落魄的高老头为两个女儿还债而被榨干了,在受到女儿的催逼中中风而死;穷大学生拉丝蒂涅羡慕上流社会的奢侈生活,一心想向上爬,他利用表姐鲍赛昂夫人的地位,进入了上流社会,却亲眼目睹了表姐情场失意,被迫告别巴黎的情景;在逃的苦役犯伏脱冷,企图利用泰伊番小姐的婚姻大赚一笔,唆使拉丝蒂涅引诱她,可他们的密谋被人发现,伏脱冷被警察逮捕归案。

(二) 作品分析

1. 思想内容及人物

首先,《高老头》真实地再现了波旁王朝时期资产阶级暴发户对贵族社会日甚一日的冲击和贵族阶级必然灭亡的历史命运。小说中成功地塑造了鲍赛昂子爵夫人的形象。她本是巴黎社交界耀眼的明星,她的沙龙气派豪华,能在这金碧辉煌的客厅里露面,就等于被上流社会所接纳。但在这繁华盛世的背后却潜藏着危机,隐伏着灾难。拉丝蒂涅进入鲍府的时候,鲍赛昂夫人已到了"被遗弃的关头","上流社会最为可怕的祸事"已经临头。虽然作为贵族社会的风云人物,她盛气凌人,对资产阶级妇女不屑一顾,顽固的立场使她拒绝和资产阶级同流合污,但个人的阅历和遭遇使她认识到资产阶级的金钱才是真正的统治者,她自己也成了金钱的手下败将。刚刚显贵起来的洛斐希特小姐借金钱的力量夺走了她的情夫阿瞿达。所以,鲍赛昂夫人以自己沉痛的教训,深切的感悟开导拉丝蒂涅,要他去追求高老头的女儿,银行家钮沁根太太但斐纳,引导拉丝蒂涅走上损人利己、不择手段追求金钱的邪路。

鲍赛昂夫人告别巴黎的盛大舞会是巴尔扎克着力刻画的"上流社会的一曲无尽的挽歌"。金碧辉煌的客厅与鲍赛昂夫人凄凉的心境形成强烈的对比。这位贵妇人在众人面前"安闲静穆",而在卧室里却流着眼泪烧毁情书,作为诀别巴黎的最后的准备。这种人前背后的表演,正是贵族阶级行将没落,而又强持尊严的景况的真实写照。没落贵族出身的拉丝蒂涅却利用资产阶级妇女在巴黎走红,说明贵族阶级在一定程度上已被资产阶级同化,也走上了投机取巧、发财致富的道路。

其次,《高老头》淋漓尽致地揭露了金钱的统治作用和拜金主义的种种罪恶。这在高老头和他的两个女儿的故事中得到了集中的表现。高老头是在法国大革命时期靠饥荒牟取暴利,迅速致富的资产阶级暴发户,但他却把全部的真情倾注在了两个女儿身上。从小对她们娇生惯养。大女儿仰慕贵族,成了雷斯托伯爵夫人;小女儿喜欢金钱,嫁给了银行家,成了钮沁根夫人。她们出嫁时每人得到80万法郎的陪嫁。最初高老头在女儿家受到很好的待遇,但到了复辟时期,他的面条商身份已经不能给女儿的家庭带来光彩。为了满足女儿们的虚荣心,他不得不将自己的铺子盘出,搬进伏盖公寓。但是他用金钱培植出来的两个女儿却生活放荡、挥金如土。她们为了满足淫欲,对父亲不断敲诈。高老头随着钱财的日益减少,在女儿家的地位也日益下降,最后被女儿拒之门外。两个女儿为了搜刮父亲的最后一点钱,竞相下手,势同水火,一对亲姐妹在财产面前变成了一对不共戴天的仇敌,女儿的吵架使父亲丧了命。高老头临终前想见女儿一面,可她们却托故不来。她们"为了参加跳舞会,即使踩着父亲的身体过去也在所不惜"。已走到生命尽头的高老头终于明白了,他的两个女儿从来没有爱过他,她们爱的只是他的钱,他悲惨地说道:"倘若我有钱,倘若我留着家私,她们就来了,用她们的亲吻来舔我的脸!……钱能买到一切,买到女儿。""父亲轴心"终于被"金钱轴心"所代替。为了筹款治丧,拉丝蒂涅在高老头的女儿家两处奔走,都被拒之门外。理由竟是:"先生跟太太谢绝一切客人,他们的父亲死了,都悲痛得了不得。"在送葬的行列中出现的是这"两家有爵徽的空车",龌龊的灵魂,虚伪的面孔,唯钱是亲的世态,读来令人发指。

最后,《高老头》还深刻揭示了资本主义金钱掩盖下的种种罪恶,从不同角度写出政治野心家的成长过程,揭露了统治阶层的卑鄙丑恶,抨击了资产阶级的道德原则,从而揭示了物欲横流的社会现实。无论是上流社会还是下层公寓,极端利己主义的冰水淹没了一切道德原则,金钱像一只巨大的魔掌,指挥着无数木偶,在社会舞台上做出种种丑恶的表演。

拉丝蒂涅是《高老头》中,也是《人间喜剧》中的重要人物,他是复辟时期青年野心家的典型。他是外省的破落贵族子弟,不愿埋头读书,羡慕挥金如土的生活。初来巴黎时,他还是一个纯朴的穷大学生,在鲍赛昂子爵夫人那里接受了社会教育的第一课:"你越没有心肝,越高升得快。你得不留情地打击人家,叫人家怕你。只能把男男女女当驿马,把他们骑得筋疲力尽,到了站上丢下来；这样你就能达到欲望的最高峰。"她还指点他要把自己的真实情感隐藏起来，用追求贵夫人的办法进入上流社会。伏脱冷给他上了第二课："要弄大钱，就要大刀阔斧地干，要不就完事大吉。……人生就是这么回事，跟厨房一样腥臭。可是要作乐，就不能怕弄脏手，只消你事后洗干净，今日所谓道德就是这一点。"伏脱冷邪恶的说教在他心里留下了难以磨灭的印象，涉世未深的拉丝蒂涅经过伏脱冷的启发，加上他亲眼目睹了鲍赛昂夫人退出上流社会的一幕和高老头凄凉的结局，使他终于明白了上流社会根本不讲什么感情，只讲金钱和个人利益。所以，在埋葬高老头的同时，他把心中剩下的一点神圣感情也一起埋葬了，欲火炎炎地投入社会的罪恶深渊，踏上了野心家的道路。

伏脱冷是《人间喜剧》中的另一重要人物，他是恶的化身，在不同的作品里以不同的身份出现，起着引诱青少年犯罪的作用。生活的坎坷使他深谙社会的底蕴。他蔑视一切权威法律。他用愤愤不平的语言揭露出："凡是浑身污泥而坐在车上的都是正人君子，浑身污泥而搬着两条腿的都是小人流氓。扒窃随便一件东西，你就给牵到法院广场上去示众，大家拿你当把戏看。偷上一百万，交际场中就说你大贤大德。你们花三千万养着宪兵队和司法人员来维持这种道德。妙极了！"他一方面阴谋对抗社会，另一方面又以直言不讳的坦率和恪守信义的义气博得人们的好感。他虽身为盗贼却思想敏锐，在海阔天空的谈吐中充满着真知灼见。他对社会罪恶的嬉笑怒骂痛快淋漓，令人拍案叫绝。他既是资本主义社会罪恶的制造者，又是揭发者。从某种程度上说，他是巴尔扎克对资本主义社会批判的代言人。这是个畸形社会制造出来的畸形儿，是一首"恶魔的诗"。

2. 艺术特色

恩格斯曾称誉巴尔扎克是"现实主义大师"，认为他的辉煌巨著《人间喜剧》是"现实主义最伟大的胜利之一"。关于现实主义的定义，恩格斯作出了精辟的概括："据我看来，现实主义的意思是，细节的真实外，还要真实地再现典型环境中的典型人物。"《高老头》这部优秀的现实主义作品充分体现了巴尔扎克的艺术风格。

第一，巴尔扎克非常重视详细而逼真的环境描写，一方面是为了再现生活，更重要的是为了刻画人物性格。他总是力图为他的人物提供真实、具体的活动背景，从而使人物具有典型性。《高老头》中，为下层人物描绘提供了一个活动的舞台——伏盖公寓，他坐落在偏僻角落，外表恶俗不堪，屋内陈设和周围氛围阴森逼人，各层居室分出等级，如同一个小社会。这些描写属于风俗描写的一部分，是巴黎下层生活的缩影，他与小说人物的生活、思想、行为有着密切联系。巴尔扎克还善于站在历史的高度来表现艺术的典型环境，真实地再现历史条件下的社会关系，为典型人物的塑造提供真实的环境。《高老头》中与伏盖公寓相对应的是鲍赛昂夫人的贵族沙龙，这里金碧辉煌、珠光宝气，集结着一群"出名放肆的男人"和"最风流的女人"。他们寻欢作乐，放荡不羁。但表面的荣华掩盖不住内心的精神空虚，在这里，我们目睹了鲍赛昂夫人的盛衰。这两个交替出现的场景构成了整个万头攒动、互相倾轧的巴黎社会的典型环境，为野心家拉丝蒂涅的成长提供了真实可信的依据。巴尔扎克紧扣环境表现人物，使环境与人物二者相辅相成，辩证统一。

第二，成功的人物塑造是《人间喜剧》的又一特色。小说中的几个主要人物性格鲜明。巴尔扎克基本上遵循现实主义集中概括的典型化原则塑造人物。"为塑造一个美丽的形象，就取这个模特的手，取另一个模特的脚，取这个的胸，取那个的肩。艺术家的使命就是把生命灌注到他所塑造的这个人体里去，把描绘变成真实。如果他只是想去临摹一个现实的女人，那么他的作品就根本不能引起人们的兴趣。"这种方法使巴尔扎克笔下的人物从性格到肖像都具有鲜明突出的特点，给人留下深刻的印象。巴尔扎克像一个出色的风俗画家，无论是工笔描摹，还是大笔挥洒，都善于抓住形象最本质的特征，再用漫画的手法加以夸张，达到最充分揭示形象的目的。伏脱冷是最有性格魅力的人物之一。他具有强盗首领那种蛮横、气势逼人和坚强的毅力。对拉丝蒂涅则注重反映他作为野心家的形成过程，运用了心理描写的手法。巴尔扎克又运用了倒叙的手法来介绍高老头的发家史，重在揭示他身上的不择手段牟取暴利的一面和痴迷父爱的一面，他直到临终前才领悟到金钱在维系家庭关系上的重要作用。作品中不仅主要人物性格突出，而且次要人物也跃然纸上。伏盖太太的见钱眼开和委琐浅薄，米旭诺的阴险和鬼鬼祟祟，写得都很生动，各有特色。

第三，《高老头》在结构安排、心理描写、语言的个性化方面达到了较高的境界。小说具有多故事、多线索、多情节的结构特点。拉丝蒂涅和高老头的故事是两条既相平行又交叉的线索，拉丝蒂涅的故事贯彻始终，而高老头的故事集中在前后两部分描写，中间一段时隐时现，高老头的两个女儿是联系两条线索的桥梁。鲍赛昂夫人和伏脱冷对拉丝蒂涅影响较大，因此着墨较多；而泰伊番和皮安训的故事对拉丝蒂涅影响较少，因而着墨较少，这些都使得小说结构条理清晰、重点突出。小说中的心理描写也有独到之处。如拉丝蒂涅在受到伏脱冷的"教诲"后，作者细腻地描写他内心中良心与野心的矛盾冲突，充分表现了这个野心家不顾一切向上爬的欲望。《高老头》的语言丰富多彩，特点是人物语言个性化色彩十分突出，每个人物的语言与其各自的身份、经历、地位都协调一致，如伏脱冷粗俗的语言中充满着对社会的揭露和仇恨，鲍赛昂夫人用文雅的语言表达出自己对社会的厌恶与内心的悲哀，高老头的语言蕴涵着父爱，而拉丝蒂涅的语言则是他内心矛盾的反映。

第三节 狄更斯

一、生平与创作

狄更斯（1812—1870）是英国19世纪现实主义文学最高成就的代表。拉尔夫·福克斯在《小说与人民》中写道："在狄更斯身上，他们（维多利亚时代的人）找到了一个天才，他使小说恢复了它的整个史诗的性质。他那丰满的心灵所创造的故事、诗歌和人物已永远进入了世界上所有英语地区的生活之中。他的有些人物几乎是无人不知，他们已经成为我们近代民间文艺的构成部分。这确实是作家们所能达到的最高成就。他只有凭借他的天才、博爱和一种对生活的诗意的感受才能达到这种成就。"

1812年2月7日，狄更斯出生于英国朴次茅斯的波特西地区。父亲是海军部的一个小职员，全家八口人全靠他的工资维持生活，他却因不善理财而负债入狱。但他很会讲故事，一点小事在他口里都能变成一个有趣的小节目，这对狄更斯日后的文学才能无疑有着潜移默化的影响。狄更斯的母亲伊丽莎白·白柔受过一定的教育，但持家能力不强，结果狄更斯儿时家境比较贫困。为了替家庭减轻负担，在12岁生日那天，狄更斯被送进一家皮鞋油厂当童工。后来，父亲获得了一笔小小的遗产，狄更斯才又复学读书。两年后，却又因家境贫寒而辍学。这一段生活既是对他的磨炼，使他形成了对下层人民，特别是贫苦儿童的深切同情，也严重地挫伤了他的自尊心，使他受到极大的伤害。此后寄宿学校的野蛮管理又使他认识到英国儿童悲惨的生活。长大之后，狄更斯先后做过律师事务所的抄写员、新闻记者等。1832年，狄更斯进入报界，成为法院和议会的专访记者。这一年正值英国议会改革，英国工业资产阶级掌握了政权。随着资产阶级政权的巩固，资本家对工人公开的、无耻的、直接的、露骨的剥削，无情的压榨，终于引爆了19世纪30年代到40年代的工人宪章运动。这一运动虽以失败告终，但它对英国社会的猛烈震撼，对资本主义社会合理性的强烈怀疑，对狄更斯的成长无疑有着深刻的影响。

当新闻记者期间，狄更斯陆续写了一些有关伦敦社会的速写，后辑成《博兹特写集》出版，这使他小有名气。这是一部描写性散文和连续性故事。1837年，他出版长篇小说《匹克威克外传》，受到人们的热烈欢迎，由此成为英国最著名的作家之一。这时他才25岁。

1836年，狄更斯与自己上司的女儿结婚。但由于性格、天资等的差异，两人婚姻生活不很和谐，并最终于1858年开始长期分居。这对狄更斯产生了一定的影响。晚年时他不得不为了维持家庭的开支，保证家人的生活，并达到与自己的读者直接交流的目的，于1858年开始了长达十年的公开朗诵，面向听众朗读自己作品中的精彩片段。他从小就有表演才能，长大后又一直热心于戏剧。朗诵取得很大的成功，达到了增加与读者交流和增加收入的目的，但也耗费了他大量的时间和精力。1870年7月9日，狄更斯因脑溢血去世，终年58岁。

同很多作家一样，狄更斯也经历了青年人的乐观、中年人的深沉和老年人的绝望的道路，这些都凝聚在了他一生的创作之中。狄更斯的创作可以分成以下几个时期：

1833—1841年是狄更斯创作的第一个时期。主要作品有《匹克威克外传》（1836—1837）、《巴纳比·拉奇》（1841）、《奥列弗·退斯特》（1838）、《尼古拉斯·尼克尔贝》（1839）、《老古玩店》（1841）等五部长篇小说。《匹克威克外传》成功地塑造了匹克威克这一人物形象，小说以幽默乐观的格调，抒情的笔触，真实反映现实的态度，初露狄更斯的艺术才华，为英国19世纪现实主义文学奠定了基础。这一时期的作品表现了作者早期比较肤浅的思想，小说的基调是乐观向上的。在艺术方面，小说受流浪汉小说的影响比较突出，作品结构还比较松散，可作品对人性探索的深刻和浓重的幽默从一开始就十分突出。

1842—1858年是狄更斯创作的第二个时期。这一时期时间跨度最大，作品也最多，主要有《马丁·朱述尔维特》（1843）、《圣诞故事集》（1843）、《美国札记》（1842）、《董贝父子》（1848）、《大卫·科波菲尔》（1850）、《荒凉山庄》（1853）、《艰难时世》（1854）、《小杜丽》（1857）等，他一生的许多杰作都出自这个时期。这一时期他对社会的观察逐渐走向深入和成熟，以往作品中那光明的色彩已被阴影遮盖，仁慈的资产者形象也被为富不仁者置换，作者乐观的幻想亦被怀疑、失望的情绪所淹没。他把那些丑恶的社会现象不再看做个别的现象，而是把它与整个社会体制，特别是政治与法律体制联系在了一起。

但作为人道主义者的狄更斯,仍然没有放弃用感情教育、道德感化去改造资产者、改造社会的企望。在艺术上,作者完整的风格已经确立。从《马丁·朱述尔维特》开始,小说的情节完整丰富了许多,人物塑造的艺术也更为成熟,出现了一系列成功的人物形象。但由于作品冷峻的一面有所加强,小说的幽默受到一定的影响。

1858年到告别人世,是狄更斯创作的第三个时期。共创作了《双城记》(1859)、《远大前程》(1861)、《我们共同的朋友》(1865)、《艾德温·德鲁德的秘密》(1870)等四部长篇小说,最后一部没有全部完成。狄更斯这一时期的作品最彻底地继承了40年代现实主义揭露批判的传统,创作进入了高峰。他广泛深入地揭示了英国社会的弊端,并分别作了病理剖析。他一针见血地指出:英国人民中的不满和激动"特别令人想起法国第一次革命前夜人心的情况"。这些作品乐观的基调大大削弱,小说中常常出现一些与过去、死亡、衰败联系在一起的意象,给小说增添了冷峻的色调。早、中期小说中已经出现的侦探、破案的成分,这一时期大大增强。悬念的作用大大加强,不仅是一种写作手法,而且成为结构故事的重要手段,而幽默在这一时期则有所削弱。

在狄更斯的众多作品中,《匹克威克外传》、《大卫·科波菲尔》、《荒凉山庄》、《董贝父子》、《艰难时世》等,成就更高。《匹克威克外传》是狄更斯的成名作。小说讲述了天真憨厚的善良绅士、退休商人匹克威克先生以及他的几个朋友的故事。他们"为了科学的进步和教化的目的",从伦敦出发,到全国各地考察,报道了他们沿途的见闻和各地的趣事,他们采访时被当做暗探而遭围攻,与流氓骗子结伴同行却遭其暗害,对女房东谈吐亲切又被误以为求婚,遭恶讼师敲诈被投入监狱。小说表现了匹克威克的天真无邪,乐观仁慈的动机与罪恶的社会制度,荒诞可笑的社会风气之间的矛盾。作品成功地塑造了匹克威克的形象,体现出幽默乐观的格调,其反映现实的态度为英国19世纪现实主义文学奠定了基础。《大卫·科波菲尔》是一部自传性作品,也是狄更斯最喜爱的一部作品。小说以主人公抒情回忆的笔触,叙述一个孤儿历尽坎坷,勤奋努力,事业上终于获得成就的故事。狄更斯以他的亲身感受和体验描写普通下层人民,透过他们的肌肤,钻进他们的灵魂,表现出他们的疾苦、情操、愿望和呼喊,歌颂了他们的诚实、高尚、英勇与乐观。作品突出反映了大卫·科波菲尔通过挫折与教训,走上正确的人生道路的过程。《荒凉山庄》是揭露批判英国司法制度的小说。作品以埃斯特·萨默森身世的秘密与贾迪斯家族争夺遗产诉讼案交错的线索,描绘了英国法律机器、议会政治的狰狞面目,揭露了资产阶级诉讼制度的虚伪和罪恶。这桩诉讼案在大法官那里庭审了几十年,许多人被他弄得倾家荡产、神志失常。最后案子还未得出结果,高达几万英镑的遗产却被诉讼费弄得一干二净。小说同时穿插了关于贵族爵士得洛克夫妇的故事。得洛克夫人婚前失贞,与情人养下一个私生女,这个秘密在一个偶然的机会下被阴险的家庭律师图金霍恩得知,他步步紧逼,使德洛克夫人不得不离家出走,冰天雪地之中死在情人的墓前。小说中,凡是与法律有牵连的人都没有得到好结果,只有明智地站在法律之外的几位人物,才没有受到伤害。《董贝父子》讲述了经营海外贸易的巨商董贝一家的盛衰。董贝依靠利润与金钱的生活原则,统治着他的世界和家庭。他也用金钱的观念教育儿子,结果儿子因得不到家庭温暖而夭折。儿子病死后他又娶了一个妻子来为他生个继承人,女儿因不是继承人,被他逐出家门。最后,他的后妻因其冷酷而与人私奔,他的公司也在竞争中遭受了破产倒闭的结局,董贝众叛亲离,几欲自杀,幸亏女儿带着外孙与他团聚,亲情使他终于觉悟。作品揭露了资本主义制度对人性的摧残,嘲讽了唯金钱至上的有产者观念。作品标志着狄更斯创作上的转变,他不再坚信道德教化改良社会的思想,而更多的是揭露与批判现实。《艰难时世》是一部揭示劳资矛盾,抨击资产阶级思想体系的作品。小说以资产者葛擂硬奉行利己主义哲学并自食恶果的经历为主线,以工人斯蒂芬的悲惨遭遇为另一条线索,表达了作者主张用爱来调和社会矛盾的主张,批判了当时弥漫整个英国的功利主义和见物不见人的现象,呼吁人性、情感、想象和对人的重视。《远大前程》是一出幻想破灭的悲剧。主人公匹普不安心自己的铁匠生涯,一心想进入上流社会,娶富家养女为妻。幻想破灭后,才认识到自己原先鄙弃的下层社会的美德,走上新的生活道路。小说批判了对上流社会的迷恋,探索了在这种迷恋中人性的迷误,强调了正直、诚实的生活。

  狄更斯的小说在艺术上取得很高的成就。他成功地塑造了一批人物形象。他所塑造的人物有着巨大的艺术说服力。狄更斯笔下的人物性格鲜明独特,有明显的特色。人物的性格是复杂的,其中既有道德的因素,又有政治、阶级、经济等方面的因素,呈现出复杂的多层次的状态。但狄更斯侧重描写的往往是人物的道德层次。由于这一层次过于突出,其他层次相对而言便显得不够重要,从而使人物性格呈现出单层次的特点。另一方面,狄更斯小说人物的道德内容又是分层次的,其核心层次是高尚、诚实、仁爱。狄更斯笔下人物身上其他层次的道德因素可以变化,都是人物固有的品质。狄更斯式的人物类型已成为普通名词。这样从道德的角度看,狄更斯笔下的人物一出场,便有了较为确定的性格特征。这种单层次和确定化造成了狄更斯笔下人物性格单纯、静止的比较多。但是它们也不限制人物性格的复杂与发展。狄更斯笔下的人物，其性格虽然有的单纯，有的复杂，但其本质、评价、价值取向都比较明显，读者比较容易把握，他们的性格比较符合理性与常识，非理性因素，人物的外部表现与内在本质比较一致。狄更斯的小说人物也具有深厚的人性内涵。这有两层意思，一是说他们有着丰富的人性内容，一是说他们的人性内容有着很深的深度。狄更斯善于挖掘人物身上丰富的人性因素，并通过它们来反映人性中某些普遍性的倾向和规律性的东西。狄更斯在塑造人物时还善于抓住人物的心理活动、行为动作、语言习惯等，从多个角度来揭示其性格特征。

在创作方法上，狄更斯是个现实主义者，注重描写自己感受到的生活和自己生活中的感受。这具体表现在三个方面。一是侧重生活的奇异一面与遵循生活本来面貌的有机结合。狄更斯描写现实生活，但他选择的往往是生活中罕见、特殊、戏剧性的内容，而在描写这些内容时，又是严格遵照生活的本来面貌的。二是主观的生活进程与客观的生活逻辑的有机结合。狄更斯小说中的生活进程，在总体上总是按照作者的主观意图发展的，但在对具体的生活事件的描写中，作者又严格遵循着现实生活的逻辑。三是重视细节的真实和强调主观介入的有机结合。狄更斯小说中的细节繁复丰富，真实客观而又具体。为了表达自己的感受作者又常常通过带着褒贬的描写，直接的议论、抒情等表达自己的思想感情。

另外，狄更斯小说的结构独具特色，典型的结构是多元整一。所谓多元，指的是多个叙事单元。所谓叙事单元，是由一定的人物、事件和背景组成的一个具有内在自足性和内在独立性的故事。这里内在自足性指故事本身是完整的，有着组成一个故事所必需的要素。内在独立性是指故事不依附或包含在其他故事中。所谓整一，是指小说虽然有几个叙事单元组成，但又通过人物、线索、情节等的联系、渗透组成一个统一的整体。狄更斯成熟的长篇小说大都是具有多元整一结构，如《荒凉山庄》、《大卫·科波菲尔》、《双城记》等。

幽默是狄更斯小说又一个重要特点，也是狄更斯小说魅力的重要来源之一。狄更斯是个了不起的幽默和愤怒讽刺的巨匠。这种幽默的内在机制是矛盾。狄更斯完全不懂得怎样对生活采取冷眼旁观的态度，他用自己的艺术干预生活，谴责它的阴暗面，号召对它进行改造。因此，他使怪诞、尖锐和严厉的鞭挞、讽刺成为有力的艺术表现手法。作者善于运用矛盾，显示事物的不协调、不相称，突出事物的荒谬、滑稽、可笑之处，引起读者的回味与思考，同时打破读者的期待视野，使其发生意外的转折，从而产生强烈的效果。狄更斯小说的幽默往往包含讽刺、滑稽的因素，形成了自己的特色。

二、《双城记》

《双城记》是狄更斯最深沉的作品之一，讲述的是法国大革命时期发生在巴黎和伦敦的故事。1775年12月一个严寒的夜晚，巴黎的一位年轻医生梅尼特被厄弗里蒙地侯爵兄弟请去治疗一个生命垂危的病人，病人是个俊俏的农家少妇。医生从一个受伤的少年口中获悉少妇是他的姐姐。她的丈夫已被侯爵派人打死，她被抢进府中受到侮辱，羞愤昏迷不醒。少年将少妇转移渔家后，持剑来到侯爵府中报仇，不幸身亡，少妇亦抱恨死去。医生写信向朝廷告发此事，不料控告信落入被告侯爵之手。于是梅尼特被关进巴士底监狱，不久其妻死去，女儿路茜被友人送往英国抚养。18年后，医生由其老仆得伐石和劳雷营救出狱，到英国同女儿一道生活。这时侨居英国的法国青年代尔那和英国青年卡尔登两人相貌相似，同时爱上了路茜。医生已知求婚的代尔那是侯爵之子，但因女儿爱他，于是就答应了这桩婚事。1789年法国大革命爆发，巴黎人民攻下巴士底监狱，没收了贵族庄园，将作恶贵族一一送上断头台。侯爵兄弟早已死去，侯爵的管家被捕听审。代尔那为营救管家冒险前往巴黎，立遭逮捕。医生与路茜闻讯也急忙赶到巴黎营救，几经周折，当得伐石在法庭读完梅尼特当年在狱中血写的控诉书后，法庭判代尔那死刑。英国青年卡尔登这时也赶到法国，为了路茜及其一家人的幸福，他买通狱卒，将昏迷中的代尔那救出，自己留在狱中冒名顶替。梅尼特医生一家终于离开巴黎回到伦敦。得伐石太太为防止仇家后代潜逃来到路茜住处，在与路茜的女仆争执中，因枪支走火而自毙。小说以舍己忘身的卡尔登从容走上断头台结束。

这部作品体现了作者后期思想的成熟与深刻的思索。作者站在人道主义立场，揭示了法国大革命的社会原因，借以警醒英国日益尖锐的阶级矛盾中的当权者。作者一面以极大的愤怒与同情写出贵族、资产者的残暴，民众的苦难，从而写出革命的正义性与必然。一面又用恐怖的血腥场面写出暴力革命的残酷与恐怖乃至最终的空虚彷徨，没能实现起义者原本追求的穷人的理想，从中宣传了解决现实矛盾应该以德报怨，用仁慈博爱替代残酷与恐怖，调和冲突，普及教育，改良社会的主张。

小说成功地塑造了一批典型人物，集中体现了作者的思想。首先是一批善良、正直、宽厚，富有仁爱精神的人物。梅尼特医生是这一类人物的典型代表，是狄更斯人道主义精神的集中体现。青年时的梅尼特正直高尚，凭良心过活。在亲眼目睹侯爵兄弟的暴行时，他出于正义向法院告发了他们，为此他坐了18年冤狱，苦难使他憎恨统治者，但仁爱的本性和他对女儿的挚爱，使他宽恕了侯爵的后代代尔那，允许女儿与他结婚，还拼命拯救被革命者关押的代尔那。这种博爱使他不论在医院还是在监狱，都能默默地对杀人者与被杀者同等地进行医治。作为"善"的象征，他甚至一度感化了麻木的杀人狂。很明显，作者是欣赏转变后的医生的。作为对比，他把医生在监狱中写下的文件，作为后来得伐石夫妇控告代尔那的主要证据，以此说明宽恕与仁爱的重要。

路茜是个孝女、贤妻、良母，她犹如"爱"的化身，以女儿的爱及亲情将神志麻木的父亲唤醒，使之成为充满了爱的慈父，并忘却个人宿怨。她把两家仇人维系成了充满温情的幸福家庭，作者通过她推广亲情之爱，以博爱促进阶级间的调和。

卡尔登是小说中的另一个重要人物。他聪明，有才气，然而不善钻营，缺乏在当时社会必不可少的"精明"，因而总是被人利用，自己却默默无闻。卡尔登有美好的情感，但社会注重的却是金钱与成功。卡尔登厌恶这个社会，然而又无法逃避，更无法改变。痛苦失望中他只好借酒消愁，自暴自弃，放荡不羁，玩世不恭。他也知道这是缺点，却无力改正。可以说，他是那个时代里的一个多余人形象。

侯爵兄弟是反动贵族的典型。他专横暴虐，视下层人民为草芥，作恶毫无顾忌。为了满足自己的淫欲，他害死了农妇一家五口人，关押目击者梅尼特医生达18年之久。他顽固地坚持贵族特权，愿意为此付出生命。为了防止侄儿代尔那做出有损家族利益的事，他甚至想把侄儿投进监狱。

得伐石太太意志坚定，目光远大，她的父亲、哥哥、姐姐、姐夫及未出生的小外甥都被侯爵兄弟害死，她因躲在海边渔民家才幸免于死。革命前，她一面与丈夫得伐石经营小酒铺，一面积极参加革命活动，带领妇女用编织的办法把政府和贵族的罪恶记录下来。革命爆发时，她积极参与了攻打巴士底监狱的战斗。革命胜利后，她积极投入巩固胜利成果的斗争，同时执著地向侯爵家族的后代复仇。她一生想的就是复仇，作者从人道主义思想出发，对革命者的得伐石太太是否定的，因为她残忍的复仇大大超过了必要的程度。她不仅要杀死早已放弃贵族特权的代尔那，而且要杀死他的妻子和女儿，甚至连坐过巴士底监狱的梅尼特也不肯放过，这种狭隘的复仇使她最终成为恐怖的嗜血者，故而她最后的死亡不仅不令人伤心，反使人松口气，她的仇恨之火不仅毁灭了她自己，而且连作者、读者的同情心也被毁灭掉了。由此她成为书中悲剧色彩最浓烈的人物。小说围绕着得伐石夫妇写出了下层民众的群像，革命前是一群极其贫困的民众，革命中是一群发狂的暴力者，在革命法庭上，他们释放一个人时是狂热的爱，而转眼杀死一个人时又是极度的恨。持续的屠杀使杀人者与被杀者都麻木了，被杀的人也由贵族而扩大到少女裁缝之类的无辜者。作者借卡尔登临死前的话表明革命不过是新的压迫者代替了旧的压迫者，侯爵兄弟的压迫使得得伐石太太进行复仇与革命，而得伐石太太为了复仇又造成了新的邪恶并毁灭了自己。

《双城记》在艺术上取得了很高的成就。

首先，小说采用典型的多元整一结构，严谨有序。整部小说分成三个部分：第一部《复活》，第二部《金钱》，第三部《暴风雨的踪迹》，三个部分之间既紧密联系，又相互独立，平行发展。由人物、情节和线索三种因素形成内在联系，从而使整部小说的情节内容完整统一。如情节分开来看，《双城记》的叙事每个部分都各自具有内在的自足性；而合起来看，又是互相联系的。侯爵兄弟的作恶造成了梅尼特一家生活轨迹的变化，造成了得伐石夫妇对他们家族的仇恨，而这又造成了得伐石夫妇和梅尼特一家的矛盾，并把卡尔登、克朗丘等人卷入其中，从而把小说推向高潮。

其次，运用现实主义手法，对英国和法国当时的社会现实进行了成功的描写。狄更斯创造性地再现了英国社会和法国革命的历史。为了如实地反映法国大革命，狄更斯阅读了大量的原始材料，所以关于大革命的描写才那样真实具体。凭借丰富的想象力，法国的历史社会生活和大革命的场景，生动、逼真、感人地呈现在读者的面前，形象地说明了大革命爆发的原因和目的。因此他对生活的原貌作了符合自己的主观意图的反映，这种反映是成功的。在小说中，狄更斯投入了丰富的情感。他通过带着褒贬的描写、议论、抒情等把自己的思想、感情毫无保留地表达出来。在阅读《双城记》时，读者不仅感到作者描写真实，而且感到一股强大的情感冲击力。

最后，《双城记》成功地运用了悬念与象征的艺术手法。在小说中，随着主要悬念的逐渐解开，过去的事件也一件件被翻起，情节一步步向前发展。代尔那的恋爱结婚以及他在法国大革命中的遭遇，层层叠套，环环相扣，直到最后才把几个相互交织的故事情节中人物之间的关系、矛盾纠葛的渊源，揭示得一清二楚，将情节推向高潮。此外，《双城记》对攻打巴士底监狱、法庭审判等群众场面的描写，对顺序、插叙、倒叙等叙述方法的灵活运用，都是很出色的。

　　狄更斯是一位具有英国民族特色的多产作家，是19世纪欧洲现实主义文学的杰出代表之一。他以妙趣横生的幽默、尖锐辛辣的讽刺为世人所称道。狄更斯在其创作中表现了自己的独特艺术风格，如夸张、漫画手法以及怪诞人物等。马克思对狄更斯的作品曾给予很高的评价，说他和他周围的一批小说家"以他们那明白晓畅和令人感动的描写，向世界揭示了政治的社会的真理，比起政治家、政论家和道德家合起来所作的还多"。

第八章 19世纪后期欧美文学

第一节 概 述

一、19世纪后期文学的社会历史背景

19世纪后期,首先是几个主要的资本主义大国如美、德、法、英等国走上了帝国主义阶段,他们拼命压榨本国人民,疯狂掠夺殖民地。为巩固自己的寄生特权,他们收买工人上层分子,使之充当工人运动中资产阶级的代理人,散布各种谬论,组织各种反对派。例如,英国的工联主义,法国的无政府主义和俄国的孟什维克。这个时期,无产阶级和资产阶级之间,各宗主国和殖民地附属国之间,帝国主义之间的矛盾空前激化。而帝国主义国家之间的争夺异常激烈。其次,1871年的巴黎公社革命,具有重大的历史意义。它深刻地暴露了资产阶级统治的腐朽和反动。公社虽然在反革命势力的镇压下失败了,但是政府和社会风气十分腐败的资产阶级第三共和国无力解决复杂的社会矛盾。19世纪最后30年资本主义世界的四次经济危机,使欧美各国受到了严重的打击。劳动人民的境况日益恶化。

在这错综复杂的矛盾中,劳资矛盾占据主导地位,尤其是无产阶级和劳动人民的冲击,使得形形色色的资

产阶级哲学思潮先后出现。早在19世纪前期，德国哲学家叔本华就发表了他的鼓吹生存意志、敌视理性的"唯意志论"学说，给人们带来消极的影响。他们仇视革命，蔑视民主。到了19世纪后期，在资产阶级文化出现衰落的情况下，叔本华的学说进一步流行开来。在叔本华之后，尼采则推出他的权力意志论，认为不择手段，不顾一切约束去实现个人的欲望是人的本性。尼采在反对旧的传统道德和基督教的同时，大力宣扬他的超人哲学，他把人分成两类，一种是天生统治别人的强者，一种是天生统治别人的弱者。而弱肉强食是一切生物的本性。这种极端的个人主义理论，受到垄断资产阶级的欢迎，后来还成了法西斯分子的理论基础。19世纪后期盛行的实证主义哲学也对这时的文学产生了深远的影响。以孔德为代表的实证主义者们宣称：自己对生活采取纯科学的客观态度，避免下结论，不探求任何客观的规律。他们主张以事实代替结论，以使他们的学术超越于唯物与唯心主义之上。孔德的这种"用自然科学的方法来研究社会，把社会与自然等同起来"的主张，被法国文论家泰勒承袭过来，并将它应用于文学及一般精神活动的解释。因为他认为作家的世界观和创作不是由经济和社会因素决定的，而是由种族、时代、环境三因素决定的。这就抹杀了社会现象和一切精神活动的阶级内容，也就直接铸就了自然主义文学理论的温床。

这一时期，随着政治、经济领域里的深刻变化以及形形色色的哲学思潮的影响，文学也出现了一些新的特征。主要表现在：首先，无产阶级文学和理论有了较大的发展，出现了以巴黎公社为代表的无产阶级文学家和理论家。其次，批判现实主义文学作为主流仍在发展。尤其是英国和法国的文学较前期，有了新的进展，出现了有突出成就的作家和作品。北欧这时达到了高峰，理论和实践都有突出的建树，易卜生、比昂松是代表。美国的现实主义文学得到长足发展。最后出现了形形色色的资产阶级文学流派，如自然主义、象征主义、唯美主义等。甚至还出现了宣扬强权，鼓吹军国主义和沙文主义，为帝国主义殖民政策辩护的文学。

二、巴黎公社文学

巴黎公社文学是巴黎公社革命的产物，也是西欧无产阶级文学最突出的成就。主要包括公社斗争前后约二十年时间（19世纪70—80年代）公社战士们的大量文学创作，体裁有诗歌、小说、散文、戏剧、回忆录等。它真实地记录了巴黎公社时期无产阶级的英勇斗争和反动派的血腥罪行。具有强大的宣传鼓动作用，在法国和世界文学中占有光辉的一页。巴黎公社文学按时间可分成三个阶段：第一，公社诞生前的普法战争时期，即公社革命的酝酿时期，也是公社文学的草创时期；第二，是公社斗争的 72 天时期；第三，是公社失败后的近二十年时间。而第三个阶段是公社文学的主要创作时期。公社文学的主要内容，前期主要是抨击第二帝国的投降卖国政策。如爱弥尔·德勒的《一块牛排就交出巴黎》，同时还呼吁人民积极投入保卫巴黎，保卫祖国的战斗。如鲍狄埃的《自卫吧，巴黎》，它直接号召群众起义，为建立革命政权而斗争。鲍狄埃在《1870 年 10 月 31 日》一诗中热情呼唤："快成立红色的公社，像一轮红日升入天空！"这些诗为巴黎公社注入了新的活力，体现了强烈的战斗性。在建立和保卫公社的 72 天时间里，诗歌、漫画、歌曲、戏剧等多种形式的创作直接为战斗服务，具有鲜明的时代感。公社失败后的 20 年，公社成员以笔代枪，创作了一批体裁多样，思想深刻，艺术更趋成熟的优秀之作。他们或者控诉凡尔赛分子的血腥罪行，或者缅怀在斗争中牺牲的战友，或者总结公社的经验，讴歌公社的光辉业绩，以激励人们投入新的战斗。这些创作密切地配合了公社革命，体现了鲜明的政治倾向性。这些作品饱含爱国主义感情，同时贯穿着国际主义精神，例如当时的不少作品对侵略、奴役法国人民的普鲁士统治者表示了强烈的愤怒和抗议，这既符合法国人民的利益，又符合德国人民的利益；作家还号召全世界被压迫、受奴役的人民一起团结起来，打倒共同的敌人，实现共产主义。字里行间充斥着崭新的思想内容和革命乐观主义精神。同时还采用了人民群众喜闻乐见的民歌形式，语言通俗明快，笔锋犀利，富有强烈的感染力。公社文学的代表除了女英雄路易斯·米歇尔（1830—1905，她出版过诗集《生活的历程》、《故事与传说》和小说《人类细菌》，还写了两部回忆录《回忆录》和《公社》，为后人留下了珍贵的史料）外，还有儒勒·瓦莱斯（1832—1885，他创办了公社的主要报刊之一的《人民呼声》，辑有文集《街道》、《巴黎即景》、《伦敦街头》等多部。《人民呼声》中收录的是公社时期的政论散文；大型剧本《巴黎公社》；自传性很强的长篇三部曲《雅克·万特拉》，生动地记录了公社的变迁）之外，更重要的是诗人鲍狄埃（1816—1887)，他是一位在血与火的斗争中成长起来的、具有高度马克思主义觉悟的、全世界无产阶级的战士与诗人。他出生于包装工的家庭，一生过着贫困的生活。还在 14 岁的时候，伴随着 1830 年巴黎人民起来反对波旁王朝的"第一声战鼓"，他便写下了反映这次斗争的诗篇——《自由万岁》，其处女作表明：他的创作一开始就同法国的革命斗争联系在一起。1831 年，他出版诗集《年轻的诗神》，主要是抨击复辟的波旁王朝，欢呼七月革命的胜利，表示了对七月王朝的失望与谴责。1840 年创作了《是人各一份的时候了》，表现的是巴贝夫平均共产主义思想，对工人运动起了巨大的鼓舞作用。它像燃起的火种一样，在劳动阶级那里引起了燎原烈焰。它标志着鲍狄埃的创作开始探索工人阶级解放的道路。1848 年鲍狄埃参加了二月革命并写了《人民》一诗，诗篇描绘了参加武装斗争的工人形象，表达了他们"不自由，毋宁死"的决心。1864 年他参加了马克思领导下成立的第一国际，并组织巴黎支部。在普法战争中，他参加了保卫巴黎的爱国主义斗争，写了《自卫吧，巴黎》（1870）、《威廉和巴黎》、《1870 年 10 月 31 日》等诗，号召人民与侵略者进行不妥协的斗争，清算大资产阶级的卖国罪行。1871 年 3 月 18 日，鲍狄埃参加了巴黎无产阶级的伟大起义，被选为公社委员，积极参加巴黎公社各个方面的工作。公社遭到镇压时，几乎是在那浴血的一周间的第二天，他写出了《国际歌》的歌词。公社失败后，他流亡英、美，1880 年才返回法国。流亡期间还参加了美国的工人运动，继续宣传巴黎公社的事业和经验教训，帮助美国工人运动建立第一个社会党。回巴黎后参加了马克思主义者盖德和拉法格领导的"法国社会主义工人党"。晚年贫病交加，但仍然积极参加政治活动，进行文学创作，写了《纪念 1871 年 3 月 18 日》、《巴黎公社纪念碑》、《十四周年》、《她并没有死亡》等诗，怀念牺牲的战友，再现了公社的伟大形象。鲍狄埃于 1887 年 11 月 16 日在巴黎病逝。

鲍狄埃在《国际歌》里最好地表达了国际无产阶级和各国劳动人民的思想、情绪、愿望和要求，在人类历史上，从来没有一支歌像它那样流传得如此广泛，影响人如此之深。它鼓舞了全世界受苦受难的同胞，为国际共产主义的崇高理想而奋斗。列宁称《国际歌》是"全世界无产阶级的歌"，它以激昂的语言，形象地表达了马克思在《共产党宣言》里所表达的"全世界无产者，联合起来"的思想，主张打碎资产阶级的国家机器，由无产阶级做天下的主人。

《国际歌》开头，诗人就号召全世界受苦的人起来，为真理而斗争，把旧世界打个落花流水。诗人代表全世界无产阶级豪迈地宣称：我们要做全世界的主人。显示出了无产阶级宏大的革命气派和远大的胸怀，肯定了暴力革命的原则，表达了无产阶级强烈的革命愿望与"做天下的主人"的决心。在歌词里，诗人明确告诉劳苦大众，世界上从来没有什么救世主，也不能靠什么神仙皇帝，要创造人类的幸福，全靠我们自己，即"无产阶级要解放全人类，首先要让思想冲破千百年来宗教与英雄史观的牢笼"，这是对剥削阶级的欺骗宣传和种种假社会主义的有力批判，从而为无产阶级指明了革命道路的根本路线——夺取、巩固政权，实现共产主义。《国际歌》还阐明了无产阶级斗争的正义性、必然性，并且揭露了资产阶级国家机器的反动性、寄生性。

在《国际歌》的最后两节中，诗人主张把帝国主义战争变为革命战争，把剥削阶级消灭干净。这样，鲜红的太阳就会永放光芒。劳动人民"做天下的主人"是不可抗拒的历史发展规律。

作为政治抒情诗的《国际歌》，宣传了马克思主义真理，把公社的思想传遍全球。歌颂了觉醒了的无产阶级伟大的斗争和汹涌澎湃的英雄气概。正如列宁在《欧仁·鲍狄埃》一文中所说："一个有觉悟的工人，不管他来到哪个国家，不管命运把他抛到哪里，不管他怎样感到自己是异乡人，言语不通，举目无亲，远离祖国——他都可以凭借《国际歌》的熟悉曲调，给自己找到同志和朋友。"《国际歌》的出现，开辟了世界无产阶级文艺的新时代。诗人鲍狄埃也因此而成了一个"最伟大的用歌作为工具的宣传家"，一个"发展到一定历史阶段的无产阶级革命艺术的代言人"。

三、批判现实主义文学

在19世纪后期的欧美文坛上，批判现实主义文学仍占据主流地位。不过，已经表现出新的特点：作家们在揭露社会的丑恶与黑暗，鞭挞社会的物欲横流、道德沦丧，谴责资产阶级的腐朽与伪善，忧虑着社会的精神危机的同时，又对日益增长的军国主义与民族间的仇恨惴惴不安。由于本身阶级立场的局限，又加上唯心思潮和各种颓废流派的影响，他们总是以恐惧的心理来看待无产阶级革命。在种种社会矛盾面前表现出一种无可奈何的郁闷心情。虽同情劳动人民的疾苦与反抗斗争，却提不出改造现实、摆脱贫困的正确途径。总之，此时的西欧批判现实主义文学是充满矛盾的。它反映了进步的知识分子与社会中小阶层的愤懑与迷惘。

（一）英国

此时的英国失去了它在国际市场上工业生产的霸主地位，国内经济停滞，社会矛盾激化，工人运动重新抬头。资产阶级为了缓和阶级矛盾，竭力鼓吹沙文主义和改良主义，使得形形色色的假社会主义思潮应运而生。例如费边社会主义，实际上是反对无产阶级革命的改良主义。在这种历史情况下，英国的批判现实主义作家们坚持了前人的优良传统，继续揭发资本主义和帝国主义的种种弊病，对劳动人民的悲惨处境表示了深切的同情。不过在批判的同时，又宣扬了改良主义,流露了悲观情绪。主要代表作家有梅瑞狄斯(1828—1909)、哈代(1840—1928)、高尔斯华绥(1867—1933)、威尔斯(1866—1946)等。

梅瑞狄斯是位极敏感的作家,他的作品布局精巧,艺术上变化多样,重心理描写。代表作品《利己主义》,在其中成功地塑造了利己主义者的形象。高尔斯华绥是位杰出的现实主义作家,1906年创作的《有产业的人》使他誉满文坛。而他真正的成名作品是"福尔赛世家"三部曲、"现代喜剧"三部曲。这些长篇小说以英国社会为背景,成为资产阶级由盛至衰的艺术编年史。

哈代是英国后期批判现实主义文学的重要小说家和诗人。他极其熟悉英国农村,留恋古老的宗法制农村生活。从19世纪70年代到90年代创作了一系列性格和环境小说。这些小说以哈代的故乡——英国南部的农村为背景,或者表现作家对宗法制古老农村生活的眷恋(《绿荫下》1872),或者描写破产农民的悲惨命运(《远离尘嚣》1874),或者悲剧性地反映农村宗法制的土崩瓦解,人们无法掌握自己的命运,逃脱不了"自然之神"的捉弄(《还乡》1878、《卡斯特乔市长》1886)。因为故乡一带旧称威赛克斯,所以又叫"威赛克斯小说"。

哈代最优秀的性格环境小说是《德伯家的苔丝》,描写了女主人公苔丝一生悲惨的遭遇。苔丝是一位勤劳、善良、纯正与美丽的农村少女。因家庭贫寒,被迫给农业资本家德伯家做女工。不幸中了这家少爷亚雷的圈套,受辱后生了孩子,引起社会舆论对她的谴责,为资产阶级虚伪道德所不容。在婴儿死后,苔丝被迫去塔布篱牛奶厂做女工,不久与牧师的儿子克莱相爱。在新婚之夜苔丝向克莱讲述了自己的身世,克莱马上翻脸无情,抛弃苔丝出国去了。苔丝极端痛苦,亚雷便乘虚而入,纠缠苔丝,苔丝只好又答应了他的要求。而不久之后,克莱从国外归来,希望与苔丝破镜重圆。万般痛苦的苔丝认识到亚雷是自己一切灾难的祸根,于是她把亚雷杀死了。不久苔丝被法庭判处死刑。苔丝的命运反映了资本主义入侵农村后英国广大贫苦农民的悲剧,苔丝也成了资产阶级道德的牺牲品。这部小说的副标题是"一个纯洁的女人",表现出作者对资产阶级罪恶与虚伪道德的抗议,对于无辜的苔丝,作者寄予了深切的同情,但在描写苔丝的命运时,暴露了哈代的宿命论观点,他认为这是难以违抗的命运的捉弄,是神的安排,或者归咎于偶然性事件的支配。这就削弱了作品的批判意义。

(二)法国

这一时期的法国逐渐向帝国主义发展。19世纪90年代法国工人运动重新崛起，反对拿破仑三世为代表的大资产阶级的独裁统治。由于当时工人运动还没有统一的马克思主义政党领导，运动的领导权曾被蒲鲁东主义者所篡夺。拿破仑三世的疯狂镇压反而扩大了第一国际在工人群众中的威望。在国内矛盾日益尖锐的情势下，60年代末汇合成一股冲击第二帝国的洪流。拿破仑三世为了挽救帝国危机，1870年7月匆忙地向普鲁士宣战。法国很快失败，导致法兰西第二帝国的崩溃。1870年巴黎人民起来推翻第二帝国，但是革命的胜利果实落到了资产阶级自由派的手中。"国防政府"仍然镇压工人革命，达到卖国求荣的目的。于是1871年巴黎工人武装起义，推翻了资产阶级政府，成立了巴黎公社。作为人类历史上的第一次无产阶级专政，它标志着无产阶级的革命斗争已经进入了一个新的阶段。作为这一时期生活的反映，除了以鲍狄埃为代表的无产阶级文学也就应运而生外，自然主义与颓废文学风靡一时。当时一部分知识分子由于对现实的憎恨，对工人运动的恐惧而感到前途渺茫，产生悲观、颓废的情绪。颓废文学就是这一社会情绪的表现。颓废派文学虽然流派繁多，形式大异，本质上却都是资产阶级没落的写照。在思想上他们信奉主观唯心主义与自觉主义哲学，艺术上推崇为艺术而艺术，为美而美，反对艺术表现现实生活。

这一时期批判现实主义文学有很大发展，代表作家有法朗士、莫泊桑和罗曼·罗兰等。他们的作品对现实的丑恶作了无情的批判，尤其莫泊桑在他的中长篇小说中对第三共和国时代的法国社会作了真实的反映，特别是对中小资产阶级的生活描写最为出色。同时他们的作品也有浓厚的悲观主义情绪，在不同程度上受到了自然主义影响。

阿纳托尔·法朗士（1844—1924）是19世纪末期和20世纪初期法国的重要作家。早年他曾加入"为艺术而艺术"的帕尔纳斯派诗歌团体，并成为这个流派的砥柱之一。他在写过《金色诗集》（1873）和三幕诗剧《科林斯人的婚礼》（1876）之后转入小说创作。19世纪七八十年代法朗士还不理解巴黎革命，对它进行了歪曲的描写与责难，但他厌弃逐渐向帝国主义阶段过渡的法国资本主义社会。从80年代末期他接受了蓬勃的工人运动的影响，开始关注政治，逐步接受社会主义思想。1894年他积极参与德雷福斯案件，伸张正义痛砭资本主义黑暗。他的代表作是长篇小说四部曲《当代史话》，包括《路旁榆树》（1896）、《柳条模型》（1897）、《红宝石戒指》（1899）、《贝日莱先生在巴黎》（1901），这组小说生动地展现了第三共和国在德雷福斯事件前后的广阔生活画面。

莫泊桑（1850—1893）是19世纪后期法国重要作家。他出生于没落的贵族家庭，母亲很有文学修养，与福楼拜关系甚笃。从莫泊桑少年时代起他母亲就注意培养他的文学兴趣。从1873年起，莫泊桑在创作上受到福楼拜严格的指导，直到福楼拜去世为止。当时福楼拜曾把莫泊桑介绍给一些著名作家，如左拉、屠格涅夫和龚古尔兄弟等，福楼拜去世后，侨居法国的屠格涅夫又给他热心帮助，介绍他阅读普希金、果戈理、列夫·托尔斯泰等俄国作家的作品。莫泊桑属于以左拉为首的"梅塘集团"的作家之一，这个集团以自然主义为标榜，经常在左拉的梅塘别墅聚会。1879年一个夏夜，这六位作家在一起相约，每人各以普法战争为题材写一篇短篇小说，后来结成了《梅塘晚会》出版问世。在这六篇作品中，以莫泊桑的《羊脂球》最为出色。从此，莫泊桑一举成名，跃入法国文坛。莫泊桑的创作虽受自然主义的影响，但他却是一位真正的批判现实主义作家。其创作生涯非常短暂，可是他却写了三百五十余篇中短篇小说，六部长篇小说，三部游记，一部诗集及少量杂著，而且中短篇小说有极高的造诣，酝藏着莫泊桑精湛的艺术才华。他的这类小说题材广泛，技巧娴熟，不少作品成为脍炙人口的世界名篇。其作品大致描写普法战争，城市小资产阶级的风俗习尚和农民的悲惨生活及其命运三个方面的内容。

莫泊桑的不少作品是以普法战争为题材，暴露普鲁士侵略者的暴行，讴歌法国人民的爱国主义精神的。如《米隆老爹》、《蛮子大妈》、《菲菲小姐》等。作家一方面描写普鲁士军官淫乐无度，以占领者自居，肆意践踏法国的古老文化（《菲菲小姐》）。另一方面描写侵略者的暴行惨不忍睹，一个卧床15年的女疯子，曾被带到森林里活活冻死，尸体被狼吞食（《女疯子》）；一对善良的朋友出城钓鱼，被怀疑为"奸细"，无辜地遭枪杀（《两个朋友》）；人民对侵略者的暴行疾恶如仇，自发起来消灭敌人。这里有老农民，他每天夜里巧妙地杀死许多零散的敌人（《米隆老爹》）；有农村的大妈，为给儿子复仇，放火烧死了四个普鲁士士兵（《蛮子大妈》），最后他们在敌人的枪口下英勇就义。莫泊桑就是这样，从普通人甚至社会最底层的人物身上，发掘出最真挚的爱国主义感情，从而得出人民群众才是抗击侵略者的真正力量的结论。

与此同时，作者也揭示出导致法国民族灾难的真相，《羊脂球》是典型的代表。小说以普法战争为背景通过一个羞于委身于敌人的妓女羊脂球与所谓的上等人的对照，暴露了贵族、资产者及教权派在大敌当前，懦弱自私，辱没祖国尊严的可耻行径。这些上等人在品德上甚至连妓女都不如。正是他们的卑鄙自私，逃跑与叛卖，将同胞拱手送人，才使法兰西民族蒙受如此深重的灾难。

这篇小说没有跌宕起伏的情节和惊心动魄的场面,但作家对情节的设置颇具匠心。围绕着对普鲁士军官的态度这一关键点,通过这一试金石审视了每一个人的精神价值,促使他们做出精彩的表演,暴露了每个人的真面目,从而羊脂球的形象具有了强烈的对照意义。相形之下,那些衣冠楚楚的"正人君子"才是逐名追利、落井下石、男盗女娼的小人。《羊脂球》就这样从普法战争的一个侧面,通过一辆邮车去反映各阶级的动态,显示其卑鄙与崇高,因此邮车就成了整个社会的缩影。在莫泊桑的创作中描写城市资产阶级生活的作品也是较有价值的部分,尤其是对拜金主义作了辛辣的讽刺。在金钱的支配下,父亲怂恿女儿与人通奸(《遗产》),丈夫靠妻子出卖色相成为阔人(《珠宝》)。只要能获取钱财,不惜践踏天良,道德降低到最低点。短篇小说《一家人》和《老人》更使人怵目惊心。为了抢夺财产,不等老人咽气就办丧事。骨肉之情、养育之恩全都淹没在冷冰冰的利己主义当中。莫泊桑还突出地揭露了小资产阶级的虚荣、自私势力和附庸风雅的坏风气。著名短篇小说《项链》描写一个小公务员之妻为了能在一个晚会上出风头,向人借了一副项链,虚荣心虽然满足了,然而项链却不慎丢失了,这样只得借钱买项链赔偿,为此付出了十年的辛劳和节衣缩食的代价。书中对法国资本主义社会的虚伪揭露得入木三分,淋漓尽致。在莫泊桑农村题材的小说中,以逼真的描写反映出穷苦农民的悲惨命运。《我的叔叔于勒》中于勒在表现他们的虚荣、自私时有异曲同工之妙。《瞎子》里苦命人瞎子无依无靠,长期被人欺凌后冻死在荒野中。《穷鬼》里终年行乞的残疾人因打死了一只鸡,被打得半死,最后惨死在监狱里。这些目不忍睹的画面,具有震撼心灵的艺术魅力。在描写其悲惨命运的同时,用诗意的笔调描写了爱的主题。赞颂劳动人民的高尚品质,表现他们之间的纯朴关系,《西蒙的爸爸》是这类作品的代表。因为学生西蒙是个不幸的私生子,因此为社会所不容。在学校上学,西蒙受到各方面的侮辱和打击,严重地刺伤了他幼小的心灵,几乎要投河自尽。铁匠菲力浦得知后,非常理解西蒙母子内心的隐痛,于是他冲破习俗,主动与西蒙的妈妈结了婚,恢复了西蒙的自尊心。短篇小说《归来》也写了贫苦的底层人物之间互相尊重,互相体谅的高贵品质。

  但是由于莫泊桑世界观的局限,他认识不到无产阶级的历史使命与伟大力量,只能怀着痛苦的心情揭露资本主义社会种种病症,表现出的是个人孤独愤怒的抗议,且这种抗议带着悲观主义的情调。作为杰出的现实主义小说家,莫泊桑的小说创作在艺术上达到了炉火纯青的地步。他善于从日常生活中捕捉典型意义的片断,以小见大,反映生活的本质,揭示重大的历史主题。在结构上非常严谨，布局巧妙，有引人入胜的情节，有戏剧性的场面。他主张用真实而非危言耸听的故事去感染读者。他的小说以平稳开始，以难以意料的结局收场，给读者留下不尽的余韵，表现出作家的匠心。他还擅长细节描写，其细节描写既准确又传神，通过特殊环境下人的音容笑貌的刻画，写出人物性格特征。作家也不公开表示自己的爱憎，而是将它隐藏在细腻的笔墨之中，语言准确、明晰、生动。

四、北欧文学

北欧地处斯堪的纳维亚半岛、日德兰半岛，包括丹麦、瑞典、挪威、芬兰和冰岛诸国。这些国家因地处边陲，人稀山多，交通不便，经济发展缓慢，远远落后于西欧。19世纪初北欧造船工业兴起，资本主义经济开始活跃。在此情形下，北欧的资产阶级有所发展，但很少表现革命性。19世纪中期以后丹麦、瑞典和挪威先后建立君主立宪国家。

19世纪北欧各国文学大都经历了由浪漫主义向现实主义的过渡。19世纪上半叶北欧文学的主潮是浪漫主义，下半叶则是批判现实主义。由于各国具体情况的差异，在文化上保留了各自的特色。挪威是这一时期北欧文学的杰出代表。19世纪下半期批判现实主义空前繁荣。正如恩格斯所言：挪威在最近20年所取得的文学成就，除了俄国之外无一个国家能与之相提并论。挪威的优秀作家有亨利克·易卜生、比昂松和约纳士·李（1833—1901）等。他们的创作确立了挪威积极浪漫主义文学与批判现实主义文学，对欧美文学的发展产生了积极影响。

丹麦文学上影响较大的是安徒生的童话创作，其次是文学评论家盖奥尔格·勃兰兑斯（1842—1927）的文学批评活动。他的《19世纪文学主潮》对北欧各国的现实主义文学的发展具有重要的指导意义。瑞典在19世纪后期出现了著名作家奥古斯特·斯特林堡（1849—1912）。在创作上他以历史剧开始，后来也写了关于妇女问题的作品。斯特林堡的创作有自然主义与颓废主义的倾向，代表作品是《梦的戏剧》（1902）。用戏剧的方式表达了他的悲愤、伤感和绝望。同时挪威也出现了自然主义与颓废主义文学。20世纪初，在北欧诞生了无产阶级文学，以丹麦作家尼克索为旗帜。

汉斯·克里斯田·安徒生（1805—1875）是世界著名的童话作家。他出生于丹麦中部小城市奥登塞一个贫穷的鞋匠家庭。由于无钱上学，11岁时便到一家呢绒铺当学徒，1819年到哥本哈根皇家剧院做杂役，之后在别人的帮助下得到一份奖学金，才有机会进正规学校读书。因青年时代饱尝了底层人物的辛酸，所以他的创作有真情实感。其作品有诗歌、戏剧、小说、游记等，但真正显示出他艺术才能的是童话。他一生创作的一百六十余篇童话，成为世界文学史上的珍品。安徒生的童话创作在19世纪30年代开始，40年代达到极盛时期。以充满浓郁的浪漫色彩的作品充分地再现了现实生活，表现了严肃的社会内容。后期转向了现实主义。"高贵者愚蠢"是安徒生童话的基本主题。其内容可概括为三个方面：（1）赞美勤劳人民的善良品质，揭露贫富悬殊，对人民疾苦表示深切同情。《卖火柴的小女孩》、《她是一个废物》、《丑小鸭》等都是脍炙人口的名篇。《卖火柴的小女孩》实际上是一篇现实主义的短篇小说。作品的小主人公则是以一个剥削制度下不幸的牺牲品呈现在读者面前的。作者以细腻而生动的笔触，描写圣诞之夜一个卖火柴的小女孩的悲惨遭遇，以"朱门酒肉臭，路有冻死骨"的真实画面对剥削阶级作了有力的控诉。在《她是一个废物》中，作者通过老妇人在贫困中的苦苦挣扎，经历的种种凌辱与折磨，暴露了丹麦的黑暗现实，表示了对老妇人的深切同情。在《夜莺》里，以统治阶级荒唐奢侈与底层平民的艰辛形成对比，从而揭露了贫富悬殊的社会现实。（2）以强烈的民主精神，揭露了统治阶级的愚蠢、邪恶。《皇帝的新装》是暴露他们愚蠢可笑的真面目的典型。《夜莺》里作为权贵的寄生虫们，愚蠢到把母牛和青蛙的叫声认作是夜莺的歌唱的地步。（3）真实反映剥削制度的残酷与人间的无情。勤劳的底层人民有智慧，又品德高尚，但遭遇都很悲惨。如《海的女儿》、《野天鹅》、《丑小鸭》、《光荣的荆棘路》、《园丁和主人》等。安徒生的童话想象丰富思想深刻，充满诗意的幻想，语言简洁生动，具有清新的民间口语的乡土气息。但是由于他看不出社会进步的根本方向，作品的主人公往往天真地求助于宗教，甚至向天国、上帝寻求支持与安慰。

比昂斯藤·马尼纽斯·比昂松（1832—1910）是与易卜生齐名的挪威剧作家、小说家、诗人和社会活动家。他出生于一个乡村牧师家庭，中学时代积极地为争取挪威的民族独立而斗争。他的抒情诗讴歌祖国山河的壮丽，抒发他的爱国主义热情。比如《是啊，我们热爱这片土地》一诗，成了挪威的国歌。比昂松的中短篇小说以"真实和自然"著称，描写有才能的男女主人公历尽艰辛终成眷属的故事。但比昂松的文学成就主要是戏剧创作，他是从写历史开始创作的。在社会政治斗争逐步高涨的情势下，才转向了批判现实主义，大胆地触及挪威资本主义社会的种种矛盾，抨击了资产阶级的可耻行径与虚伪、自私和贪婪的面目。其中《破产》和《挑战的手套》都是著名的剧本。1930年比昂松荣获诺贝尔文学奖。

马丁·安德逊·尼克索（1869—1954）是丹麦著名的无产阶级作家，享有"丹麦的高尔基"之称。尼克索诞生在一个工人家庭，他8岁时，因为父母失业，全家搬至波荷尔姆岛的农村生活，10岁时开始给人放牛，14岁时当雇工，以后又干过皮匠等多种职业。中学毕业以后从事教育工作。在此期间开始了文学创作。1898年出版了第一部短篇小说集《阴影》，尔后又写了《生命的代价》（1899）、《母亲》（1900）、《法朗克一家》（1902）、《细雨》（1902）等中篇小说。他早期的作品描写劳动题材，提出了许多社会问题，一定程度上揭露了资本主义的罪恶，为无辜的牺牲者发出了抗议声。长篇小说《征服者贝莱》的发表（1910），标志着创作的新阶段，与后来写的长篇小说《狄蒂——人的女儿》（1917—1921）和《赤色分子马尔登》（1945）合称三部曲，可算是作家的代表作。《征服者贝莱》以丹麦工人运动为背景，表现贝莱在首都的经历。《狄蒂——人的女儿》主要描写一个贫苦的农村姑娘狄蒂一生的悲惨遭遇。在资本主义制度的折磨下，年仅25岁的狄蒂便离开了人世。作家以深厚的同情对人吃人的剥削社会提出了强烈的抗议。《赤色分子马尔登》的主人公是作家马尔登，背景在第一次世界大战爆发前后，这时的贝莱已经蜕化成资产阶级庸人和工具，当上了政府的官吏，而马尔登则相反，他成为无产阶级作家，特别是在他访问过苏联以后，更加强了他为社会主义而奋斗终生的信念。这两部小说近似自传。尼克索的三部曲概括了19世纪70年代至20世纪20年代丹麦的社会生活，热情地歌颂了无产阶级的伟大斗争，批判了机会主义，奠定了尼克索作为无产阶级作家的伟大地位。

五、自然主义文学

自然主义文学作为一种新的文学思潮，于19世纪60年代出现于法国。为自然主义奠定思想基础的是艺术理论家泰纳。泰纳接受了哲学上孔德的实证论，提出了所谓实证主义的美学。孔德强调通过观察与实验，研究现象与事实，从中找出规律，得出"实证的"、"科学的"结论。泰纳把实证用于艺术，提出种族、环境、时代三要素决定创作的理论。左拉接受了泰纳的观点，还研究了生物学和医学上的新成就，特别是遗传的理论。在卡思医生的《自然遗传论》和生理学家克洛德·贝尔纳的《实验医学研究论》的启发下，左拉提出了自己的自然主义理论。其基本观点是认为人的生物本能支配其社会行为。他先是在长篇小说《黛莱丝·拉甘》的序言（1867）中，后来又在19世纪80年代初写的理论文章如《实验小说论》(1880)、《戏剧中的自然主义》(1881)、《自然主义小说家》等论文中,进一步使自然主义创作理论系统化。左拉认为写小说不应受社会规律的支配,不应该用浪漫主义的幻想和夸张手法。他主张着重写人的生理本能,且所"描摹的自然",主要是随便观察到的、偶然的琐碎现象。反对使用典型概括化的手法反映现实。作家对社会应持客观而科学的超党派、超政治的态度,反对作家在作品中表露思想感情和对事物作结论。甚至要求作家成为科学家,应像实验室的化学家那样对人进行实验,然后把实验的结果记录下来。左拉把人与自然界的其他生物等同起来,认为它们受同一规律支配。他认为是生物学的规律决定着人的心理、性格、情欲和行为,因此十分重视遗传对人产生的影响。总之他们认为,既然作家完成的是科学的任务。所以就必须做到冷静和客观,不应流露个人感情和给予评价。左拉说:"我不要做政治家、哲学家、道德家,我只要做一个学者就满意了,我将要表现事实……而结论我是没有的。"

在法国文学史上,龚古尔兄弟的小说《日尔米尼·拉塞尔特》(1865)被认为是典型的自然主义文学作品。小说描写了一个乡下少女当了侍女后的堕落过程。作者把女主人公日尔米尼的悲惨遭遇归结为纵欲和嗜酒,并没有反映出造成主人公悲惨命运的主要原因。在自然主义思潮的影响下,左拉也创作了他的自然主义小说《黛莱丝·拉甘》,在这部小说里,左拉从生理学的角度研究了两个人的肉欲的秘密思维活动。1868年发表的小说《玛德兰·塞拉》和1877年发表的《小酒店》也都是左拉有名的自然主义作品。

法国的自然主义思潮还影响到其他一些国家的文学。正当法国的自然主义文学逐渐衰落的时候,德国的自然主义开始兴旺起来。著名的剧作家霍普特曼的写酒精中毒和遗传问题的剧本《日出之前》就是一部典型的自然主义的作品。意大利、挪威、西班牙、俄国和美国的文学都曾受到自然主义的影响。

六、象征主义和唯美主义

19世纪还有两种属于非主潮的文学流派,其美学思想和创作方法与自然主义、无产阶级文学大异其趣,这就是象征主义和唯美主义。这两种文学都重主观幻觉,求神秘怪异,表现了对非理性、神秘主义和下意识的崇拜,他们是资本主义发展的产物,是苦闷、彷徨颓废的"世纪末"情绪的反映,是资产阶级思想危机的具体体现。其共同的哲学基础是反理性的主观唯心主义,美学纲领是"为艺术而艺术"。

象征主义于19世纪40—50年代在法国出现，80年代让·莫雷亚斯（1856—1910）发表《象征主义宣言》而正式得名，并得到承认，90年代传到英、美、德、俄等国。象征主义者认为：人类周围的世界并不是世界的全部，在这个外部世界的后面，在世界万物之间，在自然与人之间以及人的内在感觉的深处，还存在"另一个世界"，这个世界是更真实的。但它是人类意识无法达到的。人类应该沟通这"另一个世界"，以便发现隐藏在普通事物背后的"惟一的真理"，而沟通这两个世界的媒介就是象征。只有象征才能把那个感觉的世界表达出来。所以诗歌创作的目的就是用恍恍惚惚、半隐半现的形象来暗示那"另一个世界"。因此他们在诗歌中大量采用暗示、象征和联想以图表现他们所追求的世界，有时还赋予词语另一种新意，或者对词语做出非常奇特的、出人意料的组合。因而其作品形象半明半暗，扑朔迷离，充满神秘主义色彩。象征主义的代表作家是诗人魏尔兰、兰坡和马拉美。他们的诗学理论和诗歌创作为象征主义作出了表率。

魏尔兰（1844—1896）早年思想颓废，在法兰西的风雨历程中，也曾在革命来临时焕发出热情。但由于颓废成性，在其诗作中，可以听到一个被社会毁弃的诗人真诚而痛苦的声音。他厌弃这个世界，又被它压倒，于是发出孤独无力的哀吟。晚年放浪形骸，诗中有不少粗俗之作。正如高尔基在《保尔·魏尔兰和颓废派》中所说：魏尔兰和他的同伴们既是资产阶级社会的叛逆者，也是受害者。

兰坡（1854—1891）从小才华过人，他对资本主义的现实不满，生活颓唐，到处游荡和冒险，36岁就离开了人世。兰坡的诗充满反抗的激情，包括早年用写实手法写成的诗作。但他反叛一切旧传统的努力走到了极端。他的十四行《母音》中，五个母音竟各代表一种颜色，A代表黑色，E代表白色，I代表红色，U代表绿色，O代表蓝色。在另一首诗《醉舟》中，时间和空间概念都已消失，船幻想自己是波浪，滚流到天涯海角，见到无数的太阳与海怪，实际上写了一连串混乱的幻象。

马拉美（1842—1898）对象征主义理论上阐述较多。他一生都在努力揭示隐藏在平凡事物背后的"绝对世界"，他认为：以表现美为使命的诗歌本来就应该是神秘的。主张诗歌不要让人理解，而应让人去推测。如果诗写得明晰，就会减少读者的满足感。因此，他被称作"梦幻诗人"。他的作品《牧神的午后》被公认为象征主义的杰作。

总之，象征主义者为改革诗歌技巧，扩大诗的表现技巧做出了很大的努力。由于诗人看不见光明的社会前景,其作品一般都有悲观主义情绪。艺术上表现出神秘主义和唯美主义的特征。到19世纪90年代初,象征主义就解体了,但他们的艺术手法被很多人研究和运用,产生了很大影响。

19世纪后期,英国出现了以王尔德(1854—1900)为代表的唯美主义文学。他们主张"为艺术而艺术",强调创作与现实生活无关的"纯粹美"。其最早的鼓吹者是法国的浪漫主义诗人戈蒂耶,他激烈反对文艺遵从道德和功利的目的。他说:"只有毫无用处的东西才是真正美的,所有有用的东西都是丑的。"他的代表作《珐琅与宝石》(1852)只是写景咏物,对自然美,人体美和艺术美反复赞叹,而没有丝毫时代的影子。王尔德在理论和创作上进一步发展了唯美主义。他主张艺术高于生活,艺术应当超脱人生,不受压抑,认为"一切艺术上的坏处,都是从现实感产生的"。而"撒谎,说出美丽动听的假话就是艺术的真正目的"。他还颠倒文艺和生活的关系,认为艺术不是人生的镜子,人生才是艺术的镜子。其代表作是长篇小说《道林·格雷的画像》(1891),它通过怪诞的情节,描写主人公格雷的堕落过程。小说中的主人公烦躁不安,精神错乱,道德败坏,是颓废主义者的典型写照。

除王尔德外,英国作家、文艺理论家佩特也是唯美主义流派的一个重要代表。

七、美国文学

美国由于远离欧洲大陆,文学与历史的发展都表现出了相对的独立性。首先通过独立战争,摆脱了英国的殖民统治,为资本主义经济的发展扫清了障碍。19世纪中期,美国人民艰苦创业,为经济繁荣而努力。从1810—1860年,美国工业产值增长十倍。由于国家鼓励开发西部,大量移民加入拓荒者的行列,农业也得到迅速发展;杰克逊当选为总统后的一系列改革,使得美国的民主事业得到进一步发展,反对蓄奴制的斗争声势不断高涨,终于导致南北战争的爆发。战争摧毁了南方蓄奴制度,为美国资本主义开辟了广阔的道路。

政治经济上的迅速发展,使整个国家呈现出蓬勃向上、欣欣向荣的景象,这为美国民族文学的发展创造了良好的社会条件。这一时期的文学描绘了美国人民争取民主,反对蓄奴制,发展经济的大规模斗争,并有力地参与了这一斗争,显示出乐观开朗、朴实豪放的独特风格。

这一时期的重要诗人有爱默生(1803—1882)、郎费罗(1807—1882)等,重要散文和小说家有希尔德勒斯(1807—1865)、梭罗(1817—1862)、霍桑

(1806—1864)、麦尔维尔（1819—1891）。美国的现实主义文学也在民主运动和奴隶解放运动中成长起来。最有代表性的作家是斯托夫人和伟大的民主诗人惠特曼。

希尔德勒斯的长篇小说《白奴》真实地描写了黑奴的悲惨生活和蓄奴主的残暴贪婪，揭露了奴隶制的罪行；梭罗的散文简练朴实，有力地批判了蓄奴制；霍桑的代表作《红字》(1850) 描写了农村姑娘海丝·白兰度和牧师狄梅丝代尔的恋爱悲剧。白兰度饱受社会的迫害，被当做罪犯戴着标志通奸的红字A游街。小说深入探究了有关罪恶和人性的各种道德、哲学问题，批判了政教合一体制下殖民地社会的黑暗。麦尔维尔最重要的作品是《白鲸》(1851)，描写捕鲸船皮阁德号出海追捕白鲸的故事，通过惊心动魄的捕鲸场面的描写，肯定了船员们的崇高品质，有着丰富的象征意义。

哈里耶特·比彻·斯托 (1811—1896) 出生于康涅狄格州的一个牧师家庭，她对黑人奴隶的悲惨遭遇十分同情，对蓄奴制深恶痛绝，并积极参加了援助逃亡奴隶的活动。当废奴运动达到高潮时，斯托夫人写了长篇小说《汤姆叔叔的小屋》(1852)，它代表了美国废奴文学的最高成就。发表后在国内外引起强烈的反响，有力地推动了美国的废奴运动。时任美国总统的林肯曾称斯托夫人是"写了一本书引起一场大战"的作家，可见她的创作在摧毁蓄奴制斗争中所起的历史性作用。《汤姆叔叔的小屋》描写了黑人的悲惨遭遇，揭露了美国南方种植园主奴隶制的种种罪行。黑奴汤姆善良正直，勤劳，从小辛苦劳动，得到主人赏识，当了总管，后被破产的主人希比尔卖掉；而老汤姆逆来顺受，像牲口一样被多次倒卖，最后落到心狠手辣的新奥尔良种植园主莱格尔手里。他在这里饱受折磨，最后为掩护两个逃亡的女奴而惨死在莱格尔的皮鞭之下。与汤姆形成鲜明对比的是女黑奴伊莱扎的形象。伊莱扎的儿子哈利也将被希比尔出卖，伊莱扎不屈于命运，带着哈利冒死潜逃，和丈夫乔治会合后合力抵抗追捕，他们为自己的自由进行了顽强的斗争，终于获得了自由。小说反映了黑奴牛马不如的生活。他们承担着无法忍受的繁重劳动，在拍卖中被拆得骨肉离散，还经常受到鞭打、凌辱、屠杀。这些描写是对奴隶主和蓄奴制的愤怒揭发和有力控诉，赞扬了敢于斗争，顽强不屈的伊莱扎夫妇。作品中体现了作家民主主义和人道主义的理想，显示了美国早期现实主义文学的杰出成就。

瓦尔特·惠特曼 (1819—1892) 是19世纪美国最杰出的民主诗人。他的诗歌采用独创的自由诗体，把奔放的热情和深刻的哲理融会在一起。诗风刚劲、雄浑，体现出美国人民的创造精神，表达了那个时代美国的完整形象。惠特曼出生于纽约附近的一个滨海小村，在一个充满民主主义思想的家庭中长大，因此民主主义思想很早就在惠特曼的心中留下了印迹。惠特曼从小就喜欢读潘恩的文章，热心参加进步集会，倾听空想社会主义者，工人组织领袖的演讲，受到时代思潮的培育。他还热爱文学作品，阅读了大量的诗歌和小说。18岁回到故乡长岛后，先后做过小学教师、印刷工人、记者、《鹰报》主编。1848年欧洲革命爆发时他深受鼓舞。在从城市到农庄，草原到海港的漫游中，丰富了阅历，开阔了眼界，美利坚雄伟的山川湖海和劳动者沸腾的生活，激励着他写出"与美国的丰富和博大相配称"的诗歌，也促进了他民主主义思想体系的形成。从1850年惠特曼离开新闻界到南北战争结束是他诗歌创作的全盛期。1855年他出版《草叶集》，第一版共收12首诗，到他去世时，《草叶集》已出版到第九版，诗已增至383首。《草叶集》的核心内容是对普通劳动者、对民主的歌颂。在诗中，诗人以奔放的气势，沉稳强健的节奏，描绘了新大陆的生活，刻画了躯体和精神相统一的"新人"——普通劳动者的形象，歌颂了他们不竭的生命力和豪迈的开拓精神。同时还热情讴歌了民主理想，他认为：一个繁荣发达的社会若缺乏了民主精神与民主制度便称不上伟大；而真正的民主意味着没有专制和奴役。"没有奴隶，也没有奴隶的主人。"总之，《草叶集》表现了当时美国人的价值取向和乐观进取的时代精神，堪称为"为民主事业而战的武器"。作为美国文学的典范之作，在思想内容和艺术形式上对美国和世界诗歌的发展产生了重要影响。郭沫若认为自己的诗歌很大程度上就是受了惠特曼的影响。

1861—1865年的南北战争是美国历史上第二次资产阶级革命。这次内战消灭了南部的蓄奴制度，为全国范围内的资产阶级迅速发展扫清了道路。到1894年，美国的工业生产就跃居世界第一位，成为了典型的垄断资本主义国家，开始了向外的扩张与侵略。

在文学领域，19世纪上半期，美国文学的主潮是浪漫主义，反映了上升时期美国资产阶级的热情理想与朝气蓬勃的精神。19世纪下半期，由于社会矛盾与丑恶腐败现象尖锐地暴露出来，许多作家对自由民主的理想感到幻灭，于是他们加强了对社会的研究、认识与分析，因而批判现实主义文学是这一时期的主潮。

美国现实主义文学的倡导者是威廉·豪威尔斯，但由于他开始创作时，美国社会的虚伪面目尚未充分暴露，所以他看到的是"微笑的美国"。稍后于他的亨利·詹姆斯（1843—1916）思想更保守。他一生崇拜欧洲文化，尤其是英国贵族文化。所以他的小说多以欧洲贵族、资产阶级社会为背景,表现美国资产阶级及其子女在与欧洲封建贵族接触中互相抵触的主题,以歌颂他们"高尚美德"和文化教养。且在发展心理小说方面作出了贡献。19世纪80年代以后,美国文学出现了繁荣局面。马克·吐温的创作代表了这一时期文学的最高成就。之后一批作家继承了惠特曼的现实主义传统,反映了人民群众的苦难,社会的丑恶,资产阶级道德的沦落和资本剥削的残酷。著名的有欧·亨利等。

威廉·豪威尔斯(1837—1920)是19世纪后期"温柔"现实主义派的代表,近代美国著名小说家。他竭力反对浪漫主义,认为文学作品不应该描写"异常的巧合和悲惨的结局",不过他的作品虽然描写了劳资矛盾,揭露批判了社会的黑暗腐朽,却采取不触及资本主义制度本质的温和立场。代表作是《塞拉斯·拉帕姆的发迹》(1885)。小说主人公是一个靠剥削工人暴发的资本家,但作者又把帕拉姆写成是兢兢业业、勤俭持家的诚实人,从而掩盖了资本家剥削的真相,甚至有作品只批判个别人的品质恶劣,而肯定整个资产阶级道德。他的作品文笔流畅,但缺乏思想深度。

佛兰克·诺里斯(1870—1902)是美国现实主义文学奠基人之一。"美国文学中社会小说的鼻祖",他是从浪漫主义走向现实主义的。其代表作是《章鱼》,小说通过美国西部农场主与南太平洋铁路公司之间的斗争,真实地反映了劳动人民的痛苦遭遇。《章鱼》是美国文学史上社会小说的先声。

欧·亨利(1862—1910)是美国19世纪90年代现实主义小说的主要代表,美国现实主义短篇小说的创始者。他来自社会底层,对各个角落的生活有所了解。一生创作了近三百篇短篇小说,其中有许多优秀作品,对资本主义社会的罪恶制度、狰狞的法律、腐朽的道德、拜金主义等社会现象作了深刻的揭露;对"小人物"的灾难给予无限同情。《麦琪的礼物》是欧·亨利著名的作品之一。它叙述了一对穷困的年轻夫妇捉襟见肘的窘况。在圣诞节来临之际,妻子为满足丈夫的愿望,卖掉自己心爱的长发买了一条像样的表链准备送给丈夫;丈夫为了表达对妻子的情意,卖掉了祖传三代的金表,换来一副装饰长发的梳子,准备送给妻子。最后这两件礼物都成了废品,使人啼笑难言。《警察与赞美诗》写一个流浪汉饥寒交迫的生活。为了度过寒冷的冬天,他想方设法去监狱却不行,正当听到赞美诗深受感动,准备重新做人时,警察却把他当做游民,抓进了监狱。作者就这样以"含泪的微笑",生动的笔触,写出了"小人物"的生活。鲜明的个性,曲折的情节,出人意料的巧合与结尾体现出作家高超的概括能力与技巧。这些对美国短篇小说的创作产生了积极的影响。

第二节 左 拉

一、生平与创作

爱米尔·左拉（1841—1902）是 19 世纪后半期法国最重要的批判现实主义作家之一，也是法国自然主义文学的主要倡导者。

左拉出生在一个工程师的家庭，父亲原是希腊人，母亲是意大利人。少年时代是在法国南部的普罗旺斯地区的爱柯斯城度过的，17 岁时丧父。在外祖父的接济下母子艰辛度日。左拉中学时代在文学上便崭露才华。1857 年随母亲到巴黎定居，19 岁开始独立谋生，先后在货栈、书店干杂工，倍感世态的炎凉。这期间他开始结识文学界人士，陆续在报刊上发表作品。1864 年处女作《给妮侬的故事》问世，此小说明显地受到自然主义文学的影响，第二年出版了第一部长篇小说《克洛德的忏悔》后，便开始了他职业作家的生涯。左拉非常崇拜《人间喜剧》的作者巴尔扎克，但不满足于步前人的后尘。他摸索着一条新的文学道路。19 世纪 60 年代是法国科技迅速发展的年代。文艺理论家泰纳在文艺问题上指出种族、时代、环境对作家创作的影响。龚古尔兄弟在长篇小说创作上对人物进行病理分析的方法，都对左拉产生了深刻的影响，在此基础上建立起他完整的自然主义文学理论。左拉推崇实验，崇拜资料考证，他认为小说就是实验者，以此反映现实与人的精神生活，因此有片面强调表面现象与细节真实的特色，而不再像现实主义者一样重视典型的概括化原则。尤其偏颇的是，左拉把生物学的原理运用于社会生活中，有将遗传说代替对人的社会与阶级分析之嫌。毕竟生活现象有时便蕴涵了实质本身，所以在他一系列创作中，尽管理论上以自然主义做指导，作品在一定程度上也流露出了现实主义因素。1867 年发表的长篇小说《岱雷斯·赖斯》集中体现了左拉的自然主义主张。小说描写了一个女人串通她的情人杀死自己丈夫的故事，作者把这部小说视为"对生理学一种病况的有趣的研究"。

1868 年左拉开始构思《人间喜剧》式的作品——《卢贡-马卡尔家族》。这部巨著将是"第二帝国时代一个家族的自然史和社会史"。它将首先"研究一个家族中的血统和环境问题……以生理学的新发现为线索，用一种科学方法，到那里面去发掘"；其次是用"事实和情感，并且在千万种风俗和发生的事件的细节中，来描写这个社会时期"。从 1869 年写《卢贡家族的家运》起至

1893年完成了包括20部长篇小说的社会史诗《卢贡-马卡尔家族》。左拉虽没有像巴尔扎克那样,把作品分成几类"研究"和"场景"。但这20部小说所反映的生活内容是相当广泛的,涉及政治(《卢贡家族的家运》、《卢贡大人》、《普拉桑的征服》)、军事(《崩溃》)、宗教(《莫雷教士的过失》)、不动产投机(《贪欲》)、商业和金融(《妇女乐园》、《金钱》)、工人生活(《小酒店》、《萌芽》、《人面兽心》)、交际花(《娜娜》)等,几乎包括了第二帝国时代社会生活的各个方面,有来自各阶层的人物一千余个。它完全可以称为第二帝国时代的百科全书。《卢贡-马卡尔家族》中的20部小说,其思想艺术水平是不同的。在一些优秀的作品里,病理的研究让位给了社会研究,生物学的决定论被社会环境的决定论所代替,人们能够透过所谓的家族史看到一部形象的社会史。从《卢贡-马卡尔家族》的第一部小说《卢贡家族的家运》和后来的一些小说,可以窥见左拉关于病理研究创作构思的大概。法国南方小城普拉桑一个富农的有精神病的女儿阿黛拉伊德·福格嫁给了园丁卢贡,生了一个儿子皮埃尔。卢贡死后,阿黛拉伊德和神经有毛病的酒鬼、私货贩子马卡尔姘居,生了一男一女:昂多安纳和玉尔絮勒。皮埃尔·卢贡是个正常的人,但昂多安纳·马卡尔同其父一样,是个酒精中毒者,而玉尔絮勒是个痨病患者。这一切都和上一代的遗传有关。在他们的后裔中许多人都受到遗传的损害,不少人是病态的人。不到一个世纪的时间,这个家族的嫡系和私生子都受到了遗传的影响,酒精中毒"走入歧途"精神病态的类型逐渐增多,有的干出盗窃、谋杀、卖淫的勾当,有的疯狂,"生理退化"。这个家族终于走向灭亡。

实际上,在左拉的许多作品中,占主要地位的并不是作者所构想的生物遗传问题,而是重要的社会问题。《卢贡家族的家运》就是这样的。作者的原始构思是要写家族遗传,可是小说中却反映了丰富的社会内容。小说的基本情节是1851年路易·波拿巴政变时南方小城普拉桑革命与反革命的斗争,主要是写这里的中小资产阶级中的反动势力由于贪欲和政治野心,很快就和路易·波拿巴分子勾结起来,大搞政治投机和反动活动。所以说,《卢贡家族的家运》不单是卢贡家族史的序幕,也是第二帝国历史的序幕。这部小说从生物学出发的创作构思,最终让位于社会问题的真实反映,决定了这部作品的意义。

第二部小说《贪欲》(1871)呈现在读者面前的是第二帝国时代建立初期出现的一批暴发户的世界。这些人靠疯狂的投机和无耻的欺骗而暴富。在这个贪欲的世界中,厚颜无耻的投机家之一就是卢贡家族第三代的阿里斯逖德(在这部小说里已改名为萨卡尔)。《妇女乐园》(1883)和《金钱》(1891)也是反映第二帝国时期商业资本开始集中以及垄断组织兴起的情况。在《金钱》中，左拉描写了法国金融资本的发展，反映出法国垄断资本主义的竞争。过去在房地产投机中遭到失败的萨卡尔（阿里斯迪德）在本书中再次出现。

在《卢贡－马卡尔家族》中，描写工人阶级生活的小说《小酒店》（1882）和《萌芽》（1885）十分有名。《小酒店》以真实的画面反映了工人阶级的贫困和悲惨的遭遇，但是左拉认为这种情况是由工人身上有着酗酒的遗传恶习以及腐败的环境所造成。由于自然主义理论的影响，左拉未能揭示出造成工人阶级贫困的根源是资本主义的罪恶制度，反而津津有味地恣意描写工人生活中那些堕落、落后和丑恶的方面，从而给资产阶级污蔑工人找到了借口。

不过，左拉并不是有意歪曲工人阶级。他在这本书的草稿上曾写道："展示平民的生活环境，借着这种环境来解释普通人民的风俗习惯：在巴黎，酗酒、家庭的混乱、殴打、各种耻辱和各种贫困的承受，像这样一切，就是因为工人的生活条件、辛苦的劳动、男女混杂、放任，等等所造成的……不要奉承工人，可是也不要污蔑他。这是一种绝对正确的现实。"左拉的《小酒店》使人看到了工人阶级贫困和痛苦的深度，了解了现实社会的疮疤和黑暗。但这部小说更多的是展示了工人生活中的畸形方面，并未表现出工人阶级争取自己权利的斗争精神。而这一问题在八年以后的小说《萌芽》里得到了较为充分的反映。小说《萌芽》以极大的真实性和震撼人心的艺术力量成为19世纪下半期法国文学最卓越的作品之一。从作品所反映内容的历史顺序来看，《崩溃》（1892）应算是结束社会史诗《卢贡－马卡尔家族》的最后一部小说。左拉在这部作品里描写了1870年爆发的普法战争，揭露了资产阶级的卖国政策，反映出由于法国的政治腐败和军事上的无能，从而导致了一场民族的灾难。

《卢贡－马卡尔家族》的社会画面极其广阔，反映了第二帝国兴亡的整整20年的历史，既写出了帝国的政治腐败、宫廷内幕的丑闻、垄断资本的发展，也写出了无产阶级遭到剥削而奋起斗争的情况。在广阔的社会背景下，左拉刻画了各个阶层的人物和他们的心理状态，描绘了一幅丰富多彩的社会图画。对劳动人民的苦难寄予了深切的人道主义同情，歌颂爱国士兵抵御外侮的勇敢精神，而对第二帝国的统治者则给予无情的揭露和鞭挞。他所描写的人物生活和环境都是非常准确的。虽然自然主义理论给他的作品带来某些损害，但在他的优秀作品中，现实主义的因素占有主导地位。

1894年，法国发生了"德雷佛斯事件"。犹太血统的法国军官德雷佛斯被诬告为德国间谍而犯了叛国罪。左拉研究了案情以后确信被告无辜，于是怀着极大的义愤投入了为德雷佛斯申冤的斗争。1898年左拉登报控诉国防机关、军事法庭、一些将军和司令违法乱纪，营私舞弊，违反人道和正义的事实，因而遭到当局的迫害，不得不流亡英国。直到一年以后，德雷佛斯被宣布无罪，左拉才得以回国。

在完成《卢贡-马卡尔家族》的创作以后，左拉又创作了《三名城》和《四福音书》等作品集。《三名城》包括《鲁尔德》（1894）、《罗马》（1896）、《巴黎》（1898）三部小说，基本内容是揭露教会的罪恶。《四福音书》包括《繁殖》（1899）、《劳动》（1901）、《真理》（1903）、《正义》（未完成）四部小说，是作者表述自己社会理想的作品。左拉幻想通过阶级合作达到理想社会，总的倾向是空想社会主义。这几部小说的内容比较抽象，艺术成就也不如从前。

1902年9月，左拉因煤气中毒去世。

二、《萌芽》

《萌芽》是《卢贡-马卡尔家族》中的第13部，它是一部表现早期工人运动的优秀作品，给小说开辟了一条新的道路。左拉在那个时候能写出这部正面反映产业工人罢工的小说是有其社会背景的。

第二帝国时期（1851—1871）法国完成了工业革命，工业产值比七月王朝时期增加了三十二倍左右。由于采矿业的革新，碳和褐煤的开采增加了两倍多，带来的结果是生产过剩，煤价下跌。资本家把损失转嫁给工人，因而工人生活日益贫困化。到了19世纪80年代，笼罩法国的持久的经济危机引起了席卷全国的罢工浪潮。矿工们作为罢工队伍中的主力，连接不断地发生过多次罢工。这引起了左拉的关注。1877年写过《小酒店》之后，他便酝酿着写第二部关于工人的小说。1878年他开始搜集资料，阅读了大量有关工人的著作；同时去听了法国社会主义者的领袖盖德和龙格在法国社会主义工人党会议上的讲话，去参观矿区住所，还下过矿坑，亲自考察和体验矿工的劳动和生活。1884年2月19日昂赞发生大罢工，左拉闻讯后立即赶到现场，出席罢工工人会议，进行调查和采访，积累了宝贵的资料。回巴黎后，于4月动笔写作《萌芽》，1885年完成。

小说以煤矿工人的罢工为背景，事件在蒙础煤矿公司的一个矿场展开，表现了左拉对社会问题的浓厚兴趣。正如他所说，这部小说描写的是"雇佣劳动者的崛起"与"资本与劳动的斗争"。作品的主人公马卡尔·哀田纳·朗杰信仰社会主义，与第一国际有联系。他原是机械工人，因酒醉后打了工头一记耳光而被解雇。他来到服娄矿场，在马安这个包工组做推煤工，很快掌握了矿上的劳动技能，并在工人中建立了威信。矿区酒店老板赖赛纳曾经是个矿工，因参加罢工而被开除。机械工人苏佛林是贵族出身的俄国无政府主义者，他在国际工人协会成员普鲁沙的帮助下，在矿上成立了"国际"支部，并建立了供罢工时使用的金库。因为资本家大量克扣工资，增加罚金，以此为导火线爆发了罢工。罢工迅速蔓延到其他矿场，工人们熄灭锅炉，割断钢索，砸烂发动机，掀掉钢轨，吓得资本家魂不附体。资本家先是用是用饥饿迫使工人就范，后来又召来军警进行血腥镇压，不少工人被解雇，公司用廉价雇来的比利时工人下矿劳动，引起了与罢工群众的冲突。由于军警的武力，打死了马安等七名工人，罢工失败了。工人回矿井复工那天，无政府主义者苏佛林因与郎杰争夺领导权，暗中破坏矿井的排水设备，造成了整个矿井被大水淹没的惨祸。朗杰与马安的女儿嘉代琳等十余名工人被陷井下，只有朗杰一人幸存下来却被资本家开除。这样他便离开了矿区，到巴黎去参加革命了。40岁的马安嫂在失去了丈夫和女儿之后，又被迫下到矿井去工作，承担起家庭生活的重担。

　　左拉在《萌芽》的手稿中曾阐明自己的创作意图，即表现工人的愤怒，是对社会的一下冲击，使社会为此而震动。这正是本书的重要性：它宣告将来，提出一个将是20世纪最重要的问题，小说表现的基本冲突是无产阶级与资产阶级的矛盾斗争。在公司的背后还有军队、警察与整个国家机器。这一冲突在矿工们的罢工和军警的血腥镇压中达到了高潮。小说精确的、触目惊心的描写，展示了煤矿工人的艰苦劳动和悲惨生活情景，并揭露了资产者建立在这一基础上的奢侈豪华的生活，从而揭示了工人罢工的根本原因。小说中十分形象地将服娄矿场比作一只贪婪的时刻准备吞食人类的巨兽。矿工们每天像牲畜似地被塞进吊笼，从这个巨兽的口中送到地下五百米深的矿井中去劳动。那里有炙人的高温，弥漫着能置人于死地的瓦斯，地下水常年不断地浸泡，年久失修的矿坑随时有塌方的危险。在煤层较薄的地方，矿工必须爬在那里挖掘，他们"活像夹在两页书的一只虫子，受到被活活压扁的威胁"。由于坑道低矮、狭窄，那些拉煤的女工们不得不像牲畜一样地跪下、爬下，腹部紧贴着地面推车。童工们长期干着超负荷的重活，以至身体变成畸形。矿工们在井下赤裸着身子劳动，浑身给煤灰和汗水弄得污秽不堪，只有眼睛和牙齿还闪出一点光亮，"简直是一幅地狱的景象"。这种险恶条件下的劳动报酬一天只三个法郎，"几乎刚够受苦而不饿死"，老矿工马安一家九人，四人在矿下干活，还得不到起码的温饱。由于成年累月的卖命,矿工们不是工伤残废,就是患贫血、肺病、风湿瘫痪,甚至葬身矿井。住的地方狭窄拥挤,又阴暗破败,但就这样的狗窝牛圈也不属于他们自己所有。一旦被公司开除,他们就得举家流浪,四处寻找栖身之所。相反,公司经理格雷古瓦一家都过着豪华奢侈的生活。他们住在高楼大院,一个人收入抵得上50个矿工家庭的劳动所得。家中最不值钱的一个摆设也够工人们吃上一个月。矿上的股东靠祖先在公司入的股份一百年来利润翻了一百倍。靠吸工人的血汗过着寄生生活,"千万饥寒交迫的人们拿血肉供养了一尊肥胖的神"。马安的老祖父在矿井里卖命45年,而养老金却拿不到十苏。在此,左拉以真实的细节描写,再现了工人们奴隶般的生活,表现了惊人的贫富悬殊的现象,更重要的是揭示了资产阶级的巨额财产和享乐生活是建立在对劳动者的剥削和榨取的基础之上这一事实。这就触及了资本主义的本质,揭露了它的不合理性,从而表明了工人们所进行的斗争的正义性。

　　小说的意义不仅在于此,更在于它正面描写了工人们的罢工斗争。这场轰轰烈烈的罢工是有了阶级觉悟的工人们的集体劳动、共同的苦难命运把他们结合在一起。他们同仇敌忾,高呼着"社会革命万岁"的口号,向压迫他们的资产者宣战。他们破坏矿场,捣毁盘剥工人的商店,面对全副武装的反动军警,毫不畏缩地浴血奋战。虽然他们的行动中带有工人运动初期摧毁机器等发泄愤恨的性质,但他们并没有完全局限于经济斗争,也提出了一定的政治要求。譬如要求废止镇压和束缚工人行动的里卡多法案。在罢工斗争中,显示了产业工人的组织性和大公无私的精神,在经济来源断绝,生活日益艰难的时候,大家宁愿变卖家中少得可怜的东西,也不屈服,决心坚持到底,这种正面描写工人阶级波澜壮阔的罢工斗争的场面,在文学史上属于第一次,具有特别重要的意义。

　　同时左拉在作品中还把这种斗争处于自发状态的情形如实地描写了出来——这就是工人们思想上的混乱。譬如作品中,有无政府主义者苏佛林,有妥协主义者赖塞那,有布朗基分子普鲁沙,主要领导人朗杰也只是一个小资产阶级社会主义者,他的思想中混杂着空想社会主义和达尔文主义。左拉把这些思想描写出来,倒不是要表现正确路线与错误思想的斗争,也不是他歪曲了工人运动,而是无产阶级在反资产阶级的过程中,最初阶段的如实反映而已。作者只是把当时工人运动中各种思想并存的现实如实记载下来而已。而从小说中,可以看出作者本人是反对暴力革命的,甚至不是用阶级斗争的学说来阐明劳资双方的矛盾斗争的。他抱的是庸俗进化论的观点。认为资产阶级已经"享受得精疲力竭"了，而劳动人民是"新的和虎虎有生气的"。因此，无需通过斗争，按照社会的发展规律，资产阶级自然就会被淘汰。这显然是一种改良主义的政治倾向。

虽然作者的思想有一定的局限，但他的立场是值得肯定的：他站在工人们一边，并且坚信胜利是属于工人们的。体现在小说的命名上，《萌芽》象征着工人阶级的成长。作者说："对我来说，像一束阳光，照亮了整个作品。"小说在结尾处写道："现在，矿工们已在深处觉醒了，跟真正的种子一样，已在泥土里萌芽了。一天早晨，大家一定会看见他们茁壮在美丽的田亩中间，是的，那里将生出许多的人，整大队的人，来恢复世上的正义。"所以，尽管罢工失败了，但作品却充满了一种乐观、昂扬的情调。

由于作者的这种观点和创作意图，因而在作品中便着力刻画了一系列代表着未来的光明世界，透露着春天的气息的工人群众形象。

老矿工马安一家人，特别是马安嫂，代表了广大矿工的典型遭遇和思想觉悟。马安的祖上是煤矿的发现者之一，他一家几代人在这里干活，已有一百多年的历史。马安的父亲半个世纪里在煤矿如同牛马一般劳作，到老来仍然衣食无着，只弄得了一身病痛。马安由一个普通的矿工，接受了朗杰的启发，加入了国际工人联合会，成为工人运动最坚定的参加者，最终牺牲在反动军警的枪弹之下。马安嫂从小就在矿下劳动，后来作为九口之家的主妇，操持家务，日夜辛劳，她同大多数妇女一样，安于命运，逆来顺受，她相信"人们和公司冲突，决不会得到半点好处"，所以不愿意丈夫卷入工人运动，但后来朗杰宣传的关于未来"公道"社会的美好图景深深打动了她。她向往着人们共同劳动，共同享受的生活，她发自内心地说："我，若遇见一件事情是公道的话，即使要自己砍了头，我也愿意去参加。"她终于投身工人运动的洪流中，成为一名勇敢的战士。当丈夫被选为工人代表去参加与总经理谈判时，她虽然担心会发生危险，但仍然支持，鼓励丈夫去为工友们的利益进行斗争。经过艰苦斗争的磨炼，她愈来愈变得坚定、刚强。家里因罢工而断炊，她"把家当全卖光了，孩子们也病了"，但她仍然坚持斗争到底，不达目的决不复工。当她的女儿嘉黛琳违背罢工决定去另一个矿井下工作时，她怒斥女儿的背叛行为；当罢工失败后，朗杰劝她们复工时，她用威胁的手势指点着马安说："你听明白这个，如果我的男人回到矿坑里去，我将在大道上等着他，向他的脸上吐痰，认为他是卑鄙的懦夫！"最后，丈夫牺牲，女儿接着丧身矿井，她又重新下矿做工，担负起抚养孩子和照顾精神失常的公公的重任。她坚信这不是事情的结局，公道的世界总有一天一定会到来。正如左拉所说的一定要"让全部光亮集中在母亲身上"一样。因此，我们看到了一个勤劳朴实坚忍不拔、深明大义、勇于牺牲、大义凛然的有一定思想觉悟的优秀的劳动妇女，一个感人至深的矿工的妻子和母亲的形象。当然，马安嫂的身上也体现了庸俗进化之类的错误观点，但这是瑕不掩瑜的。

朗杰是这次运动的主要领导者。他原是铁路工场上的工人，被解雇后来到服娄矿场当采煤工，他的经历使他对资产阶级抱着不共戴天的仇恨心理，他参加了"第一国际"，并且如饥似渴地阅读各种革命理论著作，政治觉悟不断提高。虽然他对马克思的学说了解不深，思想中出现混乱，但他没有放松对社会主义理论的钻研和探索，他既不同意赖塞那的妥协主义和无所作为的态度；也不同意苏佛林的无政府主义及破坏一切的主张。他以自己正直的行为和对革命的信念，赢得了工人们的信任，成为从基层涌现出来的工人运动的组织者。他领导工人们参加第一国际，建立了支部，从组织上为罢工斗争的开展提供了保证。在工人集会上，他发表热情洋溢的演说，进行革命理论的宣传，以提高工人的认识；当时机到来时，他果断地领导工人进行了轰轰烈烈的罢工，给了资本家以沉重的打击。但是由于他思想政治上的不成熟，不明确工人运动的方向，提不出切实的政治纲领，缺乏正确的斗争策略，抱着革命的幻想和热情认为"什么都没有比新世界的实现更容易的了"，结果导致罢工的失败。当然这是工人阶级走向成熟的必经之路。同时作者自己的政治观也影响了对人物的塑造。譬如，朗杰在罢工失败后，厌倦了自己所从事的斗争，否定了暴力革命手段，企图到巴黎去进行合法的议会斗争，就是明显的例子。

从艺术表现的角度看，《萌芽》代表了左拉现实主义的最高成就。小说对生活的描写是真实的、细腻的、精确的。无论是对工人生活和劳动情景的描写，如一丝不挂、满身污黑、匍匐推车、口吐黑痰等，还是对罢工斗争场面的描写，如林中集会、进军矿井、矿壁崩塌、枪杀矿工等，用的都是现实主义笔法。其真实性和艺术性所达到的高度比巴尔扎克也不逊色。因为作者并没停留在对生活表面现象的实录上，而是通过现象挖掘本质，由工人们的生活、劳动和斗争反映资本主义社会中普遍存在的劳资冲突这一根本问题。

同时，在人物塑造方面，既注意了社会生活对人物思想性格的影响，也表现了人物在社会实践中性格的发展变化，以及不同人物具有的鲜明的个性。因此像马安嫂、朗杰等形象都具有一定的典型性。

此外，在情节结构环境描写等方面，也都体现了现实主义的基本特征。所以我们说这是一部有很高认识价值的批判现实主义作品是毫不过分的。

但是小说也打上了明显的自然主义文学的烙印。首先在刻画人物时，很重视先天遗传的作用。例如朗杰，因为他是马卡尔的后代，其祖先醉鬼的遗传因子就时时在他的身上发生作用。只要他一沾酒，就会失去理智，变得疯狂。他打工头的耳光、下令破坏机器等都基于这个原因。而强调遗传的作用，忽视人的社会意识，正是自然主义的特征。这样塑造出来的人物难免有歪曲和丑化。其次，夸大人物的自然属性，对于重大的社会斗争往往用动物性的本能去加以解释。如对朗杰与萨瓦尔在矿井里发生的冲突，妇女们对面包店的老板梅格拉进行的报复，工人们对矿井的破坏等，都被描写成为缺乏理性的、无意识的本能冲动。因此抹杀或冲淡了这些冲突的阶级内容和社会内容。自然，在作品中还用了生物学的"生存竞争"和"物种延续"理论来解释社会发展的根本原因。正如小说中所说："为了物种的美和延续，较强的将吃掉较弱的"，"如果需要一个阶级被吃掉，这还不是新的和虎虎有生气的人民吃掉这一直享受得精疲力竭的资产阶级吗？"这显然是把生物进化的理论搬到人类社会，用以取代阶级斗争的学说，结果必将导致取消革命。尽管如此，它仍不失为一部表现早期工人运动的优秀之作，在19世纪后期的欧美文学史上占据独特的位置。

第三节 易卜生

一、生平与创作

亨利克·易卜生（1828—1906）是享有世界声誉的挪威杰出的剧作家。他的创作把挪威的批判现实主义文学推向高峰，成为19世纪欧洲现实主义戏剧的一面旗帜。他是近代欧洲戏剧的伟大革新者，尤其是他的一系列"社会问题剧"焕发出超异的光彩，对资产阶级社会的腐败与伪善作了无情的暴露与鞭挞，至今仍具有巨大的现实意义。

易卜生诞生于挪威东南海滨小城希恩，父亲是个木材商人，一度是当地的富户。1837年因生意失败而宣告破产，家庭经济状况急转直下，使他很早就开始独自谋生，在药店干着繁重的工作而收入微薄。在孤寂苦闷的生活里，他看清了资产阶级社会贫富悬殊的尖锐矛盾，激起他对资产阶级"体面的"市侩的不满。在这期间，他怀着强烈的欲望孜孜不倦地学习拉丁文和希腊文，阅读历史古籍。1848年欧洲各国爆发的革命，唤起他对祖国命运的深切关怀。他热情地歌颂法兰西第二共和国的建立，赞扬匈牙利革命，支持丹麦、瑞典和挪威联合起来反抗普鲁士人入侵的斗争。这时的诗歌和剧本反映了易卜生争取民主，反对暴政的政治热情。1850年易卜生来到首都奥斯本之后，积极参加工人运动。当编辑，写文章几年之后，他不仅成为小有名气的评论家和诗人，还担任了首都"挪威剧院"的艺术指导，成为挪威民族剧院文学与演出的先驱者。1864年奥普联军再次进攻丹麦。易卜生对此义愤填膺，加上资产阶级的喉舌利用易卜生《爱情的喜剧》大肆攻击他，易卜生只身去了意大利，开始了他26年之久的旅居生涯，直到1891年才返回祖国。1906年易卜生在克里斯帝阿尼葛逝世。

纵观他50年的创作生涯，易卜生是位现实主义的戏剧家。在这半个多世纪中，他共写了26个剧本。这些作品以大胆的真实，富于战斗性的人道主义思想，再现了挪威小资产阶级的独立精神，揭露了挪威资产阶级社会的黑暗，丰富了挪威民族文学。易卜生的创作从性质上可以分成三个阶段。

早期（1849—1861）属于浪漫主义时期。写出了一系列浪漫主义历史剧，如《英格夫人》（1855）、《觊觎王位的人》（1863）。这些剧本取材于挪威古代历史和民间传说，再现了古代英雄的勇敢斗争精神，充满强烈的爱国主义感情。它们是挪威民族解放运动的产物。1866—1867年又创作了两个哲理诗剧《布郎德》和《彼尔·金特》。在《布郎德》中作家表现了主人公布郎德强烈的个人志向，批判了资本主义的习俗风貌。牧师布郎德是个有教养的人，性格坚强，与腐朽庸俗的资产阶级社会格格不入。他藐视权贵，揭露他们的卑鄙无耻与贪婪伪善的行径，号召群众从小市民沉睡的状态下苏醒过来，但是他的思想并未被群众所接受，最后在冰桥下惨死。看得出布郎德是个坚持真理，有理想和探索未来的人。因此他的悲剧就是追求"纯粹精神"的悲剧。在此易卜生提出了"精神反叛"的主题。《彼尔·金特》中的主人公彼尔·金特是与布郎德恰恰相反的人物，他是个乡下的破落子弟，经常酗酒闹事，想入非非，他拐骗女人，然后又将其抛弃，为躲避追捕，逃进山中，娶了山妖之女为妻，后来在经历种种冒险之后，到了美洲，埃及……变成了富翁，最后又回到挪威。彼尔·金特毫无理想与原则，在他每次出卖别人时都感到要拯救"自我"，而结果都在毁灭自己，变成了没有人性的极端个人主义的代表，而在他身上我们看到的是资产阶级见风使舵、唯利是图的贪婪本质。这两个剧本都有明显的幻想、寓言、哲理和象征的特色，是易卜生在创作上由浪漫主义向现实主义"社会问题剧"的过渡。

中期（1868—1882）是易卜生创作的新时期。他创作了一系列内容深刻的"社会问题剧"。其代表作有《社会支柱》（1877）、《玩偶之家》（1879）、《群鬼》（1881）和《人民公敌》（1882）等。这些现实主义戏剧，用真实的画面，描写了资本主义社会的政治、法律、宗教、家庭、婚姻、教育、道德等问题，发人深省。当时西方资本主义逐渐腐朽，社会矛盾日益加剧。易卜生站在小资产阶级民主主义立场上，针对种种社会弊端，用典型的形象、生动的情节进行艺术剖析，以赤裸裸的真实打动观众的心，激发人们的思考，进而达到推翻公认的道德原则的目的。这些剧本主要描绘了从封建主义枷锁里解放出来的小农与小资产阶级的生活面貌，大胆暴露了挪威中小资产阶级的堕落，婚姻的不合理，家庭生活的虚伪，思想的庸俗褊狭与资产阶级民主政治的破产，从而挖掘出了当代社会的病症，给欧洲舞台带来革新与创造。但是由于其笔下的正面人物大都是脱离群众的知识分子，所以其提出的改革社会的道路也就是抽象的或行不通的。

《社会支柱》的主人公博尼克是个造船主，又是市参议员，在社会上他获得慈善家的声誉，在家里又有模范丈夫、父亲的美名。然而这个"完人"却是一个说谎者和罪犯，因而靠这样的人做支柱的社会必然是要灭亡的。作家通过这个人物，撕下了资产阶级的假面具，揭露了资产阶级内部的丑恶与腐败。但作者改革社会的方式又是良心的悔悟，这显然只能是一种抽象的道德说教罢了。

《玩偶之家》是"社会问题剧"的代表作。

《人民公敌》中塑造了一个正直、勇敢、追求真理的挪威小资产阶级知识分子斯多克芒的形象。斯多克芒是个医生，他忠于科学事业，维护社会公德，反对资产阶级的庸俗自私，他为科学事业献身的牺牲精神是非常可贵的，而社会却视之为敌人，处处与他作对。他的斗争反映了资产阶级民主的虚伪性，暴露了他们与人民为敌的反动本质，这也体现了作家对自由、民主的要求。但斯多克芒医生却说："世界上最有力量的人是最孤独的人。"不过也反映了斯多克芒医生轻视人民群众的个人英雄史观，当然也是作家世界观的局限。

后期创作（1883—1899）的重心由对生活的批判转向对内心活动的描写与精神世界的分析，现实主义的成分减少，而悲观主义的色彩浓厚。此期的重要作品有《建筑师》（1892）、《当我们死而复醒的时候》（1899），有自传的性质；其他的还有《野鸭》（1884）、《小艾友夫》（1894）等。

易卜生在近半个世纪的创作中，创作了各种体裁，有诗剧、话剧，有悲剧、喜剧，有历史剧、现代剧，还有讽刺剧和问题剧。他的生活环境和熟悉的人，构成了他创作的基本素材，其创作态度严肃，观察缜密，力求在创作中反映重大的社会问题，展示新的思想道德观念与旧的习俗之间的冲突，包括早期创作中提出的"精神反叛"的主题，都具有极强的现实意义，是对当时欧洲革命和挪威民族独立运动的积极反响。中期的"社会问题剧"更是表现了他批判资本主义制度的热情。这些剧本解剖了资本主义社会的罪恶及其道德，塑造了追求自由的人物形象，为挪威民族戏剧的发展作出了重要贡献。他也因此成了挪威民族戏剧的奠基人。

二、《玩偶之家》

《玩偶之家》又称《娜拉》，是易卜生"社会问题剧"的代表作。

剧中的女主人公娜拉与丈夫海尔茂过着虽不富裕但十分恩爱的生活。一次，海尔茂患了重病，必须疗养，否则生命将有危险。娜拉为救丈夫的生命，便假冒父亲的签字向银行职员柯洛克斯泰借了一笔钱，海尔茂出国疗养后，果然康复。娜拉私救丈夫却不愿让丈夫知道，为了还清这笔债务，八年来，她省吃俭用，背地里还做一些抄写工作，以便攒积足够的钱；后来海尔茂做了银行经理，要辞退柯洛克斯泰，柯洛克斯泰请求娜拉替他说情，娜拉再三请求丈夫，可丈夫拒不改变他的决定。于是柯洛克斯泰写信给海尔茂，告发娜拉。海尔茂想到此事于自己的前程和声誉有损，便痛斥娜拉。娜拉非常难过，甚至想以死来了结此事；由于柯洛克斯泰在娜拉女友的调解下主动退回了借据，因而对自己前途的威胁没有了，海尔茂又突然转而安慰妻子。娜拉此时才看清了丈夫的本性，意识到自己只不过是丈夫的玩偶，于是愤然出走了。

看得出，娜拉是从传统的家庭观念中觉醒了的妇女形象。她出身于小康家庭，颇有文化教养，却没有自己的思想。结婚前，是父母的小宝贝儿，一切由父母安排；出嫁后，又成了丈夫的小宝贝儿，一切听从丈夫的意志。开始她安于这样的处境，乐于这样的生活，认为这就是幸福。她无远大的理想、崇高的生活目标，但却是她所生活的那个社会阶层的一个贤惠的妻子。她全心全意地爱自己的丈夫。为了给丈夫治病，不惜冒天下之大不韪而冒父亲之名签字借钱，表现出了由真爱所产生的果敢；丈夫病愈之后她并不以此居功，而是千方百计地瞒着丈夫，宁愿自己辛苦劳作来独立还债，这更是表现出由爱而引申出来的无私奉献。当她面临危难，打算求助于单恋着她的阮克医生时，她从对方口中听出了对自己的爱慕之情，便立即终止了话题。她对丈夫的忠诚不允许她接受阮克医生的帮助；当伪造字据的事快要暴露时，她丝毫没有考虑到自己的处境，却一门心思地为丈夫着想，甚至打算用生命来挽救丈夫的声誉和前途。显然，这种无私的爱情在她所生活的那个社会里是不可多得的。用"真挚、高尚、忠诚、无私"来评价她的爱情是不过分的。然而遗憾的是，她的爱情带有极大的盲目性，她只知道对丈夫百依百顺，为丈夫作牺牲，却不曾想过她所爱的对象是否值得她为之付出。这铸成了她错误的爱。同时，她把自己的个性完全消融在对丈夫的爱中，把自己的价值完全寄托在丈夫的存在中。这就使自己失去了独立的人格，从而埋下了不幸的种子，随时都有可能成为丈夫的牺牲品。幸而在最后一刻她觉悟了。当海尔茂看了柯洛克斯泰的揭发信，对她发出了一连串的质问，劈头盖脸地痛骂时，她感到万分震惊和失望。她原以为海尔茂知道原委以后，一定会诚挚地感谢她，温存地安慰她，继而用丈夫伟岸的身躯给她挡住那一片阴霾，而现在却相反。他只想到自己，自己的前途、名誉和声望而丝毫没有考虑其他，甚至包括娜拉做这事的初衷。因而把所有的责任一股脑儿地推在娜拉的身上，进而责骂她和她的父母，还取消她对孩子的监护权，认为她没有做母亲的资格。如果此时的她还仅仅是失望的话，那么在看了柯洛克斯泰的第二封信时，她完全惊呆绝望了。因为这时的海尔茂就像伸手打人缩手不认的痞子，似乎什么也没有发生并神色自若地称娜拉为"我的小鸟儿"了。娜拉就在这变戏法式的场面中，在懵里懵懂的昏眩中恍然大悟了——原来一起生活了八年的丈夫居然是这么地虚伪、自私和无耻。她的偶像坍塌了，迷雾中的噩梦总算醒来了。因此，她摔门而去，她要去找回失去的自我，正如她所说的"我要好好地思考一下有些问题"了。尽管娜拉的前途也还是一个未知数。但她的可贵之处在于，在最后一刻，她不仅从传统的家庭中挣脱了出来，而且一旦觉醒，便义无反顾地向资本主义社会的家庭、宗教、道德、法律等一系列传统观念提出了挑战，否定了丈夫所谓的对家庭"神圣的责任"，理直气壮地说："我还有别的同样神圣的责任"，"我说的是我对自己的责任"，"现在我只信，首先我是一个人，跟你一样的一个人——至少我要学做一个人"。她不安于做家庭中玩偶的地位了。对于宗教，她也直言不讳地说："牧师告诉过我，宗教是这个是那个，等我离开这儿，一个人过日子的时候，我也要把宗教问题仔细想一想，牧师告诉我的话对不对，对我合用不合用。"虽然还没有否定宗教，但至少对它产生了怀疑，对于资产阶级的法律，她也表示了不信任，她说："国家的法律跟我想的不一样，可是我不相信那些法律是正确的，父亲病得快死了，法律不许女儿给他省麻烦，丈夫得病快死了，法律不许老婆想法子救他的性命！我不相信世界上有这样不讲理的法律。"当然她仅仅是站在抽象人性的角度在揭露，并未触及资本主义法律的本质。但她对当时社会的家庭、宗教、道德、法律提出的质疑，表明她已在谋求自己人格的独立，争取与丈夫和其他人同等的地位，开始寻找过去一度失去了的存在价值。虽然她离家后未必能找到新的生活，但她对旧生活叛逆的本身，就具有进步意义。她是一个觉醒了的，具有资产阶级民主主义思想的妇女典型。

海尔茂是资本主义制度的维护者，资产阶级道德的体现者。表面上，他不偷不抢，工作努力，事业心强，对妻子也能体贴照顾，称得上是个模范丈夫；然而骨子里，他是一个极端自私自利的、虚伪的家伙。他的生活目的就是追求金钱和地位。一切都从自己的利益出发，把妻子当做自己的玩物和私有财产，没有丝毫的尊重；当妻子能给他愉悦欢快时，便是他的"小松鼠"、"小鸟儿"；当他认为妻子给他带来了危险时，便翻脸不认人；一旦危险过去，他又可以没事儿似的向妻子表示亲热。对妻子如此，对朋友也不例外。柯洛克斯泰是他大学时的同学，他一当上银行经理就执意要辞退他，仅仅因为柯洛克斯泰当着别人的面叫了他的小名。这种自私狭隘的程度让人吃惊，是一个典型的道貌岸然的伪君子。最后当娜拉决定出走时，他与娜拉的一席辩论表露了他对家庭、宗教、道德、法律等一系列问题的观点，而这刚好表明他是一个资本主义制度和资产阶级观念的坚定不移的维护者。正是这一点使这个形象具有深刻的典型意义。确实，从资产阶级道德观念的角度看，海尔茂是一个无可指责的公民，甚至是一个"正人君子"，易卜生恰恰让这样一个人物在舞台上现出原形，露出肮脏的灵魂，这比刻画一个小偷、强盗、杀人犯更具批判威力，更能揭露资产阶级的本质。

易卜生在《玩偶之家》中，通过娜拉的出走，尖锐地向社会提出了"妇女问题"，暴露了资产阶级家庭关系的虚伪性和男权中心社会的不合理性。尤其是最后一幕中娜拉与海尔茂的一席对话，被人们称为妇女的"独立宣言"。它鼓舞着妇女们为争取与男子平等的地位和独立的人格而斗争，同时也对资本主义社会的一系列观念与制度进行了揭露与批判。遗憾的是，正如易卜生所说："我只管提问题，答案可没有。"他在剧中提出了一系列尖锐的、令人瞩目的社会问题，引起了广泛的注意，却提不出一项解决这些问题的办法来。以娜拉而言，她一旦认清了海尔茂自私虚伪的真面目，意识到自己在家中可悲的玩偶地位，便愤然出走，而当她离开这个家庭时，除了一连串将要思考的问题以外，其他毫无准备，对未来的生活也茫然无所知。她的出路究竟如何？易卜生没有答案。事实上，在当时的社会，娜拉确实很难找到出路。正如鲁迅所说，娜拉走后的出路只有两条：要么堕落，要么回来。因而鲁迅进一步阐明以韧性的战斗去争取"经济权"，乃是妇女解放的首要条件，为了不做傀儡，在目下的社会里，经济权就显得要紧了。第一，在家里，应该获得男女平等的分配；第二，在社会上应该获得男女相等的势力。这也是恩格斯所指出的"男子在婚姻上的支配权是男子在经济上的支配权的后果。它本身也要随着后者的消灭而消灭的"。易卜生在此找不到妇女解放问题的实质是他思想上的局限。但他以这样尖锐的方式提出了妇女问题这个带普遍社会性的问题，在当时是非常了不起的。

在艺术上，《玩偶之家》也达到了很高的成就。

首先，剧本具有严格的现实主义风格。与易卜生早期的浪漫主义诗剧不同，这里没有传奇式的男女主人公，没有引人入胜的离奇情节和优美的诗一般的语言。剧中表现的是日常实际生活，描写的是普普通通的人，背景也是起居室之类日常见到的环境，极平常的人在平常的环境里说极平常的话，做极平常的事。但在这极平常的背后，作者创造了一个极不平常的艺术境界。这正是作为现实主义艺术家的易卜生的高明之处。

其次，剧本运用了"追溯法"，这使得戏剧矛盾集中，造成了很好的戏剧效果。追溯法是易卜生在许多剧本中所采用的方法。它指剧本不从矛盾冲突开始写起，而从矛盾将要总爆发，冲突临近解决时开始。这种剧本的第一幕好像是生活戏剧的最后一幕。许多重要情节都早已发生。剧中通过回顾把它们交代出来。譬如《玩偶之家》中娜拉冒名签字借钱的事，就是早已发生的，矛盾一直潜伏着，直到柯洛克斯泰被解雇，才促使了矛盾的爆发，剧本就从这里开始。而对八年前的事情则由娜拉与林丹太太的谈话中介绍出来。这样，就把八年中发生的矛盾集中在三天时间来表现，使得情节集中、结构紧凑、高潮突起，造成强烈的戏剧效果。

第三，作为社会问题剧，为了把问题提得尖锐，鲜明，引人深思，易卜生把讨论带进了戏剧，使剧本富有极强的论辩色彩。《玩偶之家》的最后一幕，娜拉与海尔茂的一席谈话，双方就家庭、宗教、道德、法律等问题进行了针锋相对的辩论。本来，大段的议论性的台词容易使人乏味，但在此因为观众看了二人之间的矛盾也很关心这一连串的问题，也想把是非弄个明白，所以这讨论就能抓住人心，促使人们思考，从而增强剧本的思想深度和社会效果。

第四节 马克·吐温

一、生平与创作

马克·吐温（1835—1910）是19世纪美国现实主义文学的杰出作家，也是一位卓越的幽默讽刺作家。他从资产阶级民主主义立场出发，讽刺与揭露了美国社会虚伪的"自由"、"民主"的实质。反对对黑人的种族歧视，抨击资产阶级的贪婪和帝国主义侵略扩张的反动政策。马克·吐温的作品生动地再现了19世纪末20世纪初美国资本主义社会的历史画面。

马克·吐温原名塞缪尔·朗赫恩·克莱门斯，1835年11月31日出生在密苏里州佛罗里达镇。因家庭收入微薄而没有接受正规教育。12岁时父亲因病去世，之后开始独自谋生。当过排字工人，做过水手和领航员。这些经历奠定了他民主主义思想的基础，对他一生的创作产生了巨大的影响。1861年南北战争爆发，他到报社当了记者并开始以马克·吐温的笔名发表通讯报道和幽默小品，得到幽默作家阿·沃德和小说家布·哈特的鼓励和帮助，提高了写作技巧。从1865年其成名作《卡拉韦拉斯县驰名的跳蛙》问世开始，他成了遐迩闻名的作家。

马克·吐温的创作从19世纪60年代到20世纪初持续了近半个世纪，写作了大量的中短篇小说、政论、杂文和长篇作品。大致可以分成三个时期。早期创作（19世纪60年代）是在南北战争后，美国资产阶级窃取胜利果实而得意洋洋的时期。由于资本主义在全国范围内的迅猛发展，美国社会暂时呈现出繁荣局面，种种社会丑恶也随着暴露出来。资产阶级为了维护自己的统治，欺骗人民，以"自由"、"民主"相标榜。马克·吐温看到：资本主义的繁荣没有使人民的处境得到改善，相反给人们带来了新的灾难；资产阶级的倒行逆施打破了民众对民主、自由的幻想。此时作者以幽默轻松的笔调，诙谐夸张的手法，以天真老实的主人公形象针砭了时弊，揭露了现实与幻想之间的矛盾，表现生活中戏剧性的讽刺主题。讽刺宗教教育对儿童的毒害（《坏孩子的故事》，1865），或者揭露资产阶级新闻界的钩心斗角（《田纳西的新闻界》，1869）；或者嘲讽资产阶级的政治生活（《竞选州长》，1870），都显得泼辣有力。作为一位关心社会问题的严肃批评家，马克·吐温对实行民主制度仍抱着乐观态度。中期（19世纪70—90年代）是马克·吐温创作的鼎盛时期。由于他对现实认识的加深，显露了他批判的锋芒，艺术上也逐渐成熟，写出了许多优秀的长篇小说。1847年他与查尔斯·达德莱·华纳合著了长篇小说《镀金时代》，这是一部思想性较强的现实主义小说。当时由于资本主义的发展，金钱主宰一切，整个美国社会充溢着污秽败坏和投机气氛。小说通过对资产阶级企业家和政客的塑造，揭露了西部投机家、东部企业家和政府官吏如何勾结起来剥削美国人民财富的可耻勾当，说明19世纪70年代美国资本主义自由竞争时期的社会特征是镀金时代而非黄金时代。

1870年马克·吐温发表了儿童历险小说《汤姆·索亚历险记》，这使他成为全国瞩目的大作家。小说以19世纪30年代美国西部地区圣彼得堡镇为背景，描写少年汤姆·索亚厌弃枯燥无味的学校教育和沉闷庸俗的社会环境而追求冒险的故事。通过汤姆的种种冒险活动，概括地描写了当时的美国社会现实。主人公小汤姆是个拌嘴、打架、逃学、爱嬉闹的顽童，但他却是一个个性丰满、讨人喜欢的艺术形象。汤姆不循规蹈矩，他与沉闷呆滞的家庭和社会环境格格不入，与一切扼杀儿童天性的势力进行了奋争。在家里他用巧计避开姨妈的惩罚，在学校他戏弄老师，但在大自然中他却成了众人喜爱的英雄。他向往自由豪放的生活，便与"野孩子"哈克结成了"海盗帮"去过自由生活去了。这部作品意在揭露社会对儿童天性的违背，对他们心灵的戕害，说明美国社会这个号称"自由之帮"的国度并不是儿童的乐园，而是摧残他们的牢笼。

在这部小说中，作者写出了汤姆身上勇敢、正义的品质和并不重视金钱的态度。他以喜爱的传奇冒险小说与其厌恶的陈腐的学校课程形成了对照，他敢于同坏人作对，揭发真相，拯救无辜，因此受到民众的爱戴。小说以幽默的笔调，夸张对比的手法，曲折生动的情节，细致入微的心理刻画，一百多年来成为流传广泛的优秀的儿童题材作品。

这一时期，马克·吐温还创作了《傻瓜威尔逊》（1894）、《王子与贫儿》（1889）等作品。《傻瓜威尔逊》与《哈克贝利·费恩历险记》一样表现了反对种族歧视的主题。女黑奴罗克森为了保护儿子，把自己的儿子与主人的儿子调换了，由于他们的社会环境不同结果真少爷在黑人群里养成了和顺善良的性格，而假少爷则在白人社会里染上种种恶习，成了罪人。这个离奇的情节说明黑人不是天生的愚昧，白人并非生来优越。进而批判了"白人优越论"的观点。《王子与贫儿》是以16世纪的英国社会为背景，描写一个衣衫褴褛的贫儿汤姆·康蒂奇异的经历。这部童话式的讽刺小说，表现了作者对人民疾苦的同情，批判了英国封建专制对人民的苛政。

这一时期马克·吐温的思想逐渐成熟，特别是19世纪80年代以后，美国工人运动的高涨，促使了他的思想发展。创作上由以前的轻松幽默转为辛辣的讽刺，更多地对现实进行严峻冷静的批判。并且他以丰富的想象力，将历史与现实、社会地位与社会环境对照起来，使主题得到了深化。

晚期（19世纪90年代以后）创作是在美国资本主义发展到帝国主义阶段的时期。作者严厉地谴责了帝国主义文明的虚伪与它的野蛮本性。由于商业的失败，为偿还债务，他去全国各地讲演，1897年发表的《赤道环游记》是他游历澳大利亚、新西兰、非洲、印度等地见闻的报道。在这里他谴责了英帝国主义的殖民政策，抨击"做尽了各种坏事"的英国总督罗德斯，同时也谴责了包括美国在内的所有帝国主义国家。1900年马克·吐温返回阔别九年的美国，其反帝态度更加鲜明。他声明："我是一个反帝国主义者，我反对秃鹰把身子伸到任何一个国家。"对八国联军侵略中国，马克·吐温自始至终站在中国人民的立场上，痛斥侵略者的罪行，还通过他的作品（《使用私刑的合众国》，1901）说："中国人是优秀的民族，诚实可敬，勤劳可靠。"20世纪初，马克·吐温发表了许多出色的反帝政论，如揭露基督教文明的《给坐在黑暗中的人》(1901)，指责海外传教活动只不过是美帝国主义侵略殖民地的一种工具，基督教用什么"爱、正义、自由、平等、教育"的华丽包装潜藏着鲜血、眼泪的祸心。这些政论文章在当时产生了一定的影响。但是他没有把帝国主义对外侵略的行径与国内资产阶级专政联系起来，看不到正在成长壮大的无产阶级的力量，因而对帝国主义本质的认识还比较模糊，这是作者思想上的局限。

马克·吐温晚期最优秀的作品是中篇小说《败坏了赫德莱堡的人》。它展示出在资本主义社会里金钱的诱惑力量和罪恶。资产阶级为了争金夺利，不惜败坏道德，不顾廉耻，达到了疯狂可笑的地步。赫德莱堡是作者虚构的一个市镇，这里的居民常以"最忠实，最清高"自诩，享有"不可败坏的市镇"的美誉。然而有一次他却得罪了一个过往的异乡人，这个人决计要进行报复。有一天他送来了一袋金币，说是送给镇上曾经帮助过他的恩人，但没有说出恩人的姓名便走掉了。这袋金币立刻产生了巨大的诱惑力，镇上一向被公认"诚实"的居民，尤其是那19位"首要公民"的上层人物都争先恐后地要当"恩人"，他们对金币虎视眈眈，然而又要维护"廉洁"的外表，到了揭晓日子，演出了一场捧腹大笑的丑剧。原来这袋金币是镀金的铅饼！作者利用这场黄金梦的破灭，暴露了资产阶级虚伪自私的本质。小说构思精巧，结构严密，富有戏剧性。不过这篇小说也流露出作家的悲观失望情绪。

马克·吐温一生忠于资产阶级民主，坚信民主制度的优越性，坚信不分种族和肤色，人人都享有民主、自由平等的权利，然而现实中他看到资产阶级为所欲为，私欲横流，于是他产生了不满情绪。看到了资产阶级道德的堕落腐败，但他还不是阶级论者，错误地把资产阶级剥削贪婪的本性视为人类共有的道德，因此他后期的作品常常流露出悲观消极的色彩。很显然，作为一个资产阶级民主主义者，他的思想发展是合乎规律的。

1910年，马克·吐温在美国病逝。

马克·吐温在美国文学史上占有重要地位，被誉为美国"文学中的林肯"。他的作品产生了世界性的影响，丰富了人类文学宝库。鲁迅曾为《夏娃日记》中译本作过序，并作了肯定的评价。新中国成立后，马克·吐温更多的作品被翻译介绍到我国，受到中国人民的欢迎。

二、《哈克贝利·芬历险记》

《哈克贝利·芬历险记》出版于1884年，是马克·吐温最喜爱的作品，也是他的代表作。小说在广阔的社会背景上，以少年儿童哈克为主人公，并从他们对生活的感受这个角度，表现了一个反对种族歧视，要求自由平等的重大社会问题。小说人物形象生动，饶有儿童情趣，艺术技巧精湛，是美国文学史上一部杰出的现实主义作品，作家的进步思想倾向也在小说中得到了充分的反映。

哈克的冒险经历发生在美国南北战争之前，少年哈克被浪迹四方的酒鬼父亲抛弃，有钱的达格丝寡妇收他为养子。但哈克厌恶那种"规矩和体面"的生活，他旧习难改，仍喜欢和好朋友汤姆一起玩强盗游戏。一天，酒鬼父亲突然返回，抓走哈克，把他关进树林里的小木屋。他忍受不了父亲酒后的毒打，便趁父亲外出之际，驾船逃跑，在一个荒岛上，意外地发现了瓦岑小姐的黑奴吉姆。吉姆是因为听说主人要把他转卖到南方去才潜逃的。为躲避搜查，二人结伴乘木筏顺密西西比河漂流而下，幻想去寻找没有买卖黑奴的"自由州"。一路上，他们屡次遭遇危难，吉姆百般照顾哈克，哈克为之感动，与吉姆结下了深厚的友谊。一天，他们中途遇到两个被追捕的人求救，哈克收留了他们，没想到这是两个骗子，他们一个自称"国王"，一个自称"公爵"，一路行骗，丑态百出。有一次，他们带哈克上岸去诈骗别人的遗产，哈克暗中戳穿了二人的骗局，致使行骗失败。两个骗子仍不甘心，又背着哈克拐卖了吉姆。好心的哈克不忍心丢下朋友不管，经过一番激烈的思想斗争，他决心冒"下地狱"的风险，救出吉姆，不让吉姆再当奴隶。他设法打听到了吉姆的下落，和碰巧前来探亲的汤姆一道,开始了营救吉姆的紧张筹划。他们热衷于秘密冒险行动,模仿小说中的武侠行动,故意小题大做,虚张声势,结果出逃计划失败,汤姆受伤,吉姆又被抓回,这时汤姆才宣布,吉姆早就是自由人了。原来两个月前去世的瓦岑小姐已在遗嘱上宣布让吉姆自由了,而汤姆因为"想过一过冒险的瘾"故意秘而不宣。

小说以第一人称的手法,以哈克自述冒险经历的方式展开情节。全书共43章,前8章写哈克和吉姆出逃的经过;9至30章是小说的主体部分,叙述了哈克、吉姆顺密西西比河漂流历险的情景;最后13章写营救吉姆的冒险活动。作家通过主人公——白人少年哈克战胜习俗偏见与黑奴吉姆结下深厚友谊的故事,深刻地表达了他憎恨种族歧视,追求自由、平等的民主主义理想。为此,《哈克贝利·芬历险记》在马克·吐温生前曾被认为是一部"只对贫民窟适用的废物"而加以取缔。这从反面说明了它强大的思想威力。

哈克是一个正直、善良、无拘无束、天真可爱的顽童,又是一个酷爱自由、敢于抗争、不断成长的小叛逆者。作家始终把他放在与社会对立的地位上,独巨匠心地赋予他叛逆的性格。这样一方面寄托了自己的理想,另一方面也是对美国社会的一个极大的嘲讽。

首先,从本质上看,哈克是一个名副其实的自然之子。从小穷苦的酒鬼父亲丢弃了他,"有教养"的社会不接受他,于是他成了天生地长的野孩子,他生来没有受过"文明"的教化,不必像汤姆那样去上学受罪,不用到教堂去祈祷,也不要听谁的话去学什么"规矩"和"体面",他风餐露宿,自由自在,乐在其中。这种自然人的生活培养了他善良的天性,使他免受资产阶级教化的毒害,因而保持了一颗"健全的心灵"。这种"健全的心灵"表现在哈克身上,就是热爱大自然,热爱自由,蔑视法规,重视感情,哈克的叛逆性格就是在这个基础上产生并不断发展的。

在现代社会中,真正自然人的生活只能是暂时的,理想的,哈克也不例外。他和汤姆找到强盗藏在洞里的钱以后,他自由自在的生活就结束了。好心的达格丝寡妇竟收了他做养子。从此,资产阶级的生活方式给哈克带来了无穷无尽的苦难,可怕的家规,主日学校摧残人的校规以及瓦岑小姐虚伪的宗教训导接踵而来,使哈克忍无可忍;后来,他宁可同酒鬼父亲生活在树林里,也"决不愿意回到寡妇家里去受拘束",受"教育"。然而父亲这里也并非人间乐园,酒醉后失去人性的父亲动不动就拿木棍打他,甚至要用刀杀他,还把他当做囚犯锁在破木屋里,使他失去了自由。哈克既不愿意忍受文明的教化,也不愿意忍受父亲的毒打，为求自由和生存，决定只身潜逃，到自然中去。"跑到很远的地方去，让老头子和寡妇再也找不着我，靠打猎钓鱼维持生活。"显然哈克的出逃是为了冲破资产阶级生活方式的束缚，为了摆脱野蛮的家长统治，这正表现了酷爱自由的哈克对自身生活环境的否定。这种为摆脱受压抑、遭摧残的自发性出逃，可以说是哈克叛逆性格发展的第一阶段。

哈克同吉姆结伴乘木筏顺密西西比河而下的漂流中，他与沿岸形形色色的人进行了广泛的接触，丑恶的社会现实从反面教育了他。他的叛逆思想得到了进一步的发展。他曾亲眼目睹了破船上强盗分赃不均而自相残杀的血腥场面，目睹了甘洁佛和雪富生两个大家族之间30年未间断的野蛮族争，目睹了小镇恶霸佘奔毫无顾忌，光天化日之下开枪杀人的暴行，特别是冒充国王和公爵的两个骗子伤天害理的种种恶行以及沿途村镇居民愚昧落后、阴暗的生活和心理。哈克虽然还不能深刻认识周围这些劣性败迹的社会根源，但是他本能地感到了厌恶和可怕。对比之下，他愈发认识到："归根结底，拿木筏子当家比什么都好，别的地方实在太别扭，太气闷了，可是木筏子上的情形却不是这样，坐在上面，你会感觉到又自由又轻松又舒服。"当他和吉姆一度甩掉两个骗子，重新开始自由自在地漂流的时候，他兴奋极了，因为他认为："我们两个又能自由自在地在大河上漂荡，再也没有人来打扰我们，真是觉得轻松快活。"他"不由自主地到处乱蹦"，"高兴得跳起来"。哈克对大自然生活的明确肯定和对丑恶社会现实的大胆否定，鲜明地体现了作家对民主自由的向往，从否定自身生活环境到进一步否定社会现实，这是哈克广泛接触、观察、认识社会的结果。哈克的叛逆性格由此达到了一个新的高度。

不仅追求个人自由，还要帮助被通缉的黑奴吉姆得到自由，这是哈克叛逆性格发展的另一个重要标志。当然这里还有一个感情变化的过程和复杂的思想斗争过程。荒岛上初遇吉姆，哈克喜出望外，因为有人做伴。他"不觉得慌了"，虽然他说"人家常常管我叫赞成解放黑奴的蠢货"，并且向吉姆发誓决不告发吉姆，否则"不得好死"，但是在思想深处，他还持有白人的优越感。他曾经多次用毒蛇和想方设法编造出来的瞎话捉弄吉姆，后来吉姆对他的忠诚爱护感动了他，在患难与共的漂流生活中，哈克同吉姆逐渐建立了深厚的友谊，哈克凭借敏锐的心灵感应发现，吉姆不仅善良忠厚，而且他也跟白种人一样有着丰富的感情。于是，他否定了社会灌输给他的偏见，真心诚意地认为"吉姆这个人，真是个好心肠的黑人"，后来老骗子偷偷地卖掉吉姆，他痛苦极了，一边使劲吆喝，一边尖声叫喊，坐在地上大哭起来，这说明哈克对吉姆的感情已经变得十分深厚了。也就在这个时候,哈克的感情同传统观念、同蓄奴制度发生了激烈的冲突,当时的法律规定:黑奴没有人身自由,他们是主人的私有财产,逃亡的黑奴要受到通缉,帮助黑奴逃亡也是一桩罪行。作为一个白人,受社会法律的制约和道德习俗的影响,单纯的哈克一方面同情吉姆,另一方面又为帮助吉姆逃跑感到良心不宁,害怕像主日学校所宣扬的那样,为此,"一定得下18层地狱"。为难之际,他曾给吉姆的主人瓦岑小姐写了一封信告发吉姆的行踪,以洗清自己的"罪恶",但是眼前马上出现了吉姆的身影,他想起了漂流中他们的谈笑歌唱,想起了吉姆对他的关心、照顾,对他的深情厚谊,哈克由衷地感到,吉姆"实在是太好了"。此时此刻,哈克明白了,在告发和保护吉姆这两条道路中,他只能下决心挑选一条,经过一番冷静的思考,哈克果断地对自己说:"那么,好吧,下地狱就下地狱吧。"他一下撕掉了告发信,并"发誓不再想改邪归正了",他要想办法把吉姆偷出来,"不让他再给人家当奴隶",经过激烈的思想斗争,哈克同旧观念彻底决裂了。哈克的思想斗争,实际上就是正常的人性同传统观念,种族歧视同反动思想的冲突。正如作家所说是"健全的心灵与畸形的意识发生了冲突,结果是畸形的意识吃了败仗"。哈克的最后抉择,他自觉主动地去营救吉姆的行动,不仅表现了他叛逆性格的新发展同时,也反映出作家反对种族歧视,要求人人平等的人道主义思想。

小说结尾,作家预示哈克将要再次出逃,因为姨妈又要收他做儿子,教他"做人学好",而哈克认为"那种事可实在是受不了,我早已尝过滋味了"。这说明哈克对自由的追求是始终如一的,而这也正是作家的理想。

总之,哈克的确称得上是一个酷爱自由,敢于抗争的叛逆者。马克·吐温把哈克美好的天性与文明社会的丑恶加以对照,成功地塑造了这个敢于向资产阶级文明教化,向蓄奴制度挑战的小战士,为美国批判现实主义文学树立了一个光彩夺目的儿童正面形象。

小说中的另一个重要人物是吉姆。马克·吐温继承和发扬了美国废奴文学的传统,塑造了这个感情丰富、品格高尚的黑人形象,在美国文学史上留下了光辉的一页。尤其是在当时,对于蓄奴制度已经结束20年但奴隶主的心理、奴隶主的法权思想仍然深深地根植在私有制土壤里的美国,更富有现实意义。

吉姆不同于斯陀夫人笔下的汤姆,他不是一个逆来顺受的奴隶,而是一个向往自由、淳朴真诚、品格高尚的黑人。他虽身处被奴役的地位,但并不卑躬屈膝,是一个真正的人,这主要表现在以下三个方面:首先,吉姆拥有独立的人格，自由的意志和反抗的性格。他不堪忍受奴役和压迫，不听从命运的安排，听说主人要把他以800块钱的价格卖到南方去，就冒死逃跑，幻想逃到"自由州"去，准备到了"自由州"，第一件事就是"拼命地存钱"，好用自己劳动所得把老婆赎回来，然后他们一同劳动干活攒钱，再把孩子买回来，假如他们的主人不肯卖的话，他就去找个反对奴隶制度的人把他们偷出来，全家团圆，一起过自由幸福的生活。可见吉姆维护个人尊严，为求自由而出逃，这是对任人宰割的奴隶命运的反抗，同时对于美国惨无人性的蓄奴制度来说，无疑也是一种强烈的抗议。吉姆还是一个感情丰富，忠诚无私，富于自我牺牲精神的人。漂流中，哈克常常发现，他在深夜里独自唉声叹气，因为"他正在想他那住在上游远处的老婆孩子"。为此哈克坚信吉姆"也跟白人一样地惦记着自己家里人"，吉姆不仅对家人感情深厚，对朋友也不例外，逃亡途中，他百般照顾哈克，以自己的实际行动加深了哈克对他的了解，改变了哈克对黑人的偏见，从而使他们建立了深厚的友谊。哈克曾感动地说："他总是管我叫做老弟，总是爱护我，凡是他想得到的事，样样都替我做到了，他实在是太好了。"注意，吉姆对哈克的爱护，绝不是主仆关系上奴隶对主人的伺候，而是基于平等的朋友关系上的真诚关心。有一次哈克同吉姆遇险失散，会合后，哈克骗了吉姆一通，吉姆觉察后对哈克说："我的心差不多已经碎了，因为把你丢掉了。我真是伤心透了，我就不再管我自己和木筏会遇到什么危险了。等我醒过来的时候，看见你又回来了，平平安安地回来了，我的眼泪都流出来了……可是，你却只想方设法，编出一套瞎话来骗我老吉姆……"吉姆的真诚无私深深感动了哈克，使得他为自己的恶作剧伤了朋友的自尊心、伤了朋友的感情而感到羞愧，以至于觉得"自己太卑鄙"了，于是鼓足勇气，向吉姆低头认罪，从此再也不去捉弄他了。吉姆就是这样，以一颗真诚的爱心战胜了传统的种族偏见，赢得了哈克对他的尊重和信赖。小说结尾，汤姆带吉姆逃跑时腿上中弹，吉姆情愿冒重新失掉自由的危险，决不肯丢下汤姆自己逃走，他坚定地表示："大夫一时不来，我决不离开这儿一步，哪怕等上40年我都不在乎！"作为一个真正的人，吉姆在关键时刻表现出了多么高尚的情操啊！当然，在塑造吉姆这个形象时，作家并未把他完全理想化。而是把他放在客观的环境里，同时也表现了他迷信落后可笑的一面。譬如他相信咒语，笃信神怪等。而这正是长期的奴隶生活给吉姆留下的思想烙印，但它并不会损害吉姆的形象，相反倒加强了这个形象的真实性。

  总之，吉姆是一个真实而又动人的艺术形象。他善良的天性、丰富的感情、独立自由的意志深深地感染着读者，有力地驳斥了白人种族优越的谬论。在他身上，鲜明地体现了作家不分种族、肤色和地位的人道主义思想。作为一个普通的黑人，吉姆的形象在美国文学史上占有重要的地位。

马克·吐温是一个卓越的幽默讽刺作家，而他的艺术风格也是多方面的。他不仅擅长幽默讽刺，而且善于把现实主义的描写和浪漫主义的抒情结合在一起，善于运用夸张的手法揭示人物内心和现实的矛盾，语言清新自然，诙谐流畅。马克·吐温的这些艺术特征在《哈克贝利·芬历险记》中得到了完美的表现。

从客观环境的描写来看，马克·吐温把哈克放进真实的生活环境中，现实主义地描画了密西西比河沿岸的风土人情，再现了美国的社会生活，体现了现实主义的具体性。而在描绘密西西比河的自然景色和哈克、吉姆自由自在的漂流生活时，透过主人公渴望自由和追求自由的心情，一切又都充满着浪漫主义的抒情气氛。这样，把庸俗的社会生活和小说主人公在现实生活中屡次遭遇的险恶同漫游于大自然广阔天地的自由美好相对照，就更加衬托出资本主义社会现实的丑恶，从而突出了要求自由、平等的主题。

从人物的描写来看，作家把对人物心理活动的具体而细致的描写与滑稽幽默的想象结合在一起，逼真地刻画了哈克的顽皮和吉姆的老实。又运用第一人称来叙述，通过哈克这个天真淳朴，不肯接受资产阶级"文明"雕凿，又带有一点野性淘气的儿童的眼光来观察、感受、评判荒谬的社会。这样，既微妙地表现了作家对社会的讽刺和批判，又极富儿童情趣。不但增加了小说的幽默气氛，而且给人一种真实感和亲切感。

从小说的情节看，作家在现实主义的社会背景上，以极度夸张的漫画式手法，勾画出了冒充国王的两个骗子贪婪无比的丑态。他们不仅谎称国王和公爵，而且编造、导演了一幕荒诞离奇的丑剧，甚至公然冒充死者亲属哭天抹泪地去骗取金元，这些富有浪漫主义色彩的情节读来令人捧腹大笑，又在滑稽可笑中给以强烈的讽刺。

语言诙谐生动，富有幽默感和讽刺力量，是《哈克贝利·芬历险记》具有巨大艺术魅力的重要原因之一。马克·吐温在民间方言口语的基础上，加工提炼出来的保持人民口头语言特点的"美国英语"，朴实、准确、生动而又风趣。通过这种流畅自然的语言叙述，把以上不同的手法融为一体，收到了非凡的艺术效果。

作为一幅反映19世纪后期美国社会生活的艺术画卷，《哈克贝利·芬历险记》对美国后世文学的影响是十分深远的。正如当代美国著名作家海明威所说:"全部美国文字起源于马克·吐温的一本叫做《哈克贝利·芬历险记》的书……这是我们所有书中最好的一本。"

高等师范院校教材

外国文学教程

第九章 19世纪俄国文学

第一节 概 述

19世纪的俄国历史，是一部俄国广大人民和先进知识分子为推翻专制农奴制度、扫除农奴制残余的反封建斗争史。正如列宁所指出的："整个19世纪，即给予全人类以文明和文化的世纪，都是在法国革命标志下度过的，19世纪在世界各个角落里只做了一件事，就是实现了、分别地实现了、做到了伟大的法国资产阶级革命家所创始的事情……"

与西欧先进国家相比，19世纪的俄国相当落后，依然在专制农奴制统治下。1812年抗击拿破仑入侵的卫国战争曾一度使俄国人民民族意识高涨，增强了民族自豪感，但接下来沙皇政府的一系列反人民措施又使得广大人民陷入极端贫困和痛苦之中，导致农民起义和士兵暴动接连不断。1825年12月，由贵族中的先进分子举行的旨在废除农奴制的十二月党人起义失败，起义领袖彼斯捷利、雷列耶夫等人被沙皇政府处死。两次事件拉开了俄国民族解放运动的序幕。

19世纪中期是俄国历史上最为黑暗反动的时期，沙皇政府在镇压了十二月党人起义后，采取一系列高压政策，迫害进步人士，压制先进思想。但是，随着民族意识的觉醒、先进思想的传播，广大平民知识分子围绕俄国的未来和农民问题进行了积极的探索，他们替代贵族先进知识分子，成为俄国解放运动的领导力量，使俄国解放运动进入资产阶级民主革命时期。1855年俄国与土耳其等国进行的克里姆战争失败，加重了人民的负担和痛苦，农民暴动风起云涌，改革和废除农奴制的呼声高涨。迫于新的革命形势，沙皇政府于1861年颁发解放农奴、废除农奴制的命令。但是废除农奴制是自上而下实行的，广大农民并没有得到真正的解放，民主革命的任务远没有完成。

19世纪后期，俄国资本主义的迅速发展，加剧了农村阶级分化，无产阶级于70年代开始形成，并开始组织活动。70年代初民粹派进行了大量的革命宣传，但由于在对待资本主义的问题上持保守态度，导致失败。90年代马克思主义在俄国得到传播，从90年代起马克思主义政党开始形成并领导俄国解放运动，俄国解放运动进入无产阶级革命时期。

与社会历史发展相适应，19世纪俄国文学也分为三个阶段，即贵族知识分子革命时期的文学，资产阶级民主革命时期的文学和无产阶级革命时期的文学。

19世纪40年代以前的俄国文学流派众多，异彩纷呈，古典主义、感伤主义消失后，浪漫主义成为主流，取得很高成就。到40年代现实主义成熟起来，取代了浪漫主义。茹科夫斯基、雷列耶夫、克雷洛夫、普希金、莱蒙托夫、果戈理、别林斯基等人分别在不同的领域作出了贡献。

亚历山大·谢尔盖耶维奇·普希金（1799—1837）是俄罗斯伟大的诗人，也是俄国民族文学和文学语言的创造者，在俄国文学史上，他既是俄国浪漫主义文学的杰出代表，又是现实主义文学的奠基人。他在短暂的一生中为俄国文学留下了宝贵的遗产，在诗歌、戏剧、小说多种文学领域都取得了惊人的成就。普希金出生于莫斯科一个古老而没落的贵族家庭，其家庭成员和亲友中很多都是作家、诗人或具有很高的文学修养，这样的环境培养了普希金的文学才能和爱好。1811年普希金进入皇村中学，在这里，受到1812年卫国战争的胜利及自由思想的积极影响，普希金形成了反对暴政、向往自由的思想，同时也开始了他的创作活动。

普希金早年创作了不少具有浪漫主义气息的政治抒情诗，如《皇村回忆》（1814）、《自由颂》（1817）、《致恰达耶夫》（1818）、《乡村》（1819）等。由于这些反对暴政、歌颂自由的诗歌被进步青年广为传播，引起了沙俄当局的恐慌，诗人被沙皇政府流放到南俄。在南俄期间（1820—1824），普希金更加密切了同十二月党人的联系，他继续通过浪漫主义抒情诗表达对自由的渴望，《短剑》（1821）、《囚徒》（1822）、《致大海》（1824）和叙事长诗《高加索的俘虏》（1822）、《强盗兄弟》（1822）、《茨冈》（1824）等诗篇充满了叛逆的思想，探讨了贵族革命时期俄国贵族知识分子与人民的关系问题。同时，普希金创作上也发生了由浪漫主义向现实主义的转变，并开始了《叶甫盖尼·奥涅金》的创作。1825年普希金完成现实主义历史剧《鲍利斯·戈都诺夫》。十二月党人起义失败后，普希金回到莫斯科，由于受到沙皇尼古拉的诱惑，曾一度对沙皇政府持幻想态度。1830年普希金全部完成《叶甫盖尼·奥涅金》的创作，还写了《别尔金小说集》(《驿站长》、《风雪》、《射击》、《棺材匠》、《村姑小姐》)和《石客》、《吝啬的骑士》等作品。30年代，普希金继续创作了大量作品，如《杜布洛夫斯基》、《青铜骑士》、《渔夫和金鱼的故事》、《黑桃皇后》、《上尉的女儿》等。1836年他创办了《现代人》杂志。

诗体小说《叶甫盖尼·奥涅金》是普希金最具代表性的作品，完成于1823年至1831年，1833年出版。小说广泛反映了19世纪初期俄国的社会生活，成功塑造了奥涅金和达吉亚娜两个典型人物形象。

叶甫盖尼·奥涅金是俄国贵族革命时期开始觉醒而又找不到出路的贵族知识分子的典型。他受过西方资产阶级思想教育，具有人道主义和民主主义思想倾向，他厌倦上流社会的花花世界，不愿与庸俗的贵族青年为伍，试图过上另一种更有意义的生活。但是，受时代和阶级的局限，他既不能确立自己明确的生活目标，投身于实际生活，又缺少坚强的意志，最终只能一事无成。奥涅金是俄国文学史上第一个"多余人"形象，这种人物有一定的教养，自命清高，不愿与上流社会同流合污，但他们在生活中又找不到自己的位置，同时也不了解自己和自己所处的环境，精神上空虚忧郁，性格中充满了矛盾，希望改变现状又不能够与令人窒息的社会彻底决裂，于是在生活态度上往往是消极逃避。奥涅金的性格是时代的产物，他的思想气质是由贵族社会的生活方式和空洞的贵族教育加上资产阶级思想的影响共同培育出来的。

达吉亚娜是俄国文学中最优美的妇女形象之一，也是普希金心目中理想的贵族妇女典型。她温柔善良、朴实纯真、情感丰富，从小生活在乡下农村，受到的是淳朴的民风民俗、动人的民间故事和优美的大自然的熏陶，她的精神追求和爱情理想是远远高于世俗标准的。但是她的见识是有限的，视野是狭隘的，以至于把奥涅金这样无所作为的人当做贵族青年中的佼佼者，并大胆地向他表达自己的爱意。可以说，达吉亚娜虽然有理想，在她身上有不同于一般人之处，但她的生活却是悲剧性的，她并没有完全摆脱封建贵族的传统观念，她的反抗是极为有限的。

《叶甫盖尼·奥涅金》具有现实主义的鲜明特点，它以奥涅金这个典型形象真实地概括了19世纪20年代俄国贵族青年的特征，反映了他们的追求和痛苦，并由此扩展到社会生活的各方面、各阶层，增强了小说反映现实的深度和广度。

米哈伊尔·尤里耶维奇·莱蒙托夫（1814—1841）是继普希金之后俄国又一伟大诗人，在他短暂的27年生命历程中，留下了大量各种体裁的作品，如抒情诗《诗人之死》（1837）、《祖国》（1841）、《别了，满目垢污的俄罗斯》（1841）、《预言》（1830）、《囚徒》（1837）、《咏怀》（1838）等；长诗《恶魔》（1829—1841）、《童僧》（1839）、《商人卡拉希尼科夫之歌》（1837）；戏剧作品《西班牙人》（1830）、《假面舞会》（1835—1836）和长篇小说《当代英雄》（1840）等。莱蒙托夫的创作继承了普希金和十二月党人歌颂自由、反对暴政的传统，反映了19世纪30年代俄国先进人士的思想情绪和叛逆精神。艺术上，莱蒙托夫与普希金一样，最早也是以积极浪漫主义为主导的，后来发展到现实主义的道路上，但莱蒙托夫的独特之处是始终没有完全放弃浪漫主义手法，他的作品往往是两种方法兼顾的。

莱蒙托夫的主要代表作品是长篇小说《当代英雄》，这部作品由五个具有独立情节的中篇组成，由共同的主人公毕巧林的活动串联全书。毕巧林是19世纪30年代俄国先进贵族知识分子的典型，他有热情，有独立见解，对贵族阶级的恶习和庸俗的生活方式感到厌倦，渴望积极的行动和有意义的生活，但是在沉闷、压抑的生活环境中，他找不到出路，备受孤独和痛苦的折磨，为了发泄心中的郁闷，他不断制造恶作剧，强烈刺激自己的灵魂，然后沉醉在自我分析中。毕巧林的形象表明了俄国贵族知识分子在革命过程中的严重缺陷。

维萨里昂·格里高利耶维奇·别林斯基（1811—1848）是俄罗斯卓越的文学批评家，列宁称他为"完全代替贵族的平民知识分子的先驱"，他一生以文学批评为武器与封建文化意识进行了坚决的斗争，为俄国进步文学走向现实主义道路作出了巨大贡献。别林斯基总结了俄国文学自19世纪以来以果戈理为代表的"自然派"的重大成就，高度重视这种现实主义性质的文学对俄国文学发展的影响。他撰写了大量关于普希金、莱蒙托夫、果戈理等人的评论文章，全面分析评价了他们的创作，提出了革命民主主义美学原则和现实主义理论主张，对文学的真实性、典型性、艺术内在规律以及文艺批语原则等问题作了具体规定。他强调艺术必须忠于现实和再现现实，要"按照实际的样子把生活表现出来"；在谈及典型性时，别林斯基指出艺术源于生活而又高于生活，典型必须是个别与普遍的统一，人物与环境的统一；此外，别林斯基还提出艺术创作过程是一种形象思维过程，人在这一过程中对世界的认识具有特殊性，以及艺术批评必须遵循历史分析与美学分析相结合的原则。别林斯基的文学批评既有强烈的现实针对性，又注意贴近文学自身的特点，对于指导俄国文学沿着现实主义方向前进发挥了重要作用。

19世纪50至60年代，俄国文学进入批判现实主义的成熟时期，在继承和发展普希金、果戈理开创的现实主义的基础上，以车尔尼雪夫斯基、杜勃洛留波夫、涅克拉索夫等人为代表的平民知识分子借助《现代人》杂志，创作发表了大量优秀的文学作品。随着政治领导力量的变化，这时期文学创作也出现了新的特征，主题由早期的主要揭露社会的不合理现象转到如何解决问题的探讨上来了，文学形象由"小人物"、"多余人"变为"新人"。这种变化表明俄国文学的发展是同人民解放运动紧密联系的，它所反映的是人民的要求和愿望，在文学中揭示了社会发展的规律。"新人"形象是俄国社会改革活动的必然结果，平民知识分子取代贵族知识分子后，与现实生活相适应的文学形象也跟着改变，这类人物往往来自下层，与人民有密切的联系，富有民主思想和实干精神，他们克服了"多余人"脱离生活实际的缺陷，勇敢地投身于改造社会的实践，代表着俄国先进的社会力量。

从这个时期开始，一直到19世纪末20世纪初，俄国批判现实主义文学呈现出勃勃生机，涌现了大批优秀的作家作品，取得了突出的成就。冈察洛夫、屠格涅夫、奥斯特罗夫斯基、涅克拉索夫、车尔尼雪夫斯基、谢德林、陀思妥耶夫斯基、托尔斯泰、契诃夫等人为俄国文学的发展与繁荣作出了重大贡献。

伊凡·谢尔盖维奇·屠格涅夫（1818—1883）是19世纪中叶俄国重要的批判现实主义作家之一。他的创作敏锐而准确地反映了俄国19世纪30年代至80年代的社会生活，如同一部艺术性编年史。

屠格涅夫1818年10月28日出生于奥廖尔省一个贵族家庭，1827年全家迁居莫斯科，1833年屠格涅夫考入莫斯科大学，第二年由于再次迁居转入彼得堡大学，1837年大学毕业。在大学期间培养了对文学的兴趣，1838年屠格涅夫到柏林大学学习，专门研究古典文学和哲学。1843年，屠格涅夫与别林斯基相识，并与别林斯基建立了深厚友谊。同年发表长诗《巴拉莎》，受到别林斯基的高度评价。

1847年至1852年，屠格涅夫陆续写成他的第一部现实主义作品《猎人笔记》。这个由25篇特写组成的作品，通过"猎人"在俄罗斯中部的山村、田野打猎时的所见所闻，描写了农奴制下地主和农民的生活状况，歌颂了农民的美好品质，揭露了地主阶级的野蛮残暴和虚伪，贯穿着反农奴制的基本主题。此外，《猎人笔记》描写了俄罗斯优美的自然风光，具有浓郁的抒情色彩。现实主义的描写与抒情的完美结合，构成了屠格涅夫独特的艺术风格。

1852年果戈理逝世，屠格涅夫因不顾禁令发表悼念文章而被捕，后被放逐，直到1853年底才获准回彼得堡。尽管受到迫害，但是屠格涅夫并没有丧失斗争的勇气，在被拘留期间，他写成的《木木》对专制农奴制展开了更加猛烈的批判。

19世纪50年代中期以后，屠格涅夫的创作进入高峰时期，在20年时间里完成了他最重要的六部长篇小说，《罗亭》（1856）、《贵族之家》（1859）、《前夜》（1860）、《父与子》（1862）、《烟》（1867）、《处女地》（1877）。

《罗亭》、《贵族之家》反映的是贵族知识分子探索的主题，他们的主人公罗亭和拉夫列茨基都属于"多余人"的典型形象，他们都有理想和追求，不满现状，渴望充满激情的生活，但是他们的理想更多的时候只是停留在言论上，因而很难转化为积极的行动，他们都脱离实际，意志薄弱，最终一事无成。罗亭头脑中装满了崇高的理想，思想上也愿意为自己的信仰牺牲个人利益，并热忱地向人们宣讲真理。但终究没有任何具体的行动，连爱情也不敢面对，只能胆怯地放弃。拉夫列茨基比罗亭前进了一步，他在实现理想上有一定的行动，比如在自己的庄园里施行改善农民生活的措施，敢于与丽莎真诚相爱，但是最后还是屈服于传统道德观念之下，放弃了应该属于自己的幸福。屠格涅夫通过罗亭和拉夫列茨基的形象反映了在贵族知识分子革命时期，贵族先进人物在与现实生活中的黑暗势力进行斗争时的进步性和软弱性。

19世纪50年代末60年代初，俄国解放运动进入新阶段，革命民主主义者取代贵族革命家成为领导阶级。屠格涅夫也感受到了时代的变化，在小说中塑造的形象也由"多余人"转向"新人"，《前夜》、《父与子》就是这种转变的标志。

《父与子》是屠格涅夫最重要的作品，它反映的是贵族自由主义者与平民民主主义者之间的对立。年轻的医科大学生巴扎罗夫与自己的同学阿尔卡狄的父辈们在思想言论上形成尖锐冲突，巴扎罗夫具有坚定的信念，重视实践，推崇科学，对农奴制和贵族思想持否定态度，在他身上体现了革命民主主义者的某些思想特征。"父"辈中的人物，即使是最"优秀的"代表，也总是目光短浅、萎靡不振。阿尔卡狄的伯父巴威尔·基尔沙诺夫坚持"原则"，轻视俄国社会，推崇西方文化，但又顽固守旧，试图以自己的自由主义信念压倒巴扎罗夫的思想，结果总是失败。尼古拉·基尔沙诺夫是另一类贵族典型，他心地善良，但性格软弱，喜欢空想，常常为本阶级的没落而惆怅惋惜，在他进行的改善处境的努力失败后，不得不承认自己"得意的时光"已经过去了。至于阿尔卡狄虽然同巴扎罗夫是同龄人，表面上也支持巴扎罗夫的观点，但骨子里的贵族阶级思想与他的父辈们是一致的，很快他放弃了理想，沿袭了父辈们生活的老路。

《父与子》通过巴扎罗夫与贵族人物思想观念上的较量，真实地反映了现实生活中的重大问题，揭示了平民知识分子在社会实践活动中的积极意义。

伊凡·亚历山大诺维奇·冈察洛夫（1812—1891）也是19世纪中叶俄国批判现实主义的重要作家，他的主要作品是三部长篇小说《平凡的故事》（1847）、《奥勃罗摩夫》（1859）和《悬崖》（1869）。

《奥勃罗摩夫》塑造了一个腐朽没落、懒惰成性、无所作为的农奴主典型。奥勃罗摩夫的一生是在腐朽的寄生生活里度过的，日常生活上他总是沉浸在安乐窝中，饮食起居都要专人侍候，尽管许多事情迫在眉睫，非做不可，他却最多也只是在头脑中想想而已，并不会有任何实际的行动。在对待友谊、爱情和婚姻上也如同他的生活态度一样，面对友人的帮助，爱情的吸引，奥勃罗摩夫也一度表现出有所行动，似乎感受到了生活的美好，恢复了朝气，但这也只是一种短暂的现象，对爱情的怀疑和婚姻的恐惧使他又丧失了继续向前的勇气。最后，他从女房东忙碌的身影中找到了自己追求的生活的理想样子，他所需要的就是那种能够不停地为他操劳的人，终于，他把自己的生活交给了能无微不至地照顾他日常生活的女房东，在安乐舒适中度过了后半生。

奥勃罗摩夫懒散无为的个性是农奴制下地主阶级空虚的、寄生的生活养成的，小说不仅描写了奥勃罗摩夫性格的表现，也揭示了他性格的动态发展过程。作者强调指出，懒惰不是奥勃罗摩夫的天性，跟所有小孩一样，儿时的奥勃罗摩夫也是活泼好动、聪明伶俐的，充满了儿童的好奇心。但是这种良好的天性受到来自周围环境和家庭溺爱的压抑渐渐地丧失了，伴随着他的成长，他身上的怠于行动的恶习日积月累，终于定型为一个完全依附他人生存的人。这里作者强调了环境、教育对人的性格形成的影响，体现了强烈的现实主义精神。

尼古拉·加夫里洛维奇·车尔尼雪夫斯基（1828—1889）既是文学批评家和作家，又是美学家和哲学家，也是革命家和思想家。他的社会活动和文学活动受到革命导师马克思、恩格斯、列宁的高度评价。

车尔尼雪夫斯基在文学理论和文学批评上的主要成就是《艺术与现实的美学关系》（又译为《生活与美学》）、《俄国文学果戈理时期概况》等。车尔尼雪夫斯基在唯物主义的基础上提出了"美是生活"的著名论断，说明了美的客观依据、客观内容和客观标准，认为美具有理想性、时代性和社会性。在此前提下，车尔尼雪夫斯基进一步论述了艺术与现实之间的关系，肯定了艺术从生活出发的原则，他强调指出，艺术产生于生活，"艺术的第一目的是再现生活"，不仅如此，艺术还应该"说明生活"，"对生活现象下判断"，应该成为"研究生活的教科书"。

创作上，长篇小说《怎么办?》是车尔尼雪夫斯基的代表作品，这部作品是作者被捕后在极其艰苦的条件下完成的。小说通过罗普霍夫、吉尔沙诺夫、薇拉和拉赫美托夫等人的活动，塑造了一系列"新人"形象，探讨并回答了"怎么办"的问题，指出通过革命斗争来实现祖国的发展，青年一代应该在生活中遵循"合理的利己主义"原则，成为对祖国和人民有用的人。小说表达了一种崭新的思想，成为人民革命斗争的行动纲领。

尼古拉·阿列克谢耶维奇·涅克拉索夫（1821—1878）是19世纪中后期俄国著名的民主主义诗人，他的诗歌创作紧扣时代生活，继承前人传统，充满爱国主义精神和革命激情，具有鼓动性。在诗风上大胆创新，以广大劳动人民入诗，反映人民的思想感情和理想愿望，宣传农民革命思想。长诗《谁在俄罗斯能过好日子》是涅克拉索夫的代表作，在这部打破旧传统的人民史诗中，诗人满怀激情地塑造了一系列处于生活底层、受尽欺凌的农民形象，反映了他们的苦难，表达了他们对压迫者的仇恨以及他们的追求，显示了蕴藏于人民之中的巨大力量。长诗贯注了作者的全部真情，饱含着强烈的民主精神。

亚历山大·尼古拉耶维奇·奥斯特洛夫斯基（1823—1886）是俄国杰出的戏剧家，他的戏剧活动为促进俄罗斯文学的发展作出了重大贡献。代表作《大雷雨》创作于农奴制改革前夕，剧本反映的是一个风景美丽而又封闭落后、死气沉沉的小城市的生活，在这里人们过着痛苦的生活，忍受着旧观念、旧秩序的维护者的压迫。主人公卡捷琳娜嫁到小城来后，受到专横任性、愚昧无知的婆婆的欺凌和虐待，丈夫生性软弱，保护不了她。卡捷琳娜陷入孤独痛苦中，丧失了原有的天真活泼和生活乐趣。后来她结识并爱上了鲍里斯，抱着重新开始的生活信念勇敢地追求一种的新的生活，但软弱胆小的鲍里斯在其叔叔的威逼下逃避了她的真情。最后，痛苦绝望的卡捷琳娜在大雷雨中忏悔了自己的"罪行"后投河自杀。剧本通过卡捷琳娜的悲剧愤怒声讨了专制农奴制的罪恶，肯定了卡捷琳娜追求自由和幸福的精神，提出了妇女解放的重大问题。

费奥多乐·米哈依洛维奇·陀思妥耶夫斯基（1821—1881）是俄国19世纪中后期的重要作家，他一生经历曲折奇特，思想和创作都充满了复杂的矛盾。他以敏锐的艺术洞察力关注城市平民的生活，表现生活在底层的各种小人物的不幸遭遇和道德心灵的冲突，在创作中充分暴露俄国社会中的压迫奴役、凶杀犯罪、道德沦丧等恶行，对下层人民表示深切同情。但是，陀思妥耶夫斯基又反对革命，攻击革命民主主义者的思想观点和暴力革命的主张。他认为唯物主义忽视了人的个性与道德，暴力革命只会导致人类互相残杀并最终毁灭人类。因而主张用基督教的顺从、忍让、博爱、恭谦的精神来净化人们的道德，建立一个美好和谐的社会。这种矛盾的思想在他的创作中都有不同程度的反映。

陀思妥耶夫斯基的创作活动开始于19世纪40年代中期，他一生成果显著，主要的作品有《穷人》（1845）、《双重人格》（1846）、《女房东》（1847）、《白夜》（1848）、《舅舅的梦》（1859）、《被侮辱与被损害的》（1861）、《死屋手记》（1862）、《地下室手记》（1864）、《罪与罚》（1866）、《白痴》（1868）、《群魔》（1871）、《少年》（1875）、《卡拉马佐夫兄弟》（1880）等。

书信体小说《穷人》是陀思妥耶夫斯基的处女作，也是他的成名作，小说的发表确立了作家在俄国现实主义文学——"自然派"中的地位。作品叙述了彼得堡的小公务员马卡尔·杰符什金和孤女瓦尔瓦西·陀勃罗谢洛娃之间的美好情感和最终分离的悲剧。小说继承了普希金和果戈理开创的描写"小人物"的传统，表现了作家对下层人物命运的关注与同情。

《被侮辱的与被损害的》是描写"小人物"命运的又一力作。小说通过描写工厂主史密斯一家和小地主伊赫缅涅夫一家的不幸遭遇，暴露了由封建农奴制向资本主义转变时期各类人物的道德原则和社会心理。瓦尔科夫斯基公爵是造成两家不幸的罪魁祸首，他卑鄙残忍，厚颜无耻，为了个人私利不择手段，在他身上反映了贵族阶级道德沦丧和资产阶级个人主义欲望滋长的双重影响。涅丽、娜塔莎、伊赫缅涅夫等人是"被侮辱与被损害的"代表，他们正直善良，但又个性柔弱，面对压迫者的欺凌，虽然没有屈服，但更多的是停留于道德心理的抗议，采取宽容、忍受的态度来对待现实的苦难。

《白痴》是陀思妥耶夫的代表作之一，它广泛地反映了19世纪60年代后期彼得堡社会的动荡混乱状况，显示了资本主义的迅速发展对社会生活各方面带来的冲击破坏，揭露了金钱的腐蚀作用。小说塑造了梅什金公爵这个十全十美的理想人物形象，他善良纯洁，没有沾染上流社会的庸俗和虚伪，他具有同情心，向往普遍的友爱和团结，但是他又奉行博爱、宽容、忍让和克制的原则，以相同的态度和标准对待周围所有的人。梅什金在小说中被当做"白痴"，一方面是因为他在复杂的社会生活中显得不谙世事，另一方面在于他理想的幼稚。作者精心塑造这一形象来与革命民主主义者所塑造的"新人"形象进行对照，并借以对抗革命，体现了作者思想消极反动的一面，但梅什金公爵的理想最终流产，也显示出作家伟大的现实主义精神。

《卡拉马佐夫兄弟》是陀思妥耶夫斯基一生创作的总结。小说围绕卡拉马佐夫父子对金钱、女人的争夺，展示了道德沦丧、物欲横流的"卡拉马佐夫性格"，表达了作者复杂的思想矛盾。基于抽象的人性论，陀思妥耶夫斯基认为每个人身上都具有善与恶的对立，即使作恶多端，也都有向善的要求，因此，他主张要弃恶从善，牺牲自我，皈依上帝。这是陀思妥耶夫斯基在经历了长期的探索后为人类社会指出的出路。

《罪与罚》代表了陀思妥耶夫斯基创作的最高成就。作品以大学生拉斯柯尔尼科夫杀死放高利贷的老太婆为中心事件，展示了俄国在农奴制改革后依然存在的社会问题——贫困、奴役、酗酒、欺诈、犯罪等，探讨了如何面对这些迫切需要解决的焦点问题，表达了作者对这些问题的看法。

拉斯柯尔尼科夫出于两个方面的原因去杀人，一是社会贫困与不公平，二是为了验证自己到底属于"平凡的人"与"不平凡的人"中的哪一类。前者是一般的犯罪动机与心理，而后者则是他所特有的，也是造成他内心痛苦和备受折磨的重要原因。拉斯柯尔尼科夫本来是一个纯洁善良、富有同情心的青年，头脑清醒，善于思索，勇于行动。但是，现实的苦难使他内心非常痛苦，陷入复杂的精神活动中，几乎是在神思恍惚的情况下他实施了犯罪，从此，他堕入内心灵魂较量的深渊不能自拔，犯罪感时时折磨着他，精神承受了巨大的痛苦。最后他在索尼雅的感召劝说下投案自首。他从虔信上帝的索尼雅身上发现了人性的光辉，同时也净化了自己的灵魂，终于从痛苦折磨中解脱出来。通过拉斯柯尔尼科夫灵魂的得救体现了陀思妥耶夫斯基的一贯主张，那就是暴力手段不能解决任何问题，相反只会造成更大的灾难和痛苦，唯一的出路在于皈依宗教，听从上帝的安排。

艺术上，《罪与罚》突出表现了作家擅长心理描写的艺术才能，小说把拉斯柯尔尼科夫在犯罪前后的复杂心态真实地加以揭示，传神地展示了主人公处于高度紧张状态下的痛苦、孤独、疲惫和内心的挣扎。作家采用内心独白、梦境、幻觉、下意识活动等多种表现方法来揭示人物心理活动的发展过程。此外，小说结构完整，情节紧张，富于戏剧性，显示了作者高超的艺术技巧。

萨尔蒂科夫·谢德林（1826—1889）是19世纪后期俄国著名的讽刺作家，他以《外省散记》（1856）、《一个城市的历史》（1870）、《塔什干的老爷们》（1872）、《戈洛夫廖夫老爷们》（1880）等一系列作品，对专制农奴制和资本主义的罪恶进行了无情的揭露和讽刺。

安东·巴甫洛维奇·契诃夫（1860—1904）是俄国批判现实主义文学的最后一位杰出代表，他是世界著名的短篇小说大师，也是戏剧家。他一生留下了四百七十多篇中、短篇小说和大量的戏剧作品。

契诃夫早期的创作集中在三个小说集《梅尔波美娜的故事》（1884）、《杂色的故事》（1886）和《在昏暗中》（1887）中，其内容大体可分为两类，一类是揭露沙皇专制警察制度下的走狗们的专横残暴和庸俗的奴性心理的作品，如《小公务员之死》（1883）、《胖子和瘦子》（1883）、《变色龙》（1884）、《假面》（1884）、《普里希别叶夫中士》（1885）等。另一类是反映下层人民的不幸命运和悲惨生活的作品，这类作品表达了作者对下层人民的深切同情，以《哀伤》（1885）、《苦恼》（1886）、《万卡》（1886）等为代表。

《小公务员之死》以小公务员切尔维亚科夫由于害怕"大人物"对自己的小小过失不肯原谅而心惊胆战并最终送命的故事，揭露了社会的黑暗与不平等。《变色龙》勾画了一个欺压百姓、阿谀权贵、不问是非的走狗形象。《普里希别叶夫中士》则塑造了一个心甘情愿为统治者效劳的卫道者形象。《苦恼》写马车夫姚纳死了儿子无处诉说心中的伤痛，最后只好去向自己的马倾诉，表明了人与人之间可怕的冷漠。《万卡》写九岁童工的辛酸遭遇，同样也反映了下层人民孤苦无告的处境。

1888年，契诃夫发表被誉为"草原百科全书"的中篇小说《草原》，之后，他的创作进入多主题状态。《第六病室》（1892）通过格罗莫夫和拉京两个形象的塑造，揭露了统治者迫害人民的暴行，否定了托尔斯泰"勿以暴力抗恶"的反动思想。《带阁楼的房子》（1894）批判了当时流行的"小事论"主张。《文学教师》（1894）、《醋栗》（1898）、《姚内奇》（1898）等批判了知识分子的庸俗习气。《女人的王国》（1895）、《出诊》（1898）、《在峡谷里》（1900）

• 227

等则以揭露资本主义的罪恶为主题。他的最后一篇小说《新娘》（1903）又表现了对新生活的向往。

契诃夫的戏剧创作主要有《蠢货》（1888）、《求婚》（1889）、《海鸥》（1896）、《万尼亚舅舅》（1897）、《三姊妹》（1901）、《樱桃园》（1903）等。

《套中人》（1898）是契诃夫的代表作，作品成功地塑造了别里科夫这个旧制度的维护者、新事物的反对者的形象，这是一个落后知识分子的典型，因循守旧、顽固保守、害怕新生事物是他性格的突出特征，他的日常生活和思想观念中都有许多套子，随时随地总是把自己与外界隔离开来。小说从别里科夫的生活状况和恋爱故事两个方面展示了他保守、多疑、怯懦、自私、丧失人格、屈从反动势力而又自觉充当卫道士，反对新生事物的性格特征。透过别里科夫形象，我们清楚地看到了专制统治的反动本质，"不能再这样生活下去啦！"这是作者的呼声，也是贯穿于契诃夫小说中的一个基本主题。

《套中人》采用传统的讲故事方式增强了作品所反映问题的真实感，同时注重细节描写和景物描写，语言简洁，描述细致，并巧妙地运用了夸张和讽刺的手法，体现了契诃夫短篇小说的一般特色。

第二节　果戈理

尼古拉·瓦西里耶维奇·果戈理（1809—1852）是俄国批判现实主义文学的奠基人，他以犀利的讽刺笔调深刻地揭露并抨击了俄国专制农奴制的罪恶，大大加强了俄国文学的批判倾向。他和普希金的创作共同奠定了俄国批判现实主义的基础。

一、生平与创作

果戈理1809年3月20日出生于乌克兰波尔塔瓦省密尔格拉得县大索罗庆采镇一个不太富裕的地主家庭，1818年进入县立小学，1821年至1828年在涅仁高级中学学习。这时期正是俄国民族自觉性高涨、自由思想广为传播、爆发过"十二月党人"起义的时代，果戈理在这样的环境中，读了普希金、雷列耶夫等人的自由诗篇，产生了朦胧的要为人民谋幸福的思想。1828年果戈理中学毕业后，满怀希望来到彼得堡，开始写诗、演戏等文学活动，均受冷落。为了生计，1829年和1830年在政府机关谋到职位，过着小职员清苦的生活，

"小人物"不得温饱的生活、庸俗的官场人情世故，使果戈理逐渐看清了彼得堡社会的内幕，看清了人们在猥琐的"公务"中白白消耗生命的悲剧。

1831年和1832年果戈理分别发表了《狄康卡近乡夜话》的第一卷、第二卷，从此出名。《狄康卡近乡夜话》是一部乌克兰民间故事集，包括八篇富有浪漫主义色彩的故事。作品以狄康卡近郊一位养蜂老人向乡亲们讲故事的形式，把各篇联结在一起。作家在书中把饶有风趣的民间故事、优美的自然风光与乡村人民的生活有机结合起来，热情歌颂了人民热爱自由、热爱劳动和勇敢、机智的品德，谴责了乡村封建势力。但是，作品把人民的生活诗意化，用抽象的善与恶的对立来代替阶级矛盾和斗争。同时，有些故事还带有神秘主义色彩和悲观思想。

1835年，果戈理出版了作为《狄康卡近乡夜话》的续篇的中篇小说集《密尔格拉得》，在这个集子中，现实主义因素增强了。书中作者淋漓尽致地揭露了地主阶级琐屑庸俗、精神极度空虚的丑恶本质，对他们进行了无情的讽刺和嘲笑，但同时又表现出对这个阶级的同情和惋惜。这代表了果戈理创作的整个基调，如《旧式地主》、《伊凡·伊凡诺维奇和伊凡·尼基福罗维奇吵架的故事》等。《塔拉斯·布尔巴》是《密尔格拉得》中最有名的一篇，小说描写的是16世纪乌克兰人民反对波兰贵族侵略的英勇斗争。作者借古代英雄崇高的精神来反衬当时地主的庸俗和碌碌无为，希望地主阶级有所觉醒，有所作为，表达了作者的爱国之情和对本阶级的希望。

1835年，果戈理还同时出版了《小品集》，其中包括《涅瓦大街》、《肖像》和《狂人日记》三个中篇小说，以后于1842年加入《鼻子》、《外套》两篇，合称《彼得堡故事集》出版。从这个集子开始，果戈理已经将艺术视野从历史转向现实，从乡村地主庄园转向彼得堡，他看到了尖锐的社会矛盾，也看到了官僚贵族的专横、残暴和"小人物"的贫困、受辱所形成的鲜明对比。在这个集子中最著名的是描写"小人物"的作品。《狂人日记》写一个贫困的小公务员，由于卑微的社会地位受尽歧视，最后精神失常的故事。《外套》是果戈理描写"小人物"的一部力作，九品文官阿卡基·阿卡基耶维奇的辛酸遭遇充分体现了果戈理同情弱者，强烈抗议不公平社会的人道主义精神。"小人物"的形象是俄国19世纪文学的传统形象，果戈理基于对生活在大城市中的"小人物"的悲惨命运的切身感受，真实地表现了他们在冷酷社会里的贫困凄凉、孤苦无告，反映了他们对不公平社会的不满和抗议，表达了对他们的深切同情。

从《密尔格拉得》到《彼得堡故事集》，果戈理的现实主义风格和批判精神日趋完善，他敏锐地抓住了现实生活中的具体矛盾，注意力集中在人民的两大死敌——官僚和地主身上，成功地创作了现实主义的著名作品《钦差大臣》和《死魂灵》。

1836年完成创作的讽刺喜剧《钦差大臣》是果戈理戏剧方面的代表作。作者在剧中无情地嘲讽了俄国官僚机构，果戈理说："我决定在《钦差大臣》中将我所知道的俄罗斯的全部丑恶集成一堆，一下子嘲笑个够。"他还引用俄罗斯的一句民间俗语"脸丑莫怪镜子歪"作为题词。的确，《钦差大臣》就像一面镜子，照出了俄罗斯官僚集团的丑相，剧中的外省城市实际上就是俄国农奴制社会的缩影。

喜剧的情节是根据普希金提供的素材构思而成的，某小城的官员们平时贪污受贿、敲诈勒索、营私舞弊，干尽了坏事，由于劣迹累累，做贼心虚，在得到钦差大臣要微服私访本城的消息后，他们竟然在惊慌恐惧中错误地把一个过路的彼得堡十二等文官赫列斯达可夫当成钦差大臣，以市长安东·安东诺维奇为首的全城官员为掩饰自己为非作歹、贪赃枉法的罪行，对"钦差"百般殷勤招待，竭尽阿谀奉承，争相收买贿赂。而身为彼得堡社会的花花公子，一向浅薄浮华、吹牛说谎的赫列斯达可夫则将错就错，陶醉其中，俨然就是真的钦差大臣，视察市政，接受诉讼，收取贿赂，一切都干得心安理得，甚至大胆地与市长的妻子女儿调情，最后，赫列斯达可夫在尽情享受后离开小城。正当市长得意忘形，陶醉在升官美梦中的时候，真正的钦差大臣到来了，赫列斯达可夫的骗局被揭穿，全城官员惊恐万状，全剧哑然结束，留给观众无限的思考。

《钦差大臣》的最大成功在于塑造了一系列个性鲜明的形象，贯穿全剧的是两个互为补充的人物——安东·安东诺维奇和赫列斯达可夫。安东是一个精通官场世故，老奸巨猾、贪婪成性的地方官吏，他非常清楚权力的价值和善于运用权力牟取私利，在小城，他可以一手遮天，为所欲为。然而，他毕竟只是一个小城的土皇帝，对于比他更高层次上的权力则怀着一种本能地服从和敬畏。因此，一旦传来钦差大臣将至的消息就惶恐不安，竟糊涂地把一个浪荡子当着钦差大臣来巴结奉承，闹出一幕幕丑剧。在他的影响下，小城其他官员争相效仿，以权谋私。慈善医院院长阴险刻薄，根本不管病人死活；法官玩忽职守；邮政局长私拆别人信件。这些人物拼凑在一起，构成了一幅官场丑类众生相的生动图画。

赫列斯达可夫是一个典型的贵族纨绔子弟，他好享受，爱虚荣，终日吃喝玩乐，过着花天酒地的生活，他身上的彼得堡社会的虚伪、浮夸习气以及他"不俗"的外表言谈使小城没见过世面的大小官员们谁也辨不清他的真相，纷纷向他献殷勤。果戈理通过赫列斯达可夫的形象把俄国官僚集团的丑恶现象由小城延伸到了彼得堡，借以说明沙皇官僚机构黑暗腐败反动的普遍性，正是由安东、赫列斯达可夫之流在操纵着俄罗斯国家的政治经济命脉，他们在大大小小的城市里作威作福，给人民带来了深重灾难。

《钦差大臣》在漫画式的轻松调侃中渗透了强烈的批判精神，赋予滑稽荒诞以深刻的社会含义，同时人物语言高度个性化，达到了人物形象的个性化与典型性的统一，艺术上的成就也是非常突出的。

《钦差大臣》的成功上演引起了强烈的反响，整个官僚贵族社会从喜剧中照出了自己的丑脸，他们对果戈理展开了疯狂的攻击，致使果戈理不得不于1836 年 3 月出国，先后寄居德国、瑞士、法国和意大利，直到 1848 年。在国外，他继续创作，于 1845 年 5 月出版长篇小说《死魂灵》第一部。

果戈理的创作受到进步文化界的赞扬，而反动评论界却越来越猛烈地攻击他，加上他长期生活在国外，脱离了人民和国内斗争生活，他思想中固有的矛盾加重了，政治上日趋保守，出现了严重的思想危机。1847 年 1 月，果戈理出版了渗透着反动思想的《与友人书信集》，书中他检讨自己以前创作的"错误"，美化古老的宗法制度，鼓吹进行道德的自我修养和宗教迷信。这种错误的思想自然得到了沙皇当局和反动文人的喝彩，而进步人士则给予了严厉的批评。别林斯基在《给果戈理的一封信》中严正指出了果戈理的错误立场，后来，果戈理部分接受了别林斯基的意见，但其错误思想并没有得到根本纠正。果戈理思想上的危机也严重影响到了他后期的创作，在写成又烧毁的《死魂灵》第二部中，骗子乞乞科夫改恶从善了，将军是正直善良的，地主都具有美德。这种苍白无力的创作与果戈理早年形成的现实主义创作原则构成尖锐对立，在精神和疾病的双重折磨下，果戈理于 1852 年 3 月 4 日在莫斯科病逝。

二、《死魂灵》

《死魂灵》是果戈理创作的巅峰之作，也是俄国批判现实主义文学的重要成就之一。这部小说的题材是由普希金提供的，1835 年开始构思写作，1842 年 5 月出版。按照作者原来的构思准备写三部，第一部完成后即着手写第二部，并很快完成，但感到不满意，于 1845 年烧毁，1852 年病危时再次烧毁重新写好的第二部手稿，第三部一直只是一个计划。果戈理《死魂灵》第二、三部创作的失败，既是他创作的悲剧，也是他世界观复杂矛盾的悲剧。他两次烧毁手稿，显示了他作为现实主义伟大作家忠实于现实主义艺术原则的可贵精神和高度的社会责任感。

《死魂灵》的故事情节极其简单，叙述的是19世纪三四十年代一个五等文官乞乞科夫向地主收购"死魂灵"的故事。当时俄国每十年进行一次人口普查登记，在两次登记之间死去的农奴在法律上仍然被当做活人对待，是农奴主的财产，农奴主要继续为他们缴纳人头税。因此，许多地主都把在自己压榨下死去的农奴看做负担，愿意送人或低价转让。乞乞科夫正是看准这一点，大搞买空卖空发横财。

在结构安排上，《死魂灵》包括十一章，可分为四个部分。第一章为第一部分，交代乞乞科夫来到某城市，走访城里的头面人物；第二章到第六章为第二部分，主要讲述乞乞科夫为了收购死魂灵，逐个走访地主庄园，并顺利进行着他的买卖，每章写一个地主，乞乞科夫一共访问了五个地主；第七章到第十章为第三部分，叙述乞乞科夫收购完毕回城办理法定手续时，他的秘密被泄漏，闹得满城风雨；最后一章为第四部分，写乞乞科夫见大势不好，仓皇逃跑，并补充交代了乞乞科夫的生平。

《死魂灵》是以揭露地主和官僚为主题的，作者围绕这一主题安排结构，塑造人物。小说成功地塑造了五个地主和乞乞科夫形象。

玛尼罗夫是乞乞科夫访问的第一个地主，他是一个外表文雅、礼貌周到实则浅薄庸俗、精神空虚的地主典型。他饱食终日，无所用心，总是沉湎于不切实际的幻想中。他的书房里两年前开始读的一本书一直停在第十四页上，客厅中有一把未完工的绷着麻袋布的靠手椅。他从不过问自己的田产，不管理家务。不劳而获的地主阶级生活习性使玛尼罗夫变成了既不愿行动而又缺乏行动能力的人。他总是心满意足，面带笑容，待人接物总是彬彬有礼，谦和有加。这是一个精神贫乏心灵空虚的寄生虫，表面的温文尔雅礼貌周到掩饰下的是极致的虚伪无聊。作者写道："在应酬和和态度上，他总显出竭力收揽着对手的欢欣模样来。……和他交谈，在最初的一会儿，谁都会喊出来道：'一个多么可爱而出色的人啊！'但过了一会儿，便心里会想：'呸！这是什么东西呀！'于是你得赶快离开，不离开就立刻觉得无聊得要命。"果戈理通过玛尼罗夫的形象，真实地揭露了在停滞不前的农奴制下，在地主阶级不劳而获的生活中滋生的一种典型性格。列宁曾经用玛尼罗夫来讽刺那些脱离实际的空想家，在生活中"玛尼罗夫精神"已经成为不务实际、懒散、梦想家的代名词了。

女地主科罗瞻契加是生活在偏僻闭塞的乡村小地主的典型，她愚昧固执，精神贫乏，但在操持家务上是行家里手。她的庭院里养满了鸡鸭和狗，积聚财产和料理家务是她的最大兴趣，她"总把现钱一个一人地弄到藏在她柜子的抽屉里的花麻布钱包里去"。当乞乞科夫提出要购买她的十八个死农奴时，她感到新奇，生怕吃亏上当，于是对乞乞科夫纠缠不休，力争要卖个好价钱。就是这么一个胆小愚昧的小地主，在捞钱上却是一个非常贪婪的吸血鬼。乞乞科夫是在迷路时偶然来到她的庄园的，作者借此说明，像科罗瞻契加这样的地主在俄罗斯随处可见。

罗士特莱夫是又一类的地主典型，鲁迅先生称之为"地方恶少式的地主"，他既不像玛尼罗夫那样附庸风雅，冥想非非，也不像科罗瞻契加那样小气，斤斤计较。他过着花天酒地、挥金如土的生活，终日吃喝嫖赌，惹是生非，打架斗殴，同时，他还是一个吹牛说谎、拨弄是非的无赖。他不经营产业，把大量的时间和金钱花费在养狗、养马和赌博上。对于乞乞科夫的买卖，他不在乎价钱，不讨价还价，而是要求乞乞科夫买他的动物，再将死农奴作为搭配，或通过赌一盘棋来进行交易，在两种办法都被乞乞科夫拒绝后，竟然对乞乞科夫大打出手。面对罗士特莱夫的流氓无赖行径，精明狡猾的乞乞科夫也束手无策，不仅没有从他手中买到死农奴，反而讨得满心不愉快。乞乞科夫幻想投机取巧赚钱发财的美梦最终流产也是罗士特莱夫告发所致。

梭巴开维支是乞乞科夫访问的第四个地主，这是一个凶残狠毒、精于算计的地主典型。他外貌粗壮，行为笨拙，如同一只"中等大小的熊"，走路常要踏着别人的脚。生活上他特别能吃，而且吃法粗鲁，在动物般的梭巴开维支身上集中体现了地主阶级最野蛮、最反动的本性。在对待农奴上他心狠手辣，致使身强力壮的农奴大量死亡；在与乞乞科夫的交易中，表现了他老谋深算、卑鄙无耻的特性。他一眼就看清了乞乞科夫玩的把戏，决定借此机会发一笔死人财，于是他深藏不露，如同买卖普通物件一样与乞乞科夫讨价还价，为了使价钱更好一些，他竟然无耻地向乞乞科夫夸赞他的死农奴都是有力气的能干的手艺人，都具有好的品行，其奸诈贪婪与卑劣本性由此可见；此外，梭巴开维支对人还特别的刻薄，在他心目中别人都不是人，唯有自己才是好人。梭巴开维支是俄国农奴制的代表人物，贪得无厌、粗野蛮横和精神品质低下构成了他性格的突出特征，连欺诈成性的乞乞科夫都骂他是一个"杀人的凶手"。

泼留希金是小说中最后出现的一个地主，也是全部五个地主形象中最丑恶卑鄙的一个。作为世界文学史上著名典型之一，作家集中描写了他性格中贪婪吝啬的特征。在泼留希金身上，贪婪吝啬表现为对物质财富的永无止境的病态的搜刮占有和令人吃惊的浪费。他的贪婪直接外化为聚敛财富，他拥有上千的农奴，拥有堆积如山的粮食财物，但他是为聚敛而聚敛，对财富的占有欲望已把他折磨成为丧失人性的怪物。他的穿着像乞丐，外貌不男不女，这是一个没有亲情，没有任何道德标准，甚至没有生活气息的活死人。他对财富的认识是愚昧的，在他的庄园里已经堆满了各种各样有用无用的东西，他依然不断地继续搜集各种破烂，"一块旧鞋底，一片破衣裳，一个铁丁，一角碎瓦他都拾了去"。不仅如此，他还经常偷农民的东西。泼留希金的搜刮积攒只是出于一种本能，一种癖好，他既不肆意挥霍用于享受，也不把所积累的财物换成可以长久保存的货币，因而造成大量的浪费，他的粮食财物腐烂变质，变成了肥堆和灰堆，依然塞满了他庄园中的每一个房间。与贪婪紧密联系的是吝啬，果戈理采用夸张的笔调描写了泼留希金的吝啬，他的吝啬不仅对别人，而且也对自己，吝啬使他变得感情冷酷，丧失人性，他成年累月监督农奴劳动，致使农奴"像苍蝇一般大批大批死掉"，他不关心儿女的生活，任他们挨饿受冻，最后儿女死的死，逃的逃。最能表现泼留希金吝啬的细节是在与乞乞科夫的买卖中，乞乞科夫收购了他的大批死农奴，使他免交人头税，他非常感激，破例要招待乞乞科夫，结果他让管家端上桌子的是发了霉的饼干和生了虫的甜酒；在造死农奴名册时，他的吝啬达到了极致，先是把小纸片裁下一块后再将字写得不能再小了，同时还在抱怨在纸的四周和字行之间留了空白。泼留希金形象深刻地揭示俄国农奴制的腐朽和地主阶级的堕落，从而说明农奴制必须废除。

乞乞科夫是小说的中心主人公，小说的故事情节由他的活动而展开，他是俄国资本主义形成时期的一个投机商人形象。果戈理真实地揭示了他的性格形成的历史，在小说的最后一章交代了他所接受的家庭教育对他的重大影响。乞乞科夫出身于破落贵族家庭，在他还在上学的时候，他的父亲就传授给他一套带有资产阶级性质的为人处世哲学，教他要选择对自己有利的人交朋友，要学会弄钱，要讨得老师和上司的欢心，这些家训成了他在学校和投身社会后行为的指南。在学校，他学业平平，但由于他善于讨好巴结老师，因而获得了品学兼优的评语；中学毕业后，乞乞科夫在财政厅、在海关供职时依然遵循在学校时行之有效的一套，伪装诚实、逢迎拍马、贿赂上司、千方百计地捞取钱财，直至一次次失败。最后在做法院文书时突然悟出一条更好的生财之道，那就是收购"死魂灵"的投机活动。在对金钱的追逐过程中，乞乞科夫表现出了新兴资产阶级在原始积累时期掠夺财富的顽强性和诡诈狡猾的品质。在经历了挫折失败后，乞乞科夫变得更加老练和诡计多端，收购"死魂灵"时，面对不同的地主，态度变化万千。为了达到赚钱的目的，他收敛起自己的个性，非常自如地与个性迥异的地主周旋，其圆滑世故、欺诈成性、唯利是图和善于见风使舵、投机钻营的本性暴露无遗。

《死魂灵》通过乞乞科夫购买"死魂灵"的故事，揭示了俄国官僚世界的反动和地主阶级的腐朽，并对他们进行了无情的嘲讽和有力的鞭挞，客观上起到了认识社会、唤醒民众的作用，表现了果戈理对祖国命运的关心。同时，小说还通过描写地主的没落反映了广大农民的凄惨生活，以及通过戈贝尔大尉的插曲，表现了人民对专制农奴制的反抗情绪。

《死魂灵》作为俄国文学史上第一部散文体长篇小说，取得了很高的艺术成就。

人物形象的高度典型化是《死魂灵》突出的特色。果戈理在塑造人物形象时，既显示其共性特征，又强调人物的个性。五个地主既是俄国农奴制时代城乡没落地主的代表，又各具个性，他们的语言、动作、肖像、心理活动和生活环境无不鲜明生动。玛尼罗夫空虚无聊的内心与让人发腻的面容，科罗潘契加的愚昧与目光短浅，罗士特莱夫的游手好闲与蛮横无忌，梭巴开维支的粗野与笨拙，泼留希金的寒酸外貌与贪婪吝啬，都给人以深刻印象。果戈理在刻画这些形象时调动了多种方法，典型化的细节、个性化的语言以及典型环境都为突出人物形象的个性特征和典型意义发挥了重要作用。

辛辣的讽刺是《死魂灵》的又一艺术成就。果戈理在小说中特别善于通过叙写平常事件来突出人物个性，造成强烈的讽刺效果。方法上有直接把讽刺态度表现在语言中的，如说罗士特莱夫在他养的狗群中就"像在自己家族之间的父亲"。也有描写人物内在和外在不一致，语言和行动不和谐来构成讽刺的，如说乞乞科夫表面上是正人君子，口头上总挂着"良心"之类的词汇，骨子里全是坏水；玛尼罗夫附庸风雅，礼貌恭谦，连与乞乞科夫谁先进屋都要谦让长达好几分钟，实际上却无聊得要命。还有通过夸张手法来实现讽刺的，比如罗士特莱夫与人拥抱亲吻的动作，梭巴开维支走路的样子，泼留希金的穿着打扮，无不带有夸张色彩。

《死魂灵》中还穿插了许多议论和抒情，这些议论和抒情与叙述巧妙结合，共同地为表现主题服务，成为小说的有机组成部分。

第三节 托尔斯泰

列夫·尼古拉耶维奇·托尔斯泰（1828—1910）是19世纪俄国伟大的批判现实主义作家。他的创作紧扣俄国社会历史进程，列宁说："托尔斯泰是俄国革命的镜子"，"托尔斯泰不但创造了可供群众在推翻了地主和资本家的压迫而为自己建立了人的生活条件的时候永远珍视和阅读的艺术作品，而且还能用卓越的力量表达被现代制度所压迫的广大群众的情绪，描绘他们的境况，表达他们自发的反抗和愤怒的情绪。""他的作品在世界文学中占了一个第一流的位子。"

一、生平、思想与创作

托尔斯泰一生近六十年的文学活动跨越了俄国革命的全过程，并在不同时期呈现出不同的特征，按照其创作思想和艺术风格的变化，托尔斯泰的生活和创作大体可分为三个阶段。

（一）第一阶段（1852—1863）

托尔斯泰于1828年9月9日出生在一个古老的贵族伯爵家庭，不到两岁丧母，九岁丧父，继承贵族爵位。他从小受到良好的贵族家庭教育，1844年进入喀山大学东方系学习，专修土耳其语、阿拉伯语，后转入法律系。在校期间广泛阅读文学、哲学著作，并接受卢梭、孟德斯鸠等人的启蒙思想的影响。1847年因不满学校教育而退学回家，在自己的庄园里尝试旨在改善农民处境的改革，最终失败。1851年到高加索，加入沙皇炮兵部队服役，1854年前往克里米亚，参加了塞瓦斯托波尔战役。

托尔斯泰的创作活动开始于高加索生活时期，19世纪50年代，他陆续发表了自传体小说《童年》（1852）、《少年》（1854）、《青年》（1857）三部曲。作品表现了作者早年对生活和艺术的思考。主人公尼考林卡是一个典型的贵族子弟，性格中充满了矛盾，他通过对自己生活环境中的各色人物的观察分析发现，人与人之间的关系是一种复杂的社会经济关系，存在着丑恶和虚伪，于是他一方面既欣赏自己优越的生活环境和贵族阶级的体面，另一方面又时时进行内心反省，对自己的行为不满，力图在道德上进行自我完善。三部曲表现了托尔斯泰善于从变化发展中探究人物内心世界的艺术才能，其表现出来的思想情感基调和艺术风格几乎贯穿托尔斯泰的全部创作。

1855 至 1856 年，托尔斯泰根据自己参加塞瓦斯托波尔保卫战时的所见所闻和亲身感受，写了三篇特写，合集为《塞瓦斯托波尔故事》，作品从民族主义立场出发，歌颂了普通士兵和下层军官的崇高品质和爱国精神，无情地谴责和嘲笑了上层军官的虚伪自私和腐败无能。这个描写战争的作品为托尔斯泰以后写作《战争与和平》作了准备。

1855 年 11 月，托尔斯泰从塞瓦斯托波尔来到彼得堡，结识了涅克拉索夫、屠格涅夫、冈察洛夫、车尔尼雪夫斯基、奥斯特洛夫斯基等俄国文学的优秀人物，并与《现代人》杂志建立了联系。但由于在对待农奴制问题上，托尔斯泰与车尔尼雪夫斯基、涅克拉索夫等革命民主主义者之间存在严重分歧，最终在 50 年代末和他们脱离了联系。

1856 年，托尔斯泰发表了中篇小说《一个地主的早晨》，作品写贵族青年聂赫留朵夫从大学辍学回家，在自己的庄园致力于改善农民生活的改革尝试，结果由于得不到农民的理解而失败。聂赫留朵夫是一个带有明显自传性的人物，其改革的动机仅限于适当调和矛盾，兼顾地主和农民的利益，以求得自身良心的安宁，而无意于触动农奴制的根基。这篇小说第一次真实地描写了俄国农奴下农民的生活和心理，反映了作者对他一生所关注的解决农民与地主矛盾的初步尝试。

1856 年底，托尔斯泰从部队退役，第二年他到法国、瑞士、意大利、德国旅行，其间的所见所闻使他对资本主义制度产生反感，并片面地否定资本主义文明，这种思想影响了他的创作。在此期间根据在瑞士目睹的一次事件，写成了优秀短篇小说《琉森》，在小说中，托尔斯泰借一个流浪乞讨的歌手在文明的绅士们面前遭遇的不公平待遇，强烈谴责了资本主义制度的不人道，揭露了其自由、平等的虚伪性。但是，托尔斯泰在批判资本主义的时候，一方面连同资本主义文明的相对进步性也全部否定了，另一方面又不能提出正确的出路，因而只能从宗教道德的角度发出精神的呼吁。

为了继续探索解决俄国社会问题的办法，托尔斯泰于 1860 年至 1861 年再度出国，先后到德国、法国、英国、意大利、比利时进行教育考察，回国后在家乡创办教育杂志，兴办学校，同时担任农村和平调解人，在处理地主与农民的纠纷时尽力维护农民的利益。

1863 年托尔斯泰发表了中篇小说《哥萨克》，描写贵族青年奥列宁厌倦了城市上流社会的无聊生活，来到高加索山区，希望在这里通过把自己变成一个山民而找到自由和幸福，受到雄伟壮丽的大自然和过着无拘无束生活的哥萨克人的感染，奥列宁的精神得到了净化，沉浸在人们的欢乐中，陶醉在自然里，感受到了自由。但是，根深蒂固的贵族阶级偏见和上流社会生活的恶习，最终阻碍了他变成一个真正的哥萨克，在与玛丽亚娜的恋爱中彻底暴露了他自私的本性，他不得不在痛苦和失望中离开。奥列宁也属于作者自传性形象类别，体现了托尔斯泰对贵族出路问题的思考。

从托尔斯泰早期的创作中可以看出，他一开始就敏锐地注意到了俄国社会的根本问题，即地主与农民的尖锐矛盾，并由此延伸到社会等级矛盾、贫富矛盾等诸多具体方面。在这些错综复杂的矛盾中，托尔斯泰试图理清头绪，寻找一条解决办法，他既不满意贵族社会，也讨厌新兴的资本主义，经过苦苦的探索，他提出了依靠贵族阶级的"平民化"，实现道德的自我完善来缓解社会矛盾的办法，这显然是不可能实现的幻想。不过他对农民问题的关注和对农民的深厚感情为他后来世界观的根本转变奠定了基础。

（二）第二阶段（1863—1880）

19世纪60至70年代，托尔斯泰的思想处于激烈的矛盾斗争中，创作上则处于最辉煌的时期，他在此期间完成创作的两部优秀长篇小说《战争与和平》（1863—1869）和《安娜·卡列尼娜》（1873—1877）明显地表现了他思想的深刻变化和艺术上的成就。

《战争与和平》是一部带有史诗性的历史题材长篇小说，它以1812年的俄法战争为中心，反映了19世纪初期俄国社会生活中的一系列重大历史事件，以保尔康斯基、别祖豪夫、罗斯托夫、库拉金大人贵族家庭的生活为主线，在战争与和平的交替描写中，展现了社会生活的广阔画面，描绘了五百多个各色人物，反映了各阶层人物的思想情绪，反映了作家对当时社会生活中许多重大问题的思考。托尔斯泰站在民族主义的立场上，高度颂扬了俄罗斯人民的爱国主义精神和保家卫国的英雄业绩，谴责了上层贵族的昏庸无能。

小说中最为突出的人物形象是先进贵族青年安德烈·保尔康斯基和彼埃尔·别祖豪夫，在他们身上都体现了善于思考和自我分析的特点。安德烈出身贵族上层，但却厌恶上流社会生活，希望成就一番伟大事业。在战场上他作战勇敢，意志坚强。在曲折的生活历程中，他逐渐领悟到了个体和人民之间的关系，寻找到了精神寄托。与安德烈相比，彼埃尔则性情懦弱，虽然向往一种理想化的生活，但总是缺少积极的行动。妻子的堕落使他感到无尽的痛苦，战争造成的混乱又使他精神的探索理不清头绪。在经历了曲折的生活道路后，终于悟出了人生的真谛，解脱了宿命论思想的束缚，走上了与人民接近的道路。小说通过安德烈和彼埃尔的生活道路，表现了俄国先进贵族青年的成长历程。

《战争与和平》集中体现了托尔斯泰 19 世纪 60 年代的思想矛盾，一方面借助历史题材探讨现实问题，对贵族出路问题、人民在历史进程中的作用问题进行了深入的思考和回答；另一方面又贯穿着浓厚的宿命论思想和宗法制观念。

1870 年至 1873 年间，托尔斯泰试图从彼得大帝时代的历史中找到解决现实问题的依据，研读了大量史料，准备写一部取材于这个时期的长篇小说，未能如愿。

（三）第三阶段（1880—1910）

19 世纪 70 年代末 80 年代初，俄国社会发生着急剧的变化，托尔斯泰的思想也发生了重大转变，他对社会的认识加深了，更加清楚地看到整个专制制度和贵族阶级的腐朽没落，对自己所在的阶级彻底不抱幻想了，因而否定了自己原来的生活方式，他的世界观从贵族地主阶级的立场转到了宗法制农民的立场上来。正如列宁在《列·尼·托尔斯泰和现代工人运动》中所指出的："乡村俄国一切'旧基础'的急剧破坏，加强了他对周围事物的注意，加深了他对这一切的兴趣，使他的整个世界观发生了变化。就出身和所受的教育来说，托尔斯泰是属于俄国上层地主贵族的，但是他抛弃了这个阶层的一切传统观点。"他关注农民命运，同情他们的悲惨遭遇，成为宗法制农民的思想代表。但是，托尔斯泰转变以后的世界观依然包含着深刻的矛盾，一方面他猛烈地批判了贵族资产阶级社会，对土地私有制作了彻底否定，另一方面又大力鼓吹"不以暴力抗恶"，"道德上的自我完善"，基督教的"博爱"等学说。这种矛盾体现了俄国宗法制农民的反抗情绪和政治上的不成熟。所以列宁说："作为一个发明救世新术的先知，托尔斯泰是可笑的……作为俄国千百万农民在俄国资产阶级革命快到来的时候的思想和情绪的表现者，托尔斯泰是伟大的。"

托尔斯泰世界观转变以后的创作是丰富的，有剧本《黑暗的势力》（1886）、《教育的果实》（1891）、《活尸》（1900），中篇小说《伊凡·伊里奇之死》（1884—1886）、《克莱采奏鸣曲》（1891）、《哈吉穆拉特》（1904），短篇小说《舞会之后》（1911）和长篇小说《复活》等。这些作品在揭露社会罪恶的同时，贯穿了一个道德宣讲的主题。《黑暗的势力》在揭示了金钱对宗法制农村的经济基础和道德基础的破坏后，用宽恕和宿命论化解了尖锐的矛盾冲突；《伊凡·伊里奇之死》的主人公面对荒淫无耻和虚伪冷酷的社会，也只能在宗教伦理观念中寻求对人生意义的阐释；1904 年写的《哈吉穆拉特》表现了一种英勇不屈的反抗精神，但接着创作的一些作品又重复自己的救世学说；1903年写成直到作者死后才发表的短篇小说《舞会之后》，通过上校在舞会上的温文尔雅、彬彬有礼与舞会后在操场上指挥对士兵执行"夹鞭刑"的残酷场面相对比，触目惊心地展示了上层人物的虚伪和残暴，具有强烈的批判力量，然而小说依然有"道德自我完善"的说教。

托尔斯泰后期最重要的作品是长篇小说《复活》，它可以看做是托尔斯泰一生精神探索和艺术创作的总结。

从1889年动笔，到1899年完成，《复活》的创作断断续续持续了十年。小说是以一个真实的事件为基础写成的，按作家最初的构思，只是一个关于道德训诲的中篇小说，但在写作过程中反复修改，数易其稿，不断扩充小说容量，深化主题思想，写成了具有广泛社会意义的长篇小说。

小说写贵族青年聂赫留朵夫在出席法庭陪审时，认出被告正是十年前被自己占有后又抛弃了的卡秋莎·玛丝洛娃，于是他良心觉醒，开始为玛丝洛娃四处活动，上诉申冤，并提出要与她结婚。上诉失败后，玛丝洛娃被判流放西伯利亚，聂赫留朵夫与她同行，并最终感动了她。最后玛丝洛娃嫁给了政治犯西蒙松，聂赫留朵夫皈依宗教，两人在精神和道德上都得到了"复活"。

小说以"最清醒的现实主义"撕毁了一切假面具，暴露了沙皇专制制度的黑暗。在玛丝洛娃被审判和聂赫留朵夫的上诉过程中，我们看到操纵国家命运的都是刽子手、吸血鬼，他们可以不问是非曲直，随意践踏、蹂躏人民。小说对沙皇专制机构的反人民性的揭露批判是尖锐的："人吃人并不是从原始森林里开始的，而是从政府各部门、各种委员会、各个衙门里开始的。"作为虔诚的信徒，托尔斯泰对官办教会的恶行也是不能容忍的，小说中教会成了政府的机构，直接参与维护专制统治，神职人员打着上帝的幌子欺骗愚弄人民，所有的宗教仪式都显得虚伪、荒诞可笑。由于托尔斯泰对官办教会的虚伪性和神职人员的丑恶嘴脸的无情揭露，惹恼了有关当局，1901年宗教院将他开除教籍。小说还从经济制度方面揭示了农民贫困的根源，指出了土地私有制的不合理性，认为要解决地主和农民的矛盾必须把农民赖以为生的土地归还给他们，这表明托尔斯泰对土地问题的正确认识，也是他世界观转变的有力证明。此外，小说还从宗法制农民的心理情绪出发批判了新兴资本主义所造成的灾难。资本主义的发展，资产阶级生产方式的推行，加速了农村旧基础的破坏，加重了农民生活的负担，托尔斯泰敏锐地抓住了这一问题，并在小说中真实地加以反映。但是，与托尔斯泰世界观转变后创作的其他作品一样，《复活》一方面对社会作了深刻的、犀利的批判，对社会本质的认识是清醒的正确的，另一方面作者提出的解决问题的办法又是幼稚可笑的，他企图通过道德说教来拯救世界，真诚地鼓吹托尔斯泰主义，显示了俄国农民软弱无力的一面。

聂赫留朵夫是小说塑造的"忏悔的贵族"的典型，也是托尔斯泰自传性人物形象之一，但与以前同类形象相比，聂赫留朵夫有了重大发展，他突破了贵族阶级的局限，否定了原来的生活方式和贵族阶级的传统观念，与原来的阶级彻底决裂了。小说真实地显示了他的变化过程。年轻时的聂赫留朵夫纯洁善良，有理想，有追求，与玛丝洛娃的爱也是真挚的。但是，贵族阶级固有的恶习，彼得堡上流社会和沙俄军队恶劣的生活习气使他堕落成为一个自私自利者，由此他伤害了玛丝洛娃，把她推向了罪恶的深渊。聂赫留朵夫的堕落是由其阶级属性和社会环境造成的，但作者却以人性论观点来解释其堕落的原因，他认为在聂赫留朵夫身上同时存在"动物的人"和"精神的人"，他的堕落是"动物的人"战胜"精神的人"的结果，而后来的所谓"复活"则是"精神的人"重新获得了支配地位。这种解释显然是错误的，它忽略了聂赫留朵夫的阶级地位以及生活方式带来的决定性影响。

聂赫留朵夫的"复活"是从在法庭上认出玛丝洛娃后开始的，玛丝洛娃的不幸和堕落引起了他的自责，他决心赎罪，在为玛丝洛娃申冤上诉的过程中，聂赫留朵夫广泛接触了社会各阶层，进一步认清了社会罪恶，在人民的生活与官僚世界的强烈对比中，他看到人民是无辜的受害者，认识到人民的苦难是由土地私有制和官僚贵族造成的，于是他放弃个人财产和贵族生活，随被流放的玛丝洛娃到西伯利亚去，最后他在《福音书》中找到了精神探索的答案，那就是爱和宽恕，照上帝的旨意而生活。

卡秋莎·玛丝洛娃是《复活》的女主人公。作者把一个被侮辱与被损害的下层妇女作为自己长篇小说的主人公，这既是托尔斯泰民主主义思想的体现，也是他世界观转变的又一证明。玛丝洛娃是一个农妇的私生女，母亲死后被女地主收养，其身份是养女兼婢女，但这并没有改变其作为下层劳动妇女悲惨的命运。先是被聂赫留朵夫欺凌，接着又被主人赶出家门，在经历了种种磨难与痛苦后，沦落为麻木不仁、自暴自弃、卖弄风情的妓女，在痛苦的深渊里苦苦挣扎了八年，身心备受摧残，灵魂也被腐蚀了。玛丝洛娃灵魂的复苏是在聂赫留朵夫向她表示忏悔的时候，面对这个一手把自己推入火坑的罪魁祸首，她宣泄了自己的全部愤怒和仇恨："你在尘世的生活里拿我取乐还不够，你还打算在死后的世界里用我来拯救你自己！"这是在具体情景下对自己人格尊严的卫护，表达了一个受尽侮辱的妇女对贵族社会的强烈抗议和控诉。也正是在这时候，聂赫留朵夫的真诚悔意勾起了她对从前美好生活的回忆，加上与政治犯们的接触交往，她的灵魂苏醒了，恢复了人的尊严和做人的信心。促使玛丝洛娃"复活"的因素是多方面的，但作家特别强调了革命对人的改造作用，这是难能可贵的。

艺术上《复活》采用单线索的情节结构，通过聂赫留朵夫为玛丝洛娃奔走上诉，展现了一幅广阔的生活画面，全景式地反映了俄国社会生活内容，其艺术上的成就是突出的。

第一，深刻的揭露和批判。小说取材于一个普通案件，但作者却能够对这个平常事件，以自己卓越的现实主义才能进行深入的发掘和开拓，超越基本情节和中心人物的限制，不仅展示了社会生活现象，而且挖掘了造成社会罪恶的根源。其批判的深刻性超出了作者以前任何一部作品。

第二，对比手法是《复活》结构和艺术描写的基本原则。在结构上，和谐的大自然和混乱的人类、上层社会与下层人民都是对照的，场景往往交替出现。对比的形式上也是多种多样的，有不同事物的对比，不同阶级人物命运的对比，同一人物前后言行的对比，类似场面的对比等。

第三，独特的讽刺艺术。托尔斯泰把自己的爱憎情感灌注到所描写的对象上，对于否定性人物的肖像、语言、行动以及个性刻画，都饱含着讽刺。而且托尔斯泰的讽刺一般不以夸张的手法制造喜剧效果来实现，主要是采用对人物、事件和场面的细致描写来达到讽刺的目的。比如把庄严公正的法庭与卑鄙丑陋的执法者，辉煌的教堂与参与礼拜的囚徒摆放在一起，构成一幅幅极不和谐的讽刺漫画。这种讽刺含而不露，貌似平淡，却具有强大的艺术感染力。

第四，细腻的心理描写。托尔斯泰是心理描写大师，他善于深入人物的内心世界，准确把握人物在特定环境下的心理状态，并通过常见的生动的生活情景来形象化地揭示人物的心灵。另外，对于人物内心思想感情的矛盾斗争和复杂的心理活动过程的展示在小说中也是非常突出的。

托尔斯泰的晚年思想斗争更加激烈，他的学说与实际生活之间的矛盾越来越明显，于是他公开宣布放弃自己的特权和财产，过真正的平民生活，结果导致与家人发生冲突，1910年11月10日托尔斯泰毅然离家出走，11月20日这位82岁高龄的老人病逝于阿斯达波沃火车站。

托尔斯泰一生留下了丰富的文学遗产和创作经验，为世界文学作出了巨大贡献。

二、《安娜·卡列尼娜》

《安娜·卡列尼娜》是托尔斯泰 19 世纪 70 年代的杰作，1870 年开始构思，1873 年动笔，1877 年完成。19 世纪 70 年代俄国社会关系正在急剧变化，社会矛盾尖锐，动荡不安，资本主义势力迅速发展，封建农奴制日趋瓦解。在这种形势下，建立在旧基础上的家庭、婚姻、伦理道德、宗教信念等一系列观念产生了动摇和混乱。托尔斯泰抓住这一时代特征，在《安娜·卡列尼娜》中作了艺术反映。

按照托尔斯泰最初的构思，这只是一部关于家庭生活的小说，"叙述一位不忠实的妻子以及由此引起的悲剧"，对女主人公持谴责和批评的态度。但在近五年的创作过程中，托尔斯泰对在资本主义冲击下出现的动荡局面引起了关注，他意识到是虚伪的上流社会和官僚世界扼杀了人的个性，摧残了人们的幸福，从而修正了原来的写作计划，注意力转到了更为丰富的社会生活中，扩展了小说的表现范围，主人公从原先的家庭妇女变成了具有鲜明时代特征的俄国优秀贵族妇女的典型形象。最终写成的小说增强了反映现实的深度和广度，具有深刻的社会意义和强烈的批判力量。

《安娜·卡列尼娜》由两条平行而又相联系的情节线索构成：一条是安娜、卡列宁、渥伦斯基的线索，另一条是列文和吉提的线索。前者表现城市贵族和资产阶级的生活，揭露官僚贵族、上流社会的虚伪冷酷；后者反映农村生活状况，展示了农村旧基础的崩溃，表达了作者的社会理想。两条线索表面上是平行的，似乎就是两个故事的组合，实际上它们之间存在内在的思想联系，即两条线索展开的故事都与社会变革相关，托尔斯泰想借助小说中几个家庭的变故，说明整个社会经济基础和思想意识的变化已经破坏了旧的秩序，影响了人们生活的全部。正如小说中列文所说的："现在在我们这里，一切都翻了个身，一切都刚刚开始安排。"同时，托尔斯泰希望在这种混乱中为自己的阶级找到出路，所以在第一条线索里通过安娜的遭遇谴责了贵族上流社会，在第二条线索中按自己的理想安排了列文的探索和最终幸福圆满的结局。

安娜是小说的中心主人公，她是一个追求资产阶级个性解放的俄国贵族妇女典型，一个被上流社会虚伪的道德规范和传统观念毁灭的悲剧人物。作者在塑造安娜形象时，紧紧抓住她迷人的外貌和丰富的精神世界来展示她的性格，她自然质朴，风度优雅，与她有过交往的男男女女无不为她的气质所吸引。列文、吉提、渥伦斯基这些与安娜有特殊关系的人都从不同的侧面对她的美表达了由衷的赞赏。不仅如此，她还具有充满活力的内在的美，当她在莫斯科火车站出现的时候，渥伦斯基就观察到"一股被压抑的生气在她的脸上流露，在她那亮晶晶的眼睛和把她的朱唇弄弯曲了的轻微的笑容之间掠过。仿佛有一种过人的生命力洋溢在她的全身心，时而在她的眼睛的闪光里，时而在她的微笑中显现出来"。这是一个充满追求而又受压抑的精神世界，也是安娜性格的核心。因为安娜的生活是不幸的，在她才17岁的时候，就由姑母一手包办嫁给了比她大20岁的大官僚卡列宁，卡列宁虚伪自私，冷漠枯燥，感情贫乏。安娜与他生活在一起，如同生活在地狱一般，毫无爱情可言，只能长期压抑自己的个性，隐藏起自己的真情实感，按贤妻良母的标准尽自己的义务，以此来冲淡自己的痛苦，忘却自己的不幸。

然而爱情的力量是巨大的，心中的追求向往一旦定位于具体的对象就势不可挡。安娜在莫斯科遇上风流潇洒的渥伦斯基后，隐伏于内心的爱的激情被唤起，打破了她的平静。开始她曾努力按照世俗的方式去恢复生活的原样，调解兄嫂矛盾的任务没完成就匆忙赶回彼得堡，但是感觉全变了，丈夫看起来特别不顺眼，心爱的儿子也不能令她激动，她已经无法抗拒爱的释放。最后她终于抛弃了封建道德的偏见，勇敢地迈出了追求自由幸福的步子，她的天性决定了她不能欺骗自己，不能生活在虚伪中，她响亮地喊出"我要爱情，我要生活"的口号。同时她对自己的行为有清醒的认识，导致认为自己的追求是真诚的，比上流社会那些在虚伪的道德掩盖下的风流韵事要高尚得多，所以她敢于冲破虚伪之网，勇敢地面对一切。从这个意义上说，安娜作为贵族的叛逆者是有胆识的。当然，她的追求付出了惨重的代价，先是上流社会的联合制裁，她被视为违背"道德"，没有保持上流社会人物的"体面"，因而整个上流社会敌视她，孤立她，侮辱她，卡列宁也以种种"体面"的理由折磨她。继而渥伦斯基也不能接受安娜对爱情的理解，开始对她冷漠起来。她失去了一切，在痛苦和绝望中走向自我毁灭，从自己的遭遇中，她终于看清了社会的本质，临死前，对罪恶的社会发出了愤怒的控诉："这全是谎言，全是虚伪，全是欺骗，全是罪恶！"

造成安娜悲剧的原因是多方面的，客观上她面对的是一个强大的势力，虽然19世纪70年代资本主义有了很大的发展，但封建统治仍占优势，安娜追求个性解放的行为，冒犯了根深蒂固的封建道德观念、宗教观念、家庭伦理观念等一系列思想意识，她的"越轨"行为势必会受到来自方方面面的攻击，所以她的悲剧可以看做是整个社会扼杀摧残的结果。主观方面，安娜自身不可克服的阶级局限也是其悲剧的重要原因。作为贵族妇女，安娜缺乏崇高的生活目标和丰富的生活内容，她所理解的幸福的含义无非是拥有个人爱情，一旦失去这种没有坚实基础的爱情就失去了一切，同时，她也只看到了渥伦斯基可爱的一面，实际上渥伦斯基与卡列宁没有本质区别，他们都不能给她带来真正的幸福。这些都体现了安娜的目光短浅、心胸狭隘。

托尔斯泰是从生活和宗教两个角度来评判安娜的，既同情安娜在现实生活中的遭遇，为她的命运鸣不平，又站在宗教的"永恒"真理的高度谴责她的违背理性和道德。认为与上流社会的淫乱关系相比，安娜的行为是真诚的、高尚的，是无罪的，但在上帝面前她又是有罪的，"申冤在我，我必报应"这句题词准确地表明了托尔斯泰对安娜的基本态度。

总之，安娜的追求反抗具有一定的历史进步性和深刻的典型意义，她的悲剧是对当时虚伪冷酷社会的有力控诉，也体现了俄国资产阶级的软弱性。

渥伦斯基和卡列宁是同一性质中的两种不同类型，他们在安娜的不幸生活和悲剧结局中都起了极其恶劣的作用。作为"彼得堡花花公子的一个最好标本"的渥伦斯基，出身高贵，在社交界是一个活跃分子，整天过着花天酒地的"时髦"生活。在与安娜相遇后，安娜迷人的外表和与众不同的气质吸引了他，最初他也只是把与安娜之间的关系当做又一次艳遇，他对安娜的追求更多的是局限于官能享受和虚荣心的满足的，到后来安娜的真挚情感慢慢地改变了他原来的生活，他放弃了功名利禄和安娜生活在一起。但是随着时间的推移，他身上固有的贵族阶级上流社会的恶习就死灰复燃了，他感到不满足。安娜把他们之间的爱当做生活的全部，而他则认为安娜给他的爱情"只是他所期望的幸福中的沧海一粟"。很快地他又开始各种社会活动，在功名利禄和爱情之间，他心中的天平本能地倾向前者。他需要事业，需要前程，永远不能放弃自己的独立性，也不能摆脱传统的偏见，因此，当整个社会对安娜展开围攻的时候，他也选择了随波逐流，最终抛弃了安娜。渥伦斯基对安娜的打击是最直接的，也是最沉重的。

卡列宁是官僚世界冷漠无情、虚伪自私的典型代表，"想得到功名，想升官，这就是他灵魂里的所有的东西"。他的全部兴趣都在官场上，一切总是像机器一样按部就班地运转，作者说他简直就是在"一架官僚机器"中生活。他感情麻木，枯燥乏味，与安娜丰富的精神世界形成鲜明对照。在神圣不可侵犯的封建法律观念、伦理道德、宗教意识保护下，他把妻子当做生活中的附属品。更为卑劣的是他不敢面对真实的生活，他拒绝与安娜离婚是出于怕丢丑影响自己的仕途的心理，甚至连与渥伦斯基较量的勇气都没有。为了虚伪的尊严，他竟然允许安娜像上流社会的妇女一样背地偷情，只要维持家庭的"体面"就行。他紧紧抓住安娜感情上的弱点，以不让带走儿子来折磨安娜的母爱。卡列宁是封建旧秩序的顽固维护者，是在长期的专制统治下培育出来的官僚典型。

小说另一条线索的主人公是列文，这是作者着意塑造的一个理想化的人物，他的精神探索体现了托尔斯泰19世纪70年代思想的复杂性。

列文出生于一个古老的贵族地主家庭，他具有许多美好的品质，热情、正直、善良、精力充沛，善于思考和自我分析，执著地追求人生真谛。与果戈理笔下的没落地主的无所作为相反，列文具有极强的思想能力和行动能力，他熟悉农业生产的每个环节，热衷于农事管理，亲自参加田间劳动，与农民之间关系融洽，充满亲情。列文在精神上也是充实的，他孜孜不倦地寻求解决农村问题的办法，进行了一系列的探索和实践，企图找到一条既有利于自己，又有利于农民、有利于社会的路子，并在这种探索中感悟人生意义。但是列文毕竟是一个贵族地主，始终没能跳出自己阶级的圈子，因此，在他身上总是充满了矛盾的复杂性。他的思想感情滞留在宗法制度的水平上，对于错综复杂的时代变迁极不适应，他对资本主义的发展抱着敌对态度，不能容忍资本主义生产方式的推行对农村宗法制度的破坏，他对资本主义的否定是全面的，连资本主义带来的文明进步都属他的反对范围。但他的思想和行动又是矛盾的，在他的潜意识中包含了一定程度的对资本主义文明和进步的认同，比如把将要生孩子的妻子送到大城市，对在资本主义发展过程中富裕起来的人充满妒意等。此外，他清醒地认识到了地主与农民之间的尖锐矛盾，深深同情农民的遭遇，然而，又总是以自己贵族的身份而自豪，并忠实维护贵族利益。面对种种复杂的矛盾对立，列文经过深入思考得出的结论是农民的境况必须改变，要通过"不流血的革命"实现共同富裕来取代阶级之间的对立情绪。当然这只能是一种幻想，他的一切努力都失败了，这种失败给他以沉重打击，使他的精神陷入极度的痛苦失望中，差一点就自杀。最后托尔斯泰安排他在宗教中找到了人生意义的正确答案，即人活着不是为自己，而是为上帝，为灵魂。列文的这种对人生真谛的追求和最后答案，其实正是托尔斯泰面对残酷的现实苦苦思索而又无可奈何情绪的流露。

《安娜·卡列尼娜》是托尔斯泰创作处于巅峰时期的作品，其艺术上也是特色鲜明的。

第一，书中的心理描写是小说最突出的艺术成就。托尔斯泰对人物的心理刻画既能准确把握人物内心活动的丰富复杂性，又善于展示其动态的辩证发展过程。小说中心理描写的方式是多样化的，内心独白是最常用的一种，安娜自杀前的大段独白，真实地记载了她当时心境的原貌，其中包括对过去生活的回忆，对眼前的人和事的下意识反应和对自己的分析等，这是一种杂乱无序的心理，也正是安娜当时复杂内心世界的原始状况，托尔斯泰的这种心理描写已经与后来的"意识流"有一定的相似之处了。除此而外，小说还把表现人物的心理活动穿插于外貌、肖像和自然景物的描写中，多侧面展示人物的内心世界。

第二，通过人物之间的关系侧面烘托人物性格。托尔斯泰在小说中追求人物之间的相互影响，把人物性格的揭示巧妙地安排在一个层次复杂的环境中，通过相互之间的观察感受来突出人物性格特征。比如安娜迷人的美和她性格的核心，就是通过与她有交往的人的反响和吉提、列文、渥伦斯基等人的感受来显示的，特别是安娜矛盾的精神世界的揭示，在渥伦斯基第一次见到她时的敏锐观察中更是准确地定下了基调。

第三，结构的独特性。两条线索平行发展，通过内在思想联系互相响应，在相同的大背景下，安娜和列文认定理想目标，执著追求，然而各自的方向不同：安娜立足于个人，顺应时代发展；列文面对社会人生，逆历史潮流而动，他们从不同侧面共同地为表现主题服务。

第十章 苏联文学

第一节 概 述

1917年11月7日（俄历10月25日），沙皇俄国爆发了十月革命，开辟了人类历史的新纪元，创建了第一个社会主义国家，同时诞生了苏联文学。它以新的内容、新的人物、新的创作方法出现在世界文坛上，标志着现实主义文学的新发展。从十月革命到1991年的苏联解体，苏联文学经历了74年的历程。本章主要介绍1917年至1953年间的苏联文学，可分为四个时期。

一、十月革命胜利后19世纪20年代的文学（1917—1929）

十月革命胜利后，苏联国内阶级斗争极其尖锐复杂，在布尔什维克党的领导下，苏联人民取得了国内战争的胜利，战后，由于采用了"新经济政策"，国民经济迅速恢复，人民生活水平普遍提高。

在新旧交替的历史转折时期，文艺领域内的斗争异常激烈，苏联文学界呈现出派别林立、团体丛生、思想交锋激烈的局面。斗争的焦点是文艺事业要不要接受布尔什维克党领导以及要不要与苏维埃政权合作的问题。

影响较大的文化团体除十月革命前夕成立的"无产阶级文化协会"外，还有"谢拉皮翁兄弟"、"左翼艺术阵线"、"拉普"等。"拉普"（1923—1932），即"俄罗斯无产阶级作家联合会"，主要成员有阿维尔巴赫、法捷耶夫、叶尔米洛夫等，他们主要通过《在岗位上》和《在文学岗位上》两个杂志来宣传他们的文学理论和主张。成立之初，"拉普"在贯彻宣传党的文艺政策，建设社会主义文学方面起过一定的作用。后来，他们在政治上唯我独尊；在组织上搞宗派主义，粗暴打击"同路人"和不同派别的作家；在创作上以哲学上的马克思主义代替文艺创作中的现实主义，教条主义、庸俗社会学的倾向日益严重。"拉普"的错误后来受到俄共中央的批评和纠正。

十月革命后，诗歌这种适合抒发革命激情的文学样式取得了很大的成就，主要表现对社会主义革命的激情和信心。最著名的诗人有马雅可夫斯基（1893—1930）、别德内依（1883—1945）、勃洛克（1880—1921）、叶赛宁（1895—1925）等，他们都从不同的角度反映了时代的精神，唱出苏联各族人民的心声。

马雅可夫斯基是苏联社会主义现实主义诗歌的奠基人。其早期创作受未来派的影响，运用夸张、荒诞的形象，隐晦的象征，追求奇特的音响效果，1915年发表的长诗《穿裤子的云》是诗人十月革命前所写的一部重要作品。十月革命后，诗人的思想和创作发生了重大转折，写下了许多诗篇热情歌颂十月革命，歌颂党和领袖，如《向左进行曲》（1918）、长诗《好》（1927）和《列宁》（1924）等。有的作品讽刺了人民内部的旧思想和官僚主义作风，如《开会迷》（1922）、《臭虫》（1928）、《澡堂》（1929）等。长诗《列宁》是马雅可夫斯基的代表作之一，诗人在塑造列宁形象时，站在共产主义党性立场，把领袖的生平和革命活动，与世界革命运动史和俄国人民解放斗争史联系在一起，从而体现了列宁和党密不可分、与人民血肉联系的主题思想。

勃洛克的长诗《十二个》通过对12个赤卫战士进行巡逻的描写，反映了十月革命的伟大风暴和新旧世界的尖锐对立。叶赛宁也创作了歌颂革命和对苏维埃政权热爱的诗篇《同志》（1917）、《天庭鼓手》（1918）、《苏维埃俄罗斯》（1925）等。

20世纪20年代的小说也取得了显著成绩，其中最著名的是几部以十月革命和国内战争为题材的作品。富尔曼诺夫（1891—1926）的《恰巴耶夫》（1923）、绥拉菲莫维奇（1863—1949）的《铁流》和法捷耶夫（1901—1956）的《毁灭》，被苏联文学史家称为三部"里程碑式"的作品。《恰巴耶夫》塑造了一个被革命唤醒的传奇式的人民英雄恰巴耶夫的形象。恰巴耶夫从一个贫苦的牧童成长为使敌人闻风丧胆的红军师长,揭示了无产阶级革命对人的改造作用。作品中的红军政委克雷契诃夫形象属于苏联文学中最早出现的成功的共产党员形象。绥拉菲莫维奇的长篇小说《铁流》是他的代表作。小说描写国内战争时期一支旧哥萨克军队如何在行军途中经受战火的洗礼,终于锻炼成一支为苏维埃政权而战的钢铁般的队伍,表现了千百农民群众和革命的血肉关系。法捷耶夫的长篇小说《毁灭》描写1919年夏秋之际一支远东红军游击队在队长莱奋生的率领下,与日寇和高尔察克匪帮战斗的故事,深刻地表现了在战争中进行着人才的精选,在革命中进行着人的改造的主题。

20年代后期,随着经济的恢复和建设事业的发展,苏联文学中第一部描写劳动者创造新世界的长篇小说是革拉特科夫(1883—1958)的《水泥》(1925)。它通过主人公楚马罗夫领导工人修复水泥厂的故事,赞扬了工人阶级忘我无私、坚忍不拔的精神。

这一时期在戏剧方面的代表作品有拉甫列涅夫(1891—1959)的《决裂》(1927)和特列涅夫(1878—1945)的《柳鲍芙·雅洛娃娅》(1926)。《决裂》描写了十月革命前夕,"阿芙乐尔"号巡洋舰舰长别列谢涅夫和他的女儿为代表的俄国知识分子与旧制度的决裂。《柳鲍芙·雅洛娃娅》主要反映革命年代俄罗斯妇女的精神成长。两个剧本都反映了十月革命对俄罗斯人民生活道路的影响,具有很强的时代意义和艺术价值。

二、20世纪30年代的文学(1930—1941)

20世纪30年代,苏联进入了全面建设社会主义的时期,在工农业等各方面取得巨大成就,工厂和农村日新月异的变化,为文艺创作提供了大量新的素材,同时,布尔什维克党加强了对文艺队伍的领导,苏联文学开始繁荣。题材新颖、思想深刻、艺术性高的作品大量涌现。

1934年,苏联在莫斯科召开第一次全苏作家代表大会,成立了苏联作家协会,高尔基当选为作协主席。会上确立了社会主义现实主义为苏联文学创作和文学批评的基本方法,从此,社会主义现实主义主导了苏联文学发展的方向。

为了及时准确地报道社会主义建设事业中的新人新事新风尚,特写和短篇小说深受作家喜爱。高尔基的《苏联游记》(1928—1929)开拓了新的特写体裁,法捷耶夫的《地震》(1934)是此时期短篇小说的杰作。

这一时期，长篇小说也从不同角度反映了20世纪30年代苏联正在进行的轰轰烈烈的社会主义建设事业。其中，以社会主义工业化为题材的作品有列昂洛夫（1899—）的小说《索溪》（1930），克雷莫夫（1908—1941）的《油船"德宾特"号》（1938），卡达耶夫（1897—1986）的《时间呀，前进》（1932）。反映农业集体化的著名作品有肖洛霍夫（详见本章第三节）的《被开垦的处女地》（第一部）和潘菲洛夫（1896—1960）的《磨刀石农庄》。

描写社会主义新人的成长，歌颂他们为社会主义革命和建设事业奋斗终生，是20世纪30年代长篇小说的又一重要主题。尼·奥斯特洛夫斯基（1904—1936）的小说《钢铁是怎样炼成的》是一部影响广泛的作品，它是作者在全身瘫痪、双目失明的情况下写成的。小说通过保尔·柯察金如何从一个普通的工人子弟成长为坚强的无产阶级战士的过程，表现了一代新人高尚的革命情操，展现了苏联共青团员、布尔什维克从内战年代到经济恢复时期奋战不息的生动画卷。小说的主人公保尔·柯察金是十月革命后苏维埃第一代革命青年的代表。在战争中他英勇杀敌，身负重伤后复员到后方，投入新的劳动之中，并且忍受住寒冷饥饿疾病的考验。战后，保尔全身瘫痪，双目失明，他以惊人的意志与疾病搏斗，并以文学创作作为新的斗争武器，生命不息，战斗不止。保尔光辉的一生与无产阶级解放事业紧密联系，激励着千百万人民群众为人类的正义事业而奋斗。特别是保尔在烈士墓前的一段内心独白，更具有极强的感召力量："人最宝贵的是生命。生命属于人的只有一次。人的一生应当这样度过：当回忆往事的时候，他不会因为虚度年华而悔恨，也不会因为碌碌无为而羞愧。在临死的时候，他就能够说，我的整个生命和全部精力都已经献给了世界上最壮丽的事业——为人类的解放而斗争。"

20世纪30年代涌现的规模宏大的优秀长篇小说还有高尔基的《克里姆·萨姆金的一生》（1925—1936）、肖洛霍夫的《静静的顿河》（1928—1940）、阿·托尔斯泰（1883—1945）的《彼得大帝》（1929—1945）和《苦难的历程》（1921—1941）、法捷耶夫的《最后一个乌兑格人》（1939—1940）。这些作品的问世，标志着苏联文学走向成熟。

戏剧在20世纪30年代也得到很大发展，较有名的是包罗廷的《带枪的人》（1937），后来他又写成《克里姆林宫的枪声》（1941）和《悲壮的颂歌》（1958），组成"列宁题材三部曲"，成功地表现了无产阶级革命领袖列宁平凡而伟大的性格特征。

苏联轰轰烈烈的社会主义建设也使20世纪30年代的群众歌曲获得繁荣，

为群众喜闻乐见的歌曲大量涌现。著名的诗人有伊萨柯夫斯基（1900—1937）、列别捷夫·库尔奇（1898—1949）、苏尔柯夫（1899—）。伊萨柯夫斯基的诗歌感情真挚，深受群众喜爱，如《卡秋莎》表现了少女卡秋莎纯洁高尚的爱情，为苏联人民广泛传唱，也为世界人民所喜爱。

但是，由于20世纪30年代末开始对斯大林的个人崇拜逐渐形成和肃反扩大化，一批文艺家和作家由于学术上和艺术上的问题而受到政治上的无情批判，甚至被逮捕、流放和镇压，其作品也禁止出版，这些做法助长了后来以行政命令干预文艺的做法的盛行，给文学带来很大损失。

三、卫国战争时期的文学（1941—1945）

1941年6月，德国法西斯出兵入侵苏联，苏联人民为保卫祖国奋起反抗，历经了四年可歌可泣的斗争，终于赢得了卫国战争的伟大胜利。卫国战争时期，苏联作家表现出极强的爱国主义精神。一千多名作家自愿上前线，做宣传工作，担任战地记者，甚至亲身参战，有数百位作家为祖国献出了宝贵的生命。

战争初期，作家们选择了能最迅速地反映现实的体裁，如诗歌、短篇小说、政论和特写等来控诉法西斯罪行，号召人民起来消灭敌人，阿·托尔斯泰的政论《俄罗斯性格》（1942）是其中的名作，文章力图从历史的发展来阐释祖国的概念，无情地揭露法西斯主义的反动本质。

诗歌是战争时期主要的文学形式，内容多是表现苏联人民对祖国和亲人深沉的爱。列别杰夫·库尔奇的《神圣的战争》（1941）被谱成曲后，成了全民的战歌。西蒙诺夫（1915—1980）的《等着我吧》（1941）是人们最喜爱的抒情诗。伊萨可夫斯基的《灯光》（1942）和《前线的树林里》（1942）也是其中抒情诗的名作。在长诗中最负盛名的是吉洪诺夫（1896—1979）的《基洛夫和我们同在》和特瓦尔多夫斯基的《瓦西里·焦尔金》（1941—1945）。前者歌颂了被敌人围困的列宁格勒城和列宁格勒的保卫者，格调高昂，充满爱国主义和浪漫主义激情。后者塑造了机智勇敢、纯朴善良的人民英雄焦尔金的形象，他在失败和死亡的威胁下而从未丧失过信心和力量，这一艺术典型深受广大红军战士的喜爱。

在小说创作方面也产生了一些优秀的作品，如西蒙诺夫（1915—1980）的《日日夜夜》（1943—1944）、戈尔巴托夫（1908—1954）的《不屈的人们》（一译《宁死不屈》1943）、瓦西列夫斯卡娅（1905—1978）的《虹》（1942）、法捷耶夫的《青年近卫军》。这些作品一方面反映了苏联卫国战争的艰苦卓绝和悲壮，另一方面又颂扬了苏联人民英勇顽强的奋斗精神和爱国主义、集体主义的品质。法捷耶夫的《青年近卫军》是卫国战争时期的优秀作品之一。它描写1942年9月德寇占领克拉斯诺顿前夕，该城的青年们在地下党的领导下，同敌人展开了多种形式的斗争，给德寇以沉重打击，后来由于叛徒的出卖，多数队员被捕，英勇就义。小说热情地赞扬了青年近卫军的爱国主义精神，在艺术上做到史实与虚构完美结合，对人物的外貌描写与对人物的内心世界的刻画有机联系，具有较高的艺术价值。

在戏剧创作方面，西蒙诺夫的《俄罗斯人》(1942)、列昂诺夫的《侵略》(1942)、柯涅楚克（1905—1972）的《前线》是其中的三部名剧。这些作品都从不同的角度反映苏联人民誓死反抗德国法西斯侵略者的英勇精神，这在战时鼓舞了人们的斗志，颇受好评。

四、战后初期文学（1945—1953）

苏联人民以巨大的代价赢得了卫国战争的胜利，面临着在废墟上重建家园和恢复国民经济的艰巨任务。由于战后帝国主义国家对社会主义苏联加紧实行"冷战"政策，苏联文学的发展经历了十分曲折的道路。战后初期苏联文艺界出现了一些落后于生活的严重现象，悲观主义、个人主义、唯美主义盛行。对此，1946—1948年，联共（布）中央就文学、音乐、电影和戏剧的现状及发展作出了一系列决议：《关于〈星〉与〈列宁格勒〉两杂志》(1946)、《关于剧场上演节目及其改进办法》(1946)、《关于影片〈灿烂的生活〉》(1946)、《关于穆拉杰里的歌剧〈伟大的友谊〉》(1948)等。当时主管思想工作的联共中央书记日丹诺夫还对其中的某些决议做了专门的讲话或报告。这些决议和报告强调了党性原则对文学创作的意义，但又犯有"左"的错误，对战后初期文艺现状的消极面估计过于严重，以简单粗暴和行政命令的方式来对待文艺中的思想问题和是非问题，如非党作家左琴科和阿赫玛托娃就遭到了不公正的批判和处分，并且给文艺创作和文艺批评与理论设置了不少人为的禁区和清规戒律。此后文艺创作中公式化、概念化倾向和"无冲突论"滋生、泛滥，致使苏联文学的道路越走越窄。

尽管如此，战后苏联文学仍然出现了一些优秀作品，其中小说创作中反映刚刚结束的卫国战争的作品占有重要地位。主要作品有波列伏依（1908—1981）的《真正的人》(1946)、布宾诺夫（1909—）的《白桦》(1952)、卡扎凯维奇（1913—1962）的《星》（1947）和爱伦堡（1891—1967）的《暴风雨》（1947）等。取材于战时和战后年代的劳动生活题材的作品也引人关注，巴甫连科（1899—1951）的《幸福》（1947）、阿扎耶夫（1915—1968）的《远离莫斯科的地方》（1948）、尼古拉耶娃（1911—1963）的《收获》（1950）和柯切托夫（1912—1973）的《茹尔宾一家》（1952）等长篇小说，思想深刻，情节动人，艺术性强。此外还有一些取材于革命历史题材的作品。如革拉特科夫（1883—1958）的自传三部曲《童年的故事》（1949）、《自由人》（1950）和《慌乱的年代》（1954），小说主要表现俄国劳动人民在19世纪末叶的艰难困苦和觉醒的过程。费定（1892—1977）的《初欢》（又译《早年的欢乐》1945）、《不平凡的夏天》（1947—1948）叙述了布尔什维克和知识分子参加革命的历程，反映了社会的巨大变革，情节曲折，场面广阔，气势恢宏，语言优美，是战后苏联文学中最优秀的长篇小说之一。

　　苏联文学诞生于十月革命的烈火之中，它植根于十月革命后社会生活的土壤，继承俄国文学的优良传统，站在时代的高度，表现出新的主题和新的人物。社会主义革命和建设是苏联文学的主要题材，人民群众成了国家的主人，革命工人、农民、士兵和知识分子的光辉形象也理所当然地成了苏联文学的主人公。苏联文学具有鲜明的无产阶级党性，它是苏联共产党领导下的社会主义事业的一个重要组成部分，苏共根据形势的变化制定文艺政策，对文学进行干预、管理和控制，使文学成为有领导有组织的活动。苏联文学以社会主义现实主义作为文学的基本创作方法，即要求作家艺术家从现实的革命发展中真实地、历史地和具体地去描写现实。同时艺术描写的真实性和历史具体性必须与用社会主义精神从思想上改造和教育劳动人民的任务结合起来。这一要求鼓舞了苏联作家写出许多优秀作品，促进了苏联文学的繁荣，但忽视和排斥了非现实主义文学和文艺的娱乐、审美功能，使苏联文学隐埋下粉饰现实、窒息文学批判的任务等祸根。

第二节　高尔基

一、生平与创作

　　马克西姆·高尔基（1868—1936）是伟大的无产阶级作家，苏联文学的奠基人，他以丰富的艺术创作开创了无产阶级文学的新纪元，列宁称他为"无产阶级艺术的最杰出的代表"。

高尔基原名阿列克塞·马克西姆维奇·彼什科夫,1868年3月28日出生于俄国中部伏尔加河畔的尼日尼·诺夫戈罗德(今高尔基市)的一个细木工家里。高尔基幼年父母早丧,后来寄居在外祖父家里。这是一个典型的小市民家庭,家庭成员为了各自的利益钩心斗角,争夺不已,使幼年的高尔基饱尝寄人篱下之苦,只有在外祖母阿库琳娜那里才感受到温暖。外祖母讲述的优美的童话故事和民间歌谣,使他受到最初的文学熏陶。1879年,外祖父破产,年仅11岁的高尔基便流落"人间"。他拣过破烂,当过店铺的小伙计,做过轮船上的洗碗工、圣像作坊的学徒,受尽欺凌和虐待,饱览人间的不平。高尔基只上过两年小学,但他却靠勤奋自学成为举世闻名的大文豪。1884年,高尔基怀着上大学的愿望来到喀山,由于没有中学文凭,喀山的大学未收留他,他不得不置身于下层人民中间,贫民窟成了他的"社会大学"。他先后当过码头搬运工、面包师傅、杂货店伙计、园丁和守夜人等。底层的生活使他亲身体会到人民的疾苦,看到社会的罪恶。这时他结识了民粹派知识分子和早期马克思主义者,初步阅读了马克思主义著作和俄国革命民主主义者的著作,还在工人、农民中进行革命宣传活动。从此,他开始了对革命理论和斗争道路的探索,逐渐树立起改革社会的决心。

19世纪80年代末、90年代初,为了更好地了解祖国和人民,高尔基两次漫游俄罗斯南部,并在工人中进行革命宣传,两次被捕入狱,最后到梯弗里斯,进入铁路修配厂做工。两次游历开阔了他的眼界,积累了丰富的知识和生活素材,激发了他从事文学创作的强烈愿望。

1892年,高尔基在梯弗里斯的《高加索报》上以马克西姆·高尔基(意思是"最大的痛苦")为笔名发表了他的第一篇短篇小说《马卡尔·楚德拉》,从此开始了文学创作生涯。1895年,高尔基经诗人柯罗连科的介绍,到《萨马拉报》工作,成为该报的编辑和主要撰稿人。

高尔基早期创作反映了劳动人民反抗沙皇专制统治、渴望自由解放的革命激情,早期作品主要是短篇小说,表现出浪漫主义和现实主义两种风格。处女作《马卡尔·楚德拉》具有鲜明的浪漫主义色彩,它描写一对青年男女左巴尔和拉达热情相爱,但为了生活自由和人格独立,最后不惜抛弃宝贵的爱情与生命的故事,表达了自由高于一切的思想。具有浪漫主义风格的最有名的短篇是1895年发表的《伊则吉尔老婆子》和《鹰之歌》。

《伊则吉尔老婆子》由三个故事传说组成,写了腊拉、丹柯、伊则吉尔三个故事。腊拉是鹰和人之子,长期离群索居,性格自私孤傲,他因杀死一个拒绝他爱情的姑娘而为人们所唾弃,永远过着孤独的生活,最后化为影子在草原上漂浮不定。丹柯是与腊拉对立的形象,他是古代的一位英雄,在自己的民族被仇敌赶进原始森林、走投无路的危急时刻,挺身而出,掏出自己那颗燃烧着的心照亮别人前进的道路,大家得救了,丹柯却牺牲了。伊则吉尔年轻时美丽健壮,热爱生活,向往自由,但没有付诸行动,也没有正确的生活目标,只图个人享受,结果虚度年华,老来一事无成。通过这三个故事,作者谴责了自私自利、极端个人主义思想,歌颂了正直无私、为人民英勇献身的集体主义、英雄主义的崇高品德。

《鹰之歌》是一篇具有象征意义的浪漫主义作品。作品塑造了鹰和蛇两个对立的形象。鹰在和敌人的战斗中身受重伤,眼看就要死去,但它没有悲观丧气,它感到自豪,因为它在战斗中度过自己的一生。死前,鹰仍然渴望战斗,于是鹰"骄傲地大叫一声,用爪子抓住岩山上的粘泥,走到悬崖的边缘",展开翅膀,终于在天空中度过了生命中的最后一刻。与鹰相反,蛇却习惯于在散布着腐朽气味的阴暗峡谷里爬行,根本无法理解鹰的英雄壮举,它认为,"不论飞也好,爬也好,结局只有一个:大家都要躺在地里,大家都要变作尘土"。因此它感到心满意足。在鹰的身上体现了当时俄国革命者渴望斗争、追求光明的英雄气概,蛇则象征那些苟且偷安、自私保守、缺乏理想的市侩形象。生命不息、战斗不止的雄鹰和用自己燃烧的心照亮人民前进道路的丹柯一样,都是当时俄国革命者奋不顾身的革命精神和英雄气概的生动写照。

在高尔基的早期创作中,现实主义作品占有很大比重。这些作品揭露批判了沙皇专制制度和资本主义的罪恶,又表现了处于社会底层的工人、农民、流浪汉、乞丐、小偷、妓女等被压迫人民的苦难和不满情绪。高尔基曾经长期与流浪汉们生活在一起,对他们的生活十分熟悉,因此,他不少的现实主义作品都是关于流浪汉的题材。《叶美良·皮里雅依》(1893)、《我的旅伴》(1894)、《切尔卡什》(1895)、《草原上》(1897)、《玛莉娃》(1897)等是其中的名篇。《叶美良·皮里雅依》写一个四十多岁的流浪汉叶美良生活极端贫困,一天晚上,他潜伏在桥头准备抢劫一个商人,却遇到一位因失恋而准备投河自杀的少女,他一下动了恻隐之心,去劝慰这位姑娘恢复了生活的勇气,而他自己也放弃了原来的计划。《切尔卡什》描写了流浪汉切尔卡什和进城打零活儿的青年农民加弗里拉一道行窃和分赃的故事。切尔卡什大胆机智,加弗里拉却胆小如鼠,可分赃时加弗里拉企图杀死同伙,独吞巨款。切尔卡什虽遭暗算受伤,还是饶恕了他，并轻蔑地把钱全部掷给加弗里拉。切尔卡什认为，尽管自己"是一个贼，一个和一切亲属断绝了关系的流浪汉，却永远不会这样贪婪、这样下贱、这样忘乎所以"。通过切尔卡什和小私有者加弗里拉自私、贪婪的对比，作家肯定了流浪汉身上那种热爱自由、蔑视一切的可贵品质，但也指出他们的不满和反抗是消极和盲目的，带有浓厚的无政府主义的色彩。流浪汉是俄国资本主义的畸形产物。他们生活在社会的底层，受尽残酷压榨，渴望改变自己的生活处境，但又缺乏明确的目标，最终以悲惨的结局而告终。他们的遭遇都是对不合理社会的强烈抗议和控诉。高尔基对流浪汉的生活十分熟悉，既写出了他们的正直善良、敢于反抗、重义轻财的一面，又表现了他们的粗野放荡、盲目反抗、沉湎于无政府主义而不能自拔的消极面，显得真实感人。

在高尔基早期的现实主义创作中，还有一些作品是表现俄国工人阶级和小市民的。《二十六个和一个》（1899）反映工人的痛苦生活以及他们对光明和幸福的追求。在一个终日不见阳光的监狱似的地窖里，26个面包工人终日干着沉重、乏味的劳动，只有一个年轻活泼的女工给他们的生活带来乐趣，是他们心中的太阳。可是一个大兵出身的面包司务却勾引了她，破坏了他们视为神圣美好的东西，从此26个人失去了精神上的安慰，在嘲笑和诅咒中打发无聊的日子。在揭露小市民的贪婪自私和资产阶级的野蛮残暴的作品里，《因为烦闷无聊》（1897）是很有代表性的。一个小火车站的站长和他属下的职员，因为烦闷无聊，以恶作剧来嘲弄站长家雇佣的厨娘阿琳娜的爱情，阿琳娜受辱之后，自杀身亡。作品以日常生活中的故事有力地抨击了市侩们的自私无聊、庸俗卑劣。

1899年，高尔基发表了长篇小说《福马·高尔杰耶夫》，这是作家第一次力图用"广阔而内容丰富的画面"反映俄国资产阶级生活的作品，标志着他的现实主义创作进入了成熟阶段。小说的主人公福马·高尔杰耶夫是富商之子，从小就被教导要不择手段地去获取财富，但福马心地善良，难以容忍资产阶级的肮脏事业。长大后，他继承了父亲的百万家业，当上了老板，却越来越厌恶资产阶级贪婪伪善、残酷掠夺的品行，感到苦恼、失望，沉溺于放荡生活之中，并在公开场合怒斥商人们的卑劣行径，表示对本阶级的叛逆。然而，商人们联合起来，宣布他患了精神病，把他送进疯人院。小说通过福马的遭遇，既揭露了资产阶级的丑恶本质，又以福马的叛逆暗示资产阶级在它上升时期就已开始从内部瓦解。

20世纪初，俄国受到欧洲经济危机的冲击，国内矛盾日益尖锐，在列宁领导下，工人运动、农民运动和学生运动蓬勃发展，新的革命高潮即将到来。1901年3月，高尔基在彼得堡参加了学生的游行示威活动，亲眼看到沙皇军警对革命的血腥镇压，他预感到革命风暴的到来，把自己的创作与无产阶级革命事业紧密联系，当即写出了充满革命激情的短篇《春天的旋律》，由于沙皇书报检察机关的阻挠，在《生活》杂志上只发表了其结尾部分《海燕之歌》(1901)。

  《海燕之歌》以象征的手法为我们描绘了一幅暴风雨到来之前的壮丽图景。在苍茫的大海上，狂风卷集着乌云，雷声隆隆，闪电像火蛇在游窜，大海上巨浪翻滚，在乌云和大海之间，海燕像黑色的闪电，在高傲地飞翔，并以预言家的姿态大声呼喊："让暴风雨来得更猛烈些吧！"这里，乌云、狂风、雷电象征反动势力，暴风雨象征即将到来的革命风暴，海燕则是无产阶级革命战士的化身，他正满怀豪情地迎接革命风暴的到来。而那些肥胖的企鹅、蠢笨的海鸥、海鸭，在暴风雨来临之际，四处躲藏，惶惶不安，这些海鸟则象征着那些资产阶级政客和小市民对革命的恐惧。《海燕之歌》是对1905年革命前夕群众运动的艺术反映，它以强烈的艺术感染力激励着千百万人民群众为美好的未来而斗争。

  这一时期，高尔基开始创作剧本，以舞台来宣传革命思想，相继创作了《小市民》(1901)和《底层》(1902)两部剧本。《小市民》通过小市民家庭里父亲谢苗诺夫和养子尼尔两代人的矛盾冲突，表现小市民思想与无产阶级思想的冲突，尼儿是一个新型的工人形象，他认为，"谁劳动，谁就是生活的主人"，"权利不是给的，权利是争来的"。表现了工人阶级的觉醒和坚定乐观的革命信念。《底层》是高尔基最优秀、社会影响最大的剧作，它是作家20年来对流浪汉生活观察的总结。在柯斯蒂略夫开设的夜店——一个阴暗、潮湿的地下室里，住着一群沦落到生活底层的流浪者，其中有手工业工人、码头搬运工、小偷、妓女、逃犯、游方僧、落魄的贵族和潦倒的知识分子等，他们过着非人的生活，看不到光明，悲惨的结局等待着他们。剧本由此控诉了资本主义的罪恶，但作家还通过剧中鲁卡和沙金的辩论，引导人们进一步思考：如何挣脱底层的枷锁？怜悯和同情对生活在底层的人们究竟能起什么作用？沙金否定了鲁卡的安慰哲学，他指出，"凡是亏心伤理的人……或是吃人家血汗的人才需要说谎话……真理是自由人的上帝！"要改变现状，就"应该尊重人"，"人，是伟大的！人有创造一切的力量……万事都在乎人，万事都为着人啊！"这些振聋发聩的话唤醒人们对自己力量的信心，号召人们为改变现状而斗争。《底层》还表现了高尔基戏剧创作的特点：没有惊人的情节和舞台效果，却具有鲜明的政论性和深刻的哲理性。高尔基由此被称为社会哲理剧的创始人。

1905年，俄国爆发了资产阶级民主革命，高尔基投身革命的洪流中，1月9日，沙皇政府对革命群众进行了血腥镇压，高尔基当即写了《告全国公民及欧洲各地舆论界书》和特写《一月九日》，声讨沙皇政府的暴行。在革命高潮时期，高尔基参加了布尔什维克党的《新生活报》和《战斗报》的出版工作，1905年夏天加入了党的组织，他不但成为反抗沙皇统治的文化主将，还作为革命战士为无产阶级的解放事业而奋斗。革命失败后，高尔基于1906年初受党的委托，赴西欧和美国宣传俄国革命并为党筹划经费。1906年在美国期间，高尔基撰写了评论美国资本主义的所谓自由和民主的政论集《我的访问记》和《在美国》，另外，他还完成了剧本《敌人》和著名长篇小说《母亲》，揭开了无产阶级革命文学的新篇章。

《敌人》以1905年初莫洛佐夫工厂发生的罢工事件作为素材，是一个描写"工人暴动"的剧本。但它反映的已不是自发的运动，而是工人群众自觉的、有组织有领导的、有着共同目标的革命斗争。工人阶级和资产阶级之间不可调和的矛盾构成戏剧的主要冲突，同时揭露了统治阶级内部的钩心斗角，分崩离析，并预示着工人阶级必将取得最后的胜利。

1905年革命失败以后，俄国进入斯托雷平反动统治时期，革命者遭到了血腥镇压，无数革命者惨遭杀戮，加之政治斗争错综复杂，很多人看不到希望和前途，资产阶级知识分子中的大批人开始消沉、颓废，有的甚至背叛革命。一时间，辱骂革命，攻击马克思主义成风，文艺界也弥漫大量反动、黄色的作品。在这种形势下，列宁坚决地同颓废消沉做斗争。在列宁的影响下，高尔基认为必须给那些寡廉鲜耻的家伙、卑鄙下流的坏蛋以应有的打击，他写下了《论犬儒主义》（1908）、《个性的毁灭》（1909）、《论卡拉玛佐夫气质》（1913）等一系列具有强烈战斗性的论文，对社会生活和文艺领域中的悲观颓废情绪、色情淫乱思想，以及攻击革命、污蔑人民的反动言论进行猛烈抨击，并热情赞颂了劳动人民的创造力，强调知识分子、艺术家应该和劳动人民相结合，才能有所创造。这些文章受到列宁的赞扬。

但是，由于高尔基长期居住在意大利的卡普里岛，受到党内"取消派"和"召回派"的影响，思想上出现了迷误。所谓"取消派"就是要求放弃党的纲领，取消秘密的社会民主工党，"召回派"就是要求放弃利用公开合法的机会，主张召回参加议会的工人代表。并且还提出要寻求和创造一种新宗教使马克思主义与宗教合流。高尔基同情召回主义，并赞成创造出一种新的社会主义"神"来，他还写了宣传造神论的小说《忏悔》(1908)。《忏悔》描写一个从小受尽屈辱和磨难的弃儿马提微，为寻找上帝和真理而饱尝人间的辛酸，最后终于明白，上帝是找不到的，人民必须创造出一个新的公正和博爱的神来。

在这种情况下，列宁给予高尔基极大的帮助，他给高尔基写了大量书信，指出修正主义的危害和造神论的反动性。在列宁的关怀下，高尔基逐渐改正了思想上的错误。在卡普里岛期间，高尔基也创作了许多好的或较好的作品，如中篇小说《夏天》(1909)、《没用人的一生》(1907—1908)、《奥古洛夫镇》(1909)、《马特维·柯热米亚金的一生》(1901—1911)、和剧本《最后一代》(1908) 等，反映了十分广阔的社会生活。《夏天》描写了在1905年革命的影响下农村的觉醒。1905年革命后，高巢村的农民在从城市来的革命家戈尔的影响下逐渐觉醒，农民中的先进分子还组织革命小组，进行反对沙皇的地主富农的斗争。

侨居意大利期间，高尔基还创作了具有浪漫主义色彩和革命激情的《意大利童话》(1911—1913)。《意大利童话》共27篇，其中7篇曾在布尔什维克的《明星报》上发表，得到列宁好评。作者虽然以童话的形式描写意大利的生活和自然景色，实际上却反映了俄国及欧洲新的革命高潮的到来，赞扬了无产阶级团结战斗的国际主义精神。

1913年底，高尔基在列宁的建议下回到俄国，积极投入文化组织工作。他还完成了自传体三部曲中的前两部《童年》(1913)、《在人间》(1915)，第三部《我的大学》完成于1922年。三部曲是高尔基最优秀的作品之一，他根据自己早年的生活经历，描写小主人公阿辽沙·彼什科夫从童年、少年到青年的成长历程，真实表现了19世纪70年代至90年代俄国社会的面貌，展示了俄国社会的野蛮、愚昧，沙皇专制制度的腐败、丑恶。阿辽沙战胜苦难、探索真理的过程正是俄国一代新人寻求知识、追求光明的艰难历程。

十月革命初期，阶级斗争尖锐复杂，高尔基于1917—1918年间在《新生活报》上发表了一组政论文章，题为《不合时宜的思想》，阐述了对俄国革命的看法，他认为在科学和文化都很落后的俄国还不具备进行社会主义革命的条件，农民只是消极的破坏力量，无产阶级不可能同农民联盟把革命引向胜利，只有同知识分子结成联盟才能掌握政权。十月革命后，高尔基又对生活中的阴暗面进行了批评，指责无产阶级专政残酷无情。这些思想多年来都被认为是错误的，在当时也受到了列宁的批评，但在今天看来，其中不少观点意义深远。

1918年8月30日列宁被社会革命党党徒刺伤，高尔基受到极大的震动，并从此走上同苏维埃政权密切合作的道路，满怀热情地投入文化事业的领导工作和文学创作。1924年列宁逝世后，高尔基怀着沉重的心情写了回忆录《列宁》，通过列宁的革命活动和日常生活，描写领袖与群众的关系，缅怀列宁对他的深切教诲，生动地再现了革命导师的伟大智慧和"像真理一样朴素"的崇高品质。

在苏维埃时代，高尔基担任文化出版部门的领导工作，为社会主义文艺事业作出了巨大贡献。在创作方面，他写了大量的小说、戏剧、散文、特写、回忆录、政论以及文学论文，如长篇小说《阿尔达莫诺夫家的事业》（1925）和《克里姆·萨姆金的一生》（1925—1936）、剧本《耶戈尔·布雷乔夫及其他人们》、特写《苏联游记》（1929）和《英雄的故事》（1930）、政论《如果敌人不投降，就消灭他》（1930）等。

长篇小说《阿尔达莫诺夫家的事业》通过麻纺织厂厂主阿尔达莫诺夫和工人莫洛佐夫两家三代的历史，描述了俄国农奴制改革到十月革命这50年间资产阶级兴起、发展和衰败以及无产阶级从奴隶变为主人的过程。阿尔达莫诺夫家族的第一代老伊里亚出身农奴，他利用农奴制改革时得到的一笔酬金买田置产，成为纺织界的暴发户。老伊里亚具有旺盛的精力和强烈的事业心，充分体现了新兴资产者的特点。老伊里亚死后，长子彼得继承父业，但他既无管理事业的才能，又缺乏对事业的热情，对他而言，事业是个沉重负担，因而精神苦闷，沉溺于放荡生活之中而无所作为。第三代的代表是彼得的次子雅可夫，他更是一个贪吃贪睡、懦弱无能、腐化堕落的寄生虫。他在十月革命期间仓皇出逃，最后被人打死。这个家族一代不如一代的演变过程，正标志着俄国资本主义在经历了短暂的繁荣之后迅速走向衰亡。在阿尔达莫诺夫家族中，只有彼得的大儿子小伊里亚走上另一条道路，他背叛了自己的阶级，参加了布尔什维克党，说明资产阶级内部正在不断分化。

《阿尔达莫诺夫家的事业》也写到了工人阶级的发展壮大，他们逐渐从被剥削被压迫的地位中觉醒、反抗，特别是1905年革命使工人阶级队伍发生了崭新的变化，他们在无产阶级政党的领导下，聚会，学习，开展革命活动。最后，工人们接管了阿尔达莫诺夫家的"事业"。

《克里姆·萨姆金的一生》是高尔基花了十年时间创作的一部具有史诗气魄的长篇巨著，它是作者对自己创作的全面总结，也是对俄国资产阶级知识分子历史命运的艺术总结。小说描写了19世纪70年代末到1917年十月革命40

年间俄国社会的风云变幻,并着重写了这个时期的思想斗争。小说的副标题是"一个灵魂空虚的人的故事",高尔基在这样的历史背景上刻画了灵魂空虚的克里姆·萨姆金这个资产阶级知识分子的典型形象。萨姆金是一个自私自利的个人主义者,一个不自愿的革命者,在革命高潮时加入革命队伍,而在革命低潮时却敌视革命。他崇拜个人英雄,轻视人民;对待爱情,只是逢场作戏。最后,在1917年群众示威游行时,被人们踩死,"像一个充满了卑贱拙劣物品的脏口袋一样"被历史抛弃了。同时,作家还塑造了和萨姆金对立的形象——库图佐夫,库图佐夫是一个职业革命者,他真诚坦率,大公无私,具有勇敢的献身精神,在他身上体现了布尔什维克党的思想。他与其他革命者一道领导轰轰烈烈的群众解放运动,展示了无产阶级革命必然胜利的历史发展趋势。

《克里姆·萨姆金的一生》艺术地展现了十月革命前40年俄国社会生活的广阔图景,通过作品人物的思想情绪和政治、哲学、美学、宗教等观点的变化,生动地再现了历次重大事件,并力求在人物性格与环境的辩证关系中探索俄罗斯历史、文化与人的命运之间的复杂的有机联系,揭示俄罗斯民族精神文化心理的基本特征,促进民族精神文化的革命性转换。所以小说被称为那一时代"俄罗斯精神生活的编年史"。

1934年,高尔基主持第一次苏联作家代表大会,做了题为《苏联的文学》的报告,并当选为苏联作家协会主席。

1936年6月18日,高尔基走完自己光辉的一生。

高尔基的一生与蓬勃兴起的无产阶级革命运动和社会主义新政权的建立相伴随,他的创作生动地再现了无产阶级革命斗争的辉煌历程,列宁指出,"高尔基毫无疑问是无产阶级艺术的最杰出的代表"。同时,高尔基还是积极的革命战士,他以他的革命活动和创作与俄国和世界工人运动紧密地联系在一起,为无产阶级革命事业作出了重大的贡献。

二、《母亲》

长篇小说《母亲》是高尔基的代表作。他在1902年开始构思,1906年写成并发表,列宁称它是"一本非常及时的书。许多工人都是不自觉地、自发地参加革命运动,现在他们读一读《母亲》一定会得到很大的益处"。

小说的人物和素材取自真人真事。20世纪初,在高尔基的故乡尼日尼·诺夫戈罗德附近的工人区索尔莫沃,工人运动高涨。1902年,在社会民主工党的领导下,工人举行了"五一"游行示威活动。游行的组织者工人彼得·扎洛莫夫被捕，他的母亲安娜·扎洛莫娃继承了儿子的事业，为革命到处奔波。当时高尔基和地下党组织有密切联系，与这母子俩十分熟悉。《母亲》就是以索尔莫沃工人运动为背景，以扎洛莫夫母子的英雄事迹为素材写成的，但作家并没有局限于真人真事，而是融入了自己在1905年革命斗争中积累的生活素材和斗争经验，经过深刻的艺术概括创作而成的。

《母亲》以工人运动的兴起、发展、壮大引起母亲尼洛夫娜思想的变化发展为线索。全书分为两部，第一部重点描写巴威尔与他组建的革命小组在社会民主工党领导下的成长过程，同时写了母亲尼洛夫娜的觉醒。第二部主要写的是马克思主义工人小组在群众中所进行的艰苦的宣传工作。在19世纪末20世纪初俄国的一个工人区里，老钳工米哈依尔·符拉索夫被厂主榨干最后一滴血汗，病死了。他的儿子巴威尔在革命知识分子的帮助下，离开父辈们走过的道路，学习革命理论，成为工人革命运动的领导者，向新的目标前进。一次，厂主以修整草地为名，提出要在工人的工资里每卢布扣除一个戈比，工人们举行集会抗议，巴威尔积极支持并领导工人同厂主说理辩论，同时向工人群众宣传马克思主义革命思想，由于广大工人尚未觉醒，斗争以失败告终，巴威尔被捕入狱。巴威尔的母亲尼洛夫娜接受了巴威尔的同志们的请求，把革命传单散发到工人中去，开始走上革命道路。不久，巴威尔出狱，他因领导了"五一"游行而再次被捕。尼洛夫娜继承了儿子的事业，经常乔装打扮把传单、报纸和宣传革命真理的小册子送到群众手里。巴威尔拒绝了同志们要他逃跑的请求，在受审的法庭上发表慷慨激昂的演说，宣传社会主义革命的思想，后被判终身流放。巴威尔的演说词印成了传单，由母亲去送，但在车站被特务包围，她毅然把传单撒向群众。母亲被宪兵拖走，尽力高呼："真理是用血的海洋也扑不灭的……"

巴威尔是作家着意刻画的无产阶级英雄形象，也是俄国和世界文学史上出现的第一个革命无产者的典型形象。他体现了俄国工人阶级从自发斗争到自觉斗争的成长历程。巴威尔最初是一个普通工人，与其他工人一样，在工厂主的残酷剥削下过着悲惨的生活，但随着时代的发展，在无产阶级政党的领导下，工人运动蓬勃兴起，巴威尔和地下党组织发生了联系，开始读"禁书"，学习革命理论，秘密组织革命小组。马克思主义真理启发了他的阶级觉悟，他意识到他们痛苦生活的根源是资产阶级对工人的剥削和压迫，决心起来斗争。在斗争中，巴威尔不断成长。

小说主要通过三件事来表现巴威尔的成长。"沼地戈比"事件是一次自发的工人斗争，巴威尔被仓促推上领导岗位，但由于大多数工人尚未觉醒，巴威尔还不够成熟，只限于讲大道理而没有和工人的实际利益结合起来，斗争很快就失败了，巴威尔因此被捕入狱，巴威尔也看到自己的弱点，懂得了斗争的复杂性。巴威尔领导的第二次斗争是"五一"游行，这是一次自觉的政治斗争。游行那天，"一面工人阶级的大旗像红色的鸟儿一般，突然飞扬在仰首企望的人们的上空"，巴威尔在街头讲话时，人们"像铁屑被磁石吸住一样，聚拢在他的周围"。巴威尔高呼"全世界工人阶级万岁"，千百万群众齐声响应。巴威尔已成为深受广大工人群众拥戴的革命组织者和领导者。巴威尔因领导游行再次被捕，沙皇官僚机构审判他时，他把法庭当做宣传革命真理的讲坛，揭露私有制的罪恶，宣判了剥削阶级和专制制度的死刑。这时，他已经成为一个有着高度政治觉悟和理论水平的成熟的革命者了。

巴威尔作为一个革命先锋战士表现了坚定的党性，具有无私无畏、百折不挠的品质，以为革命事业献身为己任的崇高精神。他的典型意义在于体现了俄国工人阶级的成长和工人运动的发展，体现了马克思主义和无产阶级政党对革命事业的领导，表现了无产阶级革命时代的精神。

母亲尼洛夫娜是小说的中心人物，作品中的重要人物和重大事件都是通过她的感受表现出来的。她是无产阶级革命年代思想觉悟不断提高的劳动妇女的典型。开始她只是普通妇女，受到阶级压迫、宗教统治和夫权压迫，这使她养成胆小怕事、逆来顺受的性格。革命意识的觉醒和成长过程较巴威尔缓慢得多，当母亲第一次发现儿子在看"禁书"、参加秘密活动的时候，感到十分恐惧，但是，巴威尔和工人小组的成员的革命言论和优秀品质使她深受教育。"沼地戈比"事件后，为了搭救在狱中的儿子，尼洛夫娜主动代替儿子去工厂散发传单，终于迈出了走向革命的第一步。"五一"游行时，她和儿子一同走向街头，不畏沙皇军警，走在队伍最前列，巴威尔被警察抓走后，她从地上捡起被扯碎的红旗，代替儿子宣传革命道理。这表明她的革命意识已经觉醒了。

巴威尔再次被捕后，尼洛夫娜搬到城里和革命知识分子住在一起，成为党的地下工作者。她经常扮成修道女、小商贩，冒着生命危险，把报纸、"禁书"送到农村、工厂去，也因此更多地了解了千千万万劳动人民的痛苦生活，更深刻地认识到革命的意义。她本来是一个东正教徒，现在做祷告的次数越来越少了，甚至对上帝的存在也表示怀疑了。在审判巴威尔的法庭上，尼洛夫娜进一步看清了沙皇专制制度的反动和虚伪，儿子的演说使她深受鼓舞，她为儿子感到自豪，也充满了必胜的信心。

在小说的结尾，母亲在车站散发传单时被宪兵抓住，她也不放过向群众宣传的机会，不顾毒打，尽力高呼："大家要齐心协力，团结一致呵！""复活的灵魂——是杀不死的！""真理是用血的海洋也扑不灭的……"这时尼洛夫娜已是一位无所畏惧、具有革命理想的自觉的无产阶级战士了。

母亲由一个普通的劳动妇女成长为坚强的无产阶级革命战士，她的人生经历反映了20世纪初广大劳动人民革命意识的觉醒和在战斗中的成长，也显示了马克思主义和无产阶级政党在教育人、改造人方面的巨大威力。

在小说中，农民雷宾的形象也具有重要意义。作为贫苦的农民，对统治阶级怀有本能的仇恨，但也有着狭隘的农民意识，起初他不相信革命知识分子，不相信革命书刊，凭借个人的力量去斗争，结果失败。后来在巴威尔等人的教育、帮助下，通过实际斗争的锻炼，终于接受了革命真理，到农村进行革命宣传，使广大农民开始觉醒。不久雷宾被捕了，然而，在他的影响下，叶菲姆·雅可夫等雇工，斯吉潘·彼得等农民又承担起宣传革命的任务。雷宾的形象反映的农民的觉醒和工农联盟的思想。

在《母亲》中还刻画了不少革命知识分子的形象。如尼古拉·伊凡诺维奇、叶戈尔、沙馨卡、索菲亚等人，他们大都出身于剥削阶级或小资产阶级家庭，但背叛了自己的家庭而走向革命，在斗争中不断改造自己，与工农群众相结合，成为坚定的革命者，为无产阶级革命事业发挥了重要作用。

《母亲》通过以巴威尔为代表的无产阶级革命者和以尼洛夫娜为代表的革命群众的经历，真实地再现了俄国人民的觉醒，以及俄国无产阶级革命在无产阶级政党的领导下，从自发到自觉的历史进程。同时，正确地表现了无产阶级事业是千百万群众的事业，以及马克思主义理论和无产阶级政党的先锋领导作用，并显示了必胜的前景和信心。

《母亲》采取了新的题材、新的主题、新的人物，在艺术上也取得了新的成就，是社会主义现实主义的奠基之作。

小说描写的是工人阶级反抗旧社会的伟大斗争，并且正确地表现了马克思主义和工人运动相结合的过程，展示了资本主义必然崩溃，社会主义必然胜利的前景。

在表现轰轰烈烈的无产阶级革命时，工人阶级成为作品的主人公，小说塑造了鲜明的具有无产阶级觉悟的无产阶级英雄形象，如巴威尔、尼洛夫娜。高尔基还从辩证唯物主义的观点出发，从革命的发展中去反映社会的真实，揭示历史发展的必然规律，充满了革命浪漫主义精神。《母亲》写的是俄国1905年革命前夕无产阶级的斗争，巴威尔、尼洛夫娜这样的革命者在当时并不普遍，但代表着具有无限生命力的社会新兴力量，代表着社会发展的方向。在小说的结尾，虽然巴威尔被流放，母亲被捕，但绝不是悲剧式的结局，因为在他们的感召下，越来越多的群众同情并参加了巴威尔所献身的革命事业，有力地展示了历史发展的总趋势。

在艺术上，小说善于在革命的不断发展中去刻画主人公形象。小说表现巴威尔如何由一个普通工人成长为成熟的革命家时，着重写了巴威尔在"沼地戈比"事件中对资本家的斗争，在"五一"游行时和沙皇军警的搏斗，在法庭上对整个旧世界的批判，同时，英雄的成长也受到了人民群众的支持和帮助，小说通过巴威尔和尼洛夫娜的经历，还表现了英雄和人民群众的血肉联系。

小说善于用个性化的语言和细致的心理描写来展示人物的精神面貌和内心世界的变化。对不同场合、不同人物，运用不同色彩的语言。母亲开始柔弱、忧郁、温顺，常说宗教性的语言，在革命斗争中，母亲逐渐变得乐观、坚强，语言就显得坚定有力，说明母亲的内心世界发生了深刻的变化。巴威尔的话简洁、明朗、具有说服力，体现了一个工人运动的领导者的特点。

《母亲》是世界无产阶级文学史上的一座丰碑，具有鲜明的时代意义，是"一本非常及时的书"，体现了时代的需要。《母亲》所开创的社会主义现实主义创作方法的基本特征，对世界各国的无产阶级文学产生了广泛而深远的影响。

第三节　肖洛霍夫

一、生平与创作

米哈依尔·亚历山大罗维奇·肖洛霍夫（1905—1984）是苏联时代的著名作家，是一位具有史诗气质的编年史式作家，他的创作反映了俄国从十月革命胜利直至苏联接近解体的各个时期的历史状况和残酷斗争。特别是由于他以深邃的思想和卓越的艺术魅力描绘了顿河地区哥萨克在苏俄各个历史转变过程中的生活和命运，因为"在描写俄罗斯人民生活中一个历史阶段的顿河史诗中所表现的艺术力量和正直"，肖洛霍夫获1965年度诺贝尔文学奖。

肖洛霍夫于1905年5月24日出生于顿河军屯州维奥申思克镇克鲁日林村。母亲出嫁前在地主家当女仆，父亲是俄罗斯内地人，后移居顿河地区，哥萨克人称这些迁入者为"外乡人"。他的父亲曾当过雇工,后来做过商店店员和磨坊经理,十月革命后担任苏维埃政权下粮食部门的职员,他有许多藏书,使肖洛霍夫从小就受到了文学熏染。肖洛霍夫成长于顿河地区,对哥萨克的生活十分熟悉。十月革命前,肖洛霍夫在故乡一带读小学、中学,国内革命爆发后他辍学回家。1919—1920年,他目睹了革命后顿河上游地区发生的时间最长、规模最大的反革命暴乱。1920年苏维埃政权在顿河地区建立后,肖洛霍夫投身红色政权做革命工作,他从事过农村教育和文化宣传工作,参加苏维埃政权的征粮队,任粮食采购员、检查员和机枪手,同反对苏维埃政权的白匪、富农分子做斗争。1922年秋来到莫斯科,当过装卸工人、泥水匠和房管部门的会计员、办事员。1925年底,肖洛霍夫回到顿河故乡,从此未曾离开过故乡的大地。

肖洛霍夫于1923年开始创作,1924年加入俄罗斯无产阶级作家协会("拉普"),从此成为专业作家。肖洛霍夫的早期创作(1923—1926)大部分收在1926年出版的《顿河故事》和《浅蓝的草原》(一译《蓝色的原野》)这两部短篇小说集里。特别是《顿河故事》引起文艺界的高度重视,老作家绥拉菲莫维奇特意为《顿河故事》作了序,称赞它"像草原上的一朵鲜花一样,生气勃勃,色彩鲜艳,朴素、鲜明,所讲的故事使人感同身受,仿佛就在眼前"。

《顿河故事》真实地描写了国内战争时期顿河地区革命与反革命之间极其残酷的斗争。不但村镇居民分裂成敌对的两方,斗争的尖锐性和复杂性还常使亲人之间互相残杀,成为势不两立的人。《看瓜田的人》写一个当白匪警卫队长的哥萨克阿尼西姆残忍地打死了同情和帮助红军俘虏的妻子,他的小儿子为了从父亲手里救出受伤的当红军的哥哥,挥起斧子砍死了父亲。《胎记》描写在一次剿匪斗争中,一个红军骑兵连长被一个凶恶的白匪头目打死,白匪头目跑过去脱下死者的皮靴,从左脚的胎记上认出正是自己的儿子,顿时震惊万分,悲痛欲绝,遂饮弹自尽。《死敌》描写十月革命后哥萨克的阶级对立,"仿佛有谁在村子里犁了一道鸿沟,把人分成敌对的双方",一方是村苏维埃副主席叶菲姆和村子里的贫农,另一方是伊格纳特等四五个商人、富农和一部分中农。叶菲姆立场坚定,不怕打击,不怕利诱,积极领导农民同伊格纳特进行针锋相对的斗争,直到被暗杀时仍然毫不动摇,他坚信一个人倒下去,将会有二十个新的叶菲姆出现,革命事业必将取得胜利。《道路》的主人公彼得是个毡靴工人,因父亲被白匪杀害而放火烧掉敌人的仓库,投奔红军。后来他在村苏维埃政权里当上了团支部书记,在敌人的一次进攻中受伤被俘而被迫当匪兵,但他依然忠于革命。一次白匪进攻苏维埃农场，彼得乘机杀掉白匪头目，鼓动匪兵哗变，倒向苏维埃政权。在这些富有时代特色和生活气息的小说里，作者一方面表现了阶级斗争的残酷性，另一方面表现了新生苏维埃政权的生命力和革命哥萨克的优秀品质，展示了哥萨克劳动群众的觉醒过程和走向新生活的艰难道路。《顿河故事》情节曲折、富有戏剧性，故事结构严谨，人物性格丰富鲜明，对大自然的描绘细腻动人，语言具有浓郁的哥萨克乡土气息，显示出作者比较丰厚的生活积累和杰出的艺术才华。

1925年底，肖洛霍夫回到故乡后着手写作《静静的顿河》，小说规模宏大，分为四部八卷，分别出版于1928、1929、1933和1940年，小说出版后在苏联国内外引起了很大的反响，肖洛霍夫也因此获得国际性声誉。

20世纪20年代末、30年代初，苏联在全国范围内开展农业集体化运动。1930年，斯大林接见肖洛霍夫，鼓励他"去实现新的创作构思"，肖洛霍夫理解为让他更关心现实问题，积极投入农业集体化运动之中，并开始创作反映农业集体化的小说《被开垦的处女地》，小说第一部出版于1932年，受到文艺界的普遍赞扬，第二部于1960年出版。

《被开垦的处女地》描写了哥萨克在社会主义建设时期为建立新生活，实现农业集体化而进行的斗争。小说第一部叙述了列宁格勒的金属工人达维多夫和逃亡的白军军官波罗夫策夫于1930年1月的同一天来到哥萨克的格列米雅其村。达维多夫到村苏维埃报到，波罗夫策夫却在自己的老部下富农雅可夫家隐藏起来。达维多夫和支部书记拉古尔洛夫、村苏维埃主席拉兹米推夫相配合，开展农业集体化运动，动员村民加入集体农庄。而白军军官波罗夫策夫却指使雅可夫煽动农民，杀掉牲畜，不交麦种，进行破坏活动。双方展开了一场惊心动魄的斗争，最后集体农庄建立起来了，并初步显示出它的优越性，千百年来被荒芜的处女地也被开垦出来。第二部写的是集体农庄的巩固过程。达维多夫深入群众，关心他们的疾苦，然而白军军官波罗夫策夫再次来到格列米雅其村，企图策划反革命暴动，敌人的阴谋很快败露，在与敌人的战斗中，达维多夫和支部书记拉古尔洛夫壮烈牺牲，敌人被活捉。这悲剧性的结局显得忧郁而感伤。《被开垦的处女地》以现实主义的笔法，真实地再现了农业集体化运动的严酷性和复杂性，不仅反映了敌对势力或明或暗的抵抗和破坏，而且表现了劳动者对这一运动的怀疑和观望；不仅写了达维多夫等人的胜利和成功，也表现了他们在工作中的错误和偏差。小说除了表现复杂的阶级斗争外，还对日常生活和劳动进行了描写，充满了浓郁的生活气息。

小说成功地塑造了共产党员的群像，如忠于党的事业的达维多夫、村支部书记拉古尔洛夫、苏维埃主席拉兹米推夫等。小说的中心人物是达维多夫，他是上级派来领导工作的干部，曾经当过水兵和工人。他立场坚定，对党的事业无限忠诚，对同志和人民群众充满阶级情谊，对敌人却决不留情。他沉着冷静，注意工作的方式方法。在"妇女骚动"事件中，群众被敌人煽动起来抢种子，他被妇女打得鼻青脸肿也不还手，誓死保卫仓库的麦种，表现出高度的党性原则。但是，小说并没有把达维多夫塑造成一个完人，而是一个有血有肉的普通人。他曾与朋友的妻子关系暧昧，也曾迷恋行为轻佻的妇女鲁什卡，最后，他因警觉性不高而未识破暗藏的敌人，使集体受到损失，自己也在与敌人的斗争中英勇牺牲。

《被开垦的处女地》结构严谨，人物性格鲜明，把对人物形象的刻画与风景描写融为一体，悲剧因素和喜剧因素有机结合，今天看来，作品既具有史料价值，又具有艺术价值。

1941年6月卫国战争爆发，肖洛霍夫以上校军衔在前线担任军事记者，写下了许多特写和政论，如《在顿河》、《战俘》等。此外，在战时和战后，他还创作了歌颂苏联军民爱国主义和英勇献身精神的短篇小说《学会仇恨》（1942）、长篇小说《他们为祖国而战》（1943—1969，未完成）。问世于1956年和1957年之交的短篇小说《一个人的遭遇》是尤负盛名的作品。

《一个人的遭遇》是作者酝酿达十年之久的一篇短篇小说，在国内外曾引起过巨大的反响。作品以自述的方式，描写了一个普通劳动者索科洛夫四十多年的悲欢，特别是他在卫国战争中的遭遇和命运。索科洛夫年轻时曾参加红军，父母在国内战争期间饿死。他当了工人，在卫国战争前建立了一个美满的家庭，战争爆发后三天，他就应征入伍，上了前线。在战争中，他负伤被俘，在德国集中营里受了两年非人的折磨，多次死里逃生，1944年才回到祖国。可是妻子和两个女儿早在1942年被敌机炸死，儿子也在战争胜利的那一天在柏林前线牺牲。战后，索科洛夫复员当了汽车司机，收养了一个在战争中失去父母的孤儿，两人相依为命。索科洛夫的悲惨遭遇真实地表现了千百万苏联人民在战争中所经历的共同遭遇，概括了一代人的命运。小说思想内涵丰富而深刻，强烈地控诉了德国法西斯侵略战争给苏联人民带来的深重灾难，反映了苏联人民进行的艰苦卓绝的斗争和在战争中的崇高的爱国主义精神和不屈不挠的坚强意志，被誉为"长篇史诗式的短篇小说"。

《一个人的遭遇》是苏联战争题材文学的一个重大突破。小说不同于以往战争题材的作品着重描写重大事件和英雄业绩的惯常写法，而是另辟蹊径，表现战争如何影响普通人的生活及命运。小说成功地塑造了索科洛夫这个社会主义时代的普通劳动者的形象，他经历平凡，没有什么丰功伟绩，却表现了普通人平凡中的伟大，纯朴中的崇高，揭示出普通人身上潜在的精神力量和道德价值，具有浓厚的人情味和感人的力量。同时，通过战争对索科洛夫命运的影响以及他对战争的切身感受，表达了作家对于战争、对于既往历史的思考，为苏联军事文学的发展开辟了新的道路，对20世纪50与60年代的文学影响很大。

肖洛霍夫1930年加入布尔什维克党，1939年当选为苏联作家协会理事及苏联科学院院士，他曾获得五枚列宁勋章和社会主义文学劳动英雄称号，1941年《静静的顿河》获斯大林文学奖金一等奖，1960年小说《被开垦的处女地》和电影《一个人的遭遇》同时获得列宁奖金，1965年被授予诺贝尔文学奖。1984年2月21日，肖洛霍夫病逝。

二、《静静的顿河》

《静静的顿河》（1926—1940）规模宏大，共四部八卷，被称为"史诗性的巨著"，是肖洛霍夫的代表作。小说的前两部出版于1928年，当时引起了激烈的争论。绥拉菲莫维奇、卢那察尔斯基都给予了热情的赞美。高尔基也在一封信中肯定了小说的第一部。但小说也招来很多人的尖锐批评，作家普罗柯菲耶夫宣称肖洛霍夫袒护富农和反苏分子。"拉普"的评论家则说肖洛霍夫根本"不是无产阶级艺术家"。有的人甚至认为《静静的顿河》是"仇视无产阶级"的作品，说"肖洛霍夫本人是哥萨克富农和国外贵族的代理人"。因此，小说的第三部出版时遇到了困难，直到1932年，经过高尔基等人的努力，第三部才得以出版。第四部则出版于1940年初。

小说主要描写顿河地区哥萨克在1912年至1922年间两次革命（二月革命、十月革命）和两次战争（第一次世界大战、国内战争）中的历史，表现在战争与革命时期，顿河两岸五百万哥萨克"在风尚生活及人的心理状态中所发生的巨大变动"，揭示"卷进1914年至1921年间发生的各种事件的强烈旋涡中的个别人的悲剧命运"。

哥萨克是俄国历史上的一个特殊的社会阶层，他们原是俄罗斯内地的一些不堪封建压迫的农奴、仆役、流犯和市民，大约从15世纪开始逃亡到边远的顿河、库班河大草原上成为"自由民"，并逐渐形成一个自治的哥萨克区域。哥萨克人热爱自由，英勇善战，性格粗犷强悍，曾参加过历史上著名的斯捷潘拉辛和普加乔夫领导的农民起义。后来沙皇政府采取威逼利诱的手段，一方面给哥萨克发放薪饷，免交课税，让成年男子为其当兵打仗；另一方面又培养他们蔑视俄罗斯的"乡巴佬"、"外乡人"的偏见，加之他们长期生活在闭塞的环境里，过着一种近乎中世纪宗法制的生活方式，逐渐变得愚昧粗野，狭隘偏执，充当起维护沙皇统治的工具。在十月革命和国内战争年代，被推翻的各种反动势力纷纷逃亡到顿河流域，妄图把顿河变成他们颠覆苏维埃政权的反革命基地。哥萨克内部产生了激烈的阶级分化，上层哥萨克公开参加反革命叛乱，大部分哥萨克中农和落后农民被他们欺骗利用，盲目地卷入和红军的野蛮厮杀，只有贫苦哥萨克和"外乡人"坚定地拥护苏维埃政权，踊跃参加红军。经过反复地拼搏和较量，哥萨克白匪的叛乱被平息，苏维埃政权终于在顿河地区彻底胜利。

《静静的顿河》以广阔的艺术视野对历史上这个巨大变动的艰难曲折的过程作了全景式的描绘，它深刻揭示出转折过程中哥萨克阶级斗争的复杂、尖锐、残酷及其悲剧意义，从而反映出旧制度必然灭亡，新生政权必然胜利的趋势。全书共四部。第一部的背景是1912—1916年，主要叙述了顿河哥萨克的历史传统、闭塞落后的生活方式。第二部描写1916年10月到1918年春天发生的重大事变，包括二月革命、科尔尼洛夫叛乱、十月革命和刚刚开始的国内战争。第三部主要描写1918年春到1919年5月国内战争最激烈时期的斗争。第四部描写1919年5月到1922年春，白匪和哥萨克武装叛乱的彻底失败和苏维埃政权在顿河地区的日趋巩固。

小说以中农哥萨克麦列霍夫一家的兴衰为主要线索，以逐渐走向毁灭的悲剧人物葛利高里·麦列霍夫为贯穿全书的中心主人公。葛利高里是一个性格复杂、内涵深广的人物典型，他在动荡的历史年代走着一条独特、坎坷的人生道路。葛利高里出身于中层哥萨克之家，是一个热情、英俊、勤劳、勇敢的青年，对待爱情，他也显得执著而顽强，他狂热地追求邻居司捷潘年轻美丽的妻子阿克西尼娅，阿克西尼娅在丈夫离家后，也陷入对葛利高里疯狂的私情之中。事情很快暴露，葛利高里屈从父母之命娶了娜塔利娅为妻，但他对妻子并无感情，就带着阿克西尼娅私奔到亚果得诺耶，在地主庄园里当雇工，阿克西尼娅很快怀孕，生下一个女孩。

第一次世界大战爆发后，他应征入伍，残酷的屠杀使他厌恶战争，亲身的经历，现实的斗争，同共产党人和革命哥萨克的接触，使他开始有所觉悟。但沙皇政府的一枚十字勋章及家乡父老的"一整套谄媚、尊敬和欢乐"立刻浸灭了他身上"伟大的人类的真理"。十月革命后，受哥萨克革命者波特捷尔柯夫的影响，他参加了红军，担任连长，英勇地同白匪作战。此时，葛利高里并不是一个坚定的无产阶级革命战士，只是苏维埃政权短暂的同路人，特别是当看到波特捷尔柯夫不经审判而处死被俘的白军军官时，他十分反感、愤慨，"在顿河建立苏维埃政权斗争的最高潮里离开了自己的队伍"。1918年春天，葛利高里在父亲和哥哥的影响下，参加了顿河流域的反革命叛乱，他把布尔什维克看成是他生活中的敌人，认为革命使他失去了土地、特权和荣誉，于是疯狂地杀害红军战士。但葛利高里在情感上仍然与白匪军格格不入，不断与白匪军官发生冲突，1918年底，在察里津战役失败以后，他离开了叛军，想从此解甲务农。红军占领鞑靼村的时候，葛利高里公开咒骂苏维埃政权"除了使哥萨克破产以外，什么都得不到。这是庄稼佬的政权，庄稼佬才需要它"。他被列入被捕人员名单，闻讯逃跑。

1919年3月，顿河哥萨克再次暴动，葛利高里又投身反革命狂潮中去，特别是他的哥哥彼得罗被红军杀死以后，他更是怀着疯狂的复仇心理残酷杀害大批红军战士，并爬到白军师长的高位。但葛利高里在叛军中处处受到歧视和排挤，10月，白军溃败，葛利高里像丧家犬一样被抛弃，他想带着情妇阿克西尼娅逃到海外去，未获成功。葛利高里怀着赎罪的心理再次参加了红军，在布琼尼骑兵队任连长、副团长，他作战英勇，奋力杀敌，但由于严重的"历史问题"，终究得不到红军的信任。1921年内战刚刚结束，他就被彻底复员了。

葛利高里回到家乡，世事全非，妻子娜塔利娅死于小产，嫂嫂妲丽亚自杀溺死于顿河，父母也先后病故，他的妹夫、鞑靼村革命军事委员会主席珂晒沃依宣布要追究他的反革命罪行，为逃避惩罚，葛利高里加入了佛明匪帮。1922年春，佛明的叛乱彻底垮台，葛利高里潜回村中，想带上阿克西尼娅远走他乡。半路上遇到苏维埃征粮队的袭击，阿克西尼娅中弹身亡，葛利高里身心交瘁，像幽灵一样在森林村野游荡，1922年3月，他将枪支弹药抛入开始解冻的顿河，孤身一人回到村里。在门口的石阶上，他双手抱起唯一的儿子米沙特，"这就是在他生活中所残留的全部东西"。他"在许多失眠的夜里所幻想的那一点点希望总算是实现了"……

葛利高里是顿河哥萨克中农的一种独特的象征，他既不是死硬的反革命分子，也不是坚定的革命派，而是动摇于革命与反革命之间的复杂人物。在短短的四五年间，葛利高里两次参加红军，三次投身反革命叛乱，其徘徊动摇是非常明显的。然而，无论在红军还是白匪中，他都是一个"陌路人"。他在回顾自己走过的道路时无限感慨地说:"我从1917年起走的就是一条弯路,我像醉汉一样摇摇晃晃……从白军里逃了出来,但是也没有靠拢红军……我怀着极大的热情为苏维埃政权服务,可是后来这一切都变了样子……在白军的司令部里,我是一个陌生的人,他们始终对我怀疑……可是后来在红军里也是这种样子。"葛利高里的徘徊动摇实际上是企图在革命与反革命之间寻找第三条道路,然而,革命与反革命泾渭分明,中间道路是不存在的,最终使他以悲剧结局。

葛利高里的动摇有着深刻的社会历史根源和个人的主观原因。葛利高里出身于殷实的哥萨克中农家庭,中农既是劳动者,又是私有者,而葛利高里还是一个哥萨克军官。作为劳动者,他勤劳淳朴,向往新生事物,所以他两次参加红军。但中农的私有观念和哥萨克军官的特权思想,使他和无产阶级之间横着一条鸿沟,不信任苏维埃政权。他对真理、正义的苦苦探索,带有不切实际的幻想的个人奋斗性质,尤其是几个世纪遗留下来的保守落后的哥萨克传统观念和哥萨克军官的特权思想,使他倾向资产阶级,三次投入反革命叛乱,而劳动者的朴素感情和平等意识又使他同白匪军格格不入。他从自己的利益出发,用自己的眼光超现实地看待对立的双方,认为十月革命和国内战争都是毫无意义的兄弟仇杀,白军和红军"价钱都是一个样子",他"站在两种原则的斗争的中间,对这两方面他都不肯承认",于是要寻找一条超越革命与反革命的"哥萨克中间道路"——"第三条道路",这条道路与历史的发展背道而驰,必然构成悲剧。

总之,葛利高里是一个不断探索追求而以悲剧结局的人物典型。他有着十分复杂的性格和矛盾的心理,在他身上,勤劳与愚昧、质朴与无知、勇敢与粗野、善良与残暴、正义与偏见、理智与疯狂、荣誉与高傲、自尊与虚荣等融为一体。这种性格和他执著而充满悲剧性的追求,正是顿河哥萨克在特殊的社会环境和十月革命这个大变革时代的产物。

小说还塑造了一些鲜明生动、个性突出的哥萨克妇女形象,如阿克西尼娅、娜塔利娅以及葛利高里的母亲伊莉伊奇娜等。阿克西尼娅和娜塔利娅都无私、坚贞而执著地爱葛利高里。阿克西尼娅美丽而富有激情,也敢于反抗自己不幸的婚姻,与葛利高里建立起真正的爱情后,情愿与葛利高里一起赴汤蹈火,死而无憾。娜塔利娅温柔善良,热爱劳动,忠于爱情,责任感强,她爱自己的丈夫,但葛利高里并不爱她,使她成为一个不幸的女人。作为一个哥萨克妇女,她也有刚毅的一面,她曾因自己的被遗弃而以死抗争,最后,为向不忠的丈夫报复,她强行打胎,终因流血过多而死去。葛利高里的母亲伊莉伊奇娜是老一代妇女，她一生辛劳，饱经风霜，道德感、家庭责任感都很强，但实际上她只是家中男子的附属品，她的经历表现了哥萨克妇女的无权地位。

《静静的顿河》还描绘了一批英勇的共产党员、革命者的形象，表现了他们在社会重大转折时期所发挥的巨大作用，同时也不回避他们的一些偏激情绪和过火行为，体现了作家的客观立场。

《静静的顿河》在艺术上也取得了很高的成就。

从体裁上看，它是一部史诗体的长篇小说，作品反映的是大规模的关系到民族命运的战争和革命，并通过交替描绘顿河村庄日常生活、主人公命运和重大的政治事件、军事行动来实现，使小说规模宏伟、画面广阔、人物众多、事件纷繁。小说采用了大量历史文献、编年史、命令、日记、书信等各种资料，使史诗具有极强的真实性和浓厚的历史感。

小说在结构上庞大复杂，但大而严谨，精巧有序。小说以麦列霍夫家族的命运为中心情节，葛利高里和阿克西尼娅的情感纠葛是主要线索，他和娜塔利娅的关系则是次要线索，但作家的笔触并没有局限于此，而是把私人生活和社会生活密切结合，使小说既有变幻莫测的重大政治风云，又有刀光剑影的战场厮杀，还有诗情画意的哥萨克人的劳动场面以及独具特色的个人情感纠葛。因此，小说在结构上既自由开放，又浑然一体。

在塑造人物方面，注重表现人物丰富的内心世界。动态地展示人物的心理发展过程是作家塑造人物、刻画性格的重要手段。《静静的顿河》真实地表现了葛利高里一生心灵运动的轨迹，一步步揭示了人物性格发展的内在机制，展示出悲剧的必然性。在葛利高里的心灵运动中，一方面是他在追求真理的过程中，他身上纯朴善良的天性对新事物的向往与哥萨克的偏见之间的矛盾，造成他内心的迷惘；另一方面是他在对爱情的追求中所形成的内心波澜。对理想的执著追求与那个时代社会的冲突是葛利高里心理矛盾的根底，爱情的曲折与矛盾则是他心灵运动中美的浪花，两者相互补充，构成葛利高里丰富复杂的内心世界。

小说还引用了许多民歌民谣，对顿河草原的风土人情和壮丽景色也作了出色的描绘，使小说具有浓厚的民族特色。作为一个出身于哥萨克农民家庭的作家，肖洛霍夫栩栩如生地描绘了顿河哥萨克的日常生活习俗，如日常劳动、节日、葬礼、婚宴、晚会、服装、跳舞、唱歌等。书中还有大量关于顿河地区壮丽景色的描绘：春夏秋冬四季变化多端的草原风光，村庄周围草香四溢的牧场和吃草的马群，陡立的河岸和奔流不息的河水。风景不仅起到环境背景的作用，而且是作者借以烘托主题，反映人物情思和刻画人物心理的一种意识手段。如阿克西尼娅被流弹打死，葛利高里将她埋葬后的一段景物描写，作者写了"太阳升到断崖的上空"和照在葛利高里的白发上的情景，这时葛利高里感觉太阳是黑色的，形象地反映了他内心的绝望。在小说中，地方的民歌民谣和习语土语也是表现哥萨克习俗特点和作品思想内容的重要手段。如小说开篇的哥萨克古歌，就把读者带进顿河哥萨克悲壮的历史长河之中，他们的先辈们为自由而斗争，用血泪写下了无数英勇悲壮的篇章，同时预言这里又将发生一场翻天覆地的变化。大量方言土语的运用，可起到增加乡土色彩的作用，但运用过多，让不少读者感到费解。

肖洛霍夫的创作活动达半个多世纪之久，作品数量虽然不算太多，可是无论在思想内容、艺术手法还是语言风格上都独树一帜，他靠自己的天才和情感写作，这使他一定程度上能够避免20世纪各种理论思潮和苏联主流意识形态的困扰，从普通人生活的层面去理解历史和表现历史。他在苏联文学和世界文学史上都占有非常重要的地位。

高等师范院校教材

外国文学教程

第十一章 20世纪欧美文学

第一节 概 述

一、现实主义文学概述

(一) 20世纪欧美历史概述

20世纪的欧美发生了翻天覆地的变化,不论是政治领域还是意识领域都让人耳目一新。这段时期发生的一系列变化影响了欧美的发展,同时也不可避免地影响了欧美的文学。

在19世纪末20世纪初,欧美的一些主要资本主义国家先后进入了帝国主义阶段,它们的昂首阔步虽然带来了经济的繁荣和从来没有过的辉煌,但帝国主义的侵略扩张也带来了各种社会矛盾的激化。欧美各国科学技术与工业生产的迅猛发展,不仅没有消除资本主义的顽疾,反而加剧了人类的生存危机。这段时期,战争不断,经济危机不断,各种社会问题接连不断。

1914年和1939年爆发的两次世界大战将世界人民推向了深渊,不仅是欧美,亚非各国也难逃厄运,战争夺去了千百万人的生命,物质财富遭到严重的破坏,各国经济一片混乱,人民的生活痛苦不堪。人与自然、人与社会、人与他人、人与自我的关系脱节,空虚与恐惧时刻不离身边。在外表虚假的背后是冷酷荒诞的人际关系与极不和谐的生存环境，人性扭曲、精神崩溃和道德堕落已是不容忽视的普遍存在。

难以摆脱的重压使欧美各国的工人运动和革命运动日益高涨。1917年，俄国工人阶级推翻沙皇专制统治，取得了社会主义革命的伟大胜利。1945年第二次世界大战结束后，欧洲和亚洲广大地区的人民获得了自由解放，一批社会主义国家和民族独立国家相继诞生。20世纪40年代末，世界出现了新的格局，两种不同的社会制度的对峙场面出现在历史的舞台上，随之而来的各种矛盾也变得突出，社会主义与资本主义、帝国主义与被压迫民族、资本主义国家中资产阶级与工农大众、社会主义阵营内部等等的矛盾，使整个世界动荡不安。

战争带来了灾难，但也因此拉近了世界各国的距离，不同国家的思想得到了交流。一方面马克思主义广泛深入传播，为越来越多的人所掌握，并在社会主义国家的领域里发挥了不小的功用；另一方面，资产阶级的哲学异常活跃，有像叔本华、尼采的唯意志主义，伯格森的生命哲学与反理性主义，还有索绪尔、列维-斯特劳斯的结构主义，弗洛伊德的精神分析学，海德格尔、萨特的存在主义。这些思想影响了一大批文人学者，影响了这一时期的创作，现实主义和现代主义都出现了繁荣。在现代主义方面，出现了象征主义、表现主义、超现实主义、未来主义、意识流等诸流派；在现实主义文学方面，出现了一批像罗曼·罗兰、海明威、萧伯纳这样的现实主义作家。他们生活在经济危机的梦魇之中，生存在怀疑与冷漠的世界里，他们拿起笔来反映现实，在创作中不同程度地反映无产阶级和劳动人民争取自由解放的革命斗争，揭示了人性的扭曲，人的精神的崩溃，同时交织着对未来的憧憬，展示了20世纪社会发展的历史进程；他们继承和发扬19世纪的现实主义精神，遵循按照生活的本来面目再现生活的创作原则，重视作品结构的完整性与故事情节的逻辑性，重视塑造典型环境中的典型性格，重视描写的真实性与细节的精确性，具有较为浓厚的传统色彩。同时，他们广泛吸收、借鉴现代主义的艺术手法，注重心理描写，揭示潜意识，叙述方式也灵活多变，采用怪诞、梦幻、象征等全新的手法，把现实主义文学推向了一个新的阶段。

第二次世界大战以后，以苏联为首的社会主义阵营和以美国为首的资本主义阵营互相对立的局面形成了，并且长期存在，形成冷战局面。1953年3月5日斯大林去世，1954年，继任的赫鲁晓夫在苏共第20次代表大会上作了反对斯大林"个人崇拜"的秘密报告，促使苏联及东欧国家社会生活发生剧烈动荡。

20世纪60年代至90年代是世界局势最为动荡的时期,美国和苏联僵持不休,展开军备竞赛。与此相适应的北大西洋公约组织和华沙条约国两大军事集团的对抗,60年代初美苏为古巴和核武器问题的争执,以及1961年8月建立"柏林墙"以隔开东西德之间的往来等事件都使世界失去安宁。

不安宁的世界使各国内部也发生着不安宁的事件。美国卷入越南战争引发了西方阵营的离心,国内1968年爆发大规模的反战运动,黑人权利运动和女权运动也在20世纪70年代发生。美国国内极不平静,而中苏矛盾激化,东欧一系列社会主义国家相继演变,脱离苏联的控制,社会主义阵营最终解体。1989年11月,东德宣布推倒"柏林墙",1990年10月,东德、西德统一;1991年12月苏联宣告解体,分裂成15个独立的国家。一系列的变故在短短的一段时间里发生了,这些变故影响了世界格局,使世界走向了多极化,出现了新的平衡。

20世纪下半叶也是科学技术和经济不断发展的时期。人造卫星上了天,宇宙飞船成功飞行,计算机通信网络开通,生物工程有了突破性进展,人类迎来了宇航时代和信息时代。人类进一步地认识了自己,充满了征服一切的信心与力量。面对这些巨大变化,作家们发现一切,揭露一切,创作了一系列永恒的现实主义篇章;与此同时,他们也感到痛苦与孤独,感到世界荒谬而不可理解。科技的进步打开了人们的视野,激发了他们的想象,笔端出现了荒诞的情节、虚幻的场所以及一系列不可思议的表现手法,这些都不可避免地与现实主义传统相悖,从而出现了后现代主义文学的繁荣。

总的说来,一方面是现实主义进一步深化,另一方面是现代主义文学蓬勃发展,现实主义与现代主义一起构成了20世纪的文学大观。

(二)现实主义文学重要作家

下面着重介绍几位20世纪响彻欧美文坛的现实主义作家:萧伯纳、高尔斯华绥、罗曼·罗兰、托马斯·曼、莫里亚克、巴比赛、菲兹杰拉德、海明威、德莱塞(后有专节介绍)、斯坦贝克、劳伦斯。

乔治·萧伯纳(1856—1950),英国现实主义剧作家。1856年诞生于爱尔兰首都都柏林,14岁失学,后于1876年到伦敦开始写音乐评论,并发表第一部小说。1892年开始发表剧本,以后专门从事戏剧工作,一生共写了51个剧本。

萧伯纳的第一部剧本是《鳏夫的房屋》,与随后的《华伦夫人的职业》一剧主题相似，无情地揭露了"体面的"资产者的财富来源。剧中的青年医生与女大学生自命清高，但他们的清高恰恰是靠脏钱维持的，作者用这种艺术方法剥下了资产阶级的伪装。值得一提的作品还有《伤心之家》、《圣女贞德》、《苹果车》等。1925年，因其作品具有理想意义和人道精神，以及令人激动的讽刺性，而获得诺贝尔文学奖。

在戏剧创作上，萧伯纳深受易卜生的影响，他坚决主张艺术应当反映迫切的社会问题，反对"为艺术而艺术"的主张。他的剧本比起易卜生来往往接近于闹剧，同时也对垄断资产阶级的本质进行了无情的揭露。在讽刺手法的运用上明显受狄更斯影响，如在《巴巴拉上校》一剧中让安德谢夫用夸张的语言宣扬自己的威风，从而指出垄断阶级的侵略本性。萧伯纳的这种夸张手法使他成为现代英国资产阶级社会最辛辣的讽刺者。他的语言机智、灵活，因此被公认为英国口语和对白的大师。

萧伯纳同情国际无产阶级革命运动，但在政治上始终是个改良主义者，反对暴力革命，主张用渐变的方式从资本主义过渡到社会主义。他20世纪20—30年代的剧作对资产阶级民主、帝国主义霸权和殖民政策、法西斯独裁专制等进行了深刻揭露，同时摒弃了对生活真实具体的描绘，而采用夸张怪诞的形式，造成强烈的讽刺效果和浓厚的政治色彩。《苹果车》一剧被作者称为"政治幻想曲"，基本情节线索是虚构的英国国王与首相之间争权夺势的紧张冲突。作者在剧中尖锐批判了资产阶级民主制以及垄断资本与政权的勾结，并且指出英国最终将依附美国垄断资本集团的历史趋势。他喜欢使用怪诞、似是而非的反讽手法，在《真相毕露》等剧本中采用了荒谬悖理和违反逻辑的形式。

约翰·高尔斯华绥（1867—1933）是与萧伯纳同时享誉文坛的现实主义作家。一生共创作17部小说，26个剧本，还有散文、诗歌和书信集。代表作有长篇三部曲《福尔赛世家》，包括《有产业的人》、《骑虎》和《出租》。这部长篇巨著描写了福尔赛家族四代人的变迁，将"福尔赛式"的思想和个性、人生的思想安排在同一屋檐下，以其细微的心理分析和细节描写，生动地反映了20世纪初期西方世界价值观念的变化，描绘出金钱专制与个性自由的矛盾，财产占有与人性的冲突。

另外还有《现代喜剧》三部曲，包括《白猿》、《银匙》、《天鹅曲》，以及《尾声》三部曲。这两部三部曲都突出地代表了传统的史诗型小说在20世纪的继承和发展。尽管作者立场偏于保守，主观上并不想从根本上否定资本主义制度，在资产阶级千疮百孔的历史过程中还幻想恢复这个阶级的黄金时代，然而他的作品却以情节的逻辑力量和真实的生活画面无可辩驳地表明,资产阶级瓦解和死亡的趋势已无法扭转。他主要的戏剧作品有《银盒》、《正义》。他被认为是英国文学中现实主义传统的优秀继承者。他在真实描绘中透露褒贬,在嘲笑中有谅解,在鞭笞中有怜悯。善于以优美的文字表达细腻深沉的感受,在艺术风格上倾向于和谐、平衡的古典美学理想。鉴于他"描述的卓越艺术",1932年获得诺贝尔文学奖。

罗曼·罗兰(1866—1944),法国资产阶级民主派作家,音乐家,进步的社会活动家。他出生于一个中产者家庭,年轻时受到18世纪启蒙思想的影响。早期从事戏剧创作,写成《信念的悲剧》三部曲,又出版了总称为《革命戏剧》的剧本。20世纪初,他感于世风日趋颓废,把变革现实的希望寄托于那些历经坎坷与不幸的伟大人物的精神力量,开始重视传记文学的写作,目的在于"道德济世",希望以优秀人物的精神鼓舞人,改造社会。于是陆续发表三部英雄传记:《米开朗琪罗传》、《贝多芬传》、《托尔斯泰传》。这些传记的主人公,不论是雕刻家、音乐家或作家,罗兰都把他们的成就说成是个人主义和人道主义精神力量的胜利,宣扬他们如何为追求"真正的艺术"而受苦受难。他特别鼓吹托尔斯泰的博爱主义,希望当代的一切阶级、一切民族联合起来,彼此相爱。

1904—1912年出版共十卷的长篇小说《约翰·克利斯朵夫》,以贝多芬为原型,写了一个天才音乐家奋斗的一生。小说没有多少情节,也不注重外在世界的铺排,而是通过人物精神追求与现实的碰撞,间接表现那个时代西欧的社会生活。他描写了主人公个人奋斗的完整的一生,塑造了一个真正的强者,是作者一生崇尚的那种以理想精神征服世界的伟大英雄人物。罗兰用他特有的语言方式把人生思考、历史批判和抒情诗意结合在一起,将人物的精神历程渲染得淋漓尽致。同时也将自己对生命的感悟和体会赋予了主人公。小说是"长河小说"的代表作,同时由于其交响乐般的宏伟的气魄,又被公认为"音乐小说"。

在1922—1933年间,罗曼·罗兰又写成了第二部长篇小说《欣悦的灵魂》(又译《母与子》),描写了资产阶级知识分子怎样通过曲折的道路走向社会主义,同时也反映了作者思想上的巨大转变。

罗曼·罗兰是20世纪法国杰出的现实主义作家。他一生留下二十多个剧本、五部小说和多部传记文学作品。他模仿司汤达注重表现内心世界的写法,属于内倾性的现实主义作家。擅长描绘那些具有伟大心灵的不平凡人物,赋予其汹涌澎湃的内在生命节奏，展示他们孤独奋斗的生命河流，其作品气势宏大，开"长河小说"之先河。

罗兰一生追求真理，向往光明和人类解放，是一位伟大的人道主义者，被高尔基称为"法国的托尔斯泰"。1915年，瑞典皇家学院以其"高贵的理想主义"为由授予他诺贝尔文学奖。1919年，他发表《精神独立宣言》，呼吁各国知识分子联合起来，以捍卫人类精神的自由与真理。

托马斯·曼（1875—1955），德国著名的现实主义作家。他于1875年6月6日出生于德国北部的卢卑克市一个巨商家庭。他的长篇写实小说《布登勃洛克一家》(1901)是德国最早的、最突出的作品。《布登勃洛克一家》描写了一个家庭四代人的生活，反映了资本主义商业竞争的兴衰成败。作家突出了这个家族创业、守业、败业的过程中意志与精神的退化过程。他们恪守祖训，一切以家族利益为重，特别是婚姻的选择，都把目光放在财产上，而割舍了真正的爱情。结果是人的精神的退化、蜕变，最终整个家族在物质与精神上皆走向衰败。小说结构严谨、描写细腻，具有庄严、恢宏的史诗规模，并富于哲学玄思和心理深度。因此作品通常被称作资产阶级的"一部灵魂史"。作为对一个社会的描摹，一种具体的、客观的现实反映，它在德国文学中是无双的。除了它特有的风格外，这部作品也显示了德国文化的共同特点，那就是哲学与音乐的因素；这位作家完美地发挥了写实文学的技巧，并有意将作品引向尼采的文明批判和叔本华的悲观主义；小说中的几个主要人物还隐约地流露出音乐的神秘气味。

托马斯·曼的《布登勃洛克一家》，"恰好出现在新世纪的门槛上"，奠定了他在文坛上的重要地位。此后陆续发表的《特里斯坦》(1903)、《托尼奥·克勒格尔》(1903)和《威尼斯之死》(1912)三部中篇，属于杰出的艺术家主题小说。长篇《魔山》(1924)使作家誉满全球。其他作品还有《马里奥与魔术师》(1930)、《绿蒂在魏玛》(1939)等。托马斯·曼的作品构成了现代欧洲文明的广角镜，作家由此被称为歌德之后的又一杰出的资产阶级精神史家。1929年，他获得诺贝尔文学奖。其兄长亨利希·曼（1871—1950）也是有名的现实主义作家。

弗朗索瓦·莫里亚克（1885—1970）出生于法国波尔多附近考德兰镇一个富裕的资产者家庭。他家拥有庄园、地产，并兼营商业，但在他出生后不久，父亲就去世了，他便一直在母亲的培育下长大。母亲是个虔诚的天主教徒，从小教孩子信仰上帝，与人为善，少与社会接触。性格忧郁的莫里亚克饱受故乡大自然的熏陶,对故乡产生了深厚的感情,为他后来的文学创作提供了取之不尽的题材。莫里亚克是公认的心理现实主义大师,他的笔锋深潜到人的意识深处,揭示出人物的细微感受和起伏的情绪。其小说具备诗的韵味,被人称为"诗小说"。中篇《和麻风病人亲吻》(1922)是其成名作,从此陆续写下了一系列以中产阶级形形色色的家族悲剧为题材的小说。著名的有《爱的荒漠》(1925),表现人与人之间难以逾越的情感荒漠。另外还有《蝮蛇结》(1932)、《苔萝丝·德斯盖鲁》(1927)等,被誉为"描写痛苦的大师"。1925年,"因他在小说中深入刻画人类生活的戏剧性时所展示的精神洞察力和艺术激情",获诺贝尔文学奖。

1922年他发表《和麻风病人亲吻》,引起公众普遍重视。作品描写了一个身体健壮的姑娘诺米尔为家庭生活所迫,不得不跟一个有钱人家的独生子结婚。这个独生子不仅生理上有缺陷,智力发育也不健全。婚后,诺米尔的身心受到极大折磨,结局十分悲惨。这部小说心理分析细腻而且富于音乐性,赢得读者的一致赞誉,使他进入优秀作家的行列。《苔萝丝·德斯盖鲁》是他继《和麻风病人亲吻》后的又一部力作,它以外省资产阶级家庭悲剧为题材,主人公因企图毒死丈夫而受到指控,法庭却以这位丈夫的伪证为依据而判妻子无罪。丈夫为掩盖丑闻而不惜作弊,回到家却对妻子进行软禁。妻子自杀未遂,整日折磨自己,在濒于死亡的时候才被释放。

《蝮蛇结》的出版,把他的小说创作推向高峰。作品写的是路易早年丧父,由拥有葡萄园和大量地产的母亲抚养长大,到波尔多发了财,与富商的女儿伊莎结了婚。婚后,伊莎把自己过去曾和一位青年交往的事告诉了他,从此路易认定妻子不爱他,嫁给他是为了贪图金钱。于是,他对妻子怀恨在心,感情接近破裂。后来他当了律师,并进行证券交易,十分富有,过起放荡的生活。年过花甲,他的心脏病经常复发,对妻子的猜疑和仇恨更是有增无减,把自己的家看成一个蝮蛇缠绕的窝,小心提防,不准女儿继承遗产,尽情地发泄对妻子的积怨。后来忽闻儿女们要送他到疯人院,一个人忍着病痛来到巴黎,找到私生子罗伯特,宣布把遗产全部留给他,以示对伊莎和儿女们的报复。罗伯特顾虑重重,生怕触犯法律,遂将此事通知了路易的儿女。当路易无可奈何之际,接到家中电报,说伊莎病故。他赶回家里,良心发现,不禁追悔莫及。当他翻阅伊莎的遗物时,偶然发现未烧尽的书信,证明伊莎含冤受辱,为他受尽屈辱,而他的巴黎之行正是造成她死亡的原因。为补救罪过,他把财产分给儿女们。在生命的最后一刻,他找到了信仰上帝的归属。

莫里亚克于1928年出版《论小说》一书，阐明了他的文学观点。1933年被选为法兰西学院院士，同时出版了《小说家及其笔下的人物》一书，总结了他多年的创作体会，强调作家要有个人特色。在莫里亚克60年的文学生涯中，完成了二十多部小说，一般都在五万字左右。他继承了古典主义那种结构严谨、文字精练的传统，又吸收了现代派文学心理分析的长处，风格独树一帜。他从宗教的人生观和世界观出发，探索社会问题和社会罪恶，以悲怆的笔调加以揭示和描写，相信"善"必将代替"恶"。除小说外，他还写作有大量诗歌、戏剧、政论、杂文、日记和回忆录等各种体裁的作品多达一百多部。

巴比赛（1873—1935），法国作家，16岁开始在报刊上发表作品，并参加象征派诗歌运动，第一次世界大战前约二十年间，先后在几家出版社工作，曾主编《我会知道》等通俗杂志。在第一次世界大战前，他是社会主义报纸《人道报》编辑部的成员。战争开始时，他主动要求上前线打击德国军国主义，并曾多次立功受奖。他的创作主要分为两个阶段，也就是以第一次世界大战为界。

在第一次世界大战前，他发表了诗集《泣妇》（1893），以忧郁的笔调描述了人世生活的苦难，带有悲观主义的色彩，但与流行的象征主义诗歌不同，它不是脱离现实，而是正视现实。长篇小说《哀求者》（1903）和《地狱》（1908）除悲观主义外，还带有自然主义的倾向。《地狱》通过一个银行小职员偷看邻室所发生的一切，把恋爱、生死、艺术的堕落、宗教的虚伪等描绘得淋漓尽致。他笔下的人世是一座没有出路的地狱，这充分流露出他在现实生活中的苦闷和彷徨。

第一次世界大战使他的思想和创作发生了根本性的变化。他经历了战争的一切危险与苦难，也认识了这场战争的真实性质。从1915年至1916年上半年写成长篇小说《炮火》，它的副标题是"一个步兵班的日记"，描写了一个步兵班在战争中出生入死、备受苦难和牺牲的经历，再现了第一次世界大战的残酷景象，揭露了帝国主义战争的本质，得出必须以革命消灭人剥削人的制度才能根除战争的结论。《炮火》于1917年获得龚古尔文学奖。1919年发表长篇小说《光明》，它描写了一个本来以"秩序"的维护者自居的小资产阶级庸人在战争中逐渐觉醒的过程。列宁在《第三国际的任务》一文中对于这两部小说给予了高度评价，说它们是群众的革命意识增长的一个极其明显的证据。

巴比赛后期的主要作品有小说《镣铐》（1924），揭示了剥削制度是一切罪恶的根源；《左拉》（1932），探索法国作家左拉的生命和创作道路等。

1935年，巴比赛在访问苏联并参加共产国际第七次代表大会期间因病去世。

菲兹杰拉德（1896—1940），美国小说家。1896年9月24日生于明尼苏达州圣保罗市。父亲是家具商。他年轻时试写过剧本，读完高中后考入普林斯顿大学。在校时曾自组剧团，并为校内文学刊物写稿。后因身体欠佳，中途辍学。1917年入伍，终日忙于军训，未曾出国打仗。退伍后坚持业余写作。1920年出版了长篇小说《人间天堂》，从此出了名，小说出版后他与吉姗尔达结婚。婚后携妻寄居巴黎，结识了安德逊、海明威等多位美国作家。1925年《了不起的盖茨比》问世，奠定了他在现代美国文学史上的地位，成了20世纪20年代"爵士时代"的发言人和"迷惘的一代"的代表作家之一。

菲兹杰拉德成名后继续勤奋笔耕，但婚后妻子讲究排场，后来又精神失常，挥霍无度，给他带来极大的痛苦。他经济上入不敷出，一度去好莱坞写剧本挣钱维持生计。1936年不幸染上肺病，妻子又一病不起，使他几乎无法创作，精神濒于崩溃，终日酗酒。1940年12月21日迸发心脏病，死于洛杉矶，年仅44岁。

菲兹杰拉德不仅写长篇小说，短篇小说也颇有特色。除上述两部作品外，主要作品还有《夜色温柔》（1934）和《最后一个巨商》（1941）。他的小说生动地反映了20世纪20年代"美国梦"的破灭，展示了大萧条时期美国上层社会"荒原时代"的精神面貌。

如果说海明威是从厌战出发，进而否定资产阶级传统的精神价值观念，那么菲兹杰拉德则体现了年轻的一代对于"美国梦"的幻灭。菲兹杰拉德所处的时代是"爵士乐时代"。所谓"爵士乐时代"，用他的话说是指大战结束到经济危机爆发这十年的时间。菲兹杰拉德说这是美国"历史上最会纵乐，最讲排场的时代"，年轻的一代发现在这个时代里，"一切神祇统统死光，一切仗都已打完，对人的一切信念完全动摇"。他的作品反映了中产阶级和小资产阶级青年对于这个时代的感受，尤其是对于上层资产阶级的不满情绪。他对上层社会酣畅欢乐的描写，常常深埋着幻灭感。他在一篇自传的文章《崩溃》里说："我脑子中浮现出来的故事都有点灾难感——长篇小说里漂亮的青年男女走向毁灭，短篇小说里的钻石炸成灰烬，百万富翁好比托马斯·哈代笔下的农民，又漂亮又倒霉。"

《人间的天堂》描写一个名叫阿莫瑞·布莱恩的青年成熟的过程。阿莫瑞在一定程度上是菲兹杰拉德自己的写照。这个人娇生惯养，多情，充满年轻人的幻想。他想出人头地娶年轻漂亮的姑娘为妻,爬到社会的顶峰,做个大人物。结果人家只觉得他很是傲慢,家庭经济破产后,"最漂亮的姑娘"也不要他了。菲兹杰拉德用这个故事揭露美国亿万富翁的专横暴虐、为所欲为的行径。他用超现实的手法真实地反映了现实。所谓富裕的美国的理想是根本不存在的,金刚变水晶的这类情节增强了作品的主题思想。

《了不起的盖茨比》不论在思想还是艺术方面都是菲兹杰拉德最优秀的作品,在这一作品中,美国梦的幻觉通过完美的艺术形式表现出来。其描写独特之处主要在于始终维持着一种"双重看法",即作者把自己两种不同的看法统一在一部作品里面,以达到某种效果。这种融合而又有距离的手法使得蕴藏在形象里的思想感情具有多种层次。

对菲兹杰拉德的评价,20世纪三四十年代最为低落,40年代末开始,到50年代出现了一个复兴。人们之所以怀念他主要是将他当做美国20世纪20年代即所谓"爵士乐时代"的优秀"编年体史家"。

欧纳斯特·海明威(1899—1961)是现代美国著名作家。他的主要作品有短篇小说集《在我们的时代里》、《没有女人的男人》和长篇小说《太阳照样升起》、《永别了,武器》、《丧钟为谁而鸣》、《老人与海》以及剧本《第五纵队》。他在继承马克·吐温等人的现实主义传统的基础上进行了创作思想和创作方法的革新,从而形成了自己独特的风格。他对现当代世界文学产生了重要影响。

海明威出生于芝加哥郊外一个叫做橡树园的小镇,父亲是一名医生,他的母亲具有一定的艺术修养和宗教观念,从小就让海明威学大提琴。这样海明威从小就热爱文学、艺术和体育运动。读中学时,他积极参加各种体育活动,喜欢打猎。中学毕业前夕,正好赶上美国参加第一次世界大战,他便参加了红十字会队。1937年他又以记者身份奔赴西班牙内战前线。"二战"中,他作为随军记者参加了解放巴黎的战斗。这些传奇性的经历使他尝到了出生入死的滋味。这样,战争和体育就成为他创作题材的主要来源。

《永别了,武器》讲述的是一个美国青年与一个英国女护士的恋爱悲剧,鲜明生动地描绘了一幅充满血腥、毁灭和死亡的战争画面,揭示了帝国主义战争对人类物质和精神的摧残,从而对战争进行了强烈的谴责。

《老人与海》是海明威的代表作。他也因为这部作品在1952年获普利策奖,又在1954年获诺贝尔文学奖。这部小说情节异常简单,写的是一个老渔夫桑地亚哥独自出海捕鱼的故事。老人在海上漂流了84天后,终于艰难捕获了一条特大的马林鱼。但在归途中遇到了一群鲨鱼,老人奋勇搏斗,最后虽然保住了性命,但马林鱼却只剩下一副巨大的骨架了。

小说中的老渔夫是一个典型的海明威式的"硬汉子"英雄形象,他是下层劳动者的代表,热爱生活,敢于拼搏。海明威在他的身上表达了对人性的执著追求。

到了晚年,海明威受到各种疾病的折磨,精神异常抑郁,终于在1961年7月2日自杀身亡。此后,他的妻子发现了他的两部遗作《流动的宴会》和《海流中的岛屿》。

约翰·斯坦贝克(1902—1968),美国作家。1902年2月27日生于加利福尼亚州蒙特雷的萨利纳斯镇。父亲是当地的出纳员,母亲是小学教师。他从小就对乡村生活和海洋很感兴趣,这些都对他以后的创作产生了一定的影响。他的主要作品有《煎饼坪》、《胜负未决》、《菊》、《逃亡》、《小红马》、《愤怒的葡萄》、《珍珠》等。斯坦贝克不是马克思主义者,但他的小说却真实地描写了广大农民工人的悲惨生活和艰苦斗争,因此,后人说他是"红色的30年代"崛起的左翼作家。

他的代表作是《愤怒的葡萄》。主人公汤姆·约德在自卫中打死了人,从此厄运跟踪而至,一家人开始了流浪的生活。可是无论他们到哪儿都是饥饿、贫困,最后他们认识到,只有团结一致才能对抗资本家的残酷压榨和军警的野蛮暴行。这是一部伟大的社会抗议小说,它细致入微地描写了美国大萧条时期劳动人民的悲惨遭遇和英勇斗争。书中的牧师凯绥和约德在斗争中迅速成熟,使大家看到了希望。

1962年,斯坦贝克被授予诺贝尔文学奖。

1968年12月20日,斯坦贝克病逝于他的纽约公寓中,他的骨灰移葬于萨利纳斯故乡。

戴维·赫伯特·劳伦斯(1885—1930)是20世纪英国文学史上最重要的作家之一。1885年9月11日,劳伦斯出生在英国中部诺丁汉郡的斯特伍德镇一个矿工家庭,父母感情一直不好,母亲将所有的爱都给了孩子们,特别是小劳伦斯。但是这种爱是畸形的,造成了儿子人格发展的失衡。

劳伦斯于1906年在诺丁汉大学读书期间,开始诗歌与小说的创作,在创作早期,劳伦斯写了《白孔雀》、《逾矩的罪人》、《儿子与情人》三部长篇小说。在创作中期,写了《虹》、《恋爱中的妇女》、《迷失的少女》三部长篇小说。在创作后期,完成了《亚伦的藜杖》、《袋鼠》、《羽蛇》和《查特莱夫人的情人》四部长篇小说。除了长篇小说外,劳伦斯一生创作了十多个中短篇小说集，因而他也是 20 世纪欧洲最重要的短篇小说家之一。如《菊馨》、《普鲁士军官》、《狐》是劳伦斯最有代表性的短篇名作。他的短篇小说的主题与长篇基本一致，互相呼应，而且总是以微观分析思想内容，对长篇小说中所表达的思想作补充或映衬，在艺术上以题意深邃，形象丰满，结构严谨，风格清新超逸著称于世。劳伦斯也是一位著名的诗人，最擅长自由体诗，节奏感强，想象丰富，诗意浓郁。

劳伦斯是一个处在传统与现代交接点上的作家，他的小说对生活的描写，一方面运用外视点再现现代资本主义社会中人的外部生活和物质状态；另一方面又用内视点观照人性、人的自然本能、精神状态，努力展露人在自然本能驱使下的心理情绪状态，具有现代小说的那种心理探索的内倾性特征。这导致他的小说具有传统小说的情节性、故事性、节奏感、完整性，却又不完全具有传统小说的特征。劳伦斯喜欢用象征手法表达人的心理情绪，在他的作品中，山川、河流、黑夜等都具有了人类精神之灵光，有的具有传统象征的那种明确而固定的喻义，而另一类象征则具有非直指式，与中国的"境生象外"暗合。象征物除了具有基本稳定、明确的象征意义外，还蕴含了深刻而含蓄模糊的心理、情绪和形而上的抽象意义。这类象征在传统文学中不曾被赋予美学特征。

《查特莱夫人的情人》是劳伦斯最后一部重要作品，由于多次赤裸裸地描写了性行为，因而遭到查禁，他本人也被指责为"伤风败俗"和色情低级。其实这完全是误解，劳伦斯的作品的创作色调是严肃的，他描写性行为并不是目的，而是出于主题思想和情节的需要，决不可与那些专事色情描写的末流作品同日而语。此外，他通过对性压抑的同情性描写和追求性解放的赞美，抨击了资产阶级上流社会的虚伪道德观念和工业革命给人性造成的压抑后果。小说描写拥有矿藏和森林的巨富查特莱婚后不久便在战争中负伤，下肢瘫痪，失去性功能，他要妻子康妮给他生个儿子，和谁生都可以，"只要给我生个儿子，让他继承我的统治"。康妮无法忍受这种丧失人性的生活，对猎场工人梅勒斯产生了真挚的爱情，并不顾丈夫的反对和与仆人私通的丑闻，弃家出走，决心与梅勒斯在新的庄园开始新的生活。引起轩然大波的是书中一些透骨的性描写，劳伦斯曾为此作过辩解，声称自己写的是一部"真诚、健康的书"。其实这部书的寓意是严肃的，主旨仍是谴责资本主义工业化和机器文明给人类带来的对人性和生机的摧残，探求实现身心统一的两性关系以求得新生的途径。坐着轮椅的查特莱爵士代表依赖机器和劳役支撑的寄生阶级。他丧失生殖能力代表资本主义制度已经失去生机和活力，其道德与精神已枯竭。与他形成鲜明对照的是梅勒斯，他体现了作者心目中的理想人物，活跃于大自然，具有生机勃勃的创造力的人，康妮的反叛换来的正是生机的复苏和生命的冲动。

经过几十年时间的考验，劳伦斯的作品不但没有被埋没，反而更加受到重视，他本人也以一位严肃作家的身份奠定了自己在20世纪英国文学史上的地位。

二、现代主义文学概述

20世纪最突出的文学现象就是西方现代主义文学的繁荣。它以反传统的面目出现，表现了西方人的现代精神、现代审美意识和艺术创新。

（一）现代主义文学产生的社会基础

现代主义文学的产生是多种因素交互作用的结果。

1. 现代主义文学是西方现代社会危机时代的产物

19世纪70年代，西方各主要资本主义国家相继进入帝国主义阶段。工业化步骤加快，农业经济迅速瓦解。农业经济大规模破产的直接后果是以宗法制经济为基础的传统精神、道德价值全面解体。人类生活的重心由农村转向城市。波德莱尔描绘城市卑鄙、琐碎生活的《恶之花》出现了。T.S.艾略特称赞它是"从当代生活中，在一个新的想象的基础上给予诗歌以全新的可能性"。可以说，正是这些敏感的文学家捕捉了西方人初露端倪的现代意识，从而拉开了现代主义的帷幕。

这一时期，在形成垄断的激烈竞争中，资本主义固有的内外矛盾趋于激化。周期性的经济危机不断发生，仅在19世纪最后30年就爆发了四次（1873、1882、1890、1900）经济危机。1929年到1931年的经济大倒退几乎把西方世界推向了世界的边缘。为了摆脱困境，重新瓜分世界，在20世纪前40年中，先后爆发了两次世界大战。

第一次世界大战是人类历史上的第一次大浩劫，死亡人数在1 600万以上；战后经济凋敝、民穷国困，更为严重的后果还在于动摇乃至摧毁了已经立足不稳的传统的价值观念。战后西方社会弥漫着一种受骗后的失望困惑之感，产生了所谓的"迷惘的一代"。在战争进行之中，资本主义牢固的大厦被冲开了第一个缺口，出现了第一个无产阶级专政的国家苏联；西方社会处于风雨飘摇的危险境地，人们陷入失去信仰后的精神危机之中。艾略特的长诗《荒原》表现的正是这种普遍存在的情绪。正是这种危机意识，使现代主义诸多流派在20世纪20年代的蓬勃兴起，从而形成了现代主义文学运动的初澜。

第二次世界大战历时六年（1939—1945），将近五分之四的世界人口被卷入战争，人类遭受了前所未有的大灾难。德国法西斯在世界范围内的大屠杀，几乎熄灭了一切人性的光辉，西方人的心灵又一次受到严重创伤，现代主义文学进入它的第二个高潮。

另一方面，这一时期又是经济突飞猛进的时代。"技术发展的速度似乎以几何级数生长。"人类创造了无与伦比的物质财富，在自然面前获取了越来越多的自由，但是他们并不舒适自在，却产生了一种在一个庞大的机械社会中的受制感和无能感。马克思在1844年提出的"劳动异化"的理论，现在变成了活生生的事实，人类创造的物质文明不是为人类服务而是征服了人类，人日益成为非人。冯尼格的《艾皮凯克》和恰佩克的《万能机器人》表现了这种现象。人与物的异化，成为现代主义文学发展的前提。

2. 现代主义受到了现代科学发展的影响

这一时期，自然科学的发展达到一个新的阶段：1895年，伦琴发现了X射线；1897年，汤姆生发现了电子；1898年居里夫人发现放射性元素镭。这新的三大发现，导致了现代自然科学的革命。1900年普朗克提出了量子理论；1905年爱因斯坦提出了相对论，经典物理学被彻底摧垮了。

现代科学的发展产生的结果是改变了人对自然及对自身的认识，改变了人们的思维方式和认识问题的立足点。人们从机械的、绝对的、孤立的、线形的、牛顿式的思维方式转向了有机的、相对的、联系的、立体的、爱因斯坦式的思维方式；从理性的、逻辑的感受方式转向了直觉的、印象的感受方式。约塞夫·弗兰克在他的《现代文学的空间形式》一文中，把现代主义的思维方式称为"空间形式"，把传统的思维方式称为"编年史式的叙事结构"，比较准确地表述了现代科学给文学思维方式带来的变化。马里内蒂在他的《未来主义宣言》中提出，现代机械文明所表现的速度，剧烈的运动，吵闹声音和四度空间相互交错等，一齐诉诸艺术家的感觉，为了描写这样的复合感觉，迫使艺术家把传统彻底抛弃，而去探索未来的崭新的艺术形象。

3. 现代主义受到了现代哲学、心理学的影响

现代主义所受的影响是来自尼采的唯意志论、伯格森的直觉主义、萨特的存在主义以及弗洛伊德的精神分析法。

尼采哲学的出现是对整个西方世界"礼崩乐坏"状况的沉思。他一方面要"重新估计一切有价值的东西"，一方面提出"上帝已经死了"，即永恒道德不复存在的口号。既反映了渗透在西方文化几千年之久的稳定观念的消亡，又为

现代主义怀疑一切、反传统的总的创作倾向提供了牢固的哲学基础。

尼采在论述悲剧时,提出了日神精神和酒神精神,前者代表了有节制的理性,后者代表了强烈的激情。他认为酒神精神能打通艺术与意志之间的隔阂,直入自然的核心,表现为"意志本身的直接摹本"。也就是说,真正具有审美价值的艺术是必须摒弃理性的。无独有偶,伯格森哲学的本体是向上的、创造的"生命冲动",又称"意识绵延"。对这一本体的认识,不能凭理性,只能靠直觉。这种反理性的直觉认识"实在"的观点,反理性的艺术审美价值说对西方现代主义文学影响很大,几乎所有的现代主义的文学家都接受了这一观点。

由萨特发展的存在主义哲学在第二次世界大战后的西方风靡一时。萨特的哲学思想可以概括为三点:存在先于本质,世界是荒谬的,自由选择论。所谓"存在先于本质"是指"首先是人存在、露面、出场,后来才说明自身"。这一人的存在不是客观的,而是"前反思意识"。世界之所以荒谬的原因则在于它是"自在的存在"。它的存在不能被追问,没有任何目的的结构而成。我们面对它只能感到"恶心"。"恶心"的哲学含义是对于纯粹偶然和荒谬的事物所产生的反感。无目的的、纯粹偶然的"自在"是通过"自为"而获得意义的。人作为自为的存在是能动的、积极的。人要成为什么样的人要由他自己来选择。萨特的哲学对"二战"后兴起的现代主义流派影响极大。

弗洛伊德对于现代科学的最大贡献是发现了无意识,从而改变了人是以理性为主的动物这个传统的观念。他认为人的思想的绝大部分是无意识,就好像水上的冰山,九分之八是隐藏的。只有在偶然情况下才变成有意识。人的精神活动有三部分:本我、自我和超我。人的行为动机皆从本能冲动出发。本能冲动的核心是性欲"力比多",这是力量的本源,是与生俱来的。但是,本能冲动往往要受到社会习俗、道德法律、良知理性的压力,长期被压抑、被束缚而进入潜意识。在做梦的时候,"超我"对它放松了控制,它才表现出来。创作就是这种被压抑的本能的升华,是白日梦。弗洛伊德从心理学角度对无意识、性心理的肯定,极大地影响了现代主义作家。意识流、超现实主义诸流派都自觉地以弗洛伊德学说为他们的创作理论依据。

4. 现代主义是对传统的反驳

19世纪末,随着宗教信仰、道德观念、伦理观念的急剧转变,传统的审美价值观也一起发生了变化。一方面,亚里士多德确立的客观再现论的美学观受到了巨大冲击,许多文学家从追求再现客观外部真实转向了表现主观内心世界的真实。他们认为只有写出了内心意识流程的作品才是真实的。同时,他们对浪漫主义所表现的强烈的内心感情也不屑一顾；另一方面，柏拉图开创的真善美三位一体的审美观也开始动摇了。既然"上帝已经死了"，一部分原来怀着世界和人是可知的坚定信念，痛苦而不倦地追寻着理想社会的作家，现在却陷入了不可知的困境。他们原来表现善的、真实的美，现在却是表现恶的，然而也是真实的美。总之，传统审美价值观正在被否定，因此，寻找各种新的价值观念的现代主义文学顺理成章地进入了文艺殿堂。于是，爱伦·坡的诗形象奇特，气氛凄凉，富于音乐美。他认为诗既不反映客观现实，也不抒发主观感情，而是"美的有韵律的创造"；波德莱尔的诗写出了他的"病态的花"，"发觉恶中之美"；超现实主义将 literature 写成 erutaretil，以表示与传统文学从头到尾彻底决裂……

总之，现代主义文学是西方现代社会危机时代的产物，它受到西方现代科学、哲学和心理学的影响，同时，它以反抗传统、标新立异的面目出现，登上了历史舞台。

(二) 现代主义文学诸流派的发展

现代主义文学思潮不是一个单一的文学流派，而是包含着各种不同、有时甚至是互相矛盾的文学流派的总称。我们将它划分为"开始期"、"发展期"、"分化期"和"复苏期"四个阶段。需要指出的是，现代主义不是突然兴起的。它在 19 世纪浪漫主义、现实主义、自然主义、唯美主义中孕育，并从那里开始出现了向现代主义过渡的趋势。例如，唯美主义从怪诞、颓废、丑恶、乖戾等现象中提取美的主张，被后来的象征主义、表现主义、荒诞派、存在主义等现代主义流派强化和发展了。

1. 开始期

1886 年 9 月 15 日，法国青年诗人让·莫雷阿斯（1856—1910）在巴黎《费加罗报》上发表了《象征主义宣言》，这是现代主义"开始期"的重要信号。果然，接踵而至的是现代主义各派团体、宣言相继诞生：1905 年在德国德雷斯顿，第一个表现主义集团"桥社"宣告成立；1909 年 2 月 2 日，意大利的马里内蒂（1876—1944）也在巴黎的《费加罗报》上发表了《未来主义宣言》；接着意大利的一些未来派画家，于 1910 年 2 月 11 日又发表了《未来主义画家宣言》；1912 年在慕尼黑又成立了第二个表现主义团体"蓝骑士"；1912 年 12 月，俄国的马雅可夫斯基等人在莫斯科发表了"立体未来主义宣言"——《给社会趣味一记耳光》；1915 年，马里内蒂、塞蒂梅利、科拉等又发表了《未来主义戏剧宣言》；1916 年 4 月 16 日，罗马尼亚画家查拉、法国画家阿尔普、德国画家胡森贝克以及荷兰、英国一些画家,在瑞士的苏黎世发起了达达主义的艺术运动,发表了《达达公报》;1919年,俄国一群青年诗人和画家在沃隆涅什的《汽笛》杂志和《苏维埃国家报》上发表了未来主义宣言,宣布俄国未来主义团体成立。从1886年到1919年,现代主义各种团体、各派宣言相继问世,形成了此起彼伏、相互唱和之势,标志着现代主义的真正发轫。

2. 发展期

现代主义经历了它的开始期之后,20世纪20年代进入了它的发展期。连绵不断的战争和经济危机,社会矛盾的复杂尖锐,形形色色的社会思潮,文学本身的变革,都催生、强化着各种现代主义流派的产生发展,形成了现代主义的第一次高潮。

象征主义经过前期的韩波(1854—1891)、马拉美(1842—1893)和魏尔伦(1844—1896)等人的努力实践,到了20世纪20年代形成席卷欧美的高潮,步入"后期象征主义"时期。后期象征主义承袭了前期象征主义的一些主张,并与英美的意象派合流。它既反对自然主义又反对现实主义,认为这两个流派只拘泥于捕捉平庸的生活现象,无法表现深层的现实。莫雷阿斯在《象征主义宣言》中道出了该流派主要的美学追求:作家创作,就是要选择和安排好适合于表达某种意念的象征性字眼,让"感知的外表"与"原始意念之间"达到"相似性"。这是对象征主义的先驱——波德莱尔的"对应"论的进一步发展。象征主义在文学上的突出成就是诗歌创作。法国的瓦莱里(1871—1945)、德国的里尔克(1875—1926)、英国的艾略特(1888—1965)、美国的庞德(1885—1973)、爱尔兰的叶芝(1865—1939)、俄国的勃洛克(1880—1921)等,都是著名的象征主义诗人。他们的作品都寻找到了种种"对应物"(庞德)或叫做"客观的关联物"(艾略特)。他们在诗歌技巧上作过多方面的探索。艾略特的《荒原》(1922)是象征主义的扛鼎之作,作品里神话套神话,象征里含象征,五彩缤纷,独树一帜,是整个现代主义诗歌发展的一座里程碑。象征主义的戏剧也大家辈出,如比利时的梅特林克(1862—1949)、德国的霍普特曼(1862—1946)都曾蜚声文坛。

表现主义是继象征主义之后风行欧美的一个现代主义流派。它先从绘画开始,随后波及音乐、戏剧、诗歌、小说等领域。第一次世界大战前后,表现主义以德国为中心,到了20世纪20年代,声势浩大,影响遍及奥、俄、美、瑞士及北欧诸国。表现主义的理论家图品斯提出的口号是:艺术"不是现实,而是精神"。埃德施米特在《创作中的表现主义》中宣称：

>　　表现主义艺术家的整个用武之地就在幻想之中。他并不看，他观察，他不描写，他经历；他不再现，他塑造；他不拾取，他去探寻。
>　　……
>　　世界存在着，仅仅复制世界是毫无意义的。

　　埃德施米特道出了表现主义的真谛。为反对现实主义、自然主义只停留在客观外在的现实，表现主义热衷于表现一种"精神的现实"、"主观的现实"、"灵魂的真实"。为反对印象主义仅停留在表面的印象，表现主义主张突破表面现象，"剥掉人的外皮，以便看到他深藏在内部的灵魂"而直取内在的实质。表现主义最有影响的作家，在诗歌领域有德国的贝希尔（1891—1958），在小说领域有奥地利的卡夫卡（1883—1924）、捷克的恰佩克（1890—1938），在戏剧领域有德国的凯泽（1878—1945）、托勒（1893—1939）、美国的奥尼尔（1888—1953）、德国的布莱希特（1898—1956）等。

　　未来主义以意大利为中心，但这时已风靡全欧。在现代主义各流派中，未来主义发表的宣言最多，对传统文学（包括文化）否定得也最为猛烈。未来主义者宣称，20世纪的科学、工业、交通、通讯的飞速发展，使物质世界和社会生活都发生了突变，人类以往的和现有的文学艺术已经僵死，现在必须建立一种与生活相适应的"新的、未来的艺术"。他们认为，要创造新的"未来"的文学艺术，必须先破坏"过去"的文学艺术遗产。俄国未来主义者宣称要"把普希金、陀思妥耶夫斯基、托尔斯泰等人从现代生活的轮船上扔下去"。意大利未来主义者提出，要"摒弃全部艺术遗产和文化"，"摧毁博物馆、图书馆"，把"图书馆的书架子点上火！……改变河道，让博物馆的地下室淹在洪水里吧"！为进一步破坏传统，他们呼吁要"讴歌对危险的热爱"，"讴歌战争"，讴歌"敢作敢为的运动，狂热的失眠，急速的脚步，翻筋斗，打耳光，拳头"。什么是未来艺术呢？未来艺术就是一种"速力的美"。"一辆快速行驶的汽车，车筐上装着巨大的管子，像是许多条蛇在爆发似的呼吸……一辆咆哮的汽车——仿佛榴霰弹一样向前飞驰——比萨莫色雷斯的胜利更美。"为此，未来主义者常常赞美与运动有关的速度、力量、音响、机械、技术等，以显示"速力的美"，运动之美。在意大利，未来主义者分为左右两翼，马里内蒂同墨索里尼的法西斯党公开合作，是右翼代表，但他在理论与创作上颇有影响。在法国，诗人阿波利奈则提出了"立体未来主义"。他主张取消诗歌的标点，认为"诗的韵律和顿挫本身才是真正的标点"；他提出将急速的运动、嘈杂的音响、光怪陆离的颜色、混乱的谈话引入诗中；他将诗歌和绘画、书法结合起来，开创了"图画诗"、"立体诗"和"楼梯式"的诗歌格式。在俄国，未来主义则分为"自我未来主义"和"立体未来主义"。前者以诗人谢维里亚宁（1887—1941）为代表，他的诗突出自我；后者以赫列勃尼夫（1885—1922）和早期的马雅可夫斯基为代表。马雅可夫斯基的成就最大，他的《城市大地狱》和《穿裤子的云》为立体未来主义诗歌的代表作。后来，他脱离了未来主义，转向社会主义现实主义。

超现实主义于1924年在法国诞生。超现实主义的前身为达达主义。达达主义的倡导者是特里斯唐·查拉（1896—1963）。1916年2月8日，查拉与一些青年人在瑞士苏黎世组成一个文艺小组，他们翻开一部字典，随意点到"DaDa"一词就以此命名。查拉宣称："自由：达达，达达，达达，这是忍耐不住的痛苦的嚎叫，这是各种束缚、矛盾、荒诞的东西和不合逻辑事物的交织，这就是生命。"达达式的精神状态是当时规模空前的战争在摧毁物质世界和人民生命的时候，西方青年知识分子中间比较普遍的情绪的反映。1919年巴黎组织了达达团体，参加者有布勒东、阿拉贡、苏波、艾吕雅、皮卡比亚等人。他们创办《文学》杂志。这年年底，查拉来到巴黎，《文学》立即成了达达的喉舌。达达主义作为一个政治意味很浓的文学运动，为时很短。1921年，巴黎大学生抬着象征达达的纸人，把它扔进了塞纳河。同年5月，布勒东等人与达达主义决裂，不久，他又改造了《文学》杂志，公开对达达主义发起进攻。1922年，布勒东在维也纳结识了弗洛伊德，弗洛伊德学说成为他后来倡导的超现实主义的理论基础。1924年，由法国知名作家组成的"超现实主义研究室"发表了由布勒东起草的《超现实主义宣言》，系统地阐述了超现实主义的宗旨，正式亮出了这个流派运动的大旗。在《超现实主义宣言》中，布勒东对"超现实主义"这个词规定了这样一个"固定的定义"。

超现实主义：阳性名词，一种纯粹的心理无意识化，人们有意识地利用它以口头、书面或任何其他方式，表达思维的真实过程。这是一种不受理智的任何控制、排除一切美学的或道德的利害考虑的思想的自动记录。

超现实主义直接将弗洛伊德的理论挪用到创作领域。所谓"超现实"，也是超理性的无意识世界，梦幻万能的世界。布勒东说："弗洛伊德做得完全正确，他正是将梦幻进行了分析。""我相信梦幻和现实——这两种似乎矛盾的状态——将转变为一种绝对的现实，一个超现实。"超现实主义的创作强调表现人的内在意识，认为超于现实之上的"某种组合形式"可以达到"事物的本质"，超现实主义的作品意象丰富，充满着人物的梦境记录。布勒东、苏波、阿拉贡、艾吕雅、德斯诺斯等人的创作，充分体现了超现实主义的特色。布勒东的中篇小说《娜嘉》（1928）是超现实主义的标本。20世纪30年代，超现实主义的阵营开始分裂与分化，但超现实主义的美学主张和艺术实践曾对"意识流"小说和后来的荒诞派戏剧、黑色幽默产生过影响。

"意识流"小说是现代主义中影响较大、创作成就较高的一个流派。"意识流"这个术语，是由美国心理学家詹姆斯（1842—1910）确立的，他在《心理学原理》（1890）一书中说：

意识对于自己并不呈现分裂成为碎块的状态。我们无论用什么"串"字、"链"字来形容，其实都不能和它最初呈现出来的状态相结合。意识并非由一节一节构成，而是一整片在那里流泻。最好还是用"川"或"流"等字来比喻，这样才和它的本性最相近。从此以后，让我们把它们叫做"思想流"、"意识流"或"主观生命流"。

后来，詹姆斯的理论被法国哲学家伯格森和奥地利心理学家弗洛伊德发展了，他们的理论打破了从理性和逻辑推理的审视点上解释客观世界和人的主观世界的观点，强化了20世纪西方世界人们崇尚主观、研究人的自我意识的时代精神。20世纪20年代，意识流技巧在小说、诗歌、戏剧、电影等领域得到了重大的拓展，尤其在小说方面，形成了一个独立的流派，流行于英、美、法、爱尔兰诸国。爱尔兰的詹姆斯·乔伊斯（1882—1941）、英国的弗吉尼亚·沃尔夫（1882—1941）、美国的威廉·福克纳（1897—1962）、法国的马塞尔·普鲁斯特（1871—1922）等都是著名的意识流小说大师。他们的作品都专注于描摹人的内心生活，并着力挖掘人物内心的深层结构——无意识、潜意识，热衷于刻画人物的变态心理。他们描写人物的基本方法是自由联想、内心独白（《墙上的斑点》、《尤利西斯》、《追忆似水年华》等）；时序颠倒、互相渗透和多层次结构（《喧哗与骚动》等）。意识流小说家在艺术上的种种探索，打破了传统小说从外部描写人物的种种局限，提高了对人的内在精神的表现力，对文学发展作出了一定贡献。

3. 分化期

现代主义的发展道路是不平坦的。20世纪30年代，由于世界经济大恐慌和国际法西斯主义的威胁，现代主义曾发生过一个为时不长的分化消沉期。比如超现实主义,在法西斯力量抬头的时期,该派作家被迫在斗争面前作出抉择,为此,使这一流派本来就有的裂痕扩大了。阿拉贡、艾吕雅先后离开超现实主义而参加了法国共产党。这个时期,现代主义其他流派作家也纷纷向革命势力靠拢,如德国的布莱希特、托勒、凯泽,英国的奥登、奥威尔、柯斯特勒,美国的海明威、杜斯派索斯,法国的马尔罗、纪德等,他们成为文艺界的左翼,这时,现实主义复兴,现代主义暂时处于分化消沉期。

4. 复苏期

第二次世界大战后,现代主义再一次跃起。由于国际共产主义运动的分裂,欧美主要国家革命运动处于低潮,资本主义社会矛盾复杂化,西方社会的怀疑情绪和悲观气氛开始抬头,于是,现代主义文学运动相应复苏,进入了第二次高潮时期。人们一般把第二次世界大战以后产生的现代主义文学称为"后现代主义"。

存在主义是第二次世界大战以来风靡法国与欧洲的,影响遍及世界各国的一个哲学、文学流派。存在主义作为现代主义中一个影响巨大的流派,它与哲学上的存在主义有着血缘关系。就像我们谈到过的,存在主义哲学包含这样三个重要的命题:存在先于本质、世界是荒谬的、自由选择。这三个命题实际上构成了存在主义文学的思想基础。存在主义文学的大旗是由萨特树起的。1938年,萨特发表了他的成名作《恶心》,开创了存在主义文学的先河。小说描写一个名叫洛根丁的知识分子,为写一部人物传记,来到港口城市布维尔搜集材料,然而,在旅馆里、图书馆里、咖啡馆里,一切都使他感到"恶心"。后来他终于悟出了"恶心"的原因:"存在是不必要的。存在就是在这儿,这是显而易见的。存在的东西出现着,彼此相逐相逢,但人们永远不解释它们……这公园,这城市,以及我本身,一切都在你面前浮动起来,于是你就想吐,这就是恶心……"在小说主人公洛根丁的眼中,世界是荒诞的。这是一部典型的存在主义小说。萨特对存在主义文学作出了巨大的贡献。他的小说《墙》(1939)、《自由之路》(1945—1949),剧作《苍蝇》(1943)、《禁闭》(1944)、《死无葬身之地》(1946)、《可尊敬的妓女》(1946)、《肮脏的手》(1948)等都显示了存在主义文学引人注目的实绩。加缪(1913—1960)是与萨特并驾齐驱的存在主义文学大师。他的成名作《局外人》(1942)与萨特的《恶心》一样,是存在主义文学的奠基性作品。加缪的作品突出地表现存在的荒谬。小说《局外人》和剧作《误会》(1944)、《卡利古拉》(1945)以及散文集《西绪弗斯的神话》(1942)等,都着力从精神的角度创造一种"意识到一切都是荒谬的人"。另一部长篇小说《鼠疫》(1947)则显示了加缪从"荒谬哲学"到"反抗"的思想转变。萨特的伴侣西蒙娜·德·波伏瓦(1908—1986)也是有较高成就的存在主义作家。

荒诞派戏剧是第二次世界大战后兴起的一个重要的戏剧流派。荒诞派戏剧运动首先是由几个青年时期就来到法国从事文学活动、后来又加入法国国籍的作家发动的。1950年,出生于罗马尼亚后移居巴黎的剧作家尤金·尤奈斯库(1912—)创作的独幕剧《秃头歌女》首次在法国上演。该剧既没有完整的故事情节,也没有戏剧冲突,剧名与内容毫无关系。剧中只有两对英国夫妇进行了一场莫名其妙的对话。其中马丁夫妇在开始谈话时竟相互不认识,后来经过回忆才发现他们是坐同一列火车、一节车厢来伦敦的,而且现在又住在同一条街、同一个旅馆、同一间房,甚至睡在同一张床上,于是才意识到是夫妻。尤奈斯库认为,人生是荒诞的,人的一切探索都是徒劳无益的,人与人之间的一切沟通都是不可能的,这个剧本充分体现了上述思想。1952年,出生于爱尔兰后移居法国的剧作家萨缪尔·贝克特(1906—1989)的《等待戈多》在巴黎上演,这以后,荒诞剧接二连三地涌现。法国剧作家阿尔图尔·让·热内(1910—1986)、阿尔图尔·阿达莫夫(1908—1970)都创作了不少荒诞派戏剧,并且迅速波及欧美各国。英国有哈罗尔德·品特(1930—)、美国有爱德华·阿尔比(1928—)。1961年,英国剧作家、批评家马丁·埃斯林(1918—)为荒诞戏剧这一流派拟定了名称,并且分析了大量作品,被称为荒诞派戏剧理论家。埃斯林在《荒诞派戏剧》一书中的引论《荒诞派之荒诞性》中,援引了尤奈斯库在一篇论及卡夫卡的文章中对荒诞的理解,说:"荒诞是指缺乏意义……和宗教的、形而上学的、先验论的根源隔绝之后,人就不知所措,他的一切行为就变得没有意义,荒诞而无用。"在这篇引论中,埃斯林还对荒诞派戏剧的主题作了比较科学的说明:"从广泛的意义来说,贝克特、阿达莫夫、尤奈斯库、热内及其他的剧作家作品的主题,都是在人类的荒诞处境中所感到的抽象的心里苦闷。"

"新小说"是战后现代主义中具有代表性的小说流派,它于20世纪50年代在法国崛起,并影响到东西欧和亚洲诸国。这派作家以阿兰·罗布-格里耶(1922—)、娜塔莉·萨洛特(1902—1999)、米歇尔·布托尔(1926—)、克劳德·西蒙(1913—)为代表,一般将罗布-格里耶视为新小说派的首领,他的论文《未来小说之路》(1956)被认为是新小说派的纲领。新小说派认为:以巴尔扎克为代表的传统现实主义小说已经过时,小说"现已处在烦躁不安的境地之中，正极力寻求其他出路，以摆脱当前的困境"（萨洛特）。由于新小说同传统小说势不两立，主张对传统的小说进行"革命"，因此，新小说派又称为"反传统小说派"或"反小说派"。具体来说，他们反对传统小说，主要反对它的情节虚构、倾向流露及人物塑造等。新小说崇尚写"物"，以"写物主义"为原则，"物"压倒一切，人在物质的包围中，几乎被"物质""吃掉"。罗伯·格里耶的短篇小说《咖啡壶》，用超过巴尔扎克式的对环境和场景的细致描绘来表现现代社会这个"物"充斥一切的世界。新小说派认为，传统小说强调"完整"、"统一"、有头有尾的结构不符合现代生活的要求、现代世界的发展，难以预先知道生活的结尾。所以，"新小说"作家的作品有的是截取生活的片段，结构上无头无尾（萨洛特《黄金果》）；有的打破传统小说的时序限制，使过去、现在、将来随意交错，现实、梦境、幻觉、潜意识自由跳跃（布托尔《变化》）。新小说派还认为，传统小说中惯用的语言，因长期重复使用，现在已经僵化了，不可能代表现代社会复杂多变的社会生活。他们反对使用那些使描写的事物失实的语言，也就是带有感情色彩的语言，主张采用"表明视觉和纯描写性的明确的词汇"，以便如实地表现出"深在的真实"。

"黑色幽默"是 20 世纪 60 年代美国文坛上出现的小说流派。1965 年 3 月，美国作家弗里德曼编辑了一个选本，收集了海勒（1923—）、冯尼格（1922—）、巴思（1930—）、品钦（1937—）等 12 位作家的作品。他从这些作品中发现了一些共同的东西，用"黑色幽默"来概括，并以"黑色幽默"作为他编的集子的名称。同年，另一位作家奥尔德曼在《超越荒原》中说，黑色幽默是一种"把痛苦与欢乐、异想天开的事实与平静得不相称的反应、残忍与柔情并列在一起的喜剧。它要求同认识的绝望保持一定的距离；它似乎能以丑角的冷漠对待意外、倒退和暴行"，说得具体一点，黑色幽默实际是"关于令人不愉快的或危险的或事态的滑稽可笑"。冯格尼曾为自己做了一幅意味深长的漫画，他的鼻子里冒出一股黑烟，眼睛里流下一行热泪，表示他既悲伤，又愤怒，这在某种程度上是黑色幽默作家精神状况和审美追求的真实写照。黑色幽默小说，悲剧的内容往往以喜剧的形式来处理，痛苦和不幸往往成了开玩笑的对象。为此，西方有些批评家又将黑色幽默称为"绞刑架下的幽默"。海勒的《第二十二条军规》（1961）、《出了毛病》（1974），冯尼格的《第五号屠场》（1966）、《顶呱呱的早餐》（1973），品钦的《万有引力之虹》（1973）等，不但表现了一种大难临头的危机意识，而且还倾泻着一种在巨大的社会灾难面前由于种种绝望而企求通过幽默得到超脱的情绪。

魔幻现实主义是20世纪60年代在拉丁美洲文坛兴起的一个具有世界影响的文学流派，它已经不是"现代主义"一词所能概括得了的。这派作家主要以危地马拉的米格尔·安赫安·阿斯图里阿斯（1899—1974）、墨西哥的胡安·鲁尔福（1918—1986）和哥伦比亚的加夫列尔·加西亚·马尔克斯（1928—）等为代表。"魔幻现实主义"一词首先是由德国文艺理论家弗朗茨·罗提出的。魔幻现实主义之所以在拉丁美洲兴起，从文化背景来考察，有两方面渊源：一是它受到印第安古老文化和黑人文化的影响，二是受到欧美现代主义的影响。这两方面文化的结合，就形成了它的独特的艺术风貌——民族意识和现代意识的有机结合。该派作家认为，拉丁美洲的现实本身具有神奇性和魔幻性。马尔克斯曾说，他自己作品中的魔幻不是制造出来的，而是现实本身就有魔幻的成分。这派作家注意发掘本地区、本民族古老的印第安的神话与传说，把现实放到一种虚幻的环境和气氛中加以描写，给现实披上一层光怪陆离的魔幻外衣。阿斯图里亚斯的长篇小说《总统先生》（1946）、鲁尔福的中篇小说《佩德罗·帕拉莫》（1955），从艺术构思到表现手法，都是变现实为神话、变现实为魔幻、变现实为荒诞，具有"变现实为幻想而不失其真"的特点。同时，这派作家又是借鉴欧美现代主义的表现方法来反映当代的拉美现实。《佩德罗·帕拉莫》从头到尾都运用了现代主义的艺术手法，如内心独白、自由联想、梦幻意识。所以，魔幻现实主义的文学既是民族的，又是世界的。它为人类当代艺术史提供了成功的经验：民族意识与现代意识的有机融合。

现代主义自19世纪80年代以来以一种挑战者的姿态登上历史舞台，已一百多年了。现代主义文学流派众多，主张各异，更替频繁。现代主义文学本身就已显示出是一个五光十色、令人眼花缭乱的艺术世界。它们大胆探索、刻意求新的精神最终结出了累累硕果，为20世纪的文学发展作出了不可磨灭的贡献。

第二节 德莱塞

一、生平与创作

西奥多·德莱塞（1871—1945）是20世纪上半叶美国批判现实主义文学的代表。出身于印第安纳州一个笃信宗教的德国移民家庭。母亲是一个农家女，父亲是德国的纺织工人，为躲避兵役移居美国，开过纺织厂，后因失火而破产。德莱塞12岁就到处做工,先后做过报童、司机和收租房的店员等,曾因失业而流浪街头。1888年,德莱塞进入印第安纳州大学学习,一年后辍学。在大学里,他接触了达尔文、赫胥黎、斯宾塞的著作,这为他以后的创作奠定了基础。以后,他在芝加哥几个大城市的报社当了几年记者,由此加深了对现实的批判性认识,并开始从事写作。1900年,他的第一部长篇小说《嘉莉妹妹》一问世,便被视作异端邪说为官方所禁。这件事使他的精神大受打击,以至沉默了整整十年。十年后出版的《珍妮姑娘》(1911)被称为《嘉莉妹妹》的姐妹篇,再一次以穷人的悲剧故事,揭露了美国社会的贫富对立。这以后,他发表的长篇小说主要有《金融家》(1912)、《巨人》(1914)、《天才》(1915)、《美国的悲剧》(1925)等。德莱塞的创作屡受美国保守势力的责难,直到1925年《美国的悲剧》出版,他在美国文坛的重要地位才得到公认。继《珍妮姑娘》之后,德莱塞发表了多部头长篇小说《欲望三部曲》,进一步巩固了他在美国文坛上的地位。《欲望三部曲》由《金融家》、《巨人》、《斯多噶》三部长篇小说组成。作品成功地塑造了美国垄断资本主义时代金融资本家的典型形象。柯柏乌的主要特点是野心勃勃、寡廉鲜耻,无止境地追求金钱、地位和美色。他从一个小商人一步步爬上了世界金融巨头的高位,其成功的主要诀窍在于:迎合美元帝国的社会风气,奉行弱肉强食的人生哲学,施展巧取豪夺的手段。作品通过柯柏乌罪恶的发迹史,深刻地反映了19世纪末到20世纪初美国垄断资本主义的发展过程,批判矛头指向资本主义社会的政治、经济、法律和道德等各个领域。但作者在揭露主人公的同时,又流露出赞赏的心理。作品的社会画面广阔,细节描写真实,人物性格鲜明突出,是一部现实主义的力作。1941年,德莱塞被选为美国作协的主席。他还写有众多的戏剧、诗歌、游记、政论文和传记。1945年8月,他加入美国共产党,同年12月因病逝世。

德莱塞以擅长写美国的悲剧而闻名于世。他的小说风格在现实主义的真实、典型和批判性方面基本是巴尔扎克式的。从他的作品中可以看出当时美国的重大社会问题和时代风貌。小说的具有典型化特征的主人公,生动曲折的情节,几乎都有生活原型。德莱塞的小说对美国文学的意义,在于他打破了美国文学史上顽固的"高雅"传统,打开了通向诚实、大胆写生活激情的天地。

德莱塞是一位有时代特色的进步作家。他的全部作品都取材于现实生活,题材多样,贯穿了揭露美国生活方式和社会制度这一重要主题,具有较高的思想价值和艺术成就。德莱塞的小说描写了广阔的社会场景,在金元帝国这一典型环境中塑造出众多的典型人物。他善于在不同情景的对比中描写人物的行动和内心世界,把社会背景和弗洛伊德的心理学说糅合在一起,进行深入细致的心理分析。人物性格丰富、形象鲜明,语言个性化,情节发展合理,细节真实,表现出真实、大胆、细腻的现实主义风格,具有浓厚的悲剧色彩。但是,他的作品也不同程度地存在自然主义因素和唯心主义思想,有些作品给人以冗长滞重之感。

德莱塞的创作丰富了美国文学的宝库。美国作家辛克莱·刘易斯(1885—1951)在接受诺贝尔文学奖时对德莱塞的评论中说,德莱塞"在美国小说领域内突破了维多利亚时代式的、豪威尔斯式的胆小与高雅传统,打开了通向忠诚、大胆与生活的激情的天地"。

二、《嘉莉妹妹》

《嘉莉妹妹》描写一个追求幸福的美国少女的悲剧故事。女主人公嘉莉从小镇来到芝加哥,梦想在大城市找到快乐的生活。在碰了许多钉子后,她在鞋厂找到一份工作。当她因生病被解雇,处于无助的困境时,她与推销员杜洛埃相遇,并很快与对方同居。杜洛埃帮助她成功地参加了演出,但富商赫斯渥的出现,却造成了嘉莉与杜洛埃之间的隔膜、误解和分手。不久,嘉莉便在金钱诱惑下,与赫斯渥结为不合法的夫妻。后来,嘉莉步步走运,又扔下赫斯渥,成了有钱的名演员。赫斯渥则日趋潦倒,并在贫病中自杀。德莱塞认为嘉莉不仅是赫斯渥惊人毁灭的催化剂,而且也是社会生活中一种深刻的力量。小说真实地反映了19世纪末的美国社会现实,揭示了贫富悬殊的社会矛盾和被金钱扭曲的社会关系,暴露了"美国梦"下的丑恶和黑暗。

嘉莉是个人奋斗和利己主义者的典型形象。她走过了漫长的奋斗之路,终于获得她所能想象的最好的生活和舒适的环境,但代价却是她的不道德的行为和精神上的沦落。嘉莉的这种悲剧,从客观看是当时美国的社会环境造成的。所以,《嘉莉妹妹》一出版,便被美国保守势力以"残酷无情"、"不道德"之罪列为禁书。

《嘉莉妹妹》的主调是现实主义,同时也带有作家早期创作特有的自然主义印记。嘉莉身上有着作家早年的性格特点,来到芝加哥之初,嘉莉的羞怯心理、经济上的无援以及不善于表达内心思想等都是德莱塞自己的特性,嘉莉与芝加哥那些亲戚无法相处,以为自己微不足道,必须对生活中那些新的野蛮力量低下头,也是德莱塞的写照。他回想起当初到芝加哥的情况,而借嘉莉这个人物表现出来,无非是自怜。他不得不带给嘉莉富有伤感的终场,因为他要用嘉莉来表达中产阶级社会的破坏性、不合法性和明确的挑战。嘉莉永远不会知道在她的"兄弟"西奥多·德莱塞心目中,她就体现着这一切。

《嘉莉妹妹》是一部有影响、有现实意义的小说。与嘉莉的形象相关的个人"自我"问题,在美国人的精神生活中始终占有重要位置。对这个问题的关注和争执,也一直是20世纪文学的热点之一。

三、《美国的悲剧》

(一)题材来源

小说以真人真事为基础。德莱塞自从当了记者以后,目睹了许多情杀事件。1906年7月发生的格雷丝·布朗和切斯特·吉勒特案件引起了德莱塞更大的兴趣。恶少切斯特在他伯父工厂当小职员时,诱奸了他手下的女工格雷丝,格雷丝怀孕以后,切斯特又去追求一个律师的女儿哈里特。为了得到新欢,切斯特把格雷丝淹死在湖里。后来,切斯特被判死刑。当时,报上发表的格雷丝的信件、审判过程中的记录以及报道都成了德莱塞构思《美国的悲剧》的素材。在《美国的悲剧》中罗伯塔给克莱特的信就是原来格雷丝给切斯特的真实信件。

德莱塞在作品中集中概括了美国社会中大量情杀事件的共同特点,深刻地分析了这些案件的社会根源,运用他独特的艺术手法精心创作出了比现实生活更集中、更典型、更令人深思的现实主义杰作《美国的悲剧》。

(二)故事梗概

克莱德·格里菲思出身于一个贫穷的街头传教士家庭。父母都是十分虔诚的教徒,但在当时美国社会中郁郁不得志,一生潦倒。克莱德日渐对于生活不满,于是到堪萨斯城寻找出路。起初在一家旅馆里当侍者,后因与撞死一女孩的车祸有牵连而逃往芝加哥。事有凑巧,他偶然遇见了有钱的叔父赛穆尔·格里菲思,他是律克格斯的一家衬衣领子工厂的老板。克莱德由于叔父的赏识,在那工厂的打印车间当了工头。从此克莱德与当地的社会接触日多,滋长了爱好虚荣、追求名利的倾向。

他勾引并奸污了同车间一个美丽而单纯的女工罗伯塔。罗和他一样,家里也很穷,父亲是个破产的农民。与此同时,克莱德又结识了一个漂亮小姐桑德拉·芬奇莱,她是吸尘器工厂老板的娇女。两人一见倾心,桑德拉表示等到了明年她成年时就可以和克莱德结婚,但目前由于社会地位悬殊,桑德拉母亲坚决反对他俩往来过密,更不用说结婚了。与此同时,罗伯塔企图堕胎不成后,要求克莱德和她一道出走、结婚，否则她有可能要揭发他，弄得他身败名裂。在这个矛盾极端尖锐的时刻，克莱德在一则有关男女在湖上倾舟（女方尸体已捞起，男青年则无踪迹）的报道的启发下，起了谋杀罗伯塔的心。在激烈的心理矛盾交战中，他成功地骗了她，同意和她一道出走结婚。两人乘一只划船在湖上游览，到一僻静地点后，因一件"偶然小事"船翻了，两人都落下水，罗伯塔不谙水性，克莱德又不去救她，终于溺死。克莱德只身逃走，但很快他就被捕，并以蓄意杀人罪而被判死刑。

书中相当长的部分是美国两大政党利用这一案件而互相斗争的叙述，再就是克莱德的认罪过程。最终，克莱德被送上了电椅。

（三）人物形象

克莱德·格里菲思是美国资本主义社会制度的产物，同时也是这个制度的牺牲品。小说描写了一个美国青年是怎样被资本主义社会风尚、美国社会方式步步腐蚀并走向堕落深渊的。在主人公克莱德身上，无论是语言行动还是思想都打下了资本主义生活方式的烙印。

"发财"，"只要找到生财之道就能成为百万富翁"。在19世纪末到20世纪初的美国，"发财"几乎成为一种风尚，而在这种环境中的克莱德虽年仅12岁，就已深感贫富悬殊的不公。他深以自己家境贫寒为耻，羡慕富豪们挥金如土的生活。当他看到那些公子哥儿们有漂亮的姑娘陪着，开着汽车兜风，就眼红得要死。他苦闷抑郁，他认为有钱人家的孩子"特别幸福"，他自己"什么都没有，并且从来都一无所有"。

在资本主义社会里，人的价值完全决定于他所拥有的财产。人与人之间的关系也是赤裸裸的金钱关系。克莱德的价值观就是如此，他认定了生活的意义就是"当富人"，于是他一直有着向上爬，追求金钱地位的野心。为了达到目的，他从幼稚的青年变成了八面玲珑的市侩、见利忘义的浪子。他学会了察言观色，学会了应付人的手段，懂得怎样办才于己有利。他老练而又成功地在很短时间内赢得了工业家伯父的好感，忍受堂兄对他的白眼，引诱崇拜他的女工罗伯塔，揣摩桑德拉的心理，大献殷勤，博得了这位阔小姐的欢心。至此，上流社会的荣华世界向他敞开了大门，他更沉迷于富贵美梦，残忍地计划着淹死已怀孕的罗伯塔。

以自我为核心，以金钱作尺度来权衡利弊得失，是克莱德的处世哲学和生活原则。这也是资本主义腐朽的生活态度侵蚀的结果。克莱德就是运用这一套去衡量自己身边这两个姑娘的。如果同桑德拉结婚，那么金钱、美人、社会地位、美好前程……多年来的美梦都可以实现；若同罗伯塔结婚，他什么都没了。因此，他在一番艰难的权衡和内心的挣扎之后，决定搬掉挡住自己飞黄腾达道路上的绊脚石。为了金钱地位，他是可以不择手段的。总之，克莱德的世界观是极端利己主义，他之所以对罗伯塔始乱终弃，最后下毒手，完全是合乎他思想发展逻辑的必然结果。

克莱德最后上了法庭，又成了大人物夺取政治资本的牺牲品，最后还是被判以死刑。这个结局暗示了克莱德是堕落了、犯了罪，但他自己也是个受害人。

（四）典型意义与主题思想

克莱德出身贫寒，贫富悬殊的社会使他得不到正常发展的机会，他在资本主义奢华生活的引诱下培养起拜金主义、利己主义、享乐主义的人生观，滋长了虚荣心和向上爬的野心，以至走上犯罪道路。他悲剧的一生充分体现了美国社会对青年人的腐蚀毒害。在那个金钱至上、发财第一的发达资本主义社会中，许多青年由拜金而走向堕落毁灭，克莱德正是这样的典型。

从这个意义上来说，"这本书整个来讲是对（美国）社会制度的一个控诉"，也正如德莱塞所说，"小说之所以获得成功，并非因为'它是悲剧'，而是因为'它是美国的悲剧'"。

几乎所有著名的评论家都看出《美国的悲剧》的中心思想是要表明这桩悲剧的罪魁祸首正是美国的社会制度。《德莱塞评传》的作者麦提逊认为，"德莱塞所以把'美国的'一词放在书名之上，是为了表明，在我们的社会里，金钱的价值压倒了其他一切的强大诱惑"，"牺牲品不由得被它紧紧地吸引过去"。美国文学史家卡尔·凡·图伦说："德莱塞仔细考察了克莱德这样一个人怎样由环境塑造成了那个样子，怎样为环境所驱使而身不由己，怎样被环境所毁灭。"可见德莱塞自己所说的"这本书整个讲来是对（美国）社会制度的一个控诉"，是得到了评论界的公认的。这部作品是德莱塞在当时作为朦胧的社会主义者与鲜明的民主主义者、进步的人道主义者所取得的辉煌成就。

（五）艺术成就

德莱塞遵循环境决定性格的原则构思这部作品，塑造出美国社会这个典型环境中的典型性格。他很重视对社会环境作逼真的描写，认为写小说必须把"社会背景写出来"。小说通过对造成克莱德堕落的社会环境的描绘，展现了美国社会贫富悬殊这一典型环境。阿萨·格里菲思一家及奥尔登家庭的贫困受辱和豪华奢侈、终日寻欢作乐的富人社会交替出现，对比反衬，不仅为克莱德的思想和行动提供了真实的社会背景和合理的依据，而且使作品具有浓郁的时代色彩。德莱塞力求在环境描写和细节方面都符合生活真实。他深入生活,对克莱德案件的原型作了缜密的调查研究,并进行了实地考察,所以小说的社会场景写得栩栩如生,对法庭审判的描写也和原案审判的实际情况基本符合,甚至梅森在法庭宣读的罗伯塔的信,也是格蕾斯·白朗的原件。这就使小说所写的环境和细节真实动人,具有极大的说服力。

在塑造典型形象方面,德莱塞擅长用心理分析方法,把社会背景和弗洛伊德学说有机地结合起来,深入细致地描写人物在特定情景中的心理状态,分析他们的欲望和感情。如第一部写克莱德因性诱惑开始冒头,由此加深了对家庭贫穷的不满心理。第二部写克莱德的犯罪心理,剖析他的灵魂。他为了追求财富与地位,决心杀罗伯塔,虽然做好了安排,但是当船到湖心时,又心慌意乱,受良心谴责,不忍下手。他恨自己的怯懦,恨罗伯塔,下意识地推开她,无心的一击使船歪了,他想帮她站稳,反而把船弄翻了,眼看着罗伯塔落水淹死。在这个过程中,作者写了他的渴望、恐惧,写下了他的下意识、幻想、梦境、抑制与反抑制等一系列心理活动,从心理现象上深刻地揭示出他的悲剧的社会根源,并且使人物形象更加真实、饱满、富有艺术魅力。

第三节 艾略特

一、生平与创作

(一) 生平

T. S. 艾略特 (1888—1965),英美诗人、剧作家和批评家,后期象征主义的代表,西方现代诗歌中开一代诗风的先驱。

艾略特出生于美国密苏里州的一个名门之家,祖籍英国。他从小生活在当地宗教那种强调义务与职责的浓郁氛围之中,而母亲作为一个不太成功的诗人,则在儿子身上寄托了诗与文学的期望。

1906年,艾略特进哈佛大学攻读哲学和英法文学,开始写诗。这期间,他接触到法国象征主义诗人波特莱尔和儒尔·拉福格的作品。迷恋拉福格对浪漫主义激情的批判态度。1909年获学士学位。第四年接着读硕士课程,与讲授"法国文学批评"的老师巴比特结为至交。巴比特反对卢梭主义的"滥情主义",提倡"非个人化",主张建立秩序与权威,这种学术观点给艾略特留下深刻的印象,也使他一心向往法国。

1910年，他在巴黎度过了"浪漫的一年"（艾略特语）。他进入巴黎大学研修法国文学，并在法兰西学士院听伯格森每周举办的哲学讲座，经历了短暂的"伯格森主义"的皈依。后来又游历伦敦、慕尼黑，写出早期重要诗作《普鲁弗洛克的情歌》等。

1911年，一方面是父母的要求，一方面是"哲学的呼唤"，他离开欧洲返回哈佛大学，成为专攻哲学的研究生。1913年任哲学系助教，大学哲学协会主席。但在三年的哲学研究之后，他又向往欧洲了。

1914年，艾略特接受哈佛大学为他提供的奖学金，重返欧洲。一路上经过比利时、意大利、德国，最终到达伦敦，进入牛津大学，开始了他哲学家、诗人、欧洲人、美国人几重生活的人生阶段。这期间他结识了庞德等一批旅欧的美国作家，并在摒弃浪漫主义崇尚古典主义的观点上不谋而合。已经成名的庞德非常赞赏艾略特的诗才，将其《普鲁弗洛克的情歌》推荐给芝加哥的《诗刊》杂志发表。艾略特一边按原计划写他的哲学博士论文，一边参加一些文学集会，开始在欧美一些刊物上发表诗作。

1915年，他与英国姑娘维芬结婚，放弃了回哈佛申请博士学位的机会，从此定居伦敦。为生计先后当过教师、银行职员、杂志编辑等。1922年，《荒原》发表，反响巨大，从此奠定了他作为西方20世纪大诗人的地位。同年，与人一起创办了文学评论季刊《准则》。之后，他先后发表了《艾略特诗集》（1909—1925）、《东方贤人之旅》（1927）、《灰星期三》（1930）、《诗选》（1909—1935）、《四个四重奏》（1943）等作品。1927年，艾略特正式加入英国国籍和英国天主教。

除诗以外，艾略特还写过不少诗剧，主要作品有《大教堂凶杀案》（1935）、《合家团圆》（1939）、《鸡尾酒会》（1950）、《政界元老》（1959）等。其剧本从语言上可以说已达到炉火纯青，但总的影响不及诗歌。

艾略特还是英美"新批评派"的奠基人之一。他的主要论著有《传统与个人才能》（1923）、《批评的功能》（1923）、《诗与批评的效用》（1933）等。在这些理论著作中，他提出了文学史的"总体论"，文学创作的"非个性化"，文学批评的古典主义准则等著名理论观点。其中"非个性化"的理论是对浪漫主义的反拨，认为诗人的感情只是素材，必须先经过一个非个性化的过程，将个人情绪转化为宇宙性、艺术性情绪，才能进入作品，"诗不是放纵感情，而是逃避感情"。由此在创作方法上提出用"客观对应物"表达诗人的感情，对后期象征主义诗歌形成很大影响。

1948年,"由于他对当代诗歌的卓越贡献和所起的先锋作用",艾略特获得诺贝尔文学奖。1957年,艾略特第二次结婚,度过一生中幸福的八年,1965年在伦敦病逝。按照他的遗嘱,骨灰葬在先祖的诞生地东库克的教堂,灵牌上写着艾略特的名句:"我的开始就是我的结束,我的结束就是我的开始。"

(二)创作分期

艾略特的诗作分为三个阶段:

第一阶段(1909—1920)为"通往荒原的历程",属早期作品。有《序曲》(1917)、《一位夫人的画像》(1917)等。这些作品从各个角度写了危机四伏的西方文明,积累着"荒原意识"。成名作《普鲁弗洛克的情歌》中,同名主人公似乎想去和情人约会,想说出类似真、爱、美那样的向往,但他顾虑重重,看着"半是冷落的街",想到那些"用心险恶的冗长的争执",想到女人们会嘲笑"他的头发多么稀","他的胳膊、腿多么细"。因此,他在"黄色的雾中"犹疑不定,徘徊不安,内心里居留着隐秘的渴望,感觉到时时处处的困扰,行动上未敢迈出一步。这种自惭形秽、猥猥琐琐的精神状态,与那种在"饮料、橘子酱和茶"的房间里走来走去的女人们的生活状态,共同形成一幅缺少生命力、虚掷光阴的生存图景。

第二阶段(1920—1926)为"荒原时期",主要有《小老头》(1920)、《荒原》、《空心人》(1925)等。这个阶段是艾略特精神上处于最烦乱、绝望的阶段。《小老头》写在"干旱的月份里""等待着雨"的老头,回忆空虚的往昔,思考着基督,感到日子有如"空空的梭子/织着风",慨叹"我没有魂"。再看人类历史,充满野心、虚荣、矛盾、混乱,同样找不到得救的真理。而在《荒原》中,整个世界即成一片荒原。《空心人》开宗明义即声明"我们是空心人/我们是稻草人"。这些荒原人"声音"是"干涩"的,"力量"是"瘫痪了的","姿势"是"无动机的","在这个空空的山谷里",没有但丁与贝亚特里齐在天堂相遇的"眼睛",历史、思想、创造、存在,到处"落下了阴影"。诗人最后总结:"世界就是这样告终/不是砰的一响,而是嘘的一声。"这些诗对社会、历史、文化作了全景式的鸟瞰,描写了现代西方文明信仰缺失的混乱与衰退。

第三阶段(1927—1965)属"超越荒原"时期。主要诗作有《灰星期三》(1930)、《四个四重奏》(1943)等。写作《灰星期三》时,艾略特42岁,他在"荒原"中困顿已久,需要寻找一个肯定的意义支点。他需要再生。这时他已加入天主教,宗教该是他最终的慰藉。《灰星期三》是荒原上出现的第一道曙光，这首诗标志着诗人到宗教中安身立命的努力。诗中"我"探讨上帝与现代世界的关系，摒弃人世中的种种希望，为认识到神的力量感到欢欣，并向着信仰艰难迈进。最终"我"精神复苏，重新进入了生活。"我们安宁在他的意志之中。"《四个四重奏》则是艾略特越过荒原后达到的一个新的高峰，是他一生哲学思考、信仰追求的一个总结。

艾略特自称在政治上是保皇派，宗教上是英国天主教徒，文学上是古典主义者。诗人出生在缺少传统的美国，又生活在20世纪初西方文明遭受巨创以致衰退破碎的时代，而个人生活也一直处于不安、紊乱和不幸中，因此他从心里渴望"秩序与权威"，希望找到一种肯定性的价值支点。他一边以诗人的敏感痛苦地描绘着他所感受到的世界危机，一边执著地追求着人生的意义，并试图以宗教挽救西方文明。"荒原意识"与意义寻求的冲突及平衡形成了他的生活与作品，使他成为一个时代在诗界的代言人。

艾略特作为后期象征主义的代表诗人，彻底摒弃了浪漫主义诗歌直抒胸臆的写法，以"客观对应物"表达哲理与感觉，以感性形式传达深奥的理念。他独一无二地大量用典，将"对应物"扩大到历史典故、文学艺术作品、神话传说和现实生活场景中，用拼贴的方法，将那些具有相同内在实质的片段连接在一起来表现当下情思，使作品呈现出更为深邃的意义空间，因此被誉为"开一代诗风"。

二、《荒原》

（一）内容提要

全诗共分五章。第一章《死者的葬仪》起首是这样的："四月是最残忍的月份，哺育着/丁香，在死去的土地里，混合着/记忆和欲望……"从荒原的描写引出荒原上的记忆和欲望，一个败落的贵族玛丽回忆着破灭了的浪漫史；风信子女郎"从花园晚归，/你的臂膊抱满，你的头发湿透……"是用转瞬即逝的美的形象与缥缈的城进行对比；伦敦桥上，"死亡毁了这么多人"，因为他们虽生犹死，因为他们"每个人的目光都盯在自己的足前"。

第二章《对弈》有两个场景。在第一个场景中，上流社会里一个空虚无聊的女性在卧室里自言自语。诗描写的景象雍容华丽，但到了第11行——"潜伏着她奇特的合成香料"；"合成"一词即使人意识到诗中女人只是现代资产阶级社会里一个庸俗的人物。下面一个场景安排在酒馆中，丽儿和她的女伴谈着私情、打胎，怎么对付退伍归来的丈夫；酒馆侍从的催促，"请快一点，时间到了"反复出现，又从另一角度给人一种急迫的象征感。结尾的几行使人联想起《哈姆雷特》中奥菲利亚的一段话，显然是用疯话影射现代社会里那些堕落的女性，不疯犹疯，虽生犹死。

第三章《火的布道》一开始，仍然是以纪录片的方式，投影了伦敦各种各样的画面，原先是"甜蜜的泰晤士"，现在已不见任何仙女的踪影，接着，"我，铁瑞西斯"出现了（按奥维德的《变形记》，铁瑞西斯曾有两性功能，虽没有视觉，却能够预卜未来）。他看到了什么？一个女打字员和一个长疙瘩的青年的有欲无情的关系。他们都已异化成了"人肉发动机"；这件事完了，女打字员仅用"机械的手"在留声机上放了一张唱片。

第四章《水里的死亡》，情欲的海洋，多少人在其中丧生。这一章一共十行，总结性地象征了这种情欲横流的必然结局。

第五章《雷霆的话》，用三个客观物来描绘荒原：耶稣去埃摩司途中；寻找圣杯的武士走向"危险之堂"时的情景；东欧的式微（涉及十月社会主义革命）。荒原上没有水，荒原的探索是艰巨而痛苦的；在经历了一片恐怖的场面后，雷霆说话了："舍予、同情、克制。"然后雷声过后，"我坐在岸上／钓鱼，背后一片荒芜的平原"；荒原似乎依然如故，诗结束时，艾略特引用了某一优波尼沙土经文的结语，"出人意料的平安"。然而，荒原究竟是否得到了拯救，诗故意写得含含糊糊，模棱两可。这使人想起逻辑实证主义哲学家维特根施坦的一句名言："凡是不能说的一切，只能保持沉默。"

（二）题解与思想意义

《荒原》（1922）是一部宣告新诗时代到来的具有里程碑意义的作品。艾略特用暗示、象征手法，表现第一次世界大战后欧洲社会文明的崩溃和精神的荒废。"荒原"这一伟大的象征囊括了现代西方所有的气息、色彩、情调和节奏，成了空虚混乱的资本主义文明的代名词。

《荒原》是在西方社会和艾略特本人陷入"危机"时刻完成的。第一次世界大战后，传统的价值观念和宗教信仰受到猛烈冲击，西方文明迅速崩溃，欧洲社会一片混乱。艾略特面对悲凉的现实社会忧心如焚，再加上生活窘迫，妻子患病，他身心交瘁，在病院里完成了这部杰作。

《荒原》有一个与之对应的神话框架。作家有意识地使其作品中的故事、人物、结构大致与人们熟知的某一神话故事平行，以使作品从一般的、具体的内容中突破出来，更有概括性。

艾略特在标题之下作了一个注："这首诗不仅题目，甚至它的规划和有时采用的象征手法也绝大部分受魏士登女士有关圣杯传说一书的启发。""圣杯传说"是理解《荒原》的钥匙。据说一国之主渔王的健康与否，关系着国土的肥沃与荒芜。某次，渔王受伤，生命垂危，肥沃的土地顷刻间变成了万物不生的荒原。要医治渔王，必须寻找圣杯，圣杯是起死回生的神力的象征。一个英俊的少年骑士历尽艰险，最后跨过"凶险之堂"，战胜女巫的各种诱惑，找回圣杯，使渔王康复，"荒原"变成绿洲。《荒原》安置在这样的神话框架里，具有极大的历史暗示性。

标题之后的"题词"意味深长。女先知西比儿掉到笼子里，不死不活，异常难受。孩子们问她要什么，她回答说："我要死。"西比儿是希腊神话中的女神。太阳神阿波罗爱上她后，赐予她预言的能力，而且只要手中有一点尘土，她就永远能活下去。可是她忘了向阿波罗要永恒的青春，所以日渐衰老，成了一具求生不能、求死不得的"僵尸"。西比儿的形象对全诗起着一种"提示"作用。艾略特还说作品的许多地方得益于弗雷泽的《金枝》这部来自古罗马作家所叙述的神话传说，这里隐喻的也是"死"与"生"的问题。

《荒原》的内容十分丰富。作品既有现实的题材，也有大量来自各个历史时期的、不同民族的材料。后者从具体到抽象，从最明显的模仿到难以深究的引用，从最粗俗到最优美，以极其不同的方式一个接一个地出现在长诗中。各种不同语言的典故，涉及多个领域（如文学、哲学、宗教史）。但《荒原》的基本主题是不难把握的。艾略特本人，正如他在《传统与个人才能》一文中表明的，是一个非常富于历史感的诗人。他不是就某个问题写自己一时一地的感受，而是企图以诗的形式，历史性地概括西方社会整整一个时代的沉沦。

《荒原》主要写了"荒"——"描写西方现代文明的枯燥和无力"，同时也写了"救"——用宗教拯救"荒原"。全诗五章自始至终贯穿着"荒"和"救"两个字。"荒"是第一位的，"救"是第二位。读者在诗中所看到的是贫瘠的土地，枯死的树木，冰冷的岩石和阴森的监狱；所听到的是凄凉的钟声，苦恼人的叹息，慈母的哭泣和夜莺的"悲鸣"；所感到的是精神的空虚，情欲的泛滥，世态的炎凉和理想的破灭。整个社会一片荒芜。诗人希望人们能恢复信仰，坦诚献身，像寻找圣杯的骑士一样治愈渔王——社会，而要实现这一理想，就必须有"舍己为人、同情、克制"的精神，这样才能使荒原变为绿洲。

艾略特以一种"独特的诚实"，撕下了掩盖资本主义社会丑恶的神圣面纱，大胆地将战后欧洲的各种弊端揭露出来，表现了20世纪西方社会的文明危机，其容量之浩瀚，感觉之敏锐，为当代许多作家的作品所不及。

(三) 艺术特色

1. 艾略特在《荒原》中大量运用典故

从希腊神话、荷马史诗到但丁的《神曲》，从莎士比亚的戏剧到波特莱尔的《恶之花》、弗雷泽的《金枝》等，诗人将这些典故信手拈来，熔为一炉，形成新的意象，加深与扩大诗歌含义，勾起读者丰富的联想。例如在第一章中，写了在冬天破晓时的黄雾中，人们鱼贯过伦敦桥的情景：

    一群人鱼贯地流过伦敦桥，
     人数是那么多，我没想到死亡毁坏了这许多人。

诗人化用但丁《地狱篇》中的语句，抒发了诗人认为现代人正在走向地狱而虽生犹死这样一种感受，使人自然地把伦敦桥与阴森恐怖的地狱相联系，产生了奇谲的艺术效果。典故使诗歌含蓄、深邃，简洁凝练。正如批评家瑞恰慈所说："在艾略特手里，典故是一种简洁的技巧，《荒原》在内涵上相当于一首史诗，没有这种技巧，就得用十二本著作来表达。"

2. 形散神不散是《荒原》又一个特点

表面看来，诗歌"支离破碎"，像一盘散沙。黄雾的伦敦，荒凉而空虚的大海，破烂的帐篷，没有流水的礁石……彼此之间没有联系，好像各种颜色乱涂一气，显得凌乱而又杂沓。但实际上，全诗为统一的"意念的音乐"所支配。它像一根无形的线，把散乱的珍珠串联起来。毫不相干的画面一经组织在"荒原"这个意象里，安排在"寻找圣杯"的结构框架里，就形成了一个枝叶婆娑而又主干分明的艺术整体。艾略特之所以采取此种拼贴、镶嵌艺术，跟他的文学主张有关。他说："当诗人的头脑为创作做好一切准备时，它总是在不断地拼联相异的经验，人们通常的经验是混乱的，不规则的，断裂而零碎的。一个谈恋爱，一个阅读，两者互不相干，而又和打字声、烹调的香味也不相干，但在诗人的头脑中，这些不相关的经验总是形成新的整体。"

3. 象征的丰富性和多样性使《荒原》鹤立鸡群，远远超出一般象征派诗歌

艾略特运用多种色彩、多种音调、多种形状的"客观对应物"，编织成一张巨大的象征之网。这里所谓的象征，是广义的，既包括通常意义上的象征，也包括与它有密切关系的许多另外的手法。艾略特为了在作品中建造一个可阐释的无限性的象征世界，充分利用并极大地丰富、发展了象征主义的技巧。《荒原》的每一章都是高度戏剧性的，各章的标题都有内在的联系。例如，《死

者的葬仪》中提到的被溺死的腓尼基水手,就是第四章《水里的死亡》的主题。诗人把一个场景或几个场景组织起来,以包含并表达诗人企图传达的各种复杂的思想感情。由于采用了这种办法,《荒原》成了诗人内心状态的客观对应物。

"火"是情欲的象征,也是"圣火"的象征;"水"既是死亡和灾难的象征("小心死在水里"),又是生命和欢畅的象征("可爱的泰晤士,轻轻地流,等我唱完了歌")。"岩石"是枯涸的象征("干石头发不出流水的声音"),也是避难所的象征("请走进这块红石下的影子")。"破碎的偶像"是宗教受摧残的象征;"枯死的树"是精神枯竭的象征;"春天里,把薛维尼送到博尔特太太那里",是猥亵生活的象征……《荒原》是一座"象征之林",它凝聚着诗人心灵的光辉,扣响了读者的心扉,开拓出深刻的思索天地,出现了歌德所说的最佳意境:"象征把现实转化为一个观念,把观念转化为一个形象,结果是这样:观念在形象里总是永无止境地发挥作用而又不可捉摸,纵然用一切语言来表现它,它仍然是不可表现的。"

艾略特和他的前辈波特莱尔一样,喜用"丑"来装点他的世界。例如:

> 可是在我身后的冷风里我听见,
> 白骨碰白骨的声音,匿笑从耳旁传开去。
> 一只老鼠轻轻穿过草地,
> 在岸上拖着它那粘湿的肚皮。
> 而我却在某个冬夜,在一家煤气厂背后,
> 在死水里垂钓。
> 想到国王我那兄弟的沉舟,
> 又想到在他之前的国王,我父亲的死亡。
> 白身躯赤裸裸地在低湿的地上,
> 白骨被抛在一个矮小而干燥的阁楼上,
> 只有老鼠在那里踢来踢去,年复一年。

诗中"白骨"、"老鼠"、"死水"、"沉舟"、"黄雾"、"毒日"等意象比比皆是。诗人通过这些阴森鄙陋的意象,编织了一幅现代社会生活的立体图。《荒原》本是一首道德色彩很浓的诗,诗人对现代人的物欲横流深恶痛绝,然而,我们在诗中看到的只是一个个感性的形象而无说教,诗人把自己的观点、思想深深地藏在形象之中。艾略特不愧为"在庸俗的生活、尘嚣的市街中,发现诗

的要素"的伟大诗人。

《荒原》很少用韵，但又不同于通常的自由诗，它在无规律中有规则，无节奏中有节奏。诗歌的进展有时急促，有时舒缓。诗句有长有短，既有十分口语化的片段，又有抒情和讽刺的片段，总之，极富变化。

第四节 乔伊斯

詹姆斯·乔伊斯（James Joyce，1882—1941）是西方现代文学史上一位举足轻重的人物，举世公认的意识流文学大师。今天，这位爱尔兰出生并长期侨居海外的小说家已经成为现代主义精神的象征，而他的意识流长篇巨著《尤利西斯》也已成为现代主义小说的杰出典范。

一、生平与创作

乔伊斯于1882年2月2日出生在爱尔兰首都都柏林的一个中产阶级家庭。童年就读于天主教学校。青年时代决心献身文学，于1898年入都柏林大学攻读语言学。他认为，走向文学艺术必须离开都柏林，摆脱爱尔兰宗教、政治和社会生活的影响，保持作家的"纯客观态度"。因此，于1902年赴巴黎学医，到他逝世为止，一直在欧洲大陆生活。第二次世界大战爆发不久，法国沦陷，乔伊斯被迫迁居中立国瑞士的苏黎世。1941年1月，这位意识流大师终因病魔缠身，心力交瘁而离开了人世。

乔伊斯的绝大部分作品虽然创作于异国，但题材和人物始终以都柏林的社会生活为基础。他的短篇小说集《都柏林人》（1914）由15个短篇组成，描绘了都柏林形形色色的中、下层市民的平凡琐事，有鲜明的现实主义倾向，反映了他对资本主义的批判态度。但在力求细节真实的同时，他又使其画面变成某种象征，构成了故事的深层结构：梦想与现实的矛盾。

《青年艺术家的肖像》（1916）有作者的自传成分。这部作品标志着乔伊斯由传统小说进入意识流小说的创作领域。小说极力揭示主人公斯蒂芬幼儿期、少年期与青春期的内心世界，表现他的意识发展过程，描绘他的潜意识活动，其中包括性本能冲动。作品采用意识流小说惯用的时空交叉颠倒、自由联想、内心独白等技巧。

《尤利西斯》（1922）是乔伊斯的意识流代表作，创作历时七年。它一问世,便遭到评论界的非议,斥之为"大杂烩"、"猥亵淫秽",在许多国家遭到查禁。一些好心人也对乔伊斯提出忠告,美国诗人庞德曾在原稿上删除了20行"不雅"的文字,但是遭到乔伊斯的坚决反对。直到1933年由美国纽约地方法院宣布它是非淫亵作品,英、美等国家才取消出版禁令。《尤利西斯》是世界小说史上最富于实验性与创造性的经典力作,这部小说在西方文坛引起了强烈的反响,确立了乔伊斯在现代主义文学中的领导地位。

《为芬尼根守灵》(1939)是乔伊斯最后一部长篇小说。这是一部寓言式的作品,写一个守尸人将酒洒在一个意外身亡的工人芬尼根的尸体上,死人居然复活了。小说以芬尼根的继承人厄威克的梦构成全书的主要内容。乔伊斯企图通过他的梦来概括人类的全部历史,表现其过程中反复出现的死亡与复活这一循环往复的主题。整部小说都是用晦涩的梦的语言写成的,是乔伊斯所有作品中最难读懂的作品。

乔伊斯的创作道路坎坷不平,艰难曲折。他的每一部作品都是历尽挫折之后才得以问世。乔伊斯在创作中遵循由里及表、由微观到宏观的创作原则。他注重揭示人物的精神世界,不厌其烦地发掘人的意识领域。他主张作家退出小说,让读者直接进入人物的心理世界去把握时代的脉搏。从某种意义上来说,乔伊斯已经成为20世纪自我流放、公开与社会对抗的现代主义作家的象征。半个多世纪以来,乔伊斯的作品对整个世界文学产生了重要的影响。他精湛纯熟的意识流技巧以及他对小说的谋篇布局和叙述形式所作的大胆实验与改革,为现代主义小说的发展开辟了一条新的途径。

二、《尤利西斯》

(一) 内容简介

《尤利西斯》涉及哲学、历史、政治、心理学各科,接触到都柏林生活的每个侧面,但其故事情节却十分简单,总共只描写了1904年6月16日早晨8时到次日凌晨2时这18个小时内三个人物在都柏林的活动。斯蒂芬在母亲去世后一直沉浸在悲哀和懊悔之中,他因没有听从母亲的临终遗言而抱恨终生,又因在精神上与宗教、家庭和国家决裂而感到无所依托。布鲁姆是犹太裔爱尔兰人,他以给报纸承揽广告业务为生。这天,他在都柏林四处奔忙,却一无所获。幼子的夭折,在他心灵上留下了不可弥合的创伤。他的性机能衰退,而妻子莫莉在家招蜂引蝶,更使人羞愧难当。他虽为都柏林人,却始终使人感到他不过是一个漂泊流浪的异乡客。他为人诚恳,但常受人嘲弄奚落;他相当通达世故，但不免流于庸俗猥琐。在道德衰败、家庭分裂、传统观念沦丧的现代大千世界里，布鲁姆和斯蒂芬在一家妓院相遇。斯蒂芬穷极无聊，喝得酩酊大醉。布鲁姆为他解围，悉心照料。在灯影闪忽中两人相对而立，布鲁姆在恍惚中觉得斯蒂芬是他夭折的儿子。斯蒂芬找到了"父亲"，布鲁姆找到了"儿子"。布鲁姆深夜带斯蒂芬回家，他的妻子莫莉刚刚送走情人。当她听说斯蒂芬以后要加入他们的生活，这位歌唱演员朦朦胧胧地感到一种母性的满足，并隐隐感到对一个青年男子的冲动。乔伊斯通过对这三个人意识的剖析，向读者展现了他们的全部精神生活和个人经历，力图反映整整一个时代所面临的问题和危机。作者好像用了一个高倍显微镜，将漫长的时间和巨大的空间浓缩到18个小时之中和方圆几十里的范围之内。

（二）人物形象

乔伊斯在《尤利西斯》中塑造了三个"代表着全人类"的典型形象。布鲁姆对应尤利西斯、其妻莫莉对应珀涅罗珀、斯蒂芬对应尤利西斯的儿子帖雷马科。

书名"尤利西斯"即主人公布鲁姆，是一位现代的庸人主义者。乔伊斯认为荷马塑造的尤利西斯完整地显示了人的性格的一切方面，而现代的"尤利西斯"布鲁姆同样富于多层次的复杂性格。一方面，他性格懦弱，庸俗无能，安于现状。他在都柏林一天的"漂流"平庸卑微，对待家庭生活逆来顺受。儿子幼年夭亡，给他以极大的精神创伤。生活的颠簸，工作的劳累，使他十年前丧失了性机能。他知道妻子对他不忠，在众人面前深感羞辱，也只能沉默忍受。长年来他的生活就如这一天平庸琐碎：除了工作，无非就是起床、洗澡、吃饭、写信、散步，在街上游晃，无聊之至。只是在猥亵庸俗之中寻找一丝快意；另一方面，布鲁姆作为现代"非英雄化"的"当代英雄"，又富于同情心，诚恳待人，有侠义心肠。作为犹太人，他不屈服于受人欺凌侮辱，情不自禁卷入到一场为犹太人辩护的政治辩论中去。他在自己极度痛苦之中仍关心照顾受难的斯蒂芬。从布鲁姆身上所透露出来的人性表现，体现了爱尔兰小市民大恶不作，至善不能，却不乏善良之举的气质。因此，布鲁姆既是一个"反英雄"，丝毫没有尤利西斯的英雄光彩，又是一个具有人道精神的现代人。

大学毕业不久的中学历史教师斯蒂芬是个愤世嫉俗的虚无主义者。他性格内向，优柔寡断，对现实强烈不满，烦躁不安。对艺术和理想的追求失败，使他整天处于懊丧无奈与无聊之中。从小因对母亲过分的爱恋情结，使他觉得愧对父亲。为求得到父亲理解，他拒绝母亲临终前要他皈依宗教的要求，但并未得到父亲谅解，他为此遗憾不已。斯蒂芬渴望找到一位可以依托自己精神的父亲。从救助他的布鲁姆身上，他感到那种他长期向往追寻的父爱；另一方面，斯蒂芬是个富于幻想的青年艺术家，有自己独特的哲学思想和文艺观，思维敏锐，感情脆弱。他痛苦探索爱尔兰民族前途与社会人生的出路，对爱尔兰遭受英国奴役十分愤慨，同时又对爱尔兰统治阶级以天主教名义张扬自己而深感不满。因此他回避人民争取民族解放的斗争，不愿当任何人的奴隶，不管是家庭，祖国，或者教会，他都不再盲目地承担义务责任。他说："历史是一场噩梦。我正在设法从梦里醒过来。"于是他四处漂泊流浪，终于找到了自己的人生哲学与生活道路：沉默、流亡、技艺。他虽然没有帖雷马科助父复业的气概，但他在不断地寻找人性，表现一代人对自我的关注。

莫莉作为布鲁姆的妻子则是个肉欲主义者。她是个完全被肉欲本能所支配左右的人物，充满炽烈的情欲。丈夫的无能，生活的平淡，使她终日沉溺于官能的享乐之中，以此寻求空虚的精神和灵魂的安慰。刚刚送走情人的莫莉，当布鲁姆告诉她斯蒂芬将加入他们的生活一事后，朦胧中感到一种母性的满足和对青年男子的情欲意识。睡意朦胧的脑海中潜意识地出现了早年的情人和父亲，展现出自己与丈夫热恋的情景，想起现在的情人和将要住到家中来的斯蒂芬。似真非真，迷离朦胧，充满了情欲的冲动和喜悦。同时在她的潜意识深处，依然怀有对丈夫的浓郁情意，回忆他向她求婚的情景，想起丈夫对她的感情以及种种优点，表现出对美好生活水平的追求与向往。莫莉虽然没有珀涅罗珀对丈夫的那份忠贞，但她热爱生活，精力旺盛，也不乏理智（最后还是认为布鲁姆最可靠）。斯蒂芬和莫莉构成了现代人性格上的灵与肉统一的特征。

（二）艺术特色

1. 神话模式

正如乔伊斯本人所说，这部小说既是犹太人和爱尔兰人的史诗，又是人体器官的图解；既是他的自传，又是永恒的男性和女性的象征；既是艺术和艺术家成长过程的描绘，又是上帝吾父和耶稣吾子关系的刻画；既是古希腊英雄尤利西斯经历的现代版，又是传播圣经的福音书。

《尤利西斯》是借用古希腊神话中的伊塔刻国王奥德修，也是荷马史诗《奥德修纪》中的同名英雄作为书名的，把古希腊英雄在海上漂泊十年，最后终于返回家乡的故事予以现代化，并反其意而用之。乔伊斯在书中精心构思安排了与《奥德修纪》中相对应的结构模式，把《奥德修纪》中的24章缩为18章，对应三个主人公18小时的心路历程，象征性地展示"现代英雄"归家途中竭力躲避或无力征服的障碍和灾难。甚至每个章节和每个主要人物、地名，都用《奥德修纪》中的人名、地名来隐喻。充满智慧勇敢的古希腊英雄奥德修在海上的种种历险，变成了现代"尤利西斯"、小市民布鲁姆在都柏林街巷中的无所事事的漫步。奥德修回家设计勇敢地射杀那群向他妻子求婚的无耻之徒，而布鲁姆明知妻子在家与剧院经理波伊交欢，却不敢去过问，只是龟缩在小酒店里痛苦地想象妻子与别人偷情的情景。这一对比使古希腊的英雄精神在20世纪变得卑微胆怯，猥琐可悲，古代令人振奋的英雄主义让位于现代碌碌无为的庸人主义；《奥德修纪》中沉着处理纷乱家事，冒险出海寻找父亲，具有务实主义精神的奥德修的儿子帖雷马科，变成了空虚无聊，沉溺于内心苦闷，成天游逛，在酗酒、嫖妓、打斗中寻找刺激的现代儿子斯蒂芬，坚毅务实的精神被虚无主义所替代；同样，古希腊英雄坚贞贤良，善于思考，对丈夫忠贞不渝的王后帕涅罗珀的形象让位给了现代妻子、轻佻放荡的莫莉，理性的情感变成了肉欲主义。乔伊斯在这种古今平行关系的对比象征描述中，在古希腊英雄高大身姿与高尚情操的反衬下，更体现出现代人的平庸卑微。古代神话传说中的英雄，在现代社会中已成了人格分裂，猥琐渺小的凡夫俗子。通过对现代人庸庸碌碌生活的展示，尤其是对人物潜意识内心世界的深入挖掘，细致入微的描绘，对他们庸俗猥琐的高度概括，来探索爱尔兰殖民性、岛国性、庸俗性的民族意识，揭示爱尔兰所面临的时代危机，同时也预示人类的危机。正是从这个意义上，我们说《尤利西斯》是一部西方社会精神崩溃的现代史诗。

2. 意识流手法

《尤利西斯》被视为意识流小说的经典。在作品中，乔伊斯直接表现人物的意识流动，没有任何解释性的评论，不告诉读者这是在介绍谁的意识，完全由读者自己去辨别。而且作品中的其他描写与意识流描写并无界限，其转换也不留标示。人物意识既有清醒的理性意识，也有非理性的潜意识。其意识所反映的时间——过去与现在是交叉杂糅的；空间——真实的现实场景与虚拟的象征场景也是不断地变化着的。

"内心独白"是《尤利西斯》运用较多的手法之一。作品中莫莉从睡梦中醒来时的一段内心独白就是一个典范，被著名的心理学家荣格称为"精彩的心理分析"。它打破了理性顺序，略去标点符号，模拟人在似睡非睡状态下连绵不断的意识流，其中包括最隐秘的潜意识。莫莉的"内心独白"不但使当年熟悉的情景跃然纸上，而且还生动地展示了夫妇关系当前的发展。莫莉是在和布鲁姆十年没有正常性生活之后，尤其是在这一天终于和别人发生了关系之后，经过半夜的复杂思索,才又回过头来体味当年的快乐,而且在回味中又产生强烈的兴奋感和幸福感。这是对青春和爱情的欢呼、歌颂,可看做是全书精神内容的一个总结。

"自由联想"是意识流手法的另一特征。如果说人的意识活动像一条无穷尽的不规则"曲线",那么自由联想便是这曲线上的若干的"点"。点与点之间的联系完全凭借想象逻辑,带有跳跃、飞翔、随意和主观性。《尤利西斯》第三章有一段表现斯蒂芬在海滩散步时的意识流动便是自由联想:

她们从里希台地上谨慎地走下阶梯,助产士们,她们下到倾斜的海滩上,伸成八字形的脚松弛地陷入淤塞的沙子里。像我,像阿尔吉农一样,朝我们强大的母亲走下来。头一个沉重地甩动着助产士的袋子,另一个的伞伸到了海滩上。获得了特许,出来痛痛快快地玩一天。弗洛伦丝·麦克凯布夫人,已故帕特克·麦克凯布的遗孀,布莱德街上,深深地哀悼他。她那些姐妹中的一个把我尖叫着拖进生活。从虚无中创造。她袋子里都有些什么?一次堕胎的产物,连同蜿蜒的脐带一起塞在红色的绒布里,连接着过去的一切带子,一切肉体的纠缠扭结的电线。那就是为什么和尚是神秘的。你要像神一样吗?瞧瞧你的肚脐吧。喂,我是肯西。请接伊甸园A001。斯蒂芬在海边沉思默想时,忽然看见一群年轻的助产士向海滩跑来。他由助产士手中的袋子想到脐带,从脐带又联想到代代相传的人类,又想入非非地把脐带当做电话线,并可以向伊甸园打电话。电话号码由希伯来文的第一个字母和希腊文的第一个字母A以及001组成。这里,自由联想的基本线路为:袋→死婴→脐带→和尚→电话。其联想的随意性及大跨度的跳跃性使联想的结果往往与当时激发联想的原事物相距甚远,所以常使人觉得突兀离奇,颇难索解。

第五节 贝克特

一、生平与创作

(一) 贝克特的生平

塞缪尔·贝克特(1906—1989),爱尔兰剧作家、小说家和诗人。1969年诺贝尔文学奖获得者。一般评论把他归入后现代主义范畴。他的作品存在主义色彩很浓,往往宣传世界不可知、人生无意义等思想。他的创作思想对现代戏剧艺术的探索和革新产生了重要影响,被公认为荒诞派戏剧的领袖人物之一。

1906年4月13日,贝克特出生在爱尔兰首都都柏林的一个中产阶级的犹太人家庭,与乔伊斯是同乡。他父亲是个出色的测量员,母亲是个虔诚的新教徒。贝克特从小就深受新教的影响。14岁那年,贝克特进入了波多拉皇家学校读书,著名剧作家王尔德也曾是这所学校的学生。1923年,他进入三一学院攻读现代语言学课程,主修法语和意大利语,1927年完成学业。1928年赴法国一所大学任教。在巴黎,他不但受到了现代主义思想的影响,而且结识了他崇拜已久的意识流大师乔伊斯,并充当了已经双目失明的乔伊斯的助手,参与整理乔伊斯正在撰写的《芬尼根的觉醒》一书的手稿,成为了他亲密的秘书和朋友。他十分欣赏乔伊斯的小说创作,除和他合作将乔伊斯的一些作品译成法文外,还在自己的作品中,刻意模仿他的风格,所以,有不少论著将他称为"小乔伊斯"。

1930年,贝克特从巴黎返回都柏林,在三一学院担任助教。1932年,他辞去教师职位,开始周游欧洲各国,并时常为先锋派杂志撰稿。1933年,父亲去世,贝克特继承了一笔为数不多的年金,从此开始了职业作家生涯。1937年,贝克特在法国定居。"二战"期间,他参加了法国地下组织,投身抵抗法西斯运动。在此期间,他开始创作现代主义长篇小说《瓦特》(1953),对叙述手法和语言形式作了大胆的实验。战后,贝克特曾回爱尔兰,临时为红十字会工作,后来又回法国担任过短期的盟军翻译。1945年,他回到巴黎,从事专业创作活动,直到1989年去世。

(二) 贝克特的几部荒诞派作品

贝克特的创作应分为两个部分:小说和戏剧。他最初是写小说步入文坛的,有三部曲小说《马洛伊》、《马隆纳之死》和《无名的人》,但因为他在戏剧方面的卓越成就,他首先是一个戏剧家。

1953年,一出名叫《等待戈多》的戏剧在法国塞纳河畔上演,轰动了法国剧坛,使贝克特一举成为荒诞派戏剧流派中最重要的作家。1969年,由于"他那具有新奇形式的小说和戏剧使现代人从精神贫困中得到振奋",贝克特荣获诺贝尔文学奖。

《等待戈多》的成功大大激发了他的创作热情。自此以后,他相继创作了《结局》、《哑剧1》、《倒下的人们》、《最后一盘磁带》、《尸骸》、《哑剧2》、《啊,美好的日子》、《卡斯康多》、《喜剧》等十多部剧本,奠定了他在西方文学史上的地位。

《结局》（1957）所要揭示的主题是：人的生存状态是荒诞的、痛苦的。全剧只有四个人物，四个人物都是病人。主人公汉姆是一个双目失明的瘫痪症患者，终日坐在轮椅里；汉姆的父母都失去了双腿，各人坐在一个垃圾桶里，不时从里面伸出头来要东西吃；仆人克洛夫也患着一种怪病，只能站，不能坐。全剧唯一的动作就是仆人推着汉姆的轮椅在室内转动，汉姆把这叫做"周游世界"。室内一无所有，像地狱般阴森可怕，室外光秃秃的，像死一般沉寂。整个场面都显得十分凄惨，剧中所有的人都处在绝望的痛苦中。剧名取为"结局"，这也是有其意义的。剧中的主人公汉姆说："结局在开始的时候就出现了，然而还在延伸。"戏剧结束并不意味着人生痛苦的完结，它还在延伸……

《啊，美好的日子》（1963）所要揭示的主题与前剧差不多。这是一部两幕剧。出场人物只有一对老年夫妇。戏剧开始时，女主人公维妮半截身子已埋入黄土中。她却好像刚刚起床似的，打开眼前摆出的提包，取出梳洗工具，不停地摸索着牙膏、口红、眼镜等，两手不停地动作，犹如昆虫细肢的颤动。她的第一句台词是"啊，又是一个美好的日子"。她接下去讲的是一些杂乱无章的、毫无上下文联系的意识流字句：商品广告、营养药品、口红、过去的生活片段……到第二幕，黄土已埋到她的颈部了，可她还在赞美说："啊，又是一个美好的日子！"她也照样在寻找生活的乐趣，甚至唱起轻佻的情歌。一切都在按程序重新开始。作者就是这样无情地、深刻地揭露出资本主义社会已荒诞不经到了这样的地步：人完全是被习惯与本能支配的对象，他们的精神已错乱到麻木不仁、自我欺骗的地步。

二、《等待戈多》

（一）内容介绍

《等待戈多》是一出两幕剧。第一幕，两个身份不明的流浪汉戈戈和狄狄（弗拉季米尔和爱斯特拉冈）在黄昏小路旁的枯树下等待戈多的到来。他们为消磨时间，语无伦次，东拉西扯地试着讲故事、找话题，做着各种无聊的动作。他们错把前来的主仆二人波卓和幸运儿当做了戈多。直到天快黑时，来了一个小孩，告诉他们戈多今天不来，明天准来。第二幕，次日黄昏，两人如昨天一样在等待戈多的到来。不同的是枯树长出了四五片叶子，再次出现的波卓成了瞎子，幸运儿成了哑巴。天黑时，那孩子又捎来口信，说戈多今天不来了，明天准来。两人大为绝望，想死没有死成，想走却又站着不动。剧作无论从剧情内容到表演形式都体现出了与传统戏剧大相径庭的荒诞性。

贝克特以戏剧化的荒诞手法，揭示了世界的荒谬丑恶、混乱无序的现实，写出了在这样一个可怕的生存环境中人生的痛苦与不幸。剧中代表人类生存活动的背景是凄凉而恐怖的。人在世界中处于孤立无援、恐惧幻灭、生死不能、痛苦绝望的境地。

（二）"戈多"究竟是谁

《等待戈多》中，两个像瘪三一样的流浪汉自始至终在等待一个名叫戈多的人。他们穷困潦倒，希望戈多的出现能使他们得救。然而戈多自始至终也没有出现。

那么，戈多究竟是谁呢？

有人说，戈多（Godort）就是上帝（God），《等待戈多》（*En Attendant Godot*）这个法文剧名，看来是暗指西蒙娜·韦尔的《等待上帝》（*Attent de Dieu*）一书；有人说，戈多象征"死亡"；有人说，剧中人波卓就是戈多；有人说，戈多是巴尔扎克剧作《自命不凡的人》里一个在剧中从不出现的人物"戈杜"（Godeau），有人甚至说，戈多就是一位著名的摩托车运动员……于是有人问作者，贝克特两手一摊，苦笑一声："我要是知道，早在戏里说出来了。"

无论贝克特是在故弄玄虚，还是他真不知道，这一回答正好道出了该剧的真实含义，即人对生存在其中的世界，对自己的命运一无所知。无论戈多将会是谁，从作品中可以明显看出，他的到来，将会给剧中人带来希望。戈多是不幸的人对于未来生活的呼唤和向往，是当今社会人们对明天某种指望的代表，象征着"希望"和"憧憬"。

1957年11月9日，《等待戈多》在旧金山圣昆廷监狱演出，观众是1 400名囚犯。演出之前，演员们和导演忧心忡忡，这一批世界上最粗鲁的观众能不能看懂《等待戈多》呢？出乎意外的是，它竟然立即被囚犯观众所理解，一个个感动得痛哭流涕。一个犯人说："戈多就是社会。"另一个犯人说："他就是局外人。"这以后，无田无地的阿尔及利亚农民把戈多看做是已许诺却没有实现的土地改革；而具有被别国奴役的不幸历史的波兰观众，把戈多作为他们得不到民族自由和独立的象征。人们终于恍然大悟："戈多"原来是那"口惠而实不至的东西！"

（三）主题

《等待戈多》的主题和核心是等待希望。是一出表现人类永恒的在无望中寻找希望的现代悲剧。"戈多"作为一个代名词始终是一个朦胧虚无的幻影，一个梦魇中的海市蜃楼。戈多虽然没有露面，却是决定人物命运的首要人物，成为贯穿全局的中心线索。戈多似乎会来，又老是不来。戈戈和狄狄生活在如此恶劣的环境中，想活连骨头也吃不到，想死连绳子也没有。但他们还是在执著地希望着、憧憬着。无论戈多会不会来，也不管希望会不会成真，它毕竟使绝望中的人多了一层精神寄托。如果说，戈戈和狄狄在荒诞的世界中百无聊赖地活着、希望着，具有一种幽默滑稽成分的话，那么，他们在无望的希望中执著地等待也令人感动。他们既不知道戈多是谁，也不知道戈多什么时候来，只是一味地苦苦等待。狄狄说："咱们不再孤独啦，等待着夜，等待戈多，等待着，等待着。"天黑了，戈多不来，说明天准来，第二天又没来。第二幕中，一夜之间，枯树长出来了四五片叶子，戈戈和狄狄的穿着更破烂，生存状况更糟糕，波卓成了瞎子，幸运儿成了哑巴。剧中的两天等待情景，是漫长人生岁月的象征。真是"戈多迟迟不来，苦死了等他的人"。《等待戈多》向我们揭示了一个残酷的社会现实，也给我们以极大的启迪：希望是存在的，但要等待希望的实现是不可能的，等待就是意味着幻灭。尽管如此，人类还是应该"明知不可为而为之"。《等待戈多》中对希望的等待，体现了贝克特不愿将痛苦的人类推入绝望的深渊，于无望之中给人留下一道希望之光的存在主义人道主义的思想。

（四）艺术特征

《等待戈多》在艺术上表现出反传统戏剧倾向，具有浓郁的荒诞性特征。

首先，戏剧的情节内容是荒诞的。没有开端高潮，也无结局。戈戈和狄狄从何而来，为何要等戈多，我们都一概不知。整个内容情节以人物无聊的小动作，语无伦次唠叨，含糊不清、支离破碎的讲述小故事和人物的杂耍来代替。脱下靴子，往里看看，伸手摸摸又穿上。抖抖帽子，在顶上敲敲，往帽子里吹吹又戴上，充满滑稽与无聊。戈戈和狄狄在一起等了一天，第二天见面时却互不相识。一夜之隔，枯树长出了叶子，波卓变成了瞎子，幸运儿变成了哑巴。幸运儿替主人成天套在脖子上的那只沉甸甸的箱子，里面装着沙土。戏剧只展示了两个傍晚，但次日却是个不定数。戈多托小孩带来口信，说明天要来，却又总不来。失望的戈戈和狄狄想上吊，却没吊成，老说要走，但始终没付诸行动。杂乱的荒诞不经的内容与情节，表明了生活的荒诞、人生的荒诞。

其次，戏剧的语言是荒诞的。人物的对话、独白颠三倒四，胡言乱语，充满了荒诞性，使戏剧显得滑稽而混乱。如一开场戈戈、狄狄各自喃喃述说自己痛苦,牛头不对马嘴,唠叨重复,文不对题。被主人唤作"猪"的幸运儿,突然激愤地讲演起来,不带标点的连篇累牍、毫无意义的废话,使人不知所云。表明在这个非理性化、非人化的世界里,人既然失去了本质力量,他就没有自由意志,没有思想人格,语言当然也该如此。有时人物语言也偶显哲理,流露出人物对荒谬世界与痛苦人生的真实感受。请看剧中弗拉季米尔和爱斯特拉冈的一段对话:

爱:咱们马上就上吊吧。
弗:在树枝上?我信不过它。
爱:咱们试试总是可以的。
弗:那就试吧。
爱:你先来。
弗:不,不,你先来。
爱:干吗要我先来?
弗:你比我轻。
爱:正因为如此!
弗:我不明白。
爱:用你的脑子,成不成?
弗:我想不出来。
爱:是这么回事。树枝……树枝……用你的头脑,成不成?
弗:你是我的唯一希望了。
爱:戈戈轻——树枝不断——戈戈死了。

这些话表面上胡言乱语,实则寓有深意,包含哲理:即使到了绝望的地步,谁也不愿先死。人表面上是白痴,实际很清醒。正如有的评论家说的,剧中的语言,就像意识流小说的人物独白一样,确切地表现人物内心意识流动的过程和轨迹,能真实表现那些特定角色的精神状态和思想情绪。人物怪诞语言的逼真而夸张的运用,构成了独特的舞台情感信息,传递了荒诞派戏剧鲜明突出的荒诞特征。

最后,寓意与象征。这部戏剧的主题是"等待"。等待,寓意着没有意义的生活,这正是荒诞概念中的人类生存条件,即缺乏意义。弗拉季米尔和爱斯特拉冈象征着战后生活在苦难中的人类。人类作为社会存在的支柱,在畸形发展的资本主义社会里,特别是在战后的西方社会里,已经到了无法生存下去的地步;社会的罪恶和灾难使得人格丧失,个性毁灭。社会已成为一个不适合人类居住的世界。他们只不过生活在荒野中的一棵没有枝叶的枯树下,"生活在空虚之中!"他们处在一种生死不能的尴尬难堪的境地。明明知道戈多不会来,还是要等待,在等待中死去、消亡。

剧中,暮霭的黄昏,阴沉沉、灰茫茫,荒野之中只有一条小路,小路旁边只有一棵秃树,象征着世界的空虚;两个流浪汉脱靴子,倒靴子,摸靴子,看靴子,象征着摆脱人生的束缚与痛苦;本是光秃秃的枯树,一夜之间却长出了几片叶子,象征着总有点微弱的希望。贝尔特把这种荒诞的形式称为"比喻"。他想让舞台道具开口说话,把思想变成视觉现象,使人物的情感外化,充分体现"荒诞"的意识。这些荒诞的舞台形象大大加强了戏剧的效果,是比对白、台词更重要的戏剧因素。

第六节 马尔克斯

一、生平与创作

加西亚·马尔克斯(1927—),哥伦比亚作家,记者。生于马格达莱纳省阿拉卡塔卡镇。父亲是个电报报务员兼医生。他自小在外祖父家中长大,外祖父当过上校军官,性格善良、倔强,思想比较激进;外祖母博古通今,善讲神话传说及鬼怪故事,这对作家日后的文学创作有着重要的影响。13岁时,他迁居首都波哥大,就读于教会学校。18岁进国立波哥大大学攻读法律,并加入自由党。1948年,哥伦比亚发生内战,他中途辍学。不久,他进入报界,任《观察家报》记者,同时从事文学创作。1954年起,任该报驻欧洲记者。1961年起,任古巴拉丁社记者。1961年至1967年侨居墨西哥,从事文学、新闻和电影工作。1971年获美国哥伦比亚大学名誉文学博士称号,1972年获拉美文学最高奖——委内瑞拉加列戈斯文学奖,1982年获诺贝尔文学奖和哥伦比亚语言科学院名誉院士称号。加西亚·马尔克斯作品的主要特色是幻想与现实的巧妙结合,以此来反映社会现实生活,审视人生和世界。重要作品有长篇小说《百年孤独》(1967)、《家长的没落》(1975)、《霍乱时期的爱情》(1985),中篇小说《枯枝败叶》(1955)、《恶时辰》(1961)、《没有人给他写信的上校》(1961)、《一件事先张扬的凶杀案》(1981),短篇小说集《蓝宝石般的眼睛》（1955）、《格兰德大妈的葬礼》（1962），电影文学剧本《绑架》（1984），文学谈话录《番石榴飘香》（1982）和报告文学集《一个海上遇难者的故事》（1970）、《米格尔·利廷历险记》（1986）等。

1967年5月，《百年孤独》刚刚问世，立即轰动西班牙语文学界及整个世界文坛。当时年仅39岁的马尔克斯"一夜之间就变成了大红人"。拉美各国报刊竞相采访，发表作家介绍、谈话录、访问记。这部"爆炸性"的小说一版再版，在一个时期内，甚至达到了一周印行一版的惊人速度。小说很快被译成三十几种文字，畅销世界各国。到小说获诺贝尔奖为止，销售量已达一千万册。这在西班牙语文学史上是罕见的。智利著名诗人聂鲁达感叹地说，加西亚·马尔克斯是"塞万提斯之后最伟大的语言大师"。美国读者将《百年孤独》誉为"拉丁美洲的《堂吉诃德》"。第41届国际笔会主席略萨说："《百年孤独》在拉丁美洲引起了一场文学地震。"多米尼加《此刻》杂志甚至发表文章说："只要有人类存在，人们总会谈起加西亚·马尔克斯的。"

二、《百年孤独》

（一）内容提要

《百年孤独》是马尔克斯最重要的作品，也是魔幻现实主义的代表作。马尔克斯说，他写作这部长篇小说的初衷是要为他童年时代的全部体验"寻找一个完美无缺的归宿"，不只如此，在某种意义上，这部小说也是作家对他过去的文学活动的一个总结。

《百年孤独》描写了一百多年间布恩地亚家族七代人的命运。霍塞·阿卡迪奥·布恩地亚和他的妻子乌苏拉是表兄妹。在以前，乌苏拉的一个姑母与霍塞·阿卡迪奥·布恩地亚的一个叔叔结婚，生的孩子长着一条猪尾巴。乌苏拉害怕自己也生下一个这样的孩子，婚后一年多未与丈夫同房。这事慢慢传开，村里人都认为丈夫无能。一次，霍塞在斗鸡中赢了邻居，后者不服，当众挖苦他。霍塞一气之下在决斗中把邻居刺死，从此常常受死者灵魂的缠绕，他们夫妇只好远走他乡。霍·阿·布恩地亚带领跟随他的村民跋山涉水两年多，最后在一个渺无人烟的小河边建立小村子，取名马孔多。以后人们发现了与外界的通道，马孔多开始繁荣起来，发展为一个小镇。多年后霍·阿·布恩地亚发了疯，被人们捆在院子里的栗树下，被折磨了半个多世纪才死。乌苏拉体魄健壮，活了一百多岁。他们有两个儿子，一个女儿。大儿子生在路途中，叫霍塞·阿卡迪奥，长大后和一个常在他家帮工的女人庇拉·特内拉发生关系，生了一个孩子,叫阿卡迪奥,内战中被政府军枪毙了。小儿子叫奥雷良诺,是第一个生在马孔多的人。他也和庇拉·特内拉发生过关系,生的儿子叫奥雷良诺·霍塞。他后来和政府派来的镇长的女儿雷梅苔丝·莫科特结婚。一天晚上,雷梅苔丝·莫科特突然暴死。霍·阿·布恩地亚的女儿叫阿玛兰塔。他们还收养了一个孤女,据说是他们的亲戚,取名雷蓓卡,但老两口老记不得这门亲戚。雷蓓卡有吃泥土石灰的怪癖,她长大后在爱情上老不如意,后来嫁给了霍塞·阿卡迪奥。第三代中除了庇拉·特内拉生下的阿卡迪奥和奥雷良诺·霍塞外,还有奥雷良诺在内战时期照古老风俗和17个女人生的17个儿子。第四代都是被政府军枪毙的阿卡迪奥的后代。他的女儿非常秀丽,叫俏姑娘雷梅苔丝。两个孪生遗腹子取名为霍塞·阿卡迪奥第二和奥雷良诺第二,他俩长得一模一样,一样的行为放荡,他们都和一个叫佩特拉·科特的姘头胡混。第五代全是奥雷良诺第二的子女。儿子也叫霍塞·阿卡迪奥,女儿叫雷纳塔-雷梅苔丝(梅梅)和阿玛兰塔·乌苏拉。梅梅的儿子叫奥雷良诺·布恩地亚,是唯一的第六代。他爱上他的姑妈阿玛兰塔·乌苏拉,结果生了一个有尾巴的婴儿,他是这个家族的第七代,也是最后一代。他生下不久就成了"一张肿胀干枯的皮",被蚁群拖往蚁穴吃掉了。这时,马孔多被一阵旋风刮走,从世界上消失了。和布恩地亚家族关系密切的是吉普赛人墨尔基阿德斯,他曾在新加坡海滩死于热病,尸体被抛入海中,但因不堪忍受孤寂又重返人间,重来马孔多。他老死在布恩地亚家,留下一部记载以上家族历史的神秘的手稿。

(二)思想意义

马尔克斯在《百年孤独》里创造了一个独特的天地,他将不可思议的奇迹和最逼真的现实生活汇集在马孔多这个丰富多彩的幻境里,夸张地表现了拉美大陆的社会景象和历史特征。这部小说对布恩地亚家族七代人的命运描写是那么触目惊心——老布恩地亚为了逃避仇人普罗登肖的冤魂的纠缠,携妻子乌苏拉和少数乡亲跋涉到荒僻之地开创了马孔多村落,年迈时因精神失常被绑在一棵栗树下,在天降花雨中默默死去;小儿子奥雷良诺上校发动过32次武装起义,跟17个女人生了17个儿子,但一夜之间全惨遭杀害,他躲过14次暗杀,73次埋伏和一次行刑队的枪决,终于厌倦内战,开枪自杀未遂,回到马孔多靠制作小金鱼打发残年;孙子被保守党徒枪毙,曾孙女乘一张会飞的床单飘然而逝;曾孙从装运罢工工人尸体的火车厢里逃脱,在返归马孔多的路上遇到滂沱大雨,这雨一连下了4年11月零2天;六世孙奥雷良诺·布恩地亚与其姑妈阿玛兰塔·乌苏拉同居,生了一个长着猪尾巴的婴儿,这个婴儿竟被蚁群拖入蚁穴吃掉……凡此种种，既有惊人的想象，又有惊人的真实，构成了一个离奇古怪而又十分逼真的艺术境界，给人以似真非真，似梦非梦，扑朔迷离，神奇诡谲的感觉。

其实，《百年孤独》的现实性是非常强烈的。马尔克斯在文艺谈话录《番石榴飘香》一书中说，奥雷良诺上校一家人历尽沧桑的历史，实际上就是拉丁美洲的历史。而作家的职责就在于提醒公众牢牢记着这段容易被人忽视、遗忘的历史。百年孤独的书名本身就是意味深长的，"百年"是指拉美人民受压迫年代的久长，"孤独的反义词是团结"，即要通过团结来摆脱孤独状态。哥伦比亚在西班牙殖民者入侵之前，经历了一个与世隔绝的和平时期。落后的近亲结婚，一直延续到今。小说中的霍·阿·布恩地亚和乌苏拉夫妇俩就是表亲关系，他们的上一辈因为近亲结婚而生下了长猪尾巴的畸形儿，羞耻心和恐惧感一直折磨着这个家庭，到末了也没有逃脱惩罚。最后，布恩地亚家庭的第六代人还是生下了一个长猪尾巴的婴儿，全世界的蚂蚁一起出动，将他拖往蚁穴吃掉，整个布恩地亚家族就此覆灭。社会的发展，必须同愚昧落后、闭塞混乱进行斗争，这是作者要求人们认真思索的问题。殖民者的到来掠走了拉丁美洲的大量宝贵财富。小说用这样的镜头来浓缩这一史实：以墨尔基阿德斯为首的吉卜赛人来到马孔多，用两块小小的磁铁换走了霍·阿·布恩地亚的一头大骡子和一群山羊，后来，两块磁铁再加上三枚金币又变成换取放大镜的代价。这真是活灵活现地勾画了殖民者贪得无厌的嘴脸，表现了作者维护民族独立的正义立场。

马尔克斯在作品中力图让公众思考造成马孔多一百年孤独的原因，也就是思考哥伦比亚乃至拉丁美洲"百年孤独"的原因。在书中我们可以看到，布恩地亚家族的成员各自生活在自己密不透风的孤独堡垒之中，每个人都用自己的方式排解寂寞：奥雷良诺上校周而复始地制作小金鱼，做了化掉，化掉又做；阿玛兰塔每天织她的裹尸布，日织夜拆，夜拆日织；俏姑娘雷梅苔丝每天赤条条地在浴室里整整待上两个小时，打发时间；雷蓓卡闭门封窗，关在房里等待死亡……作家摄取的这些备受孤独折磨的凄惨镜头，让读者感受到一种不能掌握自身命运的绝望、冷漠和疏远，揭露这种人的异化，其目的正是在于警世醒俗，寻找出路。

（三）艺术特色

1. 似真似梦的"魔幻现实"

阿根廷著名文学批评家安徒生·因贝特说："在魔幻现实主义小说中，作者的根本目的是借助魔幻表现现实，而不是把魔幻当成现实来表现……在这类小说中，事件即使是真实的，也会使人产生虚幻的感觉。作者是要创造一种既超自然而又不脱离自然的气氛。"长篇小说《百年孤独》正体现了这一特点。

小说不是用严谨的情节和细节去创造高度真实的气氛，而是让现实失去它原有的形式，成为奇特的魔幻世界。读这篇小说，我们面对的是一个变了形的魔幻世界，奇特的情节在小说中随处可见：转瞬间就可以长大的植物；婴儿在母亲肚子里就会哭；人不听父母的话就变成蛇；已死的人不能忍受另一世界的孤寂而重返人间；活人与死人对话；一场大雨下了4年11个月零2天……连日常生活都离开了常规：霍塞·阿卡迪奥不知怎么回事突然被枪打死以后，"一股鲜血从门下流出，流过客厅，流出家门淌到街上，在高低不平的人行道上一直向前流，流下台阶，漫上石栏，沿着土耳其人大街流去，先向左，再向右拐了一个弯，接着朝着布恩地亚家拐了一个直角，从关闭的门下流进去，为了不弄湿地毯，就挨着墙角，穿过会客厅，又穿过一间屋，划了一个大弧线绕过了饭桌，急急地穿过海棠花长廊，从正在给奥雷良诺·霍塞上算术课的阿玛兰塔的椅子下偷偷流过，渗进谷仓，最后流到厨房里，那儿乌苏拉正预备打36只鸡蛋做面包"。又如，为了写俏姑娘雷梅苔丝的纯真无邪和她的"自然气息"，写她总是赤身裸体地在家里走来走去，"因为按照她对事物的看法，在家里，赤身裸体是唯一体面的方式"。"有件事家里人始终不知道，这就是外乡客们很快就发现俏姑娘雷梅苔丝会散发一种使人精神恍惚的气味，闪现一种令人难受的光亮，即使她离开后好几个小时，都能感觉出来。""在海棠长廊里，在客厅内，在家里任何一个角落"，别人都能"确切地指出她曾经待过的地方和她离去有多久"。而这一切，毫无邪念的她一无所知。最后她随着一条床单向上飞升，"永久地消失在太空之中"。再如，对外国势力的侵略掠夺，小说是这样描写的："这些人有着只属于上帝的威力，他们居然改变了降雨的规律，加快了庄稼成熟的周期，他们把河流从原来的地方搬走，连同它的白色的石块、冰冷的河水一起移到镇子的另一端。"……这些描写是不是失去了真实性呢？用传统的现实主义观点去看确实如此，但用魔幻现实主义的观点去看又不同。马尔克斯曾说："我认为小说是用密码写就的现实，是对世界的猜测。小说中的现实不同于日常生活里的现实，尽管前者源于后者。这和做梦一样。"作品中的现实虽然改变了原来的形式，被魔幻化了，但其依据仍是现实。通过这样的形式，生活的非同寻常的性质被突出了、强化了。

在这方面，马尔克斯主要是借鉴了拉丁美洲印第安土著文学和黑人民间传说。由于世代相传的宗教信仰和文化传统的影响，印第安人形成了独特的感知世界的方式，在他们的认识中，客观世界与神鬼世界是相通的，生而复死，死而复生，生死是永无止境的循环过程，他们把"死"看做是一个极其自然的日常生活侧面，相信人死后同样可以与活人对话。因此，印第安文学作品一方面描绘可以感知的日常生活，另一方面也抒写梦幻的现实。《百年孤独》中，老布恩地亚杀死了邻居普罗登肖，从此，死者的孤魂便不断地出来打扰他们，时而在水缸边堵伤口，时而在浴室里洗脖子上的血，时而又站在院子里，赶也赶不走，他只好弃家出走，把安宁让给鬼魂；年近两百岁的好汉佛朗西斯科年轻时曾与魔鬼对歌，击败了对手；阿玛兰塔可以不动声色地宣布自己将于某日傍晚逝世，于是马孔多的居民们纷纷带来信件，请他交给死去的亲人；老祖母乌苏拉临死前身体萎缩得只有干梨大，差点被老鼠吃掉，当人们告诉她已经死亡后，她才在事实面前服了输，轻声嚷道："这么说，这就是死亡了。"马尔克斯这种像新闻报道似的从容沉着的笔调，将虚幻神秘表现得如此真实自然，活灵活现。

　　除了对印第安文学和黑人民间传说的借鉴外，《百年孤独》有关飞毯、神灯和所罗门巨人的描写，无疑是借用了《天方夜谭》的故事。老布恩地亚携家眷离开奥阿查，与《圣经·出埃及记》相似；大雨淹没马孔多，则是"洪水灭世"的移植。这些描写让人物在更广阔的天地里翱翔，既不同于传统小说的狭隘视野，又不同于浪漫主义的神话传说，它将荒诞不经与真实生活交织，将人与神鬼交织，将神话与历史交织，将不可能与可能交织，从而产生了深刻而奇特的艺术效果，它充分体现了魔幻现实主义的民族性和审美情趣。

　　2. 新颖巧妙的象征隐喻

　　《百年孤独》的象征隐喻手法运用也是很巧妙的。例如，小说写到，马贡多的居民有一次突然传染上了失眠症，这又导致健忘症。他们整日整夜不睡觉，失去了记忆，连平时最熟悉的东西都叫不出名字，以至于要在各种物品上贴上标签，注明它的名称和用途。他们在牛身上贴上这样的标签："这是牛，每天要挤它的奶，要把奶煮开加上咖啡才能做成牛奶咖啡。"这种描写令人忍俊不禁，但仔细一想，这不是在提醒人们不要忘记历史吗？马尔克斯认为："拉丁美洲的历史也是一场巨大然而徒劳的奋斗的总结，是一幕幕事先注定要被人遗忘的戏剧的总和，至今在我们中间，还有着健忘症。只要事过境迁，谁也不会清楚地记得香蕉工人横遭屠杀的惨案，谁也不会再想起奥雷良诺上校。"关于健忘症的描写正是象征性地描写了这种情况。

此外，《百年孤独》在很多地方写了黄色，这也是有象征意义的。墨尔基阿德斯的假牙上长出了"开有黄花的水生小植物"。这种小花以后在书中再次出现。一次是霍塞·阿卡迪奥·布恩地亚死去后，"木匠来给他量尺寸做棺材，这时人们从窗户里望见天上正像下小雨似地落下了许多小黄花。在寂静的风暴中镇上整整下了一夜，小黄花盖满了屋顶，堵住了门口，闷死了睡在露天的动物"。另一次是小说的接近尾声处，这时乌苏拉已经去世，布恩地亚家族已濒临最后毁灭，长廊的水泥地裂缝中长出朵朵小黄花，跟一个世纪前墨尔基阿德斯假牙上的小花一模一样。在这几个地方，小黄花象征着一种无可挽回的局面。小说中写到黄色的地方很多，如"黄色的破车"、"黄色火车"、"黄色的蝴蝶"等，黄色始终象征着灾难。

3. 循环回归的"未来时序"

在小说的时序方面，马尔克斯创造了从未来的角度去"回述""现在"的新颖写法。《百年孤独》是这样开头的："许多年之后，面对行刑队，奥雷良诺·布恩地亚上校将会回忆起，他的父亲带他去见识冰块的那个遥远的下午。"然后笔锋一转，又把读者引回到了马孔多的建村时代。作家本人说，开头最难写，他怎么也写不好，经过数易其稿，才用了这句话。作者很重视小说的第一句话，认为第一句话有可能成为全书的基础，在某种意义上决定着全书的风格和结构，甚至它的长短。这句话在书中反复出现，前呼后应，造成了几乎贯穿始终的悬念。小说很多地方都用这样的写法，如："若干年以后，在第二次国内战争期间，奥雷良诺·布恩地亚上校试图沿着这条路袭击奥阿查，可是走到第六天，他明白了那是一种狂想。""若干年之后，当他在病榻上奄奄一息的时候，奥雷良诺第二一定会记得六月份一个阴雨连绵的下午，他跨进房去看他头生儿子的情景。"

小说第一句话是说布恩地亚家族的第二代奥雷良诺上校在马贡多建立起来多年以后，在面临行刑队的处决时所回忆的童年时的情景。"许多年之后"，是从"现在"这个叙述时间出发去说的，"面对行刑队，奥雷良诺·布恩地亚上校将会回忆起"这是彼时的"将来"，"他的父亲带他去见识冰块的那个遥远的下午"，这是回到"过去"，而这个对"将来"而言的"过去"，其实也就是故事中的"现在"。由此可以看到，由"现在"出发，最后又回到"现在"，形成一个圆圈，这一点有很重要的象征意义。马贡多刚建立的时候是个闭塞落后的小镇，在一百年中它经历了许多变化，繁荣以后，到最后仍然是与世隔绝、贫穷落后。它被飓风吹走了，又归于无，好像绕了一个圈子又回到原来的状态。

小说开始霍·阿·布恩地亚的长辈因为近亲结婚，生下一个长着猪尾巴的孩子。全书结束时，第五代的阿玛兰塔·乌苏拉与第六代的奥雷良诺乱伦，又生下一个长猪尾巴的女孩，这也是一个圆圈。小说在情节、人物名字、人物的行为、命运上不断重复出现，他们都是大圆圈中的小圆圈，大循环中的小循环。以重复、循环为特点的小说的内在结构，极好地展示了马贡多的"百年孤独"。而布恩地亚家族的命运则又象征性地反映了拉丁美洲社会长期停滞、与世隔绝、贫穷、落后的历史和现实。

4. 构思巧妙的"书中之书"

为了增强小说的感染力，马尔克斯还大量借鉴西方现代主义的表现手法。马尔克斯受福克纳、乔伊斯、卡夫卡等现代派大师的影响是很深的。他运用时空错置、多角度描写、交叉独白的结构，追求毕加索立体主义绘画的效果。小说的结尾是颇具匠心的。最后几章，小奥雷良诺夜以继日地阅读，研究吉卜赛人墨尔基阿德斯用梵语写成的羊皮手稿，在布恩地亚家族毁灭前夕，他终于破译了手稿的全部内容，这就是墨尔基阿德斯在一百年前写的，包括小奥雷良诺破译这部手稿在内的全部细节的布恩地亚家族史，也就是《百年孤独》这本书。

奥雷良诺第二在 12 岁时偶然发现死去多年的墨尔基阿德斯留下的一份手稿，是用他不认识的字写的，无法破译。死者的亡灵告诉他："不满一百年，谁也不该懂得它的意思。"后来，在布恩地亚家族灭亡前夕，最后一代即长猪尾巴的孩子被蚁群拖走时，钻研手稿多年的第六代奥雷良诺突然领悟到手稿的密码，"他发现羊皮纸上的标题完全是按照人们的时间和空间排列的：家族的第一人被绑在一棵树上，最后一个人正在被蚂蚁吃掉"。原来那是墨尔阿德基斯提前一百年用梵语写的这个家族的历史，细枝末节无不述及。奥雷良诺"开始译读有关他正在度过的这一刻的情况。他一面读，一面就过着这段时间，并预测自己在读完羊皮书后的情景，如同在照一面会说话的镜子。"他既是手稿的读者又是手稿中的一个人物。不仅如此，手稿最后部分与正在发生的现实同步：马尔克斯的《百年孤独》和墨尔基阿德斯的手稿合为一体，连读者正在读的是什么都成了问题。这种书中有书的中国盒式结构，使叙述者、书中人物与读者之间的界线模糊了，关系变换了，从而使人感到身临其境，曲径通幽。

亚非文学

亚非大学

第十二章 古代亚非文学

第一节 概 述

一、历史概况及文学特征

古代的亚洲和非洲是人类最早由原始社会过渡到奴隶社会的地区。大约在公元前3000年左右，在底格里斯河和幼发拉底河两河流域、埃及的尼罗河流域，就已出现了第一批奴隶制国家，进入奴隶制社会阶段。在公元前2000年左右，在印度的恒河流域和我国的黄河流域也相继产生了阶级社会和国家。由此，埃及、巴比伦、中国和印度成为四个人类文明的发祥地。

亚非两大洲的各个大河流域不仅是人类文化的最早发祥地，也是世界文学的发祥地。在公元前4000年至公元前2000年之间，古代埃及文学、巴比伦文学、印度文学、希伯来文学和中国文学相继产生，并各领风骚，取得了辉煌的成就。

古代亚非文学多方面地反映了从原始公社制社会末期到奴隶制社会的社会生活，就其时段而言，大体上包括了原始公社制社会的社会现实，从原始公社制社会向奴隶制社会过渡时期的社会现实，奴隶制社会的社会现实。在少数国家和民族，也包括了封建社会初期的一些社会现实。就其内容而言，古代亚非文学既反映了劳动人民的生活和斗争，也反映了统治阶级内部的矛盾。其中歌颂、赞美劳动人民美好理想和愿望，揭露和批判统治阶级邪恶的作品占着重要的地位。这是古代亚非文学的精华所在。

古代亚非文学在其长期发展和演变过程中，形成了以下一些鲜明的特征。

（一）文学的产生历史悠久

古代亚非文学是世界上最古老的文学。在世界上的五大文明地区，即埃及、巴比伦、印度、中国和古希腊，其中有四个在亚非地区。其文学的产生也早于古希腊文学。如古埃及、古巴比伦文学在公元前4000至3000年之间就已产生，而希伯来文学、印度文学及中国文学也在公元前两千多年前出现。世界文学发展史证明：当世界上的一些地区尚处于蛮荒状态时，在亚非的文明古国中就已经有了高度发展的文化成果和文学成就。

（二）文学发展呈现多元态势

在欧洲，古代文学主要指古希腊文学和罗马文学，而且二者一脉相承，联系紧密。但在古代的亚洲和非洲却不一样。埃及、巴比伦、印度和希伯来文学它们起初都是在各自的本土上沿着自己的路线独立发展起来的，形成多元态势，后来才逐渐有了相互的交流和影响。这种文学发展的多元性充分显示出古代亚非人民的艺术创造力量，同时，也使各国文学保留着更加鲜明的民族特色，使古代亚非文学更加丰富多彩。

（三）文学种类繁多，富有民间特色

古代亚非文学包含了各种不同的文学体裁和种类繁多的艺术形式，如劳动歌谣、神话传说、民族史诗、宗教颂诗、爱情诗歌、民间故事、动物寓言、箴言传记和戏剧诗篇等等。这些层出不穷的文学形式都是在人民口头创作的基础上形成的，是人民群众集体创作的结晶，其反映的内容也更具有民间性和人民性，因而也就更具广泛性和真实性。其表现风格也更具质朴、清新等民间文学的特点。

（四）文学与宗教密切相关

古代亚非文学在它产生的过程中由于与宗教关系密切，因而宗教浸润着这一时期的文化与文学，使许多文学作品都染上了宗教的色彩。有的文学作品是正式的宗教经典，有些作品是重要的宗教文献。还有一些世俗性的文学作品，如神话、传说、歌谣等，也在口头传播和搜集整理的过程中遭到祭司、僧侣的歪曲和篡改而失去原有的风貌，成为适应统治者需要的舆论工具和宗教宣传的艺术装饰品。宗教对文学的影响具有两面性，一方面，它往往限制人民的创造力,扭曲作品的思想内容;另一方面,宗教有时也为文学作品输送营养,增加文学作品的浪漫色彩,并使文学作品得以保存与传播。

总之,古代亚非文学历史悠久,内容丰富,形式多样,成就高,影响大。它不仅是亚非文学发展的源头,而且也对后来的欧洲文学产生了深远的影响。

二、文学发展概况

(一) 埃及文学

埃及是世界具有悠久历史的文明古国之一。早在远古时代,埃及人就在尼罗河两岸生产劳动,繁衍生息,并用他们的聪明与智慧创造了光辉灿烂的古埃及文化。古埃及文学是古代埃及文化的重要组成部分,是世界文学宝库中一份十分珍贵的遗产。

古埃及文学经历了长期发展过程。大约在公元前3300年左右,埃及人就创造了一种用字母、音符、词组组成的复合文字,从而有可能把大量流传在民间口头上的文学作品记录和保存下来。

埃及文学的形式多种多样,有神话、歌谣、宗教诗、赞美诗、故事、传记、旅行记、箴言和戏剧等。其中以歌谣、故事和宗教诗最为重要。歌谣是古埃及最早的诗歌,大致产生于公元前4000年末叶。这类作品多是民间创作,在口头传唱,它们集中体现了古埃及劳动人民的聪明才智。有的歌谣直接表现劳动的场面和劳动者的心声,反映当时劳动人民的生活与斗争,这是古埃及文学中的精华。如《庄稼人的歌谣》、《打谷人的歌谣》和《搬谷人的歌谣》就生动描绘了被迫为统治者服劳役的村社农民辛勤劳动的情景,抒发了他们的愤恨情绪,表达了他们对奴隶主阶级残酷剥削、专横暴虐的强烈抗议,其表现风格质朴有力,生动感人。

除了此类劳动歌谣之外,还有一些用笛子和竖琴伴奏的情歌。在这类歌谣中,爱者和被爱者在对唱中互以兄妹相称,表达了当时青年男女互相爱慕的纯真感情。

古埃及的故事也很发达,起源于人民口头创作。这些故事鲜明地反映了各个时期的时代特征,具有尖锐的批判力量和强烈的战斗精神。如《乡民与雇工》,通过农民赛克赫提依靠自己的智慧和口才,战胜王室总管及其爪牙的故事,反映当时的社会矛盾,揭露了统治阶级对普通农民的掠夺与迫害,赞颂了劳动人民不屈不挠的斗争精神。这篇故事在艺术上取得了较高成就,刻画出了一个聪明智慧的劳动人民的生动形象,而且故事中的语言生动尖刻,尤其是农民的诉苦妙语惊人,因而该故事被认为是古埃及散文、修辞的典范。再如《遭难的水手》,它是世界航海故事的先驱。其中描写一个水手航海遇难,流落荒岛,历尽艰难,最后神奇般地回到了埃及。作品以浪漫主义的手法,描写了主人公不畏艰难险阻的精神,反映了奴隶主阶级鼓励人们向海外发展,追求财富的愿望。故事虚实结合,想象丰富,场面惊险,引人入胜,显示了古埃及人的想象力和创造力。

《亡灵书》堪称古代埃及文学的汇编。它是一部庞大的宗教性诗歌总集,汇编了大量的神话诗、祷文诗、颂神诗、挽歌、咒语等,其内容驳杂,种类繁多。现存的善本《亡灵书》,大多数篇章来源于古王国时期的《金字塔铭文》和中王国时期的《石棺铭文》。它由27篇诗组成,长短不一,各有题目,它们被抄写在草纸上,并附有若干彩色插图,供人的亡灵阅读,以便帮助他们经历下界12片国土,重新得到再生的机会。《亡灵书》中的大部分诗篇具有浓厚的宗教思想,反映了古埃及人的宗教信仰和生死观念,主要表现了奴隶主阶级的思想,但其中也有一些诗篇或某些诗歌部分地反映了奴隶阶级的思想感情。

古埃及文学在世界文学史上占有重要地位,它在题材和体裁上对古代希腊文学和中古亚非文学产生了广泛影响。

(二)巴比伦文学

古巴比伦位于幼发拉底河和底格里斯河下游的美索布达米亚平原上,是人类文明最古老的发源地之一。

巴比伦文学源远流长,是世界上最古老的文学的一部分。它起源于苏美尔和阿卡德文明时期,与人民口头创作有着密切的联系,主要凭借写在泥板上的楔形文字保留下来。流传至今的古巴比伦文学作品有神话传说、英雄史诗、劳动歌谣、寓言、赞歌、箴言和祈祷文等。这些作品从不同的角度反映了当时人们对宇宙起源、自然变迁、英雄业绩、善与恶、生与死等问题的朴素理解和探求,有一定的积极意义。其中神话传说和英雄史诗占着重要地位。

《咏世界创造》是一篇流传很广的创世神话。这个神话原记在七块泥板上,其内容主要描述宇宙和人类的创造过程,并着重于对巴比伦的主神马尔都克的颂扬。神话中记载,起初宇宙只有混沌与化身为恶魔的梯阿马特的太初深渊,后来梯阿马特生下诸神,却反遭诸神的反对要夺取她的权力,梯阿马特要惩罚诸神,诸神十分惊恐,这时代表世界创造力的马尔都克神起来与梯阿马特展开搏斗,从而战胜了她,并用她的躯体创造了天和地,此后又创造了天上的星辰,规定了它们的运转秩序,最后又用黏土和神的血创造了人类。这则神话反映了古巴比伦人对自然奥秘的努力探索以及对世界来源的朴素认识，表现了光明战胜黑暗的思想，在对天神马尔都克的歌颂中，突出了巴比伦的中心地位，折射出与现实生活的密切联系。

《吉尔伽美什》代表了古巴比伦文学的最高成就。其编定成书大约在公元前19世纪至公元前16世纪，是迄今所知的世界文学史上最早的史诗。史诗共计三千余行，用楔形文字分别刻在12块泥板上。全书分四个部分，在第一部分中，吉尔伽美什是乌鲁克城的统治者，他凭借权势，抢男霸女，害得民不聊生。百姓诅咒他，祈求天神拯救百姓。天神便派半人半兽的勇士恩奇都与之对战，两人经过激烈搏斗不分胜负，结交为友。第二部分写吉尔伽美什和恩奇都一同出走为民除害，他们先后杀死森林妖怪芬巴巴和天牛，建立了不少功勋，成为被群众爱戴的英雄。第三部分描写恩奇都因触怒天神受到死的惩罚，吉尔伽美什为此悲痛不已，感受到神主宰人的命运的威胁，决定四处探求人类永生的办法。他历经千辛万苦，终于取得长生仙草，不料归途中仙草被蛇吞食，他的希望全部落空。第四部分写吉尔伽美什回到乌鲁克城后，借神的帮助得与恩奇都的幽灵相会，在谈话中，他才终于明白人类是不能永生的。由于长期流传和多次编辑，史诗的思想是复杂的，有的地方甚至是矛盾的。如最后部分充满了屈从命运的伤感情绪，与前面部分表现出的高昂的战斗精神和英雄气概很不协调。但其中心思想仍然是反映人类与自然的矛盾，表现人类企图战胜自然灾害和死亡威胁的强烈愿望。史诗中对作为英雄的吉尔伽美什的描写占着中心地位，对其为民建立功勋的英雄行为给予了充分肯定和赞颂。史诗在艺术上继承了苏美尔文学古朴自然的风格，保留了民间口头文学的特点。史诗中神话与现实结合，情节发展自由灵活，人物形象较为生动，并采用了联想、排比、反复、象征和夸张等艺术手法，从而使其显示出较高的艺术成就。

古巴比伦文学对西亚文学、希伯来文学产生了直接的影响，同时也对古希腊文学乃至整个欧洲文学产生了影响。

（三）印度文学

印度古代文学包括原始社会和奴隶社会时期的文学，其发展大体可分为三个历史时代，即吠陀时代、史诗时代和古典文学时代。

吠陀时代是从原始社会向奴隶社会过渡的时期。"吠陀"即"知识"或"学问"之意。这一时期流传下来的主要文献是《吠陀本集》，它是一部古老的口头相传的诗歌总集。包括《梨俱吠陀》、《娑摩吠陀》、《耶柔吠陀》和《阿达婆吠陀》等四集。其中，《梨俱吠陀》文学价值最高。它产生于公元前15世纪左右,是印度现存的一部最古老的诗歌总集,全书共10卷,1 028首诗。内容十分丰富,有神话传说,有对现实生活的描述,还有对人类与自然斗争的记录。而诗歌中颂神赞歌居多,歌颂的主要对象是古代印度神话中的主神——因陀罗。因陀罗是个勇猛战士的形象,手持雷杵(金刚)和弓箭,驾着战车,与敌人作战。其战绩显赫:杀死巨龙,劈山引水,制服弗粟多(意为障碍者),夺得羊群,占领城堡,造福人类,因而得到人民的崇拜和歌颂。除了颂歌外,还有不少直接反映古代印度人民的思想和生活状况的劳动歌谣、爱情歌谣等。前者是伴随劳动而唱,从而促进劳动,增大劳动效力;后者是抒发青年男女悲欢离合之情,表现其纯洁健康的恋爱观点和审美情操。诗集在艺术上有很高的成就,其比喻生动,语言朴素,富有生活气息。

史诗时代大约是从公元前10世纪至公元前1世纪。这一时期文学上的主要成就是在民间口头长期流传的两大史诗《摩诃婆罗多》和《罗摩衍那》。

《摩诃婆罗多》(意为伟大的婆罗多)约有十万颂,被认为是世界上规模最大的叙事长诗,相当于希腊荷马史诗总和的八倍。其作者相传是广博仙人(毗耶娑),实际上是在人民口头创作的基础上逐渐形成的。史诗的核心故事是婆罗多族内部兄弟互争王位的斗争。婆罗多是印度古代传说中的帝王,他的后代形成两个支派:一个叫般度族,即般度和他的五个儿子;另一个为俱卢族,即持国和他的100个儿子。俱卢族和般度族为争夺王位展开了斗争。由于俱卢族施用阴谋得逞,致使般度五兄弟连同妻子沦为奴隶,被迫流放森林达12年之久。13年后,般度族兄弟要索还王位,遭到俱卢族的拒绝,于是双方再次发生冲突,引起一场大战。在经过18昼夜的激战之后,般度族终于获胜,其长子坚战继承了王位。史诗的思想倾向十分鲜明,即同情代表正义一方的般度族,谴责代表暴君一方的俱卢族。通过对这场毁灭性的亲族"内战"的描写,表现了古代印度人民反对战争、热爱和平的思想愿望。史诗在艺术上显示了古代印度民间口头文学的最高成就。其中,幻想与现实的巧妙结合,丰富多彩的比喻,神奇莫测的夸张,发人深省的谚语,为史诗增添了极大的艺术魅力。

《罗摩衍那》(意为"罗摩传")相传为蚁蛭(跋弥)所作,印度人民称它为"最早的诗"并当成诗的最古的典范。全诗共分七篇,约24 000颂。其故事情节主要围绕罗摩和他的妻子悉多的悲欢离合展开。罗摩原是十车王的长子,由于遭到王妃的嫉妒,不但未能继承王位,反而被迫流放森林14年。在他隐居期间与魔王发生冲突,妻子悉多被劫。罗摩为营救妻子决定同猴王结盟,与罗杀王进行了一场大战,救出了妻子。回国以后,罗摩继承了王位,但他怀疑妻子悉多的贞操，多次考验她，甚至将她遗弃。悉多无奈投进熊熊大火，以焚身来证明自己的清白，最后夫妻在天堂团聚。史诗充分肯定了罗摩为家庭和好、政权稳定而作出自我牺牲的行为以及支持正义、反对侵略、关心平民的思想，同时也对他性格中残忍的一面进行指责。但总的说来，罗摩是作品着力塑造的一个既有德行又具武功的英雄形象，是当时一系列进步思想的体现者。史诗对罗摩的描写是一曲不畏艰险，战胜苦难和抗击强暴的英雄颂歌；也是一篇人民群众渴望安定、向往幸福和追求美好生活的理想颂歌。史诗在艺术上达到了相当高的水准，语言生动流畅，比喻、夸张、反衬、心理刻画、变异构思等广泛运用，对印度后世文学影响深远。

古典文学时代大约从公元1世纪开始至5世纪结束，但经过整理定型的作品有的在公元5世纪后才出现。这一时期，故事类文学体裁极为流行。这些源于印度民间的丰富多彩的故事，很早就被佛教徒和耆那教徒收集整理，加上宗教的内容，为传教所用，如佛教的经典之一《本生经》就是此类故事集。

在以后的故事集中，最著名的、影响最大的是寓言故事集《五卷书》，它上承《本生经》，下继其他的故事集，在故事类作品中占有重要地位。

《五卷书》在编辑上采取大故事套小故事、散文和格言相间的形式，全书除《楔子》外，共分五篇，含78个故事。主要是通过对鸟兽、虫豸、妖魔及人类形象的描写，反映当时广阔的生活画面和市民阶层的思想意识，是一本世故教科书。书中虽有一些消极内容，有不少为统治阶级说教的成分，但是民间创作的积极内容还是全书的主要部分。它是人民智慧的结晶，总结了人民群众在生活和斗争中积累的丰富经验，如有讲仆人如何愚弄国王的，讲弱者怎样反抗强暴的，有歌赞人民团结御敌的，有讽刺和揭露统治者丑行的。这些都有很大的时代意义和教育意义。

在古典文学时代，戏剧取得了杰出成就。最重要的作家有迦梨陀娑和首陀罗迦。迦梨陀娑是印度古代最负盛名的诗人和戏剧家。

首陀罗迦的代表作是《小泥车》。此剧约写成于公元二三世纪，共分十幕。故事发生在八腊王统治下的优禅尼城，八腊王的舅子蹲蹲儿欲追求年轻貌美的妓女春军，但春军爱上了穷商人善施并与之结为夫妻。蹲蹲儿仍不死心，设计将春军骗到花园，春军再一次陷入魔掌，险被掐死。事后善施被诬谋财害命，判处死刑。临刑前，被僧人救活的春军赶到，揭穿了真相，正值农民起义军杀进城来，斩了八腊王，惩罚了蹲蹲儿，促使春军和善施团圆。剧作表现出爱憎分明的立场，作者以城市平民的观点，反映了下层劳动人民与统治阶级之间的尖锐矛盾，揭露了奴隶主阶级的荒淫无耻、专横残暴以及法律的虚伪本质，真实地反映了城市下层人民的苦难生活和悲惨遭遇，歌颂了劳动人民的斗争及其胜利。

在艺术上，《小泥车》打破了"英雄喜剧"的旧传统，直接取材于现实。剧情曲折生动，富于幽默情调，人物栩栩如生，语言具有个性化特征。它是印度文学，也是世界文学中一颗耀眼的明珠。

第二节 《旧约》

一、《旧约》产生的历史背景

《旧约》产生于迦南（现今巴勒斯坦）地区。早在公元前 3000 年左右，当地土著迦南人便在此定居，并且创造了自己的文化。公元前 1500 年左右，希伯来人从幼发拉底河流域来到这里，征服了迦南人，占领了这一地区。他们先后在南北方建立了两个强大的部落联盟——犹太和以色列。公元前 11 世纪，扫罗成了以色列的第一任国王。与此同时，犹太部落的首领大卫也在南部形成独立的王国。后来，扫罗及其三个儿子在同腓利斯人的战争中死去，大卫在祭司阶层的支持下取得了胜利，夺得王位，建都耶路撒冷，完成了统一以色列和犹太人的大业。在大卫和他儿子所罗门统治的时期，国家曾经出现过经济和文化的繁荣局面。所罗门死后，国家重新陷入分裂状态，北是以色列，南是犹太。自此，国力日渐衰弱，不断受到外族的侵扰。公元前 722 年，以色列王国被亚述帝国灭亡。亚述统治不久，又被米太人和巴比伦征服。公元前 586 年，犹太王国的首都耶路撒冷被巴比伦摧毁，并劫走了大批的犹太人，造成了古代东方历史上有名的"巴比伦之囚"事件。后来这个地区先后被波斯、马其顿和罗马等帝国占领。其间，犹太人举行过多次起义与反抗，但均被镇压，归于失败。犹太人被迫离乡背井，流落世界各地。到中世纪时，阿拉伯人成了这一地区的主要居民。

《旧约》的产生与犹太教的确立密切相关。犹太人在巴比伦被占领期间，期望能有"救世主"出现，拯救他们重返故土。于是认为耶和华是宇宙的唯一主宰，能够引导他们摆脱异族的统治。后来巴比伦被波斯所灭，犹太人被遣返故土。在耶路撒冷建立起神权政体，明确规定只准信奉上帝耶和华，从此一神教的犹太教便产生并发展起来。

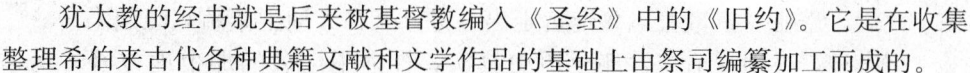

犹太教的经书就是后来被基督教编入《圣经》中的《旧约》。它是在收集整理希伯来古代各种典籍文献和文学作品的基础上由祭司编纂加工而成的。

二、《旧约》文学的基本内容

《旧约》是古代希伯来文学的汇集，它反映了古代希伯来文学的精华和主要成就。全书收集了不同时期不同人写作的文献和作品共39卷，包括希伯来民间流传的神话故事、历史传说、史诗、赞歌、爱情诗、戏剧、先知们的训诫，国王制定的法律、编年史和祭司贵族所制定的教规和信条等，具体而言，大致可分为以下三个方面的内容。

（一）法典

又称"摩西五经"。包括《创世纪》、《出埃及记》、《利未记》、《民数记》、《申命记》等，其中前两篇最为重要。《旧约》中最为引人入胜，对后世文学影响深远的首先是神话传说，主要收集在《创世纪》里。其中上帝创造世界、创造人类以及诺亚方舟的传说写得都很精彩。传说中讲：远古时候，大地混沌一片，上帝耶和华用了五天时间创造了天地万物之后，在第六天又按照自己的形体用泥土造了男人亚当，把他安置在伊甸园中，并嘱咐他可以随意吃各种树上的果子，只是分辨善恶树上的果子不能吃，吃了必死。耶和华又趁亚当熟睡时从其身上取下一条肋骨，造成女人做亚当之妻，取名夏娃。后来，在蛇的引诱下，他们违背禁规，偷食禁果，于是心明眼亮，有了智慧，发觉自己赤身裸体，便折下树枝掩住身体。耶和华在园中巡视，发现他们违背了自己的禁令，大发雷霆，气愤愤地对蛇说，你必用肚子行走，终身吃土。又对夏娃说，我必多多增加你怀胎的痛苦，你生产儿女时必须伴随剧烈的疼痛，你必须倾慕你丈夫，你丈夫必须管辖你。还对亚当说，你必须汗流满面才能糊口，直到你归了土。因为你是从土而生的。随后耶和华把他们赶出了伊甸园。这则优美的神话虽对人类的起源作了不科学的解释，然而却在一定程度上反映了古代人民对于天地万物、人类起源等问题的朴素理解，表现了人敢于违抗神意、渴求智慧、分辨善恶的斗争精神，具有很大的进步性。关于诺亚制造方舟躲避大洪水的传说，在《创世纪》里也有生动的记叙，诺亚遵从耶和华的吩咐，建造了一只庞大的方舟，内外涂上松香。七天之后，接连下了40昼夜的瓢泼大雨，诺亚一家带着飞禽走兽躲入舟中避难，他们在漫天无际的洪水中漂泊了150天，方才看见山头从水面露出。诺亚打开方舟的窗户，放出乌鸦，不见回来，又放出鸽子，仍然不能着地。又过七天，再次放出鸽子，不久鸽子衔着橄榄叶飞了回来。此后，诺亚一家带着飞禽走兽走出方舟，又在大地上繁殖兴旺起来。

据考证，这则神话包含部分历史真实，神话中记载的那个地方（古乌尔城）确实发生过罕见的大水灾，通过这个神话正反映了当时人们对洪水的畏惧心理和渴求战胜洪水的强烈愿望。诺亚全家与洪水搏斗并取得胜利的过程，体现了古代劳动人民同大自然作斗争的丰富智慧和顽强精神。

《出埃及记》主要收集的是带有史诗性质的英雄人物传说，记述了摩西在万难中带领以色列人逃出埃及回到巴勒斯坦的故事。摩西是以色列传说中的民族英雄和领袖。他意志坚强，生活阅历丰富，具有联合松散的以色列部族的才能。在以色列人遭到埃及王国残酷压榨时，他毅然带领他的部族，历经险阻，脱离了困境。整个故事情节神奇、曲折、生动，洋溢着浓厚的生活气息。

（二）先知书

所谓"先知"是指犹太教的祭司中能预言未来的吉凶祸福的先知先觉人物。实际上他们是思想家和社会改革家。他们奔走呼号，演说，诵诗，愤怒地揭发和谴责社会上的不平等现象，表达自己的政治主张和对美好未来的向往。"先知书"是希伯来文学中的一朵奇葩，主要记述希伯来人占领巴勒斯坦一直到公元前六七百年间的事件。其中《约书亚记》、《士师记》、《撒母耳记》（上、下）和《列王记》（上、下）被称为"早期先知"。《约书亚记》写的是以色列人征服迦南人的情形。《士师记》描写了许多鲜明生动、栩栩如生的英雄人物，他们被历代人民所传诵。其中参孙就是一个突出的代表。他是一个传奇式的人物，具有超人的勇敢和力量，曾徒手撕裂过凶狮。在他20年士师生涯中，曾多次狠狠地惩罚以色列的仇敌腓利斯人，但不幸的是，由于他的情人大利拉的出卖，腓利斯人窃知他力量的产生来自他的头发。便趁他熟睡时，剃下了他的七条发绺，因而失去力量，被敌人所俘，挖去双眼，打入暗牢。后来参孙的头发又渐渐长了出来，一次，腓利斯人决定在一个神庙献祭，参加者有三千多人，在他们喝得酩酊大醉时，便把参孙拉出来。令他弹琴助兴，故意奚落他。参孙知道自己已恢复气力便靠近支持大庙的两根圆柱，一手抱住一根，愤然将它们推倒，大庙顿时倒塌，参孙和所有腓利斯人同归于尽。参孙的悲剧性结局是扣人心弦的，表现了他伟大的民族气节和不畏强暴、敢于反抗的斗争精神。参孙的形象在西方国家可谓家喻户晓。英国作家弥尔顿还以他的故事为题材，创造了著名悲剧《力士参孙》。

在《撒母耳记》和《列王记》中扫罗的故事、大卫的故事和所罗门的故事，占有突出的地位。

扫罗是以色列的最高祭司撒母耳选中的第一位国王。他虽出身低微，但他成年后很快成为杰出的领袖和铁腕统治者。故事生动地描述了他战胜腓利斯人、亚玛利人和亚扪人的战斗场面。他英勇善战、指挥精明，是一个出类拔萃的将才。同时，他敢于反抗祭司，为维护自己的王位而进行斗争，最后在与腓利斯人的战斗中，其三子阵亡，扫罗也伏剑自杀，气氛十分悲壮。但由于编纂祭司的偏见，使这一有血有肉的悲剧人物受到一定程度的歪曲，削弱了作品的感人力量。

扫罗死后，在撒母耳的支持下，大卫登上了王位，他统一了以色列和犹太人，成为第一位希伯来国王。大卫是一位叱咤风云的人物，在维护民族利益，完成国家统一大业方面功勋卓著。故事生动地描述了他打败腓利斯人的情形。他小时候是个放牛娃，有一次，他看见腓利斯大将歌利亚在希伯来军队面前耀武扬威地挑战叫骂，却没有人敢于应战，他自告奋勇，手持放羊棍和石头出阵应敌，歌利亚见状并没有把他放在眼里，却不料大卫突然猛步上前，快速取出一块石头，冷不防朝歌利亚打去，正中他的前额，当即将他击倒在地。大卫顺势踩在歌利亚的身上，并立刻从他的刀鞘里拔出利刃，砍下了他的脑袋。故事通过希伯来人民反抗外族侵略战争中这一激烈场面的描写，颂扬了大卫不畏强敌、机智勇敢的行为，具有鼓舞人心的力量。

所罗门是大卫的儿子，他的故事在《列王记》中有着精彩的描述，他在希伯来的几代国王中以超人的智慧著称于世。在历史传说和颂歌中，他是贤明的统治者和理想的国王。他明察秋毫，处世精明。传说有两个妇女为争一个孩子闹得不可开交，告发到所罗门王面前。所罗门思考片刻，便假令将这个孩子用刀劈成两半，分给两个妇人。其中一位大惊失色，立刻表示愿意把孩子判给对方，也千万不能劈死孩子；另一妇人则心平气和，说劈就劈吧！于是所罗门把孩子判给了前者，因为他是真正的母亲。这个故事赞扬了所罗门的机智和聪明，在断案中，他不为假象和花言巧语所迷惑，抓住亲生母亲真爱孩子这一关键，使问题迎刃而解。这个故事构思巧妙，富有戏剧效果，在所罗门身上寄予了人民的美好愿望。

"晚期先知书"包括《以赛亚书》、《耶利米书》、《以西结书》和《十二先知书》等。在这些"先知书"里记载了"先知"们对当时社会政治和宗教等情况的评论。其语言尖刻、泼辣、充满激情，富于论辩色彩，具有很强的鼓动力量。

（三）杂著

在这一部分里包括有诗歌、小说、戏剧等作品，其文学价值较高。主要有《路德记》、《约伯记》、《诗篇》、《箴言》、《雅歌》、《耶利米哀歌》等。

《路德记》是一篇最古老的小说，反映的是士师时期民族宗教社会的古老生活。作品的积极意义在于歌颂了家庭和睦、友爱和互助精神。

《约伯记》是一部大型哲理诗剧。作品围绕着好人为什么受苦这一社会问题展开激烈的争辩。其中虽然贯穿着耶和华的一些宗教观念，但所提问题代表了当时思想家们对社会、对人生的思考和看法。同时，作者立足现实生活，把诗、戏剧和哲理融为一体，具有较强的感人力量。

在《旧约》中，诗歌的成就尤其引人注目。其中，劳动歌谣、英雄战歌、爱情诗和哀歌等都很有影响。具有代表性的篇章是《诗篇》、《耶利米哀歌》和《雅歌》。

《诗篇》是《旧约》中篇幅最长的诗集，共有150首。它是一部赞美诗体，是为耶路撒冷的教堂编撰的。这些诗的基本主题是赞美耶和华神，宣扬上帝的无上权威。但也有不少篇章抒发了个人的内心感受，揭示了人民的苦难命运，代表了希伯来民族的利益，寄托了作者的理想和愿望。在这些方面无疑具有更高的价值。

《耶利米哀歌》共五首，包括《耶路撒冷之愁》、《上主惩罚耶路撒冷》、《惩罚、悔改、盼望》、《沦陷后的耶路撒冷》和《哀求怜悯》。相传为先知耶利米在"巴比伦之囚"之后所作，旨在描写耶路撒冷沦陷后犹太人的苦难悲剧，从而哀沦陷之痛，抒亡国之恨，发复兴之愿。耶利米在他的哀歌中概括了他的悲痛和愿望："我眼中流泪，以致失明。我的心肠扰乱，肝胆涂地。"他祈求耶和华"复兴我们的日子，像古时一样"。在《耶路撒冷之愁》和《哀求怜悯》中，也留下犹太人饱含泪水、悲痛欲绝的诗句：

"从前人烟稠密的城市，现在孤零零地躺在那里，从前为世界所尊崇，现在像寡妇一样寂寞。从前是诸省之后，现在沦落成为奴婢。

他整夜痛哭，泪流满面。从前知己的朋友们，现在没有一个来安慰他。他的盟友都出卖他，都成为他的仇敌！

犹太人是可怜的奴隶，被逼离开了家乡。他们流浪异域，没有安居的土地。他们四面受敌，没有逃避的出路……"

"上主啊，求你记得我们的遭遇，监察我们所受的耻辱。我们的产业都落在陌生人手中,外国人住进了我们的家;我们成为无父的孤儿,我们的母亲成为寡妇;我们得付钱才有水喝,连做燃料的木柴也得购买。我们像牛马被驱赶,劳碌疲乏,不得休息。为了吃一口饭,我们得向埃及人、亚述人乞求……"

这些诗情真意切,哀怨动人,生动逼真地描绘出一幅国破家亡、妻离子散、民族受辱的悲惨图画,有力地抒发了犹太人对残暴敌人的愤怒情绪,凝结着强烈的爱国激情。读来令人伤感,为之动容。《耶利米哀歌》充满爱的思想和感激的情调,感情充沛,真挚动人,被后世认为是希伯来诗歌的顶峰,尊称为希伯来民族之绝唱,影响深远。

《雅歌》是著名的情歌。其中的诗篇感情真挚,语言优美,比较细腻地表现了青年男女之间爱情的欢乐与痛苦。如第二章中就生动地描绘了一对青年男女相爱时的喜悦情状:

"我听见了爱人的声音;他爬山越岭向我奔来。我的爱人像羚羊,像小鹿。她站着,在我们墙边;他从窗口探视,从窗格子往里窥望。我的爱人向我说话。

起来吧,亲爱的!我的爱人,跟我一起走吧!你看,冬天过去了;雨季已经过去了;郊外百花盛开。鸟儿歌唱的时候到了;在田野间已可听斑鸠的声音了。无花果开始成熟了;葡萄树也开始放香了。起来吧,亲爱的,我的爱人,跟我一起走吧。你像鸽子藏匿在岩石的洞穴中。让我看一看你的容貌;让我听一听你的声音;因为你的容貌美丽,你的声音美妙。"

《雅歌》中有些爱情诗篇不仅内容充实,感情质朴,而且在表现技巧上很有特色。最突出的是善于使用比喻的手法。如在第三首诗里,新郎赞美新娘貌美一节就写得十分精妙:

"我亲爱的,你多么美丽!你的眼睛在面纱后面闪耀着爱的光辉。你的头发像一群山羊,从基列山跳跃着下来。你的牙齿如新剪毛刚刚洗刷干净的绵羊一样白,成双成对地排列着,一颗都不缺少。你的嘴唇像一条深红色的丝带,你开口说话时秀美动人。你在面纱后面的双颊像泛红的石榴。你的脖子像大卫的高塔,圆直牢固,挂着的项链像成千的勇士的盾牌。你的双乳像一对羚羊，像孪生的小鹿在百合花中吃草。"

这些诗篇体现了民间文学的朴素之美，具有自然清新的风格，给读者留下的印象十分具体、形象、生动，因而曾引起后来不少作家和诗人的称颂和赞叹。它们是完全可以列入世界文学名著之林的。

此外，《旧约》中的《箴言》也颇有价值。其中主要搜集的是不同年代的格言和谚语，它们是以色列民族在长期社会实践中总结出来的生活斗争经验，具有深刻的哲理性。这些格言、谚语思想健康，语言凝练，风格质朴，有较高的艺术水平，值得珍视。

三、《旧约》的艺术成就和影响

《旧约》作为希伯来文学的总结，在艺术上取得了很高的成就，产生了广泛的影响。

第一，题材广泛，内容丰富。《旧约》涉及的空间范围广，时间跨度大，大到宇宙洪荒，小到一家一户；上自开天辟地，万物伊始，下至奴隶制的阶级社会，前后数千年。在这样广袤的时空领域，涉猎的内容十分丰富：宇宙的形成，万物的起源，人类的产生，部落间的斗争，种族间的残杀，王国的兴衰，帝王的更迭，英雄的业绩，上帝的戒律，亡国的惨状，统治者的残暴以及人民的反抗等，从而艺术地展现了巴勒斯坦的社会发展历史及人民的生活斗争，具有很高的认识价值。

第二，体裁多样，风格别致。《旧约》体裁的多样化，这也是在一个民族的古代文学中少见的。它包括神话、故事、小说、戏剧、抒情诗、哲理诗、寓言、格言、谚语、政论等。可以说，几乎涵盖了当今的所有文体。它为后世文学体裁的发展奠定了基础。同时，《旧约》表现了多姿多彩的艺术风格。其中，有富于幻想和想象的神话传说，有神奇悲壮的英雄故事，有充满论辩色彩的先知书，有沉郁凄楚的哀歌，有质朴清新的雅歌，有富于哲理的格言、谚语，有奔放热情的爱情诗篇等，体现了创作者较高的艺术才华。

第三，故事生动，人物众多。《旧约》虽然产生在人类文学形成的初级阶段，但仍有不少篇章，创作者以朴素的现实主义手法，真实地描述了当时的风俗习惯和社会情况，并通过大胆的想象和夸张，把故事写得曲折多变，有声有色。有不少描写战争的故事，场面恢宏，打斗激烈，扣人心弦。还有不少反映现实生活中的故事，轻松自然，幽默风趣，可读性强。充分体现了《旧约》文学生动性的特点。同时活跃在故事中的人物众多，数以百计，不少人物形象鲜明，性格突出，令人诵而不忘。如该隐、摩西、大卫、所罗门、参孙等，其中不少人物成了后代文学艺术的典型。

《旧约》作为犹太人的经典，后来又作为基督教《圣经》的主要组成部分，已经渗透到西方社会上层建筑的各个领域，深刻地影响着人们的观念、习俗、文化和语言。从宗教的思想影响来看，一方面成为历代统治者为维护和巩固自己统治的思想工具，利用宗教的唯心主义思想体系，特别是宗教迷信和神秘主义思想，毒害和控制人们的心灵，对人类社会的发展和进步起过很大的腐蚀和破坏作用；另一方面，进步人类也利用它里面的一些民主性因素和进步思想，作为反抗罪恶统治和争取民主自由的武器。《旧约》作为一部古代希伯来人的文学总集，它的影响也有两个方面，一方面，教会利用其中的材料，编撰了很多名之为宗教文学的宗教剧、梦幻故事和苦修传说等，借以歌颂上帝的权威，宣传禁欲主义和宿命论思想，达到为统治阶级服务的目的；另一方面，许多欧洲作家从中汲取了大量的创作营养，自中世纪以来，不少诗歌、戏剧、小说、绘画和雕刻的题材和人物都取自《旧约》，许多作家和诗人，如但丁、歌德、弥尔顿、拜伦、雪莱、普希金、托马斯·曼、乔伊斯、艾略特、福克纳、海明威、卡夫卡、奥尼尔等，在他们的创作中都可以看到《旧约》的影响，可以毫不夸张地说，要真正读懂西方近代以后的文学，就必须首先了解和研究《旧约》及《圣经》，正如有人所言，一部《圣经》就是理解西方文学乃至西方文化的"巨大的密码"。

第三节　迦梨陀娑

一、生平与创作

迦梨陀娑是古代印度最杰出的诗人和剧作家，他在戏剧创作上取得了很高的成就，被誉为"印度的莎士比亚"。关于他的生活时代和生平事迹留存下来的资料很少，有关他生活的年代，学术界众说纷纭，甚至上下相差一千多年，但比较一致的看法是认为他生活在公元后的笈多王朝时期，大约在公元350—472年之间。

关于他的生平事迹，有一个不能作为依据的有趣的传说，说他是婆罗门的儿子，幼年父母双亡，一个牧羊人把他抚养成人；后来与一位公主结婚，但由于他出身低微，加之显得有些笨拙，因而公主极以为耻。他无奈，只好求助于迦梨女神，女神便恩赐给他智慧，使他变得聪明，很快成为一个大学者和大诗人。因此，人们称他"迦梨陀娑"（意为迦梨女神的奴隶）。这当然只是一种文字游戏而已。不过，根据他的作品，我们大概可以推断，他是一个婆罗门，是湿婆的崇拜者，对喜马拉雅山的风光很熟悉，对邬衍那城有很深厚的感情。据此加以推测，这一城市是他的故乡。另据考证，他做过宫廷诗人，有人称他是笈多王朝超日王宫中的"九宝"（九个艺术家）之一。

迦梨陀娑留下不少作品，但也存在真伪问题的争论。一般公认他的作品有剧本《沙恭达罗》和《优哩婆湿》，抒情长诗《云使》，叙事诗《鸠摩罗出世》和《罗怙世系》。此外，剧本《摩罗维迦和火友王》及抒情诗集《时令之环》也很可能是他的作品。在这些作品中，《云使》和《沙恭达罗》被认为是迦梨陀娑最优秀之作。

《云使》是一首抒情长诗，共115节，分《前云》和《后云》两部分，故事写一个小神仙药叉因玩忽职守，受到大财神俱毗罗的诅咒，被流放一年。他谪居在南方山中，忍受与爱妻分离的痛苦已八月有余。现正值雨季来临的六月，他看到一片片由南往北的雨云飘上罗摩山顶，顿时激起了他对爱妻的无限眷恋，于是他请求雨云给妻子传送书信。故事的前半部分主要描写药叉托云捎信时，想象雨云经过的道路。此中着重渲染了宇宙的丰美，万物的生机；后半部分主要通过药叉的想象，描绘雨云带着他的情书，翻山越岭，来到他美好的家园，并与他妻子见面的情景。最后药叉向雨云致谢，祝福雨云和它的闪电夫人永不分离。在这一部分中，着重渲染了阿罗迦城的优美及阿罗迦城"女郎"的优美，进而凸显药叉的妻子之美。从而表现药叉对妻子的深切思念，歌颂了纯真的爱情，也曲折地表达了对现实社会的不满和批判态度。

《云使》在艺术上取得了很高的成就。其想象丰富，感情强烈，描写细腻，语言优美，韵律和谐，富有感染力，因此它被认为是古代印度抒情诗中的杰作。

二、《沙恭达罗》

（一）情节与主题

诗剧《沙恭达罗》（意译《孔雀女》）共分七幕，是迦梨陀娑最具代表性的作品，也是诗人兼剧作家获得世界声誉的力作。它的基本情节来自印度大史诗

《摩诃婆罗多》，其主体故事也曾见于《莲花往事书》。但作者在剧中只借用了史诗故事的轮廓，而以异常丰富的想象力和浓郁的现实生活情趣，将诗情画意融入其中，并在故事中加进了新的情节和人物，从而把这个简单平常的故事铺叙成为一出诗意盎然、形象感人的抒情诗剧。剧中主要描写国王豆扇陀和净修林中的女郎沙恭达罗悲欢离合的爱情故事。豆扇陀在一次狩猎中，因追赶一只鹿闯进了一座净修林，与净修女美丽的沙恭达罗邂逅相遇，一见钟情，并很快以"干闼婆"的方式结成夫妻，之后，豆扇陀乐而忘返，但在太后的不断催促下，不得不与沙恭达罗惜别，并以戒指相赠，许诺回城后便前来迎娶沙恭达罗进宫。豆扇陀走后，沙恭达罗因思念甚切，无意中得罪了来访净修林的大仙人达罗婆娑，且遭到诅咒，一定被国王忘却，幸亏两女友说情，才使仙人减轻了对她的诅咒，改为必须让国王见到作为信物的戒指时，方能记起他们的旧情。沙恭达罗怀孕而一直不被国王前来迎娶，只好遵义父之嘱，告别净修林，到宫廷认夫。但因途中祭水时不慎将戒指失落，果然不被国王相认，沙恭达罗气愤之极，斥责国王忘恩负义。正在她无路可走时，天女驾到，将她接上了天廷。此后，豆扇陀从一渔翁处得到了沙恭达罗丢失的戒指，恢复了记忆，并对自己遗弃沙恭达罗的行为痛悔不已。此时，豆扇陀得到天帝因陀罗的旨意，前往协助讨伐恶魔的作乱。乱平，国王于归国途中在仙界与沙恭达罗重逢，并见到了他们的儿子——伟大的婆罗多。于是，夫妻、父子终于得以团聚，回到了自己的国度。

关于《沙恭达罗》一剧的主题，虽然过去在学术界存在不同的意见，但一般认为，剧本的基本主题仍是反映青年男女之间的爱情。这种爱情的主题，这种对美好爱情生活的向往和歌颂，正是这部诗剧美感的源泉。当然，诗剧除讴歌忠贞不渝的爱情外，也反映出若干其他社会问题（比如当时社会的、政治的、经济的等方面的问题）。这些问题也具有一定的认识价值和思想意义。诗剧在正面歌颂理想的爱情生活的同时，也从侧面揭露和批判了现实婚姻生活中的某些丑恶现象，鞭挞和谴责了王公贵族摧残妇女、始乱终弃等不良行为，从而有力地表达了作者对社会政治制度和爱情婚姻生活的美好理想及其实现这种美好理想的强烈愿望。

（二）沙恭达罗与豆扇陀的形象

在剧中，沙恭达罗是作者运用各种艺术手段精心塑造的完美的女性形象。这一形象可谓玲珑剔透，白璧无瑕，最为优美动人，不愧作家理想中美妙而温柔的女性典型。

沙恭达罗是王族仙人和天女所生的女儿，自幼被遗弃，由净修林中修士干婆抚养长大，长年的净修林生活，使她和恬静、优美的自然环境融为一体，具有朴素的外表和浸透身心的自然美。

她天真、纯洁、质朴、善良。她虽是干婆的娇子，但与女友情同手足，胜似姐妹。她对林中的一切都充满了感情，她爱林中的花木就像爱她的姐妹一样，她对林中的野禽和弱小动物总是十分心爱，精心照料和喂养它们，因而这些大自然中的生灵都对她产生了深厚的感情。当她离开净修林时，林中的一切生物都充满着依依难舍之情；小鹿把嘴里的草吐了出来，跟在她的后面牵着她的衣边好像要留住善良的主人；孔雀也好像因离愁而无心跳舞；野鸭注视着她，口中的藕掉在地上，好像是由于悲伤而食不下咽……作者正是采用这种拟人化的手法，通过这种绘声绘色的离愁别恨场面的描写，鲜明的凸现出沙恭达罗纯朴善良的美好品质。

同时，在沙恭达罗身上还洋溢一种魅人的青春之美，闪烁着火一般的爱情之光。她正当豆蔻年华，逢人面带羞色，看来是那般纤细，那般娇媚，以至"这个妙人儿即使是穿的树皮衣裳仍然动人"。她的美容胜过后宫佳丽，使国王豆扇陀神魂颠倒，忘其狩猎，无心回朝。可她美丽而不妖冶，有情而不轻浮，她对爱情有着美好的愿望和热烈的追求，但是发自内心的自然的感情。在和豆扇陀相遇之前，在同林中花木的接触中，这种感情就有所流露，她曾对自己的女友说："草木都在成双成对地互相拥抱结婚，真可爱呀，这一棵小茉莉花用鲜花炫耀自己的青春，这一棵芒果树结满了果实，也能自得其乐。"所以在她和豆扇陀相遇之后，一种自然而生的爱情之火便在她身上燃烧。豆扇陀像一块磁铁一样吸引着她，使她情不自禁地在荷叶上刻下了发自内心深处的充满热情的爱情诗句："你的心我猜不透，但是狠心的人呀！日里夜里爱情在剧烈地燃烧着我的四肢，我心里只有你。"然而她的爱情又是理智的，她不愿轻率地委身于人，而是经过一番细心观察，慎重的考虑，才大胆地冲破了苦行进修的清规戒律，用"干闼婆"方式同豆扇陀结为夫妻。沙恭达罗的爱情在剧中被描写得真切动人，没有一点虚假的成分。这种纯真美好的爱情，正是女主人公丰富的内在美所发出的一道亮光，也是这部作品感人的力量之所在。

沙恭达罗的性格以温柔为主，甚至有时显得过分纤弱，正如其女友所说："弱得像新开的茉莉花。"但她的性格也并非一味的温柔，而是弱中有强，柔中有刚。在爱情上，她敢于冲破进修的樊篱，做出有意志的行动；在同豆扇陀的接触中，她为维护自己的贞操，敢于拒绝国王的无理行动，并警告他："补卢的后裔,请你规矩一点。"尤其是遭到豆扇陀拒认时,她能疾恶如仇,表现出不平常的斗争精神,她因愤怒而"双眉倒竖,眼睛变成了红色,樱唇像给霜打了一样在颤抖"。她用"严厉的词句,毫不怀疑"地斥责豆扇陀的违誓行为,当面骂他是口蜜腹剑的"骗子"、"卑鄙无耻的小人"。沙恭达罗对豆扇陀的愤怒谴责和对命运不公的抗议,客观上表达了当时下层妇女不甘忍受屈辱的共同心声。沙恭达罗这一形象也因此得到升华,显得更为鲜明突出,瑰丽动人。由此可见,在沙恭达罗这一人物身上,浸透着朴素的自然美,洋溢着动人的青春美,充满着感人的内在美,正是这些美的统一,使这一形象具有永久不衰的魅力。

　　国王豆扇陀是诗剧中塑造的一个具有双重性格的人物。一方面,他是现实生活中可能出现的国王这类人物的写照。他一出场,给人的印象就是爱猎成癖,以至荒怠朝廷,劳苦将士。在爱情上,他是以女性的"秀色天成"和家族的传宗接代为基础,以喜新厌旧,见异思迁为特征,以满足情欲为目的,没有真实的爱情可言。他之追求沙恭达罗,"正如一个厌恶了枣子的人想得到罗望子一般,万岁爷享受了后宫的美女,现在又来打她的主意"。他把沙恭达罗身上所具有的与众不同的美容、美德,看作是供自己享受的对象,巴不得"能够有享受她的运气"。这其实并非纯属爱情的冲动,而是受占有欲的驱使。正由于此,一旦他的欲望得以满足,就很快将沙恭达罗忘得无影无踪。甚至当沙恭达罗因怀孕到宫廷认夫时,却被他严词拒绝,还反咬一口,说是沙恭达罗有意毁坏他的名誉,污蔑他的家声。当沙恭达罗及其同行人指责他的不道德行为时,他便摆出一副骄横的面孔说:"就算我承认,我是这样的人,但是我欺骗她,又会怎样呢?"就是后来他与沙恭达罗重归于好,也更多是出于传宗接代的目的,因为沙恭达罗为他生下了一个了不起的儿子。其实,豆扇陀对女性的玩弄与亵渎,并非沙恭达罗一人,在剧中,我们还不断听到来自后宫那些被他玩弄遗弃的不幸女子所发出的阵阵哀怨之声。在这些方面,作者侧重运用了现实主义的手法,巧妙地揭露了统治者荒淫无耻的面目,以及在爱情婚姻上始乱终弃、喜新厌旧的丑恶行径。由此,我们看到了作品对国王豆扇陀的批判态度。但另一方面,豆扇陀又是作家精心塑造的理想化的国王形象。他有出众的品德和才能,有很强的武功。作为一个国王,他愿意倾听来自下层的呼声,比较重视关心民众的生活和疾苦,他曾慷慨激昂地说:"保护人民,要用你能力的全部。"在爱情方面,他也坦率地表白:和沙恭达罗的爱情"是双方的",他为此而感到"非常幸福"。因此,他在追求沙恭达罗时,能受理性和礼法观念的控制，不是横暴、粗野地占有，而是用"干闼婆"的方式结合，这与现实中的国王为所欲为、放纵情欲的行为是完全不同的。而剧中作者又特别描写了他的多情，并巧妙、缜密、细致而成功地运用了关于仙人诅咒应验的情节，把豆扇陀一度背叛沙恭达罗的爱情的薄幸行为，处理成受大仙人诅咒的结果，而并非国王的主观所为。因此当豆扇陀复得戒指，恢复记忆时，就开始清醒地"忍受追悔的痛苦"，有如"毒箭穿心"般地难受，并对着沙恭达罗的画像顶礼膜拜，苦苦思念。最后当豆扇陀在仙界与沙恭达罗重逢时，竟不顾国王的尊严，羞愧地跪在沙恭达罗的脚下，请求原谅。这些描写，使豆扇陀确实呈现出一个"多情种"形象，很显然带有作者很大的美化性质。因而我们可以说，作者笔下的豆扇陀，更多的是一个理想中的国王，而不是现实中的国王。作者在剧中对他既讽刺、谴责，又美化歌颂，正好曲折地表现出剧作家进步的民主主义精神和受时代、社会影响的局限性。

（三）剧作的艺术特色

《沙恭达罗》一剧在艺术上体现了古代印度文学的最高成就，成了后世人们百读不厌的佳品，其艺术特色主要表现在以下方面：

首先，结构布局，情节安排诗意化。《沙恭达罗》在戏剧情节的安排上，经过作者的精心结构，已达到挥洒自如、左右逢源的地步，而且充满了诗情画意。诗剧的开头采用"序幕"的形式，提纲挈领，开门见山。各幕之间衔接自然，引人入胜。剧情发展起伏有致，好似一首交响乐，一环紧扣一环，既有联系，又有区别，无限的诗情画意荡漾其中，令人目不暇接。全剧以爱情为主题，它像一条金线把全剧（七幕）串联起来，就结构的表面层次看，是按时间顺序组织情节，但在空间的选择上却无拘无束，驰骋丰富的想象，人间仙境，密林深处，宫殿廷堂，无所不至。或碧绿如盖，或金碧辉煌，或白云缥缈，充满了诗的意境。整个剧情的发展有缓有急，有疏有密，有波有澜，充满诗的韵律。

其次，人物、自然描写交融化。《沙恭达罗》是一部馨香吐艳的爱情诗章，也是一幅秀丽动人的自然众生图画。作者在剧中以清新自然、优美动人的抒情笔调，把表现主题、刻画人物和描写自然众生合为一体，达到了交融的程度，产生了美妙的艺术效果。如剧作中，作者在刻画沙恭达罗这一人物时，就是把她安排在秀丽和谐、繁花似锦的大自然环抱之中，以环境的秀丽烘托出她的秀色天成；借大自然的神功，造就她独特的品性。剧作者由于把自然环境描写和人物性格刻画有机结合，因而使这一女性形象充满了大自然的蓬勃生机与活力，具有大自然独有的特质与魅力。同时，作者在剧中不仅把人物充分自然化，使人物形象更加优美动人，而且还善于运用拟人化的修辞手段把净修林中除人之外的其他有生之物人格化。如作品中写到了芒果树、茉莉花、常春藤、芦苇、荷花以及小鹿、杜鹃、孔雀、天鹅、野鸭、蜜蜂等，它们和人一样，会思想、识人话、通人性、懂人情，它们互为伴侣，互相友爱，和睦相处，形成了一个以人为中心的和平、宁静、友好的大家庭，且互相依赖，缺一不可。这种拟人化手法的巧妙运用，不仅更加突出了人物的性格，而且深化了意境，增强了作品的抒情气氛，给读者一种清新、自然、愉悦的心理感受。

第三，语言生动、形象、哲理化。《沙恭达罗》不愧是戏剧语言的典范。它的语言艺术首先表现在语言的生动、形象化。而这种艺术效果的取得，又主要是借助比喻来实现的。据统计，全剧有九十多处用了精妙的比喻，作者充分调动这一修辞手段，"或喻于声、或方于貌、或拟于心、或譬于事"，使抽象的思想形象化、视觉化，使深奥的道理浅显化，使形象更加生动鲜明，从而充分表达出作者的爱憎感情和褒贬意味。同时作者在运用比喻时，形式并不单一，而是兼有明喻、暗喻、借喻和博喻等多种形式，使其产生了更好的语言效果。

此外，剧作还运用了许多富有哲理性的诗句，使语言更加意味深长，发人深省，感染读者。如有告诫人们对爱情要慎重的："暗地里以身相许应该考虑仔细，知面不知心，友谊也会变成仇敌。"有警示女子注意避嫌的："一个结了婚的女子，尽管她是冰清玉洁，假如常住母家，别人也会怀疑她的贞洁。"有言坐失良机，事过后悔的："正如走过了一泓解渴的河水，却向沙漠的海市蜃楼中寻求清泉。"还有谈王位不是耽于享乐，而是操劳于民，服务于民的："王位正像用自己的手撑着的遮阳伞，带来的不是休息而是疲劳。"等等。这些诗句通俗生动，含义深刻，别有风味，为剧作的语言艺术增添了光彩。

《沙恭达罗》在印度国内外产生了广泛的影响。在国内有人把它誉为戏剧作品中的头等之作。其多种语言版本在各地传播，同时也活跃在舞台上，受到广大观众的欢迎。

在国外，《沙恭达罗》也受到广泛欢迎。早在18世纪，它就传到了欧洲，先是译成英文，后又译成德文。德国诗人歌德和席勒都对它赞不绝口。同样，《沙恭达罗》在我国很早就受到重视，现有多种汉语译本，它不仅被搬上了舞台，而且拍成了电视剧，沙恭达罗这一美丽的形象也愈来愈深入中国读者和观众的心中。

第十三章　中古亚非文学

第一节　概　述

中古亚非文学是指亚非地区封建社会时期的文学。

一、历史和文学特点

从封建社会产生的时间来看，亚非地区有些国家早于欧洲。我国早在公元前5世纪就从奴隶制向封建制过渡，初步进入了封建社会。亚洲大部分地区和北非的许多国家，大约在公元2、3世纪至公元8、9世纪之间进入封建社会。而欧洲的封建国家则是在公元5世纪西罗马帝国崩溃后陆续出现的。

亚非各国封建社会存在的时间长短不一，各国封建社会的发展也极不平衡，但普遍要比西方持续时间长，社会经济发展要比西方缓慢得多。除日本外，大多数国家和地区直到19世纪中叶才开始进入近代史发展时期。其原因在于：在封建制度形成时，亚非没有像欧洲许多国家那样发生急剧而重大的变革；在政治上，严密的封建专制极大地限制了社会形态的各个方面，土地国有制和土地私有制同时并存，农民遭受地主和国家双重压迫，生活贫困，政治地位低下，几乎丧失了推动社会生产的积极性和发展社会经济的可能性；在经济上，自给自足的自然经济制度居于统治地位，商品交换和货币经济不够发达，对亚非社会的发展起了相当大的消极作用；此外，异族的入侵和统治，对许多国家的发展也有不同程度的阻碍和破坏作用。

农民阶级和地主阶级的矛盾是这个时期亚非封建国家的基本矛盾。农民阶级由于不堪地主阶级的压迫和剥削，经常奋起反抗，发动起义。亚非国家农民起义具有规模巨大、战斗顽强、持续不断的特点，农民起义不断推动着各国历史的发展。

虽然在漫长的中古时期，专制统治和自然经济严重地束缚了人们的思想，但古代文化却发展到了各自的顶峰，特别是中古的前期和中期（约15世纪以前），亚非地区一些先进国家，如中国、印度、阿拉伯、波斯等，居于世界前列，不仅版图辽阔，也是文化大国，在经济和文化方面超过了同时代的欧洲国家水平。如中国的火药、指南针、造纸术、印刷术传到欧洲，一定程度上促进了欧洲各国经济文化的发展；阿拉伯在医学和数学方面成就突出，他们在几何学、三角学和代数学方面的研究成果大大推动了世界数学的发展。

由于军事扩张和商贸往来，东方各族文化开始向周边扩散。中古初期，在东方几大古老文明的基础上，经过各民族文化的融合演变，形成三大各具特色又极富生命力的文化圈：东亚文化圈，南亚、东南亚文化圈，西亚、北非文化圈。东亚文化圈以中国文化为中心，向周围的日本、朝鲜、越南辐射，以汉字、儒学、佛教、律令和册封为表现形式。南亚、东南亚文化圈是印度文化向周围的南亚、东南亚各国扩散而形成，以佛教、印度教的信仰为标志。西亚、北非文化圈随着伊斯兰教的兴起形成，融会西亚、北非几种古老文明，以阿拉伯语和伊斯兰信仰为标志。三大文化圈的核心和标志都是宗教，但不是在孤立封闭中发展，而是互相渗透、互相影响，形成多姿多彩、辉煌灿烂的文化景观。

中古亚非文学就是在上述历史条件下发展起来的。这一时期亚非文学的主要特征是：

一是多民族文学共同繁荣。中古时期，亚非文学在地域上大大扩展，在几个文明古国中，埃及、巴比伦、希伯来的文学先后中断，而印度文学则继续向前发展，取得了辉煌成就。同时，许多新的国家和民族文学兴起，如朝鲜、日本、越南、印度尼西亚、伊朗、阿拉伯、土耳其等，涌现了一大批优秀作家和作品，他们共同创造了中古亚非文学的光辉业绩。

二是各民族文学交流空前繁荣。在中古，随着经济的发展和交通的发达，各民族文化交流日益频繁，三大文化圈在此时形成，各民族在文学上的交流与影响也蔚为壮观。一方面历史较悠久、文化较发达的国家的文学对周边国家产生了深刻地影响。例如，中国、印度、阿拉伯、波斯对邻近各民族的文化与文学影响深远。中国与日本、朝鲜、越南的文化、文学交流由来已久，这几个国家的许多诗人、作家对中国文学造诣很深，能写汉文、汉诗，在他们用本民族语言创作的作品中，也可以看到中国文学的影响。印度文学则影响了泰国、缅甸、印度尼西亚等东南亚国家文学的发展。印度史诗和佛教故事在这几个国家广为流传，当地人民熟悉这些内容，作家也以此作为创作题材。西亚的阿拉伯和波斯则随着伊斯兰教的传播，影响了中亚、北非诸国。同时，中国、印度、阿拉伯、波斯文学也接受了邻国文学一定程度的影响。另一方面，各民族文学交流还表现在某一文学成就是各族人民共同创造的，如《一千零一夜》不仅仅是阿拉伯民间故事集，还包括印度和波斯人的创造。

三是文学的内容丰富，形式多样。中古亚非文学在题材上大大拓展，表现社会生活面广泛，思想内涵丰富复杂。文学形式也有了新的发展，具备了现代概念中各种文学体裁形式，诗歌、小说、戏剧、散文等都取得了长足的进步，特别是诗歌最为发达，各民族都涌现出自己杰出的诗人、诗歌。印度的戏剧则取得了辉煌的成就；阿拉伯的故事成绩斐然，影响广泛；日本还诞生了世界上最早的长篇小说。

四是民间文学蓬勃发展，成为中古文学的一个重要组成部分。最初的文学产生于民间，到了中古，民间文学并没有随时代的发展而衰退，反而因其广泛的群众基础继续向前发展，民歌、民谣、民间故事、民间戏剧、民间说唱等方面都产生了不少优秀作品。同时，民间文学还影响到诗人、作家的创作，中古文学的一些体裁由民间文学发展而来，如民歌民谣、民间戏剧、神话传说发展成民族史诗，民间故事、说唱文学发展成小说；诗人、作家们还善于从民间文学中吸取养料，使自己的作品的内容更贴近生活，语言更朴实生动，风格更平易自然。

五是受到宗教文化的深刻影响。宗教在东方社会中具有非常重要的地位，世界三大宗教都发源于东方，中古时期基督教成为西方的宗教，伊斯兰教和佛教在东方产生深刻影响，加上一些民族宗教，如印度教、道教、锡克教等，使宗教成为亚非各国封建制度的重要意识形态。这些宗教在很多文学作品中打下了深深的烙印，如日本、朝鲜、越南文学有佛教色彩，印度文学常有印度教色彩，波斯和阿拉伯文学有伊斯兰教色彩，等等。宗教对文学的影响有着积极的一面，它为作家的创作提供题材来源，使作品意蕴深远，一些宗教经典、著作因具有文学性也参与了文学史的建构，如伊斯兰教的经典《古兰经》出现后，迅速统一了阿拉伯各部族的语言，《古兰经》也是阿拉伯文学在散文方面最早的作品。另一方面，宗教对文学的影响也有消极的一面，由于宗教日益为统治阶级所利用，它也束缚了人们的思想，使民众愚昧落后，文学若利用不当，既会对社会产生消极影响，也在一定程度上限制文学自身的健康发展。

二、文学概况

中古东方文学在古代文学的基础上进一步向前发展，涌现了一批优秀的作家和不朽的作品，尤其是中古文学的前期和中期，无论在思想上还是在艺术上都取得了辉煌的成就，堪称当时世界文学的高峰。后期虽然较西方落后，但也有一些杰出的作家、作品。

这一时期东方文学取得重大成就的除了中国外，还有日本、朝鲜、越南、印度、波斯、阿拉伯等。

中古日本文学的发展可以分为四个时期：奈良时期（8 世纪）、平安时期（8 世纪末至 12 世纪末）、镰仓室町时期（12 世纪末至 17 世纪初）和江户时期（17 世纪初至 19 世纪中）。日本进入封建社会后，皇室"一法隋唐"，奈良时期的文学作品采用汉字记录，最早出现的是《古事记》（712），是日本最古老的一部历史和文学作品，其中保存了一些神话、传说、故事、歌谣，有一定的文学价值。8 世纪中叶先后编成的《怀风藻》（751）和《万叶集》（760）是这一时期最重要的两部诗集。前者是汉诗集，表现行幸、从驾、应召一类生活，格调不是很高；后者是和歌集，共 20 卷，收和歌四千五百多首，它借用汉字记录日语的音或意，称为"万叶假名"，《万叶集》题材广泛，内容丰富，作者人数众多。它反映了古代日本社会的各个方面，上至王公贵族，下至平民百姓的生活和思想，都有表现，风格质朴清新，对日本后世诗歌创作影响巨大。

平安时期创立了假名文字，推动了文学的发展。在诗歌领域，汉诗与和歌继续并存，905 年，第一部天皇敕撰的和歌集——《古今集》编成。但太重技巧而有矫揉造作之感。平安时期的主要成就在散文方面，物语、日记、随笔等新的散文文学得到发展，尤其以物语成就最高。"物语"是故事或传说的意思，物语文学，也就是叙事性文学作品，最早出现的用"假名"创作的物语文学是《竹取物语》和以和歌为中心的《伊势物语》。物语文学成就最高的是紫式部的

《源氏物语》。

镰仓室町时期新兴武士阶级掌握了国家政权，表现武士生活的战记物语兴盛，其代表作品是叙述源氏和平氏两大武士集团争战的《平家物语》（1201—1221）。作品记述1156—1185年间源氏和平氏两大武士集团在中央和地方争夺权力的兴衰始末，反映从平安时期向镰仓时期过渡，从贵族掌权向武士掌权转化的历史进程。作品在文体方面也有所创新，日文汉文交织，韵文散文并列，雅语俗语杂陈，对后世物语、小说、戏曲影响较大。受中国戏剧的影响，戏剧文学在这时出现，其戏剧形式有"能"和"狂言"。"能"是综合戏剧，集音乐、歌唱、舞蹈为一体的歌舞剧，取材于古代文学作品；"狂言"是以对白为主的独幕喜剧，取材于现实社会生活。

江户时期以商人为中心的市民文学得到空前繁荣，诗歌、小说、戏剧竞相发展。占据诗坛中心地位的是由和歌变化而来的俳句，代表作家是松尾巴蕉（1644—1694），他一生所作俳句共一千余首，收入《七部集》中，或描绘自然风光，或关注人生社会，情调"闲寂"、"风雅"，开创一代诗风，被誉为"俳圣"。小说方面的主要形式是浮世草子。浮世草子是以表现现实生活为内容的小说，代表作家是井原西鹤（1642—1693）。戏剧的主要形式是净琉璃和歌舞伎，净琉璃是由说唱艺术发展而来的木偶戏，歌舞伎则是由舞蹈演变而来的歌舞剧。近松门左卫（1653—1724）的作品是当时戏剧创作的最高水平。

朝鲜文学史的开端可以上溯到1世纪以前，主要形式是口耳相传的神话、传说、祷词、歌谣等。9世纪以后，朝鲜一分为三，史称三国时期，汉字传入朝鲜，书面文学随之产生。朝鲜中古文学从918年高丽王朝统一朝鲜到19世纪李朝末年，这个时期各种体裁都有发展，汉文诗、散文、小说、时调、歌辞各放异彩。金万重（1637—1692）的小说《谢氏南征记》、《九云梦》是其中的优秀之作。这个时期最著名的民间创作是"三大传"，即《兴夫传》、《沈清传》和《春香传》。

《春香传》的故事内容早在14世纪就开始在民间口头流传，而到1776—1800年间才加工成书。《春香传》是说唱脚本体小说，是朝鲜文学史上的古典名著。全书分上下两卷，上卷叙述退妓之女春香与贵公子李梦龙在春游中相逢，一见钟情，私自结为夫妻。后来李梦龙随父调任京师，两人依依惜别。下卷写新任府吏下学道到任，意欲霸占春香，春香至死不从，遭到严刑入狱。李梦龙在京应试中举，被任命为全罗御史，他暗中查明下学道的劣迹，将其革职惩办。最后，李梦龙带着春香母女一同进京团聚。《春香传》歌颂了男女主人公坚贞不渝的爱情,揭露了朝鲜封建社会末期的黑暗。小说的主人公春香美丽善良,忠于爱情,刚强不屈,是一个光彩照人、家喻户晓的人物形象。

越南受中国文化影响深远,直至 20 世纪初,越南文学一直以儒家思想为正宗。官方还规定汉字为全国通用文字,直到 13 世纪才开始推广和运用自创的民族文字——字喃(借用汉字来标识越南音的文字)。但汉语文学在越南文坛上一直占重要地位,越南中古著名的汉文学者和作者有阮廌(1380—1442)和邓陈琨(1710—1745),阮廌遗留下来的作品有《平吴大诰》和汉文诗《抑斋诗集》等,邓陈琨的长诗《征妇吟曲》是一首长达 447 句的乐府诗,被誉为"千古绝唱"。字喃文学到 18 世纪后才进入成熟阶段,代表作品是阮攸(1765—1820)的长诗《金云翘传》。《金云翘传》是根据我国清初流行的青心才人的章回体同名小说改写的,是越南古典文学中最优秀的作品之一。全书共 12 卷,3 252 行,通过女主人公王翠翘命运多舛的一生,揭露了当时黑暗腐朽的社会状况,充分表达了作者对被侮辱与被损害者的同情。作品将抒情与叙事结合,运用了不少中国典故、成语和诗词,在形式上富有民族特色,广为群众传诵。

印度在公元五六世纪开始向封建社会过渡,这个地区民族矛盾尖锐复杂,封建割据严重,在宗教、文化上也显得纷繁复杂。中古印度文学是印度文学的一个新阶段,它的发展可以分为两个时期:古典梵语文学后期(约从 6 世纪至 12 世纪)和地方语言文学时期(约从 10 世纪至 19 世纪),二者略有交叉。古典梵语文学后期著名的作品有:波那(7 世纪)的小说《迦丹波利》和《戒日王传》,檀钉(7 世纪)的传奇《十公子传》,薄婆菩提(8 世纪)的剧本《茉莉和青春》,胜天(12 世纪)的诗歌《牧童歌》等。10 世纪之后,统一文坛的印度梵语文学衰落,代之而起的是各个地方语(俗语)文学兴起,如印地语文学、乌尔都语文学、孟加拉语文学、泰米尔语文学、马拉提语文学、古吉拉特语文学、奥利萨语文学、旁遮普语文学和泰鲁固语文学等,呈现出一派百花争艳的局面。其中印地语文学和乌尔都语文学的成就最为突出。印地语文学兴起较早,取得的成就最大,有名的有格比尔(约 14、15 世纪)的格言诗,他死后其门徒收集成册为《见证者》、《短曲》和《短诗》三部分。加耶西(1493—1542)的长诗《莲花公主传》,苏尔达斯(15 至 16 世纪)的诗集《苏尔诗海》,杜勒西达斯(1532—1623)的长诗《罗摩功行录》等。苏尔达斯是印地语文学的代表诗人之一,他的诗集《苏尔诗海》歌颂了毗湿奴大神(印度教三大神之一)的化身——黑天,诗中最精彩的部分是黑天童年和少年的生活以及和牧女陀罗的爱情的描绘,《苏尔诗海》被奉为宗教的圣典,是在宗教庆典之时诵读的赞美诗,但全诗依然散发着浓烈的人情味和生活气息。杜勒西达斯是中古印地语文学的重要宗教诗人,其长篇叙事诗《罗摩功行录》是以史诗《罗摩衍那》及其他类似作品为基础的再创作,该诗选材严格,格律工整,语言通俗,被当做宗教的经典、文学的典范、伦理道德的宝库、生活的百科全书,在印度广为流传。

波斯是世界文明古国之一,其文学在萨珊王朝(224—651)时期出现过高潮,他们都是用中古波斯语——巴列维语写成的,但因为阿拉伯人的入侵和其他原因,保存下来的极少。在伊斯兰教兴起并传入波斯后,波斯文学在10至15世纪空前繁荣,在创作上使用达里波斯语。波斯素有诗国之称,中古波斯文学的主要成就诗歌方面,在五六个世纪内涌现了许多杰出的诗人,其中鲁达基、菲尔多西、海亚姆、内扎米、哈菲兹、萨迪等都是享有世界声誉的诗人。

鲁达基(858—941)是波斯文学和古典诗歌的奠基人,他一生写诗甚多,但流传下来的只有不到两千行短诗和长诗《卡里来和笛木乃》的一些片段。鲁达基的诗歌寓意深刻,语言朴实明快,富有民族风味,人们尊称他为"波斯诗歌之父"。菲尔多西(940—1020)是继鲁达基之后出现的波斯伟大诗人,其主要著作是民族史诗《列王纪》(又译《王书》),该书长达六万联句(联即双行),叙述了波斯四千多年历史中四个朝代五十帝王的生平业绩,分为神话传说、勇士故事和民间故事三部分。全书最精彩的部分是几乎占三分之二篇幅的有关鲁斯塔姆等勇士的事迹,《列王纪》规模宏大,包罗万象,是中古波斯文学的光辉巨著。

海亚姆(约1048—1123)是波斯中古著名的哲理诗人,他留给我们的文学遗产是四百余首"柔巴依"(意为四行诗)体哲理诗,代表了中古波斯哲理诗的最高成就。内扎米(1141—1209)是波斯著名的长篇叙事诗大师,其流传下来的五部叙事诗统称为《五卷诗》,故事曲折动人,心理刻画细致,想象优美丰富。哈菲兹(1327—1390)是杰出的抒情诗人,流传至今的约有五百余首诗歌,主要歌咏爱情和美酒,抨击时政和虚伪宗教,充满无限热爱现实世界和人间生活的精神,寓意深刻,感情炽热,被认为是波斯抒情诗的高峰。

萨迪(1208—1292)以写训诫诗见长,也是波斯古典文学史上著名的诗人之一。代表作品是《果园》和《蔷薇园》。前者是诗体,共分十卷,由160个生动的小故事和寓言组成,目的在于训诫育人。《蔷薇园》是一部由散文和诗歌相结合的作品,共分八卷,包括记帝王言行、记僧侣言行、论知足常乐、论寡言、论青春与爱情、论老年昏愚、论教育的功效、论交往之道等。诗人以自己丰富的生活经历反映了广大亚非地区的社会风貌，轶闻趣事，表达了对受苦受难的人民的同情和热爱，对残暴的帝王、官吏以及富人的嫌恶和憎恨，并且包含许多实用而有益的生活教训。《蔷薇园》语言优美、质朴、自然，其中有不少名言警句，至今还在伊朗流传。

中古时期的阿拉伯文学即阿拉伯帝国的文学，包括帝国疆域内的各族人民用阿拉伯语写的文学作品。747年阿拔斯王朝建立，阿拉伯帝国走向繁荣，文学也进入黄金时期。

在伊斯兰教兴起之前，诗歌是阿拉伯文学的主要形式，代表其创作水平的是"悬诗"。所谓"悬诗"是将赛诗会上获胜的作品悬挂起来，著名诗人有乌姆鲁勒·盖斯（500—540）等，盖斯是阿拉伯诗歌的创立者。伊斯兰教创立后，阿拉伯文学的发展一般分为三个时期：拉希德和伍麦叶时期（622—750）、阿拔斯时期（750—1258）和土耳其时期（1258—1798）。在拉希德和伍麦叶时期，散文方面的主要成就是伊斯兰教经典《古兰经》（7世纪），诗歌方面则有宗教诗、征战诗、政治诗和爱情诗等。《古兰经》是伊斯兰教的创始人穆罕默德在传教23年（610—632）期间的言论汇集。共114章，六千余节。"古兰"为阿拉伯音译，意谓"诵读"或"讲述"。《古兰经》反映了6世纪末7世纪初阿拉伯人思想、文化和生活情况，渗透了伊斯兰教的教义、教规和伦理道德，为后世文学创作提供了丰富的思想和题材。它的语言优美，在修辞、音韵方面可谓阿拉伯文学的典范，为后世散文文学的发展奠定了牢固的基石，并为统一、保存和发展阿拉伯语作出了巨大的贡献，对整个伊斯兰国家和地区的文学也产生了巨大影响。

阿拔斯王朝时期文学空前繁荣，在散文方面，伊本穆格法（724—759）的《卡里来和笛木乃》是一部寓言故事集，贾希兹（775—868）的《动物书》和《吝人传》也很有名。著名的民间故事集有《安塔拉传奇》和《一千零一夜》。在诗歌方面，优秀的诗人有艾布·努瓦斯（762—813）、艾布·阿塔希叶（748—852）、艾布·塔依伯·穆太奈比（915—965）和艾布·阿里拉·麦阿里（793—1058）等。土耳其时期的阿拉伯先后为蒙古人和土耳其所统治，文学成就不大，只有出生于埃及的诗人蒲绥里（1211—1296）创作的歌颂穆罕默德的宗教长诗《斗篷颂》，影响较大。

第二节 紫式部

一、生平与创作

紫式部是日本平安时期的女作家。她大约生于978年左右，本姓藤原，式部是她在宫廷服务期间的称呼，据说来源于她父亲所担任过的"式部大丞"的官职名。起初她被称为藤式部，后来在《荣花物语》等书里被记为紫式部，这可能是由于她在《源氏物语》中塑造了理想的妇女形象紫姬的缘故。

紫式部出生于中层贵族之家，曾祖父藤原兼辅是著名的"三十六歌仙"之一，祖父、外祖父擅长和歌，父亲藤原为时是著名的汉诗诗人与和歌作家。这种家庭氛围给紫式部以深厚的文学熏染，加之她资质聪慧，因而熟谙日本的文学典籍，如《古事记》、《万叶集》、《日本书记》等，尤其精通《史记》、《汉书》、《白氏文集》等秦汉文和唐诗，具有较高的文学素养。她对绘画、音律、佛经也有一定的造诣，其思想深受儒学和佛教的熏陶。

据说紫式部自幼丧母，由父亲抚养成人。996年夏，父亲出任越前守，紫式部随父离开京城前往越前。998年，她秉承父命与藤原宣孝结婚，藤原宣孝已年过45岁，并且娶过三个妻子，但他性格豪爽，也颇有才气，婚后夫妻感情比较融洽。第二年，紫式部生下一女，取名贤子，但好景不长，1001年丈夫突然去世，紫式部带着幼女过着凄清抑郁的寡居生活，从此再未嫁人。在寂寞漫长的岁月中，紫式部开始创作《源氏物语》，约1004年完成了作品的前半部，在社会上广为流传。紫式部的才华为藤原道长赏识，1006年，她应召入宫，成为藤原道长的女儿、一条天皇的中宫（相当于皇后）彰子的侍从女官，直到1011年一条天皇去世，彰子成为皇太后为止。这期间，她曾为彰子讲授《日本书纪》、《白氏长庆集》等，深受彰子、道长的赏识，因其精通《日本书纪》，她还获得"日本纪局"的美称。宫中生活使紫式部的知识和才能得以发挥和承认，给她凄苦的生活以安慰。同时，她亲眼目睹了皇妃和各门才女的竞相邀宠、后宫的钩心斗角，整个贵族集团内部的复杂矛盾，皇室贵族的腐化堕落等。这些经历丰富了她的知识和体验，为她的创作提供了丰富的素材。紫式部卒于哪年不详，有1014、1015、1016年诸说。

紫式部一生短促，流传下来的作品除了《源氏物语》以外，还有《紫式部日记》、《紫式部集》两种。《紫式部集》是一部和歌集，共收入各个时期创作的和歌128首，风格委婉清丽，蕴意深刻，大约是作者在《源氏物语》大部分完成或全部完成后辑录的。《紫式部日记》约于1010年左右写成，记述了1008年7月至1010年1月间一条天皇的第二皇子和第三皇子诞生前后藤原道长家的盛况。日记以叙述宫廷礼仪为中心，对多种生活场景和事件作了真实生动的描述，并且对人物性格和心理活动的刻画真切而细腻。这部日记不仅是当时文化史、风俗史的研究资料，也是了解紫式部生活经历、思想和性格特征的重要依据，具有较高的史料价值和文学价值。

二、《源氏物语》

《源氏物语》是紫式部的代表作，大约创作于1001年至1014年之间，是日本及世界文学史上最早的长篇写实小说。

《源氏物语》的诞生，与当时日本特定的社会现实和作家的人生经历密切相关。紫式部生活和写作《源氏物语》的时代，正是藤原道长执政的时代，即摄关政治全盛的时代。摄关即"摄政关白"，意思是：天皇年幼时替天皇代政的最高职务称"摄政"，天皇成年亲政后，作为天皇监护人协助天皇执政的职务称"关白"。摄关政治实际上是外戚统治。自大化革新以来，藤原氏一直是全国头等贵族，后来他们成为天皇外戚，夺得摄政、关白职务。为巩固摄关地位，形成一种惯例：将自家的女子立为皇后，一旦生下皇子，就迫使天皇退位，让皇子登基，以便扶持幼小的天皇来独揽朝纲。从10世纪末藤原道长就任左大臣开始，藤原氏进入绝顶荣华的时代，道长是一条、三条、后一条、后朱雀、后冷泉等几代天皇的岳父和外祖父。自摄关以下朝廷的重要职务几乎为他们一门所独占。由于一夫多妻，为使自己的女儿能获得天皇的宠爱，以便生下皇子，他们竞相收罗名门才女，做自己女儿的侍从女官，辅导她们学习和歌，进修汉学，弹筝练琴，以提高教养，抬高身价。宫廷贵族如此热衷于摄关之权柄，使中小贵族也不甘寂寞，纷纷效而仿之，加强女儿的文化教育，使其成为男性贵族所欣赏的"心地柔顺"的女性，期望她们成为自己登天的阶梯。在这种社会风气下，日本历史上出现了一个特别重视妇女修养、教育的时代，才女辈出。另一方面，女性已经成为商品，成为争权夺利的工具了。恩格斯说，在阶级社会里，"结婚是一种政治行为，是一种借新的联姻来扩大自己势力的机会，起决定作用的是家世的利益，而绝不是个人的意愿"。紫式部以自己的不幸婚姻的切肤之痛，真实地展现了当时的社会政治状况及一个个不幸、柔弱的妇女的命运。

《源氏物语》共54帖（回），近一百万字，以平安时期的宫廷贵族生活为主要题材。全书可以分为前后两个部分，第41回以前是前半部分，写的是源氏的故事，叙述光源氏一生命运的起伏，其中第1回至第33回写源氏的出生、成长，与继母藤壶乱伦，与空蝉、葵上、轩狄端、六条妃子、夕颜、紫姬、胧月夜、花散里、末摘花、玉鬘、三公主等众多女性的恋情和婚姻，在政治上虽一度受挫，但后因其与继母所生的皇子冷泉登位，他达到荣华顶峰。第34回至第41回写源氏的命运由荣耀的顶峰下跌，新娶夫人与人私通生下私生子，而最心爱的夫人紫姬去世，更使他心灰意冷，终至出家，抑郁而亡。后半部分写熏君的故事，第42回至第44回写他少年时代的生活。最后十回的场景发生在京郊的宇治，又称"宇治十帖"，写熏君对大女公子和浮舟的追求和失败。

小说的情节涉及四代天皇、75年时间，登场人物四百四十余人。光源氏是小说描写的中心。他是桐壶天皇与身份低下的更衣所生，其母在他三岁时，在周围有权势的妃嫔的嫉妒和排挤下郁郁而死。桐壶天皇考虑源氏母家寒微，缺乏有力的政治后援，故把他降为臣籍。源氏12岁时，举行了成人仪式，娶了左大臣之女葵上，获得了政治靠山。在左大臣与右大臣的权力斗争中，他曾一度受挫，退隐到须磨。冷泉帝即位后，他东山再起，扶摇直上，当了"准太上天皇"。但他无心朝政，把自己的感情全部放在女性身上，在与女性的追逐中，他最终感到一切都虚幻缥渺，遁世出家。

小说中，作者不惜笔墨地对源氏公子给予美化，在外貌、才能等方面极力赞美。他名叫光君，意谓光彩照人；他身上香气袭人，百步可闻；他的美貌无人可比，而且年龄越大越有光彩，令众多女性仰慕不已；天资聪慧，精通琴棋书画，熟谙中国古典文化；歌声悠扬，犹如佛国的妙音；舞姿优美，世无可比……诸如此类，不胜枚举。他不仅风流倜傥，还有济世经国之才；在人情品性上博爱仁慈，情感高尚。小说中赞颂他"秉性仁慈，德泽普及万民；拯灾济危，善举不可胜举"。显然，作者在源氏的身上寄托了自己的人生理想。

小说用大量的篇幅描写源氏和各式各样女性的交往。在情场及对女性的态度上，他是一个心地善良、有情有义、有始有终的人。与他有过私情的女子，有上层贵妇藤壶、女三宫、六条妃子、葵姬（源氏正妻）等，中层贵族妇女空蝉、夕颜、明石姬等，以及从上层贵族跌落下来的末摘花，理想化的人物紫姬等。源氏的性格很复杂，集天使与恶魔的特征于一身。本质上，他是一个柔情似水、春意缠绵的情种形象。当然，源氏作为日本平安时期大贵族的代表，其形象内涵包含着社会政治内容，但他通过自己的情感特征及其整个形象所展示的作家的美学理想，毕竟最大限度地过滤掉了社会政治内容。诚如作者在书中表白："作者女流之辈，不敢侈谈天下大事。"因此，小说主要展现的是源氏丰富复杂的情感。

源氏始终得意于"自己之情长"，作者反复强调："大概他对于女人，一经接近，爱情就会油然而生吧。总之，为了恋情，源氏公子一生不得安宁。"源氏对女性的追逐虽未摆脱贵族色彩，但源氏的行为也显示出超贵族道德水准的特点，比如他具有同情心，为源氏所邂逅的女性，当时多处窘境，夕颜为头中将所弃，走投无路时被源氏看上；末摘花家道中落，荒草几近没屋，源氏以情人身份出现，无异于救星；花散里、玉鬘等女性甚至是置于绝境时，遭遇源氏之爱而绝处逢生的。源氏还具有责任感，他对其所交往的女性虽不能从一而终，但绝非始乱终弃，当他借助冷泉帝重新得势时，做的第一件事是营造六条院，将其所爱女子，尽数奉养其中，使她们能安度余生。

源氏的情感过于强烈，往往难以遏制，"任情而动"。作者说："源大臣向有一见钟情，永不忘怀之癖。"作者似乎并无意于批判源氏的恶德败行，而在于揭示这个男人生命本能的力量。源氏的近似疯狂的举动，既伤害了别人，又戕害了自己，所以源氏也有自觉地、经常地进行理性压抑，不断激发起一种持续的灵与肉的冲突。源氏的理性自责往往具有滞后性，也缺乏约束其情感的权威性，从而导致连绵不断的内心反省，而非大彻大悟的理性觉醒。源氏对女性的追求，还要看其情有所钟者美的品位，他更多的是对女子内在美的自觉探求，凡是他"所交往的女子，都不是寻常之人，都有独到的优点"。源氏又"觉得每一个女人，各有其可爱之处"，并由此而生烦恼："人世之事，真不可解！我所钟爱的情人，性情容貌，各尽其美。但恨不能集中爱情于一人，如何是好？"正是客观存在的美的分散性，不停地吸引、折磨着主人公，使他终生不得其安。

造成源氏情感特征的原因主要有二：一是作者过分理想化的创作倾向；二是源氏所属那个时代"摄关政治"的强力扭曲。紫式部对光源氏的美化是不遗余力的，对作者而言，创作《源氏物语》的初衷，当是聊慰寂寞情怀，以自己不幸情感历程的切肤之痛，在文学创作中找到补偿人生的可能。作者在小说中借紫上之口慨叹："女人持身之难，苦患之多，世间无出其右！如果对于悲哀之情、欢乐之趣，一概漠不关心，只管韬晦沉默，那么安得享世间荣华之乐，慰藉人生无常之苦呢？"这样，源公子才不问江山问美人，绵绵春情中少阳刚而多阴柔，实是作者对象化了的移情之物。另外，当时日本的"摄关政治"使皇族的权力十分有限，政治寿命极短，这使得皇室的男性成员，上至天皇、下至显贵，性格均不可避免地、不同程度地被弱化，畸形政治造成他们性格的畸化，紫式部在找寻其理想人物和情绪载体时，不可能回避这一事实。

《源氏物语》还以高超的艺术手法，塑造了一群"颜色如花、命如叶薄"的妇女形象。当时女性的地位十分低下，即使是贵族女子也不免沦为统治阶级争权夺利的工具。同时，当时日本独特的访妻婚也使女性的命运更加悲惨。男性在夜里进入妻或恋人的居室就寝，第二天早晨返回家中，这种男女结婚而不同居的婚姻方式，助长了男性朝三暮四、恣情纵欲的可能性，造成女子的痛苦与不幸。小说中几乎所有女性的归宿都是或落发为尼，或悲惨死去，无声无迹，让人感伤。

藤壶是先帝的第四个皇女，当朝皇上——桐壶帝最宠爱的女御，无论身份还是地位都很高贵，仍然摆脱不了不幸的命运。藤壶的容貌风采异常肖似已故的桐壶更衣，即源氏之母，年幼的源公子便对她深深恋慕，终于乘皇帝出宫之际与藤壶乱伦，使其怀孕、生子。藤壶非常痛苦，最后为了摆脱源氏的纠缠，也为了儿子的前途，落发为尼。

空蝉是反抗型代表人物。她是中层贵族妇女，年老的地方官伊子介的后妻。一次偶然的机会，源氏到伊子介家避邪，闯入空蝉的内室。以后他又来纠缠，空蝉思虑自己为人妻的身份，终于没有给源氏第二次机会，她为自己的遭遇痛苦，当自己的弟弟小君为源氏传递情书时，她大骂小君，可以说她具有坚毅的个性和强烈的反抗精神。被熏君追求的浮舟也具有反抗精神。她是亲王与一个上等侍女的私生女，亲王因嫌其母烦累，不再与之交往，侍女带着女儿嫁给陆奥守为妻，浮舟被继父歧视。后因其貌似熏君所爱的一个人，被熏君接到宇治居住，熏君常去与之幽会，后来香公得知消息后，也到宇治与浮舟相会，浮舟身侍二人，万分痛苦，决心反抗这不幸的命运。最后她投河自尽，被人救起后出家为尼，不管熏君如何相求也不回心转意。

末摘花是书中唯一一个形象丑陋、性情古板的女性，源氏听信侍女的谎言，前去与之交往，后见她容貌丑陋，言谈举止十分笨拙，便意兴索然，还写诗讽刺她"明知此色无人爱，何必栽培末摘花"。虽然后来源氏把她接到六条院居住，但也只能仰人鼻息，形单影只了却一生。

紫姬是作者塑造的理想的女性形象，外表、品德都无与伦比。她是源氏一手抚养起来的贵妇，姿容端雅，性情温良。她也对源氏朝秦暮楚的行为极为不满,但将怨恨藏在心间,表面上总是装出无所谓的样子,强颜欢笑,悲泪独弹。她不愿抱着人所不堪的忧愁苦闷死去,终于下决心了却情缘,遁入佛门。由于源氏不许,她郁结于心,一病不起,临终时对源氏说:"不允许我出家,我好苦啊!"可见,紫姬的忍从,虽博得源氏的宠爱,但并未得到真正的幸福。

这些妇女既有共性,又有个性,可谓精美绝伦,是一部日本平安王朝妇女血泪交织的生活史。

《源氏物语》虽然主要关注的是男女恋情,但作为产生这些故事的社会背景,使小说客观上广泛反映了贵族社会各个领域的情况和劳动人民的苦难生活。首先,小说反映了宫廷内外争权夺利的斗争。小说以桐壶帝、光源氏和左大臣为代表的皇室贵族与弘徽殿太后和右大臣为代表的皇室外戚的斗争为主线,真实地反映了摄关时代的政治面貌。桐壶天皇在位时,前者处于优势,桐壶天皇去世后,后者独揽朝纲。以至于源氏因与胧月夜私通而被流放须磨,流放结束后,源氏这一派又大权在握。但是源氏与左大臣两家又发生了摩擦,源氏通过支持六条妃子的女儿为皇后和培养明石姬的女儿为皇后的办法,不断巩固和加强自己的政治力量。在宫廷以外,贵族官吏也依靠裙带关系互相勾结,达到升官发迹的目的。地方贵族既是不择手段地搜刮民脂民膏的地方官,又是挖空心思靠女儿发迹的钻营者。从他们的尔虞我诈、明争暗斗中我们不难看出贵族阶级政治生活的腐朽,精神生活的崩溃,贵族阶级的衰落势所难免。

其次,小说反映了贵族阶级穷奢极欲的生活和道德观的堕落。小说以极大的篇幅描写皇室贵族的生老病死、婚丧嫁娶、行乐游猎,反映他们对妇女及对文学、绘画、音乐等的观点。天皇皇族和高官显宦,终日沉溺于享乐,宫廷经常举办宴饮、舞会、行幸、赛画、游猎等活动,规模盛大,极尽铺张。光源氏一生追香逐艳,以渔色为乐。他后来凭借冷泉帝之势建造了豪华的六条院,终日宴游玩乐,管弦之声不绝于耳。然而,源氏到了晚年,感到"人生无常,厌离秽土",以至绝望厌世,终于出家为僧。由此可以窥见整个贵族阶级的没落和道德的沦丧。

最后,小说也反映了平民和下层劳动者的生活和命运。如京都的小商人哀叹生意不景气,须磨的渔夫向源氏申述生活中的苦况,小野农民收获时的艰辛等。这些描写虽然着墨不多,但也可看出普通百姓不幸的遭遇。紫式部作为贵族中的一员,在小说中流露出蔑视劳动人民的倾向,下级侍女、仆役、农民、渔夫、樵夫、牧人往往受到嘲弄,遭到丑化,被冠之以"无知无识"、"形容古怪"、"语无伦次"、"不解情趣"等字眼,但是,在作者写到下层劳动者生活际遇之处，却不自觉地流露出怜悯之情，表明作者在内心深处受到了震动。

《源氏物语》以犀利的笔触，形象地反映了日本平安王朝的社会面貌，是一幅平安王朝皇宫生活的真实的历史画卷。在艺术上，《源氏物语》也有显著的特点。

第一，结构宏伟，统一性与独立性完美结合。小说长达百万字，时间跨度七十余年，前后历经四代天皇，情节复杂，人物众多，规模宏大。全书54回，它的结构方法是一回或几回的相对独立性与全书的统一完整性结合，一回或几回以一个相对完整的女性人物的故事为中心，构成一个相对独立的短篇，但全书又不是短篇的辑录，而是统一于对主人公性格和命运的揭示上，结构庞大而不芜杂。

第二，人物形象个性鲜明，心理描写细致入微。《源氏物语》出场人物有四百多人，其中形象鲜明、个性突出的就有三十多人。作者特别擅长运用细致入微的心理描写来揭示人物复杂丰富的内心世界，塑造人物形象。源氏一生风流，通过他的内心活动可以看出他对不同的女子所运用的心思和手段，而人生的烦恼始终牵惹着他，他最终云隐的结局也就自然而然了。小说对贵族妇女的内心活动更是洞微烛幽，笔触细腻。如藤壶女御与源氏发生乱伦关系后，灵魂深处欲爱不能、欲罢不忍的矛盾心理和苦恼，特别是断发为尼前夕复杂苦闷的心理，更是耐人寻味。她既害怕与源氏之间的隐私暴露，又担心自己贸然出家为尼，儿子失去依靠。继而又怨恨弘徽殿太后对她的嫉恨、欺凌，但又感到这一切难以承受，想摆脱残酷无情的世界，读来让人感伤。女主人公紫姬是一个少言寡语、没有多少行动的人，作者用心理描写来展示了她的精神世界，她外表雍容华贵，心情却抑郁苦闷，如紫姬在源氏迎娶三公主后，她既显得贤淑宽宏又有暗藏泪衫、强压哀怨的痛苦心理。特别是她患病、病危到去世过程的细致心理刻画非常精妙传神。

第三，景物描写生动细致，做到情景交融。作者善于用情感化的景物刻画人物、推进情节或烘托气氛。春、夏、秋、冬、花鸟、虫鱼、日月、山川的描绘都与人物性格的表现、情感的流露、命运的变迁及社会的发展紧密相关。如小说中对月色的描写就是景随情生：悼亡时它愁绪绵绵，猎艳时它饱含情趣，烦恼时它忧心忡忡，离别时它依依不舍，凶险时它阴森可怖。再如小说写到夕颜居所的环境，已暗示其悲剧的结局：庭院中荒芜之极，不见人影，但见树木丛生，一望无际，寂寥之趣，难以言喻。附近的花卉草木也都毫不足观，只觉得是一片衰秋的原野。池塘上覆着水草，荒凉可怕。这一切都表明了夕颜孤苦无助的境遇。

另外，小说的语言优美、典雅、绵密、含蓄。紫式部用新创造的日本假名文字进行创作，共使用了一万两千多个词汇，为日本语言的丰富和发展作出了很大的贡献。同时，作品继承了传奇物语和和歌物语的传统，行文舒缓，在以散文为主的条件下大量穿插和歌与汉诗，有助于推动小说情节的发展，抒发人物感情，加强气氛渲染，为小说增添了无穷的魅力。

《源氏物语》在日本文学史上占有突出的地位，对日本古典文学的发展产生了很大影响。《滨松中纳言物语》、《狭衣物语》、《半夜醒来》、《荣华物语》等小说都不同程度地模仿它。在戏曲方面，不少谣曲、宴曲、净琉璃等常以之为题材。它还被视为诗歌研究必读书，对和歌、连歌、俳谐的演变也有巨大的影响。可以说，日本文学所独有的柔美、抒情的风格也正源于这部《源氏物语》。

《源氏物语》还是中日友好交往的一面镜子，从书中可以看出，我国的文物、思想、典章、制度在日本流传很广。当时人们受儒家、道家的学说和思想的影响很深。中国的诗词、典籍在书中被广泛引用，如《论语》、《老子》、《韩非子》、《战国策》、《史记》、《汉书》、《文选》等著作中的典故史实，陶渊明、刘禹锡、元稹等人的诗，特别是白居易的诗歌被多处引用（据统计有47首）。《白氏长庆集》在日本可谓是家喻户晓的读物。

第三节 《一千零一夜》

《一千零一夜》（又译《天方夜谭》）是阿拉伯著名的民间故事集，规模宏大，内容丰富，享有"世界最大奇书"之称，高尔基誉之为世界民间文学史上"最壮丽的一座纪念碑"。

《一千零一夜》的故事来源比较复杂，据学者考证，主要有以下三个方面：一是源于印度和波斯，相传3世纪有译者将古梵文的故事译为《赫柴尔艾夫萨乃》（意为《一千个故事》）的波斯故事集，6世纪时转译为阿拉伯文，这是故事集中最古老的故事。二是以巴格达为中心的阿拔斯王朝故事，主要是哈伦·拉希德哈里发统治时期的故事，10世纪至11世纪基本故事已形成。三是以开罗为中心的埃及故事，主要讲述埃及麦马王朝时期的风土人情，大约在13世纪至16世纪期间加入该书。

《一千零一夜》历经一千余年的演变和扩充，随着阿拉伯帝国和伊斯兰教的发展而演变，它是阿拉伯地区各族人民共同智慧的结晶，同时也体现了中古时期东西方几种先进文化的交流、融合。

《一千零一夜》规模庞大，共计收入两百多个故事，它反映了中古阿拉伯社会生活的广阔画面。故事集采用故事套故事的方法组织起来，所有的故事都套在第一个故事——《国王山鲁亚尔及其兄弟的故事》里。这个故事说，在古代印度和中国的海岛中，有一个萨桑国。一天国王山鲁亚尔发现自己出城打猎时，王后和宫女、奴仆们在花园里寻欢作乐。他十分气愤，便下令杀死王后及宫女、奴仆。从此他存心对妇女报复，他每夜娶一个妇女，次日清晨加以杀害。"百姓受此威胁，十分恐怖，都带着女儿逃走。可是国王照例追令宰相替他寻找女子，供他虐杀，当时的妇女，不是死于国王刀下，便是逃之夭夭。城中十室九空。"宰相的女儿山鲁佐德为了拯救天下无辜妇女，自愿嫁给国王。她用每夜讲有趣故事的方式吸引国王，每当故事讲到关键之处，天色已明，山鲁佐德就住口不讲了，国王想继续听下去，决定暂不杀她。这样一个故事接着一个故事地讲下去，一直讲了一千零一个夜晚。在这期间，山鲁佐德先后生了三个男孩儿，国王终于被感动，不仅赦免了山鲁佐德，还册封她为王后，下令史官记下她在一千零一夜里所讲的故事。

《一千零一夜》的故事题材十分广泛，它涉及欧亚非三洲和美洲的风土人情，内容丰富多彩，有历史故事，冒险故事，恋爱故事；有人间生活，也有神话幻想世界。涉及上至君王将相下至童仆奴婢三教九流各个阶层的人物，还有形形色色的天仙灵魔。它体裁多样，包括神话、传说、童话、故事、寓言、谚语、短诗等。《一千零一夜》的故事和人物构成了一幅幅色彩斑斓的图画，贯穿着善与恶、美与丑的斗争，从中揭露统治阶级贪婪丑恶的本性，赞颂人民在与邪恶势力斗争中表现的惊人智慧和才能，反映了劳动人民对美好生活的憧憬与追求。

《一千零一夜》的思想内容丰富多彩，主要表现了以下几个方面：

中古阿拉伯社会是一个贫富悬殊、阶级矛盾和社会矛盾都非常尖锐的社会。《一千零一夜》的有些故事真实地反映了当时的阶级和社会矛盾，揭露了统治阶级的残暴和罪恶，表现了处于水深火热之中的劳动人民的不幸。由于阿拉伯不断对外进行侵略扩张，统治阶级长期过着骄奢淫逸的生活，如815年蒙麦哈里发与宰相的女儿结婚的婚礼费耗资等于全国一年的税收。而广大人民遭到残酷压迫，生活十分贫困。作品第一个故事就揭露了国王山鲁亚尔的残暴荒淫、嗜杀成性；《一对牧民夫妇》写哈里发、宰相和地方官勾结，夺人妻女；《女人和她的五个追求者的故事》写一个申冤的女人遭到国王、宰相、省长、法官的调戏；《聂尔曼和诺尔美的故事》写哈里发的代理人设计骗得良家妇女呈献给哈里发，谎称是用一万金币买得，既讨好了主人，又赚了大钱；《驼背的故事》写总督昏庸无能，拿老百姓的生命当儿戏，胡乱判刑，草菅人命；《理发匠的故事》写理发匠的五个兄弟都遭到富人的欺凌迫害，几乎丧命，反而被总督判处有罪，受到鞭笞和驱逐。有的故事反映了劳动人民对统治阶级的不满和反抗，如《死神的故事》写三类不同的国王都没有得到好下场。第一个国王骄傲自满，好大喜功，他正自夸时，死神突然出现，拿走了他的灵魂；第二个国王横征暴敛，削刮民脂民膏，他正大摆宴席准备吃喝时，死神也突然出现，拿走了他的灵魂；第三个国王非常暴虐，他正威风凛凛地发号施令时，死神突然出现，拿走他的灵魂，让他到地狱受苦。这里死神体现了人民的愿望和意志，通过它的行动反映了人民对统治阶级的仇恨和反抗。

《一千零一夜》中有些故事表现了劳动人民的朴实善良、机智勇敢，他们用自己的智慧和勇气战胜了邪恶势力，体现了正必压邪、善必胜恶的思想。如《渔翁的故事》里的渔翁用自己的计谋和理智战胜了魔鬼。《阿拉丁和神灯的故事》中的阿拉丁战胜了诡计多端的非洲魔法师。另外，《白侯图的故事》与《阿里巴巴和四十大盗的故事》也是十分有名的故事。《白侯图的故事》写一个奴隶用说谎的办法来报复主人。白侯图在奴隶市场上被出卖时首先声明自己有一年说一次谎话、欺骗主人的缺点，有个商人自以为是，把他买了下来。白侯图在商人家里勤勤恳恳，倒也无事。一天，商人在城里大摆宴席，让白侯图回家取东西。白侯图回家却对太太说，"老爷和他的朋友们坐在一堵古墙下面吃喝、谈笑，那堵古墙突然倒了下来，把他们都压死啦"，太太一时心急，把自己的家砸得乱七八糟。白侯图又跑回城里对商人说，"堂屋的墙壁塌了下来，压在太太和少爷们的身上了"，一时商人急得死去活来。后来双方见面一对证，才知上了白侯图的当。商人勃然大怒，要严惩白侯图，白侯图却辩解道："老爷，你不能惩罚我，因为这是我的缺点，当初买我的时候，这是其中的一个条件，经纪人证明过的，你是知道的。我每年要说一次谎，这次不过说了一半，待年终我再说一半，这才成为一次呢。"商人没有办法，又害怕再被捉弄，只好宣布给白侯图自由。这个故事看似笑话，却反映了现实问题。它揭示了奴隶的不幸，又赞扬他们通过智慧战胜主人，表现了他们对主人的仇恨和反抗。《阿里巴巴和四十大盗的故事》中女仆马尔基娜凭借自己非凡的勇气和智慧战胜了40个强盗。她为民除害，自己也被释放为自由民并与阿里巴巴的侄儿结为夫妻。机智战胜狡诈、聪明战胜淫邪、智慧战胜愚蠢，这是许多故事的共同主题。

有些故事表现了劳动人民对美好生活和幸福爱情的执著追求。这些表现人民对美好的婚姻和爱情追求的作品深受群众喜爱。在当时阿拉伯封建社会中，妇女地位极其低下，伊斯兰教教义宣扬男尊女卑，规定一个男子可以娶四个妻子，还可随意休妻。丈夫死后，妻子却必须守节。针对这种黑暗现实，《一千零一夜》中的不少爱情故事表现了强烈的反封建意识、要求男女平等、追求自由幸福的情爱观念。有的写王子与公主的爱情，有的写仆人、穷人与商人、贵族间的爱情，有的写凡人和仙女之间的爱情，有的突破了国家、民族、阶级、宗教的界限，表现了进步的爱情观。《尔辽温丁·艾彼·沙蒙特的故事》中的女奴亚瑟美娜深爱自己的丈夫，矢志不移，当省长的儿子试图占有她时，她拔出腰间的匕首，决心与其同归于尽，并说："为了爱情，我是不怕牺牲生命的。"《乌木马的故事》描写一个太子和一个公主的曲折的爱情。公主坚守誓言，太子历经千辛万苦寻找公主，二人经过种种磨难终成眷属。《巴士拉银匠哈桑的故事》是一篇曲折优美的人神恋爱故事。银匠哈桑爱上了仙女娜伦·瑟诺玉，思念成疾。在别人的授意下，他偷了瑟诺玉的羽毛衣，使其不能飞翔而留了下来，二人结为夫妻，并生下两个儿子，幸福地生活在一起。几年后，瑟诺玉思念家乡，趁哈桑远行时从婆母那里骗得羽毛衣，化作飞鸟，带上两个儿子飞回瓦格岛。哈桑悲痛欲绝，为了寻找爱妻和儿子，他越过七道深谷、七座高山、七个大海，闯过无人经历的飞禽、走兽、妖魔三个危险地带，终于找到了爱妻。但是瑟诺玉的父亲、姐姐反对门户不当的婚姻，将她严刑拷打，无情折磨。瑟诺玉忠于爱情，始终没有屈服，最终与哈桑重返人间，过着互敬互爱的生活。《阿拉丁和神灯的故事》写一个穷裁缝的儿子依靠自己的顽强意志和神灯的大力帮助，经过种种艰难曲折，终于娶到了公主，并且继承了皇位。此外，还有《补鞋匠马尔鲁夫的故事》、《努伦丁和玛丽亚的故事》等故事也表现人们对幸福爱情的追求和摆脱封建束缚、争取美好生活的强烈愿望。

中古阿拉伯帝国地域广阔，交通便利，商业发达，贸易繁荣。据史书记载，阿拔斯王朝（750—1258）建都巴格达后，巴格达成为阿拉伯的政治和经济中心，十分繁华富庶。阿拉伯商人以此为中心，从事国内和国外贸易，他们的商船向东到过我国以及朝鲜和日本，向南抵达马达加斯加，向西向北远航瑞典。海外贸易既促进了阿拉伯帝国的经济繁荣，又满足了统治者的物资享受需要,因而受到帝国的保护与支持。《一千零一夜》的许多故事描写了商人和航海家经商航海追求财富的故事,如《商人阿里密斯里的故事》、《脚夫和巴格达三个女人的故事》、《窝尼眭和姑图·谷鲁彼的故事》、《哈里发哈克眭和富商的故事》以及《辛伯达航海旅行的故事》等,其中以《辛伯达航海旅行的故事》最为出色。辛伯达是积极发展海外贸易的商人典型。他出生于富商之家,在将父亲的遗产挥霍殆尽后,幡然醒悟,决心到远方经商发财。他先后七次经商航海旅行,最远到过印度、中国。辛伯达每次远航都饱经磨难,但每次都死里逃生,还发了财,过上舒适的生活。但是,辛伯达不肯安于现状,发财的欲望驱使他一次又一次地到海外去冒险。他有聪明的头脑、丰富的经验和顽强的精神,在巨大的灾难面前,他运用自己的力量和智慧顽强地拼搏,化险为夷。在第六次旅行中,他遇险后一个人流落荒岛,但他坚信"任何灾难总有个尽头",最后安全脱险,还获得了大量财富。辛伯达一次次出海冒险为的是赚钱,但从中又反映出他不息的探索精神与顽强的进取精神,体现了新兴商人创业时期的特征。辛伯达在追求财富的过程中,还如饥似渴地探求新生活和新知识,反映了中古阿拉伯帝国时代商人探求新世界、开发新航路的精神。当然,在辛伯达的身上,也反映了商人的唯利是图、损人利己和贪得无厌。他无论在什么情况下都不忘记一个"钱"字,甚至在死人堆里也不忘收集陪葬者穿戴的珍珠、宝石、金银等名贵首饰。正如他自己所说:"人性是贪得无厌的。"

《一千零一夜》在漫长的形成和发展过程中经过多次润色和改造,其思想是复杂多样的,也有一些糟粕存在。一些故事美化统治者,一些故事歧视和辱骂妇女,描写色情,还有一些故事体现伊斯兰教思想,敬畏安拉,笃信命运,有浓厚的宗教色彩和宿命论观念。如《隐者的故事》写一个隐居山林的老者一次在一口井边看到一位商人因喝水而将一千金币遗弃井边,第二个过路人将金币拿走了。第三个过路人正在井边喝水,商人正好转回来,一口咬定他拿走金币,并将他杀死。隐者正感慨世道不平,安拉却告诉他:商人的父亲欠第二位过路人一千金币,第三位过路人的父亲曾杀死了商人的父亲,现在一切都补偿了。这篇故事完全是对"因果相报"的图解。

《一千零一夜》不仅思想内容丰富,在艺术表现上也具有鲜明的特点和长处。丰富瑰丽的想象和具体精细的写实巧妙地交织是故事集最鲜明的特征。本书具有丰富生动的想象,情节曲折离奇,还有人神魔怪的矛盾冲突,创造了一个可以实现一切奇迹的充满美丽幻想的神话世界。如一夜之间建成的宫殿,有求必应的神灯,能探取任何食物的鞍袋,一闻能治百病的苹果,能够驱使神魔的戒指或手杖等。但这种奇思异想和神奇境界往往和真实的人情世态巧妙地糅合在一起，表达了人们征服自然、改造社会、渴求幸福的强烈愿望。故事集中许多优秀故事的写实是具体精细的，有的甚至已经接近近代写实小说对人物、环境和细节描写的水平。

在结构方式上，《一千零一夜》采取了故事套故事的结构方式，除了几个作为补遗的故事外，全书几乎所有的故事都被套在开篇《国王山鲁亚尔及其兄弟的故事》之中，里面还有大故事套中故事，中故事套小故事，由一个故事引出另一个故事，每个故事既相对独立又紧密相连，上下衔接，前后呼应。在大故事下统摄的小故事之间，往往有一个东西作为结构上的联结点，如《商人和魔鬼的故事》所属的三个老人的故事就是以每人手里牵着牲口来联结的。一个故事接着一个故事地讲下去，环环相扣，具有引人入胜的效果。故事情节离奇多变，有的故事多条线索平行发展，诡异多变，令人难以预测，爱不释手。

对比手法的运用是《一千零一夜》在艺术表现上的突出特点。善仙与恶魔的对比，神话与现实的对照，善与恶的对照，人物之间的对照，场景之间的对比，在故事中随处可见。特别是在塑造人物时，往往通过对比来突出人物性格的主要特征。故事中真、善、美的形象，总是与它的对立面假、丑、恶形成极为强烈的对照，如渔翁和魔鬼，马尔基娜和四十个强盗，理发匠六兄弟和总督，女人和五个追求者等等。前者善良机智，后者凶狠愚蠢。鲜明的对比体现了创作者对故事人物的褒贬，也能给读者留下深刻的印象。

《一千零一夜》的语言丰富优美，生动流畅，并且运用了诗文并茂的表现手法。《一千零一夜》所使用的语言是明白流畅的阿拉伯语，它以当时阿拉伯人日常的、通俗的语言为主，还有不少谚语俚语，通俗易懂，生活气息浓郁。同时，本书的语言又变化多端，有时庄重严肃，有时简洁鲜明，有时蕴涵幽默讽刺。在文体上，本书主要采用散文体，但在不少地方穿插诗歌，总计达一万行左右，这些诗歌大部分是为阿拉伯人所熟知和热爱的现成的诗歌，这些诗歌不仅使故事内容丰富多彩，而且起到进一步突出主题思想的作用，从而成为故事的有机组成部分。

《一千零一夜》是阿拉伯人民和其周围国家人民宝贵的文学遗产，是一部享有世界声誉的作品，它在世界各国广泛流传，产生了深远的影响。大约在18世纪初，《一千零一夜》的故事开始流传到欧美国家，受到人民的广泛欢迎，许多作家的文学创作及音乐、舞蹈、戏剧、绘画、雕塑等艺术作品都受到了它的影响。在亚非国家，《一千零一夜》也流传很广，日本在1875年有了永峰秀树的第一个译本《暴夜物语》,中国也在20世纪初开始介绍和翻译《一千零一夜》,其中最重要的是纳训直接译自阿拉伯文的六卷本《一千零一夜》(1982—1984)。一百多年来,《一千零一夜》的故事深受我国人民喜爱。

第十四章　近代亚非文学

第一节　概　述

亚非近代文学是指19世纪中叶以后一直到俄国十月革命以前的这一历史阶段的亚非文学，它是在继承各自民族文化优秀传统的基础上，在反对殖民主义、反对帝国主义和反对封建主义的民族民主运动中兴起和发展起来的。

一、近代亚非历史概况

亚非地区的各个国家在近代历史阶段所走过的道路有别于欧美国家。欧美国家的封建社会解体较早，从17世纪40年代英国资产阶级革命开始，欧美进入近代历史阶段。而亚非国家的封建社会发展较为缓慢，延续时间很长，直到进入19世纪以后，由于西方资本主义的侵入，亚非国家社会内部才发生了重大的变化。西方资本主义的侵入一方面促使亚非国家的封建社会解体，把亚非国家的封建社会变成了半封建的社会；另一方面又把许多独立的亚非国家变成了殖民地和半殖民地的国家，置它们于残酷的殖民统治之下。所以，亚非的近代历史也就与欧美的近代历史明显不同。当然，西方殖民统治给东方国家带来灾难的同时，也送来了西方的近代文明，西方殖民者"充当了历史不自觉的工具"，客观上为东方社会的觉醒起到了催化作用。尽管在整个近代时期亚非人民为"反帝反殖"付出了惨重的代价，但毕竟西方近代文明为东方社会的发展提供了一个新的参照系。

亚非近代历史复杂，各国各地区发展也不平衡，但社会文化仍有许多相同的特征，主要表现：第一，近代亚非地区的历史是受西方殖民主义侵略而逐渐沦为殖民地、半殖民地的历史。在近代，整个世界的基本格局，是西方对东方的奴役。马克思、恩格斯在《共产党宣言》一书中，指出西方资本主义发展后的世界形势时，写道："正像它使乡村从属于城市一样，它使未开化和半开化的国家从属于文明的国家，使农民的民族从属于资产阶级的民族，使东方从属于西方。"西方资本主义上升的历史，正是东方各国先后沦为殖民地、半殖民地的历史。西方资本主义的发展，建立在对本国劳动人民的剥削和对东方民族的残酷掠夺的基础上。马克思在《资本论》中写道："美洲金银产业的发现，土著居民的被剿灭、被奴役和被埋葬于矿井，对东印度开始进行的征服和掠夺，非洲变成商业性地猎获黑人的场所：这一切标志着资本主义生产时代的曙光。"由于殖民主义的统治，在两百多年间，亚非土地上成亿人口被屠杀，有的土著居民整批被剿灭；许多世界上最富丽精工的宫殿陵庙等古老建筑被毁坏；许多历史记录、艺术珍品被付之一炬；工农业生产落后，社会停滞不前。殖民主义的统治，造成了近代亚非各国黑暗、落后和贫穷。第二，近代亚非各国的主要矛盾，是殖民地、半殖民地人民和殖民主义、帝国主义、封建主义统治者的矛盾。亚非各族人民的任务，是反殖、反帝和反封建残余，争取民族独立和民主。近代亚非社会基本矛盾的复杂性，决定了亚非人民斗争的曲折性、艰巨性和长期性。亚非各国人民的解放斗争，构成亚非近代史中最伟大、最光明的一面，也是亚非近代史的主流。第三，反帝反殖民主义的民族独立解放运动此起彼伏。西方殖民主义、帝国主义的东进，伴随着对亚非民族的政治、军事、经济、文化上的压迫，亚非各民族作为回应，掀起了接连不断、一浪高过一浪的反帝反殖民主义的民族解放斗争，直到亚非民族摆脱殖民统治，获得独立自治。其间，经历了两个阶段：19世纪70年代以前为第一个阶段，这时，殖民地、半殖民地人民开始掀起反对殖民主义的斗争；19世纪70年代到20世纪初为第二阶段。第二阶段有两次反帝斗争的高潮，第一次高潮是中国的义和团起义、印度的19世纪70到80年代的农民起义、菲律宾的农民起义等；第二次高潮是20世纪初的几次著名的革命运动，如波斯革命、印度民族斗争、

· 379 ·

土耳其革命和中国辛亥革命等,这几次革命运动,大多具有明确的纲领,并有广大劳动人民参加,列宁称这次高潮是"亚洲的觉醒",并说:"亚洲的觉醒和欧洲先进无产阶级夺取政权的斗争的展开,标志着20世纪初所揭开的全世界历史的一个新的阶段。"而且在亚非独立运动中,形成了近代东方民族主义思潮,出现了甘地、孙中山等一批民族主义思想家,他们各具特色的民族主义思想深深影响各自国家和民族,也极大地影响了亚非近代文学。

二、近代亚非文学的特点

亚非近代文学,是在继承自己民族优秀文化传统的基础上,在反对殖民主义、帝国主义和封建主义,争取民族独立和民主自由的斗争中产生并为这一斗争服务的资产阶级民主主义文学。亚非国家的近代文学具有如下特点:

第一,近代亚非各国的进步文学基本上是属于资产阶级文学的范畴,是在资产阶级领导或影响下以向东方人民进行启蒙教育为中心任务的反殖反封建的文学,它是亚非各国民族解放斗争的产物。几十年中,它一直同各民族人民的反帝爱国运动同一立场,并配合着如火如荼的政治斗争,发挥自己的历史作用,即用文学创作促进亚非人民的觉醒,使之认清殖民主义、帝国主义和封建主义的真正面目,鼓舞他们为争取民族独立和民族解放而奋斗。

第二,亚非近代文学的产生比欧洲近代文学晚、历史短。欧洲的近代文学始于文艺复兴运动即14至16世纪,而亚非近代文学始于19世纪中叶。在19世纪中叶以前,当欧洲近代文学迅速向前发展并取得重大成就的时候,亚非各国的文学还处于中古后期,有些国家的文学甚至陷入停滞不前的状态。所以,亚非近代文学要比欧洲近代文学晚四五百年,历史也短四五百年。

第三,亚非近代文学受到欧洲近代文学广泛而深刻的影响。在近代以前,相对而言,东方对西方的影响要大些。但到了近代,东西方文学的关系发生了很大的变化。随着西方资本主义侵入东方,西方资产阶级文学也大量涌入东方。且东方各国的知识分子也如饥似渴地学习西方资产阶级文学,介绍、翻译和研究蔚然成风。当然,西方文学对东方文学的影响既有积极的一面,也有消极的一面。

第四,亚非近代文学的主要思想倾向与欧洲近代文学有所不同。欧洲近代文学所表现的主要是资产阶级的思想;而在亚非,只有日本近代文学的思想倾向与欧洲接近,其他绝大多数国家由于社会性质和矛盾不同于欧洲,因而近代文学的主导思想。一是反对殖民主义,争取民族独立的民族革命思想;二是反对封建主义，争取民主自由的民主革命思想。

第五，亚非近代文学的发展不如欧洲近代文学充分。欧洲近代文学发展是相当充分的，出现了一大批杰出的作家和优秀的作品，形成了欧洲文学史上最光辉灿烂的时期。而从一般意义上讲，亚非近代文学的作家作品的数量不如欧洲，质量也不如欧洲。

第六，亚非近代文学在内容和形式上发生了巨大的变化。由于亚非近代社会的巨大变革，加之西方近代文学的深广影响，使亚非近代文学从内容到形式焕然一新。在题材上，从叙述古老陈旧的故事转向社会现实生活；在人物上，从以王公贵族为主转向以平民百姓为主；在体裁上，从古典体裁转向近代体裁；在语言上，从陈腐僵化的古代书面语转向近代口语；在创作方法上，浪漫主义、现实主义等方法已经理论化和体系化，且被作家自觉地认识和掌握。

亚非近代文学的历史虽然不长，但由于突破了前代封建主义旧文学的束缚，仍取得了相当可观的成就，产生了颇为巨大的变化，涌现了不少优秀的作家作品。亚非近代文学在整个亚非文学发展史起着承上启下的作用，占有特殊的地位。

三、近代亚非文学概况

（一）近代日本文学

日本近代文学是指从"明治维新"到第一次世界大战时的文学。日本是东方第一个自觉地大规模地引进西方文化并走上资本主义道路的国家。日本的资本主义发展时间短、速度快，日本的近代历史虽然只有半个世纪，但却走过了西方资本主义国家将近三个世纪所走过的道路。与此相关，日本的近代文学的发展也具有时间短、速度快的特点。日本近代文学一般分为四个阶段：启蒙时期（1868—1884），即近代文学的酝酿阶段，为适应"明治维新"的需要，文学被作为启蒙教化的工具，出现了一些宣传民意与爱国思想的政治小说和翻译著作；奠基时期（1885—1905），即近代文学的产生阶段，出现了在近代文学史上有深远影响的文学理论著作和文学作品；发展时期（1906—1911），即近代文学的丰收阶段，重要的文学流派都出现在这一阶段；分化时期（1912—1920），即近代文学走向衰落的阶段。

日本近代文学形成的标志和奠基之作是坪内逍遥（1859—1935）的文学理论著作《小说神髓》和二叶亭四迷的长篇小说《浮云》。坪内逍遥是日本早期著名文学家，《早稻田文学》杂志的创办者。他的《小说神髓》（1885—1886）

是近代日本第一部极为重要的文学理论著作,全书分为上、下两卷,论述了小说的历史、性质、种类、意义等问题及文体、人物的创造等艺术手法。他提出文学要客观地描写社会,"小说常以模拟为其全部基础。模拟人情,模拟世态,力求模拟得逼真"。"小说的主脑为人情,世态风俗次之。"他的主张开写实主义理论之先河,为后来的新文学的发展提供了理论基础。

日本批判现实主义文学是在欧洲和俄国批判现实主义的影响下产生的,奠基作是二叶亭四迷的《浮云》(1887—1890)。它除了在理论上受《小说神髓》的影响之外,在表现方法上还受到俄国进步文学的影响。小说通过主人公内海文三被官僚机构排挤出来的故事,从一个侧面揭露了天皇专制政权的黑暗和腐朽,表现了当时社会的许多弊端和缺陷,同时也批评了某些知识分子在矛盾和困难面前的软弱无力。由于它塑造了现实主义的典型,采用了言文一致的语言,所以文学史家一致认为,日本近代现实主义文学是从它的问世正式迈出第一步的。

日本浪漫主义文学也是在欧洲文学的影响下产生的。森欧外(1869—1922)的短篇小说《舞姬》(1890)被认为是日本浪漫主义文学的开创之作。小说描写了在旧官僚制度压抑下成长起来的青年知识分子太田丰太郎留学德国时同一个舞女恋爱的痛苦遭遇。他因出于同情心爱上了贫苦舞女艾丽丝,于是遭到免官撤职、断绝经济来源的惩罚。后来他看到有复职希望时,不得不屈从于专制政府的压力,抛弃已怀孕的情人归国。太田丰太郎是一个性格极端矛盾的小资产阶级知识分子。小说充满浪漫主义的感伤情调,同时有一定的社会认识价值。

日本自然主义文学是日本近代文学人数最多、影响最大且占有重要地位的流派,以岛崎藤村、田山花袋为代表。自然主义文学在理论上主张"破理显实",即要求作家不带任何功利目的地按照事物原样子去描写"真实";在实践上主张遵循绝对客观主义的创作方法;在方式上要求作家自我忏悔和自我暴露。

岛崎藤村(1872—1943)的长篇小说《破戒》(1905)是日本自然主义文学的奠基之作。小说主人公濑川丑松是一名小学教员,出身于被称为"秽民"的日本贱民阶级,从他祖辈开始就一直受社会的歧视和迫害。他的父亲告诫他,要想生存下去就必须隐瞒自己的"秽民"出身,这是一条"千万不能违背"的戒律。他为人正直,工作认真,同情受歧视的学生,深受师生的爱戴。但是却遭到学校另一派势力的嫉妒和打击。同时他也为自己隐瞒出身,不能堂堂正正做人深感苦恼。由于受"秽民"出身的进步人士诸子莲太郎的影响,他决心冲破一切障碍,在学生面前公开自己的出身。尽管他知道这样做了以后会丢掉"饭碗",但他为了向不公平的社会挑战,为了获得思想上的自由,他终于"破戒"了。不过他的"破戒"的方式是卑躬屈膝地跪在教室里向学生忏悔。丑松是近代日本小资产阶级知识分子正在觉醒的典型,既具有一定的反抗性,也存在软弱妥协性。小说虽然被称为自然主义的代表作,但并未陷入专门描写生活琐事的泥沼,是具有现实主义倾向的杰作。岛崎藤村的自传体小说《新生》(1919)描写的是主人公岸本同他的侄女节子发生乱伦关系并在道德上产生危机感的故事。作品完全遵循自然主义理论,排除虚构,"大胆而露骨"地向社会公开告白,以此来自我忏悔、自我净化。这是日本自然主义文学中最具代表性的作品之一。

田山花袋(1871—1930)作为日本自然主义文学的先驱者之一,他的长篇小说《棉被》(1907)被认为是日本自然主义文学的典范之作。小说的主人公竹中时雄是个已有妻室的中年人,他收留了一个芳龄19岁的乡下姑娘芳子做女弟子,教她写小说。两人在产生复杂的感情纠纷后分手。作品描写了时雄对芳子的露骨的情欲的苦闷。芳子回家后,时雄捧着芳子用过的棉被,闻着芳子身体所留下的残香。这是一部自我暴露的充满肉欲的作品,开日本近代文学中"私小说"的先例。

唯美派又称新浪漫派,其作品充满唯美主义色彩和享乐主义情调。唯美派的首创者是永井荷风(1879—1959),但在唯美派中获得更高成就的作家则当推谷崎润一郎(1886—1965)。他的早期作品《刺青》(1910)是一篇以变态性欲的享乐主义为主题的小说。写江户末期一个刺青师全神贯注为一美女刺青的故事,着重描写这个女人身体的肉感。名作《春琴抄》(1933)叙述佐助因倾慕盲目女琴师春琴,甘愿受其虐待,当春琴被毁容后,他也将自己的双眼刺瞎,在心中永留春琴的美貌。代表作长篇小说《细雪》(1948)细腻地描写了没落富商四个女儿的日常生活和爱情经历,小说充分体现了作者对日本传统审美理想的追求。《细雪》被誉为"现代《源氏物语》"。

白桦派是以1910年创办的《白桦》杂志为中心的青年作家流派。他们提倡尊重人的个性,强调理想主义精神,深信生命的创造力量,富有人道主义色彩。其成员大多保持了创作上的严肃性,为文坛所称道,被视为人道主义的团体。有岛武郎(1878—1923)的代表作《一个女人》(1911—1919),描写一个女人的觉醒、对封建习俗的反抗和个性解放的要求,但终以悲剧结束。主人公叶子的悲剧不在于她是一个觉醒者,而在于她无力摆脱环境的束缚和男性的诱惑。他的作品注重写实,具有深刻的现实意义。志贺直哉(1883—1971)被称为日本文坛的短篇小说之神,主要作品有《老人》(1911)、《正义派》(1912)、《和解》(1917)等。语言简洁而流畅,描写人情世故,透彻而细腻,表现了一种宁静而平和的意境之美。

新思潮派因其同人杂志《新思潮》而得名,又称新现实主义、新技巧作家派。他们力图将自然主义文学所提倡的"真"、白桦派文学所提倡的"善"和唯美派文学所提倡的"美"融为一体,强调题材多样,讲究写作技巧,注重形式完美。菊池宽和芥川龙之介堪称新思潮派的两大代表作家。

菊池宽(1888—1948)早期写戏剧,后转向小说创作,有《无名作家的日记》(1918)、《忠直卿的行状》(1918)、长篇小说《珍珠夫人》(1920)等作品。他善于心理刻画,揭示人物利己主义的道德和生活状况。1923年他创办了《文艺春秋》。第二次世界大战中成为一个反华作家。

芥川龙之介(1892—1927)是日本近代短篇小说巨匠。在短暂的创作生涯中,他留下了148篇中、短篇小说。他主张理智地分析现实,艺术地反映现实,追求作品的深度和表现技巧的完美。其作品以独特的视角探讨人生和人性的主题,融凝着作者敏锐的感受和深邃的目光。成名作《罗生门》(1915)借古代京都罗生门下弱肉强食的一幕特写,表明为求生而损人利己是人的本事。《鼻子》(1916)通过禅智内供鼻子大小变化引起人们舆论及当事人的内心感受,表现自我的脆弱和自尊的可悲,社会评价对个人心理的扭曲以及个人得不到社会认同的孤独与困惑。他的小说总是这样超越对具体物象的评价而深入挖掘蕴含其中的普遍人性,因而贯穿一种彻底的理性精神。

(二)近代印度文学

近代印度文学是由孟加拉语、印地语、乌尔都语、马提拉语、泰卢固语和泰米尔语等各种语言创作的文学,它是在印度民族解放斗争的基础上产生和发展的,体现出古老传统同西方文化影响相结合、浓厚的宗教色彩同现代意识相结合、多民族性和统一性相结合等特点。印度近代文学仍然处于一个过渡和转折时期,文学创作的内容和形式还未能完全摆脱旧的束缚。在印度近代文学中,泰戈尔是最深刻、最伟大的作家。

印度近代文学奠基人般吉姆·钱德拉·查特吉(1838—1894)是印度最早接触西方文化和文学的作家,他用英文创作了印度近代文学史上第一部长篇小说《拉吉莫汉之妻》(1864),在代表作之一的《毒树》(1873)中宣扬禁欲主义，把人的欲望视为"毒树"，追求印度教传统。代表作《阿难陀寺院》（1882）表达了强烈的民族主义精神，充满着印度教的宗教狂热。

萨拉特·钱德拉·查特吉（1876—1938）的创作确立了印度近代现实主义小说的地位。其思想充满矛盾，既批判封建宗法制度和陈规陋习，又维护印度教的正统性和道德规范。代表作《斯里甘特》（1917—1933）是部四卷巨著，以自己青年时期与四位女性相识交往的经历为原型，展示了20世纪初印度社会的广阔画面，也包含着作者的思想矛盾。

迪拉本图·米特拉（1830—1873）是近代印度戏剧奠基人。剧作《蓝靛园之镜》控诉种植园主和殖民统治者的惨无人道，被称为"印度的《汤姆叔叔的小屋》"。

帕勒登杜（1850—1885）是近代印地语文坛领袖、剧作家，其创作往往在印度教的传统中寻求理想。代表作《印度惨状》（1876）把印度的现实悲惨与过去的辉煌对照，表现了强烈的民族情感。

（三）菲律宾文学

菲律宾是东南亚地区最早沦为殖民地的国家。在西班牙统治的三百余年间（1565—1898），菲律宾流传的主要是中世纪骑士文学作品。一些作家巧妙地利用这种文学形式表现爱国思想和民族意识，取得了一定的成就，其中最出色的便是诗人弗朗西斯科·巴尔塔萨尔（1788—1862）的长诗《弗罗兰第和萝拉》（1838）。

进入19世纪以后，菲律宾人民反对西班牙统治的运动日益高涨，促使文学发生相应的变化，一批具有更加强烈的爱国思想和更加明确的民族意识的作家相继出现，其中最著名的是黎萨尔（1861—1896）。他既是作家和诗人，又是民族运动活动家，最后死于刑场，为民族而献身。他留下内容连贯的长篇小说《不许犯我》和《起义者》，前者叙述主人公伊瓦腊实施教育救国及其失败的故事，后者叙述主人公席蒙（伊瓦腊的化名）三次策划起义及其失败的故事。这两部小说在菲律宾国内外受到高度评价。

（四）伊朗文学

伊朗近代文学兴起于19世纪后半期。1905年至1911年，伊朗发生了立宪运动，这是一个以实行君主立宪、进行民主改革为目的的资产阶级民族民主革命运动。革命的发展促进了文学的繁荣。报纸杂志大量创办，诗歌创作面目一新，短小尖锐的杂文蓬勃兴起，文学语言进一步口语化等，成为这时文学的鲜明特色。

密尔扎·穆罕默德·塔吉·巴哈尔（1886—1951）是伊朗近代文学的优秀诗人。他的思想经历了一个由保守到激进的变化过程。他负责出版过刊物《新春》、《早春》。巴哈尔的诗共有两万余行，其诗继承了古代波斯诗歌的传统形式，注入了崭新的时代精神，涉及当时伊朗社会政治生活中的重大问题，洋溢着高度的爱国主义激情，充满了不妥协的反帝反封建精神，如著名的抒情诗《达玛温德》（1930）。

（五）近代阿拉伯文学

近代阿拉伯文学，深受西方文学影响，19世纪中叶，埃及、黎巴嫩、叙利亚等阿拉伯国家与欧洲文化有了广泛的交流与结合。19世纪末，阿拉伯文学出现了文艺复兴运动，产生了一批著名的民族歌手和爱国诗人，为阿拉伯现代文学的建立作了准备。

迈哈穆德·萨米·巴鲁迪（1838—1904）是埃及近代著名爱国主义诗人和民族主义者，近代阿拉伯诗歌复兴运动的先锋。他曾从事多年政治活动，积极参与并领导埃及人民反对英法侵略势力和本国反动政府的斗争。他用诗歌创作来唤醒民众，鼓动革命，著名的诗篇有《咏棉》、《起义的原因》、《巴鲁迪鼓动革命》、《悼亡妻》、《思乡》等。巴鲁迪用诗歌反映了他的内心世界、周围环境以及他的祖国所经历的重大事件，描写真实，表达的思想情感细致，因此，他的诗作动人心弦，容易引起读者的共鸣。

此外，朝鲜和越南等国，因为日本和法国等殖民势力的统治，近代文学未能获得充分发展。但在民族独立运动的推动下，也产生了像朝鲜抗日义兵将领们的爱国诗篇和越南著名作家潘佩珠（1867—1941）的创作那样的富于反殖反帝进步思想的作品。

第二节　夏目漱石

一、生平与创作

夏目漱石（1867—1916）是日本近代最杰出的作家。夏目漱石原名金之助，1867年1月5日生于江户。这一年是明治维新的前一年。他的父亲是"名主"（地方小吏），拥有田亩和实权。明治维新以后，"名主"制度被废除，夏目漱石家急剧破落下来。他出生后被送给别人家做养子，九岁时才被接回，从小得不到家庭温暖。上小学、中学以后，逐渐接受汉诗文的熏陶，读了不少中国先秦典籍和唐宋诗文，对文学产生了浓厚的兴趣。他在《木屑录·序》中说："余儿时诵读唐宋数千言，喜做文章。"在汉文学习中，他接受了"济世爱民"思想。

明治维新以后，夏目漱石转攻西学。他先后去"成立学舍"和东京帝国大学学习英语，接受西方民主思想洗礼。在读高中期间，夏目漱石在好友正冈子规激励下，完成《木屑录》，署名"漱石"。这是他最早汇集成册的作品。笔名"漱石"出自《世说新语》"漱石枕流"。

1900年，夏目漱石被政府从文部省派往英国伦敦官费留学。在伦敦的两年中，他感受到东西方文化的巨大差异，并切身体验到以金钱为主宰的"西方文明"社会的虚伪庸俗、尔虞我诈以及西洋人对东洋人的轻蔑态度。这促使夏目漱石的"东洋意识"和"自我本位"思想骤然增长。这期间对世界文学名著的广泛涉猎对他日后走上作家道路产生了直接的影响。同时，他从心理学、社会学的角度，探讨了文学中关于文学与科学、内容和形式等问题。这些研究成果后来编成了具有日本特色和风格的《文学论》（1907）和《文学评论》（1909）两部专著。在伦敦"不愉快的两年"留学生活，对夏目漱石世界观和文艺观的形成起了重要作用。

1903年，夏目漱石回国，在东京第一高等学校任教授并兼任帝国大学英文科讲师，从事教学工作，并进行创作。1905年，夏目漱石的第一部长篇小说《我是猫》在《杜鹃》杂志上连载，立即轰动了文学界，一跃成为全国知名作家，成为日本近代文学的一大杰出代表。《我是猫》的成功为夏目漱石打开了创作的闸门，他的创作热情如洪水决堤，一泻千里。同年，他相继发表了《伦敦塔》、《一夜》、《琴之空音》、《幻影之盾》等短篇小说，这些作品表达了夏目漱石对爱和真情的憧憬，对战争的不满。

1906年，夏目漱石发表了中篇小说《哥们》，作品写"一个有正义感的憨厚教员对庸俗、丑恶的社会进行反抗"。《草枕》（1906）是一部"俳句式的小说"，"描绘了一个脱离现实、超越人世的美的世界"。《二百十日》（1906）借作品主人公老圭之口，"猛烈抨击了华族和财主飞扬跋扈的社会"。

1907年4月，夏目漱石辞去大学教授职务，做了《朝日新闻》社的特约撰稿人，走上了职业作家的道路。《虞美人草》（1907）是夏目漱石成为专业作家后的第一部长篇小说。小说反映了在日本资本主义社会拜金主义盛行的浪潮中，利己主义所造成的严重恶果。女主人公是一个极端利己主义者，她爱慕虚荣、抛弃义理、追求个人享受，结果失去爱情，以自杀而告终。小说通过对人物思想面貌的描写，揭露批判了资本主义社会对人的个性的摧残和损害。

继《虞美人草》后，夏目漱石陆续发表了"前三部曲"《三四郎》(1908)、《其后》(1909)、《门》(1910)。这三部作品的主人公不同，但相互之间具有一定内在联系。《三四郎》以刚进入大学的三四郎为中心，《其后》以大学毕业后游荡了三四年的代助为中心，《门》则以离开大学后又在社会上生活多年的宗助为中心。《三四郎》描写三四郎和美祢子之间似恋非恋、似爱非爱如梦一般的感情，他们一面感到自己内心自然本能的冲动，一面又在不知不觉中分手。《其后》中代助和三千代的爱情是炽烈的，他们一致认为以前为了朋友而牺牲自己感情的做法是错误的，所以不顾一切地要求重新结合在一起。《门》中宗助和阿米的亲密关系可以看做代助和三千的感情的进一步发展。作品表面写的是爱情，其实表现的是明治时代青年知识分子应当怎样生活，应当走什么道路的问题。从《三四郎》到《其后》到《门》，我们可以发现夏目漱石的创作在不断发展和变化。在"前三部曲"中，夏目漱石以冷峻的笔触、灰暗的色调指斥日本近代社会的不义，对知识分子的内心活动作了细腻、深刻的描写，表现了他复杂、矛盾的心理状态，显示出夏目漱石精于心理刻画的艺术才能。

1910年是夏目漱石思想和创作的转折点。客观原因是日本反动政府制造了惊人的"大逆事件"，日本政府以有人阴谋暗杀天皇为借口残酷镇压革命者，整个日本一片黑暗；主观原因是夏目漱石身体状况急剧恶化，他生了一场大病，三次吐血，半个小时不省人事，卧床休养半年左右，加之女儿雏子夭折，使他精神抑郁、情绪悲观。当年他拒绝接受政府授予的文学博士称号，表现出一个正直作家的骨气。因此，以1910年为界，夏目漱石的前后期创作产生了显著的差异。前期创作主要是与外界社会的丑恶做斗争，后期创作则转向与人们内心的丑恶做斗争。

1911年以后，夏目漱石相继发表"后三部曲"：《春分之后》(1912)、《行人》(1913)、《心》(1914)。这三部长篇小说在思想内容和艺术形式方面都有密切的联系。作品对通过迷恋彷徨于个人主义、利己主义死胡同中的知识分子内心世界的剖析，表现他们孤独悲凉的心境以及反对社会的绝望感。而《心》是夏目漱石晚年创作中的代表，作品通过"我"——一个青年学生的观察和对主人公"先生"遗书的全文照录，追述了"先生"——一位孤寂、痛苦、悲哀的知识分子由对人性自私、残酷的认识而自感负罪，到难以排解的自我责咎，最后用自杀超脱人生旅程，痛切地声诉世人不可信、人间充满恶，恳切期望人们责罚自我，净化灵魂。作品写出了人类自私本性的负罪史，塑造了一位步履维艰的灵魂探索者形象。夏目漱石在《心》中倾注了对现代社会的厌恶绝望和对自私人性罪恶的激烈抨击，灌注了对人世的全部痛苦怀疑和对传统伦理道德境界的向往，展现了对人生意义的深重思考和对人类道德完善的企望。

夏目漱石晚年还写了另外两部长篇小说《路边草》（1915）和《明暗》（1916）。《路边草》是一部自传性的小说，交织着真实和诗意，主人公健三的经历和体验大体上也就是作者的经历和体验。《明暗》通过津田和阿延夫妇之间的微妙关系，力图把人们的利己主义更客观、更深入地描绘出来。作品情节生动，矛盾集中，描写细腻，以戏剧手法一幕幕地展现了人们灵魂的丑恶，取得了较高的艺术成就。由于生动、细致地再现了人物内心活动，被誉为日本近代心理小说的典范。

1916年12月9日，夏目漱石因胃溃疡病突然恶化而逝世。

夏目漱石的一生是短暂的，只有49个春秋。他的创作生涯尤为短促，只有个12年头。但在这短短的12年间，他不顾病魔缠身，发奋创作，先后写下了11部长篇小说、4部中篇小说、7篇短篇小说、2部文学理论论著，此外还有大量的诗歌、评论、小品文、讲演稿、日记等。

夏目漱石是日本近代文学的杰出代表，享有世界声誉。他的创作倾向总体上是现实主义的，在集中描写知识分子形象、剖析人性自私性等方面表现了较强的力度。他将东方古典文化的传统、西方现代文明的精华融为一体，将强烈的批判精神、真挚的内省态度、卓越的艺术才能集于一身，目光犀利敏锐，观察细腻生动。在文学观念上，夏目漱石主张文学应该尊重伦理，超越世俗；作家应以悠闲和旁观的态度进行创作，使作品能产生独特的或联想的兴味，即所谓"余裕"，因而被日本文学界视为"余裕派"的代表，但综观其创作，并非与他所主张的"余裕"文学相一致。夏目漱石是日本明治社会的见证人，他热爱自由、纯真，憎恨专制、虚伪，以自己伟大的人格"唤醒民众"，企图实现"民主社会"和"人的自由"。夏目漱石的作品主要思想内容，一是批判明治社会的黑暗和罪恶，二是关心普通人的命运，表现普通人的愿望、情绪和烦恼，三是鞭挞利己主义。夏目漱石的作品在艺术上的主要特色，一是继承日本"俳谐"文学及"落语"的传统，具有幽默、风趣的特点。如《哥们》中，运用机智幽默的语言和夸张的手法，塑造了一个耿直憨厚的哥们形象，他那堂吉诃德式的言行，独自与黑暗势力搏斗的果敢精神，一直为人们津津乐道。二是长于心理分析。如《心》中"先生与遗书"部分，主人公把多年埋藏于心中的秘密一股脑儿吐露出来，具有震撼人心的力量。三是具有可分可合、可长可短的特点。如《春分之后》、《行人》和《心》是由几个相对独立的短篇组成的，而《我是猫》原计划写一两回，由于反响强烈，就一回一回地写下去，结果成了长篇巨著。四是具有"同素异构"的特点。即同一题材，从不同的角度反复进行描写。如《其后》从肯定的角度描述"夺妻"事件，《心》则从否定的角度予以描写，而《门》又从别的角度予以表现。

二、《我是猫》

《我是猫》是夏目漱石的代表作，日本近代文学史上一部风格独异的作品。小说的主人公是一只猫。猫的主人苦沙弥是个中学教师，他身体虚弱、精神不振，可他似乎很用功，一回到家就钻进书房不出来。东风、迷亭、寒月都是苦沙弥的朋友，他们常来神聊，谈古论今，吟诗作赋。资本家金田的夫人为女儿富子的婚事来向苦沙弥了解寒月的情况，遭到了苦沙弥的戏弄。结果惹恼了金田先生，他派了落云馆的学生来主人家捣乱，搅得苦沙弥心神不宁，肝火发作而又无可奈何。苦沙弥的另一个学生多多良三平垂涎于金田家的财产，他趁机向金田小姐求婚。寒月却不为所动，自己回乡下成了亲。苦沙弥拒绝参加富子和三平的婚礼，迷亭、寒月、东风等人却对此饮酒作歌。猫儿冷眼旁观了人类社会的各式人等，感慨万千。最后，猫儿偷喝啤酒，掉进水缸里淹死了。

《我是猫》产生之时，日本经历了中日甲午战争和日俄战争，正逐渐进入世界列强之列，阶级矛盾和社会矛盾都十分尖锐。作为一个头脑清醒的知识分子，夏目漱石看到了社会上的种种弊端，并予以揭露、讽刺和批判。《我是猫》堪称日本明治社会黑暗面的讽刺画，它从以下几个方面揭露和讽刺了当时的社会：一是勾勒了大发横财的资本家的丑恶嘴脸。资本家金田身兼三个公司的董事，飞扬跋扈，为所欲为。小说没有正面描述他那飞黄腾达的"事业"，而是采用漫画式的笔法丑化他和他妻子的面貌，通过他和他妻子对苦沙弥耍弄的卑劣手段描绘他们的丑态。苦沙弥说金田老爷之流是和日本平安时代的巨盗熊坂长范同类的，可迷亭却骂道："熊坂长范还得算不错哩。一刀两断，就叫长范一命归阴了。要像前面横胡同里住着的那个长范（指金田），凭着驴打滚的高利贷起家，又贪又狠，穷凶极恶，千刀万剐，他也不肯咽气哩。"二是揭穿了官吏、侦探等资产阶级统治工具的实质。按照资产阶级民主观点来说，官吏本来应当是人民的公仆，为了叫他们作为代理人办事，才赋给他们一定的职权，"然而在他们办事的时候，凭借了别人给他们的职权，就耀武扬威起来，认为那种职权是他们生来便具有的，狂傲得认为对于他们的活动，人民丝毫没有置喙的余地。"侦探理应负责维护社会治安，保护人身安全，可是他们为了搜索证据，什么都做得出来，甚至还要"罗织虚构，陷害良民"，其实"是和小偷、强盗一个族类的东西，奇臭无比"。三是讽刺了统治者所推行的对外侵略扩张政策。为了发动侵略战争，当时日本的统治者大肆鼓吹所谓"大和魂"。"大和魂"是指日本人即大和民族的固有精神，一般包括忠君、爱国、服从、勇敢等内容，所以容易为统治者所利用。但苦沙弥却写了一篇短文加以奚落，"日本人像肺病患者似的咳着嗽，大喊道：大和魂！"可是却没有人能说清楚大和魂究竟是什么，苦沙弥认为，"大和魂像字面所示，就是一种魂。唯其是魂，所以永远是缥缥渺渺的"。四是嘲笑了人们之间冷漠虚伪的关系。小说一针见血地指出，在当时的社会里，人与人之间的关系是极其冷漠的、虚伪的。"虚伪做作得巧妙的人，被看做是最富于艺术的良心的人，是最受社会尊敬的人。因此，最受社会尊敬的人，事实上也就是最靠不住的人。"五是指出了这个社会所面临的穷途末路。小说写道，现在的社会已经糟糕透顶，不可救药，人们已经无法生活下去，只有想法死掉，设法自杀。苦沙弥说："死是痛苦的，然而死不得就更加痛苦。对神经衰弱的国民来说，活着比死去还要痛苦。"可见，小说对社会存在问题的揭露是尖锐的，对社会丑恶现象的讽刺是辛辣的，有的地方是相当深刻的。

作品中描写了一系列资产阶级知识分子的形象，既表现了他们的正直善良和愤世嫉俗的一面，也描写了他们浑浑噩噩、无所作为的一面。

主人公苦沙弥是中学的英语教师。他回到家里就走进书房，"几乎整天都不出来"。谁都以为他在用功，但实际上绝不是这样。猫"常常偷着到书房去看，发现他很爱睡懒觉"，"把书摊开，读上两三页就睡着了，口涎拖在书上。这是他每天晚上的日程"。他轻率任性，虽然没有胜过别人的才华，但是有多种多样的爱好，可怜的是没有一样精通。他有时写俳句或一两首新诗，时而又学唱或拉小提琴，甚至还学画，"但是，把他画好的东西拿来一看，谁也鉴定不出到底画的是什么"。他对自己的任何一种爱好都不能持之以恒，坚持到底。他缺乏才智，极其平庸，在各方面都毫无出色之处。

苦沙弥头脑不清，语言含混，愚拙糊涂。他教了十多年的英语，却没有学好英语，写的英语文章总是错误百出、层次混乱、不知所云。在作者看来，学校里竟然还有这样低能的教师，真是教育界的耻辱。苦沙弥的智力水平恰恰反映了明治时代教育界腐败的一面。

但是，苦沙弥为人正直、善良，从来不破坏人与人之间的友好关系。在这一方面,"苦沙弥先生认为自己是一个君子"。他鄙视世俗,憎恨权贵,厌恶唯利是图的资本家。他说:"我从当学生起就讨厌资本家。"他咒骂大资本家金田,并且说:"那家伙算什么东西!"他把另一个小资本家铃木的名片扔进厕所里,"判处了无期徒刑"。他对金钱、对资本家的仇恨是强烈的,甚至是顽固的。这反映了他不肯与当时社会的拜金主义同流合污的精神,表现了憎恶趋炎附势而正直不阿的特点。

在苦沙弥眼里,明治社会是黑暗的。他认为日本近代社会是一个"疯子集团"。社会的人们正是被这个"疯子集团"以"整存零付"的方式"今天一刀,明天一斧地虐待而死"。这反映了苦沙弥对明治社会的某些方面有着清醒而深刻的认识。

遗憾的是,苦沙弥既没有明确的人生目的,又没有远大的理想。虽然他对现实社会持有批判和否定的态度,甚至是牢骚满腹、深恶痛绝,但他根本不想进行积极斗争,也丝毫没有改变社会现状的愿望。这正是当时没有觉醒的日本知识分子的"多余人"的性格特征。

除苦沙弥外,作者还对常来苦沙弥家闲聊的迷亭、寒月、东风等人的性格作了描绘,虽然他们都是明治社会中不得志的小知识分子,但对待社会的态度却各不相同。迷亭是个相当有才华的美学家,他愤世嫉俗,具有正义感,他与苦沙弥的憨厚不同,他在与社会恶势力的抗争中,表现得更加机智、尖刻。如他当面挖苦铃木向资本家卑躬屈膝,是"忝居实业家末席的人"。迷亭目光犀利、语言尖刻,孰是孰非一眼看透并一语道破,绝不留情,且他以表面的玩世不恭、嬉笑怒骂、揶揄挖苦来达到他反抗社会的目的。寒月是个正直、善良、聪明的理学士,他整日为无用的科学研究耗费着青春,但却保持着知识分子的清高气质。

苦沙弥、迷亭、寒月等形象反映了明治时期不同类型的知识分子的特点。在作者笔下,他们虽然有着正直、善良和不满现实的思想,但是都缺乏积极斗争的精神,或者说根本没有这种愿望,这些知识分子都是日本社会的"多余人"。作家对他们弱点的揭露和批判是很深刻的。

金田是大资本家。作者通过这一形象有力地揭露了资产阶级的穷凶极恶,抨击了他们为非作歹的罪恶本质。金田是明治时代的暴发户。他从一个高利贷者,发展成为三个公司的董事和拥有大量财富的赫赫有名的大资本家,这正是利用狠毒的手段贪婪榨取的结果。正如作品中所说:"总之,要没有和金钱同死的决心,就做不成资本家的……要想赚钱,就得精通'三缺',就是缺义理、缺人情、缺廉耻的意思。"正是因为金田精通"三缺"，才使他拥有了洋房、仓库以及比苦沙弥家大十倍的厨房。曾经去过金田家的猫儿回来后说："因为是从富丽堂皇的公馆突然回到污秽的住所，心理仿佛像从阳光充足的山头钻进了黑暗的洞窟一样。"因为苦沙弥反对寒月同金田女儿的婚事，金田夫妇就想尽办法对苦沙弥进行迫害和摧残。

夏目漱石对《我是猫》的创作态度是相当严肃认真的。他深刻认识到："必须撼动的敌人，正存在于前后左右"，所以他以"精神失常也好，坐牢也好，都无所畏惧的决心"进行创作。《我是猫》是日本批判现实主义文学发展史上的重要代表作品，永远闪烁着光辉。

《我是猫》不仅有丰富的思想内容而且有高超的艺术技巧，在艺术上也具有独特的风格。

第一，小说构思奇特，借用一只猫的眼睛来观察世界，展开故事。

"我是猫，名字还没有"——这是小说开篇的第一句话。这只猫从出生不久到最后淹死，在苦沙弥家里生活了两年，小说所写的故事都是它的所见所闻。猫作为叙述者，由于猫是站在超越人的立场上，所以它不仅能描写人的外观，也能描绘人的内心，它能观人之所不能观，言人之所不敢言，随心所欲地表达作者对客观事物的认识和态度。猫是作品中有着特别重要意义的独立形象，既有动物的特性，又被赋予了人的情感，是作者的代言人。

第二，作品没有一般小说所谓的情节结构。

小说以猫的所见所闻所感为情节线索，所以，小说没有曲折的情节、复杂的矛盾冲突，无论是人物、故事，还是思想、观念，表达起来都比较灵活、自由。正如作者在小说初版序言中曾说："《我是猫》像海参一样，不易分辨哪是它的头，哪是它的尾，因此随时随地可以把它截断，进行结束。"

第三，作品的语言运用充分展示了夏目漱石语言大师的才华。

作者运用幽默、讽刺的语言嘲笑社会的黑暗，塑造人物形象。在小说中，作者把日本古典文学中幽默、滑稽的传统与西方文学中的讽刺要素结合在一起，形成了独特的语言风格，既生动活泼、凝练简洁，又幽默含蓄，富有情趣，正如有的评论家所说，"它滑稽而不流于庸俗，诙谐中含有苦涩的余味"。由于描写对象的不同，其讽刺、幽默的色彩也有差异，如对苦沙弥等人的弱点的讥讽带有辛酸的意味，而对金田之流的讽刺则是尖刻辛辣的。作者在进行讽刺时，常常引经据典，以比喻、反语、夸张等手法来达到嘲笑、讽刺的效果，以笑声来掩盖作品中痛击时弊的锐利锋芒。

夏目漱石毫不排斥外国语言，在《我是猫》中，运用了各种不同的汉语词汇、历史典故和格言成语，以增强语言的表现力和讽刺力量。这也可以看出，夏目漱石有着精深的汉语文学造诣和创造性地使用汉语文字的能力。

第三节　泰戈尔

一、生平与思想

罗宾德拉纳特·泰戈尔（1861—1941）是印度近代文学史上一位具有里程碑意义的作家。他多才多艺，遍观百家，既是杰出的诗人、小说家、戏剧家，又是著名的哲学家、音乐家、美术家、社会活动家。他立足于民族传统、现代生活土壤，并兼收现代西方文化的精髓，创造出了既具传统色彩，又有近代意识的作品。在诗歌、小说、戏剧等领域为印度近代文学的发展与成熟作出了开拓性的贡献，在国际上产生了重大影响。泰戈尔于1913年获诺贝尔文学奖，成为获得此项殊荣的第一位东方作家。

1861年5月7日，泰戈尔诞生在印度孟加拉首府加尔各答市的一个商人兼地主的家庭，属婆罗门种姓。他的家庭成员差不多都参加了当时掀起的宗教改革运动、文学革命运动和民族主义运动。泰戈尔的祖父德瓦尔卡罗特·泰戈尔被称为"印度19世纪第一个有国际头脑的人"，他是印度启蒙思想家罗姆·莫汗·罗易可靠的朋友，是罗易从事宗教和社会改革的坚定支持者。泰戈尔的父亲戴本德拉纳特·泰戈尔也是一位宗教改革家和哲学家。泰戈尔的七个哥哥和五个姐姐中，大哥是哲学家，二哥是法学家，三哥是教育家，五哥是印度著名的爱国志士，姐姐绍罗诺玛丽是第一个用孟加拉语写长篇小说的女作家。同他年龄相近的侄辈中，也有几位是从事文化艺术改革工作的文化人。泰戈尔的家是当时加尔各答进步思想家和文化界的中心，一些著名的哲学家、爱国人士、作家、诗人、音乐家、戏剧家经常在他们家聚会，讨论各种问题，举办音乐会和戏剧演出。这个植根于印度哲学传统、深受西方文化影响而又富有教养的书香之家，对泰戈尔艺术才能的形成，具有极大影响。泰戈尔在《我的童年》一书中曾说："我小的时候，得益最大的便是文学与艺术的空气弥漫于我的家庭。"可以说，在性格形成时期，他的心灵得到了印度伟大传统文化的哺育。

泰戈尔的少年时代和青年时代先后进过东方学院、师范学校和孟加拉学院，但没有在学校里完成正规教育。1878年，按照父兄的意愿，泰戈尔到英国伦敦学习法律，但不久他便依照自己的志趣攻读英国文学和西方音乐。1880年泰戈尔回国后专门从事文学创作。在伦敦的两年，对他的创作生活也有很大的影响，他在《我的童年》中写道："在我这儿，东方和西方结成了友谊。我在生命中实现了我的名字的含义。"1883年，泰戈尔出版了诗集《晨歌集》，使他的诗名大振。

1884年以后，泰戈尔离开城市，到农村去管理祖传的田产。1884年到1890年，他大部分时间住在父亲的谢里达庄园里。在那里，他耳闻目睹了农民的苦难生活处境及妇女地位的低下和婚姻的不幸，了解到殖民当局的专横暴戾，激发了强烈的爱国意识。

20世纪的第一个十年，对泰戈尔的个人生活、政治活动和创作生涯来说，都是一个极为重要的年代。1901年，他离开庄园到圣地尼克坦创办了一所自然学院，这所学院在1912年发展成为印度著名的国际大学。1902年，泰戈尔丧偶。1904年，女儿病故。1905年，他的父亲也病故。

1905年，印度掀起了民族解放运动的第一次高潮。泰戈尔从圣地尼克坦到加尔各答，积极参加反抗殖民统治的民族解放运动。他唱着自己谱写的歌曲参加示威游行。他还公开发表演说，支持民族自治运动。1907年，泰戈尔与领导民族自治运动的国大党领袖们在农村问题、宗教教派问题以及斗争方式等问题上发生意见分歧，他退出运动，回到圣地尼克坦从事民族教育和文艺创作。

20世纪的第二个十年中，泰戈尔在农村过着一种半退隐的生活。他很少过问社会事务，但并没有放弃对民族独立和民主自由的理想的追求，他以自己的热情投入了新的斗争。1916年，泰戈尔先后到日本和美国。在国外访问中，他发表了关于民族主义的演说，强烈谴责西方殖民主义的侵略，表现了他对民族问题的探索。泰戈尔并不反对吸收对东方有益的西方文化，但他始终不倦地宣传东方文明的伟大成就。他说："多少世纪以来，当西方在黑暗中沉睡的时候，我们就在东方高高举起文明的火炬，而这从来不是思想懒惰或见识狭隘的标记。"

1919年4月13日，发生了英国军队枪杀一千多名印度人的"阿姆里察惨案"，印度人民又一次掀起了反英的民族斗争新高潮，泰戈尔被英国殖民军队枪杀自己同胞的罪行所激怒，从半退隐的生活中挺身而出，写信给殖民政府的总督，提出了严正的抗议，声明放弃1915年英王授予他的"爵士"称号，表明了一个伟大的爱国者的正义立场。

1920年起，为了寻求印度民族解放的道路，他频繁地出国访问，仅在1920年到1921年间，他先后访问过英国、法国、荷兰、美国、瑞典、奥地利和德国。在国外发表反对殖民主义侵略政策和奴役政策的讲演。

1924年，泰戈尔曾来我国访问，对当时苦难深重的中国人民表示了深切的同情，后来，当日本帝国主义侵略中国时，他又几次对日本法西斯进行了严词谴责。

1930年，泰戈尔访问苏联，思想有了新的发展和变化。他写了著名的《俄国书简》，赞扬当时受到西方诽谤的第一个社会主义国家。

20世纪30年代，世界法西斯反动势力猖獗，年迈的泰戈尔始终注视着世界政治风云，坚定地站在反法西斯的正义立场，为反对法西斯而进行斗争。1934年，他谴责意大利法西斯主义侵略阿比西尼亚。1941年，写了著名的政论《文明的危机》，在这篇遗言式的论文里，泰戈尔强烈地控诉了英国殖民主义的罪恶统治，表达了祖国必将获得独立的坚定信念。

1941年8月7日，泰戈尔在加尔各答逝世，享年80岁。

泰戈尔是一位思想极为丰富而又复杂的作家。他虽然受到西方民主思想的影响，但生活在殖民地的印度，是在古老的民族文化传统的哺育下成长的。悠久的民族传统和殖民地的悲惨生活现实，是他思想形成的基础和根源。

泰戈尔哲学思想的核心是泛神论，其渊源是印度古代吠陀文献，特别是来自于《奥义书》。《奥义书》在回答万物起源这个哲学上的根本问题时，论证了"梵"、"我"的关系。"梵"是印度宗教、哲学中的一个特有的术语，通常用来指宇宙的本源和精神。"我"或称为"灵"，意为自己。《奥义书》认为，太初之始，宇宙之本，万物之源，胥归于一，这就是"梵"。"梵"的意义，至大至深，超越一切，表现一切，无所不在，无所不包。宇宙万物始于梵，也终于梵。而梵我之间，是二而一的关系，梵即我，我即梵。我是梵之异名，梵是最高之我。泰戈尔所追求的理想，就是从梵我合一的泛神论出发的。这在作品中表现为和谐与协调，特别是人与自然、我与自我的一致。他努力追求在有限的空间中认识无限，探索在难以把握的不停地流逝的时光中去寻求永恒，在纷乱喧哗的尘世中看到宁静，在爱的幻想中攀登美的最高境界。而"爱"是泰戈尔解决一切纷争和实现理想的基本力量。这种梵我合一的泛神论哲学，无疑具有唯心主义性质，但是，对泰戈尔来说，却是他一生争取民族独立、建立新的民族文化和追求理想境界的思想基础。在神和人之间，他重于人；在自然和自我之间，他重于现实；在过去和未来之间，他重于理想。泰戈尔思想的主导方面是积极的、向上的，也是入世的。

但泰戈尔的泛神论的世界观又决定了他思想中的矛盾和弱点。他生活于现代而又颇好事古；他处于殖民地现实环境而又害怕暴力；他要求独立而又寄希望于殖民统治者；他同情农民而又不能放弃主人的架子，等等。这些都影响到他作品的思想内容。不过，泰戈尔随着时代的推移不断前进，他在不断地探索中认识着自己的缺陷和弱点。

二、创作概况

泰戈尔在他长达60年的创作活动中，总共留下了五十多部诗集，30种以上的散文著作，12部长、中篇小说，近百篇短篇小说和三十多个剧本。此外，他还创作了两千多首歌曲和两千多幅美术作品，出版了有关语言、文学、哲学、政治、历史、宗教和化学等方面的论著。

泰戈尔极其丰富的作品为印度近代文学开辟了广阔的道路。泰戈尔的创作又为借鉴外国的优秀文艺，开拓具有民族特色的新文艺做出了榜样。泰戈尔的不懈努力和开拓使印度的民族文学提高到一个新的阶段，而且在世界近代文学史上也占有一定的地位。

（一）诗歌创作

泰戈尔是一位杰出的诗人，他崇高的声誉首先是由他优秀的诗歌奠定的。印度人虔诚地把他奉为"诗祖"，世界上许多国家的人们尊他为"诗圣"和"诗哲"。他的五十余部诗集均用孟加拉语和英语写成，形式多样，风格秀丽，感情醇厚，意境生动，韵律优美，文字隽永。他不仅受到英国等欧洲诗歌的影响，还从印度古典梵文诗歌和孟加拉诗歌中汲取营养，把驰骋的情思与独创的音韵结合起来，创造出印度人民喜闻乐见的新形式，为印度诗歌创作开辟了新的道路。泰戈尔的诗歌创作，大致可以分为三个时期：

1. 早期

泰戈尔从童年时代开始写诗。1875年在印度《甘露市场报》上第一次发表爱国诗篇《献给印度教庙会》，1878年发表长诗《诗人的故事》。这些起步之作为他日后的创作打下了基础。

1880年到1890年是泰戈尔创作渐趋成熟的阶段。他相继出版了抒情诗集《暮歌》(1882)、《晨歌》(1883)、《画与歌》(1884)。这些诗主要表达个人感受，歌颂生命和爱情，"梦幻多于现实"。

1886年，诗集《刚与柔》发表。该书容量大，有宗教圣歌，有呼唤爱的情歌，有艳情诗，有对童贞的礼赞，还收有雪莱、拜伦、白朗宁夫人等作品的译文。1890年，泰戈尔发表了诗集《心灵集》。该书在形式上已突破了印度诗歌传统，并摆脱了英法浪漫主义诗歌的影响。其诗所包容的思想内涵及优美的抒情与魅力，使英国孟加拉语评论家爱德华·汤普森不得不赞叹："这是他成熟的鲜明标志。"

19世纪90年代，泰戈尔已按父亲意愿到谢里达农村管理祖传产业。通过接触农民，对现实认识有所深化，其创作已渐渐减少了浪漫的幻想，增加了现实主义因素。其间，他相继发表了《金帆船》（1894）、《缤纷集》（1896）、《江河集》（1896）、《收获集》（1896）、《微思集》（1900）和《故事诗集》（1900）。这些诗作虽仍具抒情诗的某种特色，但现实主义因素明显增强，诗人把日常生活引入近代孟加拉诗歌创作，拓宽了诗歌题材范围。

泰戈尔的早期创作主要有抒情诗和叙事诗两类。早期的抒情诗具有浪漫主义特色。它以奔放的热情、跳荡的思想、浓郁的抒情，歌颂青春、生命、爱情，表达出年轻诗人渴求爱与美的心声。在叙事诗中，《故事诗集》最为印度人民所喜爱，被称为"广大青年的爱国主义教科书"。其中所选入的故事诗，一部分取自民间故事和宗教历史传奇，经过艺术加工，借古喻今；另一部分直接取自现实生活，揭露现实矛盾。从主题上看，主要包括两方面：一方面是揭露多种形式的封建压迫，赞美劳动者的优秀品质。这类作品具有强烈的反封建倾向，充满人道主人精神，其中最具代表意义的是叙事长诗《两亩地》。《两亩地》作于1894年，最初收于《缤纷集》中，后选入《故事诗集》。主人公巫宾是一位贫苦农民，只有祖传的两亩地，但地主王爷为使花园"长宽相等，四四方方"，把土地夺走。巫宾在外流浪了16个春秋，"终于在渴望中回到了故乡的园地"，他坐在芒果树下，两只熟透的芒果落在脚下，他以为这是大地母亲的赐予，刚好来到此地的王爷反把他诬为盗贼。作者通过巫宾的遭遇，揭露了封建主的罪行，对贫苦农民的遭遇寄予了无限同情。全诗感情真挚，颇富感染力。另一方面是反映印度人民的民族自豪感和与殖民者斗争到底的决心，宣传爱国主义精神，鼓励印度人民奋起反抗殖民者。其中有代表性的作品有《戈宾德·辛格》、《被俘的英雄》、《更多地给予》等。

2. 中期

20世纪初期，泰戈尔发表了英文诗集《吉檀迦利》（1912）、《新月集》（1913）、《园丁集》（1913）、《飞鸟集》（1916）等。这几部诗集的问世，标志着泰戈尔的诗歌创作进入高峰。

《园丁集》共收入85首诗，比较细腻地描绘了爱情的欢乐与苦恼，反映出诗人对人生道路的探索与追求。《新月集》包括37首诗，主要在于歌颂母爱与童真，体现出诗人对孩子的厚爱及对美好生活的向往。《飞鸟集》包括325首短诗，诗句言简意赅，蕴含着深邃的哲理。

最能代表泰戈尔创作成就的是获得诺贝尔文学奖的《吉檀迦利》。这是泰戈尔最著名的一部英文诗集。全集共收诗103首，由作家亲自从孟加拉诗文集《吉檀迦利》（1910）、《奉献集》（1901）、《渡口集》（1906）和《儿童集》（1903）中遴选并翻译，采用的形式是散文诗。

诗集题目"吉檀迦利"是孟加拉的音译，原意是奉献。诗人的诗歌是献给神的。从表面上看，诗歌中主要包括以下三方面思想：首先，诗人日夜盼望与神相会，与神结合，以达到合而为一的理想境界，且这种渴求的心情十分急迫。诗人在说"让我的一切感知都舒展在你的脚下，接触这个世界"，"让我的全副心灵在你的门前俯伏"。其次，表现诗人虽强烈追求但却难以达到合而为一境界的痛苦。正如诗中所述："我在村路上沿门求乞的时候，你的金辇像一个华丽的梦从远处出现，我在猜想这位万王之王是谁！"最后，体现诗人经过不懈追求，达到合而为一理想境界的欢乐。"通过生和死，今生或来世，无论你带领我到哪里，都是你，仍是你，我的无穷生命中的唯一伴侣，永远用欢乐的系链，把我的心和陌生的人联系在一起。"

因此，可以说，《吉檀迦利》的主题思想在于表达诗人对渴望与神结合的理想境界的追求以及达到这种境界后的快乐。

人对神的崇拜与歌颂，印度文学自古有之。但泰戈尔的这部诗集却不同于一般的宗教颂神诗。泰戈尔心目中的神存在于现实生活之中，"在最贫贱最失所的人群中歇足"。一旦神的意志实现，将为世人展现出一幅美好的蓝图。在这众多诗行中，作家通过对神的行踪、神的意志的描绘，通过对神的礼赞，表达出自己的人生理想。

然而诗人对人生理想的追求本身也充满着矛盾，复杂地表达出超越自我的艰难，正如诗中所言："罗网是坚硬的但是要撕破它的时候我又心痛。"

可以看出，《吉檀迦利》曲折地表达出作家对人生理想的探索与追求。

但是，泰戈尔不仅仅是一位单纯的诗人，他还是一位哲学家。他曾这样说过："我觉得不能说我自己是一个纯粹的诗人，这是显然的。诗人在我的中间变换了式样，同时取得了传道者的性格。我创立了一种人生哲学，而在哲学中间，又是含有强烈的情绪素质，所以我的哲学能歌咏，也能说教。我的哲学像天际的云，能化作一阵时雨，同时也能染五色彩霞，装点天上的筵宴。"在泰戈尔的诗歌中时时会流露出一种宗教情绪。而常常被学者引据为宗教哲理诗的《吉檀迦利》则更为突出地反映出泰戈尔的哲学观与宗教观。诗人笔下的神十分神秘，究竟"他是谁"，诗人自己也"说不出来"，但是"他"的的确确脚踏在地上，在人类社会中，在一切一切的场所。他是主人，是"万王之王"，他又是朋友和兄弟。由此看来，他不是高高在上一神教者供奉的神，而是化作万物之中。诗人正是借"泛神"的思想，来表现生活的真理。但神毕竟是神，它既可求，又缥缈；既实际，又神秘。你中有我，我中有你。正是这种种特征糅合在一起，构成了《吉檀迦利》的神秘色彩，反映出作家进行理想探索的矛盾心理与一切必归和谐的哲学观念。

在艺术上，《吉檀迦利》也独具特色。

诗集充满哲理，但抒情意味很浓。诗中有泰戈尔对大自然最精彩的描述，春天、雨季、月明如洗的夜晚、阳光灿烂的白昼，纯然一幅幅清晰的画面；作家在直抒胸臆时，却又千回百转，天马行空，似水中月，云中影，飘忽不定，可望而不可即，给人以朦胧之感。该诗集想象奇特，韵律优雅，将哲学思想融化在优美的诗行之中，神秘而不枯燥。瑞典科学院称这部诗集技巧完美，"含义深远，清新而美丽"。

3. 后期

20世纪20年代以后，诗人思想发生了变化，不断地反省自身，怀疑自己"饶恕一切人，爱所有的人"的思想。所以他后期的作品现实性增强，政治性、战斗性突出。泰戈尔这时创作了大量的政治抒情诗，分别收在《非洲集》（1937）、《边沿集》（1938）、《天灯集》（1939）和《新生集》（1946）等诗集中。在《生辰集》中，他对自己的创作进行总结，热切地期望能够走进劳动者的行列之中，并期望其他作家也要走入劳动者的生活。一些学者把《生辰集》第十首视为泰戈尔一生创作的纪念碑。

（二）小说创作

泰戈尔的小说创作，可分为两类：

1. 短篇小说

泰戈尔不仅是一位杰出的诗人，也是一位优秀的小说家。他既是近代短篇小说的开拓者，又为印度近代中、长篇小说的发展奠定了基础。泰戈尔的小说创作始于短篇小说。他发表第一个短篇小说《女乞丐》（1877）时，年仅16

岁。泰戈尔的短篇小说题材广泛，富有时代特征和生活气息。

泰戈尔的不少短篇小说以反对殖民主义统治为主题，宣扬爱国主义思想。在《太阳与乌云》（1894）中，作者愤怒地揭露出英国殖民主义者横行霸道，欺压良善的罪行；在《加冕》（1898）中作家批判了洋奴思想，提出了民族自尊问题。

泰戈尔的许多作品以女性为主人公，反映了妇女们的悲惨遭遇，抨击了不合理的封建婚姻制度和种姓制度，如《河边的台阶》（1884）、《弃绝》（1892）、《摩诃摩耶》（1892）。《摩诃摩耶》中的女主人公摩诃摩耶集印度妇女的苦难于一身，作家在一种凄婉的气氛中描写了摩诃摩耶悲剧的命运，对被侮辱被损害的女性寄予无限同情。泰戈尔后期的短篇小说着力表现妇女的自我觉醒与叛逆精神。如《陌生女人》（1914）中的科莱妮和《艺术家》中的索托博蒂，已从自身的经历中意识到封建礼教是"害人的陷阱"，为了"做人的尊严"，各自采取反抗行动。

泰戈尔在对社会的黑暗现象进行抨击的同时，又对生活在底层的小人物寄予了深切的同情和爱护，表现出作家的人道主义思想。在这类作品中，《喀布尔人》（1892）颇具典型性。小说通过国籍不同、社会地位悬殊的一老一小的交往，赞美了普通人身上的优良品德和真挚友谊。喀布尔山民拉曼为生活所迫到印度做小商贩，面对异乡的小姑娘，他油然升起思女之情，产生一种慈父般的爱。作家在这个人物身上寄予了仁爱思想。

在艺术手法上，泰戈尔的短篇小说也达到了很高的水准，他的短篇小说往往以偶然事件作为情节发展契机，常常将情节发展的悬念性、传奇性和细节描写的真实性结合起来，如摩诃摩耶被迫嫁给老婆罗门，陪葬时巧遇大雨，死里逃生，但她在大自然的垂怜中逃生，却无法克服心灵的障碍，最后终于与所爱之人分离，艺术感染力很强。此外，他还善于运用细节描写、心理描写、对比烘托抒情与议论相结合等手法，使短篇小说创作在技巧上达到炉火纯青的地步。

2. 中长篇小说

泰戈尔还作有八部长篇小说和《四个人》（1916）、《两姐妹》（1933）、《花圃》（1934）等中篇小说。

《沉船》是泰戈尔长篇小说的代表作之一。小说描写了青年大学生罗梅西曲折复杂的婚恋经历。尽管罗梅西与好友卓健德拉的妹妹汉纳丽妮相爱，但还是屈从父辈们的意志到家乡与一陌生女子完婚。婚后第二天，这对新婚夫妇乘船回家，一场风暴袭来，船沉了。醒后的罗梅西发现自己躺在河岸上，附近还有一位姑娘。他错将姑娘认作自己的妻子，把她带回家。这位姑娘叫卡玛娜，她从未见过自己新婚的丈夫，当意识到罗梅西不是自己的丈夫后，便毅然离去，几经周折，与丈夫重逢。小说以错认模式为依托，展开情节，生动而富有悬念，文字明白晓畅，对人物把握得细腻传神，在因种种巧合而产生的离异结果后，揭示出封建婚姻制度与争取婚姻自主的青年男女们的矛盾。

三、《戈拉》

《戈拉》是泰戈尔最优秀的一部长篇小说，代表了他小说创作的最高成就。这部作品鲜明地反映了泰戈尔反帝反封建的爱国主义思想，是近代印度批判现实主义的优秀作品，在世界文学史上占有重要地位。

《戈拉》写于1907年到1909年，曾连载于《布拉巴希》杂志。1910年开始印成单行本出版，这部作品问世以来一直受到评论界的重视和广大读者的欢迎。

（一）时代背景

《戈拉》所反映的是19世纪七八十年代孟加拉的社会生活和斗争。19世纪的最后30年和20世纪初叶，是"自由"资本主义向帝国主义转化的过渡阶段。这一时期的印度，既是英国的原料供应地、商品销售市场，又是英国进行资本输出的重要殖民地。在19世纪50年代以后，印度的民族资本在近代资本主义的基础上开始形成和发展。印度资产阶级既依附于英国，又同英帝国主义相矛盾，具有两面性。

19世纪七八十年代是印度民族意识迅猛觉醒的时代。印度的资本主义的发展，无产阶级和资产阶级的兴起，挣扎在死亡线上的农民的纷纷起义，以及小资产阶级知识分子阶层的形成，为印度民族解放运动的发展创造了极为有利的条件。

印度的资产阶级知识分子同印度的民族资产阶级一样具有两面性：同英国既有联系，又有矛盾。他们所提倡的资产阶级改良主义，反映了印度自由派地主和资产阶级的利益。

当时，一切爱国的资产阶级知识分子都十分关心国家的命运和民族民主革命问题。他们围绕着这些重大问题，积极地宣传自己的主张，展开激烈的论战，形成了观点不同的两大思想派别。一派是由克舒伯领导的"印度梵社"。这一团体同"元始梵社"不同，他们轻视和否定印度的民族文化传统机构，在英帝国主义允许的范围内求得更多的民族自由和政治权利。因而被称为"温和派"。尽管他们也主张社会和印度教的改革,主张废除一切封建主义的陈规陋习,但是民族虚无主义不能不使他们走上屈服于英国殖民统治的投降主义道路。另一派是最初由般金、查特吉,后来由提拉克领导的"新印度教派"。他们坚决反对西方文明,积极主张发展民族文化,以增强民族自豪感,反抗殖民统治的凶残和蛮横。为了维护民族尊严、发扬民族意识,这一派宣扬复古,要求恪守印度教的清规戒律,甚至让人们遵守落后和保守的陋习,以复兴古代印度的一切传统。

到了20世纪初期,提拉克所领导的极端派批评了温和派的妥协政策,主张通过暴力斗争推翻英帝国主义的统治。但是他们在主张通过暴力斗争推翻殖民统治、争得民族独立解放的同时,还宣扬复古精神,提出一套保持封建主义和维护印度教落后传统的反动社会纲领。他们为了反对温和派的妥协与投降政策,力图使印度的民族意识建立在印度教和古代雅利安文明的基础上,自己反而变成封建落后传统的卫道士和鼓吹者。这一矛盾反映了当时民族解放运动的特征。

(二)思想内容

长篇小说《戈拉》着重展示的主题思想是反帝反封建的爱国主义思想。

《戈拉》通过主人公戈拉的政治斗争和生活冲突,歌颂了民族资产阶级正直的知识分子的爱国激情、斗争精神和祖国必获独立自由的坚定信念;批判了新印度教派迷恋传统的复古主义、梵社成员崇洋媚外的民族虚无主义以及教派对立、脱离群众等错误倾向;为一切反帝爱国的知识分子指出了一条争取民族解放的道路——破除宗教的偏见,摆脱种姓的束缚,联合起来一致对敌,积极参加反帝反封建的爱国主义斗争,为争取民族独立和民主自由而献身。

《戈拉》深刻地反映了19世纪末到20世纪初处于英国统治下的印度社会中的一系列重大问题,广泛地探索了印度人民开展民族解放斗争的真正道路。泰戈尔从资产阶级民主主义和爱国主义出发,明确地表明了自己的政治观点,对近代印度的反帝反封建的爱国斗争做了旗帜鲜明的总结。

(三)主人公形象

戈拉是长篇小说中的主人公。反帝爱国是这个正直的知识分子的基本性格特征:对帝国主义义愤填膺,深恶痛绝;对祖国印度满怀激情,无比热爱。反帝爱国的精神像鲜红的血液一样,渗透在戈拉的整个身心之中。

戈拉在大学毕业之后,曾担任印度爱国者协会的主席。在印度教的青年中,他是一个深孚众望的领袖。他憎恶和痛恨英帝国主义的殖民统治。他认为:正是因为英国强盗四处横行,才把富饶的印度变成了荒芜的土地,使之处于遭难受辱的地位。戈拉热爱自己的祖国,随时准备为祖国贡献出自己的一切。戈拉的爱国热情随着年岁的增长日益高涨,少年时代高唱本国歌曲,成年以后日夜想念着印度。他曾经热情洋溢地表示自己的赤子之心:

当我对祖国的热爱一旦变得无比明显的时候……它会使我为它献出我的财富和生命,血液和骨髓,我的天空和光明;事实上,我的一切的一切。

戈拉对祖国的未来充满了信心,他坚信祖国必获自由、必得独立。他在"贫困饥饿,痛苦受辱"的现实中看到"一个摆脱了一切束缚的光辉灿烂的'未来'",因而,他十分强调:"……我的祖国不管受到什么创伤,不论伤得多么厉害,都有治疗的办法,——而且治疗的办法就操在我自己手中。"

戈拉认为:目前我们唯一的任务,就是要把自己对祖国所有一切东西的坚定不移的信心,灌输给那些没有信心的人,因为我们以祖国为耻已经成为习惯,奴颜婢膝的劣根性也就毒害了我们的心灵。他激励人们增强民族自豪感和民族自信心,启发人们为祖国的独立和自由而奋斗。

在19世纪末叶的殖民地社会中成长起来的戈拉,"对一切英国东西都势不两立",充满了憎恶和反抗。他"只要看见英国人,总会起一种本能的反感"。本来,戈拉也是向往梵社,一有机会就准备贬责古圣梵典和保守习俗的。但是,当他看到一个英国传教士在报纸上蛮横无理地攻击印度的宗教和社会时,他便怒不可遏、挺身而出,勇敢论战,坚决为印度辩护。他还以极大的努力,从各方面论证印度的宗教和社会是"完美无瑕"的。他在一本书里曾这样写道:

我们决不能让自己的祖国站在外国法庭的被告席前受外国法律的审判。我们的荣辱观念,决不能用外国标准来逐点衡量。无论是在别人面前,还是在自己心里,我们决不能为自己的祖国感到羞耻——不管是在传统方面也好,信仰方面也好,经典方面也好,都是一样。我们必须拿出全部力量和自尊心,果敢地负起祖国的担子,使我们的国家和我们自己免受侮辱。

他绝对不能允许英国殖民主义者随意侮辱印度,他对殖民主义的奴才、崇洋媚外的知识分子深恶痛绝。他热爱祖国甚于热爱自己的生命。强烈的民族自尊心和民族自豪感使他誓死保卫和发扬印度民族的伟大文化传统，保卫和复兴印度教是戈拉爱国理想的重要体现。

在反帝爱国的斗争中，狭隘的民族主义和盲目的排外主义使戈拉变成了封建主义的卫道士和复古主义的鼓吹者。他为印度教的偶像崇拜辩护、为妇女身上的封建枷锁辩护，为罪恶的种姓制度辩护。他不加分析地肯定："祖国的一切都是好的。"对于古代印度文化，他也主张"不论好坏，都接受下来"。戈拉自己又成为狂热的宗教徒，恪守印度教的一切陈规陋习。他额前用恒河泥土点上婆罗门种姓的印记，他脑后还留着一缕长发——"梯基"；他行触脚礼，不吃异教徒手里的东西。他专心致志地研究印度教哲学，并且撰写专著，竭力论证印度教的"完美无瑕"。这表明：戈拉想要用维护宗教信仰的办法实现爱国主义理想，在戈拉性格发展的初期阶段，这是一个非常突出的特点。

戈拉在反对英国帝国主义的斗争中，把保守的、落后的宗教意识作为争取独立和求得解放的思想武器。同时，他还想用这种宗教意识去启发和动员群众。戈拉曾经对他的朋友宾诺耶说：

> 别的国家需要威灵敦那样的将军，牛顿那样的科学家，罗斯柴尔那样的百万富翁，我们国家却需要婆罗门，需要能够不知畏惧、痛恨贪婪、克制忧伤、不计损失——身心与至高无上的真神结合在一起的婆罗门。印度需要思想坚定、头脑冷静和心胸宽大的婆罗门，——有了这样的人，印度才能获得解放！

这表明：戈拉在反帝斗争上误入了复古主义的邪路。封建的种姓制度和反动的宗教意识绝不能充当反帝的思想武器，复兴印度教也绝不是爱国主义的理想前途。作品中帕勒席先生曾说过："徒劳无益地向过去求助，是毫无用处的"，难道"人能够回到过去的时代吗？"这一观点也反映了泰戈尔的见解。其时，泰戈尔还不懂得宗教是人民的鸦片烟，是帝国主义勾结封建主义统治和奴役殖民地人民的精神支柱。

戈拉到农村接触了群众之后，他的思想性格和精神面貌都发生了很大的变化。他是为了摆脱爱情的苦闷和烦恼而到农村去的。最初，他对乡下的劳动人民有错误的认识：他们的头脑"迟钝"、生活"平凡"、力量"脆弱"。但是，在农村的实际生活中，他第一次看到了他所维护和宣扬的宗教意识和种姓制度给人们带来的危害：宗教信仰的不同和种姓身份的差异，造成了彼此之间的憎恶和敌视，激起了永无休止的争斗和纠纷。在农村的实际生活中，他所看到的宗教远远不是他过去一直向往的宗教——"那种通过爱情、服务、怜悯、自尊和对全人类的尊敬而给一切人以生命、力量和幸福的宗教"。从此，戈拉宗教救国的思想开始动摇了。

农村劳动人民的爱国斗争生活教育了戈拉。在戈斯巴拉村里，印度教理发师了为关心爱国同胞，冒着生命危险，在自己家里收留并抚养了一个因反英斗争而被捕的伊斯兰农民领袖的孩子，这一劳苦群众突破宗教的偏见、关心他人的动人事例，有力地教育了戈拉。他经过激烈的思想斗争，终于认识到："我们过去把纯洁一直当成外在的东西，真是大错特错！"

在农村中，戈拉不能容忍别人作恶的性格又有了新的发展，戈拉曾满怀怒火地强烈抗议孟加拉绅士抽打穆斯林厨子，他对这一厨子说："我有句话跟你讲，你甘愿受这样的侮辱，连一句反抗的话都不说，真主是不会宽恕你的"，"容忍别人作恶的人，自己也就是在作恶"。现在，在农村里，他强烈抗议殖民当局残酷镇压农民斗争的暴行。当他看到英国殖民当局的警察殴打学生时，他挺身而出，直接同警察展开了英勇的搏斗。戈拉从前的暴力抗恶的主张，现在已经变成了暴力斗争的实际行动，甚至因此而被捕入狱也在所不惜。在监狱中，他不接受保释，不找律师；在法庭上，威武不屈，坚持斗争，表现了反帝爱国的坚强性格和民族气节。

在戈拉的爱尔兰血统被彻底揭穿之后，他最后抛弃了宗教的偏见和种姓制度的束缚，"获得了新生"，"得到解放了"。他向帕勒席先生说："我父亲是个爱尔兰人！从今天起，印度从南到北的一切庙宇都对我关上大门了，——从今天起，全国印度教徒的宴会上，都没我的席位了。"戈拉已经认识到："我夜以继日地总是想把这些障碍当做我的信仰对象。"当他"获得了真正的自由以后，却忽然发现自己站在一片广大的真实之中！印度的一切善恶，印度的一切悲欢，印度的一切智慧和愚昧，都毫厘不爽地亲切地呈现在我心里。现在我真的有权利为她效劳了，因为真正的劳动园地已经展现在我面前；——这并不是我的假想的创造物，——这是给3万万印度儿女谋福利的真实的园地"！戈拉已经认识到：印度的人民大众要想反帝爱国，必须冲破"这些障碍"——宗教的偏见和种姓的罗网，不论宗教，不分种姓，团结一致，"给3万万印度儿女谋福利"。这一认识，是戈拉爱国主义思想的最高认识。此后，戈拉感到：

过去我日夜盼望而始终没有达到的，今天终于达到了。今天，我真正是一个印度人了！在我身上，印度教徒、穆斯林和基督徒之间不再有什么对立了。今天，印度的每一种种姓都是我的种姓，所有人的食物，都是我可以吃的食物！

现在，他终于发现了印度母亲，他高声对安南达摩依说："过去我到处去寻我的母亲，原来始终坐在我的房里。你没有种姓，你不分贵贱，你不知憎恨，——你只是我们幸福的化身！印度就是你！"印度母亲就是印度的人民大众。他们和安南达摩依一样，不分种姓，不分贵贱。泰戈尔通过戈拉反对种姓制度和宗教偏见，宣扬了他的反帝爱国、民族解放的进步主张，这是应该肯定的。但是他对宗教的本质还不能正确认识，也无法正确解决宗教问题。戈拉所强调的"不要跟众人脱离"也反映了泰戈尔的群众观点。但是，泰戈尔还是把戈拉描绘成"印度的化身"、"巨人"，是决定印度民族命运的主要力量。这恰恰是泰戈尔思想局限性的反映。

（四）艺术成就

小说在艺术上冲破了过去的传统，具有别开生面的创新精神，为印度近代文学的发展作出了巨大贡献。

1. 人物对话富有论辩性

由于作品中的人物分属各个宗教派别，思想见地不一，大家均要阐释自己的见解，探讨国家大事。即使教派相同的父女之间、母子之间、姐妹之间、情人之间和朋友之间，也有种种论争。这些论辩性的对话有助于揭示人物性格，刻画人物形象，反映人物的思想倾向及内心世界。

2. 人物形象对比鲜明

小说中正面人物之间、正面人物与反面人物之间，均互为映衬，互为对比。如戈拉的母亲与洛丽塔的母亲、戈拉的父亲与洛丽塔的父亲、苏查丽达与洛丽塔、戈拉与毕诺耶、戈拉与哈伦等，在层层对比之中，勾勒出一个个栩栩如生的人物形象。

3. 小说具有优美的抒情格调

在写景、状物、叙事、摹人中，往往伴随着作者强烈的抒情，动人心弦。

高等师范院校教材

外国文学教程

第十五章 现代亚非文学

第一节 概 述

一、现代亚非历史概况及文学特点

现代亚非既饱经磨难，又发生了巨大的变化。亚非的现代史自20世纪初开始，一般以第二次世界大战为界，分为战前和战后两个阶段。

1917年，在第一次世界大战即将结束之时，俄国取得了十月革命的伟大胜利，开创了人类历史的新纪元，也掀起了亚非民族解放运动和民主革命运动的高潮，民族解放运动以空前巨大的规模、空前磅礴的气势普遍展开。同时，十月革命一声炮响，使马克思主义在世界广泛传播，亚非各国无产阶级登上政治历史舞台，亚非各国的民族解放运动与民主革命运动紧密联系，不少国家建立了无产阶级政党，并且成为民族解放运动的领导力量。1919年，朝鲜发动了"三一"农民大起义；印度在1918年至1922年掀起了民族解放运动的第二次高潮；印度尼西亚在1926年爆发了人民大起义。20世纪20年代末30年代初，资本主义世界发生了一场深刻的经济危机，结果导致了第二次世界大战爆发。日本向中国和东亚其他国家悍然发动了侵略战争，德、意法西斯也在欧洲、非洲等地大肆扩张。第二次世界大战给亚非各国人民带来了深重的灾难，也迫使他们走向反抗，壮大力量，为战后民族民主革命做好准备。

1945年8月，第二次世界大战结束。战后，亚非地区的形势发生了翻天覆地的变化，中国、朝鲜等国家完成了新民主主义革命，走上了社会主义道路，亚非其他国家也在战前民族民主革命的基础上，进一步开展了轰轰烈烈的革命运动，一大批亚非国家在20世纪五六十年代先后宣告独立。日本则在战后重新确立了资本主义制度，逐渐发展成经济高度繁荣的国家。

亚非现代文学就是在上述历史条件下发展起来的，也以第二次世界大战为界，分为战前和战后两个阶段。战前是亚非现代文学初步形成和发展的阶段。20世纪20年代初，在东西方文化的大融合中，现代文学开始形成，各种思潮各种流派各种团体竞相涌现，相互之间争斗不休。就政治倾向而言，进步文学与反动政治势力的较量，无产阶级文学与资产阶级文学的较量最为激烈。20年代末和30年代，现代文学得到发展，文学内容、文学样式都有了显著的变化。"二战"期间，法西斯势力猖獗，文学的发展受到一定的影响。第二次世界大战结束后，亚非现代文学走向繁荣。由于国家的独立，人民的解放，社会的进步，国际交流的频繁，亚非现代文学蓬勃发展、走向世界。

亚非现代文学在发展的过程中形成了自己的特征。在文学内容上，反映亚非各国人民反对帝国主义、殖民主义、封建主义和争取民族独立的斗争，是亚非现代文学非常重要的一个方面，其反帝、反封建的批判力量比近代文学更加猛烈，战斗精神更加顽强。许多作家揭露殖民者的罪行、封建制度的黑暗，描写人民在殖民主义和封建主义压迫下的悲惨命运，表现人民的觉醒、民族的解放，讴歌人民不畏强暴、不怕牺牲的战斗精神。随着无产阶级登上政治舞台和无产阶级政党的产生，无产阶级文学也出现在亚非文坛上，它歌颂无产阶级革命运动中的英雄人物，描绘了理想的新世界。

由于文化交流的日益广泛，亚非现代文学还增强了组织性。进入现代阶段以后，作家队伍日益壮大，作家之间的联系也日益增强，许多国家产生了全国性的文学团体，出现了一些有组织性的文学运动。例如印度于1936年成立了印度进步作家协会，印度尼西亚出现了"新作家派"，中国、日本、朝鲜出现了左翼文学组织等。这些组织和运动增强了作家之间的交流，有助于文学的发展。

在艺术表现方面，亚非现代文学呈现出日益多样化的趋势。由于时代的发展和文化交流的日益广泛深入，现代亚非文学在继承本民族文化传统的基础上，接受了欧美各国先进文化的影响，因而既具有鲜明的民族特色，又具有强烈的现代感，在文学形式、文学思潮和创作方法等方面都呈现出丰富多彩的景象。

总之，亚非现代文学内容丰富，形式多样，地域广阔，正逐渐走向繁荣。

二、文学状况

日本现代文学取得了较大的成绩，一般分为两个阶段，即战前文学和战后文学。"二战"前，日本文坛上有壁垒分明的无产阶级文学和资产阶级文学，占据主流的是萌芽于第一次世界大战之后的无产阶级文学，当时称为"工人文学"。1921年《播种者》杂志的创刊是日本无产阶级文学建立的标志。1928年，全国性的文艺团体——全日本无产者艺术联盟建立，标志着战前的无产阶级文学进入了全盛时期。1933年以后，由于反动当局的压制，无产阶级文学逐渐走向低潮。日本无产阶级文学的代表作家是小林多喜二（1903—1933）和德永直（1899—1958）。小林多喜二是日本战前无产阶级文学的杰出代表，其代表作品是《蟹工船》（1929）和《为党生活的人》（1932）。《蟹工船》以"博兴号"渔船上渔工们与监工浅川的矛盾为主要线索，描绘了无产阶级的觉醒和斗争。《为党生活的人》塑造了一个"为党生活的人"佐久木安治的形象，他是一个马列主义者，有着高度的共产主义觉悟和坚强不屈的革命意志，这个形象开创了日本无产阶级文学塑造革命英雄人物的范例。这个时期的资产阶级文学以活跃于1924年至1927年的新感觉派较为引人注目，新感觉派因寻求以瞬间的新的主观感觉把握事物和表现事物的新技巧而得名，成绩卓著的是川端康成和横光利一（1898—1947）。

战后日本文学可以划分为三个时期：从1945年到1950年是战后恢复期，这时各种思潮兴起，多种流派并立，其中最重要的是民主主义文学、战后派和无赖派。民主主义文学的主要代表是女作家宫本百合子（1889—1951）；战后派有大冈升平（1909—）、三岛由纪夫（1925—1970）和安部公房（1924—1993）等；无赖派以自嘲自虐的态度反抗社会，代表作家有太宰治（1909—1948）等人。从1951年到1960年是过渡时期，这时有所谓第三批新人登场，如安冈章太郎（1920—），稍后，大江健三郎（1935—）等人崛起。从1961年到现在为新文学展开期，较有名的作家有松本清张（1909—1984）、井上靖（1907—1991）、水上勉（1919—）等。

朝鲜现代文学开始于1919年"三一"起义之后。1922年11月，一批年

轻的朝鲜作家自发组织了第一个无产阶级文艺团体"焰群社",并出版了刊物《焰群》,成为无产阶级文学的萌芽。1925年,朝鲜无产阶级艺术联盟成立,标志着无产阶级文学的新发展。20世纪30年代以后,由于日本帝国主义的镇压,无产阶级文学陷入低潮。战后,朝鲜摆脱了日本帝国主义的统治,在北半部建立了人民共和国。1946年3月,朝鲜成立了文学艺术总同盟,朝鲜现代文学进入新的时期。作家们创作了一批以工人、农民、战士和革命家为主人公,反映抗日民族解放战争和社会主义建设的优秀作品。

朝鲜现代文学著名的作家作品有李箕永(1895—1984)的长篇小说《故乡》(1933)、《土地》(1948)。《故乡》描写了在日本铁蹄下韩国一个村落人民的反抗斗争的故事,成功地再现了20世纪20年代朝鲜农村的社会现实。《土地》展示了朝鲜建国后农村土地改革这一具有深远意义的重大事件,展现了朝鲜一代新人的形象。赵基天(1913—1951)的叙事长诗《白头山》,以抗日战争中解放普天堡的战斗的史实为素材,歌颂了金日成将军和朝鲜人民的爱国主义精神,生动地展示了朝鲜民族斗争的壮阔画面。另外,还有千世峰(1915—)的短篇小说《虎老爹》(1949)、朴世永(1902—)的长篇叙事诗《密林的历史》(1946)、李北鸣(1908—)的中篇小说《劳动的一家》(1947)等。

朝鲜南方在战后建立了资产阶级政权,韩国(原称南朝鲜)。20世纪50年代有"战后派",60年代有"新感觉派"。金承钰(1940—)是"新感觉派"的代表作家,代表作品是《汉城:1960年冬》(1965)。

印度是南亚地区现代文学成就最大的一个国家。印度在1947年独立以前,其文学的发展与民族解放运动紧密联系,这一时期的文学作品表现了反对帝国主义、殖民主义、封建主义的强烈倾向,描写人民大众的悲惨命运,反映人民大众的战斗意志,呼唤印度的独立,要求民主自由成为文学的主流。1936年,以普列姆昌德为首的印度作家成立了全印度进步作家协会,促进了文学的发展和繁荣。1947年,印度摆脱了英国的殖民统治,赢得了国家的独立,其现代文学也进入一个新的时期。国内矛盾仍然相当复杂,印度文学思潮繁多,派别林立,各民族文学均有所发展,多方面地反映了印度的社会现实。

现代印度文学出现了一批有代表性的作家,印地语文学最有名的是普列姆昌德(1880—1936),他是印度现代文学的奠基者之一。代表作品是长篇小说《戈丹》(1936)。《戈丹》通过贫苦农民何利苦难的一生和悲惨的结局,反映了20世纪20到30年代印度农村的深刻矛盾,揭露了地主、高利贷者和祭司对农民的残酷压迫和剥削，表达了对贫苦农民的极大同情。孟加拉语文学有达拉辛格尔·班纳吉（1898—1971）的小说、纳兹鲁尔·伊斯拉姆（1899—1976）的诗歌等闻名于世。乌尔都语有代表性的小说家是克里山·钱达尔（1914—1977），他的代表作是长篇小说《当田野醒来的时候》。泰米尔语的代表作家是布杜迈毕顿（1906—1948）和卡布基（1899—1954）。此外，用英语写作的穆尔克·拉吉·安纳德（1905—）也较为有名，他的较重要作品有长篇小说《苦力》（1933）、《不可接触的贱民》（1935）和《两叶一芽》等。

在西亚和北非地区，文学上获得较大发展、取得较大成就的是伊朗、土耳其和阿拉伯若干国家。伊朗在诗歌领域的较重要的诗人有埃师吉（1893—）、伊拉治·密尔扎（1874—1925）、帕尔温·埃堤萨米（1906—1941）和尼玛尤师奇（1879—1961）等，在小说领域，贾玛尔扎德（1895—）的《故事集》和姆沙法格·卡泽米（1902—）的《恐怖的德黑兰》在伊朗现代史上是具有开创意义的小说。"二战"后，值得一提的是萨迪克·赫达雅特和伯佐尔格·阿拉维（1908—）的小说。

土耳其的文学现代化过程开始于19世纪，到1923年共和国成立后现代文学获得了较大的发展。有名的作家有雷沙特·努里·君泰金（1886—1956）、革命诗人纳齐姆·希可梅特（1901—1963）、"怪诞"诗人奥尔汗·韦利（1914—1950）、亚沙尔·凯马尔（1922—）和阿古兹·内幸（1915—）等。

阿拉伯国家中文学成就最大的是埃及，埃及著名的代表作家有塔哈·侯赛因（1889—1973）、迈哈穆德·台木尔（1894—1973）、陶菲格·哈基姆（1898—）和纳吉布·迈哈富兹（1912—）等。

黑非洲是除北非以外的东非、西非和南非，因其居民主要是黑人而得名。黑非洲的大多数国家的书面文学大约产生于19世纪末和20世纪初。经过一个世纪的发展，黑非洲文学也取得了很大的成绩。

塞内加尔文学从20世纪50年代后期起进入繁荣时期，莱奥波尔德·塞达·桑戈尔（1906—）和桑贝内·乌斯曼（1923—）分别在诗歌和小说领域占有重要地位。桑贝内·乌斯曼的代表作品是《神的女儿》（1959），小说以1947年10月10日至1948年3月10日发生的达喀尔—尼日尔铁路大罢工事件为背景，描绘了非洲工人阶级波澜壮阔的反抗斗争，被誉为"喊出了黑非洲的呼声"的一部杰作。喀麦隆文学到20世纪50年代涌现了一些有才华的诗人和作家，最负盛名的是斐迪南·奥约诺（1929—），其作品有长篇小说《老黑人和奖章》、《欧洲的道路》等。南非共和国文学形成于19世纪，使用的语言有英语、阿非里卡语和班图语，到 20 世纪 50 年代主要是用英语写作的文学，成就较大的作家有奥里芙·席莱纳（1855—1920）、彼得·阿伯拉罕姆斯（1919—）和纳丁·戈迪默（1923—）。

尼日利亚是西非英语文学最发达的国家，尼日利亚的英语文学出现于 20 世纪 40 年代，成就最高的是小说家钦努阿·阿契贝（1930—）和剧作家渥雷·索因卡（1934—）。索因卡是尼日利亚乃至黑非洲最有才华的剧作家，也是著名的诗人、小说家、散文家和评论家。他是艺术成就主要在戏剧方面，包括轻快的喜剧、滑稽的闹剧、严肃的悲剧、荒诞的哲理剧、辛辣的讽刺剧和有力的鼓动剧等，如《沼泽地居民》、《狮子和宝石》、《森林之舞》、《强种》、《路》、《疯子和专家》、《死神和国王的马弁》、《文尧西歌剧》和《巨头们》等。索因卡还写有不少优秀的诗歌，重要的诗集有《狱中诗抄》和《地穴中的梭子》；在长篇小说方面，《阐释者》和《混乱的岁月》为人称道；散文方面，其回忆录《在阿凯的童年生活》也享有很高的声誉。索因卡的创作能够将民族生活和文化艺术传统与西方文化艺术巧妙地融合起来，再加上自己的独创，使自己的创作达到了一个更高的水平。

第二节 川端康成

一、生平与创作

川端康成（1899—1972）是日本现代著名的小说家，在国内外曾多次获得文学奖。1968 年，川端康成因《雪国》、《千只鹤》、《古都》三部作品"以敏锐的感受、高超的小说技巧，表现了日本人的内心精华"而获得诺贝尔文学奖，成为继泰戈尔之后亚洲第二位诺贝尔文学奖的获得者。

川端康成于 1899 年 6 月 14 日出生在大阪市北区此花町。他的父亲川端荣吉是医生兼大阪医院副院长，不幸的是，川端康成一岁半时，父亲因肺结核恶化而逝世。川端康成便随母亲迁到大阪府西城郡丰里村母亲的娘家去居住，但第二年母亲也被同样的病魔夺去了生命。川端康成日后在《致父母的信》里写道："深深刻入我幼小心灵里的，便是对疾病和夭折的恐惧吧。"父母死后，川端康成寄养在祖父母膝下。川端康成从小体弱多病，由于祖母的悉心照料才能长大，可是，当他 7 岁那年，祖母死了；10 岁那年，唯一的姐姐也死了。从此，川端和他几乎双目失明的祖父过着孤寂悲凉的日子。1914 年，与他相依为命的祖父也与世长辞。这种亲人不断死亡的身世，使川端成了一位"参加葬礼的名人"，失去亲人的川端孤苦伶仃，仿佛天地间只剩下他一个人了。童年和少年时代的悲惨际遇，使川端产生了极为深刻的忧郁和孤寂感，性格孤僻内向，对人生持有强烈的虚幻意识，这也是形成他创作中孤独、悲哀和感伤色彩的一个重要原因。

川端康成从小喜欢读书，进入大阪府立茨木初中后，开始热衷文学，还将自作的新诗、习作和书信等编为《谷堂集》，并向《文章世界》等刊物投稿。1917年9月，川端考入东京第一高中英文科，阅读了大量文学作品，如俄国陀思妥耶夫斯基、契诃夫和日本志贺直哉、芥川龙之介等作家的作品。

1920年9月，川端考入东京大学英文科，第二年转入国文科。他的文学生涯由此开始。他积极参加编辑出版东京大学文科系统的同人杂志《新思潮》（第六届），并在杂志上发表了处女作《招魂节一景》，这篇短篇小说立即获得文坛好评，打开了他通向文坛的大门。

1924年，川端康成大学毕业，决心成为专业作家，积极投身于小说观念与文体的革新运动。同年十月，他和横光利一、片冈铁兵、今东光等人一起创办同人杂志《文艺时代》，以此为核心发起了"新感觉派"文学运动。"新感觉派"强调由内向外的主观感觉，主张通过感觉认识生活，表现生活，被认为是日本现代主义文学的先驱。川端康成也在"新感觉派"运动中形成自己文学上一以贯之的主观唯美特征。

1927年5月，《文艺时代》停刊。其后，川端又先后参加了《近代生活》杂志、"十三人俱乐部"和《文学》杂志。《文学》以翻译、介绍20世纪西方现代派文学为己任，对川端康成影响甚大，使他的作品融合了西方文学的技巧和表述方法。

进入30年代以后，日本帝国主义对中国和其他亚洲国家发动了侵略战争。在战争期间，川端大部分时间过着半隐居的生活，写作几乎与战争无关的作品。他曾先后两次应《满洲日日新闻》和关东军的邀请到中国的东北、华北等地，1944年还担任了日本文学振兴会"战争文学奖"的评选人。不过总的说来，川端对战争采取了一种超然的态度，他自称是一个"没有太受战争影响，也没有太受战争伤害的日本人"。

1945年8月15日，日本军国主义战败投降。川端康成对日本战后的现实感到不满和失望，他在《追悼岛木健作》一文中写道："我业已死去，此后除日本悲哀的美以外，连一行字也不想写了。"这种态度决定了他战后生活和创作的基调。

川端康成在创作方面的丰硕成果使他在战后获得了多种荣誉头衔和奖励，如 1948 年起任日本笔会会长，1958 年起任国际笔会副会长，1960 年获法国的艺术文化勋章等，1968 年 10 月 17 日，获得诺贝尔文学奖。

1972 年 4 月 16 日，川端康成在他的工作室里口含煤气管自杀身亡，终年 72 岁。

川端康成是一位思想倾向比较复杂的作家，在他五十多年的创作生涯中，共写了一百三十多部小说，此外还写了许多散文、随笔、讲演、评论、诗歌、书信和日记等。

川端康成创作上成就最大的是小说，他的小说创作按其内容主要分为三类：

第一类是描写他少年时代的不幸身世与初恋遭遇的作品。如《精通葬礼的人》(1923)、《十六岁日记》(1925)、《致父母的信》(1932) 等，写对祖父和父母的哀思；《脆性的器皿》、《南方之火》、《篝火》、《非常》等则叙述了失恋的烦恼与哀怨。这类作品描写细腻，感情真挚，具有激动人心的效果，由于写的是他本人的生活和体验，自始至终充满孤独、感伤和悲哀的色彩。

第二类作品反映处于社会底层的少女、艺妓、女侍者的悲惨境遇和爱情生活，以及贫苦女艺人、艺术家对艺术的探求。如《招魂节一景》(1921)、《伊豆的舞女》(1926)、《温泉旅馆》(1929)、《花的圆舞曲》(1936)、《水晶幻想》(1931)、《禽兽》(1933)、《雪国》(1935—1947)、《名人》(1942—1954)、《舞姬》(1950)、《古都》(1962) 等。这类作品真实地再现了这些被侮辱者与被损害者的不幸生活，也描绘了这些女性的纯净之美，表现出川端对永恒的女性之美的执著与憧憬。《伊豆的舞女》、《古都》、《雪国》等是其中的名篇。

《伊豆的舞女》描写一个 20 岁的高中学生和一个 14 岁卖艺舞女之间朦胧的爱情故事。"我"去伊豆旅行，途中与一组羁旅艺人结伴而行。交往中，纯情貌美的小舞女阿熏令"我"意乱神迷，甚至在一个雨夜浮想到舞女遭受玷污的景象。第二天早晨阳光明媚，"我"无意间看到河对岸温泉中沐浴的舞女站起身向自己招手。倏然间，心中的阴翳荡然而去。想不到舞女对我有这般情意，竟在光天化日之下跳下岸来，赤裸着洁白如玉的胴体。但最终"我"和羁旅艺人伴至下田，便在淡然的哀愁中各奔东西。川端在这里并不想表现世俗的爱情，而是表现青春和美的虚幻、别离的空虚或人世之无常。小说的抒情味极浓，文字清新、隽永，营造出一种极端纯净的氛围，是一部独特的作品。

《古都》写一对孪生姐妹悲欢离合的故事。由于家境贫寒，姐妹两人一个被父母遗弃，由绸缎批发商收养，在舒适安逸的环境中长大，另一个留在父母身边，在艰难贫苦的环境中成长。20年后，两人得以见面，她们希望能够同胞团聚，一起生活，但由于生活方式和教养不同，客观条件也不允许，始终未能如愿以偿。小说表现了人情冷暖、世态炎凉，充满了淡淡的感伤和哀愁。

　　第三类作品竭力从虚幻世界和孤独生活中寻求官能享受，表现一种病态的性爱，颓废没落和虚无的色彩极为浓厚。如《千只鹤》（1952）、《山音》（1954）、《睡美人》（1962）、《一只胳膊》（1964）等。《山音》写公公与儿媳之间的不正常的关系。《一只胳膊》写一个思想空虚的独身男子玩弄从姑娘身上摘下的一只胳膊。《千只鹤》主要内容之一写的是菊治与亡父的情妇通奸。菊治出生于茶道世家，父亲生前有两个情妇，一个姓太田，是父亲生前茶道挚友的遗孀，另一个叫栗本千花子，是父亲的徒弟。父亲死后，菊治与太田夫人发生了情感上、肉体上的纠葛。菊治钟情于太田夫人，太田夫人也迷恋菊治。不同的是她从菊治的面容中看到的仿佛是菊治父亲的影像。栗本千花子不甘心自己的失败，为拆散菊治和太田夫人，她给菊治介绍了纯净美丽的稻村雪子小姐（手拿鹤包袱皮的姑娘），菊治为之所动，但千花子的阴影却幽灵般地破坏了他的情致。太田夫人和菊治彼此追求某种"虚幻的存在"，太田夫人不厌其烦地谈论菊治的父亲，以至菊治也昏昏然将自己当做了"父亲的阴魂"。太田夫人死后，菊治移情于夫人的女儿文子。他产生了一种罪孽感。奇怪的是，文子也深深地爱上了母亲的恋人菊治，她也无法摆脱负罪的阴影。母亲死了，成为虚幻的存在，文子才深切地感到母亲是"美的化身"。她将母亲喻为已有三四百年历史的"志野瓷瓶"（茶道用具）。在菊治和文子日益亲密后，文子却执意摔碎了那只象征母亲的"志野瓶"，并说，"会有更好的志野瓶的"。纯净的美不可在现实中存在，虚幻亦难摆脱现实，只有"空无"才是虚幻与美的极致。

　　《睡美人》写一个67岁的已经失去性功能的老人经过别人介绍，前后五次来到一个类似妓院的地方，窥视、爱抚服用过安眠药后熟睡的赤裸少女。小说描述了老人在这种悖理行为中产生的种种幻想，他想到自己的初恋，想到母亲。少女的美与纯洁似乎并未遭到侵犯。这部小说具有很大的虚幻性和象征色彩。

　　川端康成是一位很有特色的作家，特殊的身世使他的作品显现出孤独、感伤和悲哀的色彩，在为这位作家撰写的诺贝尔文学奖推荐信中，他的学生三岛由纪夫写道："川端的作品里，纤细连接着强韧，优雅与人性深渊的意识互挽着手。在其明晰之中，隐含着不见底里的悲哀。"同时，川端的孤独并没有停留在个人际遇阶段，而是继承了《源氏物语》等日本古典名著物哀和幽玄的美学传统，使他的作品飘逸着日本甚或东方的韵味。川端文学中的另一个重要的特点是少女崇拜和处女崇拜。在他的许多作品里，都有飘逸着神秘色彩的美貌少女或处女，她们在精神和肉体上都是那么纯粹和洁净，没有一点儿龌龊和污垢，展现出一种永恒的女性之美。川端所追求的女性之美，似乎只存在于虚幻之中，而虚幻达到极致，便是"空无"。另外，川端的文学还将日本传统文化的底蕴与西方人文主义的内涵结合起来，广泛地吸收了西方文学的技巧和表述方法，如运用弗洛伊德的精神分析法和乔伊斯的意识流等创作技巧，深入、细腻地挖掘和展现了人物的内心世界，使自己的作品不仅具有特殊性和民族性，还具有普遍性和世界性。

二、《雪国》

中篇小说《雪国》是川端康成的代表作品之一。这篇小说作者从1934年底开始动笔，1935年到1947年断断续续在几个刊物上发表，1948年出版单行本，前后一共用了15年时间。

小说主要写了舞蹈评论家岛村三次赴雪国旅行的故事。岛村住在东京的工商业区，是个有妻室的中年男子，依靠父母的遗产生活，整日无所事事。岛村第一次到雪国是在满山一片新绿的登山季节，他认识了19岁的艺妓驹子，驹子给人的印象是洁净得出奇，岛村觉得她身上有一股无形的力量在吸引着他，驹子出于对岛村的爱慕而情不自禁地委身于他了。岛村第二次去雪国是在下过初雪之后，在乘车途中，偶遇悉心照料病人行男的少女叶子，叶子"近乎悲哀的美"使岛村为之销魂。到了雪国与驹子重逢后，他才知行男是驹子的未婚夫，而驹子并不爱行男。驹子把自己的希望放在岛村身上，岛村却认为驹子所做的一切都是徒劳的。次年秋天，岛村第三次到雪国，这时行男已经病逝。岛村一面与驹子虚与周旋，一面倾爱于叶子。正当他准备与叶子同道回东京时，叶子却在一场火灾中堕楼而死。

小说中最引人注目的形象是驹子。驹子出生在雪国农村，相貌美丽，但为生活所迫，她从16岁起就沦落风尘，先是被人卖到东京当陪酒侍女，后被一个男人赎回，打算将来做舞蹈师傅，可一年半后，那个男人死了，驹子只得住在三弦师傅家里学艺，有时到宴会上表演助兴，最后感到无路可走，终于沦为艺妓。驹子身上最突出的特点是"难以想象的洁净"，"甚至令人想到她的脚趾弯里大概也是干净的"。她不只外表洁净，而且内心也十分"洁净"。她虽然是一个艺妓，但是意志顽强，有进取心，对待生活的态度是认真的，而没有随波逐流、自暴自弃。比如她坚持写日记，从她到东京当侍女之前不久记起，从未间断。尽管她只是"不管什么事都毫不隐瞒地照原样写下来"，而她的生活又是不大光彩的，自己看着也会害羞，但是，她的态度非常认真，表现了她坚强的毅力；驹子十五六岁的时候就喜欢读小说，而且坚持把看过的书都记下来，"这样的杂记本已累积到十本了"，表现了她强烈的求知欲望；驹子还刻苦练三弦，成为当地艺妓中琴技最好的。她不但用普通琴书练习，而且钻研比较高深的乐谱，这固然是职业的需要，从中也可看出她积极追求上进的精神。

驹子对待爱情的态度热情、诚恳、大胆，甘于牺牲。她是行男的未婚妻，但她并不爱行男，可为了给行男治病，却甘愿牺牲自己，出来做艺妓赚钱。驹子爱的是岛村，岛村虽然只是个游客，可是她觉得岛村比一般毫无教养、毫无良心的游客对自己的态度要真诚一些，对她较温柔，也很尊重她。如岛村第一次见到她时并未把她当成艺妓占有她，而只是想与她谈谈话，清清白白地交往，岛村关于歌舞的一番议论，也使驹子很感兴趣。她觉得像岛村这样有知识、有感情、有教养的人是少有的，因此她虽明知岛村在京城有妻儿，但也希望在岛村身上求得哪怕是短暂的爱情。这表明驹子渴望获得正常人的爱情，因此，即使岛村不能对她的爱情有所回报，她也无所谓，这种爱是一种"无偿的爱"。在作者看来，"无偿的爱"是女性美的最高表现。

驹子的性格是复杂的，她认真地对待生活和爱情，力求摆脱屈辱的生活，但作为一个艺妓，又常常表现出烟花女子的轻浮和放荡；有时自感羞辱，有时又随遇而安、自我麻醉；她知道对岛村的爱是徒劳的，却又倾注了自己全部的感情。可以说，正是不幸的生活扭曲了驹子的心理和人格。

叶子是"虚幻美"的体现。岛村在火车上第一次遇到叶子时，叶子首先以"优美而又近乎悲戚"的声音给人带来听觉上的美感，然后置身于车窗的映衬下，显示出一种"无法形容的美"，使岛村为之陶醉。在岛村看来，她的形象是那样纯美飘逸，每每"犹如在梦中出现似的"。叶子专情于行男，行将就木的行男却是更加虚幻的象征物，叶子的执著也就是徒劳的。最后叶子堕楼而死时，岛村"抬眼一望，银河仿佛哗的向岛村心中倾泻下来"。岛村觉得她并没有死，而是内在生命在变形，变成另一种东西。叶子的形象表现了作者对"虚幻美"的体验。

岛村是一个坐食祖产、游手好闲的纨绔公子，是个具有浓厚虚无色彩的人。作者似乎并没有着意刻画他，而是通过他的眼光来表现驹子与叶子的形象。他已有妻室，却又迷恋于驹子，几次到雪国与驹子幽会。对钟情于自己的驹子，一次岛村竟要求她去给自己找个女人来玩玩，说明岛村追求的是虚幻的爱、虚幻的美。同时，岛村还暗恋着叶子，岛村对叶子的感情则更具有虚幻性。他真正欣赏的只是驹子和叶子的"镜中映象"。

《雪国》在创作方法上是东西结合，自成一格，即把日本的古典文学传统与西方的现代派手法巧妙地结合在一起。小说既有具体、客观的描写，又运用了自由联想和意识流动来状物写人。小说总体上是以岛村三次到雪国为顺序写的，只有第一次采取的是插叙的手法，但作者似乎并不在意小说情节的连贯性，整部小说结构松散，犹如日本传统小说的并列式结构。事实上，小说在刊物上连载时，各篇自成一体，且有各自的标题，分别是"暮景之镜"、"朝雪之镜"、"故事"、"徒劳"、"芭茅花"、"火枕"、"拍球歌"、"新稿"、"雪中火灾"、"银河"、"雪国抄"、"续雪国"。这些标题在出版单行本时全部删去了。另一方面，作品又引进西方意识流小说的某些特点，比如在某些局部通过岛村的意识流动和自由联想展开故事情节，适当冲破事物发展的时间界限和空间界限，增强了小说的表现力。比如，小说借助《暮景之镜》、《朝雪之镜》把岛村诱入超现实的回忆和想象之中。小说开篇写岛村第二次到雪国，在火车上偶尔窥见夕阳映照的火车玻璃上叶子的面庞，镜中的叶子异样的美，使岛村回想起另一个女子驹子。接着文章倒叙岛村第一次同驹子相遇的情景。到了雪国，一次岛村和驹子待在屋子里时，岛村看到化妆镜里"闪烁的白光是雪色。雪色上映出姑娘（驹子）绯红的面颊。真有一种说不出的洁净，说不出的美"。于是勾起了岛村对昨日映在《暮景之镜》中的叶子的回忆。通过自由联想、意识流动，把现实与梦幻交织，避免了平铺直叙的单调和呆板。

其次，作品在描写人物时重视主观感觉，对人物的内心刻画深刻细腻。小说十分注重表现人物的主观感觉，表现人物纤细的感情和瞬间的感受，不仅把岛村的纤细感情和瞬间感受表现得细致入微，而且对驹子的心理矛盾和感情变化也表现得淋漓尽致。如《暮景之镜》和《朝雪之镜》在岛村脑海里交相辉映时，岛村"心灵震颤不已。想着这些，又忆想镜中的驹子浮现在一片白雪上的绯红面颊。岛村突然间陷入怅然若失的境界。暮景车窗抑或折镜晨雪，却是自然的默示，是遥远的世界。他绝不相信那是出于人工"。这段描写表现了岛村对美的微妙感受，他由现实的美回忆起以前体验到的美，再由此反观现实，现实的美也是虚幻的，不是出于人工。岛村感受到的美，乃是空幻而致远的美。

再如有一次岛村夸驹子是个好女人,驹子不解其意,怀疑岛村耻笑自己,"她满面通红瞪眼看着岛村","一阵激烈的愤怒使驹子的肩膀都在发抖,脸色刷的一下变得苍白,眼泪簌簌地落下来",当她哭得疲倦了,"就拿着银簪子扑哧扑哧地戳着铺席",小说随后写道:"怎么也想不出这个女人会把岛村偶然说出的一句话误解到那种情形,这反而使人觉得她心中有难于压制的悲哀。"从这段描写我们可以看出,驹子被迫当艺妓,其内心一直是痛苦的,所以最怕别人蔑视自己,耻笑自己,对这样的话也就特别敏感。同时,她特别在意自己在岛村心中的印象,因此岛村偶然说的一句话才在她的心里掀起如此巨大的波澜。

小说在风格上的特点是既美且悲,抒情味浓。川端康成一生不懈地追求美,表现美。他的作品常常以美丽的大自然为背景,把人物的感情与大自然的季节变换结合起来。小说中雪国的绚丽和一片空茫的景色进一步衬托出驹子和叶子的美貌和不幸的命运。川端的作品还以美貌的女子为中心,表现她们对爱情和艺术的追求。《雪国》中的驹子和叶子都有一种异乎寻常的美,这种美不仅永恒,甚至超脱现实。川端又是一个擅长表现悲的作家,"孤儿情结"和日本小说的"物哀"传统等因素形成了川端作品的失意、孤独、感伤的情调,作品的结局往往具有悲剧色彩。在川端看来,美与悲是相辅相成、密不可分的,所以他总是把美与悲联系在一起加以表现,形成既美且悲的风格。小说中,岛村对生活的虚幻感和驹子的内心痛苦,以及叶子那"悲戚"的美使悲伤和愁苦的感情充溢全篇,结尾叶子的死更是让各种悲愁挥之不去,作者却让美在悲中升华,进入到超现实的世界。

第三节 塔哈·侯赛因

一、生平与创作

塔哈·侯赛因(1889—1973)是埃及现代最著名的作家、文艺批评家和学者,同时也是一位思想家和社会活动家。他对阿拉伯古典文学和现代文学有精深的研究,在埃及文学史上有着很高的地位,被称为"阿拉伯文学的泰斗"。

塔哈·侯赛因出生于埃及马加加城附近的乡村,他的父亲是一名小职员,家中共有13个孩子,塔哈排行第七。在他三岁时,由于眼疾没有得到及时的治疗而双目失明。塔哈天资聪慧,记忆力超群。为生计所迫,他遵从父愿学习宗教,很小就能背诵《古兰经》和许多古代诗文。13岁时,他随哥哥到开罗,进入爱资哈尔大学预备部学习伊斯兰教的经训和教律，但他却厌倦这些枯燥的课程，也对这里古板的教育制度不满。1908年，他进入新创办的埃及大学，学习文学、历史和外语。埃及大学是根据现代教育制度建立起来的，塔哈在这里接受了许多来自欧洲的新思想、新观点，特别是欧洲的东方学者运用现代的学术观点和方法来研究古典文学，给塔哈以极大的启发。1914年，他评价古代阿拉伯盲诗人艾布·阿拉·麦阿里的论文《纪念艾布·阿拉》受到一致好评，并因此而获得埃及大学授予的第一个博士学位。同年底，他被派往欧洲留学，先后在蒙彼利埃大学、巴黎索尔本学院、法兰西学院研读古希腊罗马历史、哲学、语言和文学，兼攻欧洲，特别是法国近代文学。其间，一位品德高尚的法国姑娘成为他的忠实助手，以后结为终身伴侣。1918年，他以研究哲学和社会问题的论文《伊本·赫勒顿的社会哲学》获巴黎大学博士学位，成为第一个在国外获得博士学位的埃及人。

1919年10月，他回到埃及，在埃及大学讲授希腊历史和哲学，并翻译、介绍西方的文学艺术，出版了《希腊诗剧选》、《雅典人的制度》以及法国著名作家的作品集《戏剧故事》、拉辛的剧本《安德洛玛克》和伏尔泰的哲理小说《查第格》。1924年私立埃及大学改为国立开罗大学，塔哈任文学院阿拉伯文学教授。1925年出版了论述西方思想和文化发展进程的著作《思想领袖》。1926年，发表了《论贾希利叶（蒙昧）时代的诗歌》，这篇文章全面阐述了他的文学主张。他认为，应该提倡思想自由和纯批评精神，允许对一切古代典籍及先知圣人怀疑、分析和批判，要敢于摒弃那些不符合理智和逻辑的东西。这些理论为保守分子所不容，该作品被当局查禁。此后，他开始思考、酝酿写自传体长篇小说《日子》。从1928年起，他数度担任文学院院长。1929年发表长篇宗教历史小说《先知外传》的第一卷（第二卷和第三卷分别于1942年、1943年出版）。

20世纪30年代，塔哈创作的主要作品有书信集《在夏天》(1932)、分析研究论著《哈菲兹和邵基》(1933)、散文通讯集《来自远方》(1934)、小说《鹬鸟的唤声》(1934)、《一个文人》(1935)、论著《和穆泰奈比在一起》(1936)、《读诗和散文》(1936)、《文化的前途》(1939)等。《鹬鸟的唤声》写男女主人公追求爱情幸福，因地位悬殊而屡遭挫折，鹬鸟和小说中的人物遭受同样的痛苦而发出悲鸣。《和穆泰奈比在一起》主要介绍和分析了10世纪阿拉伯著名诗人的生活和作品。《读诗和散文》中收入的《阿拉伯文学及其在世界几大文学中的地位》一文比较重要，这篇文章一方面肯定了阿拉伯文学在世界文学中的历史地位和作用,另一方面强调应该向古代文学和外国文学学习,具有很强的说服力。

从1940年起,塔哈·侯赛因开始担任阿拉伯语言学会委员。1942年被任命为亚历山大大学校长,为筹建这所大学立下了汗马功劳。这期间,他陆续出版了研究艾布·阿拉的著作《在念艾布·阿拉》、《和狱中的艾布·阿拉在一起》、《艾布·阿拉的声音》。1943年,他利用《一千零一夜》中山鲁佐德和山鲁亚尔之间的故事写成《山鲁佐德之梦》,他把山鲁佐德塑造成一个现代埃及妇女,将各种现实问题和古老优美的故事和谐地串联在一起,使古老的故事焕发出新的思想光芒。1944年,他发表小说《苦难树》,小说以深沉的笔调,描述了埃及一个家庭三代人的变迁,揭示了宿命的古训和宗教的天国正是人民的苦难得以滋生的沃土,只有民主、科学和理智的利刃才能斩断苦难之树。1948年,塔哈出版了多部作品,如短篇小说集《大地受难者》、宗教历史小说《真实的诺言》、散文通讯集《巴黎之声》、批评文集《文学与文艺批评论述》、《文学良心明鉴》等。

1950年,塔哈·侯赛因被任命为教育部长,他大力提倡教育机会均等。1956年被选为埃及作家协会首任主席,并担任埃及政府关注文学艺术和社会科学最高委员会主席。1959年获国家文学表彰奖。1964年担任阿拉伯语言学会会长。1965年获尼罗河文学奖。英国、法国、西班牙等国七所大学先后授予他名誉博士称号。1873年10月28日逝世。

塔哈·侯赛因一生由一个盲童成长为埃及第一流的作家、学者,成为阿拉伯文学的一代宗师,这在世界文坛上是十分罕见的。他的创作生涯长达半个多世纪,共留下七十多部文学、历史、语言、哲学、教育、政治、宗教等方面的著作。他在文学研究和小说创作领域所开辟的全新道路,在古代阿拉伯文学和现代阿拉伯文学之间架起了一座坚实的桥梁。他是19世纪末20世纪初埃及文化启蒙运动中升起的一颗明星,为阿拉伯的文学和文化发展作出了不可磨灭的贡献。

二、《日子》

长篇小说《日子》是塔哈·侯赛因的代表作。这部长篇小说共有三部,分别出版于1929年、1939年和1962年。这是一部自传体小说,几乎是每隔十年,塔哈就把他的人生经历总结在《日子》里,这种写法在世界文学史上是十分罕见的。小说通过主人公塔哈的成长过程,从一个侧面反映了19世纪末20

世纪初埃及资产阶级知识分子所走过的学习、求索、反抗、改良的道路,同时揭露了当时腐朽黑暗的社会现实,肯定了资产阶级改良主义运动的巨大作用。小说被誉为阿拉伯文学的典范。

《日子》第一部用朴实的语言叙述了主人公塔哈童年时代的家乡和生活。塔哈出生在一个普通职员家庭,有12个兄弟姐妹。塔哈3岁时,因患眼疾被土医生胡乱治瞎了双眼。他的妹妹因发高烧耽误治疗而丧失了生命。长大后塔哈在学塾中学习《古兰经》,作为一个盲童,他靠在婚丧喜庆的仪式上背诵《古兰经》以求得生计。他不满封建落后的学塾教育,于是自己求教于神学院的法官,到督察员家里学习新的朗读方法,听学者们谈论,但所获甚少。小说以一个盲童的心灵视角反映了19世纪末20世纪初埃及农村的闭塞落后,显得深切动人。

《日子》第二部描写主人公在爱资哈尔大学学习的经历,反映了革新与保守两种势力的斗争。爱资哈尔大学是一所历史比较悠久的伊斯兰教宗教学府,曾对阿拉伯地区的文化、教育、科学事业作出过积极贡献,但是,在经历了土耳其人300年的统治和近百年西方殖民者的文化侵略后,爱资哈尔大学逐渐落后,只注重盲目背诵、胡乱诠释那些传统的圣训、教义、法律和文法,实际上已变成一座清真大寺。19世纪末20世纪初埃及先进的知识分子受西方先进科技文化的影响,积极要求政治、经济、文化上的改革。塔哈在爱资哈尔大学上学期间,该地已成为新旧思想激烈交锋的中心,具有先进思想的知识分子强烈地呼吁变革,保守派却对他们攻击、谩骂。塔哈厌倦坐在清真寺大理石柱下听毫无生气的说教,也不满教师们那种拘泥不化的鄙俗陋习,坚决地站在改革派一边。然而,改革的道路遇到挫折,校务委员会主任穆罕默德·阿卜杜于1894年至1905年首先在学校进行改革尝试,但在校内外保守势力的压力下,他被撤职,不久抑郁去世。尽管如此,要求进步、要求改革的呼声已经成为不可阻挡的潮流。

《日子》第三部描写主人公在埃及大学及留学法国的生活,反映了主人公在西方进步文化影响下奋发图强、积极进取的精神。埃及大学是一所新型的学校,在这里,主人公接受了具有新思想的埃及学者和欧洲的东方研究专家们的新观点、新见解,如饥似渴地学习各种知识。最后,他以优异的成绩获得埃及大学第一个博士学位,并被派往法国留学。在异国他乡,塔哈克服了重重困难努力学习,他还广泛地与同时代的名人学习、交流。西方文明使盲人塔哈走向光明,而他要用这光明去照亮整个埃及,去启迪人民、复兴祖国。

《日子》是埃及现代文学中一部优秀的现实主义小说，它以史诗的笔触描绘了埃及19世纪末20世纪初这一新旧交替时代的广阔的社会生活场景，揭示了从乡村到高等学府中新旧思想的矛盾冲突，从一个侧面反映了埃及思想界和文化界的重大斗争，具有重要的思想意义。

在19世纪晚期欧洲殖民国家瓜分非洲的狂潮中，埃及被英国侵占，人民生活贫困，而且没有文化，愚昧无知。人们所受的教育只是有关伊斯兰教的思想、典籍。随着民族意识的觉醒，一些受到西方先进思想影响的知识分子开始积极探索国家独立、人民幸福的道路。他们改革城乡落后的教育制度，在文化上开展启蒙运动，在政治上推行改良主义。而教育制度的改革显得尤为重要，但是，这些改革受到保守派的强烈抵制和打击，新旧思想之间的斗争十分激烈。小说以生动的画面表现了这一时期复杂的矛盾斗争，正如埃及文艺批评家邵基·戴伊夫所说，主人公"好像在他的脑子里装着一架精密的录像机"一样，录下在乡村和城市受教育的学生周围所发生的一切。他又好像变成了一架精密的地震仪，记载周围大大小小的震动。在作品的描写中，我们已经看到新思想强大的生命力，体验到作者乐观的精神和必胜的信心。

小说塑造了一位由盲童成长为一代宗师、世界著名作家、学者塔哈的艺术形象。他是敢于同命运搏斗的强者，刻苦求真、坚持真理的探索者，追求民主和美好理想的民主主义者。在他的成长历程中，使他突破重重困难、走向成功的是非凡的毅力和坚定的信念，塔哈的形象给人以奋发向上的力量。

塔哈从小双目失明，但他"忍受了他所能忍受的，甚至不能忍受的一切痛苦"。不幸的生活使他少年早熟，把自己的苦恼、悲伤深深地埋在心底。他"身材瘦小，仪容不整，面色枯槁"，但是"他的脚步毫不踌躇，走起来很果断，脸上丝毫看不出普通瞎子常有的那种阴影"。他的生活很艰苦，但在他的内心却埋藏着强大的力量去向生活和命运挑战。"他辛勤地劳动着，生活着。他热爱生活，热爱课业，虽然一无所有，但毫不觉得贫困。"

塔哈有着很强的求知欲望，在爱资哈尔大学，他如饥似渴地学习知识，逐渐从蒙昧中苏醒过来。在资产阶级改革教育的浪潮中，他最终坚定地站在改革派一边，追求进步、民主的科学，反对僵化、呆板的传统教育。当学校要开除他时，他毫不妥协，而且还写了一篇揭露文章送到报社。后来学校撤销了对他的处分，但他对学校的厌恶日益加深，因为这里接触到的是他所憎恶的，而他热爱的东西却被禁止。因此，当传授新思想、新文化、主张教育改革的埃及大学一成立，他就来到埃及大学，废寝忘食地学习，因成绩优异而被派往法国留学。最后,他终于在与命运的搏斗中取得了胜利,成为生活的强者、受人尊敬的文豪、学识渊博的大师。

《日子》是一部自传体小说,具有独特的抒情散文风格。语言生动细腻、节奏鲜明、音韵和谐、自然流畅,其音韵协调的语言风格有着很强的音乐性,极具感染力。小说在叙述语调上显得平静、优美,很能让读者产生共鸣。这部小说被公认为埃及现实主义文学的重要里程碑,在思想内容和艺术形式上都对阿拉伯世界产生了广泛而深远的影响。